Deck · Reisekosten Private Wirtschaft

AF820054

Reisekosten
Private Wirtschaft

inkl. Vorsteuerabzug bei Reise-/Umzugskosten und privater Kfz-Nutzung

Erläuterungen, Beispiele und Übersichten zu Inlands- und Auslandsreisen

Von

Wolfgang Deck

Oberamtsrat im Bundesfinanzministerium a. D.

73. Auflage

Lefebvre Stollfuß

Dieses Printprodukt ist auch als Online-Datenbank erhältlich. Preise und Informationen finden Sie unter:

www.stollfuss.de

Für Fragen steht Ihnen unser Kundenservice gerne zur Verfügung (0228 724-6002 oder kundenservice@stollfuss.de).

Bibliografische Information Der Deutschen Nationalbibliothek
Die Deutsche Nationalbibliothek verzeichnet diese Publikation in Der Deutschen Nationalbibliografie; detaillierte bibliografische Daten sind im Internet über http://www.d-nb.de abrufbar.

ISBN: 978-3-08-311026-2
Stollfuß Verlag 2026 · Alle Rechte vorbehalten
Stollfuß Verlag – Lefebvre Sarrut GmbH behält sich eine Nutzung ihrer Inhalte für das Text und Data Mining im Sinne von § 44b Urheberrechtsgesetz/KI-Training vor.
Satz: mediaTEXT Jena GmbH, Jena
Druck und Verarbeitung: Druckerei C.H. Beck. Nördlingen
Verlag: Stollfuß Verlag – Zweigniederlassung der Lefebvre Sarrut GmbH, Bundeskanzlerplatz 2, 53113 Bonn
Gedruckt auf 100 % PEFC zert. Papier, EU Eco Label

Vorwort zur 73. Auflage

Liebe Leserinnen und Leser dieses Ratgebers zum steuerlichen Reisekostenrecht!

Die Finanzverwaltung fordert uns Steuerpflichtige immer wieder. Diese Herausforderungen betreffen nicht nur die (Einkommen-)Steuerzahler, sondern auch die zahlreichen Rechtsanwender.

Leider verlief der Jahreswechsel 2025/2026 im Reisekostenrecht nicht ganz so unspektakulär, wie zunächst geplant. Die Rechtslage erschien unstrittig, wie etwa die inländischen Verpflegungspauschalen und deren Höhe sowie die geänderten Reisekostensätze 2026 für das Ausland, die noch im Dezember 2025 amtlich bekannt gegeben worden sind. Doch dann machte es der Gesetzgeber nochmals spannend. Der Bundesrat stellte seine reibungslose Zustimmung zum Steueränderungsgesetz 2025 in Frage, was auch die Erhöhung der Entfernungspauschale betroffen hätte. Zudem wurde kurzfristig die Abzugsfähigkeit von Übernachtungskosten bei einer doppelten Haushaltsführung im Ausland auf einen monatlichen Höchstbetrag begrenzt.

Dennoch dürfen Sie als Leser und Rechtsanwender erneut darauf vertrauen, dass dieser bewährte Ratgeber in seiner 73. Auflage mit der gebotenen Praxisnähe das Reisekostenrecht klar und verständlich erläutert. Ergänzend gibt er Hilfestellungen, wie etwa durch Hinweise auf die aktuelle Rechtsprechung des Bundesfinanzhofs sowie die der Finanzgerichte. Sie werden ergänzt durch Ausblicke auf noch zu erwartende Gerichtsurteile und die derzeit umstrittenen Rechtsfragen (beispielsweise: Berufsgeheimnisträger und geschwärztes Fahrtenbuch, Begriff der „ersten Tätigkeitsstätte" und entsprechende Auslegung für die „Betriebsstätte", erste Tätigkeitsstätte bei Leiharbeitnehmern sowie Berufskraftfahrer und steuerfreie gesetzliche Übernachtungspauschale).

Wie gewohnt, werden die geltenden Rechtsvorschriften sowie die neuesten Verwaltungsanweisungen (z. B. aus dem November 2025) klar und prägnant dargestellt, ergänzt durch anschauliche Beispiele. Dadurch bietet dieser Ratgeber zuverlässige Informationen zum aktuellen Rechtsstand für Anwender von betrieblichen Reisekostenabrechnungen, Angehörigen der steuerberatenden Berufe und anderen Rechtspraktikern. Unser Ziel bleibt unverändert: Wir möchten Sie bei der rechtssicheren Abwicklung von Reisekostenabrechnungen und der zutreffenden Berücksichtigung von Werbungskosten in Ihrer Einkommensteuererklärung unterstützen.

Wenn auch in der Steuerfachliteratur eher ungewöhnlich, wurde dieser Ratgeber etwas schlanker und stärker auf das Reisekostenrecht zugeschnitten. Einige Themen wurden gekürzt und die steuerliche Behandlung von Job- und Deutschlandtickets wurde gestrichen. Ausführliche Informationen zu diesen Themen finden Sie in anderen Publikationen unseres Verlags, beispielsweise in den jährlich aktualisierten Erläuterungen zu den Lohnsteuertabellen. Bei dieser Anpassung haben wir die Anregungen und Wünsche unserer Kunden gerne aufgegriffen.

Wie immer freuen wir uns über Ideen und Vorschläge zur Gestaltung und zum Inhalt dieses Ratgebers.

Bonn, im Dezember 2025 — Autor und Verlag

Inhaltsübersicht

Die angegebenen Zahlen bezeichnen die Seitenzahlen

Abkürzungsverzeichnis

ABl.EU	Amtsblatt der Europäischen Union
Abs.	Absatz (in einer Rechtsvorschrift, z. B. in einem Gesetzestext)
Abschn.	Abschnitt (in einer Rechtsvorschrift, z. B. in einer Richtlinie)
abzgl.	abzüglich
a. F.	alte Fassung
AfA	Absetzung für Abnutzung
AG	Arbeitgeber; Amtsgericht
AktG	Aktiengesetz
AN	Arbeitnehmer
AO	Abgabenordnung
AUV	Auslandsumzugskostenverordnung
AÜG	Arbeitnehmerüberlassungsgesetz
Az.	Aktenzeichen
BB	Betriebs-Berater (Fachzeitschrift für die Bereiche Wirtschafts-, Steuer- und Arbeitsrecht, Bilanzrecht sowie Betriebswirtschaft)
betr.	betreffend, betreffs
BFH	Bundesfinanzhof
BFH/NV	Abkürzung für die Sammlung von Entscheidungen des Bundesfinanzhofs (BFH), die nicht in der amtlichen Sammlung des BFH (Bundessteuerblatt Teil II) veröffentlicht werden
BGBl.	Bundesgesetzblatt
BMF	Bundesfinanzministerium
BRKG	Bundesreisekostengesetz
BStBl	Bundessteuerblatt
BT-Drucks.	Bundestags-Drucksache
Buchst.	Buchstabe (in einer Rechtsvorschrift, z. B. in einem Gesetzestext)
BUKG	Bundesumzugskostengesetz
BVerfG	Bundesverfassungsgericht
bzw.	beziehungsweise
DB	Der Betrieb (Fachzeitschrift für die Bereiche Betriebswirtschaft, Steuerrecht, Wirtschaftsrecht und Arbeitsrecht)
DM	Deutsche Mark
DStR	Deutsches Steuerrecht (Zeitschrift für das deutsche Steuerrecht)
DStRE	Deutsches Steuerrecht (s.o.) – Entscheidungsdienst/Rechtsprechung
EDI	Electronic Data Interchange
EFG	Fachzeitschrift zur Information über Entscheidungen der Finanzgerichte (FG) (Rechtsprechungssammlung der FG zum Steuerrecht und zum Steuerberatungsgesetz mit Anmerkungen und Kommentierungen durch Richter)
EG	Europäische Gemeinschaft
EStDV	Einkommensteuer-Durchführungsverordnung
EStG	Einkommensteuergesetz
EStH	Hinweise zu den EStR
EStR	Einkommensteuer-Richtlinien
EU	Europäische Union
EÜR	Einnahmen-Überschuss-Rechnung
EuGH	Gerichtshof der Europäischen Union
ff.	fortfolgende

FG	Finanzgericht
FinMin	Finanzministerium
ggf.	gegebenenfalls
GrS	Großer Senat bei den obersten Gerichtshöfen des Bundes
H	Hinweis in den Einkommensteuer- oder Lohnsteuer-Richtlinien
h	Stunde
Halbs.	Halbsatz (in einer Rechtsvorschrift, z. B. in einem Gesetzestext)
HBeglG	Haushaltsbegleitgesetz
HFR	Höchstrichterliche Finanzrechtsprechung (Zeitschrift zur Information über Entscheidungen des Bundesfinanzhofs [BFH] sowie bedeutsamen Entscheidungen der oberen Bundesgerichte, des Bundesverfassungsgerichts [BVerfG] und des Europäischen Gerichtshofs [EuGH] mit Anmerkungen und Kommentierungen durch Richter)
i. d. F.	in der Fassung
i. d. R.	in der Regel
i. e. S.	im engeren Sinne
i. H. v.	in Höhe von
i. R.	im Rahmen
i. S. d.	im Sinne des/der
i. S. v.	im Sinne von
IT	Informationstechnologie
i. V. m.	in Verbindung mit
Kfz	Kraftfahrzeug
km	Kilometer
KraftStG	Kraftfahrzeugsteuergesetz
kWh	Kilowattstunde
Lkw	Lastkraftwagen
LStDV	Lohnsteuer-Durchführungsverordnung
LStH	Hinweis(e) zu den LStR
LStR	Lohnsteuer-Richtlinien
m. E.	meines Erachtens
m. w. N.	mit weiteren Nachweisen
MwStDVO	Mehrwertsteuer-Durchführungsverordnung
MwStSystRL	Mehrwertsteuersystemrichtlinie
Nr.	Nummer
n. v.	nicht veröffentlicht
o. a.	oben angegeben
o. Ä.	oder Ähnliches
OFD	Oberfinanzdirektion
OHG	Offene Handelsgesellschaft
Pkw	Personenkraftwagen
R	Abschnitt der Einkommensteuer- oder Lohnsteuer-Richtlinien
rkr.	rechtskräftig
Rz.	Randziffer
s.	siehe
s. a.	siehe auch
SGB IV	Viertes Buch Sozialgesetzbuch - Gemeinsame Vorschriften über die Sozialversicherung
s. o.	siehe oben
sog.	so genannte
StÄndG	Steueränderungsgesetz

StEd	Steuer-Eildienst (Fachzeitschrift zur schnellen Information über die neuesten Entwicklungen der Finanzrechtsprechung [FG, BFH, BVerfG und EuGH] der Rechtsprechung weiterer Bundesgerichte mit Bezug zum Steuerrecht [z. B. BGH-Entscheidungen zum Steuerstrafrecht], mit aktuellen Verlautbarungen der Verwaltung sowie Hinweisen zur Gesetzgebung im Steuerrecht)
StEntlG	Steuerentlastungsgesetz
Stpfl.	Steuerpflichtige/r
s. u.	siehe unten
Tz.	Textziffer
u. Ä.	und Ähnliches
u. a.	unter anderem
u. E.	unseres Erachtens
u. g.	unten genannt
UR	Umsatzsteuer-Rundschau (steuerjuristische Fachzeitschrift für die Umsatzsteuerpraxis)
USt	Umsatzsteuer
UStAE	Umsatzsteuer-Anwendungserlass
UStDV	Umsatzsteuer-Durchführungsverordnung
UStG	Umsatzsteuergesetz
UStR	Umsatzsteuer-Richtlinien
usw.	und so weiter
v. a.	vor allem
Vfg.	Verfügung
v. g.	vorgenannte
vgl.	vergleiche
z. B.	zum Beispiel
z. T.	zum Teil
zzgl.	zuzüglich

Erster Teil: Tabellen

A. Reisekostensätze Inland

I. Verpflegungspauschalen

Übersicht über die seit dem Kalenderjahr 2020 ansetzbaren Pauschbeträge für Verpflegungsmehraufwendungen anlässlich einer beruflich veranlassten Auswärtstätigkeit, einer betrieblich veranlassten Geschäftsreise oder doppelten Haushaltsführung im Inland: 1

Pauschbeträge für Verpflegungsmehraufwendungen im Kalenderjahr 2026 (Inland)

	Pro Tag mit einer Abwesenheitsdauer von **24 Std.**[1]	Pro An- und Abreisetag sowie pro Kalendertag mit einer Abwesenheitsdauer von mehr als **8 Std.**
Beruflich veranlasste Auswärtstätigkeit, Dienstreise[3]	28 €[2]	14 €[2]
Fahrtätigkeit[3]	28 €	14 €
Einsatzwechseltätigkeit[3]	28 €	14 €
Betrieblich veranlasste Geschäftsreise[3]	28 €[2]	14 €[2]
Doppelte Haushaltsführung[4]	28 €[2]	14 €[2]

Möchte der Arbeitgeber seinem Arbeitnehmer **höhere** Pauschbeträge für **Verpflegungsmehraufwendungen** (Verpflegungspauschalen) zahlen, kann er die Lohnsteuer für diese Gelder (bis zu 100 % des steuerfreien Pauschbetrags) mit 25 % pauschal erheben. Einzelheiten hierzu → Rz. 217.

Erhält der Arbeitnehmer auf einer Dienstreise vom Arbeitgeber übliche **Mahlzeiten** kostenlos gestellt (Ansatz mit dem maßgebenden Sachbezugswert), darf die Lohnsteuer dafür mit **25 %** pauschal erhoben werden (→ Rz. 218), wenn

- ihm die Abwesenheitszeiten des Arbeitnehmers nicht bekannt sind bzw. über diese keine Aufzeichnungen vorliegen,
- die Abwesenheitsdauer des Arbeitnehmers nicht mehr als acht Stunden pro Kalendertag beträgt oder
- nach Ablauf der Dreimonatsfrist die Steuerfreiheit für die Verpflegungspauschale entfallen ist.

Hinweis: Kostenlose Gestellung einer üblichen Mahlzeit

Gestellt der Arbeitgeber dem Arbeitnehmer auf einer Dienstreise übliche Mahlzeiten, wie z. B. ein Frühstück oder ein Mittagessen, kostenlos (oder verbilligt), ist deren steuerpflichtiger Wert – soweit keine (steuerfreien) Verpflegungspauschalen anzusetzen und zu kürzen sind – mit dem **Sachbezugswert** anzusetzen (→ Rz. 201).

II. Übernachtungspauschalen

Übersicht über die seit dem Kalenderjahr 2008 ansetzbaren Pauschbeträge für Übernachtungskosten anlässlich einer **beruflich** veranlassten Auswärtstätigkeit sowie einer doppelten Haushaltsführung im Inland: 2

1) Tage zwischen An- und Abreisetag – mit einer Übernachtung.
2) Begrenzt auf drei Monate.
3) Bei Auswärtstätigkeiten ist der Vorsteuerabzug unter bestimmten Voraussetzungen (→ Rz. 366 ff.) möglich.
4) Pro Abwesenheitstag von der Familienwohnung.

Pauschbeträge Übernachtungskosten im Kalenderjahr 2026 (Inland)	
	Pauschbetrag bei Übernachtung in einer Unterkunft[1]
Beruflich veranlasste Auswärtstätigkeit, Dienstreise[3]	20 €[2]
Fahrtätigkeit[3]	20 €[2]
Einsatzwechseltätigkeit[3]	20 €[2]
Doppelte Haushaltsführung	Für die ersten drei Monate der doppelten Haushaltsführung je Übernachtung **20 €** und in der Folgezeit **5 €** je Übernachtung.

Hinweis: Pauschbetrag für Berufskraftfahrer

Anstelle der Übernachtungskosten (Pauschbeträge oder tatsächliche Aufwendungen) darf der Arbeitgeber an seinen als Berufskraftfahrer tätigen Arbeitnehmer, der im In- oder Ausland auf seinem Kfz (Lkw) tätig ist (und dort eine auswärtige berufliche Tätigkeit ausübt), als Reisenebenkosten eine **Pauschale von bis zu 9 €**[4] steuerfrei zahlen. Dies gilt für jeden Kalendertag, an dem der Arbeitnehmer (daneben) eine steuerfreie Verpflegungspauschale beanspruchen kann (→ Rz. 222).

III. Fahrtkosten, pauschale Kilometersätze

3 Bei einer auswärtigen beruflichen Tätigkeit darf steuerlich anstelle der tatsächlichen Fahrtkosten für ein Kfz aus Vereinfachungsgründen ein pauschaler Kilometersatz angesetzt werden. Die pauschalen Kilometersätze richten sich nach den Regelungen im BRKG. Danach kann auch im **Kalenderjahr 2026** im Rahmen einer Auswärtstätigkeit im **In- und Ausland** als steuerfreier Arbeitgeberersatz oder als Werbungskosten je **gefahrenem Kilometer** als Höchstbetrag angesetzt werden:

Bei Benutzung

– eines **Kraftwagens** (z. B. Pkw): **0,30 €**

– eines **anderen motorbetriebenen Fahrzeugs** (z. B. Motorrad und Motorroller): **0,20 €**

Zahlungen des Arbeitgebers **bis** zur Höhe der o. g. Pauschbeträge sind steuerfrei. Diese Pauschbeträge sind Höchstbeträge; d. h., der Arbeitgeber darf auch einen niedrigeren Betrag steuerfrei zahlen (→ Rz. 205 f.). Soweit die Zahlungen des Arbeitgebers die Höchstbeträge übersteigen, sind sie steuerpflichtig. Vergütet er geringere Beträge, kann der Arbeitnehmer den Differenzbetrag als Werbungskosten ansetzen.

Zu den Fahrtkosten anlässlich einer **betrieblich** veranlassten Geschäftsreise des Unternehmers im Inland → Rz. 50 ff. und im Ausland → Rz. 319, → Rz. 331.

1) Nur anwendbar für steuerfreie Vergütungen des Arbeitgebers an Arbeitnehmer bei Übernachtung in einer Unterkunft im Inland; jedoch nicht bei Übernachtung in einem Fahrzeug (→ Rz. 221). Selbständige/Unternehmer dürfen für die Übernachtung im Inland keine Pauschbeträge ansetzen; sie müssen solche Aufwendungen als Betriebsausgaben nachweisen (→ Rz. 65); dieser Grundsatz gilt auch für den Ansatz von Werbungskosten bei Arbeitnehmern (→ Rz. 339).

2) Je Übernachtung.

3) Bei Auswärtstätigkeiten ist der Vorsteuerabzug unter bestimmten Voraussetzungen (→ Rz. 366 ff.) möglich.

4) Änderung durch das Wachstumschancengesetz v. 27.3.2024, BGBl. I 2024, Nr. 108, BStBl I 2024, 666 (§ 9 Abs. 1 Satz 3 Nr. 5b Satz 2 EStG).

B. Reisekostensätze Ausland[1)]

I. Verpflegungs-/Übernachtungspauschalen

Nachfolgend ist eine Übersicht über die im Kalenderjahr **2026** anzuwendenden Pauschbeträge für Verpflegungsmehraufwendungen und Übernachtungskosten bei einer beruflich veranlassten Auswärtstätigkeit oder doppelten Haushaltsführung im Ausland sowie einer betrieblich veranlassten Auslandsreise aufgelistet.[2)] Diese vom BMF neu festgesetzten Beträge lösen die am 2.12.2024 für das Kalenderjahr 2025 veröffentlichten Pauschbeträge ab[3)], wobei die aktuellen Änderungen durch Fettdruck gekennzeichnet sind. 4

Pauschbeträge für Auslandsreisen im Kalenderjahr 2026			
Reise nach ...	**Verpflegungsmehraufwendungen**		**Übernachtungskosten**[4)]
	bei einer Abwesenheitsdauer von mind. **24 Std.** je Kalendertag	für den An- und Abreisetag sowie bei einer Abwesenheitsdauer von **mehr** als **8 Std.** je Kalendertag	
A			
Afghanistan[5)]	**63 €**	**42 €**	**139 €**
Ägypten	50 €	33 €	112 €
Äthiopien	44 €	29 €	159 €
Äquatorialguinea	42 €	28 €	166 €
Albanien	**33 €**	**22 €**	**116 €**
Algerien	47 €	32 €	120 €
Andorra	**45 €**	**30 €**	**135 €**
Angola	40 €	27 €	368 €
Argentinien	**42 €**	**28 €**	**119 €**
Armenien	29 €	20 €	107 €
Aserbaidschan	44 €	29 €	88 €
Australien			
– Canberra	74 €	49 €	186 €
– Sydney	57 €	38 €	173 €
– im Übrigen	57 €	38 €	173 €

1) Für die in der Übersicht nicht erfassten Länder ist der für Luxemburg geltende Pauschbetrag maßgebend; für nicht erfasste Übersee- und Außengebiete eines Landes ist der für das Mutterland geltende Pauschbetrag maßgebend (R 9.6 Abs. 3 Satz 2 LStR). Die Pauschbeträge gelten entsprechend für eine doppelte Haushaltsführung im Ausland.

2) Das BMF hat die für das Kalenderjahr 2026 maßgebenden Pauschbeträge für Verpflegungsmehraufwendungen und Übernachtungskosten bei beruflich und betrieblich veranlassten Auslandsreisen bekannt gemacht; BMF v. 5.12.2025, IV C 5 – S 2353/00094/007/012 BStBl I 2025, 2078.

3) BMF v. 2.12.2024, IV C 5 – S 2353/19/10010 :006, BStBl I 2024, 1549.

4) Nur anwendbar für steuerfreie Vergütungen des Arbeitgebers an Arbeitnehmer (→ Rz. 65, 344 ff.). Selbständige/Unternehmer dürfen bei Übernachtungen im Ausland keine Pauschbeträge ansetzen; sie müssen solche Aufwendungen als Betriebsausgaben nachweisen (→ Rz. 65, 328 ff.). Dieser Grundsatz gilt auch für den Ansatz von Werbungskosten bei Arbeitnehmern (→ Rz. 65).

5) Der Kontinuität wegen ist in dieser Tabelle der amtlicherseits nicht mehr genannte Staat Afghanistan weiterhin enthalten. Weil für ihn nunmehr die für Luxemburg maßgebenden (und somit von 2025 abweichenden) Pauschbeträge gelten, sind diese durch Fettschrift hervorgehoben.

Pauschbeträge für Auslandsreisen im Kalenderjahr 2026			
Reise nach …	**Verpflegungsmehraufwendungen**		**Übernachtungskosten**
	bei einer Abwesenheitsdauer von mind. **24 Std.** je Kalendertag	für den An- und Abreisetag sowie bei einer Abwesenheitsdauer von **mehr** als **8 Std.** je Kalendertag	
B			
Bahrain	48 €	32 €	153 €
Bangladesch	46 €	31 €	189 €
Barbados	54 €	36 €	206 €
Belgien	59 €	40 €	141 €
Benin	40 €	27 €	168 €
Bhutan	27 €	18 €	176 €
Bolivien	46 €	31 €	108 €
Bosnien und Herzegowina	**32 €**	**21 €**	**109 €**
Botsuana	**40 €**	**27 €**	**105 €**
Brasilien			
– Brasilia	51 €	34 €	88 €
– Rio de Janeiro	69 €	46 €	140 €
– Sao Paulo	46 €	31 €	151 €
– im Übrigen	46 €	31 €	88 €
Brunei	45 €	30 €	110 €
Bulgarien	**38 €**	**25 €**	**109 €**
Burkina Faso	**39 €**	**26 €**	**230 €**
Burundi	**58 €**	**39 €**	**102 €**
C			
Chile	44 €	29 €	154 €
China			
– Hongkong	**83 €**	**56 €**	**209 €**
– Peking	**57 €**	**38 €**	**184 €**
– Shanghai	**48 €**	**32 €**	**142 €**
– im Übrigen	48 €	32 €	**142 €**
Costa Rica	60 €	40 €	127 €
Côte d'Ivoire	**60 €**	40 €	**171 €**
D			
Dänemark	75 €	50 €	183 €
Dominica[1]	66 €	44 €	203 €
Dominikanische Republik	50 €	33 €	167 €
Dschibuti	77 €	52 €	255 €

1) Da Dominica zum Amtsbezirk von Trinidad und Tobago gehört, gelten für diese Staaten dieselben Beträge.

Reise nach ...	**Pauschbeträge für Auslandsreisen im Kalenderjahr 2026** **Verpflegungsmehraufwendungen** bei einer Abwesenheitsdauer von mind. **24 Std.** je Kalendertag	für den An- und Abreisetag sowie bei einer Abwesenheitsdauer von **mehr** als **8 Std.** je Kalendertag	**Übernachtungskosten**
E			
Ecuador	27 €	18 €	103 €
El Salvador	65 €	44 €	161 €
Eritrea	46 €	31 €	78 €
Estland	**39** €	**26** €	**125** €
F			
Fidschi	32 €	21 €	183 €
Finnland	54 €	36 €	171 €
Frankreich			
– Paris[1]	58 €	39 €	159 €
– im Übrigen	53 €	36 €	105 €
G			
Gabun	64 €	43 €	263 €
Gambia	40 €	27 €	161 €
Georgien	45 €	30 €	87 €
Ghana	46 €	31 €	203 €
Grenada[2]	66 €	44 €	203 €
Griechenland			
– Athen	40 €	27 €	139 €
– im Übrigen	36 €	24 €	150 €
Guatemala	46 €	31 €	124 €
Guinea	59 €	40 €	140 €
Guinea-Bissau	32 €	21 €	113 €
H			
Haiti[3]	**63** €	**42** €	**139** €
Honduras	57 €	38 €	198 €

1) Sowie die Departments 77, 78, 91 bis 95.
2) Da Grenada zum Amtsbezirk von Trinidad und Tobago gehört, gelten für diese Staaten dieselben Beträge.
3) Der Kontinuität wegen ist in dieser Tabelle der amtlicherseits nicht mehr genannte Staat Haiti weiterhin enthalten. Weil für ihn nunmehr die für Luxemburg maßgebenden (und somit von 2025 abweichenden) Pauschbeträge gelten, sind diese durch Fettschrift hervorgehoben.

Pauschbeträge für Auslandsreisen im Kalenderjahr 2026			
Reise nach ...	**Verpflegungsmehraufwendungen**		**Übernachtungskosten**
	bei einer Abwesenheitsdauer von mind. **24 Std.** je Kalendertag	für den An- und Abreisetag sowie bei einer Abwesenheitsdauer von **mehr** als **8 Std.** je Kalendertag	
I			
Indien			
– Bangalore	42 €	28 €	155 €
– Chennai	22 €	15 €	80 €
– Kalkutta	32 €	21 €	167 €
– Mumbai	53 €	36 €	218 €
– Neu-Delhi	46 €	31 €	211 €
– im Übrigen	22 €	15 €	80 €
Indonesien	45 €	30 €	179 €
Iran	33 €	22 €	196 €
Irland	**64** €	**43** €	**164** €
Island	62 €	41 €	187 €
Israel	**59** €	**40** €	**268** €
Italien			
– Mailand	42 €	28 €	191 €
– Rom	48 €	32 €	150 €
– im Übrigen	42 €	28 €	150 €
J			
Jamaika	39 €	26 €	171 €
Japan			
– Tokio	50 €	33 €	285 €
– Osaka	33 €	22 €	141 €
– im Übrigen	33 €	22 €	141 €
Jordanien	57 €	38 €	134 €
K			
Kambodscha	42 €	28 €	108 €
Kamerun	56 €	37 €	275 €
Kanada			
– Ottawa	62 €	41 €	214 €
– Toronto	54 €	36 €	392 €
– Vancouver	63 €	42 €	304 €
– im Übrigen	54 €	36 €	214 €
Kap Verde	38 €	25 €	90 €
Kasachstan	33 €	22 €	108 €
Katar	**81**€	**54** €	**128** €
Kenia	**48** €	**32** €	**217** €

Pauschbeträge für Auslandsreisen im Kalenderjahr 2026			
Reise nach ...	**Verpflegungsmehraufwendungen**		**Übernachtungskosten**
	bei einer Abwesenheitsdauer von mind. **24 Std.** je Kalendertag	für den An- und Abreisetag sowie bei einer Abwesenheitsdauer von **mehr** als **8 Std.** je Kalendertag	
Kirgisistan	**35 €**	**24 €**	**80 €**
Kolumbien	34 €	23 €	123 €
Kongo, Republik	**53 €**	**36 €**	215 €
Kongo, Demokratische Republik	65 €	44 €	337 €
Korea, Demokratische Volksrepublik (Nordkorea)[1)]	**63 €**	**42 €**	**139 €**
Korea, Republik (Südkorea)	**39 €**	**26 €**	**130 €**
Kosovo	24 €	16 €	71 €
Kroatien	46 €	31 €	191 €
Kuba	51 €	34 €	170 €
Kuwait	**63 €**	**42 €**	**224 €**
L			
Laos	35 €	24 €	71 €
Lesotho	28 €	19 €	104 €
Lettland	**46 €**	**31 €**	**119 €**
Libanon	69 €	46 €	146 €
Liberia	65 €	44 €	173 €
Liechtenstein	**57 €**	**38 €**	**234 €**
Litauen	**48 €**	**32 €**	**124 €**
Luxemburg	63 €	42 €	139 €
M			
Madagaskar	33 €	22 €	116 €
Malawi	41 €	28 €	109 €
Malaysia	36 €	24 €	86 €
Malediven	70 €	47 €	200 €
Mali	**42 €**	**28 €**	**141 €**
Malta	**59 €**	**40 €**	**191 €**
Marokko	41 €	28 €	87 €
Marshall Inseln	**45 €**	**30 €**	**112 €**

1) Der Kontinuität wegen ist in dieser Tabelle der amtlicherseits nicht mehr genannte Staat Korea, Demokratische Volksrepublik (Nordkorea) weiterhin enthalten. Weil für ihn nunmehr die für Luxemburg maßgebenden (und somit von 2025 abweichenden) Pauschbeträge gelten, sind diese durch Fettschrift hervorgehoben.

Reise nach ...	Pauschbeträge für Auslandsreisen im Kalenderjahr 2026 Verpflegungsmehraufwendungen bei einer Abwesenheitsdauer von mind. **24 Std.** je Kalendertag	für den An- und Abreisetag sowie bei einer Abwesenheitsdauer von **mehr** als **8 Std.** je Kalendertag	**Übernachtungskosten**
Mauretanien	35 €	24 €	86 €
Mauritius	44 €	29 €	172 €
Mexiko	**40** €	**27** €	**337** €
Mikronesien[1]	41 €	28 €	140 €
Moldau, Republik	26 €	17 €	73 €
Monaco	52 €	35 €	187 €
Mongolei	23 €	16 €	92 €
Montenegro	32 €	21 €	85 €
Mosambik	51 €	34 €	208 €
Myanmar	23 €	16 €	103 €
N			
Namibia	**28** €	**19** €	**146** €
Nepal	**33** €	**22** €	**125** €
Neuseeland	58 €	39 €	148 €
Nicaragua	46 €	31 €	105 €
Niederlande	**58** €	**39** €	**167** €
Niger	42 €	28 €	131 €
Nigeria	**52** €	**35** €	**202** €
Nordmazedonien	27 €	18 €	89 €
Norwegen	75 €	50 €	139 €
O			
Österreich	50 €	33 €	117 €
Oman	64 €	43 €	141 €
P			
Pakistan	**41** €	**28** €	**199** €
Palau	51 €	34 €	193 €
Panama	41 €	28 €	82 €
Papua-Neuguinea	59 €	40 €	159 €
Paraguay	39 €	26 €	124 €
Peru	**52** €	**35** €	**128** €
Philippinen[1]	41 €	28 €	140 €

1) Für die Philippinen und Mikronesien gelten dieselben Beträge.

Pauschbeträge für Auslandsreisen im Kalenderjahr 2026			
Reise nach ...	**Verpflegungsmehraufwendungen**		**Übernachtungskosten**
	bei einer Abwesenheitsdauer von mind. **24 Std.** je Kalendertag	für den An- und Abreisetag sowie bei einer Abwesenheitsdauer von **mehr** als **8 Std.** je Kalendertag	
Polen			
– Breslau	34 €	23 €	124 €
– Warschau	40 €	27 €	143 €
– im Übrigen	34 €	23 €	124 €
Portugal	32 €	21 €	111 €
R			
Ruanda	44 €	29 €	117 €
Rumänien	**38 €**	**25 €**	**103 €**
Russische Föderation			
– Moskau	30 €	20 €	235 €
– St. Petersburg	28 €	19 €	133 €
– im Übrigen	28 €	19 €	133 €
S			
Sambia	38 €	25 €	105 €
Samoa	39 €	26 €	105 €
San Marino	34 €	23 €	79 €
São Tomé – Príncipe	36 €	24 €	147 €
Saudi-Arabien			
– Djidda	57 €	38 €	181 €
– Riad	56 €	37 €	186 €
– im Übrigen	56 €	37 €	181 €
Schweden	66 €	44 €	140 €
Schweiz			
– **Bern**	**82 €**	**55 €**	**195 €**
– Genf	**70 €**	**47 €**	**197 €**
– im Übrigen	**70 €**	**47 €**	**195 €**
Senegal	**48 €**	**32 €**	**160 €**
Serbien	27 €	18 €	97 €
Sierra Leone	57 €	38 €	145 €
Simbabwe	63 €	42 €	198 €
Singapur	71 €	48 €	277 €
Slowakische Republik	33 €	22 €	121 €
Slowenien	38 €	25 €	126 €

Pauschbeträge für Auslandsreisen im Kalenderjahr 2026			
Reise nach ...	Verpflegungsmehraufwendungen		Übernachtungskosten
	bei einer Abwesenheitsdauer von mind. **24 Std.** je Kalendertag	für den An- und Abreisetag sowie bei einer Abwesenheitsdauer von **mehr** als **8 Std.** je Kalendertag	
Spanien			
– Barcelona	34 €	23 €	144 €
– Kanarische Inseln	36 €	24 €	103 €
– Madrid	42 €	28 €	131 €
– Palma de Mallorca	44 €	29 €	142 €
– im Übrigen	34 €	23 €	103 €
Sri Lanka	36 €	24 €	112 €
Südafrika			
– Kapstadt	33 €	22 €	130 €
– Johannisburg	36 €	24 €	129 €
– im Übrigen	29 €	20 €	109 €
Südsudan	51 €	34 €	159 €
Syrien[1]	**63** €	**42** €	**139** €
T			
Tadschikistan	27 €	18 €	85 €
Taiwan	51 €	34 €	174 €
Tansania	44 €	29 €	97 €
Thailand	36 €	24 €	114 €
Togo	**36** €	**24** €	**144** €
Tonga	29 €	20 €	102 €
Trinidad und Tobago[2]	66 €	44 €	203 €
Tschad	42 €	28 €	155 €
Tschechische Republik	32 €	21 €	77 €
Türkei			
– Ankara	32 €	21 €	110 €
– Izmir	44 €	29 €	120 €
– im Übrigen	24 €	16 €	107 €
Tunesien	40 €	27 €	144 €
Turkmenistan	28 €	19 €	135 €
U			
Uganda	**45** €	**30** €	**207** €

1) Der Kontinuität wegen ist in dieser Tabelle der amtlicherseits nicht mehr genannte Staat Syrien weiterhin enthalten. Weil für ihn nunmehr die für Luxemburg maßgebenden (und somit von 2025 abweichenden) Pauschbeträge gelten, sind diese durch Fettschrift hervorgehoben.

2) Die für Trinidad und Tobago festgesetzten Beträge gelten auch für die zu dessen Amtsbezirk gehörenden Staaten Antigua und Barbuda, Dominica, Grenada, Guyana, St. Kitts und Nevis St. Lucia, St. Vincent und Grenadinen sowie Suriname.

Pauschbeträge für Auslandsreisen im Kalenderjahr 2026			
Reise nach …	**Verpflegungsmehraufwendungen**		**Übernachtungskosten**
	bei einer Abwesenheitsdauer von mind. **24 Std.** je Kalendertag	für den An- und Abreisetag sowie bei einer Abwesenheitsdauer von **mehr** als **8 Std.** je Kalendertag	
Ukraine	**33 €**	**22 €**	**180 €**
Ungarn	32 €	21 €	85 €
Uruguay	40 €	27 €	113 €
Usbekistan	**32 €**	**21 €**	**133 €**
V			
Vatikanstaat	48 €	32 €	150 €
Venezuela	**51 €**	**34 €**	**178 €**
Vereinigte Arabische Emirate	**81 €**	**54 €**	**169 €**
Vereinigte Staaten von Amerika (USA)			
– Atlanta	77 €	52 €	182 €
– Boston	63 €	42 €	333 €
– Chicago	65 €	44 €	233 €
– Houston	62 €	41 €	204 €
– Los Angeles	64 €	43 €	262 €
– Miami	65 €	44 €	256 €
– New York City	66 €	44 €	308 €
– San Francisco	59 €	40 €	327 €
– Washington, D. C.	66 €	44 €	203 €
– im Übrigen	59 €	40 €	182 €
Vereinigtes Königreich von Großbritannien und Nordirland			
– London	66 €	44 €	163 €
– im Übrigen	52 €	35 €	99 €
Vietnam	36 €	24 €	111 €
W			
Weißrussland	**21 €**	**14 €**	**148 €**
Z			
Zentralafrikanische Republik	53 €	36 €	210 €
Zypern	42 €	28 €	125 €

Anmerkung: Städte, Regionen und nicht genannte Staaten/Übersee-/Außengebiete

Die vorstehende Tabelle enthält bei einigen Ländern gesonderte Pauschbeträge für bestimmte **Regionen oder Städte** des jeweiligen Landes (z. B. Ankara und Izmir bei der Türkei oder Bern und Genf bei der Schweiz). Die Grenzen dieser in der Übersicht aufgelisteten Städte oder Landesregionen ergeben sich aus den Grenzen der jeweiligen politischen Gemeinden, vorausgesetzt, dass die Tabelle keine hiervon abweichenden Angaben macht, wie es zum Beispiel bei der Stadt Paris der Fall ist, deren Pauschbeträge ausdrücklich auch für die Departements 77, 78, sowie 91 bis 95 gelten, weil sie Teil dieses großstädtischen Ballungsraums sind. In Zweifelsfällen wird für die jeweilige Grenzzuordnung empfohlen, die örtliche deutsche Auslandsvertretung um Auskunft zu bitten. Die Kontaktdaten der deutschen Auslandsvertretungen finden sich im „Verzeichnis der Vertretungen der Bundesrepublik Deutschland im Ausland sowie der Honorarkonsulinnen und Honorarkonsuln". Dieses Verzeichnis steht auf der Internetseite des Auswärtigen Amts (**www.auswaertiges-amt.de**) unter Konsulatfinder weltweit, Verzeichnis der Vertretungen der Bundesrepublik Deutschland im Ausland sowie der Honorarkonsulinnen und Honorarkonsuln (Vollständige Liste der Adressen der deutschen Auslandsvertretungen und Honorarkonsuln und Honorarkonsulinnen zum Herunterladen) zum Download bereit.

Für die in der amtlichen Bekanntmachung **nicht erfassten Staaten** ist jeweils der für **Luxemburg** geltende Pauschbetrag maßgebend; für die **nicht erfassten Übersee- und Außengebiete** eines Staates ist der für das **Mutterland** geltende Pauschbetrag zu Grunde zu legen (R 9.6 Abs. 3 Satz 2 LStR). Der Kontinuität wegen sind in dieser Tabelle die amtlicherseits nicht mehr genannten Staaten Afghanistan, Haiti sowie Korea, Demokratische Volksrepublik (Nordkorea) und Syrien weiterhin enthalten. Weil für sie nunmehr die für Luxemburg maßgebenden (und somit von 2025 abweichenden) Pauschbeträge gelten, sind diese durch Fettschrift hervorgehoben.

II. Pauschbetrag für Berufskraftfahrer

5 Zu den Mehraufwendungen (sowie dem alternativen Pauschbetrag i.H.v. 9 € gem. § 9 Abs. 1 Satz 3 Nr. 5b Satz 2 EStG), die Berufskraftfahrern im Zusammenhang mit einer Übernachtung im Kraftfahrzeug im Ausland als Reisenebenkosten entstehen, → Rz. 2 (Hinweis), → Rz. 222.

III. Fahrtkosten, pauschale Kilometersätze

6 Für betriebliche oder berufliche Fahrten im Ausland gelten die Regelungen für das Inland entsprechend → Rz. 3 „III. Fahrtkosten, pauschale Kilometersätze".

C. Entfernungskilometer – Inland

Straßen-km*) / Bahn-km*)	Aachen	Augsburg	Berlin	Bonn	Braunschweig	Bremen	Chemnitz	Düsseldorf	Dresden	Frankfurt/M.	Freiburg	Hamburg	Hannover	Karlsruhe	Kassel	Kiel	Köln	Leipzig	Mannheim	München	Münster	Nürnberg	Rostock	Saarbrücken	Stuttgart	Trier	Wiesbaden	Würzburg	Wuppertal
Wuppertal	121	570	518	84	297	263	570	29	639	236	482	373	238	349	222	466	55	562	294	625	96	452	557	336	423	299	212	347	
Würzburg	369	205	537	286	355	483	371	343	437	116	385	512	369	230	209	605	300	378	172	281	436	108	706	290	164	354	149		397
Wiesbaden	235	371	581	151	364	469	429	208	495	32	283	521	378	150	219	614	165	421	92	429	302	254	666	165	224	154		177	224
Trier	166	437	749	150	590	556	597	220	663	189	343	666	531	208	372	759	177	589	196	495	389	459	774	80	290		205	382	230
Stuttgart	446	162	624	362	543	671	458	419	524	217	207	700	557	82	398	793	376	465	142	220	513	187	864	226		336	225	180	436
Saarbrücken	246	373	745	237	528	656	593	332	659	202	279	685	542	144	383	778	289	585	132	431	426	395	866		245	89	186	329	317
Rostock	696	794	248	650	322	291	462	577	422	675	947	181	328	785	482	190	613	399	718	794	468	643		866	864	774	666	706	557
Nürnberg	475	137	437	391	452	580	271	448	337	222	391	609	466	241	309	702	405	278	277	167	542		643	426	200	488	280	103	500
Münster	211	660	466	182	243	171	489	135	555	326	572	271	184	439	166	364	150	438	384	715		623	468	440	560	353	347	520	117
München	648	68	584	564	625	753	418	621	484	395	412	782	639	287	482	875	578	425	347		796	199	794	485	240	612	458	281	673
Mannheim	317	289	631	233	414	542	479	290	545	88	201	571	428	68	269	664	247	471		371	423	279	718	134	131	223	83	178	300
Leipzig	585	427	179	501	196	362	80	558	108	395	659	391	256	526	318	484	515		518	468	482	306	399	643	511	648	463	416	618
Köln	70	523	569	27	346	312	516	47	589	189	435	422	287	302	249	515		567	260	634	163	462	613	277	397	190	185	360	47
Kiel	581	877	370	552	289	212	581	520	571	588	852	93	247	719	400		571	532	733	929	400	754	190	846	835	764	688	652	523
Kassel	330	484	378	260	150	278	323	276	389	193	457	307	164	324		462	284	350	289	508	220	329	482	413	406	362	245	227	243
Karlsruhe	372	229	686	288	469	597	511	345	578	143	135	626	483		347	788	325	579	61	330	487	252	785	151	92	262	153	213	364
Hannover	353	641	282	324	61	125	353	292	364	352	616	154		498	172	288	309	282	443	639	184	464	328	575	545	500	398	362	260
Hamburg	488	784	289	459	196	119	488	427	502	495	759		180	680	353	109	463	430	625	820	291	646	181	743	727	656	580	543	415
Freiburg	505	354	819	421	602	730	660	478	728	276		814	632	134	481	922	458	725	195	388	621	427	947	285	227	397	287	347	498
Frankfurt/M.	259	364	555	175	338	466	403	232	469		278	539	357	144	200	647	222	435	86	423	385	238	675	204	207	241	42	136	262
Dresden	659	488	205	575	304	470	76	629		516	801	552	400	636	428	628	648	119	600	532	611	371	422	725	576	729	544	481	703
Düsseldorf	80	566	572	77	351	317	563		692	264	498	423	285	365	267	531	41	614	301	674	127	500	577	318	437	229	225	398	28
Chemnitz	593	416	271	509	293	429		619	84	443	726	537	388	562	355	639	568	88	527	460	538	298	462	652	504	657	472	408	627
Bremen	378	755	377	349	167		472	300	517	478	753	119	119	620	290	227	337	398	564	761	173	586	291	639	669	527	517	484	291
Braunschweig	412	627	227	383		183	322	338	334	381	657	189	61	523	192	298	361	216	467	655	243	480	322	595	570	552	423	378	317
Bonn	91	509	598		394	371	560	74	633	189	425	496	342	291	313	605	34	551	223	600	196	427	650	261	363	173	152	325	80
Berlin	633	586		622	226	412	298	567	226	534	812	291	287	678	433	371	590	197	620	675	472	477	248	738	681	781	575	515	546
Augsburg	593		614	540	594	700	458	614	537	362	326	759	577	272	447	867	574	470	309	62	736	138	794	423	178	547	401	220	613
Aachen		644	659	100	430	397	652	92	725	294	529	525	376	395	356	633	71	644	331	704	225	531	696	290	467	201	254	429	111

*) Kilometerangaben ohne Gewähr.

8

D. Entfernungskilometer – Europa

Straßen-km*) / Bahn-km*)	Amsterdam	Ankara	Athen	Belgrad	Berlin	Brüssel	Budapest	Frankfurt a.M.	Genf	Hamburg	Helsinki	Kopenhagen	Lissabon	London	Luxemburg	Madrid	München	Oslo	Paris	Prag	Rom	Stockholm	Straßburg	Warschau	Wien
Amsterdam		3 210	3 070	1 831	685	198	1 442	454	1 038	496	1 860	803	2 267	344	405	1 735	843	1 397	475	956	1 766	1 427	674	1 275	1 177
Ankara	3 566		1 644	1 379	2 696	3 165	1 774	2 756	2 838	3 320	3 444	3 157	4 813	3 539	2 939	4 169	2 367	3 736	3 198	2 348	2 416	3 766	2 743	2 448	2 039
Athen	3 125	1 928		1 239	2 556	3 025	1 634	2 616	2 698	2 845	3 416	3 017	4 673	3 399	2 799	4 029	2 227	3 596	3 058	2 208	1 417	3 626	2 603	2 308	1 899
Belgrad	1 903	1 663	1 222		1 317	1 786	395	1 377	1 459	2 055	2 177	1 778	3 434	2 160	1 560	2 790	988	2 357	1 819	969	1 321	2 387	1 364	1 069	660
Berlin	676	3 217	2 736	1 544		789	922	555	1 139	289	1 430	461	2 892	996	768	2 360	584	1 040	1 100	348	1 529	1 070	775	590	657
Brüssel	237	3 528	3 087	1 865	816		1 397	409	817	661	1 952	968	2 088	374	216	1 556	798	1 562	296	911	1 545	1 592	434	1 379	1 132
Budapest	1 515	2 017	1 576	354	1 039	1 472		988	1 294	1 211	1 782	1 383	3 241	1 771	1 229	2 709	711	1 962	1 561	574	1 349	1 992	1 087	674	265
Frankfurt a.M.	495	3 090	2 649	1 427	534	451	1 027		584	495	1 797	813	2 365	783	241	1 833	395	1 407	573	502	1 312	1 437	220	1 145	723
Genf	1 064	3 338	2 897	1 675	1 146	1 020	1 461	612		1 090	2 381	1 397	1 947	1 036	601	1 415	583	1 991	571	948	986	2 021	383	1 729	1 029
Hamburg	496	3 480	3 039	1 817	291	682	1 110	539	1 148		1 291	307	2 764	840	640	2 435	782	901	972	637	1 712	931	726	879	1 122
Helsinki	2 072	5 050	4 609	3 387	1 524	2 259	3 003	2 096	2 716	1 584		984	4 055	2 131	1 931	3 523	2 078	914	2 263	1 739	3 003	360	2 017	1 108	1 787
Kopenhagen	930	3 908	3 467	2 245	661	1 117	1 861	954	1 574	442	1 139		3 071	1 147	947	2 539	1 094	594	1 279	809	2 019	624	1 033	953	1 118
Lissabon	2 447	5 491	5 050	3 828	2 976	2 210	3 739	3 013	2 401	2 842	4 419	3 277		2 257	2 124	644	2 530	3 665	1 792	2 816	2 730	3 695	2 193	3 482	2 976
London	412	3 892	3 451	2 229	1 180	365	1 843	815	1 071	1 046	2 623	1 481	2 362		590	1 725	1 172	1 741	465	1 285	1 002	1 771	808	1 586	1 506
Luxemburg	394	3 324	2 883	1 661	825	231	1 326	294	784	709	2 286	1 144	2 270	595		1 592	572	1 541	332	743	1 329	1 571	218	1 358	964
Madrid	2 010	4 695	4 254	3 032	2 539	1 773	2 943	2 217	1 605	2 405	3 982	2 840	679	1 925	1 833		1 998	3 133	1 260	2 284	2 086	3 163	1 661	2 950	2 444
München	899	2 667	2 226	1 004	653	854	744	423	704	820	2 388	1 246	2 827	1 225	658	2 390		1 688	831	365	925	1 718	376	996	446
Oslo	1 580	4 558	4 117	2 895	1 311	1 767	2 511	1 604	2 224	1 092	1 190	647	3 927	3 490	1 794	3 490	1 896		1 873	1 388	2 613	554	1 627	1 553	1 697
Paris	552	3 586	3 387	1 923	1 021	315	1 672	734	604	947	2 524	1 382	1 895	467	375	1 457	920	2 032		1 075	1 437	1 903	455	1 690	1 296
Prag	1 098	2 879	2 494	1 272	372	1 061	667	611	1 130	1 018	2 585	1 443	3 253	1 425	914	2 816	524	2 093	1 250		1 290	1 418	623	631	309
Rom	1 774	3 150	2 709	2 301	1 620	1 730	1 398	1 322	984	1 794	3 362	2 220	2 992	2 198	1 494	2 196	974	2 870	1 643	1 411		2 643	1 111	1 921	1 251
Stockholm	1 573	4 551	4 110	2 888	1 304	1 760	2 504	1 597	2 217	1 085	499	640	3 920	2 124	1 787	3 483	1 889	817	2 025	2 086	2 863		1 657	1 583	1 727
Straßburg	681	3 082	2 633	1 419	762	630	1 168	230	429	765	2 333	1 191	2 399	390	271	2 107	416	1 841	504	746	1 139	1 834		1 365	822
Warschau	1 252	3 165	2 780	1 558	577	1 114	953	1 179	1 855	867	2 380	1 238	3 978	1 756	1 639	3 541	1 168	1 888	1 975	804	2 016	1 881	1 407		679
Wien	1 242	2 529	2 082	866	771	1 199	273	754	1 117	1 162	2 730	1 588	3 311	1 570	1 033	2 874	488	2 232	1 399	350	1 197	2 231	835	685	

*) Kilometerangaben ohne Gewähr.

Zweiter Teil: Kurzdarstellung und Rechtsgrundlagen

A. Kurzdarstellung: Die wichtigsten Regelungen zum Reisekostenrecht

Dieser Ratgeber erläutert, wie Reisekosten und deren Vergütungen sowie die darauf entfallende USt bei Gewerbetreibenden, selbständig Tätigen, Arbeitgebern sowie Arbeitnehmern steuerlich zu behandeln und rechtssicher abzurechnen sind. Fallen im Rahmen der Einkunftsart „Vermietung und Verpachtung" Reisekosten an, sind sie als Werbungskosten entsprechend zu ermitteln. **9**

Reisekosten entstehen stets dann, wenn ein Stpfl. eine Geschäftsreise durchführt bzw. beruflich „auswärts" tätig ist. Voraussetzung dafür ist eine geschäftliche oder eine berufsbedingte Ortsveränderung von der Wohnung, der Betriebsstätte oder von der ersten Tätigkeitsstätte aus hin zu einer auswärtigen Tätigkeitsstätte. Somit ist für die Prüfung, ob eine „auswärtige" Tätigkeit vorliegt, zunächst festzustellen, ob eine Betriebsstätte (s. Gewinneinkünfte → Rz. 21 ff.) oder eine erste Tätigkeitsstätte (→ Rz. 10 ff.) vorliegt.

Steuerlich umfassen die Reisekosten folgende Aufwendungsarten:

- Fahrtkosten,
- Verpflegungsmehraufwendungen,
- Übernachtungs-/Unterkunftskosten sowie
- Reisenebenkosten.

Zur Einführung werden zunächst die wichtigsten **Grundbegriffe** und Regelungen zum aktuellen **Reisekostenrecht** kurz erläutert.

I. Einkünfte aus nichtselbständiger Arbeit

1. Erste Tätigkeitsstätte des Arbeitnehmers

Im steuerlichen Reisekostenrecht ist stets zu entscheiden, ob bzw. an welchem Ort der Einkünfte aus nichtselbständiger Arbeit erzielende Arbeitnehmer (§19 Abs. 1 EStG) eine bzw. seine „**erste Tätigkeitsstätte**" innehat. Der Begriff der „ersten Tätigkeitsstätte" ist im Jahr 2014 in das Reisekostenrecht eingeführt worden. Er führt den früheren Begriff der „regelmäßigen Arbeitsstätte" grundsätzlich fort. Der Arbeitnehmer kann **je** Dienstverhältnis höchstens **eine** erste Tätigkeitsstätte, ggf. aber auch **keine** erste, sondern nur eine oder mehrere **auswärtige Tätigkeitsstätte(n)** innehaben. **10**

Im Kalenderjahr 2019 hat der BFH mit seiner Rechtsprechung zur ersten Tätigkeitsstätte nach § 9 Abs. 4 EStG die seit 2014 geltenden (neuen) gesetzlichen Regelungen des Reisekostenrechts als **verfassungsgemäß** bestätigt.[1)] Inzwischen hat der BFH weitere Urteile veröffentlicht, in denen er die Folgen dieser Rechtslage für bestimmte Berufsgruppen wie **Piloten, Luftsicherheitskontrollkräfte** und **befristet beschäftigte Arbeitnehmer**, wie z. B. Leiharbeitnehmer, entschieden hat (→ Rz. 137 ff.). Hinzugekommen sind weitere Entscheidungen zur Frage der ersten Tätigkeitsstätte (→ Rz. 138 f.). Deren Rechtsfolgen sowie die Grundsätze weiterer Urteile enthält das zuletzt zum Reisekostenrecht[2)] bekannt gegebene BMF-Schreiben v. 25.11.2020 („Steuerliche Behandlung der Reisekosten von Arbeitnehmern").

Erste Tätigkeitsstätte ist laut gesetzlicher Definition die **ortsfeste betriebliche Einrichtung des Arbeitgebers**, eines verbundenen Unternehmens (§ 15 AktG) oder eines vom Arbeitgeber bestimmten Dritten, welcher der Arbeitnehmer dauerhaft zugeordnet ist (§ 9 Abs. 4 Satz 1 EStG). Von solch einer **dauerhaften Zuordnung** kann insbesondere dann ausgegangen werden, wenn der Arbeitnehmer

---

1) BFH v. 4.4.2019, VI R 27/17, BStBl II 2019, 536; v. 10.4.2019, VI R 6/17, BStBl II 2019, 539; v. 11.4.2019, VI R 36/16, BStBl II 2019, 543; v. 11.4.2019, VI R 40/16, BStBl II 2019, 546; v. 11.4.2019, VI R 12/17, BStBl II 2019, 551.

2) BMF v. 25.11.2020, IV C 5 – S 2353/19/10011 :006, BStBl I 2020, 1228.

- unbefristet,
- für die Dauer des Dienstverhältnisses oder
- über einen Zeitraum von 48 Monaten hinaus

an einer solchen Tätigkeitsstätte tätig werden **soll**.

Die Bestimmung der ersten Tätigkeitsstätte erfolgt vorrangig anhand der **arbeits- oder dienstrechtlichen Festlegungen**. Nur wenn eine solche Festlegung nicht vorhanden oder diese nicht eindeutig ist, sind hilfsweise **quantitative Kriterien** heranzuziehen, z. B. Umfang der zu leistenden arbeitsvertraglichen Arbeitszeit an der Tätigkeitsstätte sowie das arbeitstägliche Aufsuchen einer Tätigkeitsstätte. Nicht maßgebend sind „qualitative Elemente". **Im Zweifel** ist die räumliche Nähe zur Wohnung des Stpfl. ausschlaggebend.

Hinweis: Steuerfreier Arbeitgeberersatz/Mehraufwendungen

Die Tätigkeit außerhalb der ersten Tätigkeitsstätte, also an einer weiteren oder an mehreren weiteren (auswärtigen) Tätigkeitsstätte(n), ermöglicht einen steuerfreien Arbeitgeberersatz in Höhe der tatsächlich entstandenen und beruflich veranlassten Mehraufwendungen. Alternativ kommt für den Arbeitnehmer ein Werbungskostenabzug in Betracht.

2. Übersicht zur Ermittlung der ersten Tätigkeitsstätte – zusammenfassendes Schaubild

11 Das folgende Schaubild soll die Ermittlung der ersten Tätigkeitsstätte erleichtern:

Erste Tätigkeitsstätte nach § 9 Abs. 4 EStG
Zusammenfassendes Schaubild

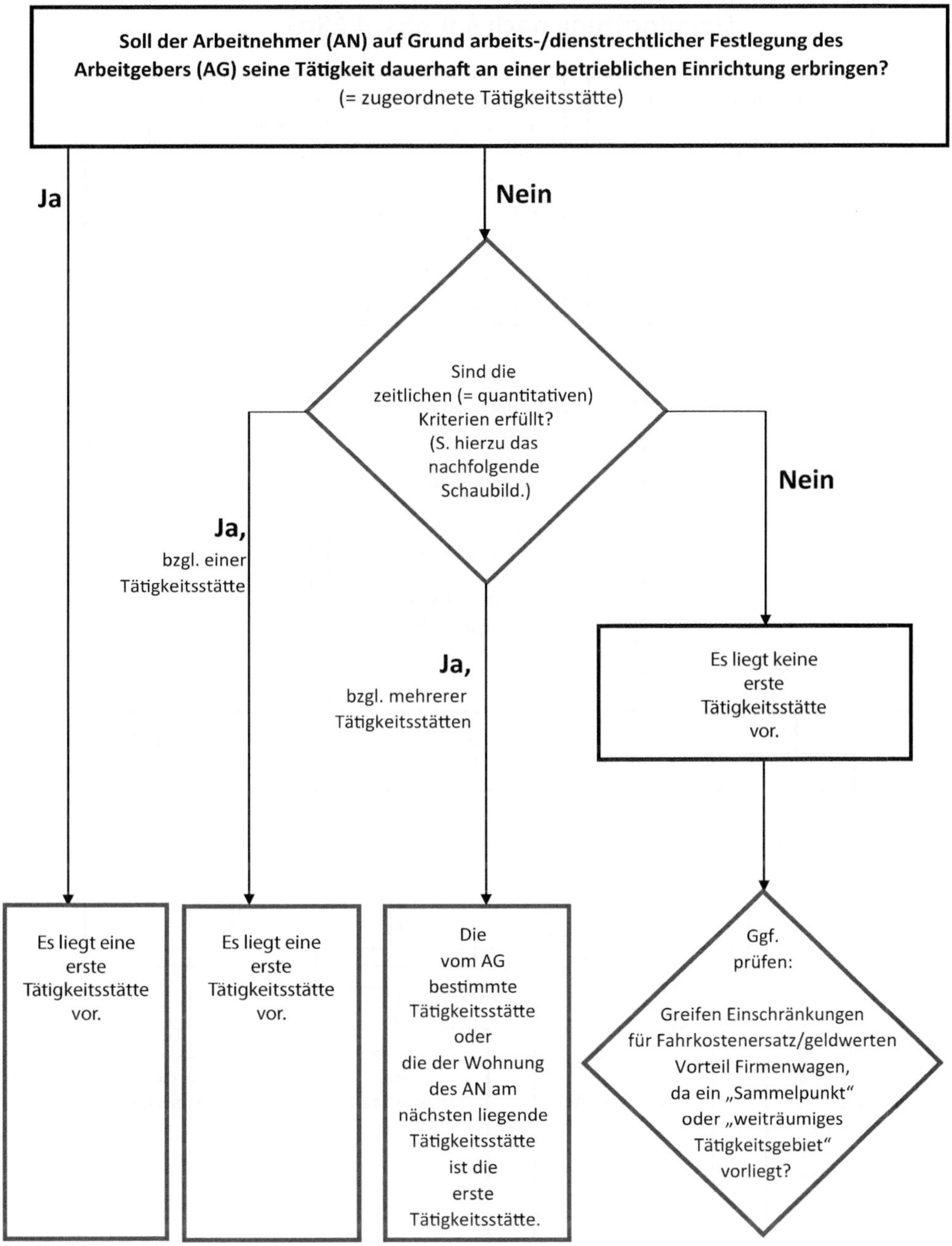

3. Übersicht zur Ermittlung der ersten Tätigkeitsstätte – Detailprüfung

12

Erste Tätigkeitsstätte Detailprüfung nach § 9 Abs. 4 EStG

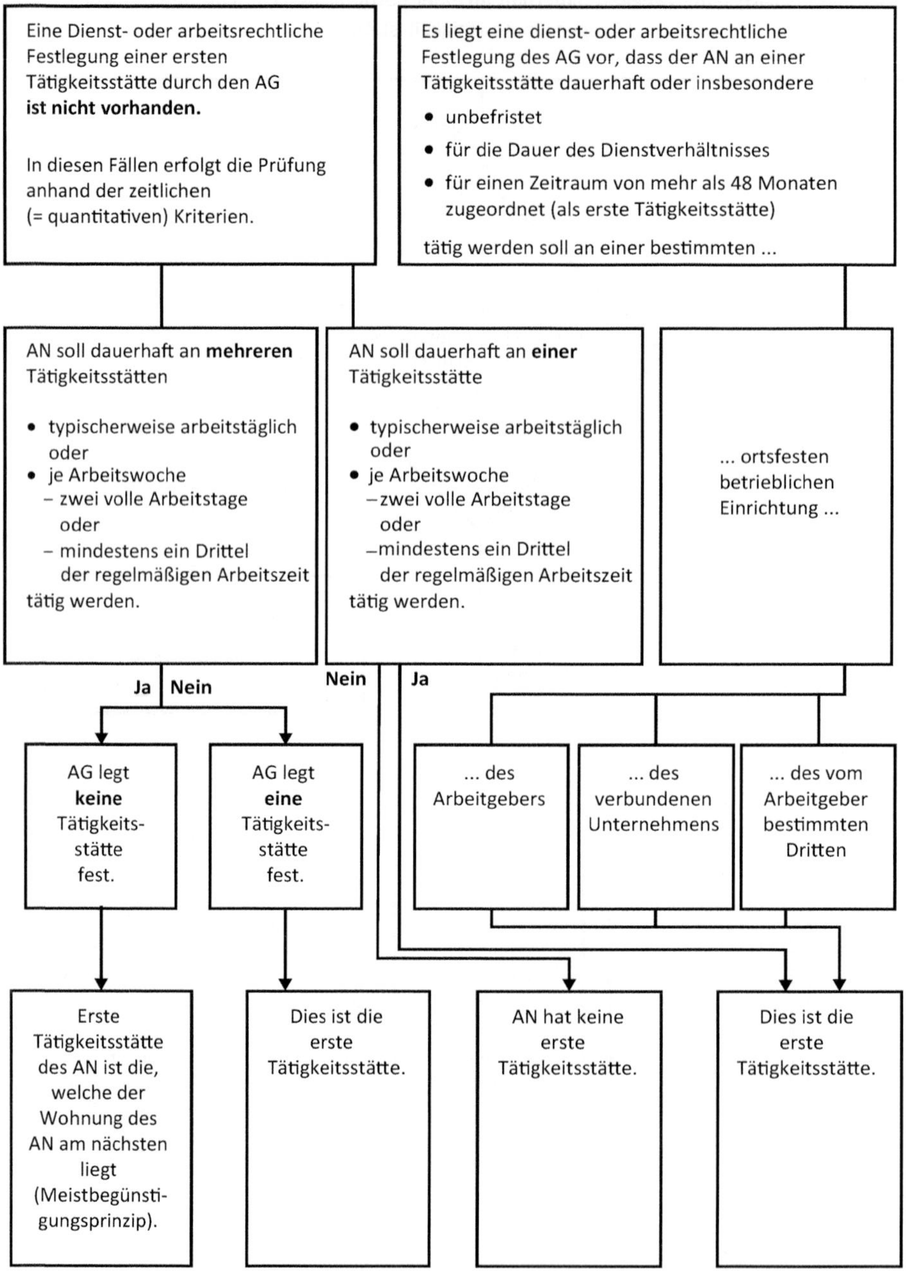

4. Auswärtstätigkeit

Eine Auswärtstätigkeit liegt vor, wenn der Arbeitnehmer **vorübergehend** außerhalb seiner Wohnung und nicht an seiner ersten Tätigkeitsstätte beruflich tätig wird. Der (lohn)steuerliche Oberbegriff einer beruflich veranlassten vorübergehenden **Auswärtstätigkeit** umfasst Dienstreisen, Einsatzwechsel- und Fahrtätigkeiten des Arbeitnehmers. Sie werden weitgehend einheitlich behandelt. Gleichwohl ist es vorteilhaft, für den Ansatz der Pauschbeträge für Verpflegungsmehraufwendungen (§ 4 Abs. 5 Satz 1 Nr. 5 und § 9 Abs. 4a EStG) weiterhin zwischen den einzelnen Arten der Auswärtstätigkeiten zu unterscheiden. Folgende Grundsätze des Reisekostenrechts sind dabei hervorzuheben: 13

- Die Frage, **wo** sich die erste Tätigkeitsstätte befindet, entscheidet grundsätzlich der Arbeitgeber durch seine auf Dauer angelegte Zuordnung des Arbeitnehmers (Prognose). Die **Tätigkeiten** außerhalb der ersten Tätigkeitsstätte sind Dienstreisen bzw. Auswärtstätigkeiten. Auf die Entfernung der auswärtigen Tätigkeitsstätte und die Zeitdauer der Auswärtstätigkeit kommt es nicht an. Auch nach **Ablauf** der für die steuerfreien Verpflegungspauschalen zu beachtenden Dreimonatsfrist (→ Rz. 178) wird die auswärtige Tätigkeitsstätte **nicht** automatisch zu einer (neuen) ersten Tätigkeitsstätte.
- Zur steuerlichen Berücksichtigung der **Pauschbeträge** für **Verpflegungsmehraufwendungen** gilt für sämtliche Arten der Auswärtstätigkeiten eine einheitliche **Dreimonatsfrist** (→ Rz. 178). Nach Ablauf dieser Frist darf der Arbeitgeber die Verpflegungspauschalen nicht mehr steuerfrei zahlen; ebenso ist ein Abzug als Werbungskosten ausgeschlossen.
- Für den Ansatz der **Übernachtungs-** sowie **Fahrtkosten** nach Reisekostenrechtsgrundsätzen bei beruflich veranlassten Auswärtstätigkeiten ist **keine** Dreimonatsfrist zu beachten.

5. Verpflegungspauschalen Inland

Für den Ansatz von Verpflegungsmehraufwendungen (→ Rz. 173 ff.) sind folgende Grundsätze zu beachten: 14

- Es wird zwischen ein- und mehrtägigen Auswärtstätigkeiten unterschieden.
- Für sämtliche seit dem Kalenderjahr 2020 durchgeführte Auswärtstätigkeiten im Inland sind zur Abgeltung der Verpflegungsmehraufwendungen die nach Dauer der Abwesenheit gestaffelten erhöhten **Pauschbeträge (Verpflegungspauschalen**) i. H. v. **28** € oder **14** € anzusetzen (→ Rz. 1).
- Die Abwesenheitszeiten mehrerer Auswärtstätigkeiten am selben Kalendertag werden zusammengezählt.
- **Beginnt** eine Auswärtstätigkeit an einem Kalendertag und **endet** sie am nachfolgenden Kalendertag, ohne dass eine Übernachtung stattfindet, wird die gesamte Tätigkeitsdauer dem Kalendertag der überwiegenden Abwesenheit zugerechnet (→ Rz. 183).
- Wollen Arbeitgeber über die steuerfreie Verpflegungspauschale hinaus **höhere Verpflegungsgelder** zahlen, dürfen sie die Lohnsteuer für diese Gelder (bis zu 100 % des Betrags der steuerfreien Pauschale) mit 25 % pauschal erheben. Einzelheiten → Rz. 217 ff.
- Neben der Regelbesteuerung nach den persönlichen Abzugsmerkmalen des Arbeitnehmers („Lohnsteuerkarte") hat der Arbeitgeber die Möglichkeit, vom **Sachbezugswert** für gestellte übliche **Mahlzeiten** (Preis nicht über 60 €), die er oder auf seine Veranlassung ein Dritter

- dem Arbeitnehmer während einer beruflichen Auswärtstätigkeit unentgeltlich oder verbilligt zur Verfügung stellt und
- deren Besteuerung auf Grund des nicht möglichen Werbungskostenabzugs (nach § 8 Abs. 2 Satz 9 EStG) vorgenommen werden muss,

die **Lohnsteuer** mit 25 % pauschal zu erheben → Rz. 218. Diese Pauschalbesteuerung kommt insbesondere dann in **Betracht**, wenn der Arbeitnehmer auf einer Auswärtstätigkeit ohne Übernachtung nicht mehr als acht Stunden auswärts tätig oder die Dreimonatsfrist für den Ansatz steuerfreier Verpflegungspauschalen abgelaufen ist.

6. Verpflegungspauschalen Ausland

15 Für **Auslandsreisen** bestimmt das Steuerrecht nach Ländern geordnet unterschiedliche Pauschbeträge für Verpflegungsmehraufwendungen, die für das Kalenderjahr 2026 neu festgesetzt worden sind (→ Rz. 4).

Bemessungsgrundlagen und Ausgangsgrößen für die steuerfreien Verpflegungspauschalen sind die Auslandstagegelder nach dem BRKG. Bei Auslandsreisen mit Abwesenheiten von 24 Stunden werden 120 % der höchsten Auslandstagegelder und bei einer Abwesenheit von über acht, aber unter 24 Stunden werden 80 % der höchsten Auslandstagegelder nach dem BRKG angesetzt. Bei Anwendung der in diesem Ratgeber abgedruckten **Tabelle** „Reisekostensätze Ausland" (→ Rz. 4) **entfällt** diese komplizierte Berechnung; dort können die maßgebenden Beträge unmittelbar **abgelesen** werden.

Auch bei **Auslandsreisen** ist für Verpflegungsgelder, die über den steuerfreien Verpflegungspauschalen liegen, eine Lohnsteuer-Pauschalierung möglich. Einzelheiten → Rz. 338, → Rz. 344.

7. Übernachtungskosten Inland

16 Übernachtungskosten im Inland können grundsätzlich nur bei **Nachweis** angesetzt werden. Für die steuerfreie **Erstattung** darf der Arbeitgeber zwischen zwei Möglichkeiten wählen:

- Erstattung der **tatsächlichen** Übernachtungskosten,
- Zahlung einer **Pauschale** für jede **Übernachtung** im Inland ohne Einzelnachweis bis zu 20 € (Pauschbetrag).

Für die Abrechnung einer (derselben) mehrtägigen Auswärtstätigkeit (Dienstreise) ist ein tageweiser Wechsel zwischen dem Ansatz des Übernachtungspauschbetrags und den tatsächlich nachgewiesenen Übernachtungskosten zulässig.

Nach **Ablauf** von **48 Monaten** einer längerfristigen beruflichen Tätigkeit an einer (derselben) Tätigkeitsstätte, welche nicht die erste Tätigkeitsstätte ist, können als Unterkunftskosten nur (noch) bis zu 1 000 € im Monat angesetzt werden (→ Rz. 188). Zur Frage, wann dieser Höchstbetrag überschritten werden darf und welche Aufwendungen zusätzlich angesetzt werden dürfen → Rz. 293. Eine **Unterbrechung** der beruflichen Tätigkeit an derselben Tätigkeitsstätte führt zu einem Neubeginn der 48-Monatsfrist, wenn die Unterbrechung mindestens sechs Monate gedauert hat (→ Rz. 188).

8. Übernachtungskosten Ausland

17 Bei Übernachtungen im Ausland dürfen sowohl für die steuerfreie Arbeitgebererstattung als auch für den Werbungskostenabzug grundsätzlich nur die **tatsächlichen** Übernachtungskosten angesetzt werden. Diese sind durch Rechnungen nachzuweisen.

Der **Arbeitgeber** hat jedoch die Wahl. Er kann für die Übernachtungen des Arbeitnehmers im Ausland alternativ zu den tatsächlichen Aufwendungen einen Betrag **bis** zur Höhe des jeweils maßgebenden amtlichen **Pauschbetrags** für Übernachtungskosten (auch Übernachtungspauschale genannt) steuerfrei zahlen. Diese Übernachtungspauschalen werden von der Finanzverwaltung regelmäßig für jedes Kalenderjahr überprüft und ggf. pro Land neu festgesetzt. Zu den für das Kalenderjahr 2026 maßgebenden Beträgen → Rz. 4.

9. Doppelte Haushaltsführung

Das Steuerrecht spricht von einer doppelten Haushaltsführung, wenn der Arbeitnehmer **außerhalb** des Ortes seiner ersten Tätigkeitsstätte einen eigenen Haushalt unterhält und er zudem **auch** am Ort der ersten Tätigkeitsstätte wohnt (Zweitwohnung oder -unterkunft aus beruflichen Gründen). Die Anzahl der Übernachtungen ist dabei unerheblich. Das Vorliegen eines eigenen Hausstands setzt das **Innehaben** einer Wohnung sowie eine **finanzielle** Beteiligung an den Kosten der Lebensführung voraus. Solange aber die auswärtige Beschäftigung eine Auswärtstätigkeit (→ Rz. 13) ist, liegt keine doppelte Haushaltsführung vor. **18**

Hat der Arbeitnehmer neben der Wohnung bzw. Unterkunft am (auswärtigen) Tätigkeitsort **keine** andere Wohnung/Unterkunft, liegt **kein** doppelter Haushalt vor. Von dieser Regelung sind insbesondere **ledige Arbeitnehmer** betroffen, die im Haushalt der Eltern ein oder mehrere Zimmer unentgeltlich bewohnen. Zur **Regelvermutung**, wonach junge Arbeitnehmer, die nach Beendigung der Ausbildung weiterhin im elterlichen Haushalt ihr Zimmer bewohnen, im Haus ihrer Eltern bzw. gemeinsam mit ihren Eltern keinen eigenen Hausstand unterhalten, sondern in den (fremden) Hausstand der Eltern eingegliedert sind, den der Ledige nicht wesentlich bestimmt bzw. mitbestimmt, s. FG Münster v. 7.10.2020.[1)]

Wird ein doppelter Haushalt geführt, dürfen

- die Pauschbeträge für **Verpflegungsmehraufwendungen** unter Berücksichtigung der Dreimonatsfrist (→ Rz. 13) sowie
- die Aufwendungen des Arbeitnehmers für eine **Zweitwohnung** grundsätzlich unbefristet in Höhe der nachgewiesenen (und der im Ausland auch notwendigen) Aufwendungen

angesetzt und steuerfrei ersetzt werden.

Führt der Arbeitnehmer einen doppelten Haushalt **und** übt er **zugleich** eine Auswärtstätigkeit aus (z. B. Einsatzwechseltätigkeit), dürfen nicht etwa zwei in Betracht kommende **Verpflegungspauschalen** angesetzt werden, sondern jeweils nur die höchste Pauschale.

Als **Unterkunftskosten im Inland** können die **tatsächlichen** Aufwendungen für die Nutzung der **Unterkunft**, begrenzt auf höchstens **1 000** € im Monat, angesetzt werden (anders als bei Auswärtstätigkeiten von Beginn an begrenzt). Die entstandenen Aufwendungen sind dem Arbeitgeber bzw. der Finanzverwaltung nachzuweisen. Jedoch darf die Finanzverwaltung nicht prüfen, ob die Aufwendungen notwendig und angemessen sind. Zur Frage, wann der Höchstbetrag von 1 000 € im Monat überschritten werden darf und welche Aufwendungen zusätzlich angesetzt werden dürfen → Rz. 293.

Ohne Einzelnachweis darf der Arbeitgeber dem Arbeitnehmer die Kosten für eine Zweitwohnung am Beschäftigungsort im **Inland** für die ersten drei Monate mit einem Pauschbetrag bis zu 20 € und für die Folgezeit mit einem Pauschbetrag bis zu 5 € **je Übernachtung** steuerfrei ersetzen.

Wird der doppelte Haushalt **im Ausland** geführt, sind nur die **notwendigen** angemessenen Aufwendungen ansatzfähig. Für solch eine im Ausland gelegene Zweitwohnung darf der Arbeitgeber die (notwendigen) Aufwendungen des Arbeitnehmers ohne Einzelnachweis für die ersten drei Monate bis zu dem für den auswärtigen Tätigkeitsort amtlich festgelegten **Pauschbetrag** für Übernachtungskosten und in der Folgezeit mit bis zu

1) FG Münster v. 7.10.2020, 13 K 1756/18 E, EFG 2021, 29.

40 % dieses Pauschbetrags steuerfrei zahlen. Zur Regelung durch das Steueränderungsgesetz 2025 v. 22.12.2025[1], ab dem Kalenderjahr 2026 die ansetzbaren Unterkunftskosten auf 2 000 € monatlich zu begrenzen, → Rz. 339.

Einzelheiten zur doppelten Haushaltsführung → Rz. 106 ff.

10. Kfz-Nutzung

a) Geldwerter Vorteil für Privatnutzung

19 Stellt der Arbeitgeber seinem Arbeitnehmer ein **betriebliches Kfz zur privaten Nutzung** (einschließlich für Fahrten zwischen Wohnung und Arbeitsstätte und für Familienheimfahrten) zur Verfügung, so ist der darin liegende Vorteil in aller Regel als **Arbeitslohn** zu erfassen. Zur Behandlung bei Gewinneinkünften → Rz. 23.

Die steuerlichen Regelungen für die Ermittlung des Nutzungswerts einer privaten Nutzung des betrieblichen Kfz gelten gleichermaßen sowohl für Selbständige bzw. Unternehmer sowie für Arbeitnehmer. Der Wertansatz für eine **private Kfz-Nutzung** kann wie folgt ermittelt werden

- entweder durch den Einzelnachweis der tatsächlichen Kosten (**Fahrtenbuchmethode** → Rz. 238 f.) oder
- durch Zugrundelegung gesetzlicher Pauschalierungen; mit der **1 %-Regelung/-Methode** (pro Kalendermonat) für die Privatnutzung (→ Rz. 23, → Rz. 237) und zusätzlich für die Wege zwischen Wohnung und Betriebsstätte bzw. erster Tätigkeitsstätte mit 0,03 % des Pkw-Bruttolistenpreises für jeden Kalendermonat für jeden Kilometer der Entfernung zwischen Wohnung und Betriebsstätte bzw. erster Tätigkeitsstätte (→ Rz. 244 ff.).

Alternativ kann der geldwerte Vorteil für jede Fahrt zwischen Wohnung und erster Tätigkeitsstätte anhand einer Einzelbewertung der tatsächlichen Fahrten mit 0,002 % des Bruttolistenpreises pro Entfernungskilometer und Fahrt angesetzt werden (→ Rz. 93).[2]

Selbständige und Gewerbetreibende dürfen die pauschale Ermittlungsmethode für die private Kfz-Nutzung nur dann anwenden, wenn das Kfz zu mehr als 50 % betrieblich genutzt wird (→ Rz. 93). Diese Grenze ist für einen Firmenwagen nicht zu beachten, den der Arbeitgeber dem Arbeitnehmer unentgeltlich oder verbilligt zur privaten Nutzung überlässt.

Die Nutzung von **Elektro-** und extern aufladbaren **Hybridelektrofahrzeugen** wird steuerlich gefördert. Für solche Fahrzeuge wird der Vorteil für die private Nutzung mit einem geringeren Betrag (zur Hälfte oder mit einem Viertel) besteuert (→ Rz. 81 f.).

Zur **umsatzsteuerlichen** Behandlung der Kfz-Gestellung → Rz. 384 bis → Rz. 394.

b) Steuerfreie Erstattung für Arbeitnehmerfahrzeug

20 Setzt der Arbeitnehmer sein **privates** Fahrzeug anlässlich einer beruflichen Auswärtstätigkeit ein, darf der Arbeitgeber grundsätzlich dieselben Beträge als Reisekosten steuerfrei erstatten, die der Arbeitnehmer als Werbungskosten ansetzen könnte. Als Reisekosten können nach H 9.5 (Allgemeines) LStH die Aufwendungen für folgende Fahrten angesetzt werden:

- Fahrten von der **Wohnung** oder ersten Tätigkeitsstätte zur auswärtigen Tätigkeitsstätte oder zur **Unterkunft** am Ort der auswärtigen Tätigkeitsstätte einschließlich sämtlicher Zwischenheimfahrten,

---

1) Steueränderungsgesetz 2025 v. 22.12.2025, BGBl. I 2025, Nr. 363.
2) BFH v. 22.9.2010, VI R 54/09, BStBl II 2011, 354; v. 22.9.2010, VI R 55/09, BStBl II 2011, 358; v. 22.9.2010, VI R 57/09, BStBl II 2011, 359; BMF v. 4.4.2018, IV C 5 – S 2334/18/10001, BStBl I 2018, 592, Rz. 10.

- innerhalb desselben Dienstverhältnisses Fahrten zwischen **mehreren** auswärtigen Tätigkeitsstätten oder innerhalb eines weiträumigen Arbeitsgebiets und
- Fahrten von einer **Unterkunft** am Ort der auswärtigen Tätigkeitsstätte oder von ihrem Einzugsbereich zur auswärtigen Tätigkeitsstätte.

Als Aufwendung ist der Teilbetrag der jährlichen Gesamtkosten dieses Fahrzeugs anzusetzen, der dem Anteil der beruflichen Fahrten an der Jahresfahrleistung entspricht (Einzelabrechnung wie bei Fahrtenbuchmethode). Statt der tatsächlichen Aufwendungen kann gem. § 9 Abs. 1 Satz 3 Nr. 4a Satz 2 EStG je nach Art des benutzten Verkehrsmittels auch ein **pauschaler Kilometersatz** angesetzt werden:

- Bei Benutzung eines Kraftwagens (z. B. Pkw) 0,30 €,
- und bei Nutzung eines anderen motorbetriebenen Fahrzeugs (z. B. Motorrad) 0,20 €

für jeden gefahrenen Kilometer.

II. Gewinneinkünfte

Die im lohnsteuerlichen Bereich zu beachtenden Regelungen des Reisekostenrechts werden für den betrieblichen Bereich und für die Ermittlung des Gewinns entsprechend angewandt. Dies gilt auch zur Bestimmung der (ersten) Betriebsstätte.[1) **21**

Einzelheiten zum Betriebsausgabenabzug → Rz. 34 ff.

1. Betriebsstätte

Als Betriebsstätte wird die von der Wohnung getrennte dauerhafte Tätigkeitsstätte des Stpfl. (Selbständigen, Gewerbetreibenden bzw. Betriebsinhabers → Rz. 34 ff.) bezeichnet. Dies ist **22**

- eine **ortsfeste betriebliche** Einrichtung i. S. d. Lohnsteuerrechts[2)] des Stpfl., des Auftraggebers **oder** eines vom Auftraggeber bestimmten Dritten,
- **an** der oder **von** der aus die steuerrechtlich relevante **Tätigkeit dauerhaft ausgeübt** wird.

Eine hierauf bezogene eigene Verfügungsmacht des Stpfl. ist – im Unterschied zur Geschäftseinrichtung i. S. v. § 12 Satz 1 AO – nicht erforderlich. Ein häusliches **Arbeitszimmer** ist keine Betriebsstätte.

Die geforderte **Dauerhaftigkeit** liegt vor, wenn die steuerlich erhebliche Tätigkeit an einer Tätigkeitsstätte **unbefristet**, für eine Dauer von voraussichtlich **mehr als 48 Monaten** oder für die **gesamte Dauer** der betrieblichen Tätigkeit ausgeübt werden soll.

Für die **Prognose** der voraussichtlichen Dauer kann auf die Dauer des Auftragsverhältnisses abgestellt werden. Wird das Auftragsverhältnis zu einem späteren Zeitpunkt verlängert, ist die Prognoseentscheidung für **zukünftige** Zeiträume neu zu treffen. Dabei sind bereits vergangene Tätigkeitszeiträume in die Prüfung des 48-Monatszeitraums **nicht** einzubeziehen.

Weichen die tatsächlichen Verhältnisse durch unvorhersehbare Ereignisse (z. B. Insolvenz des Kunden) von der ursprünglichen Prognose ab, bleibt die zuvor getroffene Prognoseentscheidung für die Vergangenheit bezüglich des Vorliegens einer Betriebsstätte maßgebend.

Der Stpfl. kann an mehreren Betriebsstätten tätig werden; für jeden Betrieb kann jedoch **höchstens** eine ortsfeste betriebliche Einrichtung die **erste** Betriebsstätte sein.

---

1) BMF v. 23.12.2014, IV C 6 – S 2145/10/10005 :001, BStBl I 2015, 26.
2) BMF v. 23.12.2014, IV C 6 – S 2145/10/10005 :001, BStBl I 2015, 26, Rz. 1.

Übt der Stpfl. seine betriebliche Tätigkeit an **mehreren** Betriebsstätten aus, ist die erste Betriebsstätte anhand **quantitativer** Merkmale zu bestimmen. Danach ist erste Betriebsstätte die Tätigkeitsstätte, an der der Stpfl. **dauerhaft** typischerweise (im Sinne eines Vergleichs mit einem Arbeitnehmer)

- arbeitstäglich oder
- je Woche an zwei vollen Arbeitstagen oder
- mindestens zu einem Drittel

seiner regelmäßigen Arbeitszeit tätig werden will. Treffen diese Kriterien auf mehrere Tätigkeitsstätten zu, ist die der Wohnung des Stpfl. **näher** gelegene Tätigkeitsstätte die erste Betriebsstätte. Die Fahrten zu **weiter** entfernt liegenden Tätigkeitsstätten sind als Auswärtstätigkeiten zu beurteilen.

Einzelheiten zur Festlegung der Betriebsstätte bei Gewinneinkünften und zum aktuellen Verfahren am BFH zur Auslegung des Begriffs der „Betriebsstätte" → Rz. 35 f.

2. Kfz-Nutzung

23 Aufwendungen für ein dem **Betriebsvermögen** zugeordnetes Kfz sind grundsätzlich zunächst in voller Höhe als Betriebsausgaben abzugsfähig. Folglich ist bei einem Unternehmer bzw. einem Stpfl. mit Gewinneinkünften für die **private Nutzung** eines betrieblichen Kfz eine gewinnerhöhende Entnahme anzusetzen, wenn das betriebliche Kfz auch für private Zwecke tatsächlich genutzt wird. Die Entnahme erhöht den Gewinn. Gehören zum Betriebsvermögen eines Stpfl. mehrere Kfz, die dieser auch für private Zwecke nutzt, ist für jedes der Kfz eine Entnahme anzusetzen.

Die Ermittlung des privaten Nutzungswerts erfolgt grundsätzlich nach der pauschalen **1 %-Regelung** (→ Rz. 19). Sie wird typisierend angesetzt und kann nur durch ein ordnungsgemäß geführtes **Fahrtenbuch** widerlegt werden (sog. Fahrtenbuchmethode). Mit solch einem Fahrtenbuch kann anhand der gefahrenen Strecke der private Nutzungsumfang für das Kfz ermittelt werden. Entsprechend dem Verhältnis der Gesamtkosten zu den betrieblich und privat gefahrenen Strecken können die anteiligen tatsächlichen Kosten ermittelt und angesetzt werden (→ Rz. 238 ff.).

Nach der 1 %-Regelung ist der Wert für die monatliche Privatnutzung mit 1 % des auf volle Hundert abgerundeten Bruttolistenpreises des Kfz zum Zeitpunkt der Erstzulassung zuzüglich Sonderausstattung anzusetzen. Der Bruttolistenpreis ist gleichbedeutend mit der unverbindlichen Preisempfehlung des Herstellers und schließt die USt ein.

Hinweis: Elektro-/Hybridelektrofahrzeuge

Für Elektro- und extern aufladbare Hybridelektrofahrzeuge sind Sonderregelungen zu beachten → Rz. 81 f.

Ermittelt der Unternehmer die private Nutzung nach der 1 %-Regelung, sind auch die Aufwendungen für Fahrten zwischen Wohnung und erster Betriebsstätte pauschal anzusetzen (mit monatlich 0,03 % des Kfz-Bruttolistenpreises im Zeitpunkt der Erstzulassung pro Entfernungskilometer).

Einzelheiten zur privaten Mitbenutzung eines betrieblichen Kfz → Rz. 93 ff.

3. Fahrten zwischen Wohnung und (erster) Betriebsstätte

24 Aufwendungen des Stpfl. für die Wege zwischen Wohnung und erster Betriebsstätte sind keine Reisekosten. Ihr gewinn- bzw. steuermindernder Abzug ist auf die Entfernungspauschale beschränkt.

Einzelheiten zu Fahrten zwischen Wohnung und Betriebsstätte → Rz. 76 ff.

4. Reisekosten

Bei der Gewinnermittlung sind die lohnsteuerlichen Regelungen zu den Reisekosten sinngemäß anzuwenden (R 4.12 Abs. 2 EStR). Reisekosten sind 25

- Fahrtkosten → Rz. 50 ff.,
- Mehraufwendungen für Verpflegung → Rz. 57,
- Übernachtungskosten → Rz. 65 ff. und
- Reisenebenkosten → Rz. 68 ff.

Wird der Betriebsinhaber (Stpfl.) **typischerweise nur**

- an ständig **wechselnden** Tätigkeitsstätten, die keine Betriebsstätten sind, tätig oder
- an einer **nicht** ortsfesten betrieblichen Einrichtung (z. B. Fahrzeug, Flugzeug, Schiff) betrieblich tätig,

sind die Aufwendungen für die Fahrten zwischen Wohnung und Tätigkeitsstätte (Fahrtkosten) grundsätzlich unbeschränkt als Betriebsausgaben abziehbar.

Mehraufwendungen für die **Verpflegung** des Betriebsinhabers (Stpfl.) sind nur dann als Betriebsausgaben abziehbar, wenn er vorübergehend von seiner Wohnung und dem Mittelpunkt seiner dauerhaft angelegten betrieblichen Tätigkeit entfernt betrieblich tätig wird. Der Begriff des Mittelpunktes der dauerhaft angelegten betrieblichen Tätigkeit entspricht grundsätzlich dem Begriff der Betriebsstätte (→ Rz. 22). Bei **ständig wechselnden Tätigkeitsstätten** oder Tätigkeiten an einer **nicht ortsfesten betrieblichen Einrichtung** ist ein Abzug von Verpflegungsmehraufwendungen entsprechend den lohnsteuerlichen Regelungen zulässig.

Einzelheiten zu den betrieblichen Reisekosten → Rz. 45 ff.

5. Doppelte Haushaltsführung

Die für Arbeitnehmer geltenden lohnsteuerlichen Regelungen zum Ansatz der Mehraufwendungen bei doppelter Haushaltsführung sind bei der Gewinnermittlung dem Grunde und der Höhe nach entsprechend anzuwenden (R 4.12 Abs. 3 EStR). Zu diesen Mehraufwendungen zählen: 26

- Fahrtkosten aus Anlass der Wohnungswechsel zu Beginn und am Ende der doppelten Haushaltsführung,
- Fahrtkosten für wöchentliche Heimfahrten an den Ort des eigenen Hausstands (sog. Familienheimfahrten) oder statt der Heimfahrten die Aufwendungen für wöchentliche Familien-Ferngespräche,
- Verpflegungsmehraufwendungen,
- Aufwendungen für die Zweitwohnung sowie
- Umzugskosten.

Einzelheiten zur doppelten Haushaltsführung bei Gewinneinkünften → Rz. 106 ff.

III. Solidaritätszuschlag

Der als Zuschlag zur Einkommen- und Körperschaftsteuer fällige Solidaritätszuschlag wird seit dem Kalenderjahr 2021 weitgehend nicht mehr erhoben. Er fällt jedoch weiterhin noch an, wenn im Kalenderjahr 2026 die tarifliche **Einkommensteuer** bei einer Einzelveranlagung 20 350 € und bei einer Zusammenveranlagung zur Einkommensteuer 40 700 € übersteigt (§ 3 Abs. 3 SolzG 1995). 27

Erhebt der Arbeitgeber die Lohnsteuer pauschal (mit 5 % [Betriebe der Land- und Forstwirtschaft], mit 15 %, 20 %, 25 % oder mit 30 %), ist der Solidaritätszuschlag weiterhin gesondert zu berechnen. Er beträgt in diesen Fällen stets 5,5 % der pauschalen Lohnsteuer (§ 3 Abs. 2a Satz 1 und § 4 SolzG 1995).

IV. Umsatzsteuer

28 Für den Reisekostenbereich ist aus umsatzsteuerlicher Sicht von Bedeutung:

Der Vorsteuerabzug aus Fahrtkosten für Kfz, Übernachtungskosten und Verpflegungsmehraufwendungen des Unternehmers und der Arbeitnehmer ist unter bestimmten Voraussetzungen zugelassen (→ Rz. 375 ff.) und gilt auch für die Einsatzwechsel-, Fahrtätigkeit (seit 2008 Auswärtstätigkeit) und doppelte Haushaltsführung. Auch bei den Bewirtungskosten ist der Vorsteuerabzug in vollem Umfang zugelassen.

Seit 1.1.2007 gilt grundsätzlich ein USt-Steuersatz von 19 % (§ 12 Abs. 1 UStG),[1] der als Hilfsmaßnahme zur Bewältigung der Corona-Krise für zwischen 1.7.2020 bis zum 31.12.2020 getätigte Umsätze auf 16 % abgesenkt wurde (→ Rz. 30). Durch das Zweite Bürokratieentlastungsgesetz v. 30.6.2017[2] ist rückwirkend zum 1.1.2017 eine Anhebung der Grenze für Kleinbetragsrechnungen auf 250 € erfolgt.

Durch Art. 5 Nr. 1 Wachstumsbeschleunigungsgesetz[3] wurde ein neuer § 12 Abs. 2 Nr. 11 UStG eingeführt. Diese Vorschrift sieht die Anwendung eines ermäßigten Steuersatzes für die Vermietung von Wohn- und Schlafräumen vor, die ein Unternehmer zur kurzfristigen Beherbergung von Fremden bereithält.

Nach § 19 UStG ist die USt, die ein **Kleinunternehmer** für seine steuerpflichtigen Umsätze schuldet, unter bestimmten Voraussetzungen nicht zu erheben. Die Umsatzgrenze, bis zu der die USt nicht erhoben wird, beträgt gem. § 19 Abs. 1 UStG in der bis zum 31.12.2024 geltenden Fassung bis zum 31.12.2024 **22 000** €.[4] Kleinunternehmer, die von dieser Regelung Gebrauch machen, können Vorsteuern generell – also auch aus den Reisekosten – nicht geltend machen. Insbesondere Kleinunternehmer mit einem Jahresumsatz bis zu 22 000 € sollten daher prüfen, ob sie zur USt optieren wollen (§ 19 Abs. 2 Satz 1 UStG in der bis zum 31.12.2024 geltenden Fassung). Optiert ein Kleinunternehmer zur Besteuerung nach den allgemeinen Vorschriften, hat er zwar den Vorsteuerabzug, soweit er nicht steuerfreie, den Vorsteuerabzug ausschließende Umsätze nach § 4 Nr. 8 bis 29 UStG ausführt, er muss aber auch die für steuerpflichtige Umsätze anfallende USt an das Finanzamt abführen. An die Option ist er im Übrigen zumindest für fünf Jahre gebunden (§ 19 Abs. 2 Satz 2 UStG in der bis zum 31.12.2024 geltenden Fassung).

Durch Art. 25 Nr. 17 des Jahressteuergesetzes 2024[5] wurde die Kleinunternehmerregelung mit Wirkung vom 1.1.2025 neu geregelt. Nach § 19 UStG in der seit dem 1.1.2025 geltenden Fassung ist ein im Inland erbrachter Umsatz eines im Inland ansässigen Unternehmers unter bestimmten Voraussetzungen steuerfrei, wenn der Gesamtumsatz des Unternehmers im vorangegangenen Kalenderjahr 25 000 € nicht überschritten hat und im laufenden Kalenderjahr 100 000 € nicht überschreitet. Unternehmer, die von dieser Regelung Gebrauch machen, können Vorsteuern generell – also auch aus den Reisekosten – nicht geltend machen. Insbesondere Kleinunternehmer mit einem Jahresumsatz bis zu 25 000 € sollten daher prüfen, ob sie zur USt optieren wollen (§ 19 Abs. 3 UStG in der seit dem 1.1.2025 geltenden Fassung). Optiert ein Kleinunternehmer zur

1) Anhebung von 16 % auf 19 % rückwirkend zum 1.1.2007 durch das Haushaltsbegleitgesetz 2006 (HBeglG 2006) v. 29.6.2006, BGBl. I 2006, 1402.

2) Zweites Gesetz zur Entlastung insbesondere der mittelständischen Wirtschaft von Bürokratie (Zweites Bürokratieentlastungsgesetz) v. 30.6.2017, BGBl. I 2017, 2143.

3) Gesetz zur Beschleunigung des Wirtschaftswachstums (Wachstumsbeschleunigungsgesetz) v. 22.12.2009, BGBl. I 2009, 3950.

4) Durch Art. 7 Nr. 2 des Dritten Gesetzes zur Entlastung insbesondere der mittelständischen Wirtschaft von Bürokratie (Drittes Bürokratieentlastungsgesetz) v. 22.11.2019, BGBl. I 2019, 1746, wurde die Kleinunternehmergrenze mit Wirkung vom 1.1.2020 von 17 500 € auf 22 000 € angehoben.

5) Jahressteuergesetz 2024 (JStG 2024) v. 2.12.2024, BGBl. I 2024 Nr. 387.

Besteuerung nach den allgemeinen Vorschriften, hat er zwar den Vorsteuerabzug, soweit er nicht steuerfreie, den Vorsteuerabzug ausschließende Umsätze nach § 4 Nr. 8 bis 29 UStG ausführt, er muss aber auch die für steuerpflichtige Umsätze anfallende USt an das Finanzamt abführen. An die Option ist er im Übrigen zumindest für fünf Jahre gebunden (§ 19 Abs. 3 Satz 3 UStG in der seit dem 1.1.2025 geltenden Fassung).

Diese Regelungen gelten auch – fakultativ – für im übrigen Gemeinschaftsgebiet ansässige Unternehmer, wenn der nach Unionsrecht ermittelte Jahresumsatz im Gemeinschaftsgebiet im vorangegangenen Kalenderjahr 100 000 € nicht überschritten hat und im laufenden Kalenderjahr nicht überschreitet, und dem Unternehmer durch den Ansässigkeitsmitgliedstaat eine insoweit gültige Kleinunternehmer-Identifikationsnummer erteilt wurde.

Hinweis: Erteilung der Kleinunternehmer-Identifikationsnummer

Die Kleinunternehmer-Identifikationsnummer wird auf Antrag vom Bundeszentralamt für Steuern erteilt (§ 19a Abs. 1 Satz 2 UStG in der seit dem 1.1.2025 geltenden Fassung).

Hinweis: Kleinunternehmerregelung in anderen EU-Mitgliedstaaten

Ein im Inland ansässiger Unternehmer kann seit 1.1.2025 auch unter bestimmten Voraussetzungen die Steuerbefreiung für Kleinunternehmer in einem anderen EU-Mitgliedstaat in Anspruch nehmen. Hierzu muss er an dem besonderen Meldeverfahren für Kleinunternehmer teilnehmen (vgl. § 19a UStG in der seit dem 1.1.2025 geltenden Fassung).

Durch Art. 3 des Gesetzes zur Umsetzung des Klimaschutzprogramms 2030 im Steuerrecht v. 21.12.2019[1] ist der ermäßigte Steuersatz mit Wirkung vom 1.1.2020 auf alle Personenbeförderungen im Schienenbahnverkehr ausgedehnt worden. Danach bedarf es bei diesen Leistungen keiner Abgrenzung mehr zwischen der Anwendung des allgemeinen und des ermäßigten Steuersatzes. **29**

Durch Art. 1 Nr. 1 des **Corona-Steuerhilfegesetzes** v. 19.6.2020[2] wurde mit dem neuen § 12 Abs. 2 Nr. 15 UStG der **ermäßigte Steuersatz für Restaurant- und Verpflegungsdienstleistungen, mit Ausnahme von Getränken**, eingeführt. Der ermäßigte Steuersatz ist auf Dienstleistungen anzuwenden, die nach dem 30.6.2020 und vor dem 1.7.2021 erbracht werden; durch Art. 3 des **Dritten Corona-Steuerhilfegesetzes** v. 10.3.2021[3] wurde die Anwendung dieser Steuerermäßigung auf vor dem **1.1.2023** ausgeführte Umsätze ausgedehnt (→ Rz. 349 ff.; → Rz. 366 ff.). Durch das Achte Gesetz zur Änderung von Verbrauchsteuergesetzen wurde die Anwendung des ermäßigten Steuersatzes für Restaurations- und Verpflegungsdienstleistungen bis zum 31.12.2023 verlängert.[4] Vom 1.1.2024 bis zum 31.12.2025 galt für Restaurant- und Verpflegungsdienstleistungen einschließlich Getränke wieder einheitlich der allgemeine Steuersatz von 19 %. Die Verwaltung hat mit dem BMF-Schreiben v. 21.12.2023 eine Übergangsregelung erlassen. Danach wurde zur Vermeidung von Übergangsschwierigkeiten zugelassen, dass auf Restaurant- und Verpflegungsdienstleistungen, mit Ausnahme der Abgabe von Getränken, die in der Nacht vom 31.12.2023 zum 1.1.2024 ausgeführt werden, der bis zum 31.12.2023 geltende ermäßigte Steuersatz von 7 % angewandt werden konnte.[5] Durch Art. 4 Nr. 2 des Steueränderungsgesetzes 2025 v. 22.12.2025[6] wurde mit dem geänderten § 12 Abs. 2 Nr. 15 UStG der **ermäßigte Steuersatz für Restaurant- und Verpflegungsdienstleistungen, mit Ausnahme von Getränken**, ohne eine zeitliche Begrenzung **30**

---

1) Gesetz zur Umsetzung des Klimaschutzprogramms 2030 im Steuerrecht v. 21.12.2019, BGBl. I 2019, 2886 = BStBl I 2020, 138.
2) Gesetz zur Umsetzung steuerlicher Hilfsmaßnahmen zur Bewältigung der Corona-Krise (Corona-Steuerhilfegesetz) v. 19.6.2020, BGBl. I 2020, 1385 = BStBl I 2020, 550.
3) Drittes Gesetz zur Umsetzung steuerlicher Hilfsmaßnahmen zur Bewältigung der Corona-Krise (Drittes Corona-Steuerhilfegesetz) v. 10.3.2021, BGBl. I 2021, 330 = BStBl I 2021, 335.
4) Durch Art. 12 des Achten Gesetzes zur Änderung von Verbrauchsteuergesetzen v. 24.10.2022 (BGBl. I 2022, 1838).
5) BMF-Schreiben v. 21.12.2023, III C 3 – S 7220/22/10001 :009.
6) Steueränderungsgesetz 2025 v. 22.12.2025, BGBl. I 2025, Nr. 363.

mit Wirkung vom 1.1.2026 wieder eingeführt. Der ermäßigte Steuersatz ist auf Dienstleistungen anzuwenden, die nach dem 31.12.2025 erbracht werden. Für die Anwendung des ermäßigten Umsatzsteuersatzes für Restaurant- und Verpflegungsdienstleistungen, mit Ausnahme der Abgabe von Getränken, beanstandet es die Verwaltung nicht, wenn zur Aufteilung des Gesamtkaufpreises von sog. Kombiangeboten aus Speisen inkl. Getränken (z. B. Buffet, All-Inclusive-Angeboten) der auf die Getränke entfallende Entgeltanteil mit 30 % des Pauschalpreises angesetzt wird. Außerdem hat die Verwaltung eine Übergangsregelung erlassen. Danach wird zur Vermeidung von Übergangsschwierigkeiten zugelassen, dass auf Restaurant- und Verpflegungsdienstleistungen, mit Ausnahme der Abgabe von Getränken, die in der Nacht vom 31.12.2025 zum 1.1.2026 ausgeführt werden, der bis zum 31.12.2025 geltende allgemeine Steuersatz von 19 % angewandt werden kann.[1)]

Durch Art. 3 Nr. 3 des **Zweiten Corona-Steuerhilfegesetzes** v. 29.6.2020[2)] war außerdem abweichend von § 12 Abs. 1 UStG der allgemeine USt-Steuersatz vorübergehend für Umsätze, die **nach dem 30.6.2020 und vor dem 1.1.2021** erbracht wurden, von 19 % auf **16 %** abgesenkt (§ 28 Abs. 1 UStG). Gleichzeitig war der ermäßigte Steuersatz – abweichend von § 12 Abs. 2 UStG – vorübergehend für alle unter § 12 Abs. 2 UStG fallende Umsätze, die **nach dem 30.6.2020 und vor dem 1.1.2021** erbracht wurden, von 7 % auf **5 %** abgesenkt (§ 28 Abs. 2 UStG; → Rz. 349 ff.; → Rz. 366 ff.).

1) BMF-Schreiben v. 22.12.2025, III C S 7220/00023/014/027, BStBl I 2025, 2105.
2) Zweites Gesetz zur Umsetzung steuerlicher Hilfsmaßnahmen zur Bewältigung der Corona-Krise (Zweites Corona-Steuerhilfegesetz) v. 29.6.2020, BGBl. I 2020,1512 = BStBl I 2020, 563.

B. Rechtsgrundlagen

I. Gesetze und Durchführungsverordnungen

Die Rechtsgrundlagen für das steuerliche Reisekostenrecht 2026 ergeben sich je nach Steuerart aus den folgenden Gesetzen und Verordnungen: **31**

Steuerart	**Rechtsvorschrift**
Einkommensteuer/Lohnsteuer	Einkommensteuergesetz (EStG)[1]
	Einkommensteuer-Durchführungsverordnung (EStDV)[2]
	Lohnsteuer-Durchführungsverordnung (LStDV)[3]
Umsatzsteuer	Umsatzsteuergesetz (UStG)[4]
	Umsatzsteuer-Durchführungsverordnung (UStDV)[5]

II. Verwaltungsanweisungen

Die zu beachtenden **Verwaltungsanweisungen** zur steuerlichen Behandlung der Reisekosten werden in diesem Ratgeber berücksichtigt und sind in die Erläuterungen eingearbeitet; dies sind insbesondere **32**

- für den **einkommensteuerlichen** Bereich (betrifft z. B. Selbständige, Gewerbetreibende) die aktuellen Einkommensteuer-Richtlinien (EStR 2012) sowie die Einkommensteuer-Hinweise (EStH 2025, ergänzend die erst nach der Herausgabe dieses Beraters veröffentlichten EStH 2026); ferner das insbesondere für die Gewinneinkünfte maßgebende BMF-Schreiben zur ertragsteuerlichen Beurteilung von Aufwendungen für Fahrten zwischen Wohnung und Betriebsstätte und von Reisekosten unter Berücksichtigung der Reform des steuerlichen Reisekostenrechts zum 1.1.2014,[6] die BMF-Schreiben zur steuerlichen Anerkennung von geschäftlich veranlassten Bewirtungskosten als Betriebsausgaben (aktuell v. 19.11.2025)[7] sowie zur Nutzung eines betrieblichen Kfz für private und betriebliche Fahrten mit gesonderten Regelungen für Elektro- und Hybridelektrofahrzeuge;[8]
- für den **lohnsteuerlichen** Bereich (betrifft Arbeitgeber und Arbeitnehmer) die Lohnsteuer-Richtlinien 2023 (LStR 2023), insbesondere in R 8.1, 9.1 bis 9.11 LStR 2023, und die erst nach der Herausgabe dieses Beraters veröffentlichten neuen Lohnsteuer-Hinweise 2026 (LStH 2026) sowie die BMF-Schreiben „Steuerliche Behandlung der Reisekosten von Arbeitnehmern" v. 25.11.2020[9] und zu den Entfernungspauschalen ab 2021;[10] ferner das BMF-Schreiben v. 3.3.2022 zur lohnsteuerlichen Behandlung

1) Einkommensteuergesetz i.d.F. der Bekanntmachung v. 8.10.2009, BGBl. I, 3366, 3862, das zuletzt durch Artikel 2 des Steueränderungsgesetzes 2025 v. 22.12.2025, BGBl. I 2025, Nr. 363 geändert worden ist.
2) Vom 21.12.1955, i.d.F. der Bekanntmachung v. 10.5.2000, BGBl. I 2000, 717, zuletzt geändert durch die Siebte Verordnung zur Änderung steuerlicher Verordnungen v. 19.12.2025, BGBl. I 2025, Nr. 372 (Artikel 2).
3) Vom 10.10.1989, i.d.F. der Bekanntmachung v. 10.10.1989, BGBl. I 1989, 1848, zuletzt geändert durch die Siebte Verordnung zur Änderung steuerlicher Verordnungen v. 19.12.2025, BGBl. I 2025, Nr. 372 (Artikel 3).
4) Vom 26.11.1979, BGBl. I 1979, 1953, i.d.F. der Bekanntmachung v. 21.2.2005, BGBl. I 2005, 386, zuletzt geändert durch das Gesetz zur Modernisierung und Digitalisierung der Schwarzarbeitsbekämpfung v. 22.12.2025, BGBl. I 2025, Nr. 369.
5) Vom 29.12.1979, BGBl. I 1979, 2359, i.d.F. der Bekanntmachung v. 21.2.2005, BGBl. I 2005, 434, zuletzt geändert durch die Siebte Verordnung zur Änderung steuerlicher Verordnungen v. 19.12.2025, BGBl. I 2025, Nr. 372.
6) BMF v. 23.12.2014, IV C 6 – S 2145/10/10005 :001, BStBl I 2015, 26.
7) BMF v. 19.11.2025, IV C 6 – S 2145/00026/005/033, BStBl I 2025, 1938.
8) BMF v. 5.11.2021, IV C 6 – S 2177/19/10004 :008, IV C 5 – S 2334/19/10009 :003, BStBl I 2021, 2205.
9) BMF v. 25.11.2020, IV C 5 – S 2353/19/10011 :006, BStBl I 2020, 1228.
10) BMF v. 18.11.2021, IV C 5 – S 2351/20/10001 :002, BStBl I 2021, 2315.

der Überlassung eines betrieblichen Kfz an Arbeitnehmer;[1] ferner das BMF-Schreiben v. 11.11.2025 zur „Steuerbefreiung nach § 3 Nummer 46 EStG und Pauschalierung der Lohnsteuer nach § 40 Absatz 2 Satz 1 Nummer 6 EStG;", u. a. mit der Definition von Elektro- und Hybridfahrzeugen sowie mit Neuregelungen zur steuerlichen Behandlung der vom Arbeitnehmer selbst getragenen Stromkosten und deren Erstattung durch den Arbeitgeber.[2]

Bitte beachten Sie: Der Übersichtlichkeit wegen werden in diesem Ratgeber die LStR 2023 sowie die LStH 2026 stets (nur) als **LStR** und **LStH** bezeichnet.

- für die Umsatzsteuer seit dem 1.11.2010 der Umsatzsteuer-Anwendungserlass (UStAE), insbesondere die Abschn. 14.6, 14.7, 15.2a, 15.4, 15.5 und 15.6 UStAE.

III. Lebenspartner und Lebenspartnerschaften

33 Verheiratete/Ehegatten/Ehen und eingetragene Lebenspartner/Lebenspartnerschaften werden im Einkommensteuerrecht als Stpfl. gleichbehandelt. Dies regelt § 2 Abs. 8 EStG. Nach den Änderungen durch das „Gesetz zur Einführung des Rechts auf Eheschließung für Personen gleichen Geschlechts"[3] können seit 1.10.2017 Lebenspartner auf Antrag ihre Lebenspartnerschaft in eine Ehe umwandeln (§ 20a LPartG). Weil zudem keine neuen Lebenspartnerschaften mehr begründet werden dürfen, hat diese sprachliche Differenzierung an Bedeutung verloren.[4] Im Folgenden wird daher allgemein von Ehepartnern/Ehegatten gesprochen.

1) BMF v. 3.3.2022, IV C 5 – S 2334/21/10004 :001, BStBl I 2022, 232.
2) BMF v. 11.11.2025, IV C 5 – S 2334/00087/014/013, BStBl I 2025, 1929.
3) Gesetz zur Einführung des Rechts auf Eheschließung für Personen gleichen Geschlechts v. 20.7.2017, BGBl. I 2017, 2787.
4) Vgl. Art. 3 Abs. 3 des Gesetzes zur Einführung des Rechts auf Eheschließung für Personen gleichen Geschlechts v. 20.7.2017, BGBl. I 2017, 2787.

Dritter Teil: Inlandsreisen

A. Selbständige/Gewerbetreibende

I. Begriff der Geschäftsreise

1. Voraussetzungen, Reisekostenarten

Die Bezeichnung Geschäftsreise bestimmt das einkommen- bzw. ertragsteuerliche Reisekostenrecht für Unternehmer als Stpfl., die ihr Einkommen aus einer Tätigkeit erzielen, die den sog. **Gewinneinkünften** zugerechnet wird. Als steuerliche Gewinneinkünfte werden die Einkünfte aus 34

- Land- und Forstwirtschaft,
- Gewerbebetrieb und
- selbständiger Arbeit

bezeichnet.

Eine **Geschäftsreise** setzt voraus, dass ein Land- und Forstwirt, Gewerbetreibender oder Freiberufler aus betrieblichen Gründen **vorübergehend außerhalb** seiner Wohnung und außerhalb des Mittelpunkts seiner dauerhaft angelegten **betrieblichen Tätigkeit** (Betriebsstätte) tätig wird. Sowohl der Begriff „Geschäftsreise" als auch die Voraussetzungen für eine Geschäftsreise entsprechen den Kriterien der beruflich veranlassten Auswärtstätigkeit eines Arbeitnehmers (R 4.12 Abs. 2 EStR 2012, → Rz. 135 ff.). Dabei ist es unerheblich, ob die Geschäftsreise von der Wohnung oder vom Betrieb bzw. der Betriebsstätte aus angetreten wird. Unterhält der Stpfl. keine Betriebsstätte, beginnt die Geschäftsreise ab dem Verlassen der Wohnung und endet mit der Rückkehr dorthin.

Solch eine Geschäftsreise/Auswärtstätigkeit wird als **vorübergehend** angesehen, wenn der Stpfl. (z. B. der Gewerbetreibende oder selbständig Tätige) voraussichtlich in den Betrieb/die Betriebsstätte bzw. an die erste **Tätigkeitsstätte** zurückkehrt und dort seine berufliche Tätigkeit fortsetzen wird.[1)] Folglich darf der erforderliche Ortswechsel nur vorübergehend sein. Für diese Abgrenzungen gelten dieselben Grundsätze wie für die Bestimmung der beruflichen Auswärtstätigkeit eines Arbeitnehmers (→ Rz. 137 f.).

Wird der Stpfl. in seiner Wohnung oder am Mittelpunkt seiner betrieblichen Tätigkeit tätig, dürfen mangels einer Auswärtstätigkeit keine Reisekosten (z. B. Mehraufwendungen für Verpflegung) als Betriebsausgaben angesetzt werden.

Bei den **Gewinneinkünften** dürfen die durch eine Auswärtstätigkeit entstandenen (Reise-)Kosten als Betriebsausgaben angesetzt werden. Zu den **Reisekosten** (→ Rz. 45) rechnen die Fahrtkosten, Mehraufwendungen für Verpflegung, Übernachtungs- und Reisenebenkosten.

Hingegen sind die Aufwendungen für die Wege zwischen **Wohnung** und erster Betriebsstätte keine Reisekosten. Ihr Ansatz richtet sich nach der abziehbaren Entfernungspauschale (§ 4 Abs. 5 Satz 1 Nr. 6, § 9 Abs. 1 Satz 3 Nr. 4 Satz 2 bis 6 EStG).

Reisekosten können auch in den Einkunftsarten ohne eine einkommensteuerliche Gewinnermittlung anfallen (sog. **Überschusseinkünfte**), z. B. bei Vermietung und Verpachtung einer Immobilie (Unternehmer i. S. d. § 2 Abs. 1 UStG). Für sie gelten die Ausführungen dieses Teils entsprechend, wobei für den Ansatz von Ausgaben die einkommensteuerlichen Regelungen zum Werbungskostenabzug maßgebend sind. Wie Reisekosten im Rahmen der Einkünfte aus **nichtselbständiger Arbeit** (bei Arbeitnehmern sowie Arbeitgebern) zu behandeln sind, wird im Teil B (→ Rz. 133 ff.) gesondert erläutert.

Voraussetzung für die steuerliche Berücksichtigung von Aufwendungen des Stpfl. (Unternehmer) ist, dass die Geschäftsreise **aus betrieblichem** oder beruflichem bzw. geschäftlichem Anlass (→ Rz. 38) unternommen wird. Die **Entfernung** zwischen der Wohnung und der ersten Betriebs-/Tätigkeitsstätte bzw. dem auswärtigen Geschäftsort ist **unerheblich.**

---

1) BFH v. 10.10.1994, VI R 2/92, BStBl II 1995, 137.

2. Betriebsstätte

a) Begriff

35 Eine Geschäftsreise setzt neben einer Wohnung des Stpfl. eine dauerhafte Betriebs-/Tätigkeitsstätte voraus, von welcher der Geschäftsreisende vorübergehend abwesend ist. Wegen der gebotenen Gleichbehandlung von Arbeitnehmern und Stpfl. mit Gewinneinkünften hat das maßgebende BMF-Schreiben v. 23.12.2014 für den Begriff der Betriebsstätte und der Geschäftsreisen von Stpfl. mit Gewinneinkünften weitgehend die lohnsteuerlichen Regelungen des Reisekostenrechts zur ersten Tätigkeitsstätte übernommen.[1] Ein **häusliches Arbeitszimmer** ist keine Betriebsstätte i. S. d. Regelung.[2]

Im Bereich der Gewinneinkünfte ist unter der reisekostenrechtlichen **Betriebsstätte** die von der Wohnung getrennte **dauerhafte** Tätigkeitsstätte des Stpfl. zu verstehen. Dies ist eine **ortsfeste betriebliche** Einrichtung

- des Stpfl. (Selbständigen, Gewerbetreibenden bzw. Betriebsinhabers),
- des Auftraggebers oder
- eines vom Auftraggeber bestimmten Dritten,

an der oder von der aus die steuerrechtlich relevante Tätigkeit **dauerhaft** ausgeübt wird bzw. die betrieblichen Leistungen erbracht werden (R 4.12 Abs. 1 Satz 6 EStR).[3] Eine hierauf bezogene eigene Verfügungsmacht des Stpfl. ist – im Unterschied zur Geschäftseinrichtung i. S. v. § 12 Satz 1 AO – nicht erforderlich. § 12 AO regelt übergreifend den Betriebsstättenbegriff für das inländische Steuerrecht und gem. Art. 5 OECD-Musterabkommen (Betriebsstättenartikel) für Zwecke des internationalen Steuerrechts. Gleichwohl können – wie hier – die Einzelsteuergesetze, in diesem Fall das EStG, eine davon abweichende Regelung vorsehen.

Die geforderte **Dauerhaftigkeit** liegt vor, wenn die steuerlich erhebliche Tätigkeit an der Tätigkeitsstätte

- unbefristet,
- für eine Dauer von voraussichtlich mehr als 48 Monaten oder
- für die gesamte Dauer der betrieblichen Tätigkeit

ausgeübt werden **soll**. Inzwischen hat der BFH zur Auslegung des Begriffs einer „ersten" Betriebsstätte Stellung genommen.[4] Zwar hat der BFH offengelassen, ob der Begriff der „ersten Betriebsstätte" im Gleichklang mit den Regelungen zur „ersten Tätigkeitstätte" in § 9 Abs. 1 Satz 3 Nr. 4 Satz 1, Abs. 4 Satz 1 EStG auszulegen ist; im Streitfall kam es darauf nicht an. Denn es waren die besonderen Voraussetzungen einer „ersten Tätigkeitsstätte" erfüllt. Diese griff der BFH auf und bejahte das Merkmal der Dauerhaftigkeit in § 9 Abs. 4 Satz 5 EStG für den konkreten Fall und urteilte, dass es bei einem Gewerbetreibenden als eine „außergewöhnlich sichere Geschäftsbeziehung" gleichgestellt werden könne.

Für die **Prognose** der voraussichtlichen Dauer kann auf die jeweilige Dauer des Auftragsverhältnisses abgestellt werden. Wird das Auftragsverhältnis zu einem späteren Zeitpunkt verlängert, ist die Prognoseentscheidung für zukünftige Zeiträume neu zu treffen. In diese Prüfung des 48-Monatszeitraums sind bereits vergangene Tätigkeitszeiträume nicht mit einzubeziehen.

Weichen die tatsächlichen Verhältnisse durch unvorhersehbare Ereignisse wie etwa Krankheit, politische Unruhen am Tätigkeitsort, Insolvenz des Kunden o. Ä. von der ursprünglichen Prognose ab, bleibt die zuvor getroffene Prognoseentscheidung für die Vergangenheit bezüglich des Vorliegens einer Betriebsstätte maßgebend.

---

1) BMF v. 23.12.2014, IV C 6 – S 2145/10/10005 :001, BStBl I 2015, 26.
2) BMF v. 23.12.2014, IV C 6 – S 2145/10/10005 :001, BStBl I 2015, 26, Rz. 3.
3) BMF v. 23.12.2014, IV C 6 – S 2145/10/10005 :001, BStBl I 2015, 26, Rz. 1–3.
4) BFH v. 16.2.2022, X R 14/19, HFR 2022, 817 (veröffentlicht am 21.7.2022).

Der Stpfl. kann an mehreren Betriebsstätten tätig sein; für jeden Betrieb kann jedoch höchstens **eine** ortsfeste betriebliche Einrichtung die **erste** Betriebsstätte sein. Als Betriebsstätte gilt auch eine **Bildungseinrichtung**, die vom Stpfl. aus betrieblichem Anlass zum Zwecke eines Vollzeitstudiums oder einer vollzeitlichen Bildungsmaßnahme aufgesucht wird.[1]

Hinweis: Aktuelles Verfahren zur Auslegung des Begriffs „Betriebsstätte"

Mit einem (noch nicht rechtskräftigen) Urteil hat das FG Rheinland-Pfalz entschieden, dass sich mit der Neuregelung des Reisekostenrechts ab 2014 nur der Begriff der „Arbeitsstätte" und nicht auch der der „Betriebsstätte" geändert habe. Die „Betriebsstätte" sei weiterhin auf der Grundlage der früheren Auslegung des Betriebsstättenbegriffs durch die BFH-Rechtsprechung zu bestimmen.[2]

Im Streitfall folgte das Finanzamt der Verwaltungsauffassung und entschied, dass der Kläger als IT-Berater bei seinem (einzigen) Kunden seine „erste Tätigkeitsstätte" habe, sodass für die Hin- und Rückfahrten nur die Entfernungspauschale (→ Rz. 86) anzusetzen sei.

Das FG Rheinland-Pfalz kam zum Ergebnis, dass im Streitfall die gesetzlichen Anforderungen an eine „erste Tätigkeitsstätte" aus mehreren Gründen nicht erfüllt seien. Stattdessen sei hier der Sitz des (einzigen) Kunden des Klägers als seine „Betriebsstätte" anzusehen. Somit seien die Fahrtkosten zwischen Wohnung und Betriebsstätte (nur) in Höhe der Entfernungspauschale als Betriebsausgaben anzusetzen. Die Wohnung des Klägers bzw. sein häusliches Arbeitszimmer stelle keine Betriebsstätte dar.

Diese Entscheidung widerspricht den Regelungen im derzeit maßgebenden BMF-Schreiben v. 23.12.2014,[3] weshalb das FG Rheinland-Pfalz die Revision beim BFH zugelassen hat. Sie ist inzwischen anhängig mit der Rechtsfrage: „Welche Bedeutung kommt dem durch das Gesetz zur Änderung und Vereinfachung der Unternehmensbesteuerung und des steuerlichen Reisekostenrechts v. 20.02.2013 (BGBl I 2013, 285) in § 9 Abs. 1 Satz 3 Nr. 4 Satz 1, Abs. 4 Satz 1 EStG eingeführten Begriff der „ersten Tätigkeitsstätte" und den damit in Zusammenhang stehenden Regelungen (§ 9 Abs. 4 Satz 2 ff. EStG) für die Auslegung des Begriffs der Betriebsstätte in § 4 Abs. 5 Satz 1 Nr. 6 EStG zu?"[4]

Inzwischen ist zur Bestimmung der Betriebsstätte ein weiterer Rechtsstreit beim BFH anhängig. Es soll die Frage entschieden werden, ob und welche Bedeutung dem ab 2014 eingeführten Begriff einer „ersten Tätigkeitsstätte" in § 9 Abs. 1 Satz 3 Nr. 4 Satz 1, Abs. 4 Satz 1 EStG für die Auslegung des Begriffs der „Betriebsstätte" i. S. v. § 4 Abs. 5 Satz 1 Nr. 6 EStG zukommt.[5]

b) Bestimmung der ersten Betriebsstätte

Übt der Stpfl. seine betriebliche Tätigkeit an **mehreren** Betriebsstätten aus, ist die erste **36**
Betriebsstätte anhand quantitativer Merkmale zu bestimmen. Dazu sind die lohnsteuerrechtlichen Regelungen (§ 9 Abs. 4 Satz 4 EStG) heranzuziehen (→ Rz. 137 ff.). Folglich ist erste Betriebsstätte die Tätigkeitsstätte, an der der Stpfl.

- dauerhaft typischerweise arbeitstäglich oder
- je Woche an zwei vollen Arbeitstagen oder
- mindestens zu einem Drittel seiner regelmäßigen Arbeitszeit

tätig werden will.[6] Treffen diese Kriterien auf mehrere Tätigkeitsstätten zu, ist die der Wohnung des Stpfl. näher gelegene Tätigkeitsstätte die erste Betriebsstätte (entsprechend § 9 Abs. 4 Satz 7 EStG). Hierdurch sind die Fahrten zu der oder den weiter entfernt liegenden Tätigkeitsstätte(n) als Auswärtstätigkeit(en) zu beurteilen.

---

1) BMF v. 23.12.2014, IV C 6 – S 2145/10/10005 :001, BStBl I 2015, 26, Rz. 4.
2) FG Rheinland-Pfalz v. 19.6.2024, 1 K 1219/21, EFG 2024, 1656.
3) BMF v. 23.12.2014, IV C 6 – S 2145/10/10005 :001, BStBl I 2015, 26.
4) Az. des BFH: VIII R 15/24, o. g. Vorinstanz: FG Rheinland-Pfalz v. 19.6.2024, 1 K 1219/21, EFG 2024, 1656.
5) Az. des BFH: III R 18/25, Vorinstanz: FG Köln v. 25.1.2024, 6 K 2390/22, https://juris.de/jportal/nav/index.jsp.
6) BMF v. 23.12.2014, IV C 6 – S 2145/10/10005 :001, BStBl I 2015, 26, Rz. 5.

Beispiele zur Bestimmung der ersten Betriebsstätte

1. Einzelunternehmen ohne Filialen

Der Stpfl. wohnt in A und betreibt in B ein Einzelunternehmen, das er arbeitstäglich während der Öffnungszeiten aufsucht.

Folge: Bei den Fahrten handelt es sich um Fahrten zwischen Wohnung und Betriebsstätte; die Aufwendungen sind in Höhe der Entfernungspauschale als Betriebsausgaben abziehbar.

2. Einzelunternehmen mit Filialen

Der Stpfl. wohnt in A und betreibt ein Einzelunternehmen mit Filialen in B (Entfernung zur Wohnung 15 km) und C (Entfernung zur Wohnung 10 km). Die Filiale in B sucht er arbeitstäglich während der Öffnungszeiten auf, die Filiale in C nur einmal wöchentlich.

Folge: Erste Betriebsstätte ist die Filiale in B. Bei den Fahrten zur Filiale in B handelt es sich um Fahrten zwischen Wohnung und Betriebsstätte; der Abzug der Aufwendungen als Betriebsausgaben richtet sich nach § 4 Abs. 5 Satz 1 Nr. 6 EStG (Entfernungspauschale). Die Betriebsstätte in C ist keine erste Betriebsstätte, weshalb die Aufwendungen für die Fahrten von der Wohnung zu dieser Betriebsstätte wie auch die Aufwendungen für die Fahrten zwischen den Betriebsstätten in voller Höhe als Betriebsausgaben abziehbar sind.

3. Dozent an verschiedenen Volkshochschulen

Der Stpfl. wohnt in A und bereitet in seinem häuslichen Arbeitszimmer seine Dozententätigkeit vor, die er in den Volkshochschulen in B (Entfernung zur Wohnung 15 km) und C (Entfernung zur Wohnung 10 km) ausübt. Die Volkshochschule in B sucht er an drei Tagen und die in C an zwei Tagen auf. Die Tätigkeiten beruhen auf unterschiedlichen unbefristeten Auftragsverhältnissen.

Folge: Hier liegen die zuvor genannten Voraussetzungen zur Bestimmung der ersten Betriebsstätte anhand quantitativer Merkmale (entsprechend § 9 Abs. 4 Satz 4 Nr. 2 EStG) für beide Tätigkeitsstätten vor. Folglich ist die der Wohnung näher gelegene Tätigkeitsstätte C als erste Betriebsstätte zu beurteilen. Die Aufwendungen für die Fahrten nach C sind in Höhe der Entfernungspauschale (nach Maßgabe von § 4 Abs. 5 Satz 1 Nr. 6 EStG) und die Fahrten nach B in voller Höhe als Betriebsausgaben abziehbar.

4. Handelsvertreter für verschiedene Unternehmen

Der Stpfl. wohnt in A und ist als Handelsvertreter für verschiedene Unternehmen tätig. Bei der Firma XY in B wird ihm ein Büro zur Verfügung gestellt, das er an zwei vollen Tagen wöchentlich nutzt. Das Auftragsverhältnis ist unbefristet. Die Bürotätigkeiten für die übrigen Auftraggeber wickelt er in seinem häuslichen Arbeitszimmer ab.

Folge: Weil das von der Firma XY in B zur Verfügung gestellte Büro eine Betriebsstätte des Stpfl. darstellt und er dort dauerhaft tätig wird, sind die Fahrten dorthin als Fahrten zwischen Wohnung und Betriebsstätte zu beurteilen und die Aufwendungen daher in Höhe der Entfernungspauschale abziehbar.

5. Versicherungsmakler

Der Stpfl. ist als Versicherungsmakler tätig und erledigt in seinem häuslichen Arbeitszimmer die anfallenden Bürotätigkeiten. Die Beratungsleistungen erbringt er regelmäßig beim Kunden.

Folge: Der Stpfl. hat keine Betriebsstätte. Die Fahrten zu seinen Kunden sind in voller Höhe als Betriebsausgaben abziehbar.

6. See- und Hafenlotsen

Nach den v. g. Grundsätzen ist die Betriebsstätte eines See- und Hafenlotsen nicht das häusliche Arbeitszimmer, sondern das Lotsrevier oder die Lotsenstation (R 4.12 Abs. 1 Satz 7 EStR); → Rz. 163.

c) Keine erste Betriebsstätte

Eine Tätigkeitsstätte muss nicht auch eine Betriebsstätte sein. Wird der Stpfl. typischerweise nur an ständig wechselnden Tätigkeitsstätten, die keine Betriebsstätten sind, oder an einer nicht ortsfesten betrieblichen Einrichtung (z. B. Fahrzeug, Flugzeug, Schiff) betrieblich tätig, sind die Aufwendungen für die Fahrten zwischen Wohnung und Tätigkeitsstätte grundsätzlich unbeschränkt als Betriebsausgaben ansetzbar.[1] 37

Beispiel: Keine erste Betriebsstätte

Der Stpfl. erbringt Bauleistungen bei wechselnden Kunden. Die Büroarbeiten erledigt er im häuslichen Arbeitszimmer.

---

1) BMF v. 23.12.2014, IV C 6 – S 2145/10/10005 :001, BStBl I 2015, 26, Rz. 6 f.

Folge: Der Stpfl. hat keine Betriebsstätte. Die Aufwendungen für die Fahrten zu den Kunden oder zu deren Baustellen sind nach dem steuerlichen Reisekostenrecht ohne Kürzung als Betriebsausgaben abzugsfähig. S. ergänzend → Rz. 36, Beispiel 5. Versicherungsmakler.

Hat der Stpfl. keine erste Betriebsstätte und sucht er nach den Auftragsbedingungen dauerhaft denselben Ort oder dasselbe weiträumige Tätigkeitsgebiet **typischerweise** täglich auf, sind die Aufwendungen für die Fahrten zwischen der Wohnung und diesem Ort oder die Fahrten zwischen der Wohnung und dem nächstgelegenen Zugang zum Tätigkeitsgebiet mit der Entfernungspauschale als Betriebsausgaben abziehbar.[1)]

Beispiel: Selbständiger Paketzusteller

Der Stpfl. ist selbständiger Paketzusteller und als Subunternehmer eines Paketdienstes tätig. Das zeitlich unbefristete Auftragsverhältnis mit dem Paketdienst sieht vor, dass der Paketzusteller als Zustellbezirk den Landkreis B übernimmt. Der Paketzusteller wohnt in A, das 5 km von der Landkreisgrenze entfernt liegt. Der Lieferwagen wird auf dem Wohngrundstück abgestellt.

Folge: Die Aufwendungen für die Fahrten von der Wohnung in A zum Zustellbezirk Landkreis B (5 km) sind mit der Entfernungspauschale als Betriebsausgaben abziehbar. Die Aufwendungen für die Fahrten innerhalb des Zustellbezirks dürfen in voller Höhe als Betriebsausgaben abgezogen werden.

d) Betriebliche Veranlassung

38 Wie in → Rz. 34 beschrieben, setzt die Geschäftsreise eine **betriebliche** oder berufliche **Veranlassung** voraus. Solch eine Veranlassung ist dann gegeben, wenn zwischen dem Anlass der Reise und dem Betrieb oder der geschäftlichen Tätigkeit ein wirtschaftlicher Zusammenhang besteht. Ob die Reise wirtschaftlich **sinnvoll** ist, ist letztlich unbeachtlich. Es kommt allein auf die Entscheidung des Gewerbetreibenden oder des Selbständigen an, dass die Reise im Interesse des Betriebs durchgeführt wird. Eine betriebliche **Veranlassung** liegt immer dann vor, wenn ein konkreter Zusammenhang zur betrieblichen oder geschäftlichen Tätigkeit besteht (z. B. Verkaufsverhandlungen). Aber auch Reisen, bei denen ein solcher Zusammenhang *noch* nicht besteht (z. B. zur Erkundung von Einkaufs- oder Verkaufsmöglichkeiten, zu Messen, Fachtagungen usw.) sind in aller Regel betrieblich oder beruflich veranlasst. Die Häufigkeit der Reisen ist unerheblich.

Beispiele für betrieblich veranlasste Reisen

Typische Beispiele für betrieblich veranlasste Reisen des Stpfl. (Unternehmers, Handwerksmeisters, selbständigen Handelsvertreters, Freiberuflers) sind Fahrten

- zum Besuch von Geschäftspartnern zu Vertragsverhandlungen bzw. -abschlüssen,
- zu Geschäftsfreunden zur Anbahnung von Geschäftsbeziehungen oder zu Vertragsverhandlungen,
- zu Mandanten, Kunden oder Fachmessen sowie
- zur Wahrnehmung von Ortsbesichtigungen, Gerichtsterminen und anderen Terminen.

3. Abgrenzung bei betrieblicher und privater Veranlassung

39 Dient eine Reise **teils betrieblichen und teils privaten Zwecken**, besteht nach dem maßgebenden Urteil des Großen Senats des BFH kein allgemeines Aufteilungs- und Abzugsverbot für Aufwendungen, die sowohl durch die Einkunftserzielung als auch privat veranlasst sind (sog. gemischte Aufwendungen.[2)]) Dies hat Folgen für die als Betriebs-

1) Vgl. hierzu auch BMF v. 25.11.2020, IV C 5 – S 2353/19/10011 :006, BStBl I 2020, 1228, Rz. 41–44; BFH v. 29.4.2014, VIII R 33/10, BStBl II 2014, 777.
2) BFH v. 21.9.2009, GrS 1/06, BStBl II 2010, 672.

ausgaben/Werbungskosten anzusetzenden Reisekosten; insbesondere für die An- und Abreise zum Ort der geschäftlichen, betrieblichen oder beruflichen Veranlassung.

Weil die Finanzverwaltung dieser Auffassung folgt, sind **gemischte Aufwendungen** eines Stpfl. grundsätzlich aufteilbar in

- als **Betriebsausgaben** (oder Werbungskosten) abziehbare Teile sowie
- **privat veranlasste** und damit nicht abziehbare Teile.

Dieser Grundsatz gilt nicht, soweit gesetzlich etwas anderes geregelt ist oder wenn es sich um Aufwandspositionen handelt, die durch das steuerliche Existenzminimum abgegolten werden oder als Sonderausgaben bzw. als außergewöhnliche Belastungen abziehbar sind.[1] Zu diesen nicht abziehbaren Aufwendungen gehören z. B. die Aufwendungen für Wohnung, Ernährung, Kleidung, allgemeine Schulausbildung usw., also Aufwandsposten, die bereits vor dem o. a. Urteilsspruch schon nicht als Betriebsausgaben/Werbungskosten berücksichtigungsfähig waren.

Als weitere Einschränkung ist zu beachten, dass die betriebliche/berufliche **Mitveranlassung** mindestens 10 % betragen muss. Ansonsten sind die Aufwendungen in vollem Umfang nicht als Betriebsausgaben/Werbungskosten abziehbar. Entsprechend ist bei umgekehrtem Sachverhalt zu verfahren. Liegt die **private** Mitveranlassung unter 10 %, sind die Aufwendungen in **vollem** Umfang als Betriebsausgaben/Werbungskosten abziehbar. Sie sind nahezu ausschließlich betrieblich/beruflich veranlasst.

Von einer **untergeordneten** privaten Mitveranlassung der Kosten für die **Hin- und Rückreise** zum Ort der geschäftlichen, betrieblichen oder beruflichen Veranlassung ist auch dann auszugehen, wenn der Reise ein **eindeutiger** unmittelbarer betrieblicher/beruflicher Anlass zu Grunde liegt, z. B.

- ein Unternehmer tätigt einen ortsgebundenen Geschäftsabschluss oder ist Aussteller auf einer auswärtigen Messe,
- ein Arbeitnehmer reist auf Grund einer Weisung seines Arbeitgebers zu einem ortsgebundenen auswärtigen Pflichttermin oder
- der Stpfl. verbindet eine betriebliche/berufliche Reise mit einem vorangehenden oder nachfolgenden Privataufenthalt.

Als Kriterium ist somit der eindeutige unmittelbare betriebliche/berufliche Anlass maßgeblich.

Die Aufteilung der Aufwendungen für gemischt veranlasste Aufwendungen (bzw. für solche Geschäftsreisen) hat nach einem an objektiven Kriterien orientierten Maßstab der Veranlassungsbeiträge zu erfolgen. Als sachgerechte **Aufteilungskriterien** für die Ermittlung der betrieblich/beruflich und privat veranlassten Teile der Reiseaufwendungen werden regelmäßig die **Zeitanteile** der betrieblichen/beruflichen Tätigkeit und des privaten Aufenthalts in Betracht kommen. Alternativ ist z. B. eine Aufteilung nach Köpfen möglich, wenn mehrere Personen reisen. Für andere Aufwendungen können als Maßstab ggf. Mengen- oder Flächenanteile angesetzt werden.

Ist eine verlässliche Aufteilung der Aufwendungen nur mit unverhältnismäßigem Aufwand möglich, ist die Aufteilung im Wege der **Schätzung** vorzunehmen. Fehlt es an einer geeigneten Schätzungsgrundlage oder sind die Veranlassungsbeiträge nicht trennbar, gelten die Aufwendungen als insgesamt privat veranlasst.

Wird ein Sachverhalt bzw. eine Geschäftsreise insgesamt als **privat** veranlasst eingestuft und werden die Aufwendungen dementsprechend steuerlich nicht berücksichtigt, so können eindeutig und klar abgrenzbare und ausschließlich betrieblich/beruflich veranlasste Aufwendungen (z. B. Kostenbestandteile der Reise) für sich genommen **dennoch** als Betriebsausgaben oder Werbungskosten abziehbar sein. Ergänzende Hinweise zur

1) BMF v. 6.7.2010, IV C 3 – S 2227/07/10003 :002, BStBl I 2010, 614.

steuerlichen Beurteilung gemischter Aufwendungen enthält das BMF-Schreiben v. 6.7.2010.[1]

40 Der erforderliche **Nachweis** oder zumindest die Glaubhaftmachung, dass es sich um eine **Geschäftsreise** bzw. um eine aus betrieblichen/beruflichen Gründen durchgeführte Reise gehandelt hat, muss gegenüber der Finanzverwaltung stets erbracht werden. Dies kann z. B. durch Vorlage von Reiseberichten und der vorausgegangenen geschäftlichen Korrespondenz oder durch Vorlage der Fahrkarten, der Fahrtenbücher, Tankstellenquittungen oder durch Hotelrechnungen usw. geschehen.

Beispiele für Abgrenzung bei betrieblicher und privater Veranlassung

1. Urlaub mit Besuch von Geschäftsfreunden

Ein Unternehmer aus Bonn verbringt seinen 14-tägigen Winterurlaub in Garmisch-Partenkirchen. Wegen der schlechten Wetterlage besucht er mit seinem betrieblichen Pkw an einem Tag Geschäftsfreunde in München, um mit ihnen Verkaufsverhandlungen zu führen.

Folge: Die dabei entstehenden Kosten sind, weil sich diese eintägige Reise eindeutig vom Erholungsaufenthalt abtrennen lässt, als Betriebsausgaben abziehbar. Die Aufwendungen für die Urlaubsreise sind nicht anteilig abziehbar, weil die betriebliche Mitveranlassung nicht mindestens 10 % der Reisedauer beträgt (von 14 Reisetagen entfällt lediglich ein Tag auf die betriebliche Geschäftsreise).

2. Geschäftsreise mit privatem Abstecher in einen Erholungsort

Ein Hamburger Unternehmer fährt mit der Deutschen Bahn nach München, um dort Geschäftsfreunde aufzusuchen. Da er über das Wochenende nicht geschäftlich arbeiten kann, nutzt er die Zeit am Samstag zu einer Fahrt nach Garmisch-Partenkirchen und kehrt von dort am Sonntag zurück nach München, wo er am Montagmorgen seine geschäftlichen Verhandlungen fortsetzt.

Folge: Sowohl die privat veranlassten Fahrtkosten für den Abstecher nach Garmisch-Partenkirchen als auch die beim dortigen Aufenthalt angefallenen Verpflegungs- und Übernachtungskosten sind von den Aufwendungen der Geschäftsreise zu trennen und – da privat veranlasst – nicht abziehbar. Die Kosten für die Geschäftsreise sind hingegen Betriebsausgaben. Sie sind vollständig dem betrieblichen Bereich zuzurechnen und daher nicht aufzuteilen.

3. Besuch eines auswärtigen Fachkongresses

Ein niedergelassener Arzt besucht einen Fachkongress in London. Er reist Samstag früh an. Die Veranstaltung findet ganztägig von Dienstag bis Donnerstag statt. Am Sonntagabend reist er nach Hause zurück.

Zu beachten ist: Reisen bzw. Reiseaufwendungen sind nicht in jedem Fall einheitlich und als Ganzes zu behandeln.

Folge: In diesem Beispielsfall können die Aufwendungen für zwei Übernachtungen (von Dienstag bis Donnerstag) sowie die Kongressgebühren ausschließlich dem betrieblichen Bereich zugeordnet werden. Folglich sind sie vollständig als Betriebsausgaben abziehbar.

Die Flugkosten sind privat und betrieblich („gemischt") veranlasst und entsprechend dem Veranlassungszusammenhang aufzuteilen. Sachgerechter Aufteilungsmaßstab ist das Verhältnis der betrieblichen und privaten Zeitanteile der Reise (betrieblich veranlasst sind 3/9).

Ein Abzug der Verpflegungskosten als Betriebsausgaben ist nur in Höhe der Verpflegungspauschalen für die Tage mit der betrieblichen Tätigkeit zulässig.

4. Mitveranstalter eines auswärtigen Fachkongresses

(Abwandlung des Beispiels Nr. 3)

Der freiberuflich tätige Arzt fährt als Mitveranstalter zu einem Fachkongress in London. Er reist ebenso Samstag früh an. An den Tagen vor Veranstaltungsbeginn werden die vorbereitenden Arbeiten durchgeführt. Die Veranstaltung selbst findet ganztägig von Dienstag bis Donnerstag statt. Am Sonntagabend reist der Arzt nach Hause zurück.

Folge: Weil der Reise ein eindeutiger unmittelbarer betrieblicher Anlass zu Grunde liegt, sind die Kosten für die Hin- und Rückreise vollständig dem betrieblichen Bereich zuzurechnen und daher nicht aufzuteilen.

1) BMF v. 6.7.2010, IV C 3 – S 2227/07/10003 :002, BStBl I 2010, 614.

II. Studien-, Erholungs-, Informations-, Bildungs- und Incentive-Reisen

1. Studienreisen/Fachkongresse

Für Reisen zur beruflichen bzw. betrieblichen Fortbildung (sog. **Studienreisen**) gelten die vorgenannten Grundsätze entsprechend. Die für solche Reisen geleisteten Ausgaben sind abziehbar, wenn sie so gut wie ausschließlich betrieblich/geschäftlich (oder beruflich) bedingt sind. 41

Bei Fortbildungsreisen bereitet die **Abgrenzung** zu den nichtabziehbaren Kosten für bloße Erholungs- und Vergnügungsreisen oder zu Reisen, die der allgemeinen Wissensbereicherung dienen, oftmals gewisse Schwierigkeiten. Solche Ausgaben erkennt das Finanzamt regelmäßig nur dann als Betriebsausgaben (oder Werbungskosten) an, wenn die Reise im Rahmen einer lehrgangsmäßigen Organisation oder nach Art eines beruflichen Praktikums oder in einer Weise durchgeführt wird, welche die Möglichkeit eines anderen (privaten) Reisezwecks so gut wie ausschließt.

Haben nicht nur betriebliche bzw. berufliche Gründe den Stpfl. zur Reise bewogen, ist zu prüfen, ob die betrieblichen/beruflichen und privaten Veranlassungsbeiträge voneinander abgrenzbar sind. Im Fall der Abgrenzbarkeit sind die Reisekosten in Betriebsausgaben/Werbungskosten und Aufwendungen für die private Lebensführung aufzuteilen. Als sachgerechter Aufteilungsmaßstab kommt v. a. das Verhältnis der betrieblich bzw. beruflich und privat veranlassten Zeitanteile in Betracht.[1)]

Es genügt für die Anerkennung der Reisekosten nicht, dass diese Reisen in Gebiete führen, die für die Betriebs-/Berufsausübung wertvoll und förderlich sind. Denn für viele Stpfl. gehören Reisen zur privaten Lebensgestaltung. Andererseits steht dem Betriebsausgaben-/Werbungskostenabzug der Kosten für die Teilnahme an einer Fortbildungsveranstaltung nicht entgegen, wenn diese Veranstaltung mit einem **Urlaubsaufenthalt** an demselben Ort verbunden wird.

2. Begleitpersonen

Wird ein Stpfl. auf seiner Reise von einer nicht im Betrieb beschäftigten bzw. tätigen Person begleitet (z. B. seiner Ehefrau), legt die Finanz-Rechtsprechung den Schluss nahe, dass zumindest die Reisekosten der mitreisenden Person nicht betrieblich/beruflich veranlasst sind. Anders verhält es sich, wenn zweifelsfrei nachgewiesen wird, dass hierfür ein enger Zusammenhang zu Beruf oder Betrieb besteht.[2)] Allein der Umstand, dass der Ehegatte oder sonstige Familienangehörige mitreist bzw. mitreisen, kann schon den Anschein erwecken, dass es sich insgesamt nicht um eine betrieblich oder beruflich veranlasste Reise handelt. 42

Ist der mitreisende Ehegatte oder der Familienangehörige jedoch gleichzeitig Angestellte(r) des Betriebs, sprechen die Umstände für einen betrieblichen Anlass und damit für einen Ansatz der entstandenen Reisekosten (→ Rz. 62 ff.).[3)]

3. Incentive-Reisen

Incentive-Reisen werden von Unternehmen oder Arbeitgebern gewährt, um Geschäftspartner oder die Arbeitnehmer für erbrachte Leistungen zu belohnen und zu Mehrarbeit und Höchstleistungen zu motivieren. Sie werden v. a. Händlern und Verkäufern gewährt, um Verkaufsergebnisse zu steigern. Regelmäßig werden Reiseziel, Unterbringung, Transport und Auswahl des Teilnehmerkreises von dem die Reiseleistung gewährenden Unternehmen festgelegt. Für die Abgrenzung zur privaten oder beruflichen/betrieblichen Veranlassung gelten die vorstehenden Ausführungen zu den Studienreisen entsprechend (→ Rz. 41). 43

---

1) BFH v. 21.4.2010, VI R 5/07, BStBl II 2010, 687.
2) Vgl. BFH v. 18.2.1965, IV 209/63 U, BStBl III 1965, 282.
3) BFH v. 13.2.1980, I R 178/78, BStBl II 1980, 386.

Bei Incentive-Reisen kann regelmäßig davon ausgegangen werden, dass hier sowohl der touristische als auch der Belohnungscharakter und somit die private Veranlassung überwiegen. Das heißt, der Vorteil ist regelmäßig als Betriebseinnahme oder Arbeitslohn zu erfassen; Reisekosten dürfen nicht angesetzt werden.

Bei Reisen mit **Geschäftspartnern** ist zu prüfen, ob für die teilnehmenden Geschäftspartner die Reise als **Belohnung** – also als zusätzliche Gegenleistung für einen Geschäftsabschluss – oder zur Anknüpfung, Sicherung oder Verbesserung von Geschäftsbeziehungen gewährt wird. Liegt eine zusätzliche Gegenleistung vor, sind die Aufwendungen für die Reiseleistungen (Unterkunft und Transport) als Betriebsausgabe abzugsfähig. Für die Unterkunft gilt dies nicht bei der Unterbringung in einem eigenen Gästehaus (§ 4 Abs. 5 Satz 1 Nr. 3 EStG). Aufwendungen für Mahlzeiten sind als Bewirtungskosten (→ Rz. 113 ff.) nur zu 70 % abzugsfähig (§ 4 Abs. 5 Satz 1 Nr. 2 EStG).

Sollen dagegen erst Geschäftsbeziehungen angeknüpft werden, handelt es sich bei der den teilnehmenden Geschäftspartnern zugewendeten Reise um ein Geschenk, welches nach § 4 Abs. 5 Satz 1 Nr. 1 EStG hinsichtlich der Transport- und Unterbringungskosten den Gewinn nicht mindern darf; für Bewirtungsaufwendungen gilt die o. g. Begrenzung von 70 % der Aufwendungen (§ 4 Abs. 5 Satz 1 Nr. 2 EStG). Beim Geschäftspartner (Empfänger) führt der Wert der Reise zu einer Betriebseinnahme. Ein solches Geschenk ist regelmäßig anzunehmen, wenn der Stpfl. einem Geschäftsfreund ohne rechtliche Verpflichtung und ohne zeitlichen und sonstigen Zusammenhang mit einer Leistung des Empfängers eine Bar- oder Sachleistung zuwendet.

Erhält der **Arbeitnehmer** die Incentive-Reise vom Arbeitgeber geschenkt, so sind die Aufwendungen für die Reise beim Arbeitgeber in voller Höhe als Betriebsausgaben abzugsfähig und vom Arbeitnehmer als **Arbeitslohn** zu versteuern. Der als sonstiger Bezug anzusetzende Arbeitslohn kann entweder

- nach den (elektronischen) Lohnsteuerabzugsmerkmalen,
- mit dem betriebsindividuellen Pauschsteuersatz nach § 40 Abs. 1 EStG („größere Zahl von Fällen") oder
- mit dem Pauschsteuersatz nach § 37b EStG (30 %)

besteuert werden.

Der Wert der Reise ist in ihrer Gesamtheit mit dem üblichen Endpreis am Abgabeort anzusetzen (§ 8 Abs. 2 EStG). Dies ist regelmäßig der um übliche Nachlässe gekürzte Preis von Reiseveranstaltern von Gruppenreisen. Gegebenenfalls sind die am freien Markt angebotenen Gruppenreisen mit vergleichbaren Reiseleistungen heranzuziehen. Wertminderungen – seien sie auch subjektiver Art – sind nicht zu berücksichtigen; lediglich die Kürzung des Endpreises um 4 % ist zulässig (R 8.1 Abs. 2 Satz 3 LStR). Nicht in Betracht kommt die Bewertung mit Sachbezugswerten. Ein Rabatt-Freibetrag (Höchstbetrag 1 080 € im Kalenderjahr) darf nur angesetzt werden, wenn der Arbeitgeber des begünstigten Arbeitnehmers solche Reisen geschäftsmäßig selbst veranstaltet bzw. anbietet (z. B. als Reisebüro).

Nimmt ein Außendienstmitarbeiter des Arbeitgebers zur **Betreuung** der teilnehmenden Händler an einer Incentive-Reise teil, kann nach Auffassung des BFH[1)] in der Teilnahme des Arbeitnehmers an der Incentive-Reise ein überwiegend eigenbetriebliches Interesse des Arbeitgebers liegen, wenn die mit der Reise verbundenen Ziele nur durch die Teilnahme des Arbeitnehmers verwirklicht werden können. In diesem Fall erhält der Arbeitnehmer keinen (steuerpflichtigen) Arbeitslohn.

Aufwendungen, die Unternehmern und Arbeitnehmern im Zusammenhang mit der Teilnahme an einer privat veranlassten Incentive-Reise entstehen, dürfen von diesen nicht als Betriebsausgaben bzw. Werbungskosten angesetzt werden.

---

1) BFH v. 5.9.2006, VI R 65/03, BStBl II 2007, 312.

4. Gemischt veranlasste Auswärtstätigkeiten/Veranstaltungen

Zur Frage, wie bei einer gemischt veranlassten Auswärtstätigkeit oder Veranstaltung mit Mahlzeitengestellung die steuerfreien Verpflegungspauschalen zu ermitteln sind, gelten die vorgenannten allgemeinen Aufteilungsregelungen (Abgrenzung betrieblich veranlasster Anteil und der Lebensführung zuzurechnender Anteil.[1]) Ergänzende Regelungen enthält das BMF-Schreiben „Steuerliche Behandlung der Reisekosten von Arbeitnehmern" v. 25.11.2020;[2] zu den Reisekostenregelungen → Rz. 134. 44

III. Begriff der Reisekosten

„Reisekosten" ist ein lohnsteuerlicher Begriff, der die steuerlich berücksichtigungsfähigen Aufwendungen des Arbeitnehmers anlässlich einer beruflichen Auswärtstätigkeit umschreibt. Bei der (ertragsteuerlichen) Gewinnermittlung sind die lohnsteuerlichen Regelungen zu den Reisekosten entsprechend anzuwenden. Reisekosten gehören zu den **Betriebsausgaben**, wenn sie durch den Betrieb eines Stpfl. veranlasst sind und soweit die Regelungen zum Betriebsausgabenabzug nicht dagegensprechen (R 4.12 Abs. 2 EStR 2012). Hiermit sind die Regelungen in § 4 Abs. 5 Satz 1 Nr. 7 EStG gemeint, wonach privat veranlasste sowie unangemessene Aufwendungen (Betriebsausgaben) den Gewinn nicht mindern dürfen. Jedoch ist ein Ansatz der gesetzlich festgelegten pauschalen Kilometersätze als Betriebsausgaben stets zulässig, wenn private Beförderungsmittel (z. B. privater Pkw) betrieblich eingesetzt werden. Folglich sind die anlässlich einer Geschäftsreise (→ Rz. 34) entstandenen Reisekosten grundsätzlich als Betriebsausgaben ansatzfähig (Aufwandsposten). 45

Auch für die Gewinnermittlung umfasst der Begriff **Reisekosten** die Aufwendungsarten:

- Fahrtkosten (→ Rz. 50 ff.),
- Mehraufwendungen für Verpflegung (→ Rz. 57 ff.),
- Übernachtungskosten (→ Rz. 65 ff.) und
- Reisenebenkosten (→ Rz. 68 ff.).

Zu solch **betrieblichen Reisekosten** gehören sämtliche Ausgaben, die unmittelbar durch die Geschäfts- oder Berufsreise verursacht werden. Dies sind z. B. die

- entstandenen Aufwendungen für das Zugticket oder die Schiffsfahrkarte, für den Flugschein oder die Kfz-Kosten,
- Verpflegungsmehraufwendungen in Form der gesetzlichen Verpflegungspauschalen,
- entstandenen Unterbringungs-/Unterkunftskosten während der Reise und am Reiseziel sowie
- Aufwendungen für die Beförderung und Aufbewahrung von Gepäck, für eine Reisegepäckversicherung, für Telekommunikation, Porto, Garage, Parkplatzbenutzung, für die Fahrt mit der Straßenbahn (Personennahverkehr) oder einem anderen Fahrzeug am Reiseort.

Als durch die Reise entstanden müssen auch Aufwendungen gelten, die mit einer Erkrankung des Stpfl. während der Reise zusammenhängen. Für Einzelheiten zu den Aufwendungen zur Beseitigung von **Gesundheitsschäden** s. BFH v. 13.10.1960.[3] Auch Aufwendungen für **Versicherungen**, die ausschließlich betriebliche oder berufliche Unfälle und Risiken außerhalb einer nicht ortsgebundenen Betriebsstätte beinhalten, zählen zu den Reisenebenkosten. Das gilt ebenso für Kosten zur Beseitigung der Folgen eines **Verkehrsunfalls**, der sich auf einer ausschließlichen Geschäfts- oder Berufsfahrt mit dem Pkw ereignet hat (unabhängig von der Art des Unfalls, → Rz. 54).

---

1) BFH v. 18.8.2005, VI R 32/03, BStBl II 2006, 30.
2) BMF v. 25.11.2020, IV C 5 – S 2353/19/10011 :006, BStBl I 2020, 1228, Rz. 90.
3) BFH v. 13.10.1960, IV 196/59 S, BStBl III 1960, 511.

46 **Keine** Reisekosten sind **Aufwendungen**, die nur **mittelbar durch die Reise entstehen**, wie z. B. für die Anschaffung von spezieller Kleidung und Wäsche (z. B. Tropenkleidung), von Reisekoffern und sonstigen Reiseutensilien usw.

47 Die Kosten für die **Bewirtung von Geschäftsfreunden** während der Reise sind **keine** Reisekosten, wenn sie auch vielfach gerade anlässlich von Geschäftsreisen entstehen und regelmäßig als Betriebsausgaben oder Werbungskosten abziehbar sein mögen (→ Rz. 126 ff.).

48 Wird ein Stpfl. während einer Geschäftsreise von Geschäftsfreunden oder Privatpersonen **bewirtet**, führt dies **nicht** zu einer Kürzung der als Betriebsausgaben ansetzbaren Verpflegungspauschalen (→ Rz. 57).

49 Aufwendungen für **Fahrten zwischen Wohnung und Betriebsstätte** rechnen zu den **Betriebsausgaben** (Ansatz lediglich in Höhe der Entfernungspauschale → Rz. 76, → Rz. 93).[1] Solche Fahrten gehören auch dann **nicht** zur Geschäftsreise, wenn der Unternehmer diese erst nach dem Eintreffen im Betrieb antritt. Folglich dürfen solche Fahrzeiten und Fahrtkosten nicht als Reisekosten, etwa für den Ansatz von Verpflegungspauschalen, berücksichtigt werden.

IV. Fahrtkosten

1. Tatsächliche Fahrtkosten

50 Zu den betrieblich veranlassten Fahrtkosten rechnen die Aufwendungen zur unmittelbaren Durchführung der Reise selbst, sei es mit **Eisenbahn, Schiff, Flugzeug, Taxi oder** mit dem betrieblichen oder privaten **Kfz**. Dies darf auch ein angemietetes Fahrzeug sein. Zu den Fahrtkosten zählen **auch** die **Kosten der Unfallversicherung** oder der **Flugversicherung**, wenn sich diese Versicherungen auf die einzelne Reise beziehen. Allgemeine Unfallversicherungen, insbesondere bei Einschluss des Privatbereichs, rechnen nicht zu den Fahrtkosten, sondern zu den Aufwendungen, die im Rahmen der Regelungen zu den Sonderausgaben als Vorsorgeaufwendungen abziehbar sein können.

51 Die tatsächlichen Fahrtkosten müssen der Finanzverwaltung einzeln, d. h. durch Vorlage von Fahrkarten, Flugscheinen, Taxiquittungen, Tankstellenquittungen usw. **nachgewiesen** werden können oder sind zumindest durch Vorlage der Geschäftskorrespondenz bzw. von Reiseberichten **glaubhaft** zu machen. Allein die Abrechnung des Stpfl. (Betriebsinhabers, Reisenden) mit seiner Firmenkasse reicht nicht aus.

52 **Die Art des Beförderungsmittels** (z. B. Flugzeug statt Zug oder Taxi statt öffentlicher Personennahverkehr [ÖPNV]) bestimmt der Stpfl. selbst, nicht das Finanzamt. Auch liegt es im Ermessen des Betriebsinhabers, die von ihm zu benutzende Wagenklasse selbst zu wählen. Zu beachten ist allerdings, dass die durch ein besonders **aufwändiges Kfz** entstehenden Kosten bei der steuerlichen Berücksichtigung auf das angemessene Maß reduziert werden können. Denn nach höchstrichterlicher Rechtsprechung ist bei Nutzung eines (sehr) hochpreisigen Kfz zu vermuten, dass das Fahrzeug in der Absicht angeschafft worden ist, es in größerem Umfang privat zu nutzen, falls nach Sachlage des Einzelfalls das Verhältnis zwischen dem Unternehmensumsatz oder -gewinn und den Anschaffungskosten für das Kfz extrem unausgewogen ist.[2]

Zuletzt hat der BFH mit Urteil v. 29.4.2014[3] entschieden, dass Maßstab für die Feststellung des angemessenen Teils der Betriebsausgaben die Sicht eines ordentlichen und gewissenhaften Unternehmers ist, der in derselben Situation wie der Stpfl. ist. Folglich sei für einen Tierarzt mit Kleintierpraxis ein **Sportwagen** mit 400 PS kein angemessenes und deshalb von der Steuer absetzbares Betriebsfahrzeug. Allerdings sei der berücksichtigungsfähige Aufwand für die betrieblichen Fahrten sachgemäß zu schätzen.

1) BMF v. 23.12.2014, IV C 6 – S 2145/10/10005 :001, BStBl I 2015, 26, Rz.1.
2) BFH v. 8.10.1987, IV R 5/85, BStBl II 1987, 853.
3) BFH v. 29.4.2014, VIII R 20/12, BStBl II 2014, 679.

In diesen Fällen gilt: Die Anschaffungskosten eines als „unangemessen" anzusehenden Kfz fallen als solche nicht unmittelbar unter das Abzugsverbot. Gehört das Fahrzeug zum Betriebsvermögen, sind sie vielmehr in vollem Umfang zu aktivieren. Zu den unter das Abzugsverbot fallenden Kfz-Aufwendungen gehören dann v. a. die Abschreibungen (AfA). Diese können nur insoweit als Betriebsausgaben abgezogen werden, als sie auf den als „angemessen" anzusehenden Teil der Anschaffungskosten entfallen. Die übrigen Betriebskosten, wie Kfz-Steuer und Versicherung, Kraftstoff, Instandsetzungs-, Wartungs- und Pflegekosten, Garagenmiete usw., sind i. d. R. nicht als „unangemessen" anzusehen, da solche Aufwendungen auch für ein „angemessenes" Fahrzeug anfallen würden.

Wird für die Geschäftsreise ein **Kfz** genutzt, ist für den Ansatz der betrieblich veranlass- **53**
ten Aufwendungen zu unterscheiden, ob es dem **Betriebsvermögen** oder dem **Privatvermögen** zugeordnet ist. Für diese Frage der Nutzungsart gelten die allgemeinen Grundsätze von R 4.2 Abs. 1 EStR 2012. Danach gilt:

- ein Kfz, das zu mehr als 50 % eigenbetrieblich genutzt wird, ist in vollem Umfang notwendiges Betriebsvermögen,
- ein Kfz, das zu mindestens 10 % und bis zu 50 % betrieblich genutzt wird, darf in vollem Umfang als gewillkürtes Betriebsvermögen behandelt werden,
- ein Kfz mit einer Privatnutzung von mehr als 90 % rechnet in vollem Umfang zum notwendigen Privatvermögen.

Nutzt der Stpfl. ein Kfz in mehreren seiner Betriebe, ist die gesamte eigenbetriebliche Nutzung maßgebend. Für die Zuordnung ist zu beachten, dass die Fahrten zwischen Wohnung und erster Betriebsstätte sowie Familienheimfahrten im Rahmen einer doppelten Haushaltsführung nicht zu den Privatfahrten rechnen. Sie gelten als **betrieblich** veranlasst; lediglich die Höhe des Betriebsausgabenabzugs ist **begrenzt**. Hierbei ist die Entfernung zwischen Wohnung und Betriebsstätte oder dem doppelten Wohnsitz unbeachtlich.

Hinweis: Arbeitnehmer fährt Leasing-Kfz

Nutzt ein Arbeitnehmer ein Leasingfahrzeug, handelt es sich um ein betriebliches Kfz (des Arbeitgebers), wenn der Arbeitgeber und nicht der Arbeitnehmer gegenüber der Leasinggesellschaft zivilrechtlich Leasingnehmer ist (→ Rz. 237).

Der **Umfang** der betrieblichen Nutzung ist dem Finanzamt darzulegen und glaubhaft zu machen. Dies kann in jeder geeigneten Form erfolgen. Auch die Eintragungen in Terminkalendern, die Abrechnung gefahrener Kilometer gegenüber den Auftraggebern, Reisekostenaufstellungen sowie andere Abrechnungsunterlagen können zur Glaubhaftmachung geeignet sein. Sind entsprechende Unterlagen nicht vorhanden, kann die überwiegende betriebliche Nutzung durch formlose Aufzeichnungen über einen repräsentativen zusammenhängenden Zeitraum (i. d. R. drei Monate) glaubhaft gemacht werden. Dabei reichen Angaben über die betrieblich veranlassten Fahrten (jeweiliger Anlass und die jeweils zurückgelegte Strecke) und die Kilometerstände zu Beginn und Ende des Aufzeichnungszeitraumes aus.

Auf einen **Nachweis** der betrieblichen Nutzung kann **verzichtet** werden, wenn sich bereits aus Art und Umfang der Tätigkeit des Stpfl. ergibt, dass das Kfz zu mehr als 50 % betrieblich genutzt wird. Dies kann i. d. R. bei Stpfl. angenommen werden, die ihr Kfz für eine durch ihren Betrieb oder Beruf bedingte typische Reisetätigkeit benutzen oder die zur Ausübung ihrer räumlich ausgedehnten Tätigkeit auf die ständige Benutzung des Kfz angewiesen sind (z. B. bei Taxiunternehmern, Handelsvertretern, Handwerkern der Bau- und Baunebengewerbe oder Landtierärzten).

Benutzt der Stpfl. für die Geschäftsreise ein zum **Betriebsvermögen** gehörendes Fahrzeug, dürfen **keine** pauschalen Kilometersätze für die Geschäftsreise angesetzt werden.

Das heißt, eine gesonderte bzw. zusätzliche Abrechnung der Fahrzeugkosten für die einzelne Geschäftsreise ist nicht zulässig. Dies ist auch berechtigt, weil **sämtliche Aufwendungen** für den Betrieb eines solchen Fahrzeugs – also auch für die Geschäftsreisen –, wie Treibstoffkosten, Reparaturen, Reinigungskosten usw., die im Wirtschaftsjahr entstanden sind, als Betriebsausgaben verbucht werden (können). Entfällt von den Fahrzeugkosten ein Anteil auf Privatfahrten bzw. auf Fahrten zwischen Wohnung und Betriebsstätte, sind die Betriebsausgaben entsprechend zu kürzen (→ Rz. 74 ff.).

Wie allgemein üblich, müssen auch die Aufwendungen für ein betriebliches Kfz dem Finanzamt auf Verlangen nachgewiesen werden können.

Hinweis: Aufwendungen bei Firmenwagennutzung nicht als Reisekosten buchen

Wird für Geschäftsreisen ein Firmenwagen genutzt, sind die für die Nutzung des Firmenwagens entstandenen Aufwendungen, z. B. Benzinkosten, nicht über das Konto „Reisekosten", sondern über das entsprechende Kfz- bzw. Aufwandskonto zu buchen.

54 **Zu den Gesamtkosten** eines (betrieblichen) Kfz gehören die Betriebsstoffkosten (einschließlich Ladestrom), die Wartungs- und Reparaturkosten, die Kosten einer Garage am Wohnort, die Kfz-Steuer, die Aufwendungen für die Halterhaftpflicht- und Fahrzeugversicherungen, die Absetzungen für Abnutzung von den Anschaffungskosten bzw. alternativ die Leasinggebühren (s. u.) sowie die Zinsen für ein Anschaffungsdarlehen.[1] Auch durch einen **Unfall** verursachte Aufwendungen rechnen zu den Gesamtkosten, falls sie nicht vorab der ausschließlichen privaten Nutzung zuzurechnen sind.[2] Zu den Anschaffungskosten des Fahrzeugs gehören auch die Aufwendungen für ein Autoradio, nicht jedoch die für ein Autotelefon.

Die Absetzung für Abnutzung (Abschreibung) ist bei **betrieblichen** Pkw und Kombi-Fahrzeugen grundsätzlich mit **sechs** Jahren Nutzungsdauer zu bemessen (= 16,67 %). Dieser Zeitraum gilt für den Unternehmer bzw. für Stpfl., die keine Arbeitnehmer sind.[3] Bei einer hohen Fahrleistung kann auch eine kürzere Nutzungsdauer angesetzt werden. Handelt es sich um ein gebraucht angeschafftes Fahrzeug, ist die entsprechende Restnutzungs-/Abschreibungsdauer unter Berücksichtigung des Alters, der Beschaffenheit und des voraussichtlichen Einsatzes des Fahrzeugs zu schätzen.[4]

Hinweis: Nutzungsdauer des dem Arbeitnehmer überlassenen Firmenwagens

Wird dem **Arbeitnehmer** ein **Firmenwagen** überlassen, ist für die Ermittlung des individuellen Kilometersatzes im Rahmen der Fahrtenbuchmethode zur Ermittlung des geldwerten Vorteils für die Privatnutzung (Arbeitslohn, § 8 Abs. 2 EStG) eine Abschreibung i. H. v. 12,5 % der Anschaffungskosten entsprechend einer **8-jährigen** Gesamt-Nutzungsdauer zu Grunde zu legen.[5]

Hiervon ist zu unterscheiden die Ermittlung der Pkw-Fahrtkosten für den Ansatz als tatsächliche Reisekosten, wenn der Arbeitnehmer seinen **privaten** Pkw einsetzt, z. B. Ermittlung für eine steuerfreie Arbeitgebererstattung oder für den Ansatz als Werbungskosten. In diesem Fall ist bei Pkw und Kombifahrzeugen grundsätzlich eine Nutzungsdauer von sechs Jahren zu Grunde zu legen (H 9.5 [Einzelnachweis]) LStH sowie → Rz. 56).[6]

---

1) BFH v. 1.10.1982, VI R 192/79, BStBl II 1983, 17.
2) BMF v. 18.11.2009, IV C 6 – S 2177/07/10004, BStBl I 2009, 1326, mit Änderung durch BMF v. 15.11.2012, IV C 6 – S 2177/10/10002, BStBl I 2012, 1099.
3) Abschreibungstabelle für allgemein verwendbare Anlagegüter (AfA-Tabelle „AV") v. 15.12.2000, BStBl I 2000, 1532, Tz. 4.2.1, Personenkraftwagen und Kombiwagen; s. dazu auch Geiermann in AfA-Lexikon, 1. Hauptteil, Teil II, ABC der Anlagegüter, Stichwort „Personenkraftwagen (Pkw)", Rz. 13 ff.
4) Zu grundsätzlichen Fragen vgl. Geiermann in AfA-Lexikon, 1. Hauptteil, Teil II, ABC der Anlagegüter, Stichwort „Personenkraftwagen (Pkw)", Rz. 17.
5) BMF v. 3.3.2022, IV C 5 – S 2334/21/10004 :001, BStBl I 2022, 232, Rz. 34.
6) BMF v. 15.12.2000, IV D 2 – S 1551 – 188/00, BStBl I 2000, 1532, (AfA-Tabelle).

Einzelheiten zur Ermittlung des anzusetzenden Listenpreises für **Elektrofahrzeuge** und extern aufladbare **Hybridelektrofahrzeuge** → Rz. 79 f.

Bei einem geleasten Fahrzeug gehören die Leasingraten und eine **Leasingsonderzahlung** im Kalenderjahr der Zahlung in voller Höhe zu den Gesamtkosten.[1)]

Nicht zu den Gesamtkosten eines (betrieblichen) Kfz gehören z. B. die gezahlten

- Park- und Straßenbenutzungsgebühren,
- Aufwendungen für Insassen- und Unfallversicherung sowie
- Verwarnungs-, Ordnungs- und Bußgelder.

Diese Aufwendungen sind mit Ausnahme der Verwarnungs-, Ordnungs- und Bußgelder als **Reisenebenkosten** (→ Rz. 68 ff.) absetzbar.

2. Einsatz privater Fahrzeuge

a) Pauschale Kilometersätze

Wird die **Geschäftsreise** mit einem **privaten** Pkw oder einem anderen **privaten** motorbetriebenen Fahrzeug (z. B. privaten Motorrad) ausgeführt, können dafür ebenfalls Betriebsausgaben angesetzt werden. In diesen Fällen hat der Stpfl. die Wahl zwischen pauschalen Kilometersätzen oder den anteiligen tatsächlichen Kosten. 55

Als **pauschale** Kilometersätze dürfen ohne Einzelnachweis **je gefahrenem** Kilometer angesetzt werden:

- bei Benutzung eines Kraftwagens **0,30** € und
- bei Benutzung eines anderen motorbetriebenen Fahrzeugs **0,20** €.

Wird die Geschäftsreise mit einem privaten **Moped oder Mofa** durchgeführt, gilt ebenfalls der Kilometersatz für motorbetriebene Fahrzeuge i. H. v. **0,20** € pro gefahrenem Kilometer. Für nicht motorbetriebene private Fahrzeuge (z. B. Fahrrad) sind grundsätzlich die tatsächlichen Kosten anzusetzen.

Weil der Ansatz von pauschalen Kilometersätzen **gesetzlich** festgeschrieben ist, darf die Finanzverwaltung nicht prüfen, ob sie im Einzelfall zu einer offensichtlich unzutreffenden Besteuerung führen würden.

b) Tatsächliche Aufwendungen

An Stelle der zuvor genannten pauschalen Kilometersätze können die Stpfl. (Gewerbetreibende und Selbständige ebenso wie Arbeitnehmer) für das auf Geschäftsreisen bzw. Auswärtstätigkeiten eingesetzte **private Fahrzeug** entsprechend der Fahrtenbuchmethode die anteiligen tatsächlichen Aufwendungen ansetzen (→ Rz. 101, → Rz. 240). Dazu ist aus den Gesamtaufwendungen für das Fahrzeug und der Gesamtfahrleistung des Fahrzeugs ein **Kilometersatz** zu **ermitteln**. 56

Beispiel: Berechnung des tatsächlichen individuellen Kilometersatzes

Ein Gewerbetreibender setzt sein privates Kfz für gelegentliche Geschäftsreisen ein. Die Anschaffungskosten des in 2023 gekauften Kfz betrugen 30 000 €. Die ansetzbaren Gesamtkosten (→ Rz. 54) betragen bei einer Fahrleistung von 15 000 km in 12 Monaten 12 000 €, zur Abschreibung → Rz. 54 „Hinweis".

Folge: Der Kilometersatz für die insgesamt gefahrenen Strecken beträgt

12 000 € : 15 000 km = 0,80 € (pro gefahrenem km)

---

1) BFH v. 5.5.1994, VI R 100/93, BStBl II 1994, 643.

Dieser sog. **Einzelnachweis** der Kfz-Kosten muss für einen Zeitraum von zwölf Monaten geführt werden, der allerdings nicht dem Kalenderjahr entsprechen muss. Der sich so ergebende individuelle Kilometersatz darf so lange angesetzt werden, bis sich die Verhältnisse wesentlich ändern. Eine solch wesentliche Änderung liegt z. B. dann vor, wenn der Abschreibungszeitraum für das Fahrzeug abgelaufen ist oder sich bei einem Leasingfahrzeug die Leasinggebühren ändern. In diesem Fall ist der individuelle Kilometersatz neu zu ermitteln, es sei denn, der Stpfl. setzt den steuerlich zulässigen pauschalen Kilometersatz von 0,30 € an.

Werden die amtlichen (pauschalen) Kilometersätze von 0,30 €/0,20 € angesetzt, dürfen daneben **Unfallkosten** anlässlich eines Unfalls auf einer Geschäftsreise in vollem Umfang als Betriebsausgaben abgezogen werden. Für die Anerkennung von Unfallkosten als Betriebsausgaben gelten die Ausführungen zu → Rz. 54 entsprechend.

V. Verpflegungskosten

1. Allgemeines

57 Mehraufwendungen für die Verpflegung des Stpfl. sind nur dann als Betriebsausgaben abziehbar, wenn er vorübergehend von seiner **Wohnung** und dem Mittelpunkt seiner dauerhaft angelegten betrieblichen Tätigkeit entfernt betrieblich tätig wird. Der Begriff des Mittelpunktes der **dauerhaft angelegten betrieblichen** Tätigkeit des Gewerbetreibenden/Selbständigen (Stpfl.) entspricht dem Begriff der (ersten) Betriebsstätte (→ Rz. 35 ff.).

Auf Geschäftsreisen sind die Aufwendungen für die eingenommenen Mahlzeiten (Verpflegung) üblicherweise höher als am Wohnort. Gleichwohl ist ein Abzug solcher Verpflegungsmehraufwendungen anhand von Einzelnachweisen anlässlich von Geschäftsreisen nicht zugelassen. Steuerlich sind Verpflegungsmehraufwendungen nur im Rahmen der gesetzlich festgelegten **Pauschbeträge** berücksichtigungsfähig. Dabei gelten für sämtliche Geschäftsreisen im Inland **einheitliche Verpflegungspauschalen**. Übersteigen die tatsächlichen Verpflegungsmehraufwendungen die nachfolgenden Pauschbeträge, so können Gewerbetreibende/Selbständige den überschießenden Betrag **nicht** als Betriebsausgabe abziehen. Dies ist durch § 4 Abs. 5 Satz 1 Nr. 5 EStG ausgeschlossen.

Hintergrund dieser Regelung ist, dass die jedem Stpfl. täglich entstehenden Aufwendungen für die eigene Verpflegung regelmäßig Kosten der privaten Lebensführung darstellen, die steuerlich unberücksichtigt bleiben. Mit dem Ansatz der gesetzlichen Verpflegungspauschalen wird sichergestellt, dass nur der Mehraufwand steuerlich berücksichtigt wird, der über das hinausgeht, was ein Stpfl. (z. B. Arbeitnehmer) für seine Verpflegung ohnehin während eines üblichen Arbeitstages (an der ersten Tätigkeitsstätte) aufwendet. Betrieblicher bzw. beruflicher Mehraufwand für Verpflegung ist stets dann anzunehmen, wenn der Stpfl. nicht an der für ihn üblichen und bekannten Stelle eine kostengünstige Mahlzeit einnehmen kann. Die Tatsache, dass eine Verpflegung am Arbeitsplatz oder in einem weiträumigen Tätigkeitsgebiet kostenintensiver ist (z. B. bei Kantinenverpflegung, auswärtige Essensangebote) als eine häusliche Verpflegung, ist für die steuerrechtliche Beurteilung nicht maßgebend.

Die Pauschbeträge zur Abgeltung des Verpflegungsmehraufwands (sog. **Verpflegungspauschalen**) bei **Geschäftsreisen** (→ Rz. 34) im **Inland** betragen **seit** dem Kalenderjahr 2020 je Kalendertag bei einer Abwesenheit von

- **24 Stunden** **28 €,**
- **weniger** als 24 Stunden, aber **mehr als 8 Stunden** **14 €,**
- beliebiger Dauer am ersten Reisetag bzw. **Anreisetag** einer **mehrtägigen auswärtigen Tätigkeit** mit einer auswärtigen Übernachtung sowie für den **Reisetag nach** einer solchen Übernachtung (**Rück-/Abreisetag**). **14 €.**

Beispiele: Berechnung der Verpflegungspauschalen

1. Eintägige Geschäftsreise

Der Unternehmer A besucht im März 2026 aus betrieblichem Anlass eine eintägige Tagung. In der Mittagspause nimmt er in einem Restaurant eine Mahlzeit für 39 € ein. Die Abwesenheit von der Wohnung und der ersten Betriebsstätte beträgt neun Stunden.

Folge: Dem Unternehmer steht zur Abgeltung seiner tatsächlich entstandenen betrieblich veranlassten Aufwendungen eine Verpflegungspauschale i. H. v. 14 € zu (vgl. § 4 Abs. 5 Satz 1 Nr. 5, § 9 Abs. 4a Satz 3 Nr. 3 EStG). Diese kann er als Betriebsausgabe ansetzen. Ein Abzug der tatsächlichen Verpflegungskosten bzw. von gesondert ermittelten Mehraufwendungen als Betriebsausgaben ist nicht zulässig.

2. Mehrtägige Geschäftsreise

Der Unternehmer A war im Kalenderjahr 2026 auf einer betrieblichen Geschäftsreise. Sie dauerte drei Tage; am Anreisetag war er fünf Stunden und am Rückreisetag 21 Stunden unterwegs bzw. von der Wohnung und der ersten Betriebsstätte abwesend.

Folge: Zur Abgeltung des Verpflegungsmehraufwands kann er für den An- und Abreisetag eine Verpflegungspauschale i. H. v. jeweils 14 € (zusammen 28 €) und für den zweiten Tag mit der Übernachtung 28 € ansetzen. Als Betriebsausgaben sind somit 56 € anzusetzen.

Für weitere Einzelheiten zu den Verpflegungspauschalen bei mehrtägigen Geschäftsreisen s. das Beispiel zu → Rz. 66.

Werden an einem Kalendertag **mehrere** Geschäftsreisen durchgeführt, sind die Abwesenheitszeiten an diesem Kalendertag **zusammenzurechnen**.

Beispiel: Mehrere Auswärtstermine an einem Tag

Der Unternehmer U besucht im Kalenderjahr 2026 an einem Arbeitstag vormittags von 8.00 Uhr bis 13.00 Uhr seinen Lieferanten L. Er kehrt anschließend in sein Büro zurück, erledigt dort anfallende Arbeiten und trifft sich außerhalb seiner ersten Betriebsstätte mit seinem Kunden K zu einer geschäftlichen Besprechung von 16.00 Uhr bis 23.00 Uhr.

Folge: Der Unternehmer U war an diesem Kalendertag insgesamt mehr als acht Stunden von der Betriebsstätte und der Wohnung abwesend, er kann als Verpflegungsmehraufwendungen 14 € als Betriebsausgaben ansetzen.

Bei einer eintägigen betriebsbedingten Abwesenheit von bis zu acht Stunden ist kein Abzug von Verpflegungsmehraufwendungen als Betriebsausgaben möglich. Die für Arbeitnehmer mögliche Pauschalbesteuerung der steuerpflichtigen Verpflegungspauschalen mit 25 % Lohnsteuer (→ Rz. 217) ist hier nicht zulässig.

Neben der Zusammenrechnung von Abwesenheitszeiten ist folgende **besondere** Zurechnungsregelung zu beachten: Eine Geschäftsreise/auswärtige Tätigkeit, die an einem Kalendertag beginnt und am nachfolgenden Kalendertag beendet wird, ohne dass eine Übernachtung stattfindet, ist mit der gesamten Abwesenheitsdauer dem Kalendertag der überwiegenden Abwesenheit zuzurechnen (§ 4 Abs. 5 Satz 1 Nr. 5 Satz 2 EStG, § 9 Abs. 4a Satz 3 Nr. 3 EStG).

Beispiel: Zurechnung der Abwesenheitsdauer bei Rückkehr am Folgetag ohne Übernachtung

Der selbständige Spediteur S liefert im Kalenderjahr 2026 Materialien von Köln nach Würzburg. Er tritt seine Geschäftsreise von Köln aus um 17.00 Uhr an und macht sich unmittelbar nach Ablieferung der Materialien auf den Rückweg. Die Rückkehr erfolgt am nächsten Morgen um 7.30 Uhr.

Folge: Die betriebsbedingte Abwesenheit beträgt an den jeweiligen Arbeitstagen weniger als acht Stunden. Für den Ansatz der Verpflegungspauschale werden die betriebsbedingten Abwesenheiten an beiden Tagen fiktiv zu einer eintägigen Geschäftsreise zusammengerechnet. Weil die Abwesenheit an beiden Tagen mit insgesamt 14,5 Stunden die Mindestabwesenheitsdauer von mehr als acht Stunden übersteigt, ist eine Verpflegungspauschale i. H. v. 14 € anzusetzen und dem Tag der Rückkehr zuzurechnen, da an diesem Tag die Dauer der Abwesenheit überwog.

Können an einem Kalendertag mit einer auswärtigen Tätigkeit Verpflegungsmehraufwendungen auf Grund einer weiteren Auswärtstätigkeit (z. B. wegen einer Geschäftsreise oder wegen einer doppelten Haushaltsführung) angesetzt werden, ist nur die auf eine der beiden Tätigkeiten entfallende höchste Verpflegungspauschale anzusetzen (keine Zusammenrechnung).

Die Verpflegungspauschalen sind auch dann **nicht zu kürzen**, wenn von dritter Seite Mahlzeiten unentgeltlich oder verbilligt zur Verfügung **gestellt werden** oder wenn der Stpfl. anlässlich einer betrieblich veranlassten Reise an einer Bewirtung teilnimmt und deren Aufwendungen selbst trägt. Die für den Arbeitnehmerbereich in § 9 Abs. 4a Satz 8 EStG vorgeschriebenen Kürzungen der Verpflegungspauschalen (→ Rz. 202) gelten nicht für den Betriebsausgabenabzug.

Allerdings ist bei einer längerfristigen Geschäftsreise/Auswärtstätigkeit des Unternehmers (Gewerbetreibender oder Selbständiger) der Abzug von Verpflegungsmehraufwendungen entsprechend der Regelung in § 9 Abs. 4a Satz 6 EStG auf die ersten **drei Monate** einer längerfristigen betrieblichen Tätigkeit an **derselben** auswärtigen Tätigkeitsstätte beschränkt (Dreimonatsfrist, → Rz. 178). Diese Dreimonatsfrist ist jedoch nicht zu beachten, wenn die Tätigkeit an täglich mehrmals wechselnden Tätigkeitsstätten ausgeübt wird, z. B. bei selbständigen Handels- oder Reisevertretern. Hingegen können die durch eine Auswärtstätigkeit anfallenden Fahrtkosten (→ Rz. 50 ff.) zeitlich unbegrenzt angesetzt werden.

2. Keine offensichtlich unzutreffende Besteuerung

58 Weil Verpflegungsmehraufwendungen ausschließlich durch Pauschbeträge berücksichtigungsfähig sind, entfällt ein Nachweis anhand von Einzelbelegen. Auf Grund der gesetzlich festgelegten Höhe der Pauschbeträge für Verpflegungsmehraufwendungen darf das Finanzamt nicht prüfen, ob der Ansatz der Pauschbeträge zu einer unzutreffenden Besteuerung führt.[1]

3. Buchmäßige Behandlung

59 Zur eindeutigen Trennung der abzugsfähigen und der nicht abzugsfähigen Betriebsausgaben schreibt das EStG die einzelne sowie getrennte Aufzeichnung bestimmter Aufwendungen vor. Nach § 4 Abs. 7 EStG sind insbesondere die folgenden Betriebsausgaben einzeln und getrennt von den sonstigen Betriebsausgaben **aufzuzeichnen**:

- Aufwendungen für Geschenke an Personen, die nicht Arbeitnehmer des Stpfl. (Unternehmers) sind. Die Aufzeichnungspflicht erstreckt sich auch auf Geschenke mit einem Wert von bis zu 50 € je Empfänger (seit 2024, zuvor 35 €, § 4 Abs. 5 Satz 1 Nr. 1 Satz 2 EStG);[2]
- die gesamten Bewirtungsaufwendungen aus geschäftlichem Anlass (mit Ausnahme der Verpflegungspauschalen, § 4 Abs. 5 Satz 1 Nr. 2 EStG) sowie die Aufwendungen für Gästehäuser, Jagden, Fischerei, Segeljachten, Motorjachten (§ 4 Abs. 5 Satz 1 Nr. 3 und 4 EStG);
- andere (als die zuvor genannten) Aufwendungen, welche die Lebensführung des Stpfl. oder anderer Personen berühren (unangemessene Aufwendungen, § 4 Abs. 5 Satz 1 Nr. 7 EStG.

Hinweis:

Bei sog. Streuwerbeartikeln (Waren oder Gegenstände mit einem geringen Wert bis zu 10 € je Artikel) sowie bei geringwertigen Warenproben brauchen die Namen der Empfänger nicht festgehalten zu werden. Sie werden nicht als Geschenke i. S. d. o. g. § 4 Abs. 5 Nr. 1 EStG eingestuft.

1) BFH v. 4.4.2006, VI R 44/03, BStBl II 2006, 567.
2) Änderung durch das Wachstumschancengesetz v. 27.3.2024, BGBl. I 2024, Nr. 108, BStBl I 2024, 666.

Ergänzend wird auf die in § 4 Abs. 5 Satz 1 Nr. 5, 6, 6a, 6b und 8 EStG genannten Aufwendungen hingewiesen, welche ebenso getrennt und einzeln von den übrigen Betriebsausgaben aufzuzeichnen sind. Dies betrifft die Mehraufwendungen für die Verpflegung des Stpfl. bei Auswärtstätigkeiten, Aufwendungen für die Fahrten zwischen Wohnung und Betriebsstätte und für Familienheimfahrten, die Mehraufwendungen für eine betrieblich veranlasste doppelte Haushaltsführung, Aufwendungen für ein häusliches Arbeitszimmer sowie die Kosten für dessen Ausstattung, es sei denn, für die betriebliche oder berufliche Tätigkeit steht kein anderer Arbeitsplatz zur Verfügung, sowie Geldbußen, Ordnungsgelder und Verwarnungsgelder einschließlich der damit zusammenhängenden Aufwendungen.

Diese Verpflichtung zur besonderen Aufzeichnung ist erfüllt, wenn diese Aufwendungen

- vom Stpfl. mit Gewinnermittlung durch Betriebsvermögensvergleich (Bilanzierung) fortlaufend auf besonderen Konten im Rahmen der Buchführung gebucht und
- vom Stpfl. mit Gewinnermittlung durch Einnahmen-Überschuss-Rechnung (nach § 4 Abs. 3 EStG) von Anfang an getrennt von den sonstigen Betriebsausgaben fortlaufend und einzeln aufgezeichnet werden.

Statistische Zusammenstellungen genügen nicht. Es ist aber ausreichend, wenn für all diese Aufwendungen *ein* Konto oder *eine* Spalte geführt wird. In diesem Fall muss sich aus jeder Buchung oder Aufzeichnung die Art der Aufwendung ergeben. Nicht zu beanstanden ist, wenn die Verpflegungspauschalen anlässlich einer Geschäftsreise zusammen mit den anderen Reisekosten verbucht werden. Voraussetzung hierfür ist, dass sich aus dem Reisekostenbeleg eine eindeutige Trennung der Aufwendungen ergibt.

Die Aufzeichnungspflicht ist dabei nicht auf den unangemessenen, ohnehin nicht als Betriebsausgaben abzugsfähigen Teil der Aufwendungen beschränkt. Sie umfasst die gesamten Aufwendungen.[1] Nicht ausreichend ist eine gesonderte Zusammenstellung der entsprechenden Belege.[2] Dies gilt auch bei der Gewinnermittlung nach § 4 Abs. 3 EStG (Einnahmen-Überschuss-Rechnung – EÜR).[3]

Ebenso sind gesonderte Listen o. Ä. nicht ausreichend.[4] Erforderlich ist also eine Buchung auf gesonderten Konten bzw. bei der Gewinnermittlung nach § 4 Abs. 3 EStG (EÜR) z. B. jeweils in einer gesonderten Spalte.[5] Vgl. im Übrigen R 4.11 EStR 2012 sowie H 4.11 EStH 2025 (bzw. 2026).

Weil diese Aufzeichnungspflicht materiell-rechtliche Voraussetzung für den Abzug der Aufwendungen als Betriebsausgaben ist, hat ein Verstoß zur Folge, dass die nicht gesondert aufgezeichneten Aufwendungen nicht als Betriebsausgaben abzugsfähig sind.[6] Allerdings gilt dieses Abzugsverbot nicht für eine Fehlbuchung, die sich nach dem Rechtsgedanken des § 129 Satz 1 AO als offenbare Unrichtigkeit darstellt.[7]

Die Ordnungsmäßigkeit der Buchführung wird nicht beanstandet, wenn der Stpfl. die **60**
Aufwendungen in Höhe der Verpflegungspauschalen verbucht, obwohl die tatsächlichen Verpflegungskosten niedriger oder höher gewesen sind.

Im Übrigen sind **Vorschüsse**, die ein Unternehmer seiner Geschäftskasse für Reisekosten **61**
entnimmt, keine Entnahmen und nach der Geschäftsreise eingezahlte, unverbraucht gebliebene Vorschüsse keine Einlagen im steuerlichen Sinne. Die Verbuchung erfolgt unmittelbar über Reisekosten. Wird jedoch der unverbraucht gebliebene Teil des entnommenen Reisegelds als privat verbraucht behandelt, also nicht wieder eingelegt, dann ist

1) BFH v. 25.3.1998, IV B 106/97, BFH/NV 1998, 958.
2) BFH v. 26.2.1988, III R 20/85, BStBl II 1988, 613; v. 10.3.1988, IV R 207/85, BStBl II 1988, 611; v. 26.10.1988, X R 25/87, BFH/NV 1989, 571.
3) BFH v. 13.5.2004, IV R 47/02, HFR 2004, 1179.
4) BFH v. 28.5.1968, IV R 150/67, BStBl II 1968, 648.
5) BFH v. 22.1.1988, III R 171/82, BStBl II 1988, 535; v. 26.2.1988, III R 20/85, BStBl II 1988, 613.
6) BFH v. 22.1.1988, III R 171/82, BStBl II 1988, 535.
7) BFH v. 19.8.1999, IV R 20/99, BStBl II 2000, 203.

nichts dagegen einzuwenden, wenn die als Vorschüsse gebuchten Betriebsausgaben um die nicht verbrauchten Beträge gekürzt werden. Es ergeben sich dann zwei Möglichkeiten der Verbuchung des überschüssigen Betrags.

Verbuchungsmöglichkeiten von unverbraucht gebliebenen Vorschüssen	
1. Bei privater Verwendung	2. Bei Einzahlung (nach der Geschäftsreise)
Privatkonto an Konto Reisekosten bzw. Reisekostenvorschüsse.	Kassenkonto an Konto Reisekosten bzw. Reisekostenvorschüsse.

Solch ein (Buchungs-)Vorgang berührt nicht die Ordnungsmäßigkeit der Buchführung als solche.

4. Begleitpersonen

62 Die Verpflegungspauschalen können ebenso wie andere Reisekosten auch für Personen angesetzt werden, die den Stpfl. (Unternehmer) aus betrieblichen oder beruflichen Gründen auf der Geschäftsreise begleiten; z. B. ein Kraftwagenfahrer, ein Sekretär oder eine Dolmetscherin.

63 Dieser Grundsatz gilt auch für die Begleitung durch **Angehörige** (z. B. durch die Ehefrau), wenn dies aus zwingenden **gesundheitlichen** oder **betrieblichen** Gründen nachgewiesenermaßen erforderlich ist. Betriebliche Gründe liegen regelmäßig dann vor, wenn der mitreisende Angehörige durch seine Mithilfe eine sonst erforderlich werdende Arbeitskraft einspart; also etwa notwendige Tätigkeiten eines Chauffeurs oder als Sekretär leistet oder im Zusammenhang mit Messen und Ausstellungen beim Aufbau des Messestands o. Ä. tätig wird.

Da an den Nachweis, ob die Begleitung des mitreisenden Angehörigen aus **gesundheitlichen** Gründen notwendig ist, hohe Anforderungen durch die Finanzverwaltung gestellt werden, empfiehlt sich die gleichzeitige Bereitstellung geeigneter Unterlagen, etwa eines amtsärztlichen Zeugnisses oder bei einer Körperbehinderung durch einen amtlichen Ausweis u. Ä. (→ Rz. 42).

64 Wird der Gewerbetreibende/Selbständige als Arbeitgeber auf einer Geschäftsreise von seinen Arbeitnehmern begleitet, darf er ihnen die Reisekosten nach den gesetzlichen Regelungen steuerfrei ersetzen (→ Rz. 195 ff.). Für den Arbeitgeber liegen in diesen Fällen stets und unabhängig von den steuerfreien Höchstbeträgen Betriebsausgaben vor. Weitere Einzelheiten zu Reisekostenzahlungen an Arbeitnehmer → Rz. 133 ff.

VI. Übernachtungskosten

65 Notwendige Unterkunfts- bzw. Übernachtungskosten zwischen den Reisetagen sowie am Reiseziel während einer mehrtägigen Geschäftsreise sind in der nachgewiesenen Höhe als Betriebsausgaben abzugsfähig. Eine bloße Glaubhaftmachung genügt nicht. Grundsätzlich ist der **Einzelnachweis erforderlich**. Ausnahmsweise kann die Höhe der Übernachtungskosten **geschätzt** werden, wenn die Entstehung dem Grunde nach unbestritten ist.[1] Ein **pauschaler** Ansatz von steuerfreien Übernachtungskosten ist nur für **Zahlungen** des Arbeitgebers **an Arbeitnehmer** bei Inlandsreisen (→ Rz. 221) sowie bei Auslandsreisen (→ Rz. 344 ff.) möglich.

Ein Nachweis von Unterkunfts- bzw. Übernachtungskosten ist stets durch die auf den Namen des Stpfl. lautende Rechnung des Hotels, Gasthofs usw. zu erbringen. Der Stpfl. muss die Unterkunft persönlich in Anspruch genommen haben. Benutzt der Reisende ein **Mehrbettzimmer** gemeinsam mit Personen, die aus privaten Gründen mitreisen bzw. zum Reisenden oder seinem Arbeitgeber in keinem Dienstverhältnis stehen, gilt Folgen-

1) BFH v. 17.7.1980, IV R 15/76, BStBl II 1981, 14.

des: Es sind die Aufwendungen steuerlich maßgebend, die bei Inanspruchnahme eines **Einzelzimmers** im selben Haus entstanden wären. Führt die weitere Person auch eine Geschäftsreise/Auswärtstätigkeit durch, so sind die tatsächlichen Unterkunftskosten gleichmäßig aufzuteilen.

Zu den Unterkunfts- bzw. Übernachtungskosten zählen z. B. die Kosten für die Nutzung eines Hotelzimmers, Mietaufwendungen für die Nutzung eines (ggf. möblierten) Zimmers oder einer Wohnung sowie Nebenleistungen (z. B. Kultur- und Tourismusförderabgabe, Kurtaxe/Fremdenverkehrsabgabe sowie bei Auslandsübernachtungen die besondere Kreditkartengebühr bei Zahlungen in Fremdwährungen).

Die **Kosten des Frühstücks** (regelmäßig auf der Zimmerrechnung aufgeführt) gehören **66**
zu den Verpflegungskosten, nicht zu den Übernachtungskosten.

Trotz der vorübergehenden Absenkung des Umsatzsteuersatzes im Hotelwesen und Übernachtungsgewerbe auf 7 % (2021 bis 2023) war bei Übernachtungen im Inland weiterhin ein getrennter Ausweis der Übernachtungsleistungen mit 7 % USt und für die eingenommenen Mahlzeiten mit 7 % USt erforderlich (→ Rz. 375); seit 2024 gilt für eingenommenen Mahlzeiten wieder der Regelsteuersatz von 19 %.[1]

Mit Schreiben v. 5.3.2010[2] sowie dem für Gewinneinkünfte bestimmten Schreiben v. 23.12.2014[3] hat das BMF Stellung genommen zur pauschalen Ermittlung des Frühstückspreises i. V. m. der Übernachtung bei einer Auswärtstätigkeit (des Arbeitnehmers). Danach ist Folgendes zu beachten:

Wird durch Zahlungsbelege

– nur ein **Gesamtpreis** für Unterkunft und Verpflegung oder
– neben der Beherbergungsleistung nur ein **Sammelposten** für Nebenleistungen einschließlich Verpflegung

nachgewiesen und lässt sich der Preis für die Verpflegung deshalb nicht feststellen (z. B. bei einer Tagungspauschale), so ist dieser Gesamtpreis zur Ermittlung der Übernachtungs- oder Reisenebenkosten wie folgt zu **kürzen**:

Anzusetzende Kürzungsbeträge	
Für ein Frühstück um	20 %*
Für ein Mittag- und Abendessen um	jeweils 40 %*

*der für den Unterkunftsort maßgebenden Verpflegungspauschale bei einer Auswärtstätigkeit mit einer Abwesenheitsdauer von mindestens 24 Stunden.

Für das **Inland** ergeben sich **seit** dem Kalenderjahr 2020 als Kürzungsbeträge für das **Frühstück 5,60** € und für ein **Mittag-** und **Abendessen** jeweils **11,20** €. Der danach verbleibende Betrag der Hotelrechnung stellt die Kosten für die Unterbringung dar.

Der Kostenanteil für die Mahlzeiten ist vom Betriebsausgabenabzug ausgeschlossen und mit der jeweiligen Verpflegungspauschale abgegolten.

Beispiel: Kürzung des Gesamtpreises bei Übernachtung

Im Rahmen einer betrieblich veranlassten Auswärtstätigkeit im Jahr 2026 übernachtet der Stpfl. im Hotel. Das Hotel stellt (netto) 100 € für die Übernachtung und zusätzlich (netto) 22 € für ein Business- oder Servicepaket (inkl. Frühstück) in Rechnung.

Der Stpfl. kann für den An- und Abreisetag jeweils eine Verpflegungspauschale von 14 € als Betriebsausgabe abziehen.

1) Planmäßiger Auslauf der vorübergehenden Anwendung des ermäßigten Umsatzsteuersatzes.
2) BMF v. 5.3.2010, IV D 2 – S 7210/07/10003, BStBl I 2010, 259, Rz. 16; v. 25.11.2020, IV C 5 – S 2353/19/10011 :006, BStBl I 2020, 1228, Rz. 73 ff.
3) BMF v. 23.12.2014, IV C 6 – S 2145/10/10005 :001, BStBl I 2015, 26.

Daneben können die Übernachtungskosten i. H. v. 100 € und die Aufwendungen für das Business- oder Servicepaket i. H. v. 16,40 € (22 € abzgl. Kürzungsbetrag 5,60 €) abgezogen werden. Der enthaltene Kostenanteil für das Frühstück (anzusetzen mit 5,60 €) ist vom Betriebsausgabenabzug ausgeschlossen.

Ebenso kann verfahren werden, wenn in einer Hotelrechnung neben der Beherbergungsleistung ein **Sammelposten** für andere, dem allgemeinen Umsatzsteuersatz unterliegende Leistungen einschließlich Frühstück ausgewiesen wird. Der verbleibende Teil dieses Sammelpostens ist als Reisenebenkosten i. S. v. R 9.8 LStR zu behandeln, wenn **kein** Anlass für die Vermutung besteht, dass in diesem Sammelposten etwaige nicht als Reisenebenkosten anzuerkennende Nebenleistungen enthalten sind (etwa Pay-TV, private Telefonate, Massagen).

Unschädlich ist es insbesondere, wenn dieser Sammelposten auch mit Internetzugang, Zugang zu Kommunikationsnetzen, näher bezeichnet wird und der hierzu ausgewiesene Betrag nicht so hoch ist, dass er offenbar den Betrag für Frühstück und steuerlich anzuerkennende Reisenebenkosten übersteigt. **Anderenfalls** ist dieser Sammelposten steuerlich in voller Höhe als privat veranlasst zu behandeln.[1)]

Diese dort getroffenen Vereinfachungsregelungen finden über den Generalverweis der R 4.12 Abs. 2 EStR 2012 (Reisekosten) auch Anwendung bei den Gewinneinkünften, z. B. bei gewerblicher oder freiberuflicher Tätigkeit.[2)]

Beispiel: Kürzung für Frühstück, Sammelposten

Unternehmer A unternimmt im Jahr 2026 eine mehrtägige Geschäftsreise. Der Übernachtungspreis für das Hotelzimmer beträgt 150 € zzgl. 35 € (jeweils netto) für das sehr umfangreiche Frühstücksbüffet (Übernachtung im Inland).

Folge: Die Beherbergungsleistung ist mit 150 € als Betriebsausgabe ansetzbar. Die 35 € für das Frühstücksbüffet dürfen nicht als Betriebsausgabe angesetzt werden.

Weist das Hotel hingegen einen **Sammelposten** für andere, dem allgemeinen Umsatzsteuersatz unterliegende Leistungen einschließlich Frühstück aus, so ist die vorgenannte Vereinfachungsregelung anwendbar und als Kürzungsbetrag für das Frühstück 20 % des maßgebenden Pauschbetrags für Verpflegungsmehraufwendungen (28 €) = 5,60 € anzusetzen. Der verbleibende Teil dieses Sammelpostens (35 € abzgl. 5,60 € = 29,40 €) ist regelmäßig als Reisenebenkosten ansetzbar.

Zusätzlich sind die jeweiligen Verpflegungspauschalen als Betriebsausgaben ansetzbar.

Bei **Übernachtungen im Ausland** wird in der **Hotelrechnung** mitunter ein **Gesamtpreis** für Übernachtung und Frühstück oder **ausschließlich** der Preis für die Übernachtung ausgewiesen. Zur Ermittlung der **Übernachtungskosten** gelten die vorgenannten Regelungen zur **Aufteilung** und Kürzung des Gesamtpreises entsprechend. Wird hingegen glaubhaft gemacht, dass in einer nicht spezifizierten Hotelrechnung Kosten für ein Frühstück nicht enthalten sind, so ist der **Gesamtbetrag** der Hotelrechnung als Kosten der Unterbringung anzusehen.[3)]

Zu beachten ist, dass bei den Gewinneinkünften die Verpflegungspauschalen **nicht** zu kürzen sind, wenn dem Stpfl. von dritter Seite Mahlzeiten unentgeltlich oder verbilligt zur Verfügung **gestellt** werden oder wenn der Stpfl. anlässlich einer betrieblich veranlassten Reise Bewirtungsaufwendungen selbst trägt.

67 Bei **privater Unterbringung**, z. B. bei Geschäftsfreunden oder Verwandten, erhält der Reisende i. d. R. keine Belege über Übernachtungskosten. Anstelle solcher Ausgaben entstehen dann Aufwendungen für ein Gastgeschenk, z. B. Blumen oder sonstige Geschenke an die Ehefrau des Gastgebers, Geschenke an die Kinder des Gastgebers, Trinkgeld an dessen Hausangestellte usw. Wenn der Nachweis vorliegt, dass die auswärtige Übernachtungim betrieblichen oder beruflichen Interesse erforderlich gewesen ist,

1) BMF v. 5.3.2010, IV D 2 – S 7210/07/10003, BStBl I 2010, 259, Rz. 16.
2) Vgl. auch Erlass des FinMin Schleswig-Holstein v. 8.4.2010, VI 304 – S 2145 – 110.
3) Vgl. auch Erlass des Thüringer FinMin v. 22.2.2001, S 2353 A – 7/01 – 240.1.

sollte die Glaubhaftmachung solcher Nebenkosten für den Ansatz als Betriebsausgaben genügen.

VII. Reisenebenkosten

Reisenebenkosten sind Aufwendungen, die nicht den vorgenannten Kostenarten zugerechnet werden können; z. B. die Kosten für **68**

- Beförderung und Aufbewahrung von Gepäck während der Reise,
- Telefon, sonstige Telekommunikation, Porto,
- Garage, Straßen- und Parkplatzbenutzung,
- öffentlicher Personennahverkehr (ÖPNV) oder Kfz am Reiseziel,
- Garderobenbenutzung und Versicherungen, soweit sie reisebezogen sind.

Ferner rechnet dazu ein Verlust der auf der Reise abhanden gekommenen oder beschädigten (privaten) Gegenstände, die der Stpfl. auf der Reise verwenden musste; vorausgesetzt, der Verlust ist auf Grund einer reisespezifischen Gefährdung eingetreten. Berücksichtigt wird der Verlust bis zur Höhe des Werts, der dem Gegenstand zum Zeitpunkt des Verlustes beigemessen wird (Zeitwert). Sämtliche der o. g. Aufwendungen sind in der nachgewiesenen oder glaubhaft gemachten Höhe als Betriebsausgaben **abziehbar** (→ Rz. 189).

Zu den abziehbaren Reisenebenkosten gehören auch die Trinkgelder an das Bedienungspersonal in Gasthäusern, an den Taxifahrer, den Schlafwagenschaffner usw., auch z. B. an das Dienstpersonal eines besuchten Geschäftsfreundes (→ Rz. 67). Es empfiehlt sich, die angefallenen Reisenebenkosten in einem Reisebericht aufzuführen, diesen mit der eigenen Unterschrift zu versehen und die **Belege** zu den Akten/Buchungsbelegen zu nehmen. **69**

Zu den Nebenkosten zählen ebenfalls die Aufwendungen für die Inanspruchnahme eines Hotelzimmers lediglich für Zwecke eines Kleiderwechsels bzw. Umkleidens, zur Vorbereitung auf eine anstehende geschäftliche Verhandlung, zur erforderlichen Ruhepause usw. (sog. Tageszimmer). Aus der Hotelquittung muss in solchen besonderen Fällen ersichtlich sein, dass eine Übernachtung nicht stattgefunden hat. **70**

VIII. Fahrten zwischen mehreren Betriebsstätten

Die Aufwendungen für Wege **zwischen** mehreren Betriebsstätten können – anders als für Wege zwischen Wohnung und erster Betriebsstätte – in vollem Umfang als Betriebsausgaben abgezogen werden; selbst dann, wenn sich eine Betriebsstätte am Hauptwohnsitz des Unternehmers befindet.[1] Dies gilt auch, wenn eine Betriebsstätte in der Wohnung des Unternehmers liegt und dieser Teil der Wohnung von der übrigen Wohnung baulich abgetrennt wurde und eine in sich geschlossene Einheit bildet.[2] Ein häusliches Arbeitszimmer allein reicht dagegen für die Annahme einer Betriebsstätte nicht aus.[3] **71**

Aus der Rechtsprechung des BFH muss der Schluss gezogen werden, dass eine Betriebsstätte auf dem Privatgrundstück steuerlich nur dann anerkannt wird, wenn es sich räumlich um einen getrennten Anbau oder um ein eigenes Gebäude auf demselben Grundstück handelt.[4]

---

1) BMF v. 23.12.2014, IV C 6 – S 2145/10/10005 :001, BStBl I 2015, 26, Rz. 5.
2) BFH v. 6.2.1992, IV R 85/90, BStBl II 1992, 528.
3) BFH v. 7.12.1988, X R 15/87, BStBl II 1989, 421.
4) BFH v. 5.12.2002, IV R 7/01, BStBl II 2003, 463; v. 23.1.2003, IV R 71/00, BStBl II 2004, 43; v. 15.1.2013, VIII R 7/10, BStBl II 2013, 374; BMF v. 6.10.2017, IV C 6 – S 2145/07/10002 :019, BStBl I 2017, 1320.

Beispiel: Fahrten zwischen Firmensitz und Fertigungsstätte

Ein Unternehmer hat in A sein Einfamilienhaus und den Sitz der Geschäftsleitung seines Betriebs. Eine Fertigungsstätte des Unternehmens befindet sich in B, die der Unternehmer regelmäßig aufsucht.

Folge: Die Fahrten zwischen dem Sitz der Geschäftsleitung und der Fertigungsstätte in B sind in vollem Umfang als Betriebsausgaben abzugsfähig.

Einzelheiten zur Bestimmung der (ersten) Betriebsstätte und der Behandlung der Fahrtkosten → Rz. 35 f.

Beispiel: Fahrten zwischen eigener Kanzlei im Einfamilienhaus und Zweitkanzlei

Ein Rechtsanwalt unterhält in seinem Einfamilienhaus eine vom Wohnbereich abgetrennte Kanzlei, in der er auch Mandanten empfängt. In der Stadt hat er eine weitere Kanzlei.

Folge: Die Fahrten von der Kanzlei im Einfamilienhaus (erste Betriebsstätte) zur Kanzlei in der Stadt sind in vollem Umfang als Betriebsausgaben abzugsfähig.

72 Benutzt der Unternehmer/Selbständige für die Fahrten zwischen mehreren Betriebsstätten einen **privaten Pkw** und verzichtet er auf den Einzelnachweis der tatsächlichen Kfz-Aufwendungen, kann er stattdessen den pauschalen Kilometersatz von 0,30 € je gefahrenen Kilometer ansetzen (→ Rz. 55).

73 **Verpflegungsmehraufwendungen** können für die Fahrten zwischen **mehreren Betriebsstätten nicht** geltend gemacht werden. Es handelt sich bei diesen Fahrten nicht um Geschäftsreisen, auch wenn für die Fahrten **betriebliche** (nicht jedoch geschäftliche) Gründe ausschlaggebend waren. Der Begriff „Geschäftsreise" erfordert, dass der Stpfl. die Reise zu einem Ort unternimmt, der nicht Ort der eigenen auswärtigen Betriebsstätte ist (→ Rz. 35 ff.).

Zu einer am Ort der auswärtigen Betriebsstätte notwendigen Übernachtung hat der BFH in einem Urteil v. 22.4.1998[1)] entschieden, dass gelegentliche Hotelübernachtungen am Ort der auswärtigen Betriebsstätte keine doppelte Haushaltsführung begründen, weil eine gelegentliche Hotelübernachtung nicht die Begriffe des Wohnens und des eigenen Hausstands im Sinne einer doppelten Haushaltsführung erfülle. Solche Übernachtungskosten können als allgemeine Betriebsausgaben angesetzt werden.

IX. Private Nutzung betrieblicher Kfz

74 Wird ein zum Betriebsvermögen gehörendes Kfz auch privat genutzt, ist die **private Nutzung** zu versteuern. Dies gilt für Selbständige und Gewerbetreibende (Unternehmer) sowie angestellte Arbeitnehmer. Für **Unternehmer** erfolgt die Versteuerung der privaten Nutzung betrieblicher Kfz durch eine Begrenzung der Betriebsausgaben oder durch die Ermittlung einer Nutzungsentnahme. In beiden Fällen erhöht sich der (Unternehmens-) Gewinn und somit die ertragsteuerliche bzw. einkommensteuerliche Bemessungsgrundlage, wodurch der vollständige Betriebsausgabenabzug für das Kfz ausgeglichen wird. Bei **Arbeitnehmern** (einschl. angestellten Geschäftsführern) erfolgt die Besteuerung durch den Lohnsteuerabzug über die Lohn-/Gehaltsabrechnung.

Zu den Voraussetzungen für eine **Zuordnung** eines Kfz zum Betriebsvermögen → Rz. 53.

Für die zutreffende **Versteuerung** der Privatfahrten müssen die anteiligen Kosten ermittelt werden. Hierfür schreibt das EStG **zwei** verschiedene **Berechnungsmethoden** vor,

- die genaue Kostenaufschlüsselung anhand der gefahrenen Kilometerleistung (Führung eines Fahrtenbuchs) sowie
- die pauschale 1 %-Methode

(→ Rz. 75).

1) BFH v. 22.4.1998, XI R 59/97, DStRE 1998, 828.

Die bloße **Behauptung** des Unternehmers bzw. Arbeitnehmers, das betriebliche Kfz werde nicht für Privatfahrten genutzt oder Privatfahrten würden ausschließlich mit anderen Kfz durchgeführt („niemand ist mit dem betrieblichen Kfz privat gefahren"), reicht nicht aus, um von dem Ansatz eines privaten Nutzungsanteils abzusehen.[1] Diesen Grundsatz hat der BFH zuletzt im Urteil v. 16.1.2025 bestätigt und klargestellt, dass stets die 1 %-Regelung anzuwenden ist, wenn es dem Stpfl. nicht gelingt, den **Anscheinsbeweis** zu erschüttern und sofern er kein Fahrtenbuch führt (§ 6 Abs. 1 Nr. 4 Satz 2 Halbs. 1 EStG sowie § 6 Abs. 1 Nr. 4 Satz 3 Halbs. 1 EStG).[2] Im Urteilsfall stand lediglich ein (älterer) BMW als Privatfahrzeug zur Verfügung. Deshalb lag es nahe, dass auch der neuwertige betriebliche Pickup (Truck) privat genutzt wurde. Insoweit unterscheidet sich der Streitfall von dem Sachverhalt des BFH-Urteils v. 22.10.2024, in welchem dem dortigen Kläger mehrere Privatfahrzeuge zur Verfügung standen (→ Rz. 94).[3]

Somit kann der Anscheinsbeweis „Privatnutzung Kfz" (nur) durch den sog. **Gegenbeweis** (i. d. R. Fahrtenbuch) entkräftet oder erschüttert werden. Werbefolien des Betriebs auf der Karosserie des betrieblichen Kfz scheiden als Grund für die Erschütterung des Anscheinsbeweises der Privatnutzung des Kfz ebenso aus wie die Größe des betrieblichen Kfz (z. B. der eines Kleinbusses, wie ihn viele Familien nutzen). Eine derartige Größe ist kein Umstand, der für sich genommen den Anscheinsbeweis beziehungsweise Erfahrungssatz widerlegt, dass das Fahrzeug auch privat genutzt wurde.

Die vorstehenden Regelungen und Grundsätze gelten auch für gemietete bzw. **geleaste** Kfz.

Zur Frage der privaten Nutzung eines **Taxis** und der Widerlegung des ersten Anscheins für eine Privatnutzung hat das FG Hamburg in einem Sonderfall allerdings zu Gunsten des Stpfl. entschieden. Im Streitfall standen einem Stpfl. neben einem als Großraumtaxi genutzten Pkw drei weitere Pkw für die Privatnutzung zur Verfügung.[4]

Anders sieht es das FG Münster bei einem vereinbarten **Privatnutzungsverbot**.[5] Das FG Münster ist der Ansicht, der Anscheinsbeweis einer privaten Nutzung eines dienstlichen Fahrzeugs (PKW Ford Ranger) sei nicht alleine dadurch erschüttert, dass dem Stpfl. ein weiteres Dienstfahrzeug (PKW BMW X3), für das die 1%-Regelung angewendet wird, für Privatfahrten zur Verfügung steht. Bei dem **Geschäftsführer** einer GmbH ziehe ein Privatnutzungsverbot nicht. Auf Grund des fehlenden Interessengegensatzes habe eine Missachtung keine gesellschafts- oder arbeitsrechtlichen Konsequenzen. Folglich könne nicht ohne Weiteres unterstellt werden, dass der Geschäftsführer einer GmbH sich tatsächlich an das Verbot halte. Im Streitfall sei der Anscheinsbeweis nicht entkräftet worden (z. B. durch die Vorlage von Fahrtenbüchern). Mit diesem Urteil folgte das FG Münster nicht der BFH-Rechtsprechung, wonach keine zu Arbeitslohn führende Privatnutzung eines Fahrzeugs anzunehmen sei, wenn diese vertraglich untersagt ist. Auf Grund der eingelegten **Revision** des Stpfl. sind nun beim **BFH** folgende Fragen anhängig: Welche Kriterien sind zur Erschütterung des Anscheinsbeweises der privaten Pkw-Nutzung eines im Betriebsvermögen befindlichen Pkw mit Privatnutzungsverbot heranzuziehen? Wie sind weitere potenziell vergleichbare Pkw im Privatvermögen hierbei zu berücksichtigen?[6]

Kfz i. S. d. Regelung **sind** Fahrzeuge, die typischerweise nicht nur vereinzelt und nicht gelegentlich für private Zwecke genutzt werden.[1] Hierzu zählen z. B. auch Gelände-Kfz, wobei die kraftfahrzeugsteuerrechtliche Einordnung unerheblich ist. Keine Kfz in diesem Sinne sind Zugmaschinen oder Lastkraftwagen, die kraftfahrzeugsteuerrechtlich „andere Kfz" darstellen.

1) BFH v. 13.2.2003, X R 23/01, BStBl II 2003, 472.
2) BFH v. 16.1.2025, III R 34/22, BStBl II 2025, 386.
3) BFH v. 22.10.2024, VIII R 12/21, BStBl II 2025, 150.
4) FG Hamburg v. 11.12.2019, 2 K 10/19, juris.
5) FG Münster v. 28.4.2023, 10 K 1193/20 K,G,F, EFG 2023, 1482 – 1487.
6) Anhängiges Verfahren beim BFH mit Az. I R 33/23, zuvor FG Münster v. 28.4.2023, 10 K 1193/20 K,G,F, EFG 2023, 1482-1487.

Kann der Stpfl. glaubhaft machen, dass bestimmte betriebliche Kfz **ausschließlich betrieblich** genutzt werden, weil sie für eine private Nutzung **nicht** geeignet sind (z. B. bei sog. Werkstattwagen)[1] oder weil diese ausschließlich den im Betrieb beschäftigten Arbeitnehmern zur Nutzung überlassen werden, ist für diese Kfz **kein** Nutzungswert (→ Rz. 75) zu ermitteln. Dies gilt entsprechend für Kfz, die nach der betrieblichen Nutzungszuweisung nicht zur privaten Nutzung zur Verfügung stehen. Hierzu können z. B. Vorführwagen eines Kfz-Händlers, zur Vermietung bestimmte Kfz oder Kfz von Stpfl., die ihre Tätigkeit nicht in einer festen örtlichen Einrichtung ausüben oder die ihre Leistungen nur durch den Einsatz eines Kfz erbringen können, gehören.

Ein betriebliches Kfz wird **privat** genutzt, wenn es für **Freizeitfahrten** eingesetzt wird. Dies sind private Einkaufsfahrten, Fahrten zu Freunden/Bekannten, zu Arztbesuchen, zur Sportausübung, zu Sport- und sonstigen Veranstaltungen, Urlaubsfahrten usw. Hingegen werden dem **betrieblichen** Bereich die Fahrten zwischen Wohnung und erster Betriebsstätte sowie Familienheimfahrten im Rahmen einer doppelten Haushaltsführung zugeordnet (→ Rz. 53, → Rz. 75). Für sie ist jedoch die Höhe des Betriebsausgabenabzugs begrenzt. Dabei spielt die Entfernung zwischen Wohnung und Betriebsstätte oder dem doppelten Wohnsitz keine Rolle.

1. Versteuerung der privaten Kfz-Nutzung

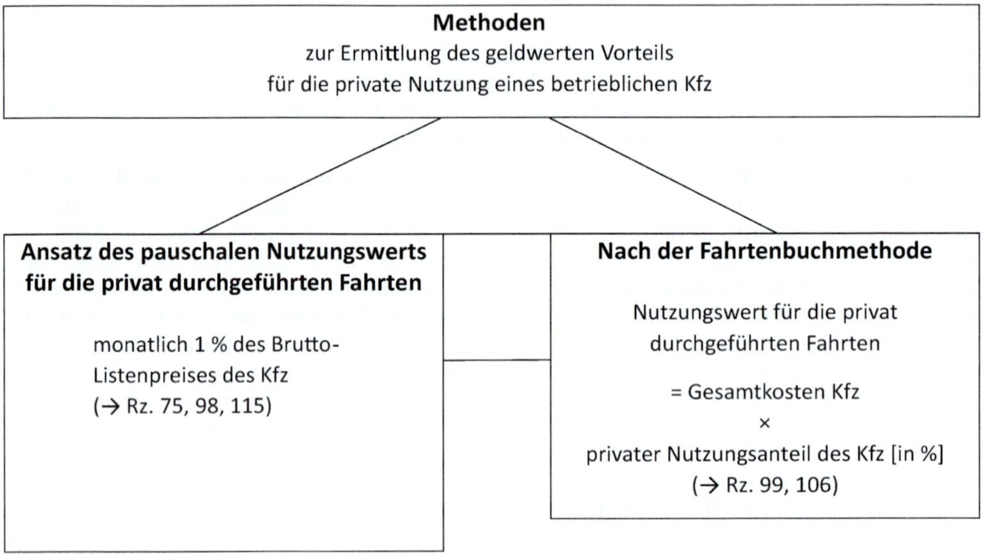

75 Steuerlich ist jeweils ein **privater Nutzungswert** anzusetzen

- für die tatsächlich durchgeführten Privatfahrten (falls Ermittlung durch ein Fahrtenbuch) oder für die Möglichkeit, Privatfahrten durchführen zu können (falls Ermittlung durch 1 %-Methode),
- für Fahrten zwischen Wohnung und erster Betriebsstätte sowie
- für Familienheimfahrten.

Für die Nutzungswertermittlung stehen zwei Möglichkeiten zur Verfügung. Dies sind

- die **1 %-Methode** bzw. pauschale Nutzungswertmethode (→ Rz. 76, → 98, → 115) oder
- die **Fahrtenbuchmethode** (→ Rz. 94 ff., → 106).

1) BFH v. 18.12.2008, VI R 34/07, BStBl II 2009, 381.

Nach der gesetzlichen Regelung ist die 1 %-Methode immer dann anzuwenden, wenn der Stpfl. (Unternehmer oder Arbeitnehmer) nicht ausdrücklich die Fahrtenbuchmethode gewählt hat (§ 6 Abs. 1 Nr. 4 Satz 2 und 3 EStG). Erkennt die Finanzverwaltung das Fahrtenbuch nicht an (da nicht ordnungsgemäß geführt), muss der geldwerte Vorteil für die Privatnutzung anhand der 1 %-Methode (pauschale Nutzungswertmethode) ermittelt werden.

Beide **Ermittlungsmethoden** (nach pauschalem Nutzungswert oder nach Fahrtenbuch) sind ebenso anzuwenden für die Ermittlung des geldwerten Vorteils anlässlich von Fahrten

- zwischen Wohnung und erster Betriebsstätte (→ Rz. 76, → Rz. 93) sowie
- auf Grund einer doppelten Haushaltsführung (→ Rz. 110).

Nutzt der Stpfl. nebeneinander **mehrere** betriebliche Fahrzeuge privat, darf er für jedes Fahrzeug (nur) eine der beiden Ermittlungsmethoden wählen.[1)]

Für die steuerliche **Behandlung** eines betrieblichen Kfz im Betriebsvermögen sind folgende Grundsätze zu beachten:

- Das Finanzamt **unterstellt** stets die private Mitbenutzung eines betrieblichen Kfz, wenn dem Unternehmer/Selbständigen kein gleichwertiges Privatfahrzeug zur Verfügung steht.
- Wird ein betriebliches Kfz nur in ganz geringem Umfang privat genutzt und sollen die pauschalen Prozentsätze nicht angesetzt werden, muss diese Nutzung **nachgewiesen** werden (z. B. durch ein ordnungsgemäß geführtes Fahrtenbuch).
- Für sämtliche Monate, in denen das betriebliche Kfz zur Nutzung zur **Verfügung** stand, ist bei der 1 %-Methode grundsätzlich ein Wert für die Privatnutzung durch den Stpfl. anzusetzen. Dies gilt auch bei Krankheit oder Urlaubsreisen mit dem Flugzeug. Soll mangels Privatnutzung kein Wert versteuert werden, kann bei Nachweis durch ein Fahrtenbuch auf die Versteuerung verzichtet werden.

Für die **Zuordnung** eines Kfz zum Betriebsvermögen ist zu beachten:

- Befinden sich mehrere Kfz im Betriebsvermögen, muss für jedes Kfz geprüft werden, ob die vorgeschriebene 50 %-Grenze der betrieblichen Nutzung überschritten wird bzw. wurde oder nicht (→ Rz. 53). Entsprechend ist die Berechnungsmethode für die Betriebsausgaben/Privatnutzung anzuwenden.
- Hält jedes Familienmitglied im Privatvermögen ein eigenes Kfz und weicht dessen Kaufpreis/Wert nicht wesentlich von dem des betrieblichen Kfz ab, unterstellt die Finanzverwaltung, dass das betriebliche Kfz nicht privat genutzt wird.

Ergänzend wird hinsichtlich steuerlicher Besonderheiten auf die Einzelregelungen des BMF-Schreibens v. 18.11.2009[2)] unter Berücksichtigung der Änderungen durch das BMF-Schreiben v. 15.11.2012[3)] hingewiesen.

2. Grundsätze bei Anwendung der pauschalen Nutzungswertmethode

a) Fahrten zwischen Wohnung und Betriebsstätte

Die Aufwendungen für Fahrten eines Unternehmers mit dem betriebseigenen Pkw **zwischen mehreren Betriebsstätten** seines Unternehmens (auch → Rz. 71, zum Begriff der **Betriebsstätte** → Rz. 35) sind in vollem Umfang als Betriebsausgaben abzugsfähig (wie für Geschäftsreisen). Das gilt auch dann, wenn sich eine Betriebsstätte und die Wohnung des Unternehmers auf demselben Grundstück befinden.[4)] **76**

1) BFH v. 3.8.2000, III R 2/00, BStBl II 2001, 332.
2) BMF v. 18.11.2009, IV C 6 – S 2177/07/10004, BStBl I 2009, 1326.
3) BMF v. 15.11.2012, IV C 6 – S 2177/10/10002, BStBl I 2012, 1099.
4) BFH v. 31.5.1978, I R 69/76, BStBl II 1978, 564; v. 29.3.1979, IV R 137/77, BStBl II 1979, 700.

Fahrten zwischen **Wohnung** und erster **Betriebsstätte** sind keine Geschäftsreisen, sondern betrieblich veranlasste Fahrten. Gleichwohl können Aufwendungen für Wege zwischen Wohnung und erster Betriebsstätte nur in **eingeschränktem** Umfang als **Betriebs ausgaben** angesetzt werden. Für die Fahrten zwischen Wohnung und Betriebsstätte darf nur die Entfernungspauschale den Gewinn mindern. Gleiches gilt für **Familienheimfahrten** i.R einer doppelten Haushaltsführung → Rz. 110. Diese ertragsteuerliche Behandlung der privaten Pkw-Nutzung ist für alle Einkunftsarten einheitlich geregelt.

Nutzen Gewerbetreibende und Selbständige sowie vergleichbare Stpfl. einen zum Betriebsvermögen gehörenden **Firmenwagen**, werden regelmäßig sämtliche Aufwendungen als Betriebsausgaben gebucht. Weil für die Fahrten zwischen Wohnung und erster Betriebsstätte ab dem Kalenderjahr 2026 lediglich 0,38 €/Entfernungskilometer (zuvor 0,30 € und 0,38 € ab dem 21. km) den Gewinn mindern dürfen, ist für diese Fahrten zunächst ein kalendermonatlicher **Nutzungswert** anzusetzen. Hiervon ist die Entfernungspauschale abzuziehen. Die positive Differenz ergibt den steuerlich zu erfassenden Nutzungswert; er darf den Gewinn nicht mindern. Ein negativer Betrag ist als Betriebsausgabe ansatzfähig (→ Rz. 86, → Rz. 104, Berechnungsbeispiel → Rz. 93).

b) Ermittlung des Nutzungswerts; Listenpreis des Fahrzeugs bei pauschaler Nutzungswertmethode

77 Der **pauschale Nutzungswert** für Privatfahrten, für Familienheimfahrten bei doppelter Haushaltsführung sowie für die Wege zwischen Wohnung und erster Betriebsstätte ist von dem auf volle 100 € abgerundeten inländischen Brutto-Listenpreis des Kfz im Zeitpunkt der Erstzulassung zu berechnen. Bei Kfz, die vor dem 1.1.2002 angeschafft wurden, ist zunächst der DM-Listenpreis in einen Euro-Listenpreis (1 € = 1,95583 DM) umzurechnen und dann auf volle 100 € abzurunden.

Maßgebend ist der **inländische Listenpreis** im Zeitpunkt der Erstzulassung. Er gilt auch für reimportierte Fahrzeuge. Ist das reimportierte Fahrzeug geringwertiger ausgestattet, muss der Wert der Minderausstattung anhand eines vergleichbaren inländischen Fahrzeugs ermittelt werden. Im Listenpreis enthaltene **Sonderausstattungen** sind zu berücksichtigen.

Nach der BFH-Rechtsprechung liegt eine **Sonderausstattung** i.S.d. Regelung (§ 6 Abs. 1 Nr. 4 Satz 2 EStG) **nur dann** vor, wenn das Fahrzeug bereits werkseitig im Zeitpunkt der **Erstzulassung** damit ausgestattet ist.[1] Damit sind Sonderausstattungen, die im inländischen Listenpreis deshalb nicht enthalten sind, weil sie erst nach der Pkw-Anschaffung eingebaut werden, nicht zusätzlich zu erfassen; sie bleiben **unberücksichtigt** (zu weiteren Einzelheiten s. das Beispiel in → Rz. 86, → Rz. 254).

c) Schätzung des Bruttolistenpreises bei Importfahrzeugen

78 Bei **(re)importierten Kfz** ist für die pauschale Nutzungswertermittlung (1 %- sowie 0,03 %-Regelung) der **inländische Listenpreis des Kfz** im Zeitpunkt seiner Erstzulassung als Bemessungsgrundlage heranzuziehen. **Sonderausstattungen** sowie Minderausstattungen, die sich im inländischen Listenpreis nicht niedergeschlagen haben, sind zusätzlich zu berücksichtigen.

Ist das Fahrzeug jedoch ein **Importfahrzeug**, für das weder ein inländischer Bruttolistenpreis vorhanden ist noch eine Vergleichbarkeit mit einem bau- und typengleichen inländischen Fahrzeug besteht, dann ist der inländische **Bruttolistenpreis** zu schätzen. Dazu kann nach einem **Urteil** des BFH v. 9.11.2017 der typische inländische **Bruttoabgabepreis von Importfahrzeughändlern** herangezogen werden.[2] Das BMF-Schreiben v. 3.3.2022 regelt ergänzend, dass der anzusetzende Listenpreis auf der Grundlage verschiedener inländischer Endverkaufspreise freier Importeure geschätzt werden darf.[3]

1) BFH v. 13.10.2010, VI R 12/09, BStBl II 2011, 361.
2) BFH v. 9.11.2017, III R 20/16, BStBl II 2018, 278.
3) BMF v. 3.3.2022, IV C 5 – S 2334/21/10004 :001, BStBl I 2022, 232, Rz. 18.

Hinweis: Ausländischer Listenpreis ungeeignet als Bemessungsgrundlage

Laut dem o. g. BFH-Urteil v. 9.11.2017 ist der ausländische (im Urteilsfall amerikanische) Listenpreis jedenfalls keine geeignete Bemessungsgrundlage. Denn der ausländische Listenpreis orientiert sich am ausländischen (hier: amerikanischen) und nicht am deutschen Markt. Zudem bezweckt die vom deutschen Gesetzgeber zu Grunde gelegte Bemessungsgrundlage des Bruttolistenneupreises nicht, die tatsächlichen Neuanschaffungskosten des Fahrzeugs abzubilden.

Die Entscheidung des BFH v. 9.11.2017 beruht auf einer Besonderheit: Der Stpfl. hatte sein Importfahrzeug (Ford Mustang Shelby GT 500 Coupé) nicht direkt vom Importeur gekauft. Verkäufer war ein anderer Händler (Autohaus). Als Bemessungsgrundlage zog der Stpfl. mangels eines inländischen Listenpreises den **amerikanischen Listenpreis** von umgerechnet 53 977 € heran, was jedoch keinen Bestand hatte.

Hinweis: Fehlen eines inländischen Listenpreises

Um in einem solchen Fall den geringsten Nutzungswert versteuern zu müssen, sollte die Nutzungswertermittlung anhand der Fahrtenbuchmethode geprüft werden. Für diese Wertermittlung ist dann der tatsächliche Kaufpreis anzusetzen.

d) Elektrofahrzeuge und Hybridelektrofahrzeuge

aa) Allgemeines

Für die steuerliche Förderung von **Elektrofahrzeugen** gibt es inzwischen zahlreiche Sonderregelungen, um den **steuerlichen Vorteil** durch die private Nutzung solch **betrieblicher Kfz** (betrifft Unternehmer) oder durch die private Nutzung eines **überlassenen Kfz** (betrifft Arbeitnehmer) zu **vermindern**. Dies geschieht durch eine Minderung der Bemessungsgrundlage für den Entnahmewert bzw. des anzusetzenden inländischen Listenpreises. **79**

Begünstigte **Elektrofahrzeuge** sind nach der maßgebenden Gesetzesregelung (§ 6 Abs. 1 Nr. 4 Satz 2, 2. Halbs. und 3 EStG)

- Kfz, die ausschließlich durch einen Elektromotor angetrieben werden, also „reine" Batterieelektrofahrzeuge und
- Wasserstoff-/Brennstoffzellenfahrzeuge.[1]

Begünstigt sind auch

- extern aufladbare Hybridelektrofahrzeuge, z. B. sog. Plug-in-Hybridfahrzeuge[2] sowie
- Elektrofahrräder, die verkehrsrechtlich als Kfz einzuordnen sind (wenn der Motor auch Geschwindigkeiten über 25 km/h unterstützt) und Elektrokleinstfahrzeuge (Kfz mit elektrischem Antrieb und einer bauartbedingten Höchstgeschwindigkeit von nicht weniger als 6 km/h und nicht mehr als 20 km/h).[3]
- Sie sind ertragsteuerlich als „reine" Batterieelektrofahrzeuge einzuordnen. Folglich kann auch hier durch die Privatnutzung ein steuerlicher Vorteil entstehen. Die Überlassung solcher Fahrzeuge durch den Arbeitgeber ist nicht nach § 3 Nr. 37 EStG steuerfrei. Diese Gesetzesregelung begünstigt lediglich vom Arbeitgeber zusätzlich zum ohnehin geschuldeten Arbeitslohn gewährte Vorteile für die Überlassung eines betrieblichen Fahrrads, das kein Kfz (i. S. des § 6 Abs. 1 Nr. 4 Satz 2 EStG) ist.

---

1) Zur steuerlichen Definition und Einordnung der Bezeichnung „Elektrofahrzeuge" sowie „Extern aufladbare Hybridelektrofahrzeuge" s. Rz. 6 ff. des BMF-Schreibens v. 11.11.2025, IV C 5 – S 2334/00087/014/013, BStBl I 2025, 1929.
2) BMF v. 11.11.2025, IV C 5 – S 2334/00087/014/013, BStBl I 2025, 1929, Rz. 8 f.
3) BMF v. 11.11.2025, IV C 5 – S 2334/00087/014/013, BStBl I 2025, 1929, Rz. 10 f.

bb) Sonderregelungen für Elektrofahrzeuge bei Anschaffung zwischen den Kalenderjahren 2013 und 2022

80 Für Elektrofahrzeuge, die in den **Jahren 2013** und früher bis zum Ende des Jahres 2022 angeschafft worden sind (bzw. erstmals zugelassen worden sind), ist der anzusetzende Listenpreis wegen der darin enthaltenen Kosten für das Batteriesystem zu mindern. Dazu ist ein pauschaler Minderungsbetrag zu ermitteln, der sich nach dem Anschaffungsjahr des Kfz und der Batteriekapazität richtet (sog. Nachteilsausgleich, § 6 Abs. 1 Nr. 4 Satz 2 EStG). Einzelheiten zu dieser steuerlichen Förderung sowie zur Ermittlung des pauschalen Minderungsbetrags sowie des Minderungs-Höchstbetrags (jahresbezogene Auflistung in einer Tabelle) werden im BMF-Schreiben v. 5.11.2021 erläutert.[1)] Wurden so begünstigte Elektro- und Hybridelektrofahrzeuge gebraucht erworben, richtete sich der Minderungsbetrag nach dem Jahr der Erstzulassung des Kfz. Ein einmal ermittelter Abschlag ist bzw. war für die gesamte Nutzungsdauer des Kfz anzusetzen.

Soweit für **seit 2018** angeschaffte Elektrofahrzeuge oder Hybridelektrofahrzeuge nicht die Sonderregelungen in → Rz. 81 f. in Betracht kamen, war eine Förderung durch diesen Nachteilsausgleich möglich, die jedoch letztmals für im Kalenderjahr 2022 angeschaffte Kfz zulässig war. Deshalb wird auf weitere Erläuterungen hierzu verzichtet. Soweit erforderlich, werden auf die Erläuterungen dieses Beraters in den Ausgaben für die Jahre 2025 und früher sowie auf das BMF-Schreiben v. 5.11.2021[2)] verwiesen.

cc) Sonderregelungen für Elektro- und Hybridelektrofahrzeuge bei Anschaffung zwischen den Kalenderjahren 2019 bis 2030

81 Seit dem Kalenderjahr 2019 sind weitere steuerliche Regelungen zur **Nutzungswertermittlung** bestimmter Elektro-/Brennstoffzellen- und extern aufladbarer Hybridelektrofahrzeuge zu beachten. Für solche Fahrzeuge wird der Vorteil aus der privaten Nutzung entweder nur noch zur Hälfte oder mit einem Viertel besteuert (sog. Bruchteilsansatz, § 6 Abs. 1 Nr. 4 Satz 2 Nr. 2 bis 5 EStG). Um dies zu erreichen, werden für die Ermittlung des privaten Nutzungswerts im betrieblichen und außerbetrieblichen Bereich ein entsprechend geringerer Listenpreis bzw. entsprechend geringere Anschaffungskosten angesetzt. Die **Prozentsätze** zur Ermittlung des **privaten** Nutzungswerts[3)] bleiben unverändert. Begünstigt sind Anschaffungen in den Kalenderjahren 2019 bis 2030.

1. **Elektrofahrzeuge ohne Kohlendioxidemission, Wasserstoff-/Brennstoffzellenfahrzeuge**

   Für nach dem 31.12.2018 und vor dem 1.1.2031 angeschaffte Elektrofahrzeuge,

   - die keine Kohlendioxidemission je gefahrenem Kilometer haben („Null-Emissionen/km" bzw. „reine" Elektrofahrzeuge) und
   - deren Bruttolistenpreis bei Anschaffung
   - nach dem 31.12.2023 bis zum 30.6.2025 nicht mehr als 70 000 € betrug,
   - nach dem 30.6.2025 nicht mehr als 100 000 €[4)] beträgt,

   darf für die Ermittlung des Vorteils einer privaten Nutzung nur **ein Viertel** der **Bemessungsgrundlage** (= der Bruttolistenpreis oder bei Anwendung der Fahrten-

---

1) BMF v. 5.11.2021, IV C 6 – S 2177/19/10004 :008, IV C 5 – S 2334/19/10009 :003, BStBl I 2021, 2205, Rz. 7.

2) BMF v. 5.11.2021, IV C 6 – S 2177/19/10004 :008, IV C 5 – S 2334/19/10009 :003, BStBl I 2021, 2205, Rz. 7 ff.

3) 1 % der Bemessungsgrundlage für die private Nutzungsmöglichkeit zzgl. 0,03 %/km für die regelmäßigen Fahrten zwischen Wohnung und erster Betriebsstätte/Tätigkeitsstätte sowie 0,002 %/km bei doppelter Haushaltsführung und ggf. für die tageweisen tatsächlichen Fahrten zwischen Wohnung und erster Betriebsstätte/Tätigkeitsstätte.

4) Änderung von § 6 Abs. 1 Nr. 4 Satz 2 Nr. 3 und Satz 3 Nr. 3 EStG durch das Gesetz für ein steuerliches Investitionssofortprogramm zur Stärkung des Wirtschaftsstandorts Deutschland v. 14.7.2025, BGBl. I 2025 Nr. 161, BStBl I 2025, 1486.

buchmethode die Anschaffungskosten für die Berechnung der Afa bzw. die maßgebenden Leasingrate, → Rz. 82) angesetzt werden.

2. **Höherpreisige Elektrofahrzeuge und extern aufladbare Hybridelektrofahrzeuge**

   Erfüllt das „reine" Elektrofahrzeug die unter obiger Nr. 1 beschriebenen Anforderungen **nicht** (z. B. bei Anschaffung im Kalenderjahr 2024 lag der Bruttolistenpreis über 70 000 €), oder handelt es sich um ein (Plug-in-)**Hybridelektrofahrzeug** (PHEV), darf für die Ermittlung des Vorteils einer privaten Nutzung **die Hälfte** der Bemessungsgrundlage (s. zuvor unter Nr. 1) angesetzt werden (→ Rz. 82 f.). Vertiefte Einzelheiten zur technischen Abgrenzung der Fahrzeuge enthält das BMF-Schreiben v. 5.11.2021.[1]

Anhand der folgenden tabellarischen **Übersichten** lässt sich ermitteln, unter welchen Voraussetzungen – abhängig vom Anschaffungsdatum und dem Vorliegen der weiteren genannten Voraussetzungen – welcher **Bruchteil** der Bemessungsgrundlage des betrieblichen Kfz zur Nutzungswertermittlung **anzusetzen ist** (gem. § 6 Abs. 1 Nr. 4 Satz 2 Nr. 2 bis 5 EStG, sog. Bruchteilsansatz).

(1) Elektrofahrzeuge

Für die Ermittlung des geldwerten Vorteils von („reinen") Elektrofahrzeugen gilt ab dem 1.1.2020, 1.1.2024 bzw. ab dem 1.7.2025: 82

<table>
<tr><th>Anschaffung/ Überlassung[2]</th><th>Ansatz geldwerter Vorteil ab</th><th>Voraussetzungen für die Minderung</th><th>Ansatz inländischer Listenpreis/Anschaffungspreis i. H. v.</th></tr>
<tr><td>1.1.2019 bis 31.12.2023</td><td>2020</td><td>Listenpreis ≤ 60 000 €</td><td rowspan="2">1/4</td></tr>
<tr><td>1.1.2024 bis 31.12.2030</td><td>2024
2025</td><td>bei Anschaffung vor dem 1.7.2025 Listenpreis ≤ 70 000 €
bei Anschaffung ab dem 1.7.2025 Listenpreis ≤ 100 000 €</td></tr>
<tr><td>1.1.2019 bis 31.12.2023</td><td>2020</td><td>bis 2023 Listenpreis > 60 000 €</td><td rowspan="2">1/2</td></tr>
<tr><td>1.1.2024 bis 31.12.2030</td><td>2024
2025</td><td>bei Anschaffung vor dem 1.7.2025 Listenpreis > 70 000 €
bei Anschaffung ab dem 1.7.2025 Listenpreis > 100 000 € (s. o.)</td></tr>
</table>

(2) Hybridelektrofahrzeuge

Für die Ermittlung des geldwerten Vorteils von extern aufladbaren (Plug-in-)Hybridelektrofahrzeugen gilt ab 1.1.2019, 1.1.2022 bzw. ab dem 1.1.2025: 83

Anschaffung/ Überlassung[2]	Ansatz geldwerter Vorteil ab	Voraussetzungen für die Minderung	Ansatz inländischer Listenpreis/Anschaffungspreis i. H. v.
1.1.2019 bis 31.12.2021	2019	Kohlendioxidemission höchstens 50 g/km oder Mindestreichweite von 40 km	1/2

1) BMF v. 5.11.2021, IV C 6 – S 2177/19/10004 :008, IV C 5 – S 2334/19/10009 :003, BStBl I 2021, 2205, Rz. 1, 2.

2) Zeitpunkt der Anschaffung des betrieblichen Kfz oder der erstmaligen Überlassung des Fahrzeugs an Arbeitnehmer.

Anschaffung/ Überlassung	Ansatz geldwerter Vorteil ab	Voraussetzungen für die Minderung	Ansatz inländischer Listenpreis/Anschaffungspreis i. H. v.
1.1.2022 bis 31.12.2024	2022	Kohlendioxidemission höchstens 50 g/km oder Mindestreichweite von 60 km	1/2
1.1.2025 bis 31.12.2030	2025	Kohlendioxidemission höchstens 50 g/km oder Mindestreichweite von 80 km	1/2

(3) Ermittlung Bemessungsgrundlage, gebrauchte Fahrzeuge

84 Die Abrundung des maßgebenden Listenpreises auf volle Hundert Euro ist nach Abzug des o. g. Abschlages vorzunehmen. Der so ermittelte Betrag ist die maßgebende Bemessungsgrundlage für die Ermittlung des Werts für die Privatnutzung des Kfz; dies gilt für die gesamte Nutzungsdauer des jeweiligen Kfz. Bei der Anschaffung eines gebrauchten Kfz ist der anzusetzende Listenpreis entsprechend der zuvor beschriebenen Minderung zu ermitteln. Erläuternde Beispiele → Rz. 85.

(4) Sonderregelungen für Arbeitnehmer

85 Eine Anwendung der reduzierten Besteuerung mit dem **Bruchteilsansatz** (→ Rz. 81) im Arbeitnehmerbereich setzt voraus, dass der Arbeitgeber das nach den vorgenannten Voraussetzungen **begünstigte** Kfz an einen Arbeitnehmer **erstmals nach** dem 31.12.2018 und **vor** dem 1.1.2031 zur privaten Nutzung **überlässt**. Nach Auffassung der Finanzverwaltung kommt es in diesen Fällen **nicht** auf den Zeitpunkt an, zu dem der Arbeitgeber dieses Kfz angeschafft, hergestellt oder geleast hat.[1)]

Beispiele:

1. Halbierung Listenpreis

Das am 2.1.2021 angeschaffte begünstigte betriebliche Hybridelektrofahrzeug wird auch privat genutzt. Der Bruttolistenpreis beträgt 46 220 €. Ermittlung des privaten Nutzungswerts:

Bruttolistenpreis	46 220 €
Halbierung (Voraussetzungen hierfür liegen vor)	23 110 €
abgerundet auf volle 100 €	23 100 €
zu Grunde zu legende/r Bruttolistenpreis/Bemessungsgrundlage	23 100 €
geldwerter Vorteil für die Privatnutzung mtl. 1 %	231 €

2. Viertelung Listenpreis

Der Arbeitnehmer erhält als Firmenwagen ein am 2.1.2024 angeschafftes („reines") **Elektrofahrzeug** ohne Kohlendioxidemission (Bruttolistenpreis 49 940 €) auch zur privaten Nutzung, wofür der monatliche private Nutzungswert wie folgt zu ermitteln ist:

Bruttolistenpreis	49 940 €
Viertelung	12 485 €
abgerundet auf volle 100 €	12 400 €
zu Grunde zu legende/r Bruttolistenpreis/Bemessungsgrundlage	12 400 €
geldwerter Vorteil für die Privatnutzung mtl. 1 %	124 €

3. Wechsel des Nutzungsberechtigten bei Überlassung ab 2019 und Änderung des Bruchteilsansatzes

Der Arbeitnehmer A hat im Februar 2019 ein („reines") Elektrofahrzeug (Höhe des Bruttolistenpreises übersteigt den Höchstbetrag von 60 000 € nicht) zur privaten Nutzung erhalten. Nach dessen

1) BMF v. 5.11.2021, IV C 6 – S 2177/19/10004 :008, IV C 5 – S 2334/19/10009 :003, BStBl I 2021, 2205, Rz. 22.

Ausscheiden aus dem Betrieb zum 30.6.2019 überlässt der Arbeitgeber dieses Elektrofahrzeug ab dem 1.7.2019 dem Arbeitnehmer B zur privaten Nutzung.

Folge: Im Kalenderjahr **2019** ist der pauschale Nutzungswert sowohl für A als auch für B mit 1 % des auf volle 100 € abgerundeten **halbierten** Listenpreises (Bemessungsgrundlage) anzusetzen.

Ab **1.1.2020** ist bei B der pauschale Nutzungswert mit 1 % eines auf volle 100 € abgerundeten **Viertels** des Listenpreises anzusetzen.

Ist das begünstigte betriebliche Kfz **vor** dem Stichtag 1.1.2019 **bereits** einem Arbeitnehmer zur privaten **Nutzung** (z. B. Privatfahrten, Fahrten zwischen Wohnung und erster Tätigkeitsstätte) **überlassen** worden, **bleibt** es für dieses Kfz bei einem Wechsel des nutzungsberechtigten Arbeitnehmers nach dem 31.12.2018 bei den bisherigen bzw. erstmals anzuwendenden Bewertungsregelungen (= **Altfälle mit Nachteilsausgleich**, → Rz. 79). Eine aktuellere und ggf. weitere Minderung des Listenpreises nach den ab dem 1.1.2019 anzuwendenden Sonderregelungen zur Nutzungswertermittlung ist **nicht** zulässig.

Zu den weiteren Folgerungen im Arbeitnehmerbereich → Rz. 240 ff. Weitere und speziellere Beispiele enthält das BMF-Schreiben vom 5.11.2021 zur Nutzung eines betrieblichen Elektro- und extern aufladbaren Hybridelektrofahrzeugs für private Fahrten.[1)]

Führt der Stpfl. ein **Fahrtenbuch**, wird die Halbierung/Viertelung der Bemessungsgrundlage (des Bruttolistenpreises) entsprechend auf die tatsächlich entstandenen Anschaffungskosten oder Leasinggebühren übertragen.

e) Berücksichtigung der Entfernungspauschale als Betriebsausgabe

Von dem für die Fahrten zwischen Wohnung und Betriebsstätte ermittelten Nutzungswert (→ Rz. 76) ist je Kalendermonat die **Entfernungspauschale** i. H. v. 0,38 €/Entfernungskilometer (ab dem Kalenderjahr 2026, zuvor 0,30 € und 0,38 € ab dem 21. km, → Rz. 104)[2)] für die im Monat tatsächlich durchgeführten Fahrten zwischen Wohnung und Betriebsstätte **abzuziehen**. Ist der **verbleibende** Betrag **86**

- positiv, darf er den Gewinn nicht mindern,
- negativ, so mindert sich der Gewinn um den negativen Betrag (R 4.12 Abs. 1 Satz 2 EStR 2012). Denn ein Betriebsausgabenabzug i. H. der Entfernungspauschale kommt auch dann in Betracht, wenn die anteiligen tatsächlichen Kfz-Kosten geringer sind als die Entfernungspauschale.

Voraussetzung für die Besteuerung nach dem Nutzungswert ist die Zugehörigkeit des Kfz zum Betriebsvermögen (→ Rz. 53; zu **Leasing-Fahrzeugen** → Rz. 98).

Beispiel: Entfernungspauschale und Kfz-Nutzungswert

Ein Unternehmer nutzt im Kalenderjahr 2026 ein betriebliches Kfz mit einem Listenpreis von 45 000 € einschließlich Sonderausstattung an 20 Tagen im Monat zu Fahrten zur 18 km entfernten ersten Betriebsstätte.

Folge: Als **monatlicher** Nutzungswert sind anzusetzen (→ Rz. 74 f.)

1. Fahrtenbuchmethode

Nach Ermittlung und Aufteilung der Kfz-Kosten durch die Gesamtfahrtstrecke ergibt sich rechnerisch ein Kilometersatz von 0,50 €. Für die 20 Fahrten zwischen Wohnung und Betriebsstätte sind als nicht abziehbare Betriebsausgaben anzusetzen:

1) BMF v. 5.11.2021, IV C 6 – S 2177/19/10004 :008, IV C 5 – S 2334/19/10009 :003, BStBl I 2021, 2205.
2) Änderung durch das Steueränderungsgesetz 2025 v. 22.12.2025, BGBl. I 2025, Nr. 363 (§ 9 Abs. 1 Satz 3 Nr. 4 und Nr. 5 EStG).

Aufwand für 20 Fahrten mit je 18 km × 0,50 € × 2	360,00 €
abzüglich Entfernungspauschale: 20 Fahrten × 18 km × 0,38 €	136,80 €
nicht abziehbare Betriebsausgaben	223,20 €
2. 1 %-Methode	
0,03 % von 45 000 € × 18 km =	243,00 €
abzüglich Entfernungspauschale: 20 Tage × 18 km × 0,38 €	136,80 €
nicht abziehbare Betriebsausgaben	106,20 €

Zur privaten Mitbenutzung betrieblicher Kfz s. ergänzend → Rz. 93.

87 Für **Körperbehinderte** gilt folgende Sonderregelung:

Der Ansatz des Nutzungswerts von **0,03 %** für Fahrten zwischen Wohnung und Betriebsstätte (→ Rz. 76) gilt grundsätzlich auch für **Körperbehinderte**, deren Grad der Behinderung

- mindestens 70 % oder
- weniger als 70 %, aber mindestens 50 % beträgt und die in ihrer Bewegungsfähigkeit im Straßenverkehr erheblich beeinträchtigt sind.

Dies würde jedoch gegenüber behinderten Arbeitnehmern, die bei Wegen zwischen Wohnung und erster Tätigkeitsstätte mit einem zur Nutzung überlassenen Kfz die tat sächlichen Aufwendungen als Werbungskosten geltend machen können, zu einer Ungleichbehandlung führen (→ Rz. 266). Deshalb ist im Verwaltungswege zugelassen worden, dass Personen mit einer Körperbehinderung die tatsächlichen Aufwendungen für Wege zwischen Wohnung und erster Betriebsstätte als Betriebsausgaben abziehen dürfen; dabei ist der Gewinn nicht um einen evtl. positiven Unterschiedsbetrag zu erhöhen.[1]

Der **Grad der Behinderung** und ggf. der **Gehbehinderung** ist durch amtliche Unterlagen nachzuweisen. Auch dieser Personenkreis kann aber grundsätzlich nur die Kosten einer Hin- und Rückfahrt für jeden Arbeitstag ansetzen (→ Rz. 285).[2]

Weitere Einzelheiten zu der Frage, wer als körperbehindert anzusehen ist und wie der Nachweis der Körperbehinderung und des Grads der Behinderung gegenüber dem Finanzamt zu erbringen ist, sind in §§ 64 und 65 EStDV sowie in H 33.1–33.4 EStH 2025 (bzw. 2026) geregelt.

f) Fahrtkosten, allgemeine Regelungen

88 Für die **Berechnung der Entfernung** zwischen Wohnung und erster Betriebsstätte ist grundsätzlich die **einfache** und **kürzeste** Straßenverbindung zwischen Wohnung und Betriebsstätte für jeden Tag, an dem der Stpfl. das Fahrzeug benutzt, zu berücksichtigen (→ Rz. 280). Das gilt auch, wenn der Weg mehrmals täglich (z. B. zur Einnahme des Mittagessens) zurückgelegt wird (→ Rz. 89). Eine **andere** (längere) Straßenverbindung kann bei Benutzung eines Kfz dann zu Grunde gelegt werden, wenn sie offensichtlich verkehrsgünstiger ist und vom Stpfl. regelmäßig für die Wege zwischen Wohnung und erster Betriebsstätte benutzt wird (→ Rz. 280). Der Ansatz angefangener Kilometer ist nicht zulässig.

Werden anlässlich einer Fahrt zwischen Wohnung und erster Betriebsstätte oder umgekehrt auch **betriebliche (berufliche) Angelegenheiten erledigt**, so können die dadurch bedingten Mehraufwendungen in voller Höhe als Betriebsausgaben **abgezogen** werden.[3] Etwaige Mehraufwendungen, die anlässlich einer Fahrt zwischen Wohnung und

1) BMF v. 18.11.2009, IV C 6 – S 2177/07/10004, BStBl I 2009, 1326, Rz. 34.
2) BFH v. 2.4.1976, VI B 85/75, BStBl II 1976, 452.
3) BFH v. 17.2.1977, IV R 87/72, BStBl II 1977, 543; v. 25.3.1988, III R 96/85, BStBl II 1988, 655.

Betriebsstätte oder umgekehrt durch die Erledigung privater Angelegenheiten entstehen, sind nichtabzugsfähige Kosten der Lebensführung.

Legt der Stpfl. aus betrieblichen Gründen an einem Tag **mehrfach** die Wege zwischen Wohnung und erster Betriebsstätte zurück, so dürfen die weiteren Fahrten bei der pauschalen Ermittlung des Nutzungswerts sowie der Entfernungspauschale nicht berücksichtigt werden (→ Rz. 93). **89**

Die Aufwendungen für **Mittags- und Zwischenheimfahrten** gehören grundsätzlich zu den Lebenshaltungskosten und sind daher steuerlich nicht gesondert zu berücksichtigen.[1] Dies gilt auch bei geteilten Arbeitszeiten.

Hat ein Stpfl. **mehrere Betriebsstätten** in unterschiedlicher Entfernung von der Wohnung, und fährt er diese mit dem betrieblichen Pkw abwechselnd von der Wohnung aus an, ist der pauschale monatliche **Nutzungswert** mit 0,03 % nur für den Weg zur ersten Betriebsstätte (→ Rz. 35) zu ermitteln und anzusetzen. Alternativ kann bei der pauschalen Berechnung (des zu versteuernden Nutzungswerts bzw.) der nicht abziehbaren Betriebsausgaben die Entfernung zur näher gelegenen Betriebsstätte zu Grunde gelegt werden. **90**

Werden täglich mehrere Fahrten zwischen Wohnung und Betriebsstätte zurückgelegt, so vervielfacht sich der pauschale Hinzurechnungsbetrag von 0,03 % nicht. Allerdings sind für die Ermittlung des betrieblichen Nutzungsumfangs auch die Mehrfachfahrten zu berücksichtigen (→ Rz. 53, → Rz. 93).[2] **91**

Hat der Betriebsinhaber **mehrere Wohnungen**, so ist diejenige Wohnung maßgebend, von der er zur Betriebsstätte fährt. Für die **weiter entfernt liegende Wohnung** gilt dies nur, wenn sich dort der Mittelpunkt der Lebensinteressen befindet (→ Rz. 282). Befindet sich dieser in der weiter entfernt liegenden Wohnung, ist es **unerheblich, wie weit** die Wohnung, von der aus die Fahrt angetreten wird, von der Betriebsstätte entfernt ist.[3] **92**

3. Private Mitbenutzung betrieblicher Kfz

a) Ansatz pauschale Nutzungswerte

Nach der gesetzlichen Regelung ist die **1 %-Methode** immer dann anzuwenden, wenn der Stpfl. (Unternehmer oder Arbeitnehmer) nicht ausdrücklich die Fahrtenbuchmethode gewählt hat (§ 6 Abs. 1 Nr. 4 Satz 2 und 3 EStG) und wenn die Möglichkeit besteht, mit einem betrieblichen Kfz (auch) Privatfahrten durchführen zu können. Bei der 1 %-Methode ist der Wert für die private Mitbenutzung eines betrieblichen Kfz entsprechend der gesetzlichen Regelung (§ 6 Abs. 1 Nr. 4 Satz 2 EStG) monatlich pauschal mit **1 %** des inländischen **Brutto-Listenpreises** (also einschließlich USt) im Zeitpunkt der Erstzulassung zzgl. der Kosten für Sonderausstattungen als Betriebseinnahme zu erfassen (→ Rz. 77). Diese Regelung wurde vom BFH als verfassungsgemäß anerkannt.[4] Allerdings ist seit 2006 die 1 %-Regelung nur noch dann anwendbar, wenn das Kfz zu **mehr als 50 %** betrieblich genutzt wird (→ Rz. 53). **93**

Für **Wege zwischen Wohnung und erster Betriebsstätte** ist für das betriebliche Kfz zusätzlich ein pauschaler Nutzungswert mit **0,03 %** des inländischen Brutto-Listenpreises pro Kalendermonat und Entfernungskilometer zu erfassen. Für den Betriebsausgabenabzug ist von diesem Betrag die **Entfernungspauschale** (ab 2026 i. H. v. 0,38 € pro Entfernungskilometer → Rz. 104) zwischen Wohnung und Betriebsstätte **abzuziehen**. Ist der Differenzbetrag positiv, darf er den Gewinn nicht mindern; ist er negativ, mindert er den Gewinn (→ Rz. 76, → Rz. 86).

1) BFH v. 13.2.1970, VI R 236/69, BStBl II 1970, 391.
2) BMF v. 18.11.2009, IV C 6 – S 2177/07/10004, BStBl I 2009, 1326, mit Änderung durch BMF v. 15.11.2012, IV C 6 – S 2177/10/10002, BStBl I 2012, 1099.
3) BFH v. 3.10.1985, VI R 168/84, BStBl II 1986, 95; v. 13.12.1985, VI R 7/83, BStBl II 1986, 221.
4) BFH v. 24.2.2000, III R 59/98, BStBl 2000, 273; zuletzt BFH v. 9.3.2010, VIII R 24/08, BStBl II 2010, 903.

Die **Monatswerte** sind nicht anzusetzen für volle Kalendermonate, in denen eine private Nutzung oder eine Nutzung zu Fahrten zwischen Wohnung und Betriebsstätte ausgeschlossen ist. Zur steuerlichen Behandlung vom **Familienheimfahrten** → Rz. 110.

Hervorzuheben ist, dass die für den **Arbeitnehmerbereich** bestimmte BFH-Rechtsprechung zur differenzierten Betrachtungsweise sowie die dazu ergangenen Verwaltungsregelungen auf den betrieblichen Bereich **nicht** übertragbar sind.[1] Danach kann lediglich ein Arbeitnehmer für die Ermittlung des Nutzungswerts für Fahrten zwischen Wohnung und erster Tätigkeitsstätte zwischen der **0,03 %-Methode** oder einer Einzelbewertung der tatsächlichen Fahrten mit 0,002 % des Listenpreises je Entfernungskilometer wählen (→ Rz. 247). Bei Nutzung eines **betrieblichen** Kfz für Fahrten zwischen **Wohnung und erster Betriebsstätte** sind der pauschale Nutzungswert und die nicht abziehbaren Betriebsausgaben stets mit dem pauschalen Monatswert i. H. v. 0,03 % des Listenpreises zu ermitteln.[2] Hat ein Selbständiger oder Gewerbetreibender mehrere Betriebsstätten, sind die Aufwendungen für die Fahrten von der Wohnung zu den anderen Betriebsstätten, die nicht erste Betriebsstätte sind, ebenso wie die Aufwendungen für die Fahrten zwischen den Betriebsstätten in voller Höhe als Betriebsausgaben abziehbar.[3]

Beispiel: Ermittlung der privaten Nutzungswerte Pkw

Der Brutto-Listenpreis des zum Betriebsvermögen gehörenden und zu **mehr als 50 %** betrieblich genutzten Pkw beträgt im Zeitpunkt der Erstzulassung 38 000 €. Dieser Pkw wird im Kalenderjahr 2026 neben den Privatfahrten auch an 230 Tagen im Kalenderjahr für Fahrten zwischen Wohnung und erster Betriebsstätte genutzt. Die einfache Entfernung beträgt 20 km.

1. Ermittlung private Pkw-Nutzung (§ 6 Abs. 1 Nr. 4 Satz 2 EStG)

1 % von 38 000 € × 12 Monate =	4 560 €

Der Entnahmewert für die private Pkw-Nutzung beträgt 4 560 € (zzgl. USt).

2. Pkw-Nutzung für Wege zwischen Wohnung und erster Betriebsstätte (§ 4 Abs. 5 Satz 1 Nr. 6 EStG)

0,03 % von 38 000 € × 20 km × 12 Monate =	2 736 €
abzgl. Entfernungspauschale: 230 Tage × 20 km × 0,38 € =	1 748 €
nicht abzugsfähige Betriebsausgaben/Entnahmewert	988 €

In Höhe von 988 € darf der Gewinn nicht gemindert werden.

Als **betriebliche** Nutzung gelten (für die Zurechnung zum Betriebsvermögen, → Rz. 53) auch die Fahrten zwischen **Wohnung** und Betriebsstätte (einschließlich der täglichen Mehrfachfahrten) sowie die **Familienheimfahrten** anlässlich einer doppelten Haushaltsführung. Hierbei ist zu beachten, dass solche Heimfahrten den Gewinn nicht mindern dürfen, soweit die Aufwendungen für das betriebliche Kfz die Entfernungspauschale (ab 2026: 0,38 € je Entfernungskilometer) übersteigen. Bei Anwendung der Pauschalmethode ist für die einzelne Familienheimfahrt der positive Unterschiedsbetrag zwischen 0,002 % des inländischen Listenpreises pro Entfernungskilometer und der Entfernungspauschale für eine wöchentliche Familienheimfahrt dem Gewinn hinzuzurechnen.

Beispiel: Ermittlung privater Nutzungswert bei Familienheimfahrten, 0,002 %-Methode

Der Unternehmer A wohnt mit seiner Familie in der Stadt D. In F unterhält er einen doppelten Haushalt (Entfernung zur Wohnung in D 100 km). A führt im Kalenderjahr 2026 insgesamt 40 Familienheimfahrten mit dem betrieblichen Pkw durch (Bruttolistenpreis: 32 500 €).

1) BMF v. 3.3.2022, IV C 5 – S 2334/21/10004 :001, BStBl I 2022, 232.
2) Vgl. FinMin Schleswig-Holstein v. 26.4.2011, ESt-Kurzinfo Nr. 2011/31.
3) BMF v. 23.12.2014, IV C 6 – S 2145/10/10005 :001, BStBl I 2015, 26, Rz. 5.

Die nicht abziehbaren Betriebsausgaben sind wie folgt zu ermitteln:

32 500 € × 0,002 % × 100 km × 40 Fahrten =	2 600 €
abzgl. (40 Fahrten × 100 km × 0,38 €) =	1 520 €
nicht abzugsfähige Betriebsausgaben	1 080 €

Gehören gleichzeitig **mehrere Kfz** zum Betriebsvermögen, so ist der pauschale Wert für die Privatnutzung grundsätzlich für **jedes** Kfz anzusetzen, das vom Stpfl. (Unternehmer) oder von zu seiner Privatsphäre gehörenden Personen für Privatfahrten genutzt wird. Gibt der Stpfl. in derartigen Fällen in seiner Gewinnermittlung durch den Ansatz einer Nutzungsentnahme an, dass von ihm das Kfz mit dem **höchsten** Listenpreis auch privat genutzt wird, muss das Finanzamt diesen Angaben aus Vereinfachungsgründen folgen und darf für weitere Kfz keinen zusätzlichen pauschalen Nutzungswert ansetzen. Für die private Nutzung von betrieblichen Kfz durch zur **Privatsphäre** des Stpfl. gehörende Personen gilt dies entsprechend, wenn je Person das Kfz mit dem nächsthöchsten Listenpreis berücksichtigt wird. Wird ein Kfz gemeinsam vom Stpfl. und einem oder mehreren Arbeitnehmern genutzt, so ist bei pauschaler Nutzungswertermittlung für Privatfahrten der Nutzungswert von 1 % des Listenpreises entsprechend der Zahl der Nutzungsberechtigten aufzuteilen. Es gilt die widerlegbare Vermutung, dass für Fahrten zwischen Wohnung und Betriebsstätte und für Familienheimfahrten das Kfz mit dem höchsten Listenpreis genutzt wird. Näheres regeln die BMF-Schreiben v. 18.11.2009 und v. 15.11.2012, die auch Beispiele zur Umsetzung in Einzelunternehmen sowie in Personengesellschaften enthalten.[1)]

Ist dem Finanzamt der betriebliche Nutzungsumfang des Kfz einmal dargelegt worden, kann – wenn sich keine wesentlichen Veränderungen in Art oder Umfang der Tätigkeit oder bei den Fahrten zwischen Wohnung und Betriebsstätte ergeben – auch für die folgenden Jahre von diesem Nutzungsumfang ausgegangen werden. Ein Wechsel der Fahrzeugklasse kann im Einzelfall Anlass für eine erneute Prüfung des Nutzungsumfangs sein. Die im Rahmen einer rechtmäßigen Außenprüfung erlangten Kenntnisse über betriebliche Verhältnisse des Stpfl. kann das Finanzamt für Schlussfolgerungen auf die tatsächlichen Gegebenheiten in den Jahren vor oder nach dem Prüfungszeitraum der Außenprüfung auswerten.[2)]

Beträgt der betriebliche **Nutzungsanteil** des eingesetzten Kfz **10 % bis 50 %**, darf der private Nutzungsanteil **nicht pauschal** mit 1 % des Listenpreises angesetzt werden (§ 6 Abs. 1 Nr. 4 Satz 2 EStG). Gleichwohl sind die gesamten (angemessenen) Kfz-Aufwendungen (→ Rz. 52) als Betriebsausgaben abzugsfähig. Im Gegenzug ist der private Nutzungsanteil als Entnahme gem. § 6 Abs. 1 Nr. 4 Satz 1 EStG zu erfassen. Diese (der anzusetzende Betrag) ist mit dem auf die nicht betrieblichen Fahrten entfallenden Anteil an den Gesamtaufwendungen für das Kfz zu ermitteln bzw. zu bewerten.

b) Nutzungswerte nach Fahrtenbuch

aa) Grundsätze

Macht ein Stpfl. geltend, dass er sein Kfz **in geringem Umfang privat** genutzt hat und möchte er deshalb die pauschalen Nutzungswerte nicht ansetzen, hat er dies eindeutig durch ein **Fahrtenbuch** und durch den Einzelnachweis aller Kfz-Kosten nachzuweisen. Steuerlich wird die Fahrtenbuchregelung auch als „Escape-Regelung" bezeichnet. **94**

Ein Fahrtenbuch muss **ordnungsgemäß** geführt werden und dem Finanzamt stets im Original vorgelegt werden können. Es soll die Zuordnung von Fahrten zur betrieblichen und beruflichen Sphäre ermöglichen. Das Fahrtenbuch muss zeitnah und in geschlosse-

---

1) BMF v. 18.11.2009, IV C 6 – S 2177/07/10004, BStBl I 2009, 1326, Rz. 12 f., mit Änderungen durch BMF v. 15.11.2012, IV C 6 – S 2177/10/10002, BStBl I 2012, 1099.

2) BFH v. 28.8.1987, III R 189/84, BStBl II 1988, 2.

ner **Form** während des gesamten Kalenderjahres fortlaufend geführt werden;[1] die Beschränkung auf einen repräsentativen Zeitraum ist nicht zulässig (→ Rz. 97, → Rz. 238 f.).[1] Die Übertragung der Daten in eine Fahrtenbuchvorlage als Reinschrift (mit Grundaufzeichnungen in Notizzetteln oder Terminkalender) reicht für die Anerkennung nicht aus.[2]

Praxistipp: Vorteile der Fahrtenbuchmethode

Die Fahrtenbuchmethode ist regelmäßig dann vorteilhaft, wenn der Anteil der privaten Fahrten im Verhältnis zur Gesamtnutzung des Kfz gering ist und ein hochpreisiges Fahrzeug genutzt wird. Durch den hohen Brutto-Listenpreis ergibt die 1 %-Regelung naturgemäß einen hohen privaten Nutzungswert, der oft über den tatsächlichen Kosten für die Privatfahrten liegt.

Soll der Nutzungswert anhand der **Fahrtenbuchmethode** ermittelt werden, ist ein Fahrtenbuch (→ Rz. 238 f.) zumindest für die Kfz zu führen, für die andernfalls 1 % des inländischen Listenpreises anzusetzen wäre. Werden **mehrere betriebliche** Fahrzeuge zu Privatfahrten genutzt und soll der Nutzungswert nicht pauschal mit 1 % ermittelt werden, ist für **jedes privat genutzte** Fahrzeug ein Fahrtenbuch zu führen.

Nutzt der Stpfl. mehrere betriebliche Kfz privat, muss nach dem BFH-Urteil v. 3.8.2000[3] die Fahrtenbuchregelung nicht für sämtliche privat genutzte Kfz gewählt werden. Führt der Stpfl. z. B. bei drei privat genutzten Kfz lediglich für zwei davon ein Fahrtenbuch, darf er für diese den Entnahmewert mit den anteilig auf die Privatfahrten entfallenden tatsächlichen Aufwendungen ansetzen, wogegen er den privaten Nutzungswert für das dritte Kfz nach der pauschalen Methode mit 1 % zu ermitteln hat.

Beispiel: Fahrtenbuchführung nur für einige Kfz des Fuhrparks

Zum Betriebsvermögen des Unternehmers A gehören fünf Kfz. Davon nutzt er drei Fahrzeuge auch für Privatfahrten. Weil die private Fahrleistung gering ist, möchte er den Nutzungswert nach der Fahrtenbuchmethode ermitteln.

Folge: A hat für jedes der drei privat genutzten Kfz jeweils ein Fahrtenbuch zu führen. Führt der Unternehmer kein Fahrtenbuch oder führt er nicht für jedes privat genutzte Kfz ein Fahrtenbuch, ist der pauschalen Nutzungswertermittlung mit 1 % des privat genutzten Fahrzeugs mit dem höchsten Listenpreis zu Grunde zu legen. Für die Finanzverwaltung gilt die widerlegbare Vermutung, dass für Fahrten zwischen Wohnung und Betriebsstätte und für Familienheimfahrten regelmäßig das Kfz mit dem höchsten Listenpreis genutzt wird.[4]

In einem jüngeren Urteil zur Fahrtenbuchmethode hat der BFH entschieden, dass bei der Prüfung, ob und in welchem Umfang ein betrieblicher Pkw auch privat genutzt wurde, alle Umstände des Einzelfalls berücksichtigt werden müssen. Dabei dürfe ein Fahrtenbuch nicht allein wegen formeller Mängel außer Acht gelassen werden.[5] Im Urteilsfall hatte ein Prüfsachverständiger zwei hochpreisige Kfz – einen BMW und einen Lamborghini – geleast und deren Kosten vollständig als Betriebsausgaben angesetzt. Das Finanzamt unterstellte eine private Nutzung der Kfz. Die Fahrtenbücher des Stpfl. wurden auf Grund Unleserlichkeit nicht anerkannt. Folglich setzte das Finanzamt eine gewinnerhöhende private Nutzung nach der sog. 1 %-Methode an.

Der BFH stellte hierzu fest:

- Der Anscheinsbeweis für eine private Nutzung darf nicht ausschließlich durch die Formalien eines Fahrtenbuchs entkräftet werden. Vielmehr müssen alle relevanten

1) BFH v. 20.3.2014, VI R 35/12, BStBl II 2014, 643.
2) Niedersächsisches FG v. 4.9.2002, 4 K 11106/00, EFG 2003, 600; BFH v. 14.12.2006, IV R 62/04, BFH/NV 2007, 691.
3) BFH v. 3.8.2000, III R 2/00, BStBl II 2001, 332.
4) BMF v. 18.11.2009, IV C 6 – S 2177/07/10004, BStBl I 2009, 1326, Rz. 12, mit Änderung durch BMF v. 15.11.2012, IV C 6 – S 2177/10/10002, BStBl I 2012, 1099.
5) BFH v. 22.10.2024, VIII R 12/21, BStBl II 2025, 150.

Umstände wie die Art und Anzahl vorhandener Privatfahrzeuge einbezogen werden. Dieser kann durch konkrete Umstände erschüttert werden, etwa wenn vergleichbare Fahrzeuge im Privatvermögen vorhanden sind; der Stpfl. verfügte privat über weitere Luxusfahrzeuge, darunter einen Ferrari und einen Jeep,

- selbst handschriftliche und unvollständige Fahrtenbücher können zur Erschütterung des Anscheinsbeweises beitragen, sofern sie plausibel gemacht werden (also kein genereller Ausschluss von Fahrtenbüchern),
- die Vergleichbarkeit von Fahrzeugen hinsichtlich Status, Gebrauchswert und Prestige ist wesentlich.

Der BFH hob das vorangegangene Urteil des FG München[1)] auf und verwies den Fall zur erneuten Prüfung zurück. Das FG hat dabei die Vergleichbarkeit der Fahrzeuge und die Angaben des Klägers zu den Fahrtenbüchern umfassend zu würdigen. Zudem solle die Frage der Angemessenheit der Fahrzeugkosten im betrieblichen Kontext differenzierter geprüft werden, insbesondere unter Berücksichtigung der Werbenutzung des Lamborghini.

bb) Elektronisches Fahrtenbuch

Um den Erfassungs- und Berechnungsaufwand für das Fahrtenbuch zu erleichtern, gibt es verschiedene Formen und Systeme elektronischer Fahrtenbücher auf dem Markt. Besonders hilfreich dürften Fahrtenbücher mit einer sog. On-Board-Diagnose-Schnittstelle sein. Inzwischen erfüllen auch sog. Apps bei ordnungsgemäßem Nachtrag bzw. Erfassung der erforderlichen Angaben die Voraussetzungen für ein ordnungsgemäß geführtes elektronisches Fahrtenbuch. **95**

Ein **elektronisches Fahrtenbuch** ist von der Finanzverwaltung anzuerkennen, wenn sich daraus dieselben Erkenntnisse wie aus einem manuell geführten Fahrtenbuch gewinnen lassen. Beim Ausdrucken von elektronischen Aufzeichnungen müssen nachträgliche Veränderungen der aufgezeichneten Angaben technisch ausgeschlossen sein, zumindest aber dokumentiert werden.[2)]

Kleinere Mängel in der Fahrtenbuchführung haben nicht dessen Verwerfung zur Folge, wenn die Angaben insgesamt plausibel sind.[3)] Weitere Einzelheiten zu der Frage, wann ein Fahrtenbuch ordnungsgemäß ist, ergeben sich aus den Entscheidungen des BFH v. 12.7.2011[4)] und v. 1.3.2012.[5)] Darin bekräftigt der BFH seine Rechtsprechung, wonach

- **lose geführte Aufzeichnungen** nicht den Anforderungen an ein ordnungsgemäßes Fahrtenbuch genügen und
- ein ordnungsgemäßes Fahrtenbuch insbesondere **Datum und Ziel** der jeweiligen Fahrten ausweisen muss und dass diesen Anforderungen nicht entsprochen ist, wenn als Fahrtziele jeweils nur Straßennamen angegeben sind, auch wenn diese Angaben anhand nachträglich erstellter Auflistungen präzisiert werden. Eine vollständige Aufzeichnung verlangt grundsätzlich Angaben zu **Ausgangs- und Endpunkt jeder einzelnen Fahrt** im Fahrtenbuch selbst.

cc) Fahrtenbuch mit Webportal/Intranetportal

Zu der immer wieder gestellten Frage, unter welchen Voraussetzungen eine Fahrtenbuchführung mit ergänzenden Angaben in einem **Webportal/Intranetportal** des Betriebs **96**

1) FG München v. 9.3.2021, 6 K 2915/17, EFG 2021, 1092.
2) BFH v. 9.11.2005, VI R 27/05, BStBl II 2006, 408; v. 16.11.2005, VI R 64/04, BStBl II 2006, 410, bestätigt durch Beschluss v.12.1.2024, VI B 37/23; zu weiteren Einzelheiten s. auch die Verfügung der OFD Koblenz v. 16.5.2006, S 2177/S 2334 A - St 31 3, DStR 2006, 1040, und die dort aufgeführten Hinweise auf die Rechtsprechung des BFH zum elektronischen Fahrtenbuch und zum Fahrtenbuch allgemein.
3) BFH v. 10.4.2008, VI R 38/06, BStBl II 2008, 768.
4) BFH v. 12.7.2011, VI B 12/11, BFH/NV 2011, 1863.
5) BFH v. 1.3.2012, VI R 33/10, BStBl II 2012, 505.

oder des Arbeitnehmers zulässig ist bzw. welche Vorgaben zu beachten sind, hat die Finanzverwaltung bundeseinheitlich Stellung genommen.[1] Zuvor schon hatte die OFD Rheinland umfangreich erläutert, welche Voraussetzungen bei elektronischen Fahrtenbüchern bzw. elektronischen Fahrtenbuchprogrammen zu beachten sind.[2]

Wird das **elektronische** Fahrtenbuch über das Webportal/Intranetportal des Betriebs bzw. des Arbeitgebers geführt, geht die Finanzverwaltung von einer **zeitnahen Führung** aus,

- wenn der Fahrer den dienstlichen Fahrtanlass (Reisezweck und aufgesuchte Geschäftspartner) innerhalb eines Zeitraums von bis zu **sieben Kalendertagen** nach Abschluss der jeweiligen Fahrt in einem Webportal einträgt und
- wenn die übrigen Fahrten dem **privaten Bereich** zugeordnet werden.

Dies setzt voraus, dass sämtliche Fahrten automatisch bei Beendigung jeder Fahrt mit Datum, Kilometerstand und Fahrtziel erfasst werden. Falls die übrigen Voraussetzungen eingehalten werden, bleibt das Fahrtenbuch ordnungsgemäß geführt. Bei einem elektronischen Fahrtenbuch dürfen die GPS-Ermittlung der Fahrtstrecken und eine sich dadurch evtl. ergebende Abweichung vom Tachostand des Fahrzeugs grundsätzlich nicht beanstandet werden. Allerdings sollte der tatsächliche Tachostand des Fahrzeugs im Monats- oder zumindest Halbjahresabstand dokumentiert werden. Es reicht jedoch nicht aus, wenn nur die per GPS ermittelten Daten und Fahrtstrecken (zeitnah) aufgezeichnet werden. Der Stpfl. muss sämtliche Angaben eines ordnungsgemäßen Fahrtenbuchs (→ Rz. 97) zeitnah eintragen.

Hinweis:

Die Sieben-Tage-Frist gilt für ein **personell geführtes Fahrtenbuch** nicht. In diesem Fall sind die Eintragungen unmittelbar nach Beendigung der jeweiligen Fahrt vorzunehmen.

dd) Inhalt des Fahrtenbuchs, Ordnungsmäßigkeit

97 Im Fahrtenbuch sind die betrieblich und privat zurückgelegten Strecken gesondert und fortlaufend **aufzuzeichnen** (nachzuweisen). Deshalb muss ein Fahrtenbuch mindestens folgende **Angaben** enthalten (vgl. R 8.1 Abs. 9 Nr. 2 LStR; BMF v. 18.11.2009, Abschn. III):[3]

Mindestangaben in einem ordnungsmäßigen Fahrtenbuch

- Datum und (Gesamt-)Kilometerstand zu Beginn und Ende jeder einzelnen betrieblich/beruflich veranlassten Fahrt,
- Reiseziel,
- Reisezweck und
- aufgesuchte Geschäftspartner.

Wird ein **Umweg** gefahren, ist die gefahrene Reiseroute aufzuzeichnen.

Zu beachten ist, dass allein die unmittelbare elektronische Erfassung der Fahrtwege eines betrieblichen Kfz durch ein technisches System zur Führung eines Fahrtenbuchs nicht ausreicht. Neben dem Bewegungsprofil müssen die Fahrtanlässe ebenfalls zeitnah erfasst werden. Eine technische Lösung, die auch nach Jahren noch Änderungen zulässt, kann nicht als elektronisches Fahrtenbuch anerkannt werden.[4]

1) BMF v. 3.3.2022, IV C 5 – S 2334/21/10004 :001, BStBl I 2022, 232, Rz. 28 f.
2) OFD Rheinland v. 18.2.2013, Kurzinformation LSt – Außendienst, Nr. 2/2013.
3) BMF v. 18.11.2009, IV C 6 – S 2177/07/10004, BStBl I 2009, 1326, mit Änderung durch BMF v. 15.11.2012, IV C 6 – S 2177/10/10002, BStBl I 2012, 1099.
4) Niedersächsisches FG v. 23.1.2019, 3 K 107/18, EFG 2019, 875, rkr.

Auf einzelne dieser Angaben kann **verzichtet** werden, soweit wegen der besonderen Umstände **im Einzelfall** die betriebliche/berufliche Veranlassung der Fahrten und der Umfang der Privatfahrten ausreichend dargelegt sind und Überprüfungsmöglichkeiten nicht beeinträchtigt werden. So sind z. B. folgende **berufs- bzw. tätigkeitsspezifisch bedingte Erleichterungen** möglich:

Beruf/Tätigkeit	Erleichterungen beim Führen von Fahrtenbüchern
Automatenlieferanten	s. unter → *Vielfahrer*
Fahrlehrer	Für Fahrlehrer ist es ausreichend, in Bezug auf Reisezweck, Reiseziel und aufgesuchtem Geschäftspartner „Lehrfahrten", „Fahrschulfahrten" o. Ä. anzugeben.
Handelsvertreter	s. unter → *Vielfahrer*
Kurierdienstfahrer	s. unter → *Vielfahrer*
Taxifahrer	Bei Fahrten eines Taxifahrers im sog. Pflichtfahrgebiet ist es in Bezug auf Reisezweck, Reiseziel und aufgesuchte Geschäftspartner ausreichend, täglich zu Beginn und Ende der Gesamtheit dieser Fahrten den Kilometerstand anzugeben mit der Angabe „Taxifahrten im Pflichtfahrgebiet" o. Ä. Für Fahrten, die über dieses Gebiet hinausgehen, kann auf die genaue Angabe des Reiseziels nicht verzichtet werden.
Transport-/Lieferfahrer	Werden geschäftlich regelmäßig dieselben Kunden aufgesucht, wie z. B. im Lieferverkehr, und werden die Kunden mit Name und (Liefer-)Adresse in einem Kundenverzeichnis unter einer Nummer geführt, unter der sie später identifiziert werden können, bestehen keine Bedenken, als Erleichterung für das Führen eines Fahrtenbuchs zu Reiseziel, Reisezweck und aufgesuchtem Geschäftspartner jeweils zu Beginn und Ende der Lieferfahrten Datum und Kilometerstand sowie die Nummern der aufgesuchten Geschäftspartner aufzuzeichnen. Das Kundenverzeichnis ist dem Fahrtenbuch beizufügen.
Vielfahrer[1)]	Zu Reisezweck, Reiseziel und aufgesuchtem Geschäftspartner ist anzugeben, welche Kunden an welchem Ort besucht wurden. Angaben zu den Entfernungen zwischen den verschiedenen Orten sind nur bei größerer Differenz zwischen direkter Entfernung und tatsächlich gefahrenen Kilometern erforderlich.

Für **Privatfahrten** genügen zur eindeutigen Bezeichnung jeweils Kilometerangaben; für Wege zwischen Wohnung und Betriebsstätte genügt jeweils ein kurzer Vermerk im Fahrtenbuch.

Gibt der Stpfl. im Fahrtenbuch als Reiseziel lediglich die von ihm aufgesuchten Kunden, Firmen und sonstigen Einrichtungen und Personen nahezu ausschließlich in Form von **Abkürzungen** ohne jegliche Ortsinformationen an, wird es die Finanzverwaltung als nicht ordnungsgemäß verwerfen.[2)] Zwar **erlaubt** die höchstrichterliche Rechtsprechung, im Fahrtenbuch ggf. auch Abkürzungen für bestimmte, häufiger aufgesuchte Fahrtziele und Kunden oder für einzelne regelmäßig wiederkehrende Reisezwecke zu verwenden,

1) Vielfahrer sind Stpfl. wie z. B. Handelsvertreter, Kurierdienstfahrer oder Automatenlieferanten, die regelmäßig aus betrieblichen/beruflichen Gründen große Strecken mit mehreren unterschiedlichen Reisezielen zurücklegen.

2) FG Köln v. 18.3.2016, 3 K 3735/12, EFG 2016, 1332.

solange die gebrauchten Kürzel entweder aus sich heraus verständlich oder z. B. auf einem dem Fahrtenbuch beigefügten Erläuterungsblatt näher aufgeschlüsselt sind.[1)] Weitere **Voraussetzung** ist jedoch, dass durch die Verwendung von Abkürzungen und der Erläuterung auf einer dem Fahrtenbuch beigefügten Anlage der geschlossene Charakter der Fahrtenbuchaufzeichnungen nicht beeinträchtigt wird.[1)] Wird die **Ordnungsmäßigkeit** der Führung eines Fahrtenbuchs vom Finanzamt (z. B. anlässlich einer Betriebsprüfung) **nicht** anerkannt, sind die Nutzungsvorteile des Kfz zu Privatfahrten, für Wege zwischen Wohnung und Betriebsstätte sowie für Familienheimfahrten anhand der pauschalen Nutzungswerte (1 % zzgl. 0,03 %) zu ermitteln.

Ergänzend → Rz. 238 f.

4. Besonderheiten bei der privaten Nutzung betrieblicher Kfz

a) Leasing-Fahrzeuge

98 Die pauschale Nutzungswertermittlung sowie die Kostendeckelung (→ Rz. 101) sind auch für betrieblich genutzte Leasing-Fahrzeuge anzuwenden, wenn sie zu mehr als 50 % für betrieblich veranlasste Fahrten genutzt werden. Dann liegt ein sog. betriebliches Leasing-Verhältnis vor (Nutzung zu mehr als 50 % für betriebliche Zwecke).

b) Nutzung mehrerer Kfz

aa) Einzelunternehmen

99 Stehen **mehrere** betriebliche Kfz zur **privaten** Nutzung zur Verfügung und werden sämtliche Kfz privat genutzt – ggf. nur teilweise –, ist der **pauschale Nutzungswert** für Privatfahrten grundsätzlich für **jedes** Kfz anzusetzen, das vom Stpfl. oder von zu seiner Privatsphäre gehörenden Personen für Privatfahrten genutzt wird. Die bloße Behauptung, das Kfz werde nicht für Privatfahrten genutzt oder Privatfahrten würden ausschließlich mit anderen Kfz durchgeführt, reicht nicht aus, um von dem Ansatz eines privaten Nutzungsanteils (Anwendung der 1 %-Regelung) abzusehen.[2)] Der betriebliche Nutzungsumfang ist im Einzelfall glaubhaft zu machen oder nachzuweisen.

Für den **Arbeitnehmerbereich** hat der BFH diese Verwaltungsauffassung in seinem Urteil v. 13.6.2013 bestätigt.[3)] So ist grundsätzlich für jedes betriebliche Kfz der **pauschale Nutzungswert** für Privatfahrten mit monatlich 1 % des Listenpreises anzusetzen, wenn einem Arbeitnehmer gleichzeitig mehrere betriebliche Kfz zur Verfügung stehen. Dieser allgemeine Grundsatz wird durch die Finanzverwaltung jedoch **nicht** stets angewandt und kann widerlegt werden,

- wenn der Stpfl. nachweist oder glaubhaft versichert, dass die Kfz nicht von zu seiner Privatsphäre gehörenden Personen genutzt werden, oder
- wenn die Nutzung der betrieblichen Kfz durch andere zur Privatsphäre des Arbeitnehmers gehörende Personen so gut wie ausgeschlossen ist.

In diesem Fall kann dem pauschalen Nutzungswert für Privatfahrten (1 %) der Listenpreis des **überwiegend** genutzten betrieblichen Kfz zu Grunde gelegt werden.[4)] Diese Grundsätze gelten auch bei Einsatz eines Wechselkennzeichens.

Bei Anwendung der 0,03 %-Regelung für die **Fahrten zwischen Wohnung** und Betriebsstätte bzw. erster Tätigkeitsstätte ist dem pauschalen Nutzungswert stets der Listenpreis des überwiegend für diese Fahrten genutzten betrieblichen Kfz zu Grunde zu legen.[5)]

---

1) BFH v. 16.3.2006, VI R 87/04, BStBl II 2006, 625.
2) BFH v. 13.2.2003, X R 23/01, BStBl II 2003, 472.
3) BFH v. 13.6.2013, VI R 17/12, BStBl II 2014, 340.
4) BMF v. 3.3.2022, IV C 5 – S 2334/21/10004 :001, BStBl I 2022, 232, Rz. 25.
5) BMF v. 3.3.2022, IV C 5 – S 2334/21/10004 :001 BStBl I 2022, 232, Rz. 25 Abs. 2.

Gibt der nicht als Arbeitnehmer tätige Stpfl. (mit Gewinneinkünften) in den zuvor genannten Sachverhalten in seiner **Gewinnermittlung** durch den Ansatz einer Nutzungsentnahme an, dass das Kfz mit dem höchsten Listenpreis auch von ihm **privat** genutzt wird, hat das Finanzamt diesen Angaben aus Vereinfachungsgründen zu folgen und für das bzw. die weitere(n) Kfz keinen zusätzlichen pauschalen Nutzungswert anzusetzen. Für die private Nutzung von betrieblichen Kfz durch zur Privatsphäre des Stpfl. gehörende Personen gilt dies entsprechend, wenn je Person das Kfz mit dem nächsthöchsten Listenpreis berücksichtigt wird.[1)]

Weil die zuvor erläuterte Regelung (nur für das überwiegend genutzte Kfz wird der pauschale Nutzungswert für Privatfahrten angesetzt) insbesondere für alleinstehende Stpfl. zum Tragen kommt, wird sie auch als sog. Junggesellenregelung für den betrieblichen Bereich bezeichnet. An dieser Regelung möchte die Finanzverwaltung trotz z. T. anderer BFH-Rechtsprechung festhalten.[2)]

bb) Personengesellschaft

Befinden sich im Betriebsvermögen einer Personengesellschaft Kfz, die von den Gesell- **100**
schaftern auch zu Privatfahrten genutzt werden dürfen, ist ein pauschaler Nutzungswert für den Gesellschafter anzusetzen, dem die Nutzung des Kfz zuzurechnen ist.

Beispiele zur privaten Nutzungsentnahme von Pkw

1. Drei Gesellschafter, vier Pkw:

Der IJK-OHG gehören die Gesellschafter I, J und K an. Es befinden sich vier Pkw im Betriebsvermögen. Ihre Bruttolistenpreise betragen 40 000 €, 33 000 €, 25 000 € und 20 000 €. Die betriebliche Nutzung der Pkw beträgt jeweils mehr als 50 %.

Die Gesellschafter I und K sind alleinstehend. Neben ihnen nutzt keine Person (aus ihrer Privatsphäre) die betrieblichen Pkw. Der Gesellschafter J ist verheiratet. Seine Ehefrau nutzt einen betrieblichen Pkw zu Privatfahrten. Gesellschafter I nutzt das 40 000 €-Kfz, J das 25 000 €-Kfz, K das 33 000 €-Kfz und Frau J das 20 000 €-Kfz.

Folge: Die private Nutzungsentnahme ist pro Monat wie folgt anzusetzen:

Für den Gesellschafter I mit 1 % von 40 000 €, für den Gesellschafter K mit 1 % von 33 000 € und für den Gesellschafter J mit 1 % von 25 000 € zuzüglich 1 % von 20 000 €.

2. Drei Gesellschafter, ein Pkw:

Die XYZ-OHG gehört den Gesellschaftern X, Y und Z. Im Betriebsvermögen befindet sich ein Pkw, den auf Grund einer vertraglichen Vereinbarung zwischen den Gesellschaftern nur der Gesellschafter Z nutzen darf.

Folge: Eine private Nutzungsentnahme für den betrieblichen Pkw ist nur für den Gesellschafter Z anzusetzen.

c) Kostenansatz, Kostendeckelung

Wird die Fahrtenbuchmethode gewählt, sind für die Ermittlung der zu Grunde zu legen- **101**
den Gesamtkosten des betrieblichen Kfz die Bruttowerte, einschließlich USt, heranzuziehen. Ausgenommen sind Ausgaben, für die keine USt entrichtet wurde, z. B. beim Kauf des Kfz von einer Privatperson oder für die Kfz-Versicherungsbeiträge und Kfz-Steuern. Somit ist die Abschreibung vom Kaufpreis einschließlich Umsatzsteuer zu berechnen. Zu den Gesamtkosten im Einzelnen: → Rz. 54 und ergänzend → Rz. 166 ff.

Hierbei sind der „Umweltbonus" sowie die sog. Innovationsprämie seitens der Hersteller sowie des Staates (Bund), die als Kaufprämie gezahlt werden bzw. wurden, aufwandsmindernd zu berücksichtigen.

---

1) BMF v. 18.11.2009, IV C 6 – S 2177/07/10004, BStBl I 2009, 1326, mit Änderung durch BMF v. 15.11.2012, IV C 6 – S 2177/10/10002, BStBl I 2012, 1099, Rz. 12.

2) BFH v. 9.3.2010, VIII R 24/08, BStBl II 2010, 903 (s. dort die Fußnote 1).

Bei der Herstellerbeteiligung zur Minderung des Kaufpreises eines Elektro- bzw. Hybrid-Kfz handelt es sich u. E. um eine echte Kaufpreisminderung, welche die die Anschaffungskosten des Elektro- bzw. Hybrid-Kfz mindert. Beim Bundesanteil der Kaufprämie handelt es sich u. E. um einen Zuschuss i. S. v. R 6.5 EStR 2012. Folglich darf der Stpfl. wählen, ob er den Bundesanteil der Kaufprämie

- als Betriebseinnahme ansetzt: In diesem Fall werden die Anschaffungskosten des Fahrzeugs durch den Bundesanteil der Kaufprämie nicht berührt, oder
- erfolgsneutral behandelt: Dann müssen die Anschaffungskosten um den Bundesanteil der Kaufprämie gekürzt werden (R 6.5 Abs. 2 EStR).

Nur bei der zweiten Alternative sind entsprechende Folgerungen bei der Ermittlung des Nutzungswerts aus der privaten Nutzung eines Firmenwagens nach der sog. Fahrtenbuchmethode zu ziehen. Für die Berechnung des geldwerten Vorteils aus der Privatnutzung nach der sog. 1 %-Regelung ergeben sich keine Folgerungen, weil hier vom geminderten Listenpreis des Kfz auszugehen ist.

Bei besonders teuren oder bei günstig gebraucht angeschafften Kfz kann der Ansatz der pauschalen Nutzungswerte zu einem Entnahmewert führen, der über den tatsächlichen Gesamtkosten für das Fahrzeug liegt. Kann dies dem Finanzamt nachgewiesen werden, so sind als Entnahmewert höchstens die entstandenen Gesamtkosten des Kfz anzusetzen. Bei **mehreren** privat genutzten Kfz können die zusammengefassten pauschal ermittelten Wertansätze auf die nachgewiesenen tatsächlichen Gesamtaufwendungen dieser Kfz begrenzt werden.[1]

Diese Regelung zur Vermeidung einer Überbesteuerung wird als **Kostendeckelung** bezeichnet. Sie muss nicht für sämtliche Fahrzeuge gewählt werden. Ist neben dem pauschalen Nutzungswert eine Entnahme auf Grund der Nutzung des Kfz zur Erzielung **weiterer** Einkunftsarten zu erfassen, ist auch dieser Nutzungswert (als Betrag) den tatsächlichen Aufwendungen gegenüberzustellen. Jedoch **verzichtet** die Finanzverwaltung aus Vereinfachungsgründen einkommensteuerrechtlich auf den Ansatz einer zusätzlichen Entnahme, soweit die Aufwendungen bei der anderen Einkunftsart keinen Abzugsbeschränkungen unterliegen und dort nicht abgezogen werden (→ Rz. 105).

Im Ergebnis führt diese Regelung zur Kostendeckelung dazu, dass die **gesamten** Kfz-Aufwendungen der **privaten** Sphäre zugerechnet werden. Dies gilt auch für Leasing-Fahrzeuge. Dabei sind die tatsächlichen Gesamtkosten um eine evtl. anzusetzende Entfernungspauschale zu kürzen und es ist nur der Differenzbetrag als Entnahmewert anzusetzen.[2] Zur Kostendeckung bei Kostenerstattungen Dritter siehe auch die Verfügung der OFD München v. 25.5.2005.[3]

Beispiel: Betriebliches Kfz mit Kostendeckelung

Ein Unternehmer nutzt im Kalenderjahr 2026 ein bereits vollständig abgeschriebenes betriebliches Kfz (betriebliche Nutzung mehr als 50 %) mit einem inländischen Listenpreis von 60 000 € privat und zu Fahrten zur 30 km entfernten Betriebsstätte. Die jährlichen tatsächlichen Gesamtkosten betragen 10 000 €. Ein Fahrtenbuch wird nicht geführt.

Nutzungswert für die private Nutzung

1 % von 60 000 € × 12 Monate =	7 200 €

Nutzungswert für die Fahrten zwischen Wohnung und Betriebsstätte

0,03 % von 60 000 € = 18 €	
18 € × 30 km × 12 Monate =	6 480 €

1) BMF v. 18.11.2009, IV C 6 – S 2177/07/10004, BStBl I 2009, 1326, Rz. 20, mit Änderung durch BMF v. 15.11.2012, IV C 6 – S 2177/10/10002, BStBl I 2012, 1099.
2) S. ergänzend Bayerisches Landesamt für Steuern v. 24.4.2006, S 2145 – 2 St 32/St 33, DStR 2006, 846.
3) OFD München v. 25.5.2005, S 2145 – 20 St 41/42, DStR 2005, 1099.

abzgl. Entfernungspauschale		
30 km × 0,38 € × 240 Tage =	2 736 €	
nicht abziehbare Betriebsausgaben	3 744 €	3 744 €
Summe Nutzungswert		10 944 €

Da der pauschale Nutzungswert (1 %-Regelung) und die nicht abziehbaren Betriebsausgaben für die Fahrten zwischen Wohnung und Betriebsstätte die tatsächlich entstandenen Aufwendungen übersteigen, ist die Kostendeckelung wie folgt vorzunehmen:

Gesamtkosten	10 000 €
./. als Betriebsausgabe abzugsfähige Entfernungspauschale	2 736 €
Deckelung der als privater Nutzungswert anzusetzenden Kfz-Kosten auf	7 264 €

Dieses Beispiel zeigt, dass der Stpfl. die Entfernungspauschale auch bei betrieblichen Einkünften grundsätzlich unabhängig von den tatsächlichen Aufwendungen als Betriebsausgabe ansetzen darf (§ 4 Abs. 5 Satz 1 Nr. 6 Satz 2 EStG).[1] Weil die Entfernungspauschale die tatsächlichen Aufwendungen nicht berücksichtigt, muss das Finanzamt sie als Betriebsausgabe zulassen. Folglich darf es den Stpfl. nicht auf die Fahrtenbuchmethode verweisen, um die Entfernungspauschale ansetzen zu können.

Wie zuvor dargestellt, wird bei der Kostendeckelung de facto eine Privatnutzung von 100 % unterstellt. Und dies, obwohl die 1 %-Methode eine Privatnutzung des Kfz von höchstens 50 % voraussetzt. Deshalb wird diese Art der Kostendeckelung (Privatanteil = 100 %) in der steuerlichen Fachliteratur als unbefriedigend und als Verstoß gegen das Verbot der **Übermaßbesteuerung** angesehen. Für ein zum notwendigen Betriebsvermögen gehörendes Kfz wird bei Anwendung der 1 %-Methode eine Kostendeckelung auf 50 % (statt 100 %) für zutreffender gehalten. Denn höher als 50 % darf die private Nutzung für ein zum notwendigen Betriebsvermögen gehörendes Kfz nicht sein, ansonsten wäre das Kfz ja kein notwendiges Betriebsvermögen.

Mit Urteil v. 15.5.2018 hat der BFH entschieden, dass es trotz dieses Ergebnisses verfassungsrechtlich nicht geboten sei, die nach der 1 %-Regelung ermittelte Nutzungsentnahme auf 50 % der Gesamtaufwendungen für das Kfz zu begrenzen.[2] Zur Begründung verweist der BFH auf altbekannte Argumente: Die Typisierung mit der 1 %-Regelung überschreite nicht die Grenzen des Zulässigen, alternativ bestehe die Möglichkeit einer ordnungsgemäßen Fahrtenbuchführung („Escape-Klausel"). Gegen diese restriktive Rechtsprechung ist inzwischen Verfassungsbeschwerde erhoben worden. Sie wurde jedoch ohne Begründung nicht angenommen.[3] Insofern ist diese Rechtsfrage für viele Stpfl. gerichtlich noch nicht abschließend geklärt.

Zur Frage der Berücksichtigung einer **Leasingsonderzahlung** bei Anwendung der sog. Kostendeckelungsregelung, wenn der Stpfl. seinen Gewinn durch Einnahmenüberschussrechnung gem. § 4 Abs. 3 EStG ermittelt, hat der BFH mit Urteil v. 17.5.2022 (n.v.), VIII R 11/20 die Revision gegen das Urteil des FG Rheinland-Pfalz v. 10.12.2019, 3 K 1681/19 als unbegründet zurückgewiesen. Die Begründung ist weitgehend inhaltsgleich mit dem Verfahren VIII R 26/20.[4] Nach BFH-Auffassung ist es nicht zu beanstanden, dass bei Anwendung der Billigkeitsregelung zur Kostendeckelung für Zwecke der Berechnung der Gesamtkosten eines genutzten Leasingfahrzeugs eine bei Vertragsschluss geleistete Leasingsonderzahlung auch dann periodengerecht auf die einzelnen Jahre des Leasingzeitraums verteilt wird, wenn der Stpfl. seinen Gewinn durch Einnahmenüberschussrechnung gem. § 4 Abs. 3 EStG ermittelt (lt. BMF-Schreiben v. 18.11.2009).[5] Offenbar beurteilt der BFH eine Leasingsonderzahlung als vorausbezahltes Nutzungsentgelt, das über die Laufzeit des Vertrags zu verteilen ist.

1) BMF v. 18.11.2009, IV C 6 – S 2177/07/10004, BStBl I 2009, 1326, Rz. 18, mit Änderung durch BMF v. 15.11.2012, IV C 6 – S 2177/10/10002, BStBl I 2012, 1099.
2) BFH v. 15.5.2018, X R 28/15, BStBl II 2018, 712.
3) BVerfG v. 21.3.2023, 2 BvR 2129/18, juris.
4) BFH v. 17.5.2022, VIII R 26/20, BStBl II 2022, 829.
5) BMF v. 18.11.2009, IV C 6 – S 2177/07/10004, BStBl I 2009, 1326, Rz. 18.

Demnach bleibt es dabei: Eine geleistete Leasingsonderzahlung (für die außerdienstliche Nutzung eines betrieblichen Kfz) ist bei Prüfung der Kostendeckelung auf die Laufzeit des gesamten Leasingvertrages fiktiv zu verteilen.[1] Zu steuerlichen Behandlung der vom Arbeitnehmer übernommenen Leasingraten bzw. einer geleisteten Zuzahlung → Rz. 252, → Rz. 269.

d) Methodenwahl

102 Es ist steuerlich möglich, die privaten Nutzungswerte **zunächst** pauschal zu ermitteln und die tatsächlichen Werte anhand eines Fahrtenbuchs und mit Einzelbelegen am Jahresende anzusetzen. Diese Wahl kann mit dem Einreichen der Steuererklärung beim Finanzamt vorgenommen und bis zur Bestandskraft der (Einkommensteuer-)Steuerfestsetzung geändert werden. Die Methodenwahl muss für das Kalenderjahr (Wirtschaftsjahr) pro Kfz einheitlich getroffen werden.

Im Fall eines **Kfz-Wechsels** (z. B. durch Veräußerung) ist während eines Kalenderjahres der Übergang zu einer anderen Ermittlungsmethode zulässig. Auch in diesem Fall darf das Wahlrecht bis zur Bestandskraft der (Einkommensteuer-)Steuerfestsetzung geändert werden. Bei Ermittlung der **pauschalen** Wertansätze ist im Monat des Fahrzeugwechsels der inländische Listenpreis des Kfz anzusetzen, das nach der Anzahl der Tage in diesem Monat überwiegend genutzt wurde.

e) Erstmalige Privatnutzung

103 Will sich der Stpfl. beim Beginn der (erstmaligen) Privatnutzung eines betrieblichen Fahrzeugs für die **Fahrtenbuchmethode** entscheiden, so liegt zunächst noch kein individueller Nutzungswert vor (dieser ist ja erst noch zu ermitteln). In einem derartigen Fall lässt die Finanzverwaltung zu, dass als private Nutzungsentnahme für die **Privatfahrten** vorläufig je **Fahrtkilometer** 0,001 % und für die Wege zwischen **Wohnung** und erster Betriebsstätte 0,002 % je **Entfernungskilometer** des inländischen Listenpreises für das Fahrzeug angesetzt werden. Nach Ablauf des Kalenderjahres bzw. Wirtschaftsjahres ist dann der tatsächlich zu versteuernde Nutzungswert zu ermitteln oder der pauschale Nutzungswert nach den 1 %- und 0,03 %-Regelungen anzusetzen.

f) Nutzung privateigenes Kfz

104 Benutzt ein Stpfl. sein **privates** Kfz für Fahrten zwischen **Wohnung** und Betriebsstätte, so konnte bzw. kann er dafür bei Benutzung eines Pkw oder bei Benutzung eines Motorrads/Motorrollers in den Kalenderjahren 2021 bis 2026 sowie ab 2026 folgende **Entfernungspauschalen** als Betriebsausgaben ansetzen:

- in **2021** i. H. v. **0,30** € je Entfernungskilometer für die ersten 20 km und ab dem 21. km i. H. v. **0,35** €,
- in **2022 bis 2025** i. H. v. **0,30** € je Entfernungskilometer für die ersten 20 km und ab dem 21. km i. H. v. **0,38** € je Entfernungskilometer sowie
- ab **2026** i. H. v. **0,38** € je Entfernungskilometer[2].

Bei Nutzung eines Motorrads/Motorrollers ist die Entfernungspauschale auf höchstens 4 500 € im Kalenderjahr begrenzt.

Weist der Selbständige/Unternehmer eine (körperliche) **Behinderung** nach, so kann er für die Fahrten zwischen Wohnung und erster Betriebsstätte den pauschalen Kilometersatz von 0,30 € je gefahrenen Kilometer als Betriebsausgaben ansetzen, sofern er keine höheren Aufwendungen nachweist (R 9.10 Abs. 3 LStR).

---

1) BMF v. 3.3.2022, IV C 5 – S 2334/21/10004 :001, BStBl I 2022, 232, Rz. 57.
2) Änderung durch das Steueränderungsgesetz 2025 v. 22.12.2025, BGBl. I 2025, Nr. 363 (§ 9 Abs. 1 Satz 3 Nr. 4 und Nr. 5 EStG).

Zur Entfernungspauschale → Rz. 273.

X. Nutzung im Rahmen unterschiedlicher Einkunftsarten

Nutzt der Unternehmer (Stpfl.) das betriebliche Kfz auch im Rahmen anderer Einkunfts- 105
arten, sind die auf diese außerbetriebliche, aber **nicht** auf die private Nutzung entfallenden Aufwendungen grundsätzlich nicht mit dem Ansatz des für die Privatnutzung anzusetzenden pauschalen Werts von 1 % abgegolten.[1] Es bestehen aus Sicht der Finanzverwaltung aber keine Bedenken, diese Entnahme mangels anderer Anhaltspunkte mit **0,001 %** des inländischen Listenpreises des Kfz je gefahrenen Kilometer zu bewerten. Dieser Entnahmewert stellt vorbehaltlich bestehender Abzugsbeschränkungen die im Rahmen der anderen Einkunftsart abziehbaren Betriebsausgaben oder Werbungskosten dar.

Aus **Vereinfachungsgründen** wird einkommensteuerrechtlich auf den Ansatz einer zusätzlichen Entnahme verzichtet, soweit die Fahrtaufwendungen bei der anderen Einkunftsart keinen Abzugsbeschränkungen unterliegen und dort nicht als Betriebsausgaben oder Werbungskosten abgezogen werden.[2]

Hierzu hat der BFH mit Urteil v. 16.7.2015 entschieden, dass ein **Arbeitnehmer**, der einen ihm von seinem Arbeitgeber überlassenen Pkw auch für seine selbständige Tätigkeit nutzen darf, **keine Betriebsausgaben** für den Pkw abziehen darf, wenn der **Arbeitgeber** sämtliche Kosten des Pkw getragen hat und die private Nutzungsüberlassung nach der 1 %-Regelung versteuert worden ist.[3] Denn der Abzug von Betriebsausgaben im Rahmen der Einkunftsarten setzt voraus, dass **beim Stpfl. selbst** und nicht bei Dritten Aufwendungen entstanden sind.

Weitere Voraussetzung ist, dass die Aufwendungen durch die Tätigkeit entstanden sind. In dem der Entscheidung zu Grunde liegenden Streitfall trug jedoch der Arbeitgeber des Klägers sämtliche Kosten des Pkw und es lag kein Fall vor, in dem man dem Arbeitnehmer ausnahmsweise die Aufwendungen des Arbeitgebers als eigene zurechnen konnte. Die Anwendung der 1 %-Regelung erfolgt aber unabhängig davon, ob und wie der Arbeitnehmer den Pkw tatsächlich nutzt. Es ergeben sich daher für den Arbeitnehmer auf der Einnahmenseite keine nachteiligen Folgen daraus, wenn er den Dienstwagen auch zur Erzielung anderer Einkünfte einsetzt. Entsprechend kann dann im Rahmen der anderen Einkünfte (im Urteilsfall bei den Einkünften aus selbständiger Arbeit) nicht davon ausgegangen werden, dass beim Arbeitnehmer ein Wertabfluss stattfindet.

Nicht zu entscheiden hatte der BFH, wie sich die Rechtsfrage darstellen würde, wenn der Arbeitnehmer ein **Fahrtenbuch** geführt hätte. Dann käme ein Betriebsausgabenabzug möglicherweise in Betracht, wenn der Arbeitnehmer eigenständige geldwerte Vorteile sowohl für die private als auch für die freiberufliche Nutzung zu versteuern hätte, die nach den jeweils tatsächlich gefahrenen Kilometern ermittelt werden.

XI. Doppelte Haushaltsführung

1. Allgemeines

Eine **doppelte Haushaltsführung** liegt vor, wenn der Stpfl. aus betrieblichem bzw. 106
beruflichem Anlass an verschiedenen Orten einen eigenen Hausstand unterhält. Solch eine Veranlassung liegt stets vor, wenn der Stpfl. neben seiner Hauptwohnung eine weitere Wohnung am Ort der (ersten bzw. dauerhaften) Tätigkeitsstätte oder Betriebsstätte (→ Rz. 35 ff.) innehat. Eine doppelte Haushaltsführung kann ohne zeitliche Begrenzung geführt werden. Auf die Anzahl der Übernachtungen in der Zweitwohnung kommt es nicht an (→ Rz. 107 ff.).

1) BFH v. 26.4.2006, X R 35/05, BStBl II 2007, 445.
2) BMF v. 18.11.2009, IV C 6 – S 2177/07/10004, BStBl I 2009, 1326, Rz. 17.
3) BFH v. 16.7.2015, III R 33/14, BStBl II 2016, 44.

Nach der Rechtsprechung des BHF liegt eine steuerlich zu berücksichtigende doppelte Haushaltsführung auch dann vor, wenn ein Stpfl. seinen Haupthaushalt aus privaten Gründen vom Tätigkeitsort wegverlegt und er darauf in einer Wohnung am Tätigkeitsort einen Zweithaushalt begründet, um von dort seiner Tätigkeit weiter nachgehen zu können.[1]

Führt ein Gewerbetreibender, Land- oder Forstwirt oder selbständig Tätiger i. S. v. § 18 EStG aus betrieblichen Gründen **einen doppelten Haushalt**, so sind die dafür entstandenen notwendigen Mehraufwendungen als **Betriebsausgaben** ansatzfähig. Solche Mehraufwendungen sind nur dann notwendig, wenn sie nach den Umständen des Einzelfalls nicht überhöht sind.[2]

Grundsätzlich gilt, dass bei den Gewinneinkünften die **lohnsteuerlichen** Regelungen (in den LStR) zu den Mehraufwendungen bei doppelter Haushaltsführung dem Grunde und der Höhe nach entsprechend anzuwenden sind (R 4.12 Abs. 3 EStR 2012, § 4 Abs. 5 Satz 1 Nr. 6a EStG sowie BMF im für Gewinneinkünfte bestimmten Schreiben v. 23.12.2014).[3]

Zu den **Mehraufwendungen** bei doppelter Haushaltsführung **zählen**

- Fahrtkosten aus Anlass der Wohnungswechsel zu Beginn und am Ende der doppelten Haushaltsführung sowie
- Aufwendungen für wöchentliche Heimfahrten an den Ort des eigenen Hausstands oder für wöchentliche Familien-Ferngespräche,
- Verpflegungsmehraufwendungen,
- Aufwendungen für die Zweitwohnung und
- Umzugskosten.

2. Eigener Hausstand

107 Für das Vorliegen einer doppelten Haushaltsführung ist **nicht** entscheidend, ob in der Wohnung am **Ort des eigenen Hausstands** hauswirtschaftliches Leben herrscht. Eine doppelte Haushaltsführung setzt vielmehr voraus, dass der Stpfl. aus betrieblichen Gründen **außerhalb** des Orts seines eigenen Hausstands zusätzlich **an** seiner ersten Betriebsstätte einen **weiteren** eigenen Hausstand unterhält (→ Rz. 106). Nach R 4.12 Abs. 3 EStR 2012 sowie § 4 Abs. 5 Satz 1 Nr. 6a EStG gelten die **lohnsteuerlichen** Regelungen für die Gewinneinkünfte entsprechend (s. die weiteren Erläuterungen → Rz. 288 ff.).

108 Ein eigener Hausstand verlangt das Innehaben einer den Lebensbedürfnissen entsprechenden Wohnung sowie eine finanzielle Beteiligung des Stpfl. an den Kosten der Lebensführung. In dieser Wohnung muss ein Haushalt unterhalten werden, d. h., der Stpfl. muss die Haushaltsführung bestimmen oder wesentlich mitbestimmen. Darüber hinaus muss die Wohnung seinen Lebensmittelpunkt darstellen (→ Rz. 288 ff.).

109 Die vorgenannten Regelungen zum eigenen Hausstand gelten auch für **nicht** verheiratete Personen.

3. Berücksichtigungsfähige Aufwendungen

a) Fahrtkosten

110 Wie zuvor dargestellt, sind für die Berücksichtigung der steuerlich abzugsfähigen Mehraufwendungen als Betriebsausgaben die für den Lohnsteuer- und Werbungskostenbereich maßgebenden Regelungen entsprechend anzuwenden mit der Maßgabe,

1) BFH v. 5.3.2009, VI R 58/06, BStBl II 2009, 1012 und 1016; BMF v. 10.12.2009, IV C 5 – S 2352/0, BStBl I 2009, 1599.
2) BFH v. 16.3.1979, VI R 126/78, BStBl II 1979, 473.
3) BMF v. 23.12.2014, IV C 6 – S 2145/10/10005 :001, BStBl I 2015, 26.

dass nur die Kosten für eine **Familienheimfahrt** wöchentlich als Betriebsausgaben angesetzt werden dürfen (→ Rz. 299 f.).

Wird hierfür ein zum Betriebsvermögen gehörendes Kfz benutzt, so liegen in Höhe des **positiven Unterschiedsbetrags** zwischen 0,002 % des inländischen Listenpreises je Entfernungskilometer (Nutzungswert) und der Entfernungspauschale (ab dem Kalenderjahr 2026 0,38 €/Entfernungskilometer, zuvor 0,30 € und 0,38 € ab dem 21. Entfernungskilometer gem. § 9 Abs. 1 Satz 3 Nr. 5 EStG) **nicht** abziehbare Betriebsausgaben vor (Hinzurechnungsbetrag). Ergibt sich eine negative Differenz (Nutzungswert abzüglich Entfernungspauschale), führt diese zu Betriebsausgaben (→ Rz. 86, → Rz. 93).

Bei Führung eines Fahrtenbuchs ist nur der positive Differenzbetrag zur Entfernungspauschale den nicht abziehbaren Betriebsausgaben zuzurechnen, vgl. Beispiele → Rz. 93.

Bei der Nutzung eines betrieblichen Kfz zu Familienheimfahrten entfällt der Ansatz des Nutzungswerts, wenn das Kfz von einem **Körperbehinderten** genutzt wird, dessen Grad der Behinderung

- mindestens 70 % beträgt oder
- bei weniger als 70 %, aber mindestens 50 % liegt und wenn der Körperbehinderte in seiner Bewegungsfähigkeit im Straßenverkehr erheblich beeinträchtigt ist.

Führt der Stpfl. **mehrere** Familienheimfahrten wöchentlich durch, so kann er wählen, ob er diese Fahrten

- als Familienheimfahrten **einmal** wöchentlich bei doppelter Haushaltsführung oder
- als Aufwendungen für Wege zwischen Wohnung und Betriebsstätte

geltendmachen will.

Wählt er den Abzug der Fahrtkosten zwischen Wohnung und Betriebsstätte, so können **daneben** Mehraufwendungen für Verpflegung und die Kosten der Unterkunft am auswärtigen Ort **nicht** geltend gemacht werden. Der Stpfl. muss die Wahl des Verfahrens für jedes Wirtschaftsjahr **einheitlich** treffen. Wählt der Stpfl. den Abzug der Fahrtkosten zwischen Wohnung und Betriebsstätte und benutzt er hierzu ein betriebliches Kfz, ist hinsichtlich des Ansatzes des privaten Nutzungswerts nach → Rz. 93 zu verfahren.

b) Verpflegungsmehraufwendungen

Ein Abzug von **Verpflegungsmehraufwendungen** ist auf die **ersten drei Monate** nach Beginn der Tätigkeitsaufnahme am auswärtigen bzw. neuen Ort **begrenzt**. Seit dem **Kalenderjahr 2020** dürfen in diesem Zeitraum für jeden vollen Tag, an dem der Stpfl. im Inland von seiner Hauptwohnung abwesend ist, **pauschal 28 €** geltend gemacht werden. Für die Tage der Familienheimfahrt und der Rückreise an den auswärtigen Tätigkeitsort kann im Inland unabhängig von einer bestimmten Abwesenheitsdauer für Verpflegungsmehraufwendungen der Pauschbetrag i. H. v. 14 € angesetzt werden (→ Rz. 57). **111**

Ist der Tätigkeit am auswärtigen (neuen) Beschäftigungsort eine Geschäftsreise unmittelbar vorausgegangen, wird die Dauer der **Geschäftsreise** auf die Dreimonatsfrist **angerechnet**. Liegen die **tatsächlichen** Verpflegungsmehraufwendungen über der ab 2024 maßgebenden Pauschale von 28 € bzw. 14 €, ist der Unterschiedsbetrag **nicht** abzugsfähig. Nach Ablauf der **Dreimonatsfrist** dürfen **keine** Verpflegungsmehraufwendungen mehr angesetzt werden.

Des Weiteren sind **abzugsfähig** die Kosten der **Unterkunft** am Beschäftigungsort; u. a. Mietkosten inkl. Nebenkosten für den doppelten Haushalt/die Wohnung, Hotelkosten sowie etwaige Absetzungen für Abnutzung bei einer eigenen Wohnung; zum Ansatz der tatsächlichen Aufwendungen → Rz. 293 f.

Zur Ermittlung der Mehraufwendungen bei doppelter Haushaltsführung, wenn sich der Ort der **Berufsausübung im Ausland** befindet → Rz. 328 f.

XII. Bewirtung und Geschenke

1. Allgemeines

112 Die Kosten einer Bewirtung aus **geschäftlichem Anlass**, insbesondere von Geschäftsfreunden, gehören steuerrechtlich **nicht** zu den Reisekosten. Auf diese Kosten wird dennoch im Folgenden kurz eingegangen, weil eine Bewirtung nicht selten im Zusammenhang mit einer Geschäftsreise erfolgt. Ein geschäftlicher Anlass liegt vor bei der Bewirtung von Personen, zu denen schon Geschäftsbeziehungen bestehen (Geschäftsfreunde) oder zu denen sie angebahnt werden sollen. Ebenso rechnet die Bewirtung von Besuchern des Betriebs, z. B. bei Betriebsbesichtigungen, zur geschäftlichen Veranlassung (→ Rz. 114).

Als **Geschäftsfreunde** wird allgemein der Personenkreis bezeichnet, mit dem ein Unternehmer in geschäftlicher oder beruflicher Verbindung steht oder mit dem er eine solche Verbindung anbahnen will. Es ist jedoch auch möglich, dass Personen bewirtet werden, ohne dass eine konkrete Geschäftsbeziehung bzw. Veranlassung besteht oder geplant ist, z. B. Bewirtung von Messebesuchern, wenn **mehr** als nur Aufmerksamkeiten wie Kaffee, Tee oder Gebäck (also Speisen, Essen) gereicht werden.

Die Bewirtung von Geschäftsfreunden kann durch den Unternehmer selbst, durch seine Familienangehörigen oder Angehörige seines Betriebes erfolgen. Für den Betriebsausgabenabzug ist es unerheblich, ob der bewirteten Person bekannt ist, wer die Kosten tatsächlich trägt.

In engem Zusammenhang mit einem geschäftlichen Anlass können auch die Kosten für die Bewirtung in Gästehäusern, bei Jagden, auf Jachten und Schiffen sowie Kosten für Geschenke an Geschäftsfreunde stehen. Zur steuerlichen Berücksichtigung dieser Aufwendungen → Rz. 132.

2. Begriff der Bewirtungskosten

113 Grundsätzlich versteht man unter einer Bewirtung den Verzehr von Speisen, Getränken und sonstigen Genussmitteln, wobei deren Darreichung eindeutig im Vordergrund steht (R 4.10 Abs. 5 EStR 2012, H 4.10 (5-9) (Bewirtung) EStH). Zu den Bewirtungskosten gehören nicht nur die in Rechnung gestellte eigentliche Bewirtung, sondern auch damit zwangsläufig angefallene **Nebenkosten** wie z. B. Organisation, Tischdekoration, Trinkgelder und Garderobengebühren etc. Der Frage, was zu den („eigentlichen") Bewirtungskosten zählt, kommt auf Grund der Abzugsbeschränkung auf 70 % der Aufwendungen besondere Bedeutung zu. Solche im Zusammenhang mit einer **geschäftlichen** Bewirtung (→ Rz. 112, → Rz. 114) anfallenden Kosten entstehen regelmäßig auf Grund der Einladung eines Geschäftsfreunds bzw. Kunden in ein Restaurant (Sprachgebrauch der Finanzverwaltung: **Bewirtungsbetrieb**).

Beispiel: Nebenkosten bei Bewirtung

Der Unternehmer A zahlt bei einer geschäftlich veranlassten Bewirtung von Kunden in einem Restaurant dem Bedienungspersonal ein Trinkgeld. Außerdem übernimmt er die Kosten für die Aufbewahrung der Garderobe seiner bewirteten Kunden.

> **Folge:** Sowohl das Trinkgeld als auch die übernommenen Garderobenkosten rechnen zu den Aufwendungen, die bei der Bewirtung zwangsläufig als Nebenleistung anfallen (R 4.10 Abs. 5 EStR 2012).
>
> Sie gehören damit zu den Bewirtungskosten und unterliegen – ebenso wie die eigentlichen Bewirtungskosten – der Abzugsbeschränkung von 70 % (§ 4 Abs. 5 Satz 1 Nr. 2 EStG) sowie der strengen Aufzeichnungspflicht (§ 4 Abs. 7 EStG).

Zu den Bewirtungskosten im weiteren Sinne gehören die Unterbringung und Unterhaltung von Geschäftsfreunden in einem Hotel, der gemeinsame Theaterbesuch, der Besuch von sportlichen oder unterhaltenden Veranstaltungen, die Zurverfügungstellung eines Kraftwagens für den Geschäftsfreund am Betriebsort usw.; also Ausgaben, bei denen vielleicht auch gesellschaftliche Gründe mitbestimmend sind. Soweit letztere Kosten **Betriebsausgaben** sind, sind sie zu **100 %** abzugsfähig, denn durch die Begrenzung des Abzugs der reinen Bewirtungsaufwendungen soll die Haushaltsersparnis bei den Verpflegungsmehraufwendungen zum Ausdruck gebracht werden. Von einer Haushaltsersparnis kann aber bei den vorgenannten Aufwendungen keine Rede sein.

Nicht zu den Bewirtungsaufwendungen gehören sog. **Aufmerksamkeiten** (z. B. Kaffee, Gebäck, Zigaretten u. Ä.) und auch nicht die Darreichung von Lebensmittelprodukten, sofern sie im Zusammenhang mit **Verkaufsveranstaltungen**, Messeveranstaltungen, im eigenen Herstellungsbetrieb, beim Kunden oder beim (Zwischen-)Händler angeboten werden. Hier besteht ein unmittelbarer Zusammenhang mit dem Verkauf der Produkte oder Waren. Solche Aufwendungen sowie die Aufwendungen für Produkt-/Warenverkostungen und für Warenproben außerhalb der Nahrungs- und Genussmittelindustrie rechnen zu dem unbeschränkt als Betriebsausgaben abziehbaren Werbeaufwand (R 4.10 Abs. 5 Satz 9 und 10 EStR 2012). Als Voraussetzung ist zu beachten, dass nur das zu veräußernde Produkt und ggf. Aufmerksamkeiten (z. B. Brot anlässlich einer Weinprobe) gereicht werden.

Steht allerdings die Darreichung von Speisen im **Vordergrund**, handelt es sich um eine Bewirtung. Nach allgemeiner Verkehrsauffassung ist eine **Bewirtung** bereits dann gegeben, wenn lediglich kleinere Speisen dargereicht werden, z. B. bei belegten Brötchen, Snacks, Salaten, kleinen Nudelgerichten, Kuchen, Torten usw. Eine betragsmäßige Abgrenzung ist hier nicht möglich, weil z. B. bei einem hochwertigen Geschäftsabschluss die dargereichte Flasche Champagner durchaus eine Aufmerksamkeit sein kann. Die in R 19.6 Abs. 2 LStR zur Frage des Arbeitslohns genannte Nichtaufgriffsgrenze von 60 € kann **nicht** als Abgrenzungsmerkmal herangezogen werden.

Die Aufwendungen eines Stpfl. anlässlich **gesellschaftlicher Veranstaltungen** seines Berufsverbands, Wirtschaftsverbands, Fachverbands oder seiner Gewerkschaft sind steuerlich nicht berücksichtigungsfähige Kosten der **Lebensführung**; insbesondere dann, wenn auch sein Ehegatte/Lebenspartner teilnimmt. Dieser Grundsatz gilt auch, wenn die gesellschaftlichen Veranstaltungen im Zusammenhang mit einer rein fachlichen oder beruflichen Tagung oder Sitzung stehen.[1] Zur **Abgrenzung** der betrieblichen von der privaten Veranlassung von Bewirtungen in weiteren Einzelfällen s. BFH v. 29.3.1994[2] sowie v. 27.2.1997.[3]

3. Abzugsbeschränkungen, Abgrenzung geschäftliche/betriebliche Bewirtung

a) Geschäftliche Bewirtung

Grundsätzlich sind nur Bewirtungsaufwendungen steuerlich abzugsfähig, die durch den **Betrieb oder Beruf veranlasst** sind, und die nicht überwiegend die Lebensführung des Stpfl. oder anderer Personen berühren. Sie sind als Betriebsausgaben nur abziehbar, wenn sie sich leicht und eindeutig von denen der Lebenshaltung trennen lassen. So sind z. B. Aufwendungen eines Rechtsanwalts, die ihm aus Anlass eines für Mandanten, Berufskollegen und Mitarbeiter gegebenen **Empfangs** zu einem herausgehobenen **Geburtstag** entstehen, keine Betriebsausgaben, sondern durch die wirtschaftliche und gesellschaftliche Stellung bedingt.[4] Die Rechtsprechung räumt in Zweifelsfällen der Nichtabzugsfähigkeit den Vorrang vor der Abzugsfähigkeit ein (zu weiteren Einzelheiten **114**

---

1) BFH v. 1.8.1968, IV R 232/67, BStBl II 1968, 713.
2) BFH v. 29.3.1994, VIII R 7/92, BStBl II 1994, 843.
3) BFH v. 27.2.1997, IV R 60/96, HFR 1997, 821.
4) BFH v. 12.12.1991, IV R 58/88, BStBl II 1992, 524.

s. H 12.1 EStH 2023 bzw. 2024, R 4.10 Abs. 6 Satz 8 EStR 2012 und das Urteil des BFH v. 20.8.1986.[1])

Von den steuerlich ansetzbaren Bewirtungsaufwendungen dürfen die **geschäftlichen** Bewirtungskosten (→ Rz. 112) zu **70 %** als Betriebsausgaben abgezogen werden.

Für den steuerlichen Ansatz von Bewirtungskosten als Betriebsausgaben ist eine mehrstufige Abzugsbeschränkung zu beachten:

- Zunächst müssen die Aufwendungen für die Bewirtung von Personen aus geschäftlichem Anlass getätigt werden.
- Danach ist zu prüfen, ob sie nach der allgemeinen Verkehrsauffassung als angemessen anzusehen sind und ob ihre Höhe sowie betriebliche Veranlassung nachgewiesen werden können.

Liegen diese Voraussetzungen vor, sind 30 % der Aufwendungen **nicht** abzugsfähig (§ 4 Abs. 5 Satz 1 Nr. 2 EStG).

Wann eine Bewirtung aus **geschäftlichem** Anlass vorliegt, regelt das EStG nicht. Weil folglich der Begriff „geschäftlicher Anlass" mitunter unterschiedlich ausgelegt wird, muss (weiterhin) mit Auslegungsproblemen gerechnet werden. Nach R 4.10 Abs. 6 EStR 2012 besteht ein geschäftlicher Anlass insbesondere bei der Bewirtung von betriebsfremden Personen, zu denen schon Geschäftsbeziehungen bestehen oder zu denen sie angebahnt werden sollen. Dabei kann es sich nur um solche Personen handeln, mit denen der Betrieb bereits in geschäftlicher Beziehung steht oder mit denen eine geschäftliche Beziehung aufgenommen werden soll (z. B. Kunden, Lieferanten, Vertreter, Bewerber).

Zusammenfassend bestimmt sich die geschäftliche Veranlassung nach dem Teilnehmerkreis. Jede Bewirtung, an der nicht ausschließlich Arbeitnehmer des bewirtenden Unternehmens teilnehmen, fällt in den Anwendungsbereich von § 4 Abs. 5 Satz 1 Nr. 2 EStG.[2] Demnach ist gem. R 4.10 Abs. 7 EStR 2012 auch die Bewirtung von Arbeitnehmern von gesellschaftsrechtlich verbundenen Unternehmen (z. B. Mutter- oder Tochterunternehmen) sowie mit ihnen vergleichbaren Personen geschäftlich veranlasst. Nur in dem Maße, wie die Aufwendungen auf die nicht geschäftlich veranlasste Bewirtung von Arbeitnehmern des bewirtenden Unternehmens entfallen, dürfen sie unbegrenzt abgezogen werden.

Folglich ist auch die Bewirtung von Besuchern des Betriebs im Rahmen der Öffentlichkeitsarbeit, die dem Ziel dient, Geschäftsabschlüsse allgemein zu fördern, **geschäftlich** veranlasst. Zu beachten ist, dass die **Abzugsbegrenzung** von 70 % (gem. § 4 Abs. 5 Satz 1 Nr. 2 EStG) bei der Bewirtung von Personen aus geschäftlichem Anlass **auch** für den Teil der Aufwendungen gilt, der auf den an der Bewirtung teilnehmenden Stpfl. (Unternehmer) selbst sowie auf dessen **Arbeitnehmer** entfällt. Bewirtet z. B. ein Unternehmen im Rahmen einer **Schulungsveranstaltung** an dieser Veranstaltung teilnehmende Personen, die nicht seine Arbeitnehmer sind (z. B. freie Handelsvertreter), unterliegt der Bewirtungsaufwand der Abzugsbeschränkung, weil auch insoweit ein geschäftlicher und kein betrieblicher Anlass anzunehmen ist.[2]

Hinweis: Betrieblicher Anlass

Anders verhält es sich bei Bewirtungsaufwendungen aus betrieblichem Anlass. Sie dürfen ohne Kürzung und ohne Berücksichtigung der strengen Nachweis- und Aufzeichnungspflichten des § 4 Abs. 5 Nr. 2 EStG als Betriebsausgaben berücksichtigt werden. Das Abzugsverbot bzw. die Begrenzung auf 70 % gilt z. B. auch nicht bei Aufwendungen eines Gaststättenbetreibers für die Bewirtung von Busfahrern, die als Gegenleistung die Gaststätte als planmäßigen Stopp anfahren, wodurch ihre Fahrgäste als potenzielle Kunden anzusehen sind.[3]

---

1) BFH v. 20.8.1986, I R 80/83, BStBl II 1986, 904.
2) BFH v. 18.9.2007, I R 75/06, BStBl II 2008, 116.
3) BFH v. 26.4.2018, X R 24/17, BStBl II 2018, 750.

Da der „geschäftliche Anlass" mit der Abzugsbegrenzung nach § 4 Abs. 5 Satz 1 Nr. 2 Satz 1 EStG ein **Unterfall** der „betrieblichen Veranlassung" nach § 4 Abs. 4 EStG ist, muss „geschäftlich" **eng** i. S. v. „die einzelnen Geschäfte betreffend" **ausgelegt** werden.

b) Betriebliche Bewirtung

Nicht geschäftlich ist demnach die Bewirtung von Personen, deren Tätigkeit ebenso wie die der Arbeitnehmer des Unternehmers dem inneren Betriebsablauf dient (z. B. Rechtsanwalt, Steuerberater, Behördenvertreter, Handwerker, freie Mitarbeiter u. Ä.); sie sind betrieblich veranlasst. Gleiches gilt für Werbemaßnahmen und Repräsentation. Allgemein **betrieblich** veranlasst ist ebenso die ausschließliche Bewirtung von **Arbeitnehmern** des bewirtenden Unternehmens (R 4.10 Abs. 7 EStR 2012). Die Aufwendungen für solche Bewirtungen sind in vollem Umfang Betriebsausgaben. **115**

Auch die Bewirtung von Angehörigen der Arbeitnehmer anlässlich von **Betriebsfeiern** erfolgt aus betrieblichem Anlass (R 4.10 Abs. 7 EStR 2012). Einen betrieblichen Anlass hatte auch das FG Düsseldorf für die Bewirtung freier Handelsvertreter im Rahmen von verkaufsfördernden Schulungsmaßnahmen bejaht.[1]

c) Angemessenheit

Liegen geschäftlich veranlasste Bewirtungen vor, sind nur die „angemessenen" Bewirtungskosten als Betriebsausgaben abziehbar. Angemessen sind die Bewirtungskosten, wenn sie betragsmäßig in einem vernünftigen Verhältnis zur betrieblichen Situation stehen. Diese Verhältnismäßigkeit darf die Finanzbehörde im Einzelfall prüfen. In der Frage der **Angemessenheit** ist nicht auf die Summe der Bewirtungsaufwendungen im Wirtschaftsjahr abzustellen, sondern es ist bei jedem einzelnen Bewirtungsvorgang zu prüfen, ob er die gesetzlichen Voraussetzungen erfüllt. Dabei ist insbesondere das Verhältnis der Aufwendungen zu Betriebsgröße, Umsatz und Gewinn maßgebend. Die Entscheidung über die Notwendigkeit der Betriebsausgaben liegt jedoch grundsätzlich beim Unternehmer.[2] **116**

Deshalb kann eine absolute Betragsgrenze nicht festgelegt werden. Es ist auf die Umstände des Einzelfalls abzustellen.[3] In der Steuerfachliteratur wird als Grenzwert für die Angemessenheit der Betrag von **100 €** pro bewirteter Person genannt. Der Betrag von 100 € darf aber keine Höchstgrenze darstellen; es können auch höhere Beträge durchaus noch angemessen sein, wenn durch den Aufwand ein günstiger(er) Geschäftsabschluss erreicht wurde.[2]

Stehen z. B. beim Besuch eines Nacht- oder Musiklokals die gesamten Aufwendungen in einem offensichtlichen Missverhältnis zum Wert der verzehrten Speisen und/oder Getränke, ist jeglicher Betriebsausgabenabzug ausgeschlossen (H 4.10 (5-9) (Bewirtung) EStH). Solche Ausgaben sind in ihrer Art schon dem Grunde nach als unangemessen anzusehen. Da mit dem Besuch von solchen Veranstaltungen ein anderer Zweck als mit Bewirtungen i. e. S. verfolgt wird, kommt auch nicht ein evtl. um 30 % gekürzter Abzug der Aufwendungen in Betracht.[4] Aus diesem Urteil folgt, dass bei gemischten Leistungen (Bewirtungen i. e. S. und andere Zuwendungen) keine Aufteilung der Gesamtaufwendungen in Betracht kommt, wenn die Hauptleistung nicht als Betriebsausgabe abziehbar ist. Können hingegen die unangemessen hohen Bewirtungsaufwendungen **abgegrenzt** und aus dem Gesamtbetrag **herausgerechnet** werden, muss der **verbleibende** und somit angemessene Betrag um 30 % gekürzt werden.

Fallen im Zusammenhang mit Bewirtungsaufwendungen weitere Kosten an, z. B. Aufwendungen für Festredner, Musikkapelle, Produktvorführung, Organisation und Perso-

1) FG Düsseldorf v. 29.9.1999, 2 K 8431/97 F, DStRE 2000, 113.
2) BFH v. 20.8.1986, I R 80/83, BStBl II 1986, 904.
3) BFH v. 8.10.1987, IV R 5/85, BStBl II 1987, 853.
4) BFH v. 16.2.1990, III R 21/86, BStBl II 1990, 575.

nal, so sind diese Kosten von den „eigentlichen" Bewirtungskosten abzugrenzen. Sie unterliegen nicht der Abzugsbeschränkung von 70 %. Zur **umsatzsteuerlichen Behandlung** → Rz. 349 ff.

4. Nachweis der Bewirtungskosten

117 Nach den Vorschriften des EStG (§ 4 Abs. 5 Satz 1 Nr. 2 Satz 1 EStG) sind die Aufwendungen für die Bewirtung von Geschäftsfreunden nicht zum Abzug zugelassen, soweit sie nach der **allgemeinen** Verkehrsauffassung als **unangemessen** anzusehen (→ Rz. 114) **oder** wenn ihre **Höhe** und ihre **betriebliche** Veranlassung **nicht** nachgewiesen sind.

118 Die Höhe und die betriebliche Veranlassung der Aufwendungen sind durch folgende **schriftliche** Angaben **nachzuweisen** (§ 4 Abs. 5 Satz 1 Nr. 2 Satz 2 EStG):[1)]

- Ort und Tag der Bewirtung,
- Teilnehmer und Anlass der Bewirtung sowie Höhe der Aufwendungen.

Hinzukommen (→ Rz. 123):

- Name und Anschrift des Bewirtungsbetriebs,
- Art und Umfang der Leistung,
- Rechnungsbetrag,
- Name des Bewirtenden und
- Registrierung der Rechnung.

Fehlen die **Nachweise** über die Höhe der Bewirtungsaufwendungen und ihre betriebliche Veranlassung, sind die Aufwendungen in vollem Umfang **nicht abzugsfähig**. Sind Bewirtungsaufwendungen als unangemessen anzusehen, ist nur der nachgewiesene Teil der Aufwendungen nicht abzugsfähig, der angemessene Aufwendungen übersteigt.

119 Hat die Bewirtung in einem Bewirtungsbetrieb stattgefunden, so genügen Angaben zu dem Anlass und den Teilnehmern der Bewirtung; die **maschinell** erstellte und registrierte Rechnung des Bewirtungsbetriebs über die Bewirtung (Bewirtungsrechnung) ist beizufügen. Aus ihr müssen Name und Anschrift des Bewirtungsbetriebs sowie der Tag der Bewirtung ersichtlich sein (vgl. R 4.10 Abs. 8 EStR 2012). Soweit die vom Gesetz geforderten Angaben nicht in Fremdbelegen enthalten sind, z. B. der Name des bewirtenden Stpfl., muss der Stpfl. **zeitnah** einen formlosen Eigenbeleg erstellen (→ Rz. 123).

120 **Ort** und **Tag** der Bewirtung müssen durch schriftliche Angaben (Eigenbeleg) nur nachgewiesen werden, wenn die Bewirtung nicht in einem Bewirtungsbetrieb stattgefunden hat. Der Ort ist näher zu bezeichnen (z. B. Niederlassung Bonn, Firmenkasino).

121 Zur Bezeichnung der bewirteten **Personen** ist grundsätzlich die schriftliche Angabe des Namens erforderlich. Die Angabe der Adresse ist nicht zwingend, eine Identifizierung muss aber möglich sein. Bei Bewirtung mehrerer Personen müssen die **Namen aller bewirteten Personen** angegeben werden, auch die des Stpfl. und/oder seiner Arbeitnehmer.[2)] Auf die Angabe der bewirteten Person und des Bewirtenden kann auch dann nicht verzichtet werden, wenn dem, wie z. B. bei einem Journalisten, das Pressegeheimnis entgegensteht.[3)] Rechtsstaatsprinzip und Gleichbehandlungsgebot erhalten gegenüber dem Pressegeheimnis Vorrang. Entsprechendes dürfte deshalb auch für Rechtsanwälte und Ärzte gelten. Nur wenn die Feststellung der Namen unzumutbar ist (z. B. bei Bewirtungen anlässlich von Betriebsbesichtigungen durch eine größere Personenzahl), kann auf die Angabe der Namen der bewirteten Personen verzichtet werden. In diesem Fall genügen die schriftliche Angabe der Anzahl der bewirteten Personen sowie eine die Personengruppe kennzeichnende Sammelbezeichnung. Entsprechendes gilt z. B. bei

1) S. hierzu BMF v. 19.11.2025, IV C 6 – S 2145/00026/005/033, BStBl I 2025, 1938.
2) BFH v. 30.1.1986, IV R 150/85, BStBl II 1986, 488; v. 25.2.1988, IV R 95/86, BStBl II 1988, 581.
3) BFH v. 15.1.1998, IV R 81/96, BStBl II 1998, 263.

Bewirtungen anlässlich von Ausstellungseröffnungen, Geschäftseröffnungen, Präsentation neuer Produkte u. Ä.

Die Angaben über den **Anlass** der Bewirtung müssen den Zusammenhang mit einem **122**
betrieblichen Vorgang oder einer Geschäftsbeziehung **erkennen** lassen. Der konkrete Anlass muss zumindest stichwortartig beschrieben werden. **Angaben** wie „Arbeitsgespräch", „Informationsgespräch", „Hintergrundgespräch", „Kontakt-/Kundenpflege" oder „Gedankenaustausch" reichen für die Angabe des Anlasses der Bewirtung **nicht** aus.[1] Die schriftlichen Angaben können auf der Rechnung oder getrennt vorgenommen werden. Erfolgen die Angaben getrennt von der Rechnung, sind das Schriftstück über die Angaben und die Rechnung grundsätzlich zusammenzufügen. Ausnahmsweise genügt es, den Zusammenhang dadurch darzustellen, dass auf der Rechnung und dem Schriftstück mit den Angaben Gegenseitigkeitshinweise angebracht werden, so dass Rechnung und Schriftstück jederzeit zusammengefügt werden können.

Sind die Angaben lückenhaft, können die Aufwendungen auch dann nicht abgezogen werden, wenn der Stpfl. ihre Höhe und betriebliche Veranlassung in anderer Weise nachweist oder glaubhaft macht.[2] Die zum Nachweis von Bewirtungsaufwendungen erforderlichen schriftlichen Angaben müssen zeitnah gemacht werden.[3] Das Schriftstück mit den Angaben ist seit 2025 acht Jahre aufzubewahren, wobei die Aufbewahrungsfrist mit dem Ende des maßgebenden Kalenderjahres beginnt (§ 147 Abs. 1 Nr. 4 und Abs. 3 AO).[4]

Eine **Ergänzung** des amtlich vorgeschriebenen **Bewirtungsvordrucks/-belegs** setzt voraus, dass ein ergänzungsbedürftiger Vordruck bereits vorliegt. Unterbliebene Angaben des Bewirtenden können auch noch nachträglich, z. B. im Rechtsbehelfsverfahren zur Einkommensteuerfestsetzung, **nachgeholt** werden.[5]

Aus Vereinfachungsgründen ist es nicht erforderlich, Teilnehmer und Bewirtungsgrund anzugeben, wenn es sich bei der „Bewirtung" um eine „übliche Geste der Höflichkeit" handelt. Das ist der Fall, wenn lediglich Getränke, Gebäck oder Ähnliches anlässlich einer geschäftlichen oder beruflichen Besprechung in geringem Umfang angeboten werden. Die Pflicht zur besonderen Aufzeichnung bleibt hiervon unberührt. Hat eine solche „kleine Bewirtung" in einem Bewirtungsbetrieb (z. B. Restaurant) stattgefunden, ist die Rechnung vorzulegen. Bei Bewirtungen in den Geschäftsräumen usw. sind Einkaufsbelege mit entsprechenden Angaben zur betrieblichen Verwendung erforderlich und aufzubewahren.

5. Bewirtung in einem Bewirtungsbetrieb

Bei **Bewirtung** in einem **Bewirtungsbetrieb** ist zur Angabe der Höhe die Rechnung über **123**
die Bewirtung hinzuzufügen.[6] Die Rechnung muss folgende Angaben enthalten:[6]

- **Name und Anschrift des Bewirtungsbetriebs**

  Anzugeben ist der vollständige Name und die vollständige Anschrift des leistenden Unternehmers (Bewirtungsbetriebs, Restaurant, Gaststätte). Dies gilt auch bei Kleinbetragsrechnungen bis 250 € (§ 33 UStDV). Es genügt, wenn sich aus den Angaben in der Rechnung der Name und die Anschrift eindeutig feststellen lassen (§ 31 Abs. 2 UStDV).

---

1) BFH v. 15.1.1998, IV R 81/96, BStBl II 1998, 263.
2) BFH v. 30.1.1986, IV R 150/85, BStBl II 1986, 488.
3) BFH v. 25.3.1988, III R 96/85, BStBl II 1988, 655.
4) Die 10-jährige Aufbewahrungsfrist ist durch das Vierte Bürokratieentlastungsgesetz v. 23.10.2024, BGBl. 2024 I Nr. 323, von 10 auf 8 Jahre abgesenkt worden. Dies gilt für Unterlagen, deren (frühere) 10-jährige Aufbewahrungsfrist am 31.12.2024 noch nicht abgelaufen war (Art. 97 § 19a Einführungsgesetz zur AO 1977).
5) BFH v. 19.3.1998, IV R 40/95, BStBl II 1998, 610.
6) BMF v. 19.11.2025, IV C 6 – S 2145/00026/005/033, BStBl I 2025, 1938 zum Betriebsausgabenabzug.

- **Steuernummer oder Umsatzsteuer-Identifikationsnummer**

  Enthalten sein muss die dem leistenden Unternehmer erteilte Steuernummer oder dessen Umsatzsteuer-Identifikationsnummer. Dies gilt nicht bei Kleinbetragsrechnungen (→ Rz. 358).

- **Ausstellungsdatum**

  Die Angabe des Ausstellungsdatums ist auch bei Kleinbetragsrechnungen (→ Rz. 358) erforderlich.

- **Rechnungsnummer**

  Als Rechnungsnummer muss eine fortlaufende Nummer enthalten sein, die zur Identifizierung der Rechnung vom Rechnungsaussteller einmalig vergeben worden ist. Dies gilt nicht bei Kleinbetragsrechnungen (→ Rz. 358). Zu den Regelungen für elektronische Aufzeichnungssysteme mit Kassenfunktion s. nachfolgende Erläuterung.

- **Leistungsbeschreibung**

  Als Bewirtungsleistung ist die Menge und die Art (handelsübliche Bezeichnung) der gelieferten Gegenstände oder der Umfang sowie die Art der sonstigen Leistung zu beschreiben. Dies gilt auch für Kleinbetragsrechnungen.

  Buchstaben, Zahlen oder Symbole, wie sie für umsatzsteuerliche Zwecke ausreichen (§ 31 Abs. 3 UStDV), genügen für den Betriebsausgabenabzug nicht. Die Bewirtungsleistungen müssen im Einzelnen bezeichnet sein; allein die Angabe „Speisen und Getränke" und die Angabe der für die Bewirtung in Rechnung gestellten Gesamtsumme reichen nicht aus. Bezeichnungen wie z. B. „Menü 1", „Tagesgericht 2" oder „Lunch-Buffet" und aus sich selbst heraus verständliche Abkürzungen sind zulässig.

- **Leistungszeitpunkt (Tag der Bewirtung)**

  Für den Betriebsausgabenabzug von Bewirtungsaufwendungen muss der Leistungszeitpunkt (Tag der Bewirtung) angegeben werden. Dies gilt auch bei Kleinbetragsrechnungen (→ Rz. 358). Ein Verweis auf das Ausstellungsdatum (s. o.), z. B. in der Form „Leistungsdatum entspricht Rechnungsdatum", ist zulässig. Handschriftliche Ergänzungen oder Datumsstempel reichen nicht aus.

- **Rechnungsbetrag**

  Die Rechnung muss den Preis für die Bewirtungsleistungen enthalten (→ Rz. 132). Ein ggf. vom bewirtenden Stpfl. freiwillig gewährtes **Trinkgeld** kann durch die maschinell erstellte und elektronisch aufgezeichnete Rechnung zusätzlich ausgewiesen werden. Wird das Trinkgeld in der Rechnung nicht ausgewiesen, reicht als Nachweis über dessen Höhe ein entsprechender Vermerk durch den Empfänger des Trinkgeldes auf der Rechnung aus. Solch eine Bestätigung kann auch auf einer besonderen Quittung oder bei Bezahlung mit einer Kreditkarte durch eine entsprechende Eintragung auf dem Belastungsbeleg erfolgen. Für kleinere Trinkgeldbeträge muss das Finanzamt auch Eigenbelege anerkennen (→ Rz. 69).

- **Name des Bewirtenden**

  Nach R 4.10 Abs. 8 Satz 4 EStR 2012 muss die Rechnung auch den Namen des bewirtenden Stpfl. enthalten; ausgenommen, der Gesamtbetrag der Rechnung übersteigt 250 € nicht. Es ist bei einem Rechnungsbetrag über 250 € zulässig, wenn der leistende Unternehmer (Bewirtungsbetrieb) den Namen des bewirtenden Stpfl. handschriftlich auf der Rechnung vermerkt.

Die Beifügung einer Bewirtungsrechnung kann nicht durch Kreditkartenabrechnungen oder Eigenbelege ersetzt werden; denn die Bewirtungsrechnung hat als Fremdrechnung eine erhöhte Nachweisfunktion.[1)]

Aufwendungen für eine Bewirtung von Geschäftsfreunden aus betrieblichem Anlass werden für den Betriebsausgabenabzug nur anhand **maschinell erstellter** und maschinell

1) BFH v. 18.4.2012, X R 57/09, BStBl II 2012, 770.

registrierter Rechnungen/Belege anerkannt. Bitte beachten: Ein Kassenbeleg ist kein Bewirtungsbeleg. Rechnungen in anderer Form, z. B. handschriftlich erstellt oder nur maschinell erstellt, erfüllen die Nachweisvoraussetzungen der Einkommensteuer-Richtlinien (R 4.10 Abs. 8 EStR 2012) nicht; sie führen zur vollständigen Versagung des Betriebsausgabenabzugs der so nachgewiesenen Bewirtungsaufwendungen. Es genügt jedoch, wenn die Rechnungsendsumme maschinell registriert wird; eine Registrierung der Einzelleistungen (Speisen, Getränke, Sonstiges) beim Gastwirt ist nicht erforderlich.

Die schriftlichen Rechnungen/Rechnungsangaben sind grundsätzlich zeitnah zu erstellen. Werden die Bewirtungsleistungen zu einem späteren Zeitpunkt in Rechnung gestellt und unbar bezahlt (z. B. bei Bewirtung eines größeren Personenkreises), ist die Vorlage eines Registrierkassenbelegs nicht erforderlich. In diesem Fall ist der Rechnung der Zahlungsbeleg über die **unbare** Zahlung beizufügen.

Werden für Gäste eines Unternehmens **Verzehrgutscheine** ausgegeben, gegen deren Vorlage die Besucher auf Rechnung des Unternehmens in einem Bewirtungsbetrieb bewirtet werden, reicht für den Betriebsausgabenabzug die Vorlage der Abrechnung über die Verzehrgutscheine aus.

Die zuvor genannten Anforderungen sind grundsätzlich auch bei **Bewirtungen im Ausland** zu erfüllen. Wird jedoch glaubhaft gemacht, dass eine detaillierte, maschinell erstellte und registrierte Rechnung nicht zu erhalten war, genügt in Ausnahmefällen die ausländische Rechnung, auch wenn sie diesen Anforderungen nicht voll entspricht, z. B. nur handschriftlich erstellt ist.[1)]

Fehlen die vom Gesetz geforderten **Angaben** zum Ort, Tag, Anlass, zu den Teilnehmern der Bewirtung sowie zur Höhe der Aufwendungen, ist der **gesamte** Bewirtungsaufwand **nicht abzugsfähig**. **124**

6. Bewirtung in Büro und Praxis

Eine Bewirtung außerhalb des Privathaushalts ist regelmäßig anzunehmen, wenn Geschäftsfreunde in Büro, Praxis oder sonstigen Arbeitsräumen bewirtet werden. Liegen die Büro-, Praxis- oder sonstigen Arbeitsräume von Gewerbetreibenden oder selbständig Tätigen zwar innerhalb der Wohnung, sind sie aber von ihr durch ihre Einrichtung, Beschaffenheit usw. eindeutig von den übrigen Wohnungsräumen abgetrennt, so sind die in solchen Arbeitsräumen anfallenden Bewirtungskosten als Betriebsausgaben abzugsfähig. Zur Bewirtung in **betriebseigenen Kantinen** u. Ä. gelten Besonderheiten (R 4.10 Abs. 6 Satz 9 EStR 2012). **125**

Bei der Bewirtung von Geschäftsfreunden im Büro oder in der Praxis genügt es für die Abzugsfähigkeit nicht, dass der Einkauf von Getränken oder Speisen durch Belege nachgewiesen wird. Es muss darüber hinaus der Nachweis durch schriftliche Angabe über Ort, Tag, Teilnehmer, Anlass der Bewirtung sowie Höhe der Aufwendungen, sofern nicht aus Vereinfachungsgründen Erleichterungen (→ Rz. 121 f.) vorgesehen sind, geführt werden.

7. Bewirtungskosten bei freien Berufen

Für die Angehörigen der freien Berufe (Ärzte, Architekten, Anwälte, Steuerberater, Steuerbevollmächtigte, Notare usw.) gelten hinsichtlich der Bewirtung ebenso die allgemeinen Grundsätze des Einkommensteuerrechts.[2)] Sie können die bei der Bewirtung ihrer Kunden, Patienten, Auftraggeber oder Mandanten entstehenden Aufwendungen grundsätzlich als Betriebsausgaben abziehen. Allerdings müssen auch hier die Darlegungs- und Nachweispflichten beachtet werden, weil insbesondere Bewirtungen außerhalb des Büros häufig mit der privaten Lebensführung zusammenhängen. **126**

---

1) BMF v. 19.11.2025, IV C 6 – S 2145/00026/005/033, BStBl I 2025, 1938, Rz. 23.
2) BFH v. 6.12.1963, IV 220/63 S, BStBl III 1964, 134.

Der **Chefarzt** einer Krankenhausabteilung, der im Krankenhaus mit Hilfe des Krankenhauspersonals, das in keinem Arbeitsverhältnis zu ihm steht, eine **freiberufliche Arztpraxis** ausübt, darf Bewirtungskosten für dieses Personal anlässlich eines **Betriebsausfluges** nach Maßgabe des § 4 Abs. 5 Satz 1 Nr. 2 EStG als Betriebsausgaben abziehen.[1)] Im zweiten Rechtsgang hat der BFH den Abzug jedoch versagt, weil die Teilnehmer nicht auf dem damaligen amtlichen Vordruck benannt wurden.

8. Bewirtung auf Geschäftsreisen

127 Die Aufwendungen für eine auswärtige Bewirtung von Personen und für die Bewirtung von Geschäftsfreunden (z. B. anlässlich eines gemeinsamen Treffens) gehören **nicht zu den Reisekosten** i. e. S.; sie treten jedoch vielfach im Zusammenhang mit Kosten von Geschäftsreisen auf.

128 Bewirtet ein Stpfl. im Verlauf einer Geschäftsreise Geschäftsfreunde, so sind die gesamten Aufwendungen geschäftliche Bewirtungsaufwendungen (i. S. v. § 4 Abs. 5 Satz 1 Nr. 2 EStG), die zu 70 % der angemessenen und nachgewiesenen Aufwendungen als Betriebsausgaben **abzugsfähig** sind. Für den Abzug der Aufwendungen kommt es nicht darauf an, ob dem Bewirtenden anlässlich der Geschäftsreise eine Verpflegungspauschale zusteht. Liegen jedoch die zeitlichen Voraussetzungen für den Ansatz einer Verpflegungspauschale vor, stehen dem **bewirtenden** Unternehmer sowie dem bewirteten Unternehmer zusätzlich die gesetzlichen **Verpflegungspauschalen** zu (→ Rz. 57). Diese Pauschalen werden nicht gekürzt oder vom Abzug ausgeschlossen, wenn der Stpfl. an einer geschäftlich veranlassten Bewirtung teilgenommen hat und insoweit bereits aus diesem Grund ein Teil der Aufwendungen als Betriebsausgaben zu berücksichtigen ist.

9. Bewirtung von Geschäftsfreunden durch Arbeitnehmer

129 Führt ein **Arbeitnehmer** im Auftrag seines Arbeitgebers Bewirtungen durch und trägt der Arbeitgeber diese Aufwendungen, gelten für den Betriebsausgabenabzug uneingeschränkt dieselben Grundsätze wie bei Unternehmern selbst, also insbesondere die Abzugsbeschränkung auf 70 % der angemessenen Bewirtungskosten (→ Rz. 112 ff.).

130 Die Abzugsbeschränkung i. H. v. 70 % gilt auch dann, wenn der Arbeitnehmer auftragsgemäß oder auf eigene Veranlassung hin Geschäftsfreunde seines Arbeitgebers im Privathaushalt bewirtet. Erfolgt solch eine Bewirtung außerhalb des Privathaushalts, so gelten für den Nachweis und die Abzugsfähigkeit der Aufwendungen die vorhergehenden Ausführungen (→ Rz. 118 ff.) entsprechend.

131 Die Beurteilung, ob bei Bewirtungen **durch den Arbeitnehmer** ein betriebliches Erfordernis vorgelegen hat, wird dadurch erleichtert, dass i. d. R. die Erstattung der aufgewendeten Beträge durch den Arbeitgeber bereits für ein **betriebliches Erfordernis** spricht. Die ersetzten Beträge sind beim Arbeitnehmer durchlaufende Gelder bzw. **Auslagenersatz** und bleiben steuerfrei (kein steuerpflichtiger Arbeitslohn). Sie sind einzeln abzurechnen. Hat der Arbeitnehmer die Bewirtung selbst und aus eigener Veranlassung durchgeführt, kann im Einzelfall zu prüfen sein, ob die vom Arbeitnehmer abgerechneten Beträge die steuerliche Angemessenheit (→ Rz. 114) überschreiten. Ist dies der Fall, gehören sie insoweit zum steuerpflichtigen Arbeitslohn. Auch gilt für die Steuerfreiheit der Erstattung an den Arbeitnehmer die 70 %-Beschränkung nicht.

10. Aufzeichnungspflichten für Bewirtungskosten

132 Zu beachten ist, dass Aufwendungen für die Bewirtung von Geschäftsfreunden **einzeln und getrennt** von den sonstigen Betriebsausgaben **aufzuzeichnen sind**, und zwar i. H. v. 100 % der Aufwendungen. Der Pflicht zur einzelnen und von den sonstigen Betriebsausgaben getrennten Aufzeichnung wird nur dann nachgekommen, wenn diese

1) BFH v. 6.12.1984, IV R 135/83, BStBl II 1985, 288.

Ausgaben von Anfang an (d. h. **zeitnah**) getrennt und fortlaufend aufgezeichnet werden.[1] Unter zeitnah ist im Allgemeinen eine Erfassung innerhalb von zehn Tagen zu verstehen. Eine monatliche Aufgliederung hat der BFH grundsätzlich als nicht ausreichend angesehen.[2] Folglich entspricht eine nachträglich angefertigte gesonderte Zusammenstellung nicht den Anforderungen des EStG und führt aus formalen Gründen zur Versagung der Abzugsmöglichkeit.[3]

Daher sollte in der Buchhaltung ein entsprechendes Sonderkonto „Bewirtung von Geschäftsfreunden" geführt werden, welches nach seiner Belastung auch auf andere Betriebsausgabenkonten überführt werden kann. Die geordnete und gesonderte **Belegsammlung genügt** dafür **nicht** – auch nicht bei einer nur geringen Anzahl von Bewirtungen. Bei diesen formalen Vorschriften kommt es auf die Gewinnermittlungsart nicht an.

Werden Belege geordnet und gesondert gesammelt, muss zusätzlich die Summe der Aufwendungen periodisch und zeitnah auf dem besonderen Konto eingetragen oder durch vergleichbare andere Aufzeichnungen dokumentiert werden.[4] Der auf den Stpfl. und/oder seine Arbeitnehmer entfallende Teil der Aufwendungen braucht nicht gesondert verbucht zu werden.

Nach § 4 Abs. 7 EStG sind Bewirtungsaufwendungen (i. S. v. § 4 Abs. 5 Satz 1 Nr. 2 EStG) einzeln und getrennt von den sonstigen Betriebsausgaben aufzuzeichnen. Aus der Formulierung „im Sinne" wird deutlich, dass die Aufzeichnungspflichten sich allein nach der Art der Aufwendungen richten, und nicht danach, ob oder in welcher Höhe eine Aufwendung den Gewinn mindern darf. Deshalb sind Bewirtungsaufwendungen **in voller Höhe** – einschließlich des nichtabziehbaren Teils der Aufwendungen – **gesondert aufzuzeichnen**. Der **nichtabziehbare** Teil der Aufwendungen, der keine Entnahme ist, braucht erst **am Ende des Wirtschaftsjahres außerhalb der Bilanz** und der Erfolgsrechnung dem Gewinn hinzugerechnet zu werden.

Werden auf einem Konto sowohl Aufwendungen gebucht, die beschränkt und unbeschränkt abziehbar sind (z. B. die ausschließliche Bewirtung von Arbeitnehmern), führt eine derart **gemischte Buchung** nicht dazu, dass die getrennte Aufzeichnung der Bewirtungsaufwendungen zu verneinen ist,[5] zumal nach Auffassung des BFH die Abgrenzung beschränkt abziehbarer von unbeschränkt abziehbaren Bewirtungsaufwendungen ein rechtliches Problem ist, das sich bei jedem Buchführungssystem in gleicher Weise stellt.

Zur den Nachweiserfordernissen des § 4 Abs. 5 Satz 1 Nr. 2 Satz 2 und 3 EStG für digitale oder digitalisierte Bewirtungsrechnungen und -belege wird auf das BMF-Schreiben v. 30.6.2021 verwiesen.[6]

---

1) BFH v. 30.1.1986, IV R 150/85, BStBl II 1986, 488.
2) BFH v. 19.8.1980, VIII R 208/78, BStBl II 1980, 745.
3) BFH v. 22.1.1988, III R 171/82, BStBl II 1988, 535.
4) BFH v. 22.1.1988, III R 171/82, BStBl II 1988, 535; v. 26.2.1988, III R 20/85, BStBl II 1988, 613; v. 10.3.1988, IV R 207/85, BStBl II 1988, 611.
5) BFH v. 19.8.1999, IV R 20/99, BStBl II 2000, 203.
6) BMF v. 19.11.2025, IV C 6 – S 2145/00026/005/033, BStBl I 2025, 1938.

B. Arbeitnehmer

I. Reisekostenbegriff

1. Bedeutung

133 Steuerliche Reisekosten sind bei den sog. Überschusseinkünften (Einkünfte aus nichtselbständiger Arbeit, aus Kapitalvermögen, aus Vermietung und Verpachtung sowie aus sonstigen Einkünften) als Werbungskosten ansatz-/abzugsfähig. Zudem können Reisekosten vom Arbeitgeber steuerfrei gezahlt werden. Dieser Abschnitt B erläutert, welche Aufwendungsarten zu den Reisekosten bzw. Werbungskosten zählen und bis zu welcher Höhe der Arbeitgeber sie **steuerfrei** oder **pauschal** besteuert zahlen darf. Andernfalls rechnen die Zahlungen zum üblichen Arbeitslohn, der nach den individuellen Lohnsteuerabzugsmerkmalen des Arbeitnehmers zu versteuern ist.

Lohnsteuerlich rechnen zu den **Reisekosten**

- Fahrtkosten (→ Rz. 164 ff.),
- Mehraufwendungen für Verpflegung (→ Rz. 173 ff.),
- Übernachtungskosten (→ Rz. 187 f.) und
- Reisenebenkosten (→ Rz. 189),

wenn diese so gut wie ausschließlich durch die berufliche Tätigkeit außerhalb der Wohnung sowie der ersten Tätigkeitsstätte (→ Rz. 137) veranlasst sind (sog. Auswärtstätigkeit → Rz. 159). Ein Arbeitnehmer ohne erste Tätigkeitsstätte ist außerhalb seiner Wohnung immer auswärts tätig. Dieser Grundsatz ist stets zu beachten.

Auch der **Vorstellungsbesuch** eines Stellenbewerbers gilt als berufliche Tätigkeit eines Arbeitnehmers, selbst dann, wenn er noch keine Beschäftigung ausübt und folglich noch keine erste Tätigkeitsstätte innehat.

Hinweis:

Nicht als Reisekosten, sondern mit der **Entfernungspauschale** sind die Aufwendungen für folgende Fahrten anzusetzen:

1. Fahrten von der Wohnung zur ersten Tätigkeitsstätte oder zu einem bestimmten Sammelpunkt (§ 9 Abs. 1 Satz 3 Nr. 4a Satz 3 EStG)[1] sowie
2. Fahrten von der Wohnung zu einem weiträumigen Tätigkeitsgebiet (§ 9 Abs. 1 Satz 3 Nr. 4a Satz 3 EStG).[2]

2. Abgrenzung der privaten von der beruflichen Veranlassung

134 Erledigt der Arbeitnehmer im Zusammenhang mit seiner beruflichen Tätigkeit auch in einem mehr als geringfügigen Umfang **private Angelegenheiten**, sind die beruflich veranlassten von den privat veranlassten Aufwendungen **zu trennen**. Ist das nicht leicht und einwandfrei möglich, auch nicht schätzungsweise, so gehören die gesamten Aufwendungen zu den steuerlich nicht abziehbaren Aufwendungen für die Lebensführung. Solche Aufwendungen rechnen nicht zu den Werbungskosten, weshalb sie der Arbeitgeber nicht steuerfrei ersetzen darf. Zu Fragen der beruflichen/privaten Veranlassung bzw. Mitveranlassung sowie gemischt veranlassten Auswärtstätigkeit oder Veranstaltung → Rz. 39, → Rz. 44.

Auch für den Arbeitnehmerbereich gilt der Grundsatz, dass bei gemischt veranlassten Reisen bzw. Auswärtstätigkeiten die Kosten in einen beruflich veranlassten Anteil und in einen den Kosten der Lebensführung zuzurechnenden Anteil aufteilbar sind. Dies gilt

1) BMF v. 25.11.2020, IV C 5 – S 2353/19/10011 :006, BStBl I 2020, 1228, Rz. 38 ff.
2) BMF v. 25.11.2020, IV C 5 – S 2353/19/10011 :006, BStBl I 2020, 1228, Rz. 41 ff.

auch für die Verpflegungsmehraufwendungen. Stellt der Arbeitgeber i. R. einer gemischt veranlassten Reise Mahlzeiten zur Verfügung, ist die Kürzung der Verpflegungspauschalen (→ Rz. 202) erst nach Ermittlung des beruflich veranlassten Teils der Verpflegungspauschalen vorzunehmen.

Allerdings ist der Kürzungsbetrag selbst von der vollen Verpflegungspauschale zu berechnen (seit 2020 für das Inland Kürzung um 5,60 € bzw. 11,20 € → Rz. 66).

Beispiel: Aufteilung gemischt veranlasster Beträge

Arbeitnehmer A nimmt im Kalenderjahr 2026 an einer einwöchigen vom Arbeitgeber organisierten und finanzierten Reise im Inland teil. Das Programm sieht morgens eine Fortbildungsmaßnahme vor, der Nachmittag steht für touristische Aktivitäten zur Verfügung. Frühstück und Abendessen sind inklusive (Halbpension). Der beruflich veranlasste Anteil sowie der der Lebensführung zuzurechnende Anteil betragen je 50 %.

Folge: Fahrt- und Übernachtungskosten sind zu 50 % als Werbungskosten zu berücksichtigen. Somit sind die Verpflegungsmehraufwendungen – wie die übrigen Reisekosten – nur zu 50 % beruflich veranlasst.

Dies führt bei einer Mahlzeitengestellung durch den Arbeitgeber zu folgenden Berechnungen:

Anreisetag:		
Verpflegungspauschale	14,00 € × 50 % =	7,00 €
Kürzung für das gestellte Abendessen:		– 11,20 €
verbleibt eine Verpflegungspauschale		= 0,00 €
Fünf Zwischentage:	pro Tag 28,00 € × 50 % =	14,00 €
Kürzungen für das gestellte Frühstück und Abendessen	pro Tag 5,60 € und 11,20 €	– 16,80 €
	= pro Tag	0,00 €
verbleibt eine Verpflegungspauschale	5 × 0,00 € =	0,00 €
Abreisetag:	14,00 € × 50 %	= 7,00 €
Kürzung für das gestellte Frühstück		– 5,60 €
verbleibt eine steuerfreie Verpflegungspauschale		= 1,40 €

Aufwendungen, die nicht so gut wie ausschließlich durch die berufliche Tätigkeit veranlasst sind, gehören **nicht** zu den Reisekosten. Dies sind z. B. **Bekleidungskosten**, sowie Aufwendungen für die Anschaffung von **Koffern** und anderer **Reiseausrüstung**. Dagegen können während einer Reise (Auswärtstätigkeit) abhanden gekommene oder beschädigte (beruflich oder privat verwendete) Gegenstände, welche der Arbeitnehmer auf der Reise nutzen musste, steuerlich berücksichtigt werden, wenn der Verlust auf Grund einer reisespezifischen Gefährdung eingetreten ist (→ Rz. 68).[1] Berücksichtigungsfähig ist der Verlust bis zur Höhe des Werts, der dem Gegenstand zum Zeitpunkt des Verlusts beizumessen ist (→ Rz. 189).

3. Auswärtstätigkeit

Neben dem Oberbegriff der beruflich veranlassten **Auswärtstätigkeit** ist mitunter die Unterscheidung zwischen den beiden Unterkategorien Einsatzwechseltätigkeit und Fahrtätigkeit (weiterhin) von Bedeutung. Denn bei der „typischen" **Auswärtstätigkeit** umfasst die Abwesenheitsdauer die **zeitliche Abwesenheit von der Wohnung und der ersten Tätigkeitsstätte**, wogegen bei typischer **Einsatzwechsel-/Fahrtätigkeit** allein die Abwesenheitsdauer von der **Wohnung** maßgebend ist, da regelmäßig keine erste Tätigkeitsstätte vorliegt. **135**

Ansonsten sind die steuerlichen Schlussfolgerungen für sämtliche Auswärtstätigkeiten nahezu dieselben. So ist auch bei einer Einsatzwechsel- oder Fahrtätigkeit grundsätzlich

1) BMF v. 25.11.2020, IV C 5 – S 2353/19/10011 :006, BStBl I 2020, 1228, Rz. 129.

zu prüfen, ob der Arbeitnehmer im Betrieb seine **erste Tätigkeitsstätte** innehat (→ Rz. 137).

4. Nachweis der beruflichen Auswärtstätigkeit

136 Zum Nachweis für die steuerfreie Zahlung des Arbeitgebers oder für den Werbungskostenabzug hat der Arbeitnehmer Aufzeichnungen zu führen. Insbesondere sind der **Anlass** und die Art der beruflichen Auswärtstätigkeit, die Reisedauer sowie der **Reiseweg** aufzuzeichnen und anhand geeigneter Unterlagen (z. B. Fahrtenbuch, Tankquittungen, Hotelrechnungen, Schriftverkehr) nachzuweisen oder glaubhaft zu machen.

II. Erste Tätigkeitsstätte

137 Entscheidende Bedeutung im Reisekostenrecht kommt der „ersten Tätigkeitsstätte" des Arbeitnehmers zu. **Voraussetzung** für eine erste Tätigkeitsstätte ist, dass der Arbeitnehmer in einer von seiner Wohnung getrennten **ortsfesten** betrieblichen Einrichtung (§ 9 Abs. 4 Satz 1 EStG) **dauerhaft tätig** werden **soll**.

Diese Regelung hat das Ziel, dem Arbeitnehmer eine erste Tätigkeitsstätte zuzuordnen. Der Arbeitnehmer kann höchstens **eine erste Tätigkeitsstätte** je Dienstverhältnis innehaben. Alternativ sind auch **keine** erste Tätigkeitsstätte oder eine oder mehrere **auswärtige** Tätigkeitsstätten (§ 9 Abs. 4 Satz 5 EStG) möglich. Ein Arbeitnehmer **ohne** erste Tätigkeitsstätte ist **außerhalb** seiner Wohnung stets **auswärts** tätig. Hat ein Arbeitnehmer mehrere Dienstverhältnisse, kann er **je** Dienstverhältnis nur **eine** erste Tätigkeitsstätte innehaben.

Hinweis: Fehlende erste Tätigkeitsstätte führt zur Auswärtstätigkeit

Hat der Arbeitnehmer keine erste Tätigkeitsstätte, liegt eine Auswärtstätigkeit vor.

In diesem Fall können die Fahrtkosten nach **Reisekostengrundsätzen** (für die tatsächlich gefahrenen Kilometern) angesetzt werden (steuerfreie Erstattung oder Werbungskosten) und nicht mit der Entfernungspauschale. Zudem können in den ersten drei Monaten der Auswärtstätigkeit Verpflegungspauschalen angesetzt werden.

Aufwendungen des Arbeitnehmers für die Tätigkeit an der ersten Tätigkeitsstätte können **nicht** als Reisekosten angesetzt werden. Sie werden durch einen beschränkten Werbungskostenabzug berücksichtigt (Ansatz Entfernungspauschale für die Aufwendungen der Wege zwischen Wohnung und erster Tätigkeitsstätte → Rz. 273 ff.; ein Ansatz von Verpflegungspauschalen und von Unterkunftskosten erfolgt ggf. nur i. R. einer doppelten Haushaltsführung → Rz. 288).

Die **Bestimmung** der ersten Tätigkeitsstätte erfolgt vorrangig anhand der arbeits- oder dienstrechtlichen Festlegungen sowie der diese ausfüllenden arbeits- oder dienstrechtliche Weisungen/Verfügungen, hilfsweise mittels quantitativer Kriterien.

Im **Zweifel** entscheidet die **räumliche** Nähe zur Wohnung des Arbeitnehmers. Dabei ist nicht die Regelmäßigkeit des Aufsuchens einer Tätigkeitsstätte, sondern vorrangig die **Festlegung** des Arbeitgebers maßgebend.

Näheres zur **Feststellung** der **Zuordnung** des Arbeitnehmers nach dem steuerlichen Reisekostenrecht hat der BFH entschieden.[1)] Danach ergibt sich eine (stillschweigende) Zuordnung des Arbeitnehmers zu einer ortsfesten betrieblichen Einrichtung des Arbeitgebers **nicht allein daraus**, dass der Arbeitnehmer die Einrichtung (aus der maßgeblichen Sicht ex ante) nur gelegentlich zur Ausübung seiner beruflichen Tätigkeit aufsuchen muss, im Übrigen aber seine Arbeitsleistung ganz überwiegend außerhalb der festen Einrichtung erbringt (Anschluss an das BMF-Schreiben v. 25.11.2020, zu Rz. 9

1) BFH v. 14.9.2023, VI R 27/21, StEd 2023, 697.

Beispiel 1 und Abwandlung).[1] Der Anwendung der 0,03 % Regelung gem. § 8 Abs. 2 Satz 3 i. V. m. § 6 Abs. 1 Nr. 4 Satz 2 EStG kann im Einzelfall zwar eine gewisse Indizwirkung für eine Zuordnung des Arbeitnehmers zu einer ersten Tätigkeitsstätte zukommen. Mit der Durchführung des Lohnsteuerabzugs ist aber keine arbeitsrechtliche Festlegung oder Weisung gegenüber dem Arbeitnehmer in Bezug auf dessen Zuordnung zu einer betrieblichen Einrichtung verbunden (Rz. 37 des Urteils).

Allerdings darf der Arbeitgeber **nicht** steuerlich wirksam festlegen, dass der Arbeitnehmer keine erste Tätigkeitsstätte hat (Negativfestlegung). Er kann jedoch (ggf. auch ausdrücklich)

- darauf **verzichten**, eine erste Tätigkeitsstätte dienst- oder arbeitsrechtlich und damit auch steuerlich festzulegen oder
- ausdrücklich erklären, dass durch organisatorische Zuordnungen im Betrieb **keine** erste Tätigkeitsstätte begründet werden soll, oder
- festlegen, dass sich die Bestimmung der ersten Tätigkeitsstätte nach den im EStG geregelten **quantitativen** Zuordnungskriterien richtet.

In diesen Fällen ist die Prüfung, ob eine erste Tätigkeitsstätte vorliegt, anhand der gesetzlichen quantitativen Zuordnungskriterien vorzunehmen (§ 9 Abs. 4 Satz 4 EStG, → Rz. 149).

Im Ergebnis ist eine Zuordnungsentscheidung des Arbeitgebers mittels dienst- oder arbeitsrechtlicher Festlegung somit lediglich dann erforderlich, wenn er die erste Tätigkeitsstätte abweichend von den gesetzlichen quantitativen Zuordnungskriterien festlegen will. Es dürfte allerdings regelmäßig im betrieblichen Interesse sein, dass der Arbeitgeber für übliche Dienstverhältnisse die erste Tätigkeitsstätte festlegt (→ Rz. 153).

Denn mit seiner (arbeitsvertraglichen und damit auch steuerlichen) Bestimmung bzw. Festlegung einer ersten Tätigkeitsstätte **entscheidet** der Arbeitgeber darüber, wo der Arbeitnehmer regelmäßig arbeiten soll, ob er eine Auswärtstätigkeit ausübt, einen doppelten Haushalt führt und ab welchem Ort eine berufliche Auswärtstätigkeit beginnt.

Zur Dokumentation einer Zuordnungsentscheidung → Rz. 158.

Schematisch ist die **Prüfung** bzw. Bestimmung einer **ersten Tätigkeitsstätte** in folgenden Schritten vorzunehmen:

1. Soll der Arbeitnehmer an einer ortsfesten betrieblichen Einrichtung tätig werden (→ Rz. 138) und ist er dieser dauerhaft zugeordnet (→ Rz. 141 ff.)?
2. Fehlt die dauerhafte Zuordnung zu einer betrieblichen Einrichtung/Tätigkeitsstätte oder ist sie nicht eindeutig, sind die quantitativen Zuordnungskriterien zu prüfen (→ Rz. 149 ff.).

S. hierzu auch die Übersichten zur Ermittlung der ersten Tätigkeitsstätte → Rz. 11 f.

1. Ortsfeste betriebliche Einrichtung, Berufskatalog

a) Grundsätze

Gesetzlich wird die **erste Tätigkeitsstätte** beschrieben als 138

- eine von der Wohnung getrennte ortsfeste betriebliche Einrichtung
  - des Arbeitgebers,
  - eines verbundenen Unternehmens nach § 15 AktG oder
  - eines vom Arbeitgeber bestimmten Dritten,
- welcher der Arbeitnehmer dauerhaft zugeordnet ist und an der er zumindest in geringem Umfang solche Tätigkeiten erbringen soll, die er arbeitsvertraglich schuldet und

1) BMF v. 25.11.2020, IV C 5 – S 2353/19/10011 :006, BStBl I 2020, 1228.

die zu seinem ausgeübten Berufsbild gehören. In diesem Fall kommt es auf die Qualität des Tätigwerdens (anders als bei der Bestimmung anhand der quantitativen Zuordnungskriterien) nicht an. Es können auch Tätigkeiten von untergeordneter Bedeutung ausreichend sein (Vorrang des Dienst- oder Arbeitsrechts).[1]

Nach der aktuellen Rechtsprechung sind folgende ergänzende Anforderungen an eine Tätigkeitsstätte zu beachten:

- **Tätigkeitsstätte** ist eine von der Wohnung getrennte, ortsfeste betriebliche Einrichtung, die räumlich zusammengefasste Sachmittel umfasst, die der Tätigkeit des Arbeitgebers, eines verbundenen Unternehmens oder eines vom Arbeitgeber bestimmten Dritten dienen und mit dem Erdboden verbunden oder dazu bestimmt sind, überwiegend standortgebunden genutzt zu werden.[2]
- **Ortsfeste betriebliche** Einrichtungen sind räumlich zusammengefasste Sachmittel, die der Tätigkeit des Arbeitgebers dienen und mit dem Erdboden verbunden oder dazu bestimmt sind, überwiegend standortgebunden genutzt zu werden.
- Eine (großräumige) **erste Tätigkeitsstätte** liegt **auch** vor, wenn eine Vielzahl solcher Mittel, die für sich betrachtet selbständige betriebliche Einrichtungen darstellen können, räumlich abgrenzbar in einem organisatorischen, technischen oder wirtschaftlichen Zusammenhang mit der betrieblichen Tätigkeit des Arbeitgebers, eines verbundenen Unternehmens oder eines vom Arbeitgeber bestimmten Dritten stehen. Demgemäß kommt als eine solche erste Tätigkeitsstätte auch ein großflächiges und entsprechend infrastrukturell erschlossenes Gebiet (z. B. Werksanlage, Betriebsgelände, Bahnhof oder Flughafen) in Betracht.[3]
- Ebenso ist das firmeneigene **Schienennetz**, das ein Lokomotivführer mit der firmeneigenen Eisenbahn (Werksbahn) seines Arbeitgebers befährt, eine (großräumige) erste Tätigkeitsstätte.[4]
- Ein Arbeitnehmer, der auf einem **Flughafen** an wechselnden Kontrollstellen zur Durchführung von Sicherheitskontrollen eingesetzt wird, hat auf dem Flughafengelände seine erste (großräumige) Tätigkeitsstätte.[3]

Baucontainer, die auf einer **Großbaustelle** längerfristig fest mit dem Erdreich verbunden sind und in denen sich z. B. Baubüros, Aufenthaltsräume oder Sanitäreinrichtungen befinden, stellen „ortsfeste" betriebliche Einrichtungen dar.[5] Befinden sich auf einem Betriebs-/Werksgelände mehrere ortsfeste betriebliche Einrichtungen, so handelt es sich dabei **nicht** um mehrere Tätigkeitsstätten, sondern nur um **eine** Tätigkeitsstätte.

Von einem **weiträumigen Tätigkeitsgebiet** (= ortsfeste großräumige betriebliche Einrichtung) ist auszugehen, wenn es sich um ein zusammenhängendes Gelände des Arbeitgebers handelt, auf dem der Arbeitnehmer auf Dauer und mit einer gewissen Nachhaltigkeit tätig wird. Gleiches gilt, wenn das Gelände nicht dem Arbeitgeber zugerechnet werden kann, aber die Einsatzstellen aneinandergrenzen und in unmittelbarer Nähe zueinander liegen, vgl. ggf. hierzu H 9.4 (Weiträumiges Arbeitsgebiet) LStH mit dem Verweis auf BMF v. 25.11.2020.[6]

Allerdings liegt ein weiträumiges Tätigkeitsgebiet nicht schon deshalb vor, weil der Arbeitnehmer ständig nur in einem **Gemeindegebiet**, im Bereich einer **Großstadt** oder eines **Ballungsgebiets** oder nur innerhalb eines bestimmten Radius um den Betriebsort oder der Wohnung herum tätig wird. Es liegt daher nicht nur dann eine **Einsatzwechseltätigkeit** vor, wenn ein Arbeitnehmer innerhalb eines Stadt- bzw. Ballungsgebiets in allen Stadtteilen tätig wird, sondern auch dann, wenn er lediglich in mehreren vom

1) BFH v. 4.4.2019, VI R 27/17, BStBl II, 536; v. 11.4.2019, VI R 40/16, BStBl II 2019, 546.
2) BFH v. 11.4.2019, VI R 12/17, BStBl II 2019, 551.
3) BFH v. 11.4.2019, VI R 40/16, BStBl II 2019, 546; v. 11.4.2019, VI R 12/17, BStBl II 2019, 551.
4) BFH v. 1.10.2020, VI R 36/18, DStR 2021, 2575.
5) S. hierzu auch BFH v. 4.4.2019, VI R 27/17, BStBl II 2019, 536.
6) BMF v. 25.11.2020, IV C 5 – S 2353/19/10011 :006, BStBl I 2020, 1228, Rz. 41 ff.

Arbeitgeber vorgegebenen Stadtteilen zum Einsatz kommt, diese jedoch entfernt voneinander liegen.[1] Folglich sind **keine** ortsfesten betrieblichen Einrichtungen:

- **Fahrzeuge, Flugzeuge, Schiffe** des Arbeitgebers bzw. eines Dritten oder
- **Tätigkeitsgebiete ohne** ortsfeste betriebliche Einrichtungen, wie z. B. Forstreviere, Neubaugebiete oder Häfen,
- **das häusliche Arbeitszimmer** (auch sog. Homeoffice) des Arbeitnehmers. Es ist keine betriebliche Einrichtung des Arbeitgebers oder eines Dritten und folglich keine erste Tätigkeitsstätte des Arbeitnehmers.

b) Berufskatalog

Zur Festlegung der (ersten) Tätigkeitsstätte muss auf die berufliche Tätigkeit des Arbeitnehmers abgestellt werden.[2] **139**

Beispiel: Erste Tätigkeitsstätte einer Pilotin/Flugzeugführerin

Eine Flugzeugführerin wird von ihrem Arbeitgeber arbeitsrechtlich einem Flughafen dauerhaft zugeordnet und erbringt auf dem Flughafengelände zumindest in geringem Umfang Tätigkeiten, die sie als Flugzeugführerin arbeitsvertraglich schuldet.

Folge: Die Flugzeugführerin hat am Flughafen ihre erste Tätigkeitsstätte.[3]

Weitere Beispiele zur Frage, ob eine oder keine erste Tätigkeitsstätte vorliegt:

- Eine (ggf. großräumige) erste Tätigkeitsstätte haben Angehörige von **Betriebs-/Werksfeuerwehren**, wenn sie ihre Arbeitsbereitschafts- und Bereitschaftsruhezeiten an einer bestimmten (ersten) Tätigkeitsstätte abzuleisten haben.[4] In diesem Urteil hat der BFH auch Einzelheiten zur **Bestimmung** einer ersten Tätigkeitsstätte eines Feuerwehrmanns entwickelt, wenn er in der Feuerwache seine Arbeitsbereitschafts- und Bereitschaftsruhezeiten ableistet.
- Erste Tätigkeitsstätte eines **Gerichtsvollziehers** ist sein Amtssitz.[5]
- Für einen **Hafenarbeiter**, der i. R. der Arbeitnehmerüberlassung seines Arbeitgebers bei verschiedenen Hafeneinzelbetrieben auf dem Gebiet des Hamburger Hafens eingesetzt wird, stellt das Hamburger Hafengebiet **nur dann** dasselbe typischerweise arbeitstäglich aufzusuchende weiträumige Tätigkeitsgebiet dar, wenn der Arbeitnehmer die vertraglich vereinbarte Arbeitsleistung auf einer **festgelegten Fläche** (innerhalb einer [gesamten] ortsfesten betrieblichen Einrichtung des Arbeitgebers, eines verbundenen Unternehmens oder bei einem vom Arbeitgeber bestimmten Dritten) und **nicht** innerhalb des **gesamten Hafengebiet**s auszuüben hat.[6]
- Bei **grenzüberschreitender** Arbeitnehmerentsendung ist erste Tätigkeitsstätte die ortsfeste betriebliche Einrichtung des aufnehmenden Unternehmens, welcher der Arbeitnehmer i. R. eines eigenständigen Arbeitsvertrags mit dem aufnehmenden Unternehmen für die Dauer der Entsendung zugeordnet ist.[7]
- Der Betriebshof ist keine erste Tätigkeitsstätte eines **Müllwerkers**, wenn er dort (nach Weisung des Arbeitgebers) lediglich die Ansage der Tourenleitung abhört, das Tourenbuch, Fahrzeugpapiere und -schlüssel abholt sowie die Fahrzeugbeleuchtung kontrolliert.[8]

---

1) FG Rheinland-Pfalz v. 28.6.2002, 4 K 1258/01, EFG 2002, 1516.
2) BFH v. 4.4.2019, VI R 27/17, BStBl II 2019, 536.
3) BFH v. 11.4.2019, VI R 40/16, BStBl II 2019, 546.
4) BFH v. 26.10.2022, VI R 48/20, VI R 48/20, BStBl II 2023, 582.
5) BFH v. 16.12.2020, VI R 35/18, BStBl II 2021, 525.
6) BFH v. 15.2.2023, VI R 4/21, HFR 2023, 640.
7) BFH v. 17.12.2020, VI R 22/18, BStBl II 2021, 506.
8) BFH v. 2.9.2021, VI R 25/19, https://juris.de/jportal/nav/index.jsp.

- Eine überwiegend im Außendienst tätige Mitarbeiterin des allgemeinen **Ordnungsdienstes** hat im Ordnungsamt, dem sie zugeordnet ist (Dienstsitz), ihre erste Tätigkeitsstätte, wenn sie dort zumindest in geringem Umfang Tätigkeiten zu erbringen hat, die sie dienstrechtlich schuldet und die zu dem Berufsbild einer Mitarbeiterin des allgemeinen Ordnungsdienstes gehören.[1)]
- **Piloten** und **Flugbegleiter**, die von ihrem Arbeitgeber arbeitsrechtlich einem Flughafen dauerhaft zugeordnet sind und auf dem Flughafengelände zumindest in gerin gem Umfang Tätigkeiten erbringen, die sie arbeitsvertraglich schulden, haben dort ihre erste Tätigkeitsstätte.[2)] S. auch nachfolgende „Hinweise zu: Abwesenheitsdauer, weiträumiges Tätigkeitsgebiet, Pilot, Flugbegleiterin".
- Ein **Polizeibeamter** im Einsatz- und Streifendienst verfügt an seinem ihm zugeordneten Dienstsitz, den er arbeitstäglich aufsucht, um dort zumindest in geringem Umfang Tätigkeiten zu erbringen, die er dienstrechtlich schuldet und die zu dem Berufsbild eines Polizeivollzugsbeamten gehören, über eine erste Tätigkeitsstätte.[3)]

  Im Übrigen führt die **Kettenabordnung** eines **Beamten** nicht zur Begründung einer ersten Tätigkeitsstätte (keine dauerhafte Zuordnung).[4)] Im Urteilsfall wurde ein Beamter für vier Jahre befristet an eine Ausbildungsstätte versetzt. Anschließend erfolgte eine Verlängerung um zwei Jahre. Danach sollte er an eine andere Behörde versetzt werden.
- Der Zustellpunkt (Zustellzentrum), dem ein **Postzusteller** zugeordnet ist und an dem er arbeitstäglich vor- und nachbereitende Tätigkeiten (z. B. Sortiertätigkeiten, Abschreibpost, Abrechnungen) ausübt, ist seine erste Tätigkeitsstätte.[5)]
- Die Rettungswache, der ein **Rettungsassistent** zugeordnet ist, ist dessen erste Tätigkeitsstätte, wenn er dort arbeitstäglich vor dem Einsatz auf dem Rettungsfahrzeug vorbereitende Tätigkeiten vornimmt (z. B. technische Überprüfung des Rettungsfahrzeugs sowie Kontrolle der medizinischen Bestückung).[6)]
- Ist ein **Rettungssanitäter** (lt. Arbeitgeberbestätigung) weder dienst- und arbeitsrechtlich einer ersten Tätigkeitsstätte zugeordnet (somit keine Zuordnung) und hat er seine Arbeitsleistung weder arbeitstäglich an zwei vollen Arbeitstagen noch mit einem Drittel der Arbeitszeit in einer bestimmten betrieblichen Einrichtung zu verrichten, fehlt es an einer ersten Tätigkeitsstätte.[7)] Im Streitfall sollte der Sanitäter ohne Zeitvorgaben an wechselnden betrieblichen Einrichtungen in allen Rettungswachen im Landkreis eingesetzt werden. Im Streitjahr war der Kläger aber tatsächlich 145 Tage und weitere 45 Tage in einer Rettungswache tätig. Folglich hatte das Finanzamt hier eine erste Tätigkeitsstätte gesehen. Das FG hatte eine Revision nicht zugelassen.

  Die von der Finanzverwaltung hiergegen eingelegte Nichtzulassungsbeschwerde hat der BFH als unzulässig verworfen.[8)] In seiner Begründung dazu weist der BFH darauf hin, dass gegen die Würdigung des FG keine durchgreifenden Bedenken bestehen. Im Übrigen könne allein ein monatlich im Voraus erstellter Dienstplan bei einem unbefristet tätigen Arbeitnehmer keine Dauerhaftigkeit der Zuordnung begründen. Darauf, dass der Rettungssanitäter ex post betrachtet ganz überwiegend in einer bestimmten Einsatzstelle eingesetzt wurde, komme es nicht an.

---

1) BFH v. 12.7.2021, VI R 9/19, (n.v.), https://juris.de/jportal/nav/index.jsp.
2) BFH v. 11.4.2019, VI R 40/16, BStBl II 2019, 546.
3) BFH v. 4.4.2019, VI R 27/17, BStBl II 2019, 536.
4) FG Münster v. 2.9.2024, 15 K 698/22 E, StEd 2024, 629.
5) BFH v. 30.9.2020, VI R 10/19, BStBl II 2021, 306, sowie inhaltsgleich BFH v. 30.9.2020, VI R 12/19, BFH/NV 2021, 307.
6) BFH v. 30.9.2020, VI R 11/19, BStBl II 2021, 308; teilweise inhaltsgleich mit BFH v. 30.9.2020, VI R 10/19, BStBl II 2021, 306.
7) FG Berlin-Brandenburg v. 25.7.2023, 11 K 11130/21, https://juris.de/jportal/nav/index.jsp.
8) BFH-Beschluss v. 8.2.2024, VI B 46/23, https://juris.de/jportal/nav/index.jsp.

– Bei einem **Zeitsoldaten** ist dessen Bundeswehrstützpunkt als erste Tätigkeitsstätte anzusehen.[1] Hierfür ist entscheidend, dass bereits die Einplanungsentscheidung der Bundeswehr eine **Bestimmung** des Stützpunktes **vornimmt**, dem der Zeitsoldat **während seiner Tätigkeit dauerhaft zugeordnet** ist. Unerheblich ist hingegen, wenn der Zeitsoldat zum Beginn seiner Tätigkeit eine Eignungsübung an einem anderen Standort ableisten muss und die Versetzungsverfügung zum in Rede stehenden Stützpunkt der Anschlussverwendung eine „voraussichtliche Verwendungsdauer" von 37 Monaten vorsieht. Denn diese ist nach der Urteilsbegründung nicht als zeitliche Befristung, sondern lediglich als Verweis auf die Versetzungsbefugnis der Bundeswehr zu verstehen. Der BFH hat die Revision gegen o.g. Urteil des FG Hessen als unbegründet zurückgewiesen.[2] Im seinem NV-Urteil wird bestätigt, dass ein Zeitsoldat an dem Bundeswehrstandort, dem er dauerhaft zugeordnet ist, eine erste Tätigkeitsstätte begründen kann. Der Umstand, dass ein Soldat (auf Zeit) unter Beachtung der dienstrechtlichen Vorschriften (jederzeit) auch einem anderen Bundeswehrstandort zugeordnet werden kann, steht einer dauerhaften Zuordnung nicht entgegen.

Hinweise: Abwesenheitsdauer, weiträumiges Tätigkeitsgebiet, Pilot, Flugbegleiterin

In beiden oben zuletzt aufgezählten Fällen ist ein Ansatz von **Verpflegungspauschalen** nur dann zulässig, wenn die Abwesenheitsdauer von der Wohnung und dem Zustellpunkt bzw. der Rettungswache mehr als acht Stunden beträgt.

Hinsichtlich des o. g. **Brief- bzw. Postzustellers** ist anzumerken, dass im Reisekostenschreiben des BMF v. 25.11.2020[3] davon ausgegangen wird, dass Zusteller i. d. R. in einem weiträumigen Tätigkeitsgebiet tätig werden. Hier wird wohl unterstellt, dass der Zusteller – anders als im o. g. Urteil – im Zustellzentrum keine Tätigkeit ausübt.

Zu den Tätigkeiten eines **Piloten** im Cockpit eines Flugzeugs stellt sich aktuell die interessante Rechtsfrage, ob seine Tätigkeiten dort der großräumigen (ortsgebundenen) Tätigkeitsstätte „Flughafen" zuzuordnen sind oder nicht. Das FG Köln bejahte diese Frage, der Kläger (Pilot) bestreitet sie. Denn nach der Ankunft auf dem Flughafen begebe er sich zusammen mit der Crew unmittelbar zum Flugzeug, wo er dann im Cockpit sämtliche sicherheitsrelevanten Arbeiten rund um den Flug absolviere. Zudem stelle der Flughafen nach den maßgebenden arbeitsrechtlichen Bestimmungen sowie der Manteltarifverträge keinen Tätigkeitsort und damit erst recht keine erste Tätigkeitsstätte dar.[4]

Ferner soll der BFH entscheiden, ob für eine **Flugbegleiterin** die Fahrten zu dem ihr vom Arbeitgeber zugewiesenen Stationierungsflughafen sowie die Verpflegungsmehraufwendungen nach Dienstreisegrundsätzen als Werbungskosten zu berücksichtigen sind. Nach Auffassung des FG Berlin-Brandenburg ist der Flughafen ein räumlich abgrenzbares, infrastrukturell erschlossenes Betriebsgelände und daher eine ortsfeste betriebliche Einrichtung i. S. d. § 9 Abs. 4 EStG. Dazu gehören die Rollfelder, Gates und Flugzeug-Parkpositionen. Die von der Klägerin vor Abflug durchgeführten Sicherheits- und Funktionsschecks, Boardingvorbereitungen sowie Briefings im stehenden Flugzeug gehören zu ihrem Berufsfeld; sie fanden auf dem Flughafengelände statt. Damit liegt eine tatsächliche Tätigkeit an der ortsfesten Einrichtung vor, was ausreichend ist, um eine erste Tätigkeitsstätte zu begründen.

Anzumerken ist, dass die Revisionseinlegung nach Ablauf der Revisionseinlegungsfrist erfolgte, jedoch ein Wiedereinsetzungsantrag gestellt worden ist.[5]

Sucht der Arbeitnehmer einen Dritten oder ein verbundenes Unternehmen nur **kurzfristig** auf, z. B. um nur eine Dienstleistung des Dritten in Anspruch zu nehmen oder einen Einkauf zu tätigen, reicht dies **nicht** zur Festlegung einer ersten Tätigkeitsstätte aus.

Der Ausschluss des **Arbeitszimmers** gilt auch, wenn der Arbeitgeber vom Arbeitnehmer einen oder mehrere Arbeitsräume anmietet, die der Wohnung des Arbeitnehmers zuzu-

1) FG Hessen v. 25.3.2021, 4 K 1788/19, EFG 2021, 1194.
2) BFH, NV-Urteil v. 22.11.2022, VI R 6/21, HFR 2023, 536.
3) BMF v. 25.11.2020, IV C 5 – S 2353/19/10011 :006, BStBl I 2020, 1228.
4) Az. beim BFH: VI R 4/25, Vorinstanz: FG Köln v. 4.12.2024, 12 K 1369/21, https://juris.de/jportal/nav/index.jsp.
5) Az. beim BFH: VI R 17/25, Vorinstanz: FG Berlin-Brandenburg v. 18.9.2025, 14 K 14094/23, https://juris.de/jportal/nav/index.jsp.

rechnen sind. Auch in diesem Fall handelt es sich bei einem häuslichen Arbeitszimmer um einen Teil der Wohnung des Arbeitnehmers. Bei der Beantwortung der Frage, welche Räume der Wohnung des Arbeitnehmers zuzurechnen sind und welche nicht, kommt es auf das Gesamtbild der Verhältnisse im Einzelfall an (z. B. unmittelbare Nähe zu den privaten Wohnräumen).

Zu **beachten** ist, dass auch die **Einrichtung** eines **Dritten** (z. B. die Arbeitsstätte bei einem Kunden) eine erste Tätigkeitsstätte sein kann. Folglich kommen als erste Tätigkeitsstätten des Arbeitnehmers auch **ortsfeste** betriebliche Einrichtungen

- eines Kunden des Arbeitgebers oder
- einer Mutter- oder Tochtergesellschaft des Arbeitgebers

in Betracht.

Beispiel: Tätigkeitsstätte bei Großprojekt

Die Zeitarbeitsfirma Z stellt den Arbeitnehmer A als Bauleiter für ein Großprojekt ein. Arbeitsvertraglich soll A für eine Entwicklungsgesellschaft auf einer Baustelle in B arbeiten. Die Tätigkeit dort ist auf 40 Monate befristet.

Folge: A hat ab dem ersten Tag seiner Tätigkeit seine erste Tätigkeitsstätte in B, da er dort seine Tätigkeit für die gesamte Dauer seines Dienstverhältnisses bei Z und damit dort dauerhaft ausüben soll. Dass es sich bei der Baustelle um eine ortsfeste betriebliche Einrichtung des Kunden des Arbeitgebers handelt, ist unbeachtlich.

Die Fahrten zur Baustelle sind mit der Entfernungspauschale berücksichtigungsfähig. Reisekosten für Auswärtstätigkeiten können nicht angesetzt werden.

Von dieser Regelung sind insbesondere **Leiharbeitnehmer** und im „Outsourcing" tätige Arbeitnehmer betroffen, wenn sie dauerhaft beim Kunden tätig sind (bzw. sein sollen).

c) Besonderheit bei Leiharbeitsverhältnissen

140 Nach **früherer** (und inzwischen überholter) Auffassung der Finanzverwaltung sollte die Zuweisung des Leiharbeitnehmers zu einer Tätigkeitsstätte durch den Leiharbeitgeber stets als dauerhafte Zuordnung angesehen werden mit der Folge, dass der Leiharbeitnehmer Fahrtkosten nur in Höhe der Entfernungspauschale (→ Rz. 273 ff.) geltend machen kann (da erste Tätigkeitsstätte).

Anders hat es der BFH beurteilt für Fälle, in denen der Arbeitnehmer i. R. eines **befristeten** Arbeitsverhältnisses **zunächst** einer ersten Tätigkeitsstätte und im **weiteren** Verlauf einer **anderen** Tätigkeitsstätte zugeordnet wird.[1] Nach dieser Entscheidung erfolgt die **zweite Zuordnung** nicht mehr für die Dauer des Arbeits- oder Dienstverhältnisses, denn in Bezug auf die zweite Zuordnung steht (aus der auch insoweit maßgeblichen Sicht ex ante = im Voraus) fest, dass sie nicht gem. § 9 Abs. 4 Satz 3 Alt. 2 EStG für die (gesamte) Dauer des Arbeits- oder Dienstverhältnisses gilt, sondern lediglich für dessen verbleibende Dauer. Folglich sind ab diesem Zeitpunkt wieder die **Dienstreisegrundsätze** anzuwenden.

Inzwischen hat der BFH einen weiteren Sachverhalt zur Leiharbeit entschieden. Darin befand sich der Leiharbeitnehmer in einem **unbefristeten** Arbeitsverhältnis zum Zeitarbeitsunternehmen.[2] Er war ab Vertragsbeginn ausschließlich und durchgängig bei **einem** Kunden tätig. Nach den zwischen Entleiher und Verleiher geschlossenen Vereinbarungen war das **Leihverhältnis befristet**. Ein weiterer Einsatz des Leiharbeitnehmers setzte voraus, dass der Kunde nach Ablauf der jeweiligen Frist mit dem Arbeitgeber ein weiteres (befristetes) Leihverhältnis begründete. Dies ist mehrfach geschehen.

1) BFH v. 10.4.2019, VI R 6/17, BStBl II 2019, 539.
2) BFH v. 12.5.2022, VI R 32/20, BStBl II 2023, 35.

Bei seiner Beurteilung ging der BFH von einer (nur) **befristeten Zuordnung** des Leiharbeitnehmers zu der betrieblichen Einrichtung des Entleihers aus. Eine dauerhafte Zuordnung lehnte er ab. Es **fehle** an solch einer dauerhaften Zuordnung (i. S. d. § 9 Abs. 4 Satz 3 EStG), weil der Einsatz des Arbeitnehmers beim Entleiher in wiederholten, aber befristeten Einsätzen, stattfand. Folglich war der Arbeitnehmer weder unbefristet noch für die Dauer seines Beschäftigungsverhältnisses der betrieblichen Einrichtung des Entleihers zugeordnet. Somit stellte der BFH ausschließlich auf die Vertragsgestaltung zwischen Arbeitgeber (Verleiher) und (Leih-)Arbeitnehmer ab. Auf die Vereinbarungen zwischen dem Verleiher und dem Entleiher kommt es (grundsätzlich) nicht an. Die von der Finanzverwaltung (und der im vorangegangenen finanzgerichtlichen Verfahren) für eine dauerhafte Zuordnung herangezogenen Einordnung „bis auf Weiteres" hat der BFH nicht aufgegriffen.

Bestätigt hat der BFH seine Sichtweise, wonach bei einem **unbefristeten** Leiharbeitsverhältnis eine dauerhafte Zuordnung des Leiharbeitnehmers zu einer ersten Tätigkeitsstätte (i.S. des § 9 Abs. 4 Satz 1 bis 3 EStG) beim Entleiher regelmäßig **nicht in Betracht** kommt, in seinem aktuellen Urteil v. 17.6.2025.[1)] Dabei beruft er sich auch auf sein o. g. Urteil v. 12.5.2022.

Hat der (Leih-)Arbeitnehmer folglich **keine** erste Tätigkeitsstätte, liegt eine **Auswärtstätigkeit** vor, weshalb die Fahrtkosten zur Tätigkeitsstätte nach Reisekostengrundsätzen angesetzt werden dürfen (→ Rz. 164 ff.), z. B. Erstattung oder Werbungskosten i. H. v. 0,30 € pro tatsächlich gefahrenem Kilometer) und nicht mit der Entfernungspauschale. Zudem können in den ersten drei Monaten der Auswärtstätigkeit Verpflegungspauschalen angesetzt werden.

Nach dieser Rechtsprechung liegt

- die gesetzliche Alternative „Zuordnung für die Dauer des Arbeits- oder Dienstverhältnisses" (**erste Tätigkeitsstätte** nach § 9 Abs. 4 Satz 3 Alternative 2 EStG, → Rz. 141) nur vor, wenn sie aus der maßgeblichen früheren Sicht (Betrachtung nach der Ausgangssituation) für die **gesamte Dauer** des Arbeits- oder Dienstverhältnisses Bestand haben soll. Dies kann insbesondere angenommen werden, wenn die Zuordnung i. R. des (Leih-) Arbeits- oder Dienstverhältnisses **unbefristet** oder (ausdrücklich) für dessen **gesamte Dauer** erfolgt.
- Hingegen liegt in **Befristungsfällen** eine **erste Tätigkeitsstätte** (nur) dann durchgängig vor, wenn der Arbeitnehmer für die (gesamte) **Dauer** des befristeten Dienst- oder Arbeitsverhältnisses an einer ortsfesten betrieblichen Einrichtung tätig werden soll.

Hinweis: Beim BFH anhängiges Verfahren

Derzeit ist zur Frage einer ersten Tätigkeitsstätte bei Leiharbeitnehmern folgendes Verfahren mit sog. Kettenbefristungen beim BFH anhängig:

Liegt bei Leiharbeitnehmern eine dauerhafte Zuordnung für die Dauer des Dienstverhältnisses (gem. § 9 Abs. 4 Satz 3 Alternative 2 EStG) zu einer ersten Tätigkeitsstätte vor, wenn

- ein befristetes Beschäftigungsverhältnis zum Personaldienstleister (Verleiher) wiederholt vor Ablauf der Befristung bei unverändertem Vertragsinhalt verlängert wird und
- jeweils eine Verlängerung der befristeten Zuordnung zu demselben Entleiher bei unverändertem Einsatzort erfolgt?[2)]

Hier liegen zwei Befristungen vor; einmal ein befristetes Beschäftigungsverhältnis des Arbeitnehmers zum Arbeitgeber (Verleiher) und zweitens eine befristete Zuordnung zu demselben Entleiher beim selbem Einsatzort.

---

1) BFH v. 17.6.2025, VI R 22/23, https://juris.de/jportal/nav/index.jsp, gegen das Urteil des FG München v. 21.03.2023, 6 K 1233/20, https://juris.de/jportal/nav/index.jsp.
2) Anhängiges Verfahren beim BFH mit Az. VI R 2/25, zuvor FG Niedersachsen v. 18.6.2024, 12 K 38/24, https://juris.de/jportal/nav/index.jsp.

2. Dauerhafte Zuordnung

a) Tätigkeitsart, Tätigkeitsstätte

141 Zweites Merkmal für die Bestimmung einer ersten Tätigkeitsstätte ist die **dauerhafte Zuordnung** des Arbeitnehmers zur ortsfesten betrieblichen Einrichtung (des Arbeitgebers oder Dritten) mit dem Ziel, dort entsprechend seinem eigentlichen Berufsbild zu arbeiten. Folglich muss sich die Zuordnung durch den Arbeitgeber auf die Tätigkeit des Arbeitnehmers beziehen (§ 9 Abs. 4 Satz 3 EStG). Ist ein dauerhaft beschäftigter Arbeitnehmer nur vorübergehend einer Tätigkeitsstätte zugeordnet, begründet er dort keine erste Tätigkeitsstätte.

Eine **dauerhafte Zuordnung** verlangt, dass der Arbeitnehmer entweder

- unbefristet oder
- für die gesamte Dauer eines befristeten Dienstverhältnisses oder
- über einen Zeitraum von 48 Monaten hinaus

in einer ortsfesten betrieblichen Einrichtung (→ Rz. 138) tätig werden **soll**.

Entscheidend hierfür sind allein die dienst- oder arbeitsrechtlichen Festlegungen des Arbeitgebers, die diese ausfüllenden Absprachen sowie seine i. R. des Dienstverhältnisses erteilten Weisungen. Darin muss bestimmt werden, wo der Arbeitnehmer unbefristet oder für einen bestimmten Zeitraum tätig werden soll. Diese Maßstäbe gelten für einzelne Arbeitnehmer oder Arbeitnehmergruppen unabhängig von der Form der Festlegungen usw. (schriftlich oder mündlich). Die Zuordnung muss sich jedoch auf die konkrete Tätigkeit des Arbeitnehmers beziehen.[1)]

Ordnet der Arbeitgeber den Arbeitnehmer für die gesamte Dauer eines Dienstverhältnisses **einer ortsfesten betrieblichen Einrichtung zu**, ist die tatsächliche Dauer des Dienstverhältnisses für die Frage nach der ersten Tätigkeitsstätte nicht entscheidend. Diese Festlegung (erste Tätigkeitsstätte) gilt auch dann, wenn die Beschäftigung für eine kürzere Dauer als 48 Monate abgeschlossen wird. Ist der Arbeitnehmer jedoch einer Tätigkeitsstätte nur **vorübergehend** zugeordnet, begründet er dort **keine** erste Tätigkeitsstätte.

Somit ist **nicht** entscheidend, ob an der vom Arbeitgeber festgelegten Tätigkeitsstätte der qualitative Schwerpunkt der Tätigkeit liegt oder liegen soll. Es ist aber **erforderlich** (und zugleich ausreichend), dass der Arbeitnehmer am Ort der ersten Tätigkeitsstätte zumindest in geringem Umfang Tätigkeiten zu erbringen hat, die er arbeitsvertraglich oder dienstrechtlich schuldet und die zu dem von ihm ausgeübten Berufsbild gehören.[2)] Folglich genügt es für die Annahme einer ersten Tätigkeitsstätte, wenn die dort ausgeübten beruflichen Tätigkeiten von untergeordneter Bedeutung sind.

Beispiel: Zuordnung des Betriebs als Tätigkeitsstätte des Baustellenleiters

Firma B stellt den Arbeitnehmer A als Bauleiter ein. Das Dienstverhältnis ist befristet und ausschließlich für den Bau eines Flughafens in P abgeschlossen worden; längstens für 40 Monate. B bestimmt den Betrieb in B und nicht die Baustelle in P als erste Tätigkeitsstätte. Begründet wird dies mit der Verpflichtung des Arbeitnehmers, im Betrieb regelmäßig Sachstandsberichte zu erstellen sowie anfallende Vor- und Nacharbeiten zu erledigen.

Folge: A hat ab dem ersten Tag seiner Tätigkeit seine erste Tätigkeitsstätte im Betrieb der Firma in B. Maßgebend hierfür ist die arbeitsvertragliche Zuordnung durch den Arbeitgeber. Diese Zuordnung ist auch begründet, weil A im Betrieb tatsächlich tätig werden soll.

Die Fahrten zur Baustelle sind nach Reisekostengrundsätze zu behandeln (Auswärtstätigkeit) mit der Folge, dass steuerfreie Reisekosten (Auslösen) gezahlt bzw. Werbungskosten angesetzt werden können.

---

1) BFH v. 11.4.2019, VI R 40/16, BStBl II 2019, 546.

2) BFH v. 4.4.2019, VI R 27/17, BStBl II 2019, 536; v. 11.4.2019, VI R 40/16, BStBl II 2019, 546.

Soll der Arbeitnehmer an **mehreren** Tätigkeitsstätten tätig werden und ist er **einer bestimmten** Tätigkeitsstätte dienst- oder arbeitsrechtlich **dauerhaft** zugeordnet, ist es unerheblich, in welchem Umfang er seine berufliche Tätigkeit an dieser oder an den anderen Tätigkeitsstätten ausüben soll (→ Rz. 149 f.). Auch auf die Regelmäßigkeit des Aufsuchens dieser Tätigkeitsstätten kommt es dann nicht an.

Ferner ist *nicht* entscheidend, ob an der vom Arbeitgeber festgelegten ersten Tätigkeitsstätte (§ 9 Abs. 4 Satz 1 EStG) der qualitative Schwerpunkt der Tätigkeit liegt bzw. liegen soll.

Beispiel: Tätigkeitsstätte für Außendienstmitarbeiter

Der Außendienstmitarbeiter A für die Region B soll einmal wöchentlich an den Firmensitz nach P fahren, dem er zugeordnet ist. Dort soll er die anfallenden Bürotätigkeiten erledigen und an Dienstbesprechungen teilnehmen.

Folge: P ist auf Grund der arbeitsrechtlichen Zuordnung die erste Tätigkeitsstätte. Dabei ist unerheblich, dass A überwiegend in der Region B und nicht in P tätig werden soll.

Abwandlung:

Ordnet der Arbeitgeber den A dem Firmensitz in P nicht oder nicht eindeutig zu, prüft die Finanzverwaltung anhand der quantitativen Kriterien, ob eine erste Tätigkeitsstätte vorliegt (§ 9 Abs. 4 Satz 4 EStG, → Rz. 149). In diesem Fall liegt in P keine erste Tätigkeitsstätte vor.

Auch wenn das Reisekostenrecht dem Arbeitgeber einen großen Gestaltungsspielraum einräumt, setzt die **Zuordnung** ein **Tätigwerden** und ein **persönliches Erscheinen** des Arbeitnehmers an der Tätigkeitsstätte voraus (→ Rz. 138). So ermöglicht allein die Abgabe von Krank- oder Urlaubsmeldungen usw. durch Dritte (z. B. durch Post, Boten oder Familienangehörige) an einer bestimmten Tätigkeitsstätte keine steuerlich wirksame Zuordnung.

Ferner kann die steuerliche Entscheidung im Einzelfall von den betrieblichen bzw. einzelvertraglichen Vereinbarungen abweichen. So wird z. B. auf Grund des Nachweisgesetzes oder tariflicher Regelungen in sog. Einstellungsbögen bzw. in Arbeitsverträgen regelmäßig ein Einstellungs-, Anstellungs- oder Arbeitsort des Arbeitnehmers bestimmt. Hierbei handelt es sich nicht um eine Zuordnung i. S. d. steuerlichen Reisekostenrechts, wenn der Arbeitgeber schriftlich gegenüber dem Arbeitnehmer bzw. in der Reiserichtlinie des Unternehmens erklärt, dass dadurch keine arbeitsrechtliche Zuordnung zu einer ersten Tätigkeitsstätte erfolgen soll.

Um für die Zuordnungsentscheidung nicht auf kleinlicher Bürokratie zu bestehen, darf sie der Arbeitgeber auch außerhalb des Dienst- oder Arbeitsvertrags treffen; ggf. auch mündlich. Sie ist auch dann maßgebend, wenn sich der Arbeitgeber über die steuerlichen Folgen nicht bewusst (gewesen) ist.

S. a. Leiharbeitnehmer → Rz. 140.

b) Unbefristete Tätigkeit

Die gesetzliche Umschreibung „unbefristet" ist wohl unzweifelhaft und benötigt keine **142**
weiteren Erläuterungen. Gemeint ist eine auf Dauer angelegte Tätigkeit des Arbeitnehmers. In diesem Zusammenhang sind jedoch weitere zeitlich unbestimmte Umschreibungen zu beachten. So wird z. B. die Formulierung „**bis auf Weiteres**" mit einer unbefristeten Tätigkeit gleichgesetzt.

Nach der ergänzenden Rechtsprechung ist eine Zuordnung insbesondere dann unbefristet, wenn die Dauer der Zuordnung zu einer Tätigkeitsstätte nicht kalendermäßig bestimmt ist und sich auch nicht aus Art, Zweck oder Beschaffenheit der Arbeitsleistung ergibt. Auch der Umstand, dass der Arbeitnehmer jederzeit einer anderen Tätigkeitsstätte zugeordnet werden könnte, führt nicht zur Annahme einer befristeten Zuordnung.[1] Entscheidend sind allein die Festlegungen des Arbeitgebers und die dienstlich erteilten Weisungen.

Beispiele zur Bestimmung der ersten Tätigkeitsstätte bei wechselvollen Arbeitsverhältnissen

1. Änderung der Zuordnung des Arbeitnehmers

Der in B wohnende Arbeitnehmer A ist im Kalenderjahr 2026 bis auf Weiteres an drei Tagen in der Woche in einer Niederlassung seines Arbeitgebers in H und an zwei Tagen in der Woche in einer Niederlassung seines Arbeitgebers in P tätig. A ist unbefristet beschäftigt. Der Arbeitgeber hat zunächst die Niederlassung in H als erste Tätigkeitsstätte festgelegt. Ab 1.10.2026 legt er P als erste Tätigkeitsstätte fest (arbeitsrechtliche Entscheidung, Zuordnung).

Folge: A hat bis 30.9.2026 seine erste Tätigkeitsstätte in H.

Ab dem 1.10.2026 liegt seine erste Tätigkeitsstätte in P.

2. Vorübergehende andere Tätigkeitsstätte

Arbeitnehmer A ist von seinem Arbeitgeber unbefristet eingestellt worden, um dauerhaft im Betrieb in B zu arbeiten. In den ersten 36 Monaten seiner Beschäftigung soll A aber zunächst ausschließlich die Niederlassung in H führen. Im Betrieb in B soll er während dieser Zeit nicht, auch nicht in ganz geringem Umfang tätig werden.

Folge: Die Niederlassung in H ist keine erste Tätigkeitsstätte, da A dort lediglich für 36 Monate und damit nicht dauerhaft tätig werden soll (unabhängig vom quantitativen Umfang der Tätigkeit). Nach Ablauf der ersten 36 Beschäftigungsmonate wird der Betrieb in B erste Tätigkeitsstätte des A.

Die Niederlassung in H würde erst nach Ablauf von 48 Monaten erste Tätigkeitsstätte, falls A laut Bestimmung des Arbeitgebers (zunächst) zumindest für einen solchen Zeitraum dort tätig werden soll (länger als 48 Monate).

3. Fehlende dauerhafte Zuordnung des Arbeitgebers

Arbeitnehmer A ist unbefristet beschäftigt. Für einen Zeitraum von 36 Monaten soll er überwiegend in der Niederlassung in H arbeiten. Im Betrieb in B soll er nur an Teambesprechungen, Mitarbeiterschulungen und sonstigen Firmenveranstaltungen teilnehmen. Diese finden voraussichtlich einmal pro Monat statt. Der Arbeitgeber hat A arbeitsrechtlich weder der Niederlassung in H noch dem Betrieb in B dauerhaft zugeordnet.

Folge: Auf Grund der fehlenden Zuordnung des A durch den Arbeitgeber liegt keine erste Tätigkeitsstätte vor.

Die im dritten Beispiel anzuwendenden quantitativen Merkmale zur Bestimmung der ersten Tätigkeitsstätte führen zu keinem anderen Ergebnis. A soll in der Niederlassung in H nicht dauerhaft tätig werden (48-Monatsgrenze); im Betrieb in B soll A nicht in dem erforderlichen quantitativen Umfang tätig werden (→ Rz. 149).

S. a. Leiharbeitnehmer → Rz. 140.

c) Befristetes Dienstverhältnis

143 Wird ein befristetes Dienstverhältnis abgeschlossen mit dem Ziel, die Tätigkeit nur an einer Tätigkeitsstätte auszuüben, sind die Grundsätze für die **Bestimmung** der ersten Tätigkeitsstätte entsprechend anzuwenden (→ Rz. 138 f.). Allerdings ist die 48-Monatsregelung nicht anwendbar. Somit gelten die allgemeinen Zuordnungskriterien auch dann, wenn die Beschäftigung für eine kürzere Dauer als 48 Monate abgeschlossen wird.

Praktische Fälle sind insbesondere:

1. **Zeitvertrag** (der Arbeitsvertrag über ein Dienstverhältnis wird für eine bestimmte Dauer abgeschlossen, z. B. mit einer Zeitarbeitsfirma) oder
2. **Outsourcing** (eine Beschäftigung bzw. das Dienstverhältnis wird auf einen neuen bzw. anderen Arbeitgeber ausgelagert).

---

1) BFH v. 4.4.2019, VI R 27/17, BStBl II 2016, 536.

Diese Vertragsgestaltungen führen zu einer ersten Tätigkeitsstätte des Arbeitnehmers.[1]

Handelt es sich um ein sog. Outsourcing, ist es für die Zuordnung unbeachtlich, ob der Arbeitnehmer weiterhin an seiner (früheren) Tätigkeitsstätte des bisherigen Arbeitgebers tätig werden soll oder an einer anderen Tätigkeitsstätte, z. B. beim neuen Arbeitgeber.

Somit ist als Besonderheit zu **beachten**, dass im Fall der festen Zuordnung des Arbeitnehmers in einem von vornherein **befristeten** Dienstverhältnis das Prüfmerkmal „48 Monate" **nicht** heranzuziehen ist.

Bestätigt wird diese Auffassung durch die aktuelle Rechtsprechung. Danach liegt auch dann ein einheitliches **befristetes** Beschäftigungsverhältnis vor, wenn ein befristetes Beschäftigungsverhältnis vor Ablauf der Befristung durch **bloßes** Hinausschieben des Beendigungszeitpunkts bei ansonsten unverändertem Vertragsinhalt verlängert wird. Folglich ist für die Frage, ob eine Zuordnung für die Dauer des Dienstverhältnisses erfolgt, ab dem Zeitpunkt der Verlängerung auf das **einheitliche** Beschäftigungsverhältnis und **nicht** lediglich auf den Zeitraum der Verlängerung abzustellen.[1]

Beispiel: Bestimmung der ersten Tätigkeitsstätte bei befristetem Arbeitsverhältnis

Arbeitnehmer A ist von der Firma YZ als Programmierer ausschließlich für ein bestimmtes Projekt befristet eingestellt worden. Das Arbeitsverhältnis von A soll vertragsgemäß nach Ablauf der Befristung enden.

Auf Grund der arbeitsrechtlichen Zuordnung des Arbeitgebers hat A ab dem ersten Tag der Tätigkeit bei der Firma YZ seine erste Tätigkeitsstätte. Die 48-Monatsregelung ist nicht anwendbar.

S. a. Leiharbeitnehmer → Rz. 140.

d) 48-Monatsgrenze

Ist der Arbeitnehmer weder unbefristet noch für die Dauer des Dienstverhältnisses einer bestimmten Tätigkeitsstätte zugeordnet, hat der Arbeitgeber das dritte Kriterium zu prüfen: Die 48-Monatsgrenze. Sie ist heranzuziehen **144**

- zur **erstmaligen Bestimmung** der ersten Tätigkeitsstätte und
- für die Entscheidung, ob sich die erste Tätigkeitsstätte **verlagert** hat.

Soll der Arbeitnehmer über einen Zeitraum von 48 Monaten hinaus an einer ortsfesten betrieblichen Einrichtung tätig werden, ist diese seine erste Tätigkeitsstätte. Somit kann eine längerfristige Abordnung an eine auswärtige Arbeitsstelle und eine vorübergehende Auswärtstätigkeit den Ort der ersten Tätigkeitsstätte verlagern.

Verlängert sich eine zunächst für längstens 48 Monate geplante Auswärtstätigkeit des Arbeitnehmers, ist für die Zuordnung entscheidend, ob er nach der **neuen** Einschätzung länger als 48 Monate an der auswärtigen Tätigkeitsstätte eingesetzt werden soll oder nicht. Maßgebend für den weiteren Fristbeginn ist der Zeitpunkt der **Verlängerungsentscheidung**. Die beiden Zeiträume der Auswärtstätigkeit sind für die Prüfung nicht zusammenzurechnen.

Beispiele zur ersten Tätigkeitsstätte bei befristeter Abordnung

1. Unerwartete Verlängerung einer Abordnung

Der unbefristet in B beschäftigte Arbeitnehmer A wird für eine Projektdauer von voraussichtlich 20 Monaten an die betriebliche Einrichtung in Z abgeordnet. Im Anschluss daran soll er nach B zurückkehren. Nach Ablauf der 20 Monate verlängert der Arbeitgeber aus sachlichen Gründen die Abordnung um 48 Monate. Es ist nach wie vor die Rückkehr nach B geplant.

1) BFH v. 10.4.2019, VI R 6/17, BStBl II 2019, 539.

Lösung: Obwohl A insgesamt 68 Monate in Z tätig wird bzw. werden soll, hat er dort keine erste Tätigkeitsstätte. Die vom Gesetz vorgegebene (Prognose-)Betrachtung (→ Rz. 153) führt dazu, dass A weder im Zeitpunkt der erstmaligen Abordnung nach Z noch im Zeitpunkt der Verlängerungsentscheidung jeweils für mehr als 48 Monate und damit „dauerhaft" in Z eingesetzt werden soll(te).

A hat und behält seine erste Tätigkeitsstätte in B.

Folge: Die steuerliche Behandlung der Auslösezahlungen des Arbeitgebers und der Werbungskostenansatz/-abzug des Arbeitnehmers für die Fahrten nach Z erfolgt nach Reisekostengrundsätzen. Ansatzfähig sind auch anfallende Aufwendungen für eine auswärtige (zweite) Wohnung in Z (i. R. einer doppelten Haushaltsführung → Rz. 288 ff.).

2. Abordnung für 49 Monate

Der unbefristet in B beschäftigte Arbeitnehmer A wird für eine Projektdauer von voraussichtlich 49 Monaten an die betriebliche Einrichtung in Z abgeordnet.

Folge: Ab dem Zeitpunkt der Abordnung hat A seine erste Tätigkeitsstätte in Z, da er von Beginn an länger als 48 Monate in Z tätig werden soll. Dabei bleibt es auch, wenn das Projekt und die Tätigkeit in Z planwidrig bereits nach zehn oder wegen zügigen Baufortschritts nach 36 Monaten beendet werden.

3. Verlängerung einer Abordnung auf mehr als 48 Monate

Sachverhalt wie im ersten Beispiel: Der Arbeitgeber **verlängert** die erste Abordnung von A (20 Monate) jedoch bereits nach einer Tätigkeit von vier Wochen auf insgesamt 50 Monate.

Folge: Ab dem Zeitpunkt der Verlängerungsentscheidung hat A seine erste Tätigkeitsstätte in Z, da er ab diesem Zeitpunkt noch 49 Monate und somit länger als 48 Monate in Z tätig werden soll (= „dauerhaft"). Dabei bleibt es auch, wenn das Projekt und die Tätigkeit in Z planwidrig bereits nach acht oder wegen zügigen Baufortschritts nach 47 Monaten beendet werden.

Dieses Ergebnis ergibt sich auch dann, wenn A für diese (verlängerte) Tätigkeit „neu" eingestellt wird und ggf. dazu eine Probezeit vereinbart wird.

Zu beachten ist, dass im **ersten und zweiten Beispiel** die Voraussetzungen für den Ansatz von **Verpflegungspauschalen** in den ersten drei Monaten ab Beginn der beruflich veranlassten Auswärtstätigkeit vorliegen.

Im **dritten Beispiel** können Verpflegungspauschalen nur für die ersten vier Wochen angesetzt werden (bis zur Verlängerungsentscheidung, weil ab diesem Zeitpunkt die erste Tätigkeitsstätte in Z liegt).

Bei sich **aneinanderreihenden** Auswärtstätigkeiten am selben Ort (z. B. sog. Kettenabordnungen) liegt keine dauerhafte Zuordnung zu einer Tätigkeitsstätte vor, wenn jeweils die einzelne Auswärtstätigkeit (Abordnung) den Zeitraum von 48 Monaten nicht übersteigt.

145 **Zusammenfassend ist festzuhalten**:

- Die steuerlich wirksame „dauerhafte" **Zuordnung** verlangt regelmäßig eine **aktive Tätigkeit** des Arbeitgebers; sie geht den hilfsweise heranzuziehenden Regelungen vor.
- Eine Zuordnung zu einer betrieblichen Einrichtung wird regelmäßig im **Arbeitsvertrag** festgelegt. Sie kann sich aber auch aus tarifvertraglichen Regelungen, einer Betriebsvereinbarung oder der tatsächlichen Durchführung ergeben. Hier will das Steuerrecht der arbeitsrechtlichen Betrachtung folgen.
- Eine **erste Tätigkeitsstätte** kann auch beim Kunden des Arbeitgebers liegen, sofern der Arbeitnehmer dort
  - für die Dauer des Dienstverhältnisses oder
  - über 48 Monate hinaus oder
  - dauerhaft tätig werden soll.
- In **Outsourcing-Fällen** liegt eine dauerhafte Zuordnung (erste Tätigkeitsstätte) vor, wenn der Arbeitnehmer für die gesamte Dauer des neuen Beschäftigungsverhältnisses oder länger als 48 Monate weiterhin an seiner früheren Tätigkeitsstätte des bisherigen Arbeitgebers tätig werden soll.

- Soll ein **Leiharbeitnehmer** für die gesamte Dauer des Leiharbeitsverhältnisses oder länger als 48 Monate in einer ortsfesten betrieblichen Einrichtung des Entleihers arbeiten, liegt eine dauerhafte Zuordnung vor (→ Rz. 138 ff. [Berufskatalog]).
- Legt der **Arbeitgeber** keine dauerhafte Tätigkeitsstätte fest, ist nach den vorgenannten gesetzlich festgelegten Regelungen zu entscheiden, ob eine erste Tätigkeitsstätte vorliegt und welcher Ort ggf. die erste Tätigkeitsstätte ist.

e) Abgrenzung zwischen Versetzung und Abordnung

Wie die vorstehenden Erläuterungen und Beispiele zeigen, ist für die zutreffende Bestimmung der ersten Tätigkeitsstätte die Unterscheidung zwischen einer **auf Dauer** angelegten **Versetzung** des Arbeitnehmers an eine andere Tätigkeitsstätte oder dessen vorübergehenden **Abordnung** dorthin sehr wichtig; insbesondere im öffentlichen Dienst. Zu beachten sind als Folgen: 146

Folge einer Versetzung ohne zeitliche Befristung	Folge einer Abordnung	
	ohne zeitliche Befristung	mit zeitlicher Befristung bis zu 48 Monaten
Führt zur dauerhaften Zuordnung des Arbeitnehmers; es wird eine neue „erste Tätigkeitsstätte" begründet. (Bei zeitlicher Befristung bis zu 48 Monaten s. rechts unter Abordnung)	Führt zur dauerhaften Zuordnung des Arbeitnehmers; es wird eine neue „erste Tätigkeitsstätte" begründet.	Es liegt **keine** dauerhafte Zuordnung des Arbeitnehmers vor; die Befristung ergibt keine neue „erste Tätigkeitsstätte". Gleiches gilt, wenn diese Abordnung mit dem „Ziel der Versetzung" verbunden ist.

3. Nicht eindeutige Zuordnung des Arbeitgebers

a) Ausfüllende Absprachen oder Weisungen

Haben Arbeitgeber und Arbeitnehmer im **Arbeitsvertrag** oder in ggf. **ergänzenden** Regelungen **keine** erste Tätigkeitsstätte festgelegt, sind die **ausfüllenden** Absprachen oder **Weisungen** für den Tätigkeitsort des Arbeitnehmers heranzuziehen (z. B. Protokollnotizen, dienstrechtliche Verfügungen). Weil für diese hilfsweise herangezogenen Unterlagen keine Formvorschriften bestehen, helfen auch mündlich vereinbarte Regelungen weiter. So kann z. B. ein Anhaltspunkt für eine arbeits- oder dienstrechtliche Zuordnungsentscheidung des Arbeitgebers sein, ob er für die (Auswärts-)Tätigkeit des Arbeitnehmers nach den betrieblichen Reiserichtlinien Reisekosten (Auslösen) zahlt oder nicht. 147

b) Tarifvertragliche Regelungen, Betriebsvereinbarung

In Zweifelsfragen können für die Zuordnung eines Arbeitnehmers zu einer betrieblichen Einrichtung ergänzend die Regelungen eines Tarifvertrags oder einer Betriebsvereinbarung herangezogen werden. 148

Allerdings sind solche hilfsweise herangezogenen Nachweise nicht allein entscheidend. Auch in diesen Fällen ist zu beachten, dass die erste Tätigkeitsstätte eine Tätigkeit des Arbeitnehmers voraussetzt und er in dieser betrieblichen Einrichtung zumindest in geringem Umfang tätig werden muss (→ Rz. 141).

4. Quantitative Voraussetzungen

Fehlt eine dauerhafte **Zuordnung** des Arbeitnehmers zu einer betrieblichen Einrichtung oder ist die Festlegung des Arbeitgebers nicht eindeutig bzw. nach den vorigen Grundsätzen nicht bestimmbar, liegt zunächst **keine** Zuordnung des Arbeitnehmers zu einer 149 betrieblichen Einrichtung vor. Um zu einem (steuerlichen) Ergebnis zu kommen, ist die **erste Tätigkeitsstätte** nach dem Gesetzeswortlaut des § 9 Abs. 4 Satz 4 EStG zu bestimmen. Danach ist sie eine betriebliche Einrichtung, an der der Arbeitnehmer **dauerhaft**

- typischerweise arbeitstäglich oder
- je Arbeitswoche zwei volle Arbeitstage oder
- mindestens ein Drittel seiner vereinbarten regelmäßigen Arbeitszeit

tätig werden **soll** (sog. quantitative Voraussetzungen).

Beispiel: Tätigkeit an unterschiedlichen Tätigkeitsstätten

Der unbefristet beschäftigte Arbeitnehmer A soll laut Arbeitsvertrag dauerhaft in der Verkaufsstelle in B arbeiten. In den ersten 24 Monaten seiner Tätigkeit arbeitet er an drei Tagen wöchentlich in der Verkaufsstelle B und an zwei vollen Tagen wöchentlich in einer Verkaufsstelle in P.

Der Arbeitgeber hat A für die ersten 24 Monate seiner Tätigkeit der Verkaufsstelle P zugeordnet.

Folge: A hat in der Verkaufsstelle P keine erste Tätigkeitsstätte, da er laut Arbeitsvertrag dort nicht dauerhaft, sondern lediglich für 24 Monate zugeordnet ist. Erste Tätigkeitsstätte ist die Verkaufsstelle B, da A dort dauerhaft (typischerweise an mindestens zwei vollen Tagen) tätig werden soll. Weil sich diese Folge bereits nach den gesetzlichen Regelungen ergibt, ist in diesem Fall die Zuordnung des Arbeitgebers nicht zwingend erforderlich.

Abwandlung: Keine dauerhafte Tätigkeitsstätte

Arbeitnehmer A soll in der Verkaufsstelle in B nicht dauerhaft arbeiten, sondern lediglich in den ersten 36 Monaten seiner Tätigkeit an vier Tagen wöchentlich und einen vollen Tag wöchentlich in der Verkaufsstelle in P tätig werden. Anderweitige/ergänzende Regelungen wurden nicht getroffen.

Folge: In diesen 36 Monaten seiner Tätigkeit hat A in der Verkaufsstelle in B keine erste Tätigkeitsstätte, da er dort nicht dauerhaft tätig werden soll. Erste Tätigkeitsstätte ist auch nicht die Verkaufsstelle in P, weil A dort die quantitativen Kriterien nicht erfüllt.

Wird die Tätigkeitsstätte durch eine quantitative Prüfung bestimmt, ist allein die zu leistende arbeitsvertragliche Arbeitszeit entscheidend. Hierfür ist eine **Prognose** zu treffen (→ Rz. 153). Auch in diesem Fall gilt der in → Rz. 141 genannte Grundsatz, wonach der Arbeitnehmer an der betrieblichen Einrichtung seine eigentliche berufliche Tätigkeit ausüben muss. Hierzu zählen nicht Vorbereitungsarbeiten und Hilfstätigkeiten.

Für die Bestimmung des erforderlichen **Drittels** der vereinbarten regelmäßigen Arbeitszeit wird regelmäßig dann auf den **Lohnzahlungszeitraum** abzustellen sein (z. B. Woche, Monat), insbesondere wenn kurzfristig eine Entscheidung getroffen werden soll. Als längerer Zeitraum ist jedoch auch das **Kalenderjahr** möglich.

Liegen für **mehrere** Tätigkeitsstätten die quantitativen Voraussetzungen für eine erste Tätigkeitsstätte vor, ist die Tätigkeitsstätte anzusetzen, die der Wohnung des Arbeitnehmers am nächsten liegt. Diese Regelung wirkt sich zu Gunsten des Arbeitnehmers aus (z. B. für den Ansatz von Reisekosten zur weiter entfernt liegenden Tätigkeitsstätte oder für die Versteuerung des geldwerten Vorteils bei Nutzung eines Firmen-Pkw).

Fährt der Arbeitnehmer eine betriebliche Einrichtung des Arbeitgebers regelmäßig und immer wieder an, z. B. für Hilfstätigkeiten, für kurze Rüstzeiten, zur Berichtsanfertigung, zur Vorbereitung der Zustellroute, um Kraftstoff zu tanken, ein Kundendienstfahrzeug zu übernehmen bzw. abzustellen oder um Aufträge, Werkzeug und Material, Stundenzettel Krankmeldungen usw. abzuholen bzw. abzugeben oder zur Wartung und Pflege des Fahrzeugs oder zur Abholung bzw. Abgabe von Kundendienstfahrzeugen, eines Lkw einschließlich dessen Be- und Entladung, wird sie **nicht** zu seiner ersten Tätigkeitsstätte. Denn der Arbeitnehmer übt seine eigentliche berufliche Tätigkeit dort nicht aus (→ Rz. 141).

Beispiel: Eigentliche berufliche Tätigkeit bei verschiedenen Kunden

Außendienstmitarbeiter A soll den Betriebssitz seines Arbeitgebers in B lediglich in unregelmäßigen Abständen aufsuchen, um seine Aufträge abzuholen und abzurechnen, Urlaubsanträge abzugeben und gelegentlich an Besprechungen teilzunehmen. A ist dem Betriebssitz in B nicht arbeitsrechtlich zugeordnet. Seine eigentliche berufliche Tätigkeit soll A ausschließlich bei verschiedenen Kunden ausüben.

Auf Grund ungeplanter betrieblicher Abläufe soll A über einen Zeitraum von zwölf Monaten die betriebliche Einrichtung in B arbeitstäglich aufsuchen, um dort einen Teil seiner eigentlichen beruflichen Tätigkeit zu erledigen (z. B. Verkaufsberichte erstellen).

> **Folge:** A hat keine erste Tätigkeitsstätte. Der Betrieb seines Arbeitgebers wird auch durch das (nicht geplante) regelmäßige Aufsuchen nicht zur ersten Tätigkeitsstätte, da er seine eigentliche berufliche Tätigkeit an diesem Ort nicht ausübt.
>
> Auch wenn A für einen Zeitraum von zwölf Monaten arbeitstäglich einen Teil seiner beruflichen Tätigkeit in der betrieblichen Einrichtung in B ausüben soll, führt dies mangels Dauerhaftigkeit noch nicht zu einer ersten Tätigkeitsstätte. Die ursprüngliche Prognose sah dies nicht vor und nach der neuen Prognose sollen die Tätigkeiten am Betriebssitz in B nur vorübergehend ausgeübt werden.

Auch hier ist zur Verdeutlichung nochmals anzumerken, dass bei Anwendung der quantitativen Merkmale der Arbeitnehmer an der zu beurteilenden betrieblichen Einrichtung seine **eigentliche** berufliche Tätigkeit ausüben muss (→ Rz. 141).

Beispiele zum Merkmal der „eigentlichen beruflichen Tätigkeit"

1. Kassenabrechnungspflicht von Busfahrern

Die Fahrer im städtischen Busbetrieb sollen ihre Fahrzeuge immer an wechselnden Stellen im Stadtgebiet aufnehmen und i. d. R. mindestens einmal wöchentlich die Kassen abrechnen. Die Kassenabrechnung sollen sie in der Geschäftsstelle oder in einem städtischen Betriebshof durchführen. Dort werden auch die Personalakten geführt, ferner haben die Arbeitnehmer an diesen Stellen die Krank- und Urlaubsmeldungen abzugeben.

> **Folge:** Das bloße Abrechnen der Kassen, die Führung der Personalakten (durch den Arbeitgeber) sowie die Verpflichtung zur Abgabe der Krank- und Urlaubsmeldungen führen **nicht** zu einer ersten Tätigkeitsstätte im Betriebshof oder in der Geschäftsstelle, **es sei denn**, der Arbeitgeber **ordnet** die Arbeitnehmer einem Betriebshof oder der Geschäftsstelle arbeitsrechtlich als erste Tätigkeitsstätte zu (→ Rz. 150). Im Falle einer Zuordnung genügen auch diese Hilfs- und Nebentätigkeiten, um dort eine erste Tätigkeitsstätte zu begründen.

2. Nebenarbeiten von Lkw-Fahrern am Sammelpunkt

Der Lkw-Fahrer A soll typischerweise arbeitstäglich den Betriebssitz des Arbeitgebers aufsuchen, um dort das Fahrzeug abzuholen sowie dessen Wartung und Pflege durchzuführen.

> **Folge:** Allein das Abholen sowie die Wartung und Pflege des Fahrzeugs führen als Hilfs- und Nebentätigkeiten i. R. der quantitativen Zuordnung nicht zu einer ersten Tätigkeitsstätte am Betriebssitz des Arbeitgebers. Allerdings handelt es sich in diesem Fall bei dem Betriebssitz um einen sog. Sammelpunkt (→ Rz. 171, → Rz. 150).

Etwas anderes gilt nur, wenn der Arbeitgeber den Arbeitnehmer dem Betriebssitz arbeits- **150**
rechtlich als erste Tätigkeitsstätte **zuordnet**. Jedoch gilt auch in diesem Fall der **Grundsatz**, dass eine Zuordnung eines Arbeitnehmers zu einer betrieblichen Einrichtung allein aus tarifrechtlichen, mitbestimmungsrechtlichen oder organisatorischen Gründen (z. B. Personalaktenführung) **keine** Zuordnung ist, wenn der Arbeitnehmer in dieser Einrichtung **nicht** tätig werden soll. Sofern der Arbeitnehmer aber in einer vom Arbeitgeber festgelegten Tätigkeitsstätte zumindest in ganz **geringem** Umfang **tätig** werden **soll**, z. B. mit Hilfs- und Nebentätigkeiten (Auftragsbestätigungen, Abgabe von Stundenzetteln oder von Krank- und Urlaubsmeldung usw.), **darf** der Arbeitgeber den Arbeitnehmer zu dieser Tätigkeitsstätte steuerwirksam **zuordnen**. Eventuelle tarifrechtliche, mitbestimmungsrechtliche oder organisatorische Gründe für diese Entscheidung sind unbeachtlich. Auch kommt es hier auf die Qualität des Tätigwerdens nicht an (im Gegensatz

zur Bestimmung anhand der quantitativen Zuordnungskriterien).[1] Allerdings reicht es in diesen Fällen nicht aus, wenn **Dritte** (z. B. Post, Bote oder Familienangehörige) dort lediglich Krank- oder Urlaubsmeldungen abgeben.

Somit lässt sich **zusammenfassend** feststellen, dass es bei der quantitativen Prüfung **allein** auf den **Umfang** der an der **Tätigkeitsstätte** zu leistenden arbeitsvertraglichen Arbeitszeit (mindestens 1/3 der vereinbarten regelmäßigen Arbeitszeit oder zwei volle Arbeitstage wöchentlich oder arbeitstäglich) ankommt.

Dies bedeutet:

- Soll der Arbeitnehmer an einer Tätigkeitsstätte
  - **zwei** volle **Arbeitstage** je Arbeitswoche **oder**
  - mindestens **1/3** der vereinbarten **regelmäßigen Arbeitszeit** tätig werden,

  dann ist dies seine **erste** Tätigkeitsstätte.
- Entsprechendes gilt, wenn der Arbeitnehmer an einer Tätigkeitsstätte **arbeitstäglich und** mindestens **1/3** der vereinbarten **regelmäßigen Arbeitszeit** tätig werden soll.
- Soll der Arbeitnehmer an einer Tätigkeitsstätte arbeitstäglich, jedoch **weniger** als 1/3 der vereinbarten regelmäßigen Arbeitszeit tätig werden, dann führt dies **nur** dann zu einer ersten Tätigkeitsstätte, wenn der Arbeitnehmer dort typischerweise arbeitstäglich seine eigentliche berufliche Tätigkeit und nicht nur Vorbereitungs- oder Hilfs- oder Nebentätigkeiten (Rüstzeiten, Abholung oder Abgabe von Kundendienstfahrzeug, Material, Auftragsbestätigungen, Stundenzetteln, Krankmeldungen, Urlaubsanträgen o. Ä. abholen oder abgeben) durchführen soll.
- Erfüllen nach den vorgenannten Kriterien **mehrere** Tätigkeitsstätten die quantitativen Voraussetzungen für eine erste Tätigkeitsstätte, kann der Arbeitgeber bestimmen, welche dieser Tätigkeitsstätten die erste Tätigkeitsstätte ist (→ Rz. 151).
- **Fehlt** eine solche Bestimmung des Arbeitgebers, wird zu Gunsten des Arbeitnehmers die Tätigkeitsstätte zu Grunde gelegt, die der Wohnung des Arbeitnehmers am nächsten liegt (→ Rz. 151).

5. Mehrere Tätigkeitsstätten des Arbeitnehmers

151 An dieser Stelle sind zunächst die allgemeinen Grundsätze zu wiederholen:

- Der Arbeitnehmer kann je Dienstverhältnis **höchstens** eine erste Tätigkeitsstätte innehaben. Welche das ist, entscheidet sich anhand der vorgenannten Prüfungen (→ Rz. 137 ff.).
- Erfüllen **mehrere** betriebliche Einrichtungen die Voraussetzungen einer Tätigkeitsstätte, kann der Arbeitgeber die erste Tätigkeitsstätte **festlegen**. Hierbei braucht er keine weiteren gesetzlichen Vorgaben zu beachten. Das heißt, dort muss der Arbeitnehmer weder den zeitlich überwiegenden noch qualitativ bedeutsameren Teil seiner beruflichen Tätigkeit ausüben.
- **Fehlt** eine solche Bestimmung des Arbeitgebers, legt die Finanzverwaltung zu Gunsten des Arbeitnehmers die Tätigkeitsstätte zu Grunde, die der Wohnung des Arbeitnehmers am nächsten liegt.

Beispiel: Mehrere Tätigkeitsstätten

Der in B wohnende Arbeitnehmer A soll auf Dauer an drei Tagen in der Woche in der Filiale seines Arbeitgebers in B und an wöchentlich zwei Tagen in seiner Filiale in P tätig sein. Der Arbeitgeber bestimmt die Filiale in P zur ersten Tätigkeitsstätte.

Folge: Durch die Entscheidung seines Arbeitgebers hat A in P seine erste Tätigkeitsstätte. Es ist unbeachtlich, dass er dort lediglich an zwei Tagen und damit nicht zeitlich überwiegend beruflich tätig ist.

1) BFH v. 4.4.2019, VI R 27/17, BStBl II 2019, 536.

Abwandlung:

Verzichtet der Arbeitgeber auf sein Bestimmungsrecht oder ist seine Festlegung nicht eindeutig, so ist die der Wohnung des Arbeitnehmers örtlich am nächsten liegende Tätigkeitsstätte die erste Tätigkeitsstätte, hier B. Die Fahrten zur weiter entfernten Tätigkeitsstätte rechnen in diesem Fall zur Auswärtstätigkeit.

Folge: Die Tätigkeit in P ist eine beruflich veranlasste Auswärtstätigkeit, weshalb für die dortigen Tätigkeiten steuerfreie Zahlungen/Auslösen bzw. ein Werbungskostenansatz nach Reisekostengrundsätzen in Betracht kommen.

Eine Besonderheit ist bei den in der häuslichen Pflege tätigen **Pflege(dienst)kräften** zu beachten. Hier kann die Dauer des Pflegevertrags über das Vorliegen einer ersten Tätigkeitsstätte entscheiden. 152

Beispiel: Tätigkeitsstätte von Pflegedienstkräften

Die Pflegedienstkraft A hat täglich vier Personen zu betreuen. Alle vier Pflegepersonen sollen von A nach Absprache mit der Pflegedienststelle (Arbeitgeber) bis **auf Weiteres** arbeitstäglich regelmäßig betreut werden. Der Arbeitgeber hat keine dieser Pflegestellen als erste Tätigkeitsstätte bestimmt.

Folge: Erste Tätigkeitsstätte von A ist die ihrer Wohnung am nächsten liegende Pflegestelle.

Abwandlung:

A soll die vier Pflegepersonen nach Absprache mit der Pflegedienststelle (Arbeitgeber) **zunächst** für die Dauer von zwei Jahren arbeitstäglich regelmäßig betreuen. Der Arbeitgeber hat keine dieser Pflegestellen als erste Tätigkeitsstätte bestimmt.

Folge: Die Pflegedienstkraft hat keine erste Tätigkeitsstätte, da sie an keiner der Pflegestellen dauerhaft tätig werden soll.

6. Prognoseentscheidung des Arbeitgebers

a) Grundsatz

Um den Lohnsteuerabzug zutreffend durchführen zu können, muss der Arbeitgeber in der Regel bereits für die erste Lohnabrechnung des Arbeitnehmers die lohnsteuerlichen Sachverhalte abschließend ermitteln können. Folglich kann er die Frage nach einer ersten Tätigkeitsstätte sowie die Zuordnung des Arbeitnehmers nur durch eine Prognose entscheiden (sog. ex ante-Betrachtung = im Voraus). Die Prognoseentscheidung ist zu Beginn des Dienstverhältnisses zu treffen. Auch hierfür gelten die allgemeinen Grundsätze des Steuerrechts, wonach die Festlegung des Arbeitgebers 153

- ernst gemeint und **auf Dauer** angelegt sein muss,
- nicht nur vorübergehend gelten darf und
- sich an den Verhältnissen bei Vertragsabschluss orientieren muss.

Bei dieser Prognoseentscheidung bleibt es, bis sich deren Grundlagen oder Voraussetzungen unvorhergesehen oder planmäßig ändern.

Die Finanzverwaltung wird insbesondere bei Gesellschafter-Geschäftsführern, Arbeitnehmer-Ehegatten bzw. Lebenspartnern und sonstigen mitarbeitenden Familienangehörigen prüfen, ob die getroffenen Vereinbarungen tatsächlich durchgeführt werden und einem Fremdvergleich standhalten (§ 42 AO).

b) Planmäßige Änderung für die Zukunft

Ändert der Arbeitgeber seine Zuordnung des Arbeitnehmers oder bestimmt er sie planmäßig neu, gilt sie nur mit Wirkung für die Zukunft. Für die Vergangenheit bleibt es bei der vorangegangenen Entscheidung, wenn sie nicht bewusst unzutreffend war. 154

Eine geänderte Zuordnung zur Tätigkeitsstätte kann sich insbesondere aus einem **geänderten Arbeitsvertrag** oder der Übernahme einer **anderen Tätigkeit** ergeben, z. B. bei

Versetzung des Arbeitnehmers an einen anderen Zweigbetrieb oder im Falle eines auf Dauer angelegten Wechsels eines Außendienstmitarbeiters in den Innendienst. Auch hierfür ist die Entscheidung des Arbeitgebers maßgeblich.

Verlängert sich eine auf **längstens** 48 Monate geplante Auswärtstätigkeit des Arbeitnehmers, ist **entscheidend**, für welche Dauer die Auswärtstätigkeit nun geplant wird. Maßgebend für den Beginn der 48-Monatsgrenze ist der **Zeitpunkt** der Verlängerungsentscheidung (→ Rz. 144).

c) Nicht vorhersehbare Änderung für die Zukunft

155 Als unvorhergesehene bzw. nicht vorhersehbare Änderungsgründe kommen beispielsweise politische Unruhen am Tätigkeitsort, ein überraschender Abbruch der Tätigkeit durch Vertragsauflösung, Insolvenz des Kunden, Naturkatastrophen, vorzeitige Fertigstellung des Projekts oder Beendigung auf Grund von Krankheit des Arbeitnehmers o. Ä. in Betracht.

Bei solchen Ereignissen bleibt es für die Frage nach einer ersten Tätigkeitsstätte bei der in der Vergangenheit getroffenen Prognose zur Bestimmung der ersten Tätigkeitsstätte. Die geänderten Verhältnisse wirken nur für die Zukunft.

Wird nach einer unerwarteten Unterbrechung die auswärtige Tätigkeit wieder aufgenommen, hat der Arbeitgeber eine neue Prognoseentscheidung zu treffen.

Beispiel: Tätigkeitsstätte für Kundendienstmonteur

Der Kundendienstmonteur K soll an der ortsfesten betrieblichen Einrichtung seines Arbeitgebers in A lediglich in unregelmäßigen Abständen seine Aufträge abholen und abrechnen, Urlaubsanträge abgeben und gelegentlich an Besprechungen teilnehmen. K ist der betrieblichen Einrichtung in A nicht arbeitsrechtlich zugeordnet. Seine eigentliche berufliche Tätigkeit soll K ausschließlich bei verschiedenen Kunden ausüben.

Auf Grund ungeplanter betrieblicher Abläufe ergibt es sich, dass K über einen Zeitraum von zwölf Monaten nun die betriebliche Einrichtung in A arbeitstäglich aufsuchen soll und auch aufsucht, um dort seine Berichte zu verfassen (= Teil seiner eigentlichen beruflichen Tätigkeit).

Folge: Auch wenn K für einen Zeitraum von zwölf Monaten arbeitstäglich einen Teil seiner beruflichen Tätigkeit in der betrieblichen Einrichtung in A ausüben soll, führt dies mangels Dauerhaftigkeit noch nicht zu einer ersten Tätigkeitsstätte.

Die ursprüngliche Prognose sah dies nicht vor und nach der neuen Prognose sollen diese Arbeiten am Betriebssitz in A lediglich vorübergehend ausgeübt werden.

7. Grenzüberschreitende Arbeitnehmerentsendung

156 Entsprechend den Regelungen für das Inland liegt auch bei einer **grenzüberschreitenden** Arbeitnehmerentsendung zwischen verbundenen Unternehmen beim aufnehmenden Unternehmen eine **erste** Tätigkeitsstätte vor, wenn der Arbeitnehmer i. R. eines **eigenständigen** Arbeitsvertrags

- mit dem aufnehmenden Unternehmen einer ortsfesten betrieblichen Einrichtung dieses Unternehmens **unbefristet** oder dort für die Dauer der Entsendung zugeordnet ist[1] oder
- die Zuordnung die Dauer des **gesamten** – befristeten oder unbefristeten – Dienstverhältnisses umfasst oder
- die Zuordnung über einen Zeitraum von 48 Monaten hinaus reicht.

---

1) BFH v. 17.12.2020, VI R 21/18, BStBl II 2021, 506.

Beispiel: Tätigkeitsstätte bei Arbeitnehmerentsendung

Der Arbeitnehmer A ist von der ausländischen Muttergesellschaft Z für zwei Jahre an die inländische Tochtergesellschaft B entsandt worden. A hat mit Z einen eigenständigen Arbeitsvertrag über zwei Jahre abgeschlossen, in dem er der inländischen Hauptniederlassung von B zugeordnet wurde.

Folge: Auf Grund der Zuordnung für die Dauer des mit Z befristeten Dienstverhältnisses hat A seine erste Tätigkeitsstätte in B.

Wird der Arbeitnehmer bei grenzüberschreitender Arbeitnehmerentsendung zwischen verbundenen Unternehmen **ohne den Abschluss** eines eigenständigen Arbeitsvertrags mit dem **aufnehmenden** Unternehmen in einer ortsfesten betrieblichen Einrichtung dieses Unternehmens tätig, verhält es sich anders als zuvor erläutert. In solchen Fällen liegt beim **aufnehmenden** Unternehmen eine **erste** Tätigkeitsstätte **nur dann** vor, wenn der Arbeitnehmer vom **entsendenden** Unternehmen (von seinem Arbeitgeber) einer ortsfesten Einrichtung des aufnehmenden Unternehmens **zugeordnet** ist und

- die Zuordnung die Dauer des **gesamten** – befristeten oder unbefristeten – Dienstverhältnisses umfasst oder
- die Zuordnung über einen Zeitraum von **48 Monaten** hinausreicht.

Fehlt es bei grenzüberschreitender Arbeitnehmerentsendung zwischen verbundenen Unternehmen an einer dauerhaften Zuordnung des Arbeitnehmers zu einer betrieblichen Einrichtung des aufnehmenden Unternehmens durch dienst- oder arbeitsrechtliche Festlegung oder ist die getroffene Festlegung nicht eindeutig, gelten die quantitativen Zuordnungskriterien (s. zur Dauerhaftigkeit → Rz. 141 und zu den quantitativen Kriterien → Rz. 149).

8. Erste Tätigkeitsstätte: Zusammenfassung/Folgen für Arbeitgeber

Die erste Tätigkeitsstätte ist das maßgebende Kriterium für die Beurteilung, ob der Arbeitnehmer 157

- eine Auswärtstätigkeit ausübt,
- einen doppelten Haushalt führt oder
- am Ort der ersten Tätigkeitsstätte wohnt.

Daran knüpfen die steuerlichen Folgerungen an, wie z. B. ein Ansatz der Entfernungspauschale oder der tatsächlichen Fahrtkosten, sowie die steuerfreie Zahlung von Reisekosten, wie z. B. Verpflegungspauschalen oder Unterkunftskosten.

Um steuerlich eine eindeutige Zuordnung des Arbeitnehmers zu einer ersten Tätigkeitsstätte sicherzustellen, sollte der Arbeitgeber die Arbeitsverträge sorgfältig prüfen. Soweit erforderlich, sollte die erste Tätigkeitsstätte des Arbeitnehmers steuersicher beschrieben werden, ggf. als Prognose (→ Rz. 153). Gleiches gilt, wenn der Arbeitnehmer keine erste Tätigkeitsstätte innehaben soll.

9. Lohnkonto/Dokumentation

Auch für die Bestimmung einer ersten Tätigkeitsstätte ist der im Steuerecht maßgebende Grundsatz zu beachten, wonach mündliche Vereinbarungen und Abreden von der Finanzverwaltung anzuerkennen sind. Folglich muss die Zuordnungsentscheidung nicht gesondert dokumentiert werden; insbesondere dann nicht, wenn sie sich aus Zusatzdokumenten zum Arbeitsvertrag ergibt (s. nachfolgenden Hinweis).[1] 158

Angesichts der zentralen Bedeutung sollte die Bestimmung der ersten Tätigkeitsstätte jedoch eindeutig und nachvollziehbar im Lohnkonto aufgezeichnet oder als Beleg zum

1) BFH v. 4.4.2019, VI R 27/17, BStBl II 2019, 536; v. 11.4.2019, VI R 40/16, BStBl II 2019, 546.

Lohnkonto genommen werden. Denn die dienst- oder arbeitsrechtliche Zuordnungsentscheidung des Arbeitgebers muss aus steuerlicher Sicht eindeutig sein.

Hinweis zur rechtssicheren Dokumentation der Bestimmung der ersten Tätigkeitsstätte

Für eine Dokumentation kommen z. B. in Betracht:

- Regelungen im Arbeits- und Tarifvertrag, in Protokollnotizen und dienstrechtlichen Verfügungen;
- Einsatzpläne, Reiserichtlinien, Reisekostenabrechnungen;
- der Ansatz bzw. die Berechnung des geldwerten Vorteils für die Nutzung eines Dienstwagens für die Fahrten zwischen Wohnung und erster Tätigkeitsstätte oder
- vom Arbeitgeber als Nachweis seiner Zuordnungsentscheidung vorgelegte Organigramme. Allerdings darf die Finanzverwaltung ein Organigramm nicht gegen den Willen des Arbeitgebers als Nachweis zur Bestimmung einer ersten Tätigkeitsstätte heranziehen.

III. Beruflich veranlasste Auswärtstätigkeit

1. Allgemeines

159 Aufwendungen im Zusammenhang mit einer beruflich veranlassten Auswärtstätigkeit des Arbeitnehmers darf der Arbeitgeber als Reisekosten (→ Rz. 133) steuerfrei erstatten; alternativ kann sie der Arbeitnehmer i. R. seiner Einkommensteuerveranlagung als Werbungskosten steuermindernd ansetzen. Eine beruflich veranlasste Auswärtstätigkeit liegt vor, wenn der Arbeitnehmer

- aus beruflichen/dienstlichen Gründen anlässlich einer **vorübergehenden** Auswärtstätigkeit
- einen **Ortswechsel** (einschließlich Hin- und Rückfahrt)

vornimmt.

Die Auswärtstätigkeit setzt demnach voraus, dass der Arbeitnehmer

- seine (derzeitige bzw. bisherige) ständige Arbeitsstätte **beibehält** und
- **vorübergehend** außerhalb seiner Wohnung

und **nicht** an seiner ersten Tätigkeitsstätte (→ Rz. 137 ff.) beruflich tätig wird. Ob der Arbeitnehmer seine Auswärtstätigkeit von der ersten Tätigkeitsstätte, unmittelbar von seiner Wohnung oder von dem weiträumigen Tätigkeitsgebiet aus antritt, ist unbeachtlich.

Eine Tätigkeit ist nur dann **vorübergehend**, wenn der Arbeitnehmer voraussichtlich an die erste Tätigkeitsstätte zurückkehren und dort seine berufliche Tätigkeit fortsetzen wird. Hierbei ist die Regelung von § 9 Abs. 4 Satz 3 EStG zu beachten, wonach von einer dauerhaften Zuordnung und einer ersten Tätigkeitsstätte auszugehen ist, wenn der Arbeitnehmer über einen Zeitraum von 48 Monaten hinaus an einer solchen Tätigkeitsstätte tätig werden soll (→ Rz. 144). Keine nur vorübergehende Auswärtstätigkeit liegt mehr vor, wenn nach dem Gesamtbild der Verhältnisse die auswärtige Tätigkeit regelmäßige Arbeitsstätte geworden ist.

Eine **berufliche Veranlassung** der Auswärtstätigkeit ist regelmäßig gegeben, wenn der Arbeitnehmer auf Weisung des Arbeitgebers so gut wie ausschließlich betrieblich bzw. dienstlich unterwegs ist. Dies ist z. B. der Fall, wenn der Arbeitnehmer einen Firmenkunden besucht. Erledigt der Arbeitnehmer im Zusammenhang mit der beruflich veranlassten Auswärtstätigkeit auch in einem mehr als geringfügigen Umfang private Angelegenheiten, sind die beruflich veranlassten von den privat veranlassten Aufwendungen zu trennen.[1] Ist das nicht – auch nicht durch Schätzung – möglich, gehören die gesamten

1) BFH v. 21.9.2009, GrS 1/06, BStBl II 2010, 672.

Aufwendungen zu den nach § 12 EStG nicht abziehbaren Aufwendungen für die Lebensführung (→ Rz. 39 f.).

Weil die einzelnen Formen der beruflichen Auswärtstätigkeiten unter dem Oberbegriff der **beruflich** veranlassten Auswärtstätigkeit zusammengefasst werden, liegt eine berufliche **Auswärtstätigkeit ebenfalls** vor, wenn der Arbeitnehmer

- bei seiner individuellen beruflichen Tätigkeit **typischerweise** nur an ständig **wechselnden Tätigkeitsstätten** oder
- auf einem **Fahrzeug**

tätig wird. Diese Sonderformen der Auswärtstätigkeit haben keine eigenständige Bedeutung mehr. Im Einzelfall ist es jedoch nach wie vor hilfreich, für die steuerliche Berücksichtigung von Reisekosten weiterhin zwischen einer **Einsatzwechseltätigkeit** und einer **Fahrtätigkeit** zu unterscheiden.

Üben Arbeitnehmer mit einer **Einsatzwechsel**- oder **Fahrtätigkeit** vorübergehend eine von der üblichen Tätigkeit **untypische** (auswärtige) Tätigkeit aus, liegt regelmäßig auch insoweit eine Auswärtstätigkeit vor; z. B. ein Montagearbeiter mit Einsatzwechseltätigkeit wird von seinem Arbeitgeber zu einer mehrtägigen auswärtigen Fortbildungsveranstaltung entsandt. Anders als bei Gewerbetreibenden und Selbständigen werden die Voraussetzungen für die steuerliche Anerkennung einer Auswärtstätigkeit regelmäßig dadurch erbracht, dass der Arbeitnehmer die auswärtige Tätigkeit auf Grund des **Dienstverhältnisses** bzw. im beruflichen Interesse unternehmen muss.

Schließt ein Arbeitnehmer an eine beruflich veranlasste Auswärtstätigkeit mit Einverständnis des Arbeitgebers am auswärtigen Tätigkeitsort einen **Urlaub** an, verliert hierdurch der berufliche Teil der Reise nicht seinen **Charakter** als Auswärtstätigkeit. Dies gilt grundsätzlich für alle Aufwendungen im Zusammenhang mit der Auswärtstätigkeit; also auch für die Kosten eines Hin- und Rückflugs. Das Steuerrecht fordert hierfür eine untergeordnete private Mitveranlassung.

Von der geforderten **untergeordneten** privaten Mitveranlassung der Kosten für die Hin- und Rückreise zum Ort der beruflichen Veranlassung kann regelmäßig ausgegangen werden, wenn der Reise ein eindeutiger unmittelbarer beruflicher Anlass zu Grunde liegt (BFH v. 21.9.2009 und BMF v. 6.7.2010[1] sowie → Rz. 134).

Ob eine **Auswärtstätigkeit** vorliegt, richtet sich nach dem **Gesamtbild der Verhältnisse**. So fehlt z. B. das Kriterium „**vorübergehend**", wenn die auswärtige Tätigkeit vom ersten Tag an die erste Tätigkeitsstätte geworden ist, wie z. B. bei einer Versetzung in eine andere Betriebsstätte.

Beispiele zur Auswärtstätigkeit von Arbeitnehmern

1. Abordnung für vier Jahre

Arbeitnehmer A mit der ersten Tätigkeitsstätte in einer Einzelhandelsfiliale in Köln wird für vier Jahre nach München abgeordnet, um die dortige kleinere Zweigniederlassung wirtschaftlicher zu gestalten. Danach soll er wieder nach Köln zurückkommen.

Folge: A führt während der vierjährigen Tätigkeit in München eine Auswärtstätigkeit durch. Er begründet in München keine erste Tätigkeitsstätte, da er vorübergehend und nicht länger als 48 Monate an einer anderen betrieblichen Einrichtung des Arbeitgebers tätig ist (→ Rz. 144).

2. Verlängerung einer Abordnung

Arbeitnehmer A mit der ersten Tätigkeitsstätte bei seinem Arbeitgeber, einer Softwarefirma in Düsseldorf, soll in der Zweigniederlassung des Arbeitgebers in München das PC-System auf ein neues Softwareprogramm umstellen. Hierfür wird er für drei Jahre und sechs Monate nach München abgeordnet. Auf Grund technischer Schwierigkeiten i. R. der Umstellungsarbeiten verlängert sich der Einsatz in München um neun Monate.

1) BFH v. 21.9.2009, GrS 1/06, BStBl II 2010, 672; BMF v. 6.7.2010, IV C 3 – S 2227/07/10003 :002, BStBl I 2010, 614, Rz. 12.

Folge: In derartigen Fällen ist aufzuklären, ob von Beginn an eine unbefristete und damit dauerhafte auswärtige Tätigkeit beabsichtigt war. Arbeitgeber und Arbeitnehmer haben die Möglichkeit, die Vermutung des dauerhaften Einsatzes durch geeignete Unterlagen zu widerlegen. Im Zweifelsfall tragen sie die Feststellungslast für das Vorliegen einer vorübergehenden Tätigkeit.

Hier begründet A in München trotz der Verlängerung um neun Monate keine erste Tätigkeitsstätte, da es sich um eine unvorhergesehene kurzzeitige Verlängerung handelt, die sich ggf. abermals verlängern kann (→ Rz. 153 ff.).

Bei einer längerfristigen vorübergehenden Auswärtstätigkeit an derselben Tätigkeitsstätte wird die auswärtige Tätigkeitsstätte auch nach Ablauf der für die **Verpflegungsmehraufwendungen** maßgebenden **Dreimonatsfrist** (→ Rz. 178) nicht zur ersten Tätigkeitsstätte. Die Tätigkeit bleibt eine Auswärtstätigkeit. Die **Dreimonatsfrist** gilt nur für die Berücksichtigung von **Verpflegungsmehraufwendungen** bzw. steuerfreien Verpflegungspauschalen (→ Rz. 173 ff.). Ein zusammenfassendes Beispiel zu steuerfreien Reisekostenzahlungen des Arbeitgebers bei Auswärtstätigkeiten des Arbeitnehmers findet sich unter → Rz. 195.

2. Bildungsmaßnahmen

a) Außerhalb eines Dienstverhältnisses

160 Grundsätzlich sind die Aufwendungen eines Stpfl. für seine erstmalige Berufsausbildung oder für ein Erststudium, das zugleich eine Erstausbildung vermittelt, steuerlich nicht abziehbar (§ 4 Abs. 9 EStG sowie § 9 Abs. 6 EStG). Sie rechnen zu den Kosten der privaten Lebensführung. Jedoch kann ein Stpfl. seine Aufwendungen, die vor dem Abschluss der ersten Ausbildung oder seines Erststudiums liegen, bis zu 6 000 € im Kalenderjahr als Sonderausgaben ansetzen (§ 10 Abs. 1 Nr. 7 EStG). Damit er seine Aufwendungen zutreffend ermitteln kann, sind gem. § 9 Abs. 4 Satz 8 EStG die für Arbeitnehmer maßgebenden Regelungen entsprechend anzuwenden. Folglich wird eine Bildungseinrichtung als **erste Tätigkeitsstätte** behandelt. Dazu rechnet im Falle eines Studiums jede Hochschule nach § 1 HRG, also z. B. Universitäten, Pädagogische Hochschulen. Für die Einordnung einer Bildungseinrichtung als erste Tätigkeitsstätte ist die Dauer der vollzeitigen Bildungsmaßnahme unerheblich. Weil eine zeitliche Mindestdauer nicht erforderlich ist, wird solch eine Einrichtung auch dann eine erste Tätigkeitsstätte, wenn sie vom Stpfl. i. R. einer nur kurzzeitigen Bildungsmaßnahme aufgesucht wird.[1] Davon ist auszugehen, wenn der Stpfl. die Bildungseinrichtung anlässlich der regelmäßig zeitlich befristeten Bildungsmaßnahme nicht nur gelegentlich, sondern mit einer gewissen Nachhaltigkeit, d. h. fortdauernd und immer wieder (dauerhaft) aufsucht.[2]

Studierende, die ein Teil des Studiums an einer anderen (weiteren) Hochschule (hier Auslandssemester) absolvieren können bzw. müssen, begründen an der anderen Hochschule keine weitere erste Tätigkeitsstätte i. S. d. § 9 Abs. 4 Satz 8 EStG (s.u.).[3] Die **Bildungseinrichtung** eines Stpfl. ist auch dann seine **erste Tätigkeitsstätte**, wenn er sie **außerhalb** eines **Dienstverhältnisses** zum Zwecke eines **Vollzeitstudiums** oder einer vollzeitigen Bildungsmaßnahme aufsucht.

Ein Studium oder eine Bildungsmaßnahme findet insbesondere dann **außerhalb** eines Dienstverhältnisses statt, wenn

- diese nicht Gegenstand des Dienstverhältnisses sind, auch wenn sie seitens des Arbeitgebers durch Hingabe von Mitteln, wie z. B. eines Stipendiums, gefördert werden oder
- diese ohne arbeitsvertragliche Verpflichtung absolviert werden und die Beschäftigung lediglich das Studium oder die Bildungsmaßnahme ermöglicht.

1) BFH v. 14.5.2020, VI R 24/18, DStR 2020, 2238.
2) BFH v. 14.5.2020, VI R 24/18, BStBl II 2020, 770.
3) BFH v. 14.5.2020, VI R 3/18, BStBl II 2021, 302.

Ein **Vollzeitstudium** oder eine vollzeitige Bildungsmaßnahme liegt regelmäßig vor, wenn der Stpfl. i. R. des Studiums oder i. R. der Bildungsmaßnahme für einen Beruf ausgebildet wird und

- daneben entweder keiner Erwerbstätigkeit nachgeht oder
- während der gesamten Dauer des Studiums oder der Bildungsmaßnahme eine Erwerbstätigkeit mit durchschnittlich bis zu 20 Stunden regelmäßiger wöchentlicher Arbeitszeit oder in Form eines geringfügigen Beschäftigungsverhältnisses i. S. d. §§ 8, 8a SGB IV ausübt.

Für vertiefte Fragen zur **Abgrenzung** gegenüber einem Studium oder einer Bildungsmaßnahme **innerhalb** eines Dienstverhältnisses vgl. auch R 9.2 sowie R 19.7 LStR.

b) Berufliche Bildungsmaßnahme

aa) Bildungsmaßnahmen nach Berufsabschluss, Studium

Hat der Stpfl. seine **Berufsausbildung** oder sein Erststudium **abgeschlossen**, rechnen 161
die Aufwendungen für weitere Bildungsmaßnahmen regelmäßig zu den Werbungskosten (H 9.2. LStH, H 19.7 LStH). Gleiches gilt für ein im Anschluss an die Erstausbildung bzw. das Erststudium geleistetes Praktikum, wenn es im erkennbaren Zusammenhang mit der angestrebten Berufstätigkeit steht.

Absolviert ein Student nach abgeschlossener (Erst-)Ausbildung ein **Auslandssemester** und ein Auslandspraktikum, sind seine Aufwendungen für die dortige Unterkunft und für den Verpflegungsmehraufwand i. R. einer doppelten Haushaltsführung steuerlich berücksichtigungsfähig.[1] Nach diesem Urteil müssen die damit verbundenen Ausgaben für Verpflegungsmehraufwand und Unterkunft i. R. der Einkommensteuerveranlagung als vorweggenommene Werbungskosten berücksichtigt werden. Während des Auslandssemesters bleibt die inländische Hochschule die erste Tätigkeitsstätte des Studierenden.

bb) Studium i. R. eines Dienstverhältnisses

Führt hingegen ein **vollbeschäftigter** Arbeitnehmer i. R. seines Dienstverhältnisses eine längerfristige, jedoch vorübergehende **berufliche** bzw. berufsbezogene auswärtige **Bildungsmaßnahme** oder eine auswärtige betriebliche **Fortbildungsveranstaltung** durch, so wird der Veranstaltungsort im Allgemeinen – auch nach Ablauf von drei Monaten – **nicht** zu einer ersten Tätigkeitsstätte.

Hier bleibt es bei einer Auswärtstätigkeit. Folglich sind die **Fahrtkosten** des Arbeitnehmers zur Bildungseinrichtung nicht mit der Entfernungspauschale, sondern in **tatsächlicher Höhe** als Werbungskosten zu berücksichtigen.[2]

Von einer jeweils **neuen** Auswärtstätigkeit kann ausgegangen werden, wenn i. R. des Dienstverhältnisses eine **Ausbildungsstätte** wöchentlich nicht mehr als zwei Tage aufgesucht wird (z. B. Berufsschule); in diesem Fall ist die Dreimonatsfrist (Verpflegungspauschale) **nicht** zu beachten.

Findet jedoch die betriebliche Bildungsmaßnahme bzw. Fortbildungsveranstaltung **im Betrieb** des Arbeitgebers (z. B. am arbeitsfreien Wochenende) statt, so handelt es sich bei diesen Fahrten **nicht** um Auswärtstätigkeiten, sondern um Fahrten zwischen Wohnung und erster Tätigkeitsstätte, für die die **Entfernungspauschale** anzusetzen ist.[3]

Diese Grundsätze gelten auch für den **Sonderausgabenabzug** der Aufwendungen für die eigene Berufsausbildung (nach § 10 Abs. 1 Nr. 7 EStG).

---

1) BFH v. 14.5.2020, VI R 3/18, BB 2020, 2838.
2) BFH v. 10.4.2008, VI R 66/05, BStBl II 2008, 825.
3) BFH v. 26.2.2003, VI R 30/02, BStBl II 2003, 495.

IV. Fahrtätigkeit

162 Als Fahrtätigkeit wird bei Arbeitnehmern die Tätigkeit bezeichnet, die sie auf einem **Fahrzeug** ausüben, z. B. als (Berufs-)Kraftfahrer, Beifahrer, Linienbusfahrer, Straßenbahnführer, Taxifahrer, Müllfahrzeugführer, Beton- und Kiesfahrer, Lokführer und Zugbegleitpersonal. **Bus-** und **Lkw-Fahrer** haben regelmäßig keine erste Tätigkeitsstätte (→ Rz. 137 ff.).

Lediglich wenn dauerhaft und typischerweise arbeitstäglich ein vom Arbeitgeber festgelegter Ort aufgesucht werden soll (→ Rz. 171), werden die Fahrten von der Wohnung zu diesem Ort bzw. **Sammelpunkt** gleichbehandelt wie die Fahrten von der Wohnung zu einer ersten Tätigkeitsstätte.

Eine **Fahrtätigkeit** übt auch das **Begleitpersonal** auf dem Fahrzeug aus, z. B. ein Straßenbahnschaffner oder die Arbeitnehmer auf Abfuhr-/Abfallsammelfahrzeugen.

Bei Polizeibeamten im **Streifendienst**, Zollbeamten im Grenzaufsichtsdienst, Kraftfahrern im **Zustelldienst**, Verkaufsfahrern, Kundendienstmonteuren und Fahrlehrern sowie bei Binnenschiffern und Seeleuten, die auf dem Schiff eine Unterkunft haben, ist regelmäßig **keine** Fahrtätigkeit anzunehmen. Sie üben eine Einsatzwechseltätigkeit (→ Rz. 163) aus oder aber eine „übliche" Auswärtstätigkeit, wenn sie außerhalb ihrer ersten Tätigkeitsstätte (→ Rz. 137 ff.) tätig werden (z. B. im Streifendienst), s. Berufskatalog → Rz. 139.

Angestellte **Fahrlehrer**, die z. B. in dem Gebäude der Fahrschule auch theoretischen Unterricht erteilen, werden regelmäßig dort/in der Fahrschule ihre erste Tätigkeitsstätte (→ Rz. 137 ff.) haben mit der Folge, dass der praktische Fahrunterricht im Kfz als Auswärtstätigkeit zu werten ist.

Übt dagegen ein Arbeitnehmer mit einer Fahrtätigkeit vorübergehend eine für ihn untypische (auswärtige) Tätigkeit aus (z. B. Teilnahme an einer beruflichen Fortbildungsveranstaltung), so führt er auch während dieser Zeit eine Auswärtstätigkeit durch (→ Rz. 161).

V. Einsatzwechseltätigkeit

163 Werden Arbeitnehmer bei ihrer individuellen beruflichen Tätigkeit typischerweise **nur an ständig wechselnden Tätigkeitsstellen eingesetzt**, z. B. Bau- und Montagearbeiter oder **Kundendienstmonteure**, liegt eine Einsatzwechseltätigkeit vor.

Nur dann, wenn dauerhaft und typischerweise arbeitstäglich ein vom Arbeitgeber festgelegter Ort aufgesucht werden soll, werden die Fahrten von der Wohnung zu diesem **Ort/Sammelpunkt** ebenso behandelt wie die Fahrten von der Wohnung zu einer ersten Tätigkeitsstätte.

Zu beachten ist, dass betriebliche **Einrichtungen** von **Kunden** des Arbeitgebers eine erste Tätigkeitsstätte sein können (→ Rz. 138).

Beispiele: Typische Arbeitsverhältnisse mit ständig wechselnden Tätigkeitsstätten

- Ein bei einer **Zeitarbeitsfirma** beschäftigter Hochbauingenieur wird in regelmäßigem Wechsel verschiedenen Entleiherfirmen überlassen und auf deren Baustellen eingesetzt. Den Betrieb seines Arbeitgebers (Verleiher) sucht er nur hin und wieder auf, ohne dort eine erste Tätigkeitsstätte zu begründen (keine Zuordnung zu einem der bzw. den verschiedenen Projekten).
- **Seeleute**, die auf einem Schiff tätig werden sollen, haben i. d. R. keine erste Tätigkeitsstätte, weil das Schiff **keine ortsfeste** betriebliche Einrichtung des Arbeitgebers ist. Soll der Dienstantritt, die Ein- und Ausschiffung aber typischerweise arbeitstäglich von demselben Anleger (wie z. B. einem Fähranleger, Liegeplatz des Seenotrettungskreuzers, Anleger des Fahrgastschiffs) erfolgen (Prognose), werden die Fahrten zu diesem Ort/Sammelpunkt ebenso behandelt wie die Fahrten von der Wohnung zu einer ersten Tätigkeitsstätte.

– Angestellte **Lotsen** haben üblicherweise keine erste Tätigkeitsstätte, wenn sie ihre Tätigkeit typischerweise auf verschiedenen Schiffen ausüben sollen. Fahrten von der Wohnung zu einer vom Arbeitgeber **festgelegten** Lotsenstation oder Lotsenwechselstation, um von dort zum Einsatz auf ein Schiff verbracht zu werden, werden ebenso behandelt wie die Fahrten von der Wohnung zu einer ersten Tätigkeitsstätte.

Hinweis: Lotsbezirk und großräumige Betriebsstätte

Zur Frage, in welcher Höhe die **Fahrkosten** anzusetzen sind, ist beim BFH ein Verfahren anhängig mit der Rechtsfrage: „Stellt der Lotsbezirk in einem Hafen eine großräumige Betriebsstätte dar, weil alle Fahrstrecken in einem durch normative Regelungen begrenzten Einzugsbereich umfasst sind und eine Lotsenstation als ortsfeste Einrichtung vorliegt?“[1]

Sollte der Lotsbezirk keine ortsfeste (betriebliche) Einrichtung sein und es sich um ein weiträumiges Arbeitsgebiet handeln, sind sowohl die Fahrten zur weiträumigen Tätigkeitsstätte, eventuelle Fahrten sowie die Tätigkeit darin als berufliche Auswärtstätigkeit einzustufen. Für die Fahrten von der Wohnung zu diesem Tätigkeitsgebiet wird jedoch die Entfernungspauschale anzusetzen sein. S. auch → Rz. 172.

Soll ein Arbeitnehmer **in mehreren ortsfesten** Einrichtungen seines Arbeitgebers, eines verbundenen Unternehmens oder eines Dritten, die innerhalb eines bestimmten Bezirks gelegen sind, beruflich **tätig** werden, wird er **nicht** in einem weiträumigen Tätigkeitsgebiet, sondern **an verschiedenen**, ggf. sogar **ständig** wechselnden Tätigkeitsstätten tätig.

Für die Festlegung einer Einsatzwechseltätigkeit ist die Anzahl der während eines Kalenderjahres erreichten Tätigkeitsstätten ohne Bedeutung. Allerdings ist der Einsatz an verschiedenen Stellen innerhalb eines **weiträumigen Arbeitsgebiets** (→ Rz. 172) keine Einsatzwechsel-, sondern eine übliche Auswärtstätigkeit.

Ein **Feuerwehrmann**, der während der Dienstzeit grundsätzlich in der Feuerwache anwesend sein muss, um dort Arbeiten zu verrichten und auch dorthin nach dem Einsatz zurückkehrt (erste Tätigkeitsstätte), übt weder eine Einsatzwechseltätigkeit noch eine Fahrtätigkeit aus (→ Rz. 162), s. ergänzend Berufskatalog → Rz. 139.

Übt ein Arbeitnehmer mit einer Einsatzwechseltätigkeit vorübergehend eine für ihn untypische Tätigkeit aus (z. B. Teilnahme an einer beruflichen Fortbildungsveranstaltung), so führt er auch während dieser Zeit eine Auswärtstätigkeit durch (→ Rz. 161).

VI. Aufwendungsarten bei Auswärtstätigkeit

1. Fahrtkosten

a) Fahrtkosten bei üblicher Auswärtstätigkeit, Gesamtkosten

Wollen Arbeitnehmer Fahrtkosten anlässlich einer beruflich veranlassten **Auswärtstätigkeit** als **Werbungskosten** ansetzen oder möchte der **Arbeitgeber** die entstandenen Fahrtkosten **steuerfrei** ersetzen, gelten für deren Ermittlung grundsätzlich dieselben Regelungen wie für Gewerbetreibende und selbständig Tätige. Das heißt, bei Benutzung öffentlicher Verkehrsmittel ist dem Arbeitnehmer die Wahl des Beförderungsmittels und der Wagen-/Flugzeugsklasse grundsätzlich freigestellt. 164

aa) Öffentliche Verkehrsmittel

Werden die Fahrten zwischen Wohnung oder erster Tätigkeitsstätte und der Einsatz-/Arbeitsstelle oder der Ausbildungs- oder Weiterbildungsstätte i. R. einer Auswärtstätigkeit mit öffentlichen Verkehrsmitteln (ÖPNV) durchgeführt, gilt Folgendes: 165

– Als Fahrtkosten dürfen nur die **tatsächlichen Aufwendungen** angesetzt werden. Dieser Grundsatz gilt für den Ansatz als Werbungskosten; auch die steuerfreie Arbeitge-

1) Anhängiges Verfahren beim BFH mit Az. VIII R 13/24; Vorinstanz: Niedersächsisches FG v. 22.5.2024, 8 K 74/22.

bererstattung ist auf die tatsächlichen Kosten beschränkt. Dies hat der BFH bestätigt.[1)]

- Weil bei der Benutzung von regelmäßig verkehrenden Beförderungsmitteln die Aufwendungen durch das entsprechende (Beförderungs-)Entgelt eindeutig bestimmt werden können, fehlt ein Bedürfnis für pauschale Beträge bzw. Kilometersätze.

Nach o. g. Urteil kommt der Ansatz der pauschalen Kilometersätze anstelle der tatsächlichen Aufwendungen bei Benutzung eines regelmäßig verkehrenden Beförderungsmittels **nicht** in Betracht.

bb) Kraftfahrzeug

166 Nutzt der Arbeitnehmer i. R. seiner **Auswärtstätigkeit** für die beruflich veranlassten Fahrten **zwischen** Wohnung oder erster Tätigkeitsstätte und der **Einsatz-/Arbeitsstelle** oder der Ausbildungs- oder Weiterbildungsstätte (sonstige berufliche Fahrten)

- sein **eigenes** bzw. privates Kfz (Pkw) oder sein Kraftrad,

sind seine Aufwendungen in **tatsächlicher** Höhe als Werbungskosten zu berücksichtigen. (Zur Klarstellung: Hiervon ausgenommen sind die Fahrten zwischen Wohnung und erster Tätigkeitsstätte → Rz. 273 ff. sowie Familienheimfahrten → Rz. 253, → Rz. 299).

Das Finanzamt akzeptiert als Fahrtkosten entweder

- die tatsächlichen Aufwendungen (i. d. R. ist ein Nachweis erforderlich) oder
- pauschale Kilometersätze, die für das jeweils benutzte Beförderungsmittel (Fahrzeug) als höchste Wegstreckenentschädigung nach dem BRKG festgesetzt sind (§ 9 Abs. 1 Satz 3 Nr. 4a Satz 2 EStG, → Rz. 168, → Rz. 205 ff.).

Diese als Reisekosten für ein Kfz des Arbeitnehmers ansetzbaren Kilometersätze darf der Arbeitgeber auch steuerfrei zahlen. Liegt seine Erstattung unter dem tatsächlichen Satz, kann der Differenzbetrag als Werbungskosten angesetzt werden.

Begünstigt sind auch Aufwendungen für **Zwischenheimfahrten** aus Anlass einer Auswärtstätigkeit. Auf die Motive für die Zwischenheimfahrten[2)] und auf die Dauer der Auswärtstätigkeit kommt es nicht an.

Grundsätzlich steht es im Ermessen des Arbeitnehmers, ob er die Verwendung des Kfz/Pkw beruflich für erforderlich hält. Die **berufliche Notwendigkeit** wird i. d. R. bei Arbeitnehmern zutreffen, die i. R. ihrer Berufsausübung häufig auswärts tätig sind bzw. reisen, dabei lange Strecken zurücklegen und schnell einsatzfähig sein müssen, z. B. bei Reisevertretern mit großem Kundenkreis, bei Journalisten und bei Generalagenten, die Unteragenten zu beaufsichtigen haben, sowie bei körperbehinderten Personen usw.

167 Für den Ansatz der tatsächlichen Aufwendungen müssen die **Gesamtkosten** des eingesetzten (privaten) Kfz ermittelt werden. Anzusetzen sind die in einem Jahr geleisteten Aufwendungen. Dies können ein Kalenderjahr sein oder jahresübergreifend 12 Monate.

Zu den Gesamtkosten gehören z. B. die Anschaffungskosten für das Kfz (anteilig) oder die Leasing(sonder)zahlungen (zur zeitanteiligen Berücksichtigung s. nachfolgend) sowie die weiteren fixen und laufenden Kosten (wie Versicherungsprämien, Garagenmiete, Reparaturen, Inspektionen, Benzinkosten usw.; s. nachfolgende Übersicht zur Ermittlung der Kfz-Gesamtkosten). Zusammengefasst sind dies die übrigen Betriebskosten, die in einem Zeitraum von 12 Monaten anfallen. Hierzu zählen auch die Zeiten, in denen das Kfz nicht genutzt wird (z. B. Urlaub des Arbeitnehmers). Anzusetzen sind die **Bruttoaufwendungen**, also auch die entrichtete Umsatzsteuer.

---

1) BFH v. 11.2.2021, VI R 50/18, BStBl II 2021, 440.
2) BFH v. 15.11.1991, VI R 144/89, BStBl II 1992, 266.

Bei der Ermittlung der tatsächlichen Aufwendungen sind die Anschaffungskosten des privaten Fahrzeugs auf die Jahre der voraussichtlichen **Nutzungsdauer** gleichmäßig zu verteilen. Für Pkw und Kombifahrzeuge sind die Absetzungen für Abnutzung grundsätzlich mit 16,67 % der Anschaffungskosten entsprechend einer sechsjährigen (Gesamt-)Nutzungsdauer anzusetzen (H 9.5 [Einzelnachweis] LStH sowie → Rz. 54 „Beratungshinweis"). Eine kürzere Nutzungsdauer kann allerdings bei einer **hohen Fahrleistung** anerkannt werden. Bei Kfz, die im Zeitpunkt der Anschaffung **nicht neu** gewesen sind, ist die entsprechende **Restnutzungsdauer** unter Berücksichtigung des Alters, der Beschaffenheit und des voraussichtlichen Einsatzes des Fahrzeugs zu **schätzen**.

Beispiel: Ermittlung der tatsächlichen Kfz-Gesamtkosten pro Kilometer für das in 12 Monaten eingesetzte private Kfz

Gesamtkosten des Kfz im (Kalender-)Jahr:			
1. Abschreibung für das Kfz (Berücksichtigung regelmäßig mit 16,67 % der tatsächlichen Anschaffungs- [oder Herstellungskosten] einschl. Umsatzsteuer, entspricht einer Verteilung auf sechs Jahre)			.... €
alternativ: Leasing- und (anteilige) Leasingsonderzahlungen für 12 Monate (**s. u.**, anstelle der AfA)		.... €	
+ (anteilige) Aufwendungen für weitere fixe Kfz-Kosten, z. B. weiterer Satz Reifen/Räder			
+ Zubehör, z. B. mobiles Navigationsgerät			.... €
+ Zinsen für Kfz-Kredit			.... €
+ Zusatzleistung(en)			.... €
2. Ferner:			
+ Verbrauchs-/Treibstoffkosten (Benzin, Diesel und Ladestrom, soweit dieser nicht nach § 3 Nr. 46 EStG steuerfrei bezogen worden ist[1])			.... €
+ Reparaturen, Wartung, Inspektionen, TÜV-Abnahme			.... €
+ Verschleißteile, Reifenwechselkosten, Wagenpflege/-wäsche, Navigationsgerät			.... €
+ Kfz-Steuer			.... €
+ Versicherungsbeiträge (Kfz-Haftpflicht, Kasko, Rechtsschutzversicherung)			.... €
+ Beitrag zu Automobilklub, Kfz-Schutzbrief			.... €
+ Garagenmiete, Parkplatzgebühr, Anwohnerparkberechtigung			.... €
+ sonstige Kosten			.... €
Summe			.... €
Gesamtfahrleistung des Kfz			
km-Stand am Jahresende ./. km-Stand am Jahresanfang			.... km
Tatsächliche Gesamtkosten pro Kilometer:			
Gesamtkosten / Gesamtfahrleistung	.... € /	.... km =	.... €/km

Für die steuerliche Berücksichtigung einer **Leasingsonderzahlung** ist die neue und geänderte Rechtsprechung des BFH zu berücksichtigen; es gilt nun eine neue **periodengerechte Verteilung** der Zahlung.[2]

Begründet wird dies damit, dass die Sonderzahlung ein vorausgezahltes Nutzungsentgelt ist mit dem Zweck, die Leasingraten während der Gesamtlaufzeit des (Kfz-)Leasingvertrags zu mindern. Folglich ist sie wirtschaftlich der Kfz-Nutzung bzw. den Fahrten des gesamten Nutzungs-/Leasingzeitraums zuzurechnen. Denn sie finanziert maßgeblich auch die Nutzung des Kfz sowohl für sonstige berufliche Fahrten (s. o.) als auch für Privatfahrten in den Folgejahren.

Der BFH stellt weiter fest, dass die vorstehenden Grundsätze auch auf andere (Voraus-) Zahlungen anzuwenden sind, die sich wirtschaftlich auf die Dauer des Leasingvertrags erstrecken. Da zu den jährlichen Gesamtaufwendungen für das Fahrzeug neben sämtlichen fixen Kosten zudem die AfA zählt, sind beispielsweise Aufwendungen für einen

1) BMF v. 11.11.2025, IV C 5 – S 2334/00087/014/013, BStBl I 2025, 1929, welches das BMF-Schreiben v. 29.9.2020, IV C 5 – S 2334/19/10009 :004, BStBl I 2020, 972, ersetzt.
2) BFH v. 21.11.2024, VI R 9/22, BStBl II 2025, 626.

weiteren Satz Reifen (Räder) nicht sofort im Jahr der Zahlung als Fahrzeugkosten zu berücksichtigen. Auch diese sind nunmehr periodengerecht (also zeitanteilig pro Jahr) zuzuordnen und nunmehr in Höhe der AfA in die jährlichen Gesamtaufwendungen für die sonstigen beruflichen Fahrten (s. o.) einzubeziehen.

Beispiel: Periodengerechte Aufteilung einer Leasingsonderzahlung sowie weiterer fixer Kosten

Arbeitnehmer B setzt als Außendienstmitarbeiter seinen privat geleasten Pkw auch beruflich ein. Er möchte für die Fahrten i. R. seiner Auswärtstätigkeiten die tatsächlichen Kosten je gefahrenen Km ermitteln, um sie i. R. seiner Einkommensteuererklärung als Werbungskosten anzusetzen.

Der Pkw wurde im Dezember 2024 für die Dauer von vier Jahren geleast; B leistete im Dezember 2024 eine Leasingsonderzahlung in Höhe von 12 000 € und zahlte für einen Satz Winterräder 1 200 €; Summe 13 200 €.

Folge: Diese Sonderzahlungen müssen auf die Dauer des Leasingvertrags verteilt werden, sodass sie jährlich i. H. v. 3 300 € als Kfz-Kosten zu berücksichtigen sind. B setzt diesen Betrag sowie die weiteren Aufwendungen im Zeitraum von Dezember 2024 bis November 2025 zur Ermittlung der Gesamtkosten des geleasten Pkw an; s. a. vorangegangene Auflistung zur Ermittlung der tatsächlichen Kfz-Gesamtkosten.

168 **Anstelle** der tatsächlichen Aufwendungen dürfen aus Vereinfachungsgründen bei einer beruflich veranlassten Auswärtstätigkeit die Fahrtkosten für das eingesetzte private Kfz ohne Einzelnachweis zeitlich unbegrenzt mit **pauschalen** Kilometersätzen angesetzt werden. Maßgeblich sind die Beträge, die nach dem BRKG für das jeweils benutzte Beförderungsmittel als höchste Wegstreckenentschädigung gezahlt werden (§ 9 Abs. 1 Satz 3 Nr. 4a Satz 2 EStG). Dies sind für jeden **gefahrenen Kilometer** die folgenden pauschalen Kilometersätze (§ 5 BRKG).

- **Bei Benutzung eines Kraftwagens** (z. B. Pkw) **0,30 €**
- **und bei Benutzung jedes anderen motorbetriebenen Fahrzeugs** (z. B. Motorrad, Motorroller sowie Moped/Mofa) **0,20 €**

Ein pauschaler Kilometersatz für das **Fahrrad** ist nicht zulässig. Wird es für eine Auswärtstätigkeit eingesetzt, sind die tatsächlichen Kosten anzusetzen. Die Mitnahme von Personen (z. B. Kollegen) oder von (schwerem) Gepäck führt nicht zu einer Erhöhung der pauschalen Kilometersätze.

Hinweis:

Auf die beiden zuvor genannten pauschalen Kilometersätze besteht ein steuerlicher Rechtsanspruch. Folglich ist eine Prüfung des Finanzamts, ob diese Sätze zu einer offensichtlich **unzutreffenden** Besteuerung führen würden, nicht zulässig.[1)]

b) Fahrtkosten bei Einsatzwechseltätigkeit

169 Bei einer Einsatzwechseltätigkeit können für Wege **zwischen Wohnung und Einsatzstelle** sowie für die Wege **zwischen mehreren Einsatzstellen** die tatsächlichen **Fahrtkosten** als Reisekosten angesetzt werden. Dies sind bei Benutzung **öffentlicher Verkehrsmittel** der entrichtete Fahrpreis einschließlich etwaiger Zuschläge. Nutzt der Arbeitnehmer sein privates Fahrzeug, sind die anteiligen tatsächlichen Gesamtkosten des Fahrzeugs oder die pauschalen Kilometersätze ansatzfähig (→ Rz. 166).

Ist der Arbeitnehmer einer ersten Tätigkeitsstätte zugeordnet, gelten die vorgenannten Grundsätze für die Fahrten ab der ersten Tätigkeitsstätte, wenn die Auswärtstätigkeit dort angetreten wird.

1) BFH v. 4.4.2006, VI R 44/03, BStBl II 2006, 567, zum Ansatz von Verpflegungspauschalen.

Zu den Sachverhalten, in denen sich der Arbeitnehmer nach dienst- oder arbeitsrechtlicher Festlegung dauerhaft typischerweise und arbeitstäglich an einem **festgelegten** Ort/ **Sammelpunkt** einfinden soll, um **von dort** seine unterschiedlichen eigentlichen Einsatzorte aufzusuchen, → Rz. 171.

Für Strecken mit einer vom Arbeitgeber zur Verfügung gestellten **Sammelbeförderung** ist ein Ansatz von Fahrtkosten **nicht** zulässig. Dabei spielt es keine Rolle, ob sie als Reisekosten oder mit der Entfernungspauschale angesetzt werden sollen.[1] Leistet der Arbeitnehmer für solche Fahrten hingegen einen **Fahrtkostenzuschuss**, ist dieser als allgemeine **Werbungskosten** ansetzbar (→ Rz. 262).

Hinweis: Einsatzwechseltätigkeit und längerfristiger auswärtiger Einsatz

Eine Einsatzwechseltätigkeit mit einem längerfristigen auswärtigen Einsatz **geht nach drei Monaten nicht in eine doppelte Haushaltsführung über**. Die entstehenden Aufwendungen sind auch danach nach den Grundsätzen einer Auswärtstätigkeit zu ermitteln.

Dies bedeutet, dass ab dem vierten Monat am selben Einsatzort zwar keine **Verpflegungspauschalen** mehr angesetzt werden dürfen, die Fahrtkosten für Heimfahrten und die Fahrten am auswärtigen Tätigkeitsort jedoch weiterhin wie bei einer Auswärtstätigkeit angesetzt werden können, und auch ein steuerfreier Arbeitgeberersatz möglich ist.

c) Fahrtkosten bei Fahrtätigkeit

Arbeitnehmer mit einer **Fahrtätigkeit** haben regelmäßig keine erste Tätigkeitsstätte. **170**
Lediglich, wenn **dauerhaft** und **typischerweise arbeitstäglich** ein vom Arbeitgeber festgelegter Ort (z. B. Fahrzeugdepot) aufgesucht werden soll, werden die Fahrten von der Wohnung zu diesem Ort/Sammelpunkt gleichbehandelt wie die Fahrten von der Wohnung zu einer ersten Tätigkeitsstätte (→ Rz. 171).

Wechselt hingegen der Einsatzort ständig, sind für die Fahrten dorthin die tatsächlichen Aufwendungen des Arbeitnehmers anzusetzen (→ Rz. 164).

d) Fahrtkosten bei Sammelpunkt

Mitunter bestimmt der Arbeitgeber durch dienst- oder arbeitsrechtliche Festlegung, dass **171**
der Arbeitnehmer sich **dauerhaft typischerweise und arbeitstäglich** an einem **festgelegten Ort** (Sammelpunkt, § 9 Abs. 1 Satz 3 Nr. 4a Satz 3 EStG) einfinden soll, um

- von dort seine unterschiedlichen eigentlichen **Einsatzorte** aufzusuchen oder
- von dort seine berufliche **Tätigkeit** aufzunehmen (eine erste Tätigkeitsstätte liegt nicht vor).

In Betracht kommen z. B. **Treffpunkte** für einen betrieblichen Sammeltransport, ein **Busdepot** oder ein **Fährhafen**. Regelmäßig erfüllen diese Orte nicht die Kriterien für eine erste Tätigkeitsstätte (→ Rz. 137 ff.; Berufskatalog → Rz. 139).

Um diese Arbeitnehmer steuerlich nicht besser zu stellen als jene mit einer ersten Tätigkeitsstätte, werden die Fahrten des Arbeitnehmers von der Wohnung zu diesem vom Arbeitgeber festgelegten Ort **wie** Fahrten zu einer **ersten Tätigkeitsstätte** behandelt. Folglich dürfen die Fahrtkosten für diese Fahrten nur i. R. der **Entfernungspauschale** angesetzt werden (§ 9 Abs. 1 Satz 3 Nr. 4, Nr. 4a Satz 3 und Abs. 2 EStG); **nicht** nach Reisekostengrundsätzen.

Dennoch handelt es sich dem Grunde nach um eine berufliche Auswärtstätigkeit, so dass Verpflegungsmehraufwendungen und Übernachtungskosten unbeschadet der vorgenannten Anwendung der Entfernungspauschale ansatzfähig sind.

---

1) BFH v. 11.5.2005, VI R 25/04, BStBl II 2005, 791.

Anzumerken ist, dass sich das vom Gesetz geforderte typischerweise arbeitstägliche Aufsuchen nach den **Arbeitsbedingungen** des Arbeitnehmers richtet. Arbeitet der Arbeitnehmer nur an drei Wochentagen, ist diese Anzahl entscheidend; hier sind pro Woche nicht etwa die üblichen fünf Arbeitstage anzusetzen.

Wie der maßgebende Wortlaut „**typischerweise arbeitstäglich**" bei verschiedenen Sammelpunkten bzw. Tätigkeitsstätten des Arbeitnehmers auszulegen ist, hat der BFH in einem neueren Urteil dazu erläutert.[1] Danach ist nicht maßgebend, dass der Arbeitnehmer den vom Arbeitgeber bestimmten Sammelpunkt (Ort) oder das (weiträumige Tätigkeits-)Gebiet im Kalenderjahr bzw. Beschäftigungszeitraum ausnahmslos aufzusuchen hat. Vielmehr erfordert das Gesetz nur, dass er sie nach der Anweisung „typischerweise arbeitstäglich" aufsuchen muss. Weil typischerweise „in der Regel üblich" bzw. „im Normalfall" meint, wird nach dem Wortsinn kein ausnahmsloses Aufsuchen an sämtlichen Arbeitstagen gefordert.

Nach diesem Verständnis darf – wie im Urteilsfall (von der Finanzverwaltung) – keine bestimmte prozentuale oder tageweise Grenze festgelegt werden, z. B. Anzahl der zum Sammelpunkt unternommenen Fahrten im Verhältnis zu den Gesamtarbeitstagen. Maßgebend ist vielmehr, ob der Arbeitnehmer entsprechend der Weisung des Arbeitgebers den Sammelpunkt (Ort) i. d. R. aufzusuchen hat. Folglich sind Ausnahmen zulässig, wie z. B. Fahrt zu einer anderen Tätigkeitsstätte auf Grund einer Fortbildungsmaßnahme, einer mehrtägigen Auswärtstätigkeit oder eines unvorhergesehenen Einsatzes des Arbeitnehmers.

Nicht ausreichend ist es aber, wenn der Arbeitnehmer bei wechselnden Einsatzorten (Sammelpunkten bzw. Tätigkeitsstätten wie z. B. eintägige Nah- und mehrtägige Fernbaustellen) weiß, dass er (lediglich) an dem Arbeitstag, an dem er (eintägige) Fahrten von seiner Wohnung aus durchführen wird, immer den vom Arbeitgeber festgelegten Ort vor Aufnahme seiner beruflichen Tätigkeit aufzusuchen hat. Einem solchen Verständnis der Regelung steht der eindeutige Gesetzeswortlaut des § 9 Abs. 1 Satz 3 Nr. 4a Satz 3 EStG entgegen. Das Gesetz fordert ein „typischerweise **arbeitstägliches**" Aufsuchen, so dass ein nur „typischerweise **fahrtägliches**" Aufsuchen nicht ausreicht.

Bei dieser Auslegung ist ein dauerhaftes Aufsuchen entsprechend der Legaldefinition in § 9 Abs. 4 Satz 3 EStG nur dann zu bejahen, wenn die Anordnung des Arbeitgebers zum Aufsuchen desselben Orts (Sammelpunkts) oder desselben weiträumigen Tätigkeitsgebiets unbefristet, für die Dauer des Dienstverhältnisses oder über einen Zeitraum von 48 Monaten hinaus erfolgt.

Für die Bestimmung des **Sammelpunkts** wird mitunter gefragt, wie die Voraussetzung des typischerweise arbeitstäglichen Aufsuchens eines Sammelpunkts für bestimmte Berufsgruppen auszulegen ist. Dies betrifft insbesondere solche Berufe, die nicht an den üblichen fünf oder sechs Tagen in der Woche den Sammel- bzw. Treffpunkt aufsuchen (z. B. Piloten und Flugbegleiter). Hat in solchen Fällen der Arbeitgeber keine Zuordnung zu einer ortsfesten betrieblichen Einrichtung festgelegt, ist **entscheidend**, ob der Arbeitnehmer täglich zu seiner Wohnung oder z. B. zum Heimatflughafen zurückkehrt. Beginnt der Flug am Heimatflughafen und endet er an einem anderen Ort und kehrt der Arbeitnehmer erst an einem der nächsten Tage zurück, wird der Treffpunkt bzw. Heimatflughafen **nicht** arbeitstäglich aufgesucht. Folglich sind die Fahrten zwischen Wohnung und Treffpunkt/Heimatflughafen nach Reisekostengrundsätzen (Auswärtstätigkeit → Rz. 164) zu beurteilen. Diese Grundsätze sind nicht anzuwenden, wenn die sog. Quantitativen Voraussetzungen (→ Rz. 149) erfüllt sind.

---

1) BFH v. 19.4.2021, VI R 6/19, BStBl II 2021, 727.

Beispiele: Bestimmung Tätigkeitsstätte/Sammelpunkt

1. Für bestimmte Berufsgruppen

- **Kundendienstmonteure** haben i. d. R. keine erste Tätigkeitsstätte. Nur dann, wenn dauerhaft und typischerweise arbeitstäglich ein vom Arbeitgeber festgelegter Ort aufgesucht werden soll, werden die Fahrten von der Wohnung zu diesem Ort/Sammelpunkt ebenso behandelt wie die Fahrten von der Wohnung zu einer ersten Tätigkeitsstätte.
- **Bus- und Lkw-Fahrer:** Der Arbeitgeber legt fest, dass seine Bus- und Lkw-Fahrer vor Fahrtantritt regelmäßig (dauerhaft und typischerweise arbeitstäglich) die Fahrzeughalle aufsuchen sollen. Dort übernehmen sie die Fahrzeuge oder werden zum Einsatzort transportiert. Solche Arbeitnehmer haben (regelmäßig) keine erste Tätigkeitsstätte. Allerdings werden die Fahrten von der Wohnung zu diesem Ort/Sammelpunkt ebenso behandelt wie die Fahrten von der Wohnung zu einer ersten Tätigkeitsstätte (Ansatz der Entfernungspauschale).[1)]
- **Piloten, Flugbegleiter:** Im Arbeitsvertrag des Piloten/Flugbegleiters wird festgelegt, dass er auf einem bestimmten Flughafen beschäftigt wird bzw. er der dort stationierten Flotte zugeordnet ist. Der Arbeitgeber hat jedoch das Recht, den Arbeitnehmer jederzeit in einer anderen Flotte, an einem anderen Ort sowie vorübergehend in einem anderen Unternehmen zu beschäftigen. Sowohl eine Zuordnung durch den Arbeitgeber als auch eine dauerhafte Tätigkeit sind gegeben, so dass eine erste Tätigkeitsstätte vorliegt (bestätigt durch BFH-Urteil v. 11.4.2019.[2)]) Die Fahrten zu dieser Tätigkeitsstätte sind Fahrten von der Wohnung zur ersten Tätigkeitsstätte. S. a. → Rz. 139, „Hinweise zu Abwesenheitsdauer, weiträumiges Tätigkeitsgebiet, Pilot, Flugbegleiterin".
- **Seeleute**: Sie haben, wenn sie auf einem Schiff tätig werden sollen, ebenfalls i. d. R. keine erste Tätigkeitsstätte, weil das Schiff keine ortsfeste betriebliche Einrichtung des Arbeitgebers ist. Soll der Dienstantritt, die Ein- und Ausschiffung aber typischerweise arbeitstäglich von demselben Anleger (wie z. B. einem Fähranleger, Liegeplatz des Seenotrettungskreuzers, Anleger des Fahrgastschiffes) erfolgen, werden die Fahrten zu diesem Ort/Sammelpunkt ebenso behandelt wie die Fahrten von der Wohnung zu einer ersten Tätigkeitsstätte.

2. Entsprechend der Festlegung durch den Arbeitgeber

- Der Arbeitgeber legt fest, dass sich bestimmte Arbeitnehmer dauerhaft typischerweise arbeitstäglich an der Wohnung eines bestimmten Arbeitnehmers treffen sollen, um von dort aus gemeinsam mit dem Firmenwagen zu dem oder ggf. auch unterschiedlichen Einsatzsorten ihrer beruflichen Tätigkeit zu fahren.

  In diesem Fall liegt ein Sammelpunkt vor. Die Fahrten zur Wohnung des Arbeitnehmers werden so behandelt wie die Fahrten von der Wohnung zu einer ersten Tätigkeitsstätte.
- Die Arbeitnehmer sind verpflichtet, gemeinsam mit dem Firmenwagen zu ihren (ggf. unterschiedlichen) Einsatzorten zu fahren. Den genauen Treffpunkt für die Abfahrt (z. B. die Wohnung eines bestimmten Arbeitnehmers) hat der Arbeitgeber nicht festgelegt.

  In diesem Fall liegt kein Sammelpunkt vor, so dass die Fahrten zwischen der eigenen Wohnung und der des selbst bestimmten Arbeitskollegen oder eines anderen Treffpunkts nach Reisekostengrundsätzen (Auswärtstätigkeit → Rz. 164) zu beurteilen ist.

S. ergänzend den Berufskatalog → Rz. 139.

Auf die Berücksichtigung von **Verpflegungspauschalen** oder **Übernachtungskosten** als Werbungskosten oder als steuerfreier Arbeitgeberersatz hat die Festlegung eines Sammelpunkts **keinen** Einfluss. Diese Arbeitnehmer werden außerhalb einer ersten Tätigkeitsstätte und somit auswärts beruflich tätig. Es wird **keine** erste Tätigkeitsstätte fingiert, sondern nur die Anwendung der **Entfernungspauschale** für die Fahrtkosten von der Wohnung zu diesem Ort festgelegt. Hierdurch wird ein steuerfreier Arbeitgeberersatz für diese Fahrten ausgeschlossen. Bei einer Dienstwagengestellung durch den Arbeitgeber hat der Arbeitnehmer den geldwerten Vorteil nach § 8 Abs. 2 Satz 3 und 4 EStG zu versteuern (z. B. nach der 0,03 %-Methode).

Treffen sich hingegen mehrere Arbeitnehmer aus **privaten Gründen** typischerweise arbeitstäglich an einem bestimmten Ort, um von dort aus gemeinsam zu ihren Tätigkeitsstätten zu fahren, z. B. eine privat organisierte Fahrgemeinschaft, liegt **kein** steuerlicher

1) S. a. FG Nürnberg v. 13.5.2016, 4 K 1536/15, EFG 2016, 1240.
2) BFH v. 11.4.2019, VI R 40/16, BStBl II 2019, 546.

„Sammelpunkt" vor. Es fehlt insoweit an einer dienst- oder arbeitsrechtlichen Festlegung des Arbeitgebers.

e) Fahrtkosten bei weiträumigem Tätigkeitsgebiet

172 Soll der Arbeitnehmer auf Grund der Weisungen des Arbeitgebers seine berufliche Tätigkeit **typischerweise arbeitstäglich** in einem weiträumigen Tätigkeitsgebiet ausüben, ist für die Fahrten von der Wohnung zu diesem Tätigkeitsgebiet ebenfalls die Entfernungspauschale anzusetzen. Zur Frage, wie der Wortlaut „typischerweise arbeitstäglich" bei verschiedenen Tätigkeitsstätten des Arbeitnehmers auszulegen ist, → Rz. 171.

Ein **weiträumiges Tätigkeitsgebiet** liegt in Abgrenzung zur ersten Tätigkeitsstätte vor, wenn die vertraglich vereinbarte Arbeitsleistung auf einer festgelegten **Fläche** und nicht innerhalb einer ortsfesten betrieblichen Einrichtung des Arbeitgebers, eines verbundenen Unternehmens (§ 15 AktG) oder bei einem vom Arbeitgeber bestimmten Dritten ausgeübt werden soll. In solch einem weiträumigen Tätigkeitsgebiet werden i. d. R. z. B. Zusteller, Hafenarbeiter und Forstarbeiter tätig (zum reisekostenrechtlichen Sonderfall der dauerhaften Zuordnung eines Gesamthafenarbeiters im Hamburger Hafen s. BFH v. 11.4.2019,[1]) s. ergänzend Berufskatalog → Rz. 139).

Hiervon sind z. B. Bezirksleiter und Vertriebsmitarbeiter, die verschiedene Niederlassungen betreuen oder mobile Pflegekräfte, die mehrere Personen in deren Wohnungen in einem festgelegten Gebiet betreuen, sowie Schornsteinfeger **nicht** betroffen. Sie haben keine ersten Tätigkeitsstätten. Auch der einem angestellten Versicherungskaufmann zugewiesene Versicherungsbezirk stellt nach Auffassung des FG Berlin-Brandenburg kein weiträumiges Tätigkeitsgebiet dar.[2])

Als Besonderheit ist zu beachten, dass für die Strecke von der Wohnung zum weiträumigen Tätigkeitsgebiet die Entfernungspauschale (→ Rz. 273) anzusetzen ist. Insoweit ist das Reisekostenrecht noch nicht anzuwenden. Wird das weiträumige Tätigkeitsgebiet stets von **verschiedenen** Zugängen aus betreten oder befahren, ist die Entfernungspauschale nur für die **kürzeste** Strecke von der Wohnung zum nächstgelegenen Zugang anzusetzen. Für sämtliche Fahrten **innerhalb** des weiträumigen Tätigkeitsgebiets sowie für die zusätzlichen Kilometer bei den Fahrten von der Wohnung zu einem weiter **entfernten** Zugang können die tatsächlichen Aufwendungen oder der sich reisekostenrechtlich am BRKG orientierende pauschale Kilometersatz angesetzt werden.

Beispiel: Ansatz Entfernungspauschale

Der Forstarbeiter A fährt im Kalenderjahr 2026 an 150 Tagen mit dem Pkw von seiner Wohnung zu dem 15 km entfernten, nächstgelegenen Zugang des von ihm täglich zu betreuenden Waldgebiets (weiträumiges Tätigkeitsgebiet). An 70 Tagen fährt A von seiner Wohnung über einen weiter entfernt gelegenen Zugang (20 km) in das Waldgebiet.

Folge: Die Fahrten von der Wohnung **zu** dem nächstgelegenen Zugang des weiträumigen Tätigkeitsgebiets werden behandelt wie die Fahrten von der Wohnung zu einer ersten Tätigkeitsstätte. A kann somit für diese Fahrten lediglich die Entfernungspauschale i. H. v. 0,38 € je Entfernungskilometer (gesamt: 15 km × 0,38 € × 150 Tage) als Werbungskosten ansetzen.

Die Fahrten **innerhalb** des Waldgebiets dürfen mit den tatsächlichen Kfz-Kosten oder mit dem pauschalen Kilometersatz i. H. v. 0,30 € je tatsächlich gefahrenem Kilometer berücksichtigt werden.

Bei den Fahrten zu dem **weiter entfernt** gelegenen Zugang wird ebenfalls für 15 km die Entfernungspauschale berücksichtigt (15 km × 0,38 € × 70). Für die jeweils zusätzlichen 5 km für den tatsächlich längeren Hin- und Rückweg werden – ebenso wie die Fahrten innerhalb des weiträumigen Tätigkeitsgebietes – die tatsächlichen Kfz-Kosten oder der pauschale Kilometersatz i. H. v. 0,30 € je gefahrenem Kilometer angesetzt (5 km × 2 Fahrten pro Tag × 0,30 € × 70 Tage).

---

1) BFH v. 11.4.2019, VI R 36/16, BStBl II 2019, 543.

2) FG Berlin-Brandenburg v. 9.4.2019, 5 K 5269/17, EFG 2019, 1088; Niedersächsisches FG v. 3.2.2021, 4 K 11006/17, EFG 2021, 748.

> Folglich sind für 220 Tage jeweils 15 km mit der Entfernungspauschale und für 70 Tage die tatsächlich mehr bzw. weiter gefahrenen Kilometer mit den tatsächlichen Kosten oder aus Vereinfachungsgründen mit dem pauschalen Kilometersatz i. H. v. 0,30 €/km anzusetzen.

Auf die Berücksichtigung von **Verpflegungspauschalen** oder **Übernachtungskosten** als Werbungskosten sowie den steuerfreien Arbeitgeberersatz hat diese Festlegung „tätig werden in einem weiträumigen Tätigkeitsgebiet" keinen Einfluss, weil der Arbeitnehmer außerhalb einer ersten Tätigkeitsstätte – und damit auswärts – beruflich tätig wird. Es wird lediglich die **Anwendung der Entfernungspauschale** für die Fahrtkosten von der Wohnung zum nächstgelegenen Zugang des weiträumigen Tätigkeitsgebiets sowie die Besteuerung eines geldwerten Vorteils bei Dienstwagengestellung durch den Arbeitgeber festgelegt und ein steuerfreier Arbeitgeberersatz für diese Fahrten ausgeschlossen.

Soll der Arbeitnehmer in **mehreren ortsfesten Einrichtungen** seines Arbeitgebers, eines verbundenen Unternehmens oder eines Dritten, die innerhalb eines bestimmten Bezirks gelegen sind, beruflich tätig werden, wird er nicht in einem weiträumigen Tätigkeitsgebiet, sondern an verschiedenen, ggf. sogar an ständig wechselnden Tätigkeitsstätten beschäftigt.

2. Mehraufwendungen für Verpflegung bei Auswärtstätigkeit

Für die Berücksichtigung von Mehraufwendungen für Verpflegung anlässlich beruflich veranlasster Auswärtstätigkeiten gelten grundsätzlich dieselben Regelungen wie für Gewerbetreibende und selbständig Tätige (→ Rz. 57 f.). Ein Ansatz tatsächlicher Verpflegungsmehraufwendungen ist nicht zulässig. Stattdessen dürfen sowohl als Werbungskosten (bzw. Betriebsausgaben) als auch für eine steuerfreie Arbeitgebererstattung gesetzlich festgelegte Verpflegungspauschalen angesetzt werden. **173**

a) Verpflegungspauschalen Inland

Für den Ansatz von steuerfreien Verpflegungspauschalen ist zwischen ein- und mehrtägigen Auswärtstätigkeiten zu unterscheiden. Für das Inland kommen seit dem Kalenderjahr 2020 die beiden Verpflegungspauschalen i. H. v. **14** € oder **28** € in Betracht. **174**

aa) Eintägige Abwesenheit

Wird eine eintägige Auswärtstätigkeit **ohne** Übernachtung durchgeführt, ist bei einer Abwesenheit von **mehr als acht Stunden** von der Wohnung und der ersten Tätigkeitsstätte eine Verpflegungspauschale von **14** € anzusetzen (→ Rz. 1). **175**

> **Beispiel: Berechnung Abwesenheit**
>
> Ein angestellter Vertriebsleiter A verlässt um 8.00 Uhr seine Wohnung in B und besucht zuerst bis 12.00 Uhr einen Kunden (Auswärtstätigkeit im Kalenderjahr 2026). Von 12.30 Uhr bis 14.30 Uhr ist er in seinem Büro in B (erste Tätigkeitsstätte) tätig. Anschließend fährt er von dort zu einer Tagung in C und kehrt um 19.00 Uhr noch einmal für eine Stunde in sein Büro zurück.
>
> **Folge:** Für die Berechnung der Abwesenheit zählen die Zeiten vom Verlassen der Wohnung bis zur Ankunft an der ersten Tätigkeitsstätte (Büro) mittags sowie vom Verlassen der ersten Tätigkeitsstätte (Büro) bis zur Rückkehr dorthin.
>
> A war zweimal beruflich auswärts tätig und dabei insgesamt mehr als acht Stunden von seiner Wohnung und seiner ersten Tätigkeitsstätte abwesend. Er erfüllt daher die Voraussetzungen der Verpflegungspauschale für eine eintägige Auswärtstätigkeit i. H. v. 14 €.

Diese Abwesenheitsdauer von mehr als acht Stunden ist auch für die sog. **Nachtfahrerregelung** (→ Rz. 183) zu beachten, wenn eine eintägige auswärtige berufliche Tätigkeit ohne Übernachtung über die Mitternachtsgrenze hinaus ausgeübt wird.

bb) Mehrtägige Abwesenheiten

176 Handelt es sich um mehrtägige beruflich veranlasste Auswärtstätigkeiten, sind seit dem Kalenderjahr 2020 die folgenden beiden Verpflegungspauschalen zu beachten (→ Rz. 1):

- für den **An- und Abreisetag** jeweils **14 €**,
- für die Kalendertage mit **24-stündiger** Abwesenheit **28 €**.

Maßgebend sind die Kalendertage, an denen der Arbeitnehmer außerhalb seiner Wohnung und ersten Tätigkeitsstätte beruflich tätig ist (auswärtige berufliche Tätigkeit).

Eine **mehrtägige** auswärtige Tätigkeit mit Übernachtung liegt auch dann vor, wenn die berufliche Auswärtstätigkeit über Nacht ausgeübt wird und sich daran eine Übernachtung am Tage sowie eine weitere Tätigkeit über Nacht anschließt. Unerheblich ist, ob für die Übernachtung tatsächlich Übernachtungskosten anfallen oder nicht, wie z. B. beim Nächtigen/Schlafen im Bus, Lkw oder in einer Lokomotive.

Die Verpflegungspauschale von **14 €** für den **An- und Abreisetag** setzt eine mindestens zweitägige auswärtige berufliche Tätigkeit mit einer Übernachtung voraus, jedoch **keine bestimmte Abwesenheitsdauer**. Weder der Arbeitgeber noch der Arbeitnehmer brauchen eine Mindestabwesenheitsdauer nachzuweisen bzw. zu prüfen. Folglich sind **insoweit** auch keine Aufzeichnungen im Lohnkonto erforderlich. Weiterhin ist es nicht entscheidend, ob der Arbeitnehmer die Auswärtstätigkeit von der Wohnung, der ersten oder einer anderen Tätigkeitsstätte aus angetreten hat.

Eine Rückkehr und eine weitere Anreise zu einer anderen Auswärtstätigkeit an einem Arbeitstag (mit jeweils einer oder mehreren auswärtigen Übernachtung/en) führt nicht zu einer Erhöhung der Pauschale von 14 €. Kehrt z. B. im Kalenderjahr 2026 ein Arbeitnehmer am Mittwoch von einer mehrtägigen Auswärtstätigkeit an seine erste Tätigkeitsstätte zurück und tritt er am selben Tag eine weitere mehrtägige Auswärtstätigkeit an, kommt die Pauschale i. H. v. 14 € nur einmal zum Ansatz.

Für zwischen An- und Abreise gelegene Tage mit einer 24-stündigen Abwesenheit von der Wohnung und der ersten Tätigkeitsstätte (sog. Zwischentage) dürfen **28 €** als Verpflegungspauschale angesetzt werden.

Beispiel: Ermittlung Verpflegungspauschalen

Ein in B wohnender Arbeitnehmer verlässt am Montag um 17.00 Uhr seine erste Tätigkeitsstätte und reist beruflich nach M. Die Rückreise beendet er am Donnerstag um 22.00 Uhr an seiner Wohnung in B.

Folge: Als Verpflegungspauschalen sind ansetzbar:

Abreisetag		14 €
Zwischentage (Di, Mi)	2 × 28 €	56 €
Rückreisetag		14 €
Summe		84 €

Diese Verpflegungspauschalen darf der Arbeitgeber steuerfrei zahlen (Höchstbeträge). Alternativ kann der Arbeitnehmer sie bzw. bei einer geringeren Zahlung den sich ergebenden Unterschiedsbetrag i. R. einer Veranlagung zur Einkommensteuer als Werbungskosten geltend machen. Es gilt folgender Grundsatz: Erhält der Arbeitnehmer steuerfreie Verpflegungspauschalen vom Arbeitgeber, ist ein Werbungskostenabzug insoweit ausgeschlossen.

Als **Wohnung** i. d. S. gilt

- der Hausstand, der den Mittelpunkt der Lebensinteressen des Arbeitnehmers bildet und nicht nur gelegentlich aufgesucht wird, oder
- die Zweitwohnung am Ort einer steuerlich anzuerkennenden doppelten Haushaltsführung (insbesondere zu berücksichtigen, wenn der Arbeitnehmer mehrere Wohnungen hat, § 9 Abs. 4a Satz 4 Halbs. 2 EStG).

Somit kann eine Wohnung in diesem Sinne bei **Auszubildenden** z. B. auch die elterliche Wohnung sein, wenn sich dort noch der Lebensmittelpunkt des Auszubildenden (Arbeitnehmers) befindet.

Beispiel: Übernachtung in Zweitwohnung

Übernachtet der Arbeitnehmer aus beruflichem Anlass, z. B. i. R. einer Auswärtstätigkeit, in seinem eigenen Ferienappartement, welches er nur gelegentlich aufsucht, handelt es sich um eine (mehrtägige) auswärtige Tätigkeit mit Übernachtung, auch dann, wenn für die Übernachtung selbst keine Kosten entstehen.

b) Verpflegungspauschalen Ausland

Für mehrtägige beruflich veranlasste Tätigkeiten im Ausland sind ebenfalls nur zwei **177** Verpflegungspauschalen zu beachten. Die Auslandsreisekostensätze werden regelmäßig jahresbezogen durch BMF-Schreiben bekannt gemacht (→ Rz. 4, → Rz. 320).

c) Dreimonatsfrist bei Auswärtstätigkeiten

Bei einer längerfristigen vorübergehenden beruflichen Tätigkeit an **derselben** auswärti- **178** gen Tätigkeitsstätte ist der Ansatz von Verpflegungsmehraufwendungen (Verpflegungspauschalen) auf die ersten **drei Monate** ab Beginn der Auswärtstätigkeit **beschränkt** (sog. Dreimonatsfrist, § 9 Abs. 4a Satz 6 und 7 EStG).

Für die Entscheidung, ob eine längerfristige vorübergehende Auswärtstätigkeit vorliegt, ist auf die Dreimonatsfrist der jeweiligen Auswärtstätigkeit abzustellen. Jeder Wechsel der auswärtigen Tätigkeitsstätte führt zu einem Neubeginn des Dreimonatszeitraums. Eine bestimmte Mindestentfernung zwischen den einzelnen aufeinander folgenden Auswärtstätigkeiten ist nicht vorgeschrieben.

Liegen mehrere Auswärtstätigkeiten an demselben Tätigkeitsort (z. B. politische Gemeinde) einzelne nacheinander folgende Anweisungen des Arbeitgebers zu Grunde, handelt es sich jeweils um **eigenständige** Auswärtstätigkeiten, so dass für die weitere Auswärtstätigkeit die Dreimonatsgrenze/-frist nicht zu prüfen ist. So verhält es sich z. B., wenn der Arbeitgeber den Arbeitnehmer beauftragt, zunächst beim Kunden A für zwei Monate in München tätig zu sein, und dem Arbeitnehmer erst im Anschluss daran den Auftrag erteilt, beim Kunden B für weitere zwei Monate in München tätig zu werden.

Erteilt der Arbeitgeber jedoch einen **Sammelauftrag** für eine vorübergehende Auswärtstätigkeit, handelt es sich insgesamt um eine **einheitliche** Auswärtstätigkeit am selben Ort, so dass nur in den ersten drei Monaten Verpflegungsmehraufwendungen für eine steuerfreie Zahlung oder als Werbungskosten in Betracht kommen (z. B. der Arbeitgeber beauftragt den Arbeitnehmer, am selben Ort beim Kunden A für zwei Monate und unmittelbar daran anschließend beim Kunden B für [weitere] zwei Monate tätig zu werden).

Eine berufliche Tätigkeit an **derselben Tätigkeitsstätte** liegt **nur** vor, wenn der Arbeitnehmer an dieser **regelmäßig mindestens** an **drei Tagen in der Woche** tätig wird. Folglich **beginnt** die Dreimonatsfrist **nicht**, solange die auswärtige Tätigkeitsstätte an nicht mehr als zwei Tagen in der Woche aufgesucht wird.

Hingegen ist eine längerfristige vorübergehende Auswärtstätigkeit noch als dieselbe Auswärtstätigkeit zu beurteilen, wenn der Arbeitnehmer nach einer kurzen **Unterbrechung** die Auswärtstätigkeit mit gleichem Inhalt am gleichen Ort ausübt und ein zeitlicher Zusammenhang mit der bisherigen Tätigkeit besteht. Anders verhält es sich, wenn die berufliche Tätigkeit an derselben Tätigkeitsstätte **für mindestens vier Wochen unterbrochen** wird. Dies führt zu einem **Neubeginn** der Dreimonatsfrist bzw. des Dreimonatszeitraums für die steuerfreie Zahlung bzw. den Werbungskostenansatz von Verpflegungspauschalen (§ 9 Abs. 4a Satz 7 EStG). Der Grund der Unterbrechung ist unerheblich; auschlaggebend ist nur die Unterbrechungsdauer.

Unterbricht der Arbeitnehmer die Auswärtstätigkeit um **weniger als vier Wochen**, hat dies keine steuerlichen Folgen. Eine solche Unterbrechung führt nicht zu einer Verlängerung der Dreimonatsfrist (§ 9 Abs. 4a Satz 7 EStG).

Beispiel: Ermittlung Unterbrechungsdauer

Der Arbeitnehmer A muss seine auswärtige Tätigkeit in M wegen einer Krankheit ab dem 15.12. unterbrechen. Er nimmt seine Tätigkeit in M am 20.1. des Folgejahres wieder auf.

Folge: Die berufliche Tätigkeit des A in M wurde für eine Dauer von mehr als vier Wochen unterbrochen. A kann somit ab dem 20.1. für weitere drei Monate seiner auswärtigen Tätigkeit in M Verpflegungspauschalen als Werbungskosten geltend machen oder steuerfrei durch den Arbeitgeber ersetzt bekommen.

Abwandlung:

Die Vierwochenfrist ist z. B. auch gewahrt, wenn A die auswärtige Tätigkeitsstätte wegen eines dreiwöchigen Urlaubs und einer sich daran anschließenden einwöchigen Tätigkeit in der Firmenzentrale in B (erste Tätigkeitsstätte) nicht aufsucht.

Folge: Nach Rückkehr zur auswärtigen Tätigkeitsstätte beginnt die Dreimonatsfrist für die steuerfreie Zahlung bzw. den Werbungskostenansatz von Verpflegungspauschalen erneut.

Nach **Ablauf** der Dreimonatsfrist dürfen **keine** steuerfreien Verpflegungspauschalen mehr angesetzt werden.

Die **Prüfung** des **Unterbrechungszeitraums** und des **Ablaufs der Dreimonatsfrist** erfolgt stets im Nachhinein mit Blick auf die zurückliegende Zeit (sog. ex post-Betrachtung).

Beispiele: Prüfung im Nachhinein (ex post-Betrachtung)

1. Fehlende Unterbrechungsdauer

Der Bauarbeiter A soll ab März arbeitstäglich an der Baustelle in P für fünf Monate tätig werden. Am 1.4. nimmt er dort seine Tätigkeit auf. Ab 20.5. wird er nicht nur in P, sondern für einen Tag wöchentlich auch an der Baustelle in S tätig, da dort ein Kollege ausgefallen ist.

Folge: Für die Tätigkeit an der Baustelle in P beginnt die Dreimonatsfrist am 1.4. und endet am 30.6. Eine vierwöchige Unterbrechung liegt nicht vor (stets nur eintägige Unterbrechungen für die Tätigkeit in S). Für die Tätigkeit an der Baustelle in S greift die Dreimonatsfrist hingegen nicht, da A dort lediglich einen Tag wöchentlich tätig wird.

Abwandlung:

Wie Beispiel zuvor, allerdings wird A ab 1.4. zwei Tage wöchentlich in P und drei Tage wöchentlich in S tätig. Ab 15.4. muss er für zwei Wochen nach H. Ab 1.5. ist er dann bis auf Weiteres drei Tage wöchentlich in P und zwei Tage in S tätig.

Folge: Für die Tätigkeit an der Baustelle in S beginnt die Dreimonatsfrist am 1.4. und endet am 30.6. Eine vierwöchige Unterbrechung liegt nicht vor (lediglich zwei Wochen und danach stets nur dreitägige Unterbrechungen). Für die Tätigkeit an der Baustelle in P beginnt die Dreimonatsfrist hingegen erst am 1.5., da A dort erst ab diesem Tag an drei Tagen wöchentlich tätig wird.

2. Ablauf Dreimonatsfrist

Der Außendienstmitarbeiter A wohnt in K und hat am Betriebssitz seines Arbeitgebers in S seine erste Tätigkeitsstätte (arbeitsrechtliche Zuordnung durch den Arbeitgeber). A fährt regelmäßig arbeitstäglich gegen 8.00 Uhr zu der Filiale seines Arbeitgebers in K und bereitet sich dort üblicherweise für ein bis zwei Stunden auf seinen Außendienst vor. Von ca. 10.00 Uhr bis 16.30 Uhr sucht er verschiedene Kunden im Großraum K auf. Anschließend fährt er nochmals in die Filiale in K, um Nacharbeiten zu erledigen.

Folge: Bei der arbeitstäglichen Vor- und Nachbereitung der Außendiensttätigkeit in der Filiale in K handelt es sich um eine längerfristige berufliche Auswärtstätigkeit an derselben Tätigkeitsstätte. Folglich können für die berufliche Tätigkeit an dieser Tätigkeitsstätte nach Ablauf von drei Monaten keine steuerfreie Verpflegungspauschalen mehr beansprucht werden. Für die restlichen eintägigen beruflichen Auswärtstätigkeiten bei den verschiedenen Kunden im Großraum K gilt diese Frist nicht. Folglich kommt es ab dem vierten Monat für die Ermittlung der Abwesenheitszeiten der eintägigen Auswärtstätigkeit auf die Dauer der Abwesenheit von der Wohnung und der Filiale in K an. Dann ist für die Berechnung der Abwesenheitsdauer (mehr als acht Stunden) von der Filiale und der Wohnung die Tätigkeitszeit in der Filiale in K von der Gesamtabwesenheitsdauer abzuziehen. Diese Tätigkeitszeit darf nicht berücksichtigt werden.

Werden i. R. einer beruflichen Tätigkeit **mehrere** ortsfeste betriebliche Einrichtungen innerhalb eines **großräumigen** Werks- oder Betriebsgeländes aufgesucht, liegt eine Tätigkeit an einer (großräumigen) Tätigkeitsstätte vor.[1]

Handelt es sich um einzelne ortsfeste betriebliche Einrichtungen **verschiedener** Auftraggeber oder Kunden, liegen mehrere Tätigkeitsstätten vor. Dies gilt auch dann, wenn sich die Tätigkeitsstätten in unmittelbarer räumlicher Nähe zueinander befinden.

Bei beruflichen Tätigkeiten auf **mobilen**, **nicht ortsfesten** betrieblichen Einrichtungen, wie z. B. Fahrzeugen, Flugzeugen, Schiffen, findet die Dreimonatsfrist **keine** Anwendung. Entsprechendes gilt für eine Tätigkeit in einem weiträumigen Tätigkeitsgebiet (→ Rz. 172).

Bei **auswärtigen Tätigkeitsstätten**, die sich infolge der Eigenart der Tätigkeit laufend örtlich **verändern** (z. B. bei dem Bau einer Autobahn oder der Montage von Hochspannungsleitungen), gilt die **Dreimonatsfrist nicht**. Sie gilt **ebenfalls nicht** für Arbeitnehmer, die über einen längeren Zeitraum hinweg eine Auswärtstätigkeit an täglich mehrmals wechselnden Tätigkeitsstätten innerhalb einer Gemeinde oder deren Umgebung ausüben (z. B. Reisevertreter).

Wie zuvor erläutert, setzt die Dreimonatsfrist bzw. -grenze voraus, dass der Arbeitnehmer an „derselben" Tätigkeitsstätte tätig ist (§ 9 Abs. 4a Satz 6 EStG). Auch wenn diese Entscheidung im Regelfall unkompliziert zu treffen ist, ergeben sich doch immer wieder Zweifelsfragen. Insbesondere überraschen mitunter neuartige Bau- und Montagevorgänge mit ihren Folgerungen. Dazu gehören der **Bau und die Montage von Windkraftanlagen**. Für die Frage, wann bei diesen Tätigkeiten von **„derselben" Tätigkeitsstätte** auszugehen ist, sollten folgende Grundsätze beachtet werden:

- Werden Arbeitnehmer zur **Errichtung einer einzelnen Windkraftanlage** eingesetzt, so stellt diese Windkraftanlage eine auswärtige Tätigkeitsstätte der Arbeitnehmer dar (§ 9 Abs. 4a Satz 6 EStG). Allerdings wird in diesem Fall der Arbeitnehmer regelmäßig nicht länger als drei Monate auf solch einer Baustelle eingesetzt werden.
- Bei der **Errichtung von landgestützten Windparks** stellt nicht die einzelne Windkraftanlage, sondern der gesamte Windpark eines Auftraggebers „dieselbe" Tätigkeitsstätte des Arbeitnehmers dar, wenn auf der Fläche des Windparks Büro- oder Baucontainer o. Ä. zur Abhaltung von regelmäßigen Besprechungen oder der Verrichtung sonstiger dienstlicher Angelegenheiten für die Arbeitnehmer aufgestellt worden sind. Überschreitet der Aufenthalt an dieser Tätigkeitsstätte die Dreimonatsgrenze, dürfen ab diesem Zeitpunkt keine steuerfreien Verpflegungspauschalen mehr gezahlt werden, da sich an der Tätigkeitsstätte eine ortsfeste betriebliche Einrichtung befindet.
- Werden Arbeitnehmer bei der **Errichtung von Windparks im Küstenvorfeld (sog. Offshore-Windparks)** sowohl bei der Vormontage im Basishafen als auch bei der schiffsgestützten Endmontage auf See eingesetzt, so unterfällt nur die Tätigkeit im **Basishafen** der Dreimonatsgrenze. Bei der **schiffsgestützten** Endmontage handelt es sich hingegen um eine berufliche Tätigkeit auf einer mobilen betrieblichen Einrichtung, für welche die Dreimonatsfrist nicht gilt.[2]

Beispiele für wechselnde Tätigkeitsorte

1. Tätigkeit auf einer wandernden Tätigkeitsstätte

Bauingenieurin A beaufsichtigt für ein halbes Jahr den Neubau einer Bahnstrecke, monatlich werden 5 km fertiggestellt. Entsprechend werden die mobilen betrieblichen Anlagen und Gerätschaften verlegt.

1) BFH v. 11.4.2019, VI R 40/16 BStBl II 2019, 546; v. 11.4.2019, VI R 12/17, BStBl II 2019, 551.
2) BMF v. 25.11.2020, IV C 5 – S 2353/19/10011 :006, BStBl I 2020, 1228, Rz. 3, 56.

Folge: Obwohl A länger als drei Monate auf der Baustelle tätig ist, greift hier die Dreimonatsfrist nicht, weil sich durch die Verschiebung der Bahnstrecke der Ort der Auswärtstätigkeit ständig ändert und die Dreimonatsfrist nur dann greifen soll, wenn die Auswärtstätigkeit am selben Ort der Tätigkeitsstätte ausgeübt wird (§ 9 Abs. 4a Satz 6 EStG). Anders verhält es sich bei einer Großbaustelle, wenn die Einrichtungen längerfristig fest mit dem Erdreich verbunden sind → Rz. 138.

2. Reisevertreter mit Einsatzwechseltätigkeit

Reisevertreter A ist bei einem großen Lebensmittelkonzern tätig und muss täglich Großabnehmer (Supermärkte, Großküchen usw.) aufsuchen. Den Betriebssitz seines Arbeitgebers sucht er nur gelegentlich auf. Er hat keine erste Tätigkeitsstätte.

Folge: Da A auch nicht hilfsweise einer ersten Tätigkeitsstätte zugeordnet werden kann, übt er eine Auswärtstätigkeit aus. Die Dreimonatsfrist ist ohne Bedeutung.

Hinweis zu Einsatzwechseltätigkeiten mit längerfristigem auswärtigem Einsatz

Ein längerfristiger auswärtiger Einsatz eines Arbeitnehmers mit Einsatzwechseltätigkeit **wandelt sich nach drei Monaten nicht zu einer doppelten Haushaltsführung**. Die anfallenden Aufwendungen sind weiterhin nach Reisekostengrundsätzen zu ermitteln.

Somit dürfen bei gleichbleibendem Tätigkeitsort ab dem vierten Monat zwar **keine** Verpflegungspauschalen mehr angesetzt werden, die Fahrtkosten für **Heimfahrten** und die Fahrten am **auswärtigen** Tätigkeitsort können jedoch weiterhin als **Reisekosten** angesetzt werden (→ Rz. 169).

Die Unterbrechungsfrist von (mindestens) vier Wochen ist lediglich für die Frage entscheidend, ob erneut Verpflegungsmehraufwendungen in Betracht kommen.

Die zuvor erläuterten Regelungen zu den Verpflegungspauschalen sowie für die Dreimonatsfrist gelten auch i. R. einer **doppelten Haushaltsführung** (§ 9 Abs. 4a Satz 12 EStG, → Rz. 288 ff.).

179 Vergütet ein **Arbeitgeber** für Auswärtstätigkeiten einen **geringeren** Betrag als die steuerlich zulässigen **Verpflegungspauschalen**, so kann der Arbeitnehmer den Unterschiedsbetrag zwischen den steuerlichen Pauschbeträgen und den geringeren Ersatzleistungen ohne weiteren Einzelnachweis i. R. seiner Einkommensteuererklärung als **Werbungskosten** geltend machen. Die Frage einer unzutreffenden Besteuerung darf das Finanzamt nicht prüfen, weil auf die Anwendung der Verpflegungspauschalen ein gesetzlicher Anspruch besteht.

d) Verpflegungspauschalen bei Fahrtätigkeit, Einsatzwechseltätigkeit

180 Bei einer Fahrtätigkeit oder Einsatzwechseltätigkeit (bzw. beruflich veranlassten Auswärtstätigkeit) dürfen seit dem Kalenderjahr 2020 für die Verpflegungsmehraufwendungen je Kalendertag folgende **Verpflegungspauschalen angesetzt** werden:

- Dauert die Abwesenheit anlässlich einer **eintägigen Auswärtstätigkeit** ohne Übernachtung **mehr als 8 Stunden** **14 €**,
- beträgt die Abwesenheit einer **eintägigen Auswärtstätigkeit** ohne Übernachtung **24 Stunden** **28 €**.

  Bei einer **Fahrtätigkeit** bzw. **Einsatzwechseltätigkeit** ist allein die Dauer der Abwesenheit von der **Wohnung** am jeweiligen Kalendertag maßgebend; es sei denn, der Arbeitnehmer hat ausnahmsweise eine erste Tätigkeitsstätte inne (→ Rz. 137 ff.). Mehrere Abwesenheiten an einem Kalendertag sind zusammenzurechnen.
- Bei einer **mehrtägigen Auswärtstätigkeit**
  - **mit Übernachtung** und einer Abwesenheit von **24 Stunden** **28 €**,
  - für den dem Übernachtungstag vorhergehenden **Anreisetag** und für den **nachfolgenden Abreisetag** jeweils **14 €**.

Als **Reise-/Abwesenheitstag** ist jeweils der einzelne Kalendertag anzusehen. Ist der 181
Arbeitnehmer an einem Kalendertag mehrfach auswärts tätig, können die Abwesenheitszeiten dieser Tätigkeiten zusammengerechnet werden. Hierfür ist nicht Voraussetzung, dass die Abwesenheitsdauer am Kalendertag ununterbrochen bestanden hat.

Werden beispielsweise an einem Kalendertag zwei Auswärtstätigkeiten durchgeführt, deren Dauer jeweils unter acht Stunden liegt, so käme bei isolierter Betrachtung keine Verpflegungspauschale in Betracht. Beträgt die gesamte Abwesenheit beider Auswärtstätigkeiten jedoch mehr als acht Stunden, so kann die steuerfreie Pauschale i. H. v. 14 € angesetzt werden.

Beispiel: Zusammenfassung von Abwesenheitszeiten

Arbeitnehmer A führt im Kalenderjahr 2026 von seiner ersten Tätigkeitsstätte in B aus eine Dienst- 182
reise nach K durch. Er tritt die Auswärtstätigkeit um 9.00 Uhr an und kehrt um 14.00 Uhr zurück. Um 15.30 Uhr muss er aus dienstlichen Gründen nach R, von wo aus er unmittelbar an seinen Wohnsitz zurückkehrt. Ankunft um 21.00 Uhr.

Folge: Beide Auswärtstätigkeiten sind zusammenzufassen, so dass bei insgesamt 10,5-stündiger Abwesenheit eine steuerfreie Verpflegungspauschale i. H. v. 14 € in Betracht kommt.

Bei einer beruflichen Tätigkeit, die an einem Kalendertag beginnt und am **nachfolgen-** 183
den Kalendertag **beendet** wird, **ohne** dass eine Übernachtung stattgefunden hat, sind die Abwesenheitszeiten beider Tage ebenfalls zusammenzurechnen und dem Kalendertag mit der überwiegenden Abwesenheitsdauer zuzurechnen. Die beiden Abwesenheitszeiten werden regelmäßig für den Kalendertag berücksichtigt, an dem der Arbeitnehmer den überwiegenden Teil der insgesamt mehr als acht Stunden abwesend ist. Dies kann zu dem überraschenden Ergebnis führen, dass sich dadurch ein rechnerischer Kalendertag mit mehr als 24 Stunden ergeben kann.

Beispiel: Zusammenrechnung der Abwesenheitszeiten

Ein Berufskraftfahrer B kehrt im Kalenderjahr 2026 morgens um 8.00 Uhr von einer Fahrt in den Betrieb zurück, die er am Vortag um 20.00 Uhr begonnen hat. Um 17.00 Uhr bricht er erneut zu einer Fahrt auf, die bis zum anderen Tag um 6.00 Uhr dauert. Der Kraftfahrer B hat auswärts nicht übernachtet.

Folge: Weil die Abwesenheitszeiten zusammengerechnet werden, beträgt die Gesamtabwesenheitsdauer insgesamt 25 Stunden.

Am mittleren Tag beträgt die Abwesenheitsdauer acht und sieben Stunden; dies ist der Tag mit der überwiegenden Abwesenheit. Da B insgesamt 25 Stunden abwesend war, erhält er die steuerfreie Verpflegungspauschale für 24 Stunden i. H. v. 28 €.

1. Abwandlung:

B ist von 20.00 Uhr bis 5.30 Uhr des Folgetags beruflich unterwegs. In dieser Zeit legt er regelmäßig auch eine Lenkpause von 45 Minuten ein. Seine Wohnung verlässt B um 19.30 Uhr und kehrt um 6.00 Uhr dorthin zurück. Eine erste Tätigkeitsstätte liegt nicht vor.

Folge: B ist i. R. seiner beruflichen Auswärtstätigkeit (Fahrtätigkeit) über Nacht von seiner Wohnung abwesend. Bei der Lenkpause handelt es sich nicht um eine Übernachtung. Die Abwesenheitszeiten über Nacht können somit zusammengerechnet werden. Sie werden für den zweiten Kalendertag berücksichtigt, an dem B den überwiegenden Teil der Zeit abwesend ist. B erfüllt die Voraussetzungen der Verpflegungspauschale für eine eintägige Auswärtstätigkeit i. H. v. 14 €.

2. Abwandlung:

Die berufliche Fahrtätigkeit des B verteilt sich wie folgt auf die Tage (erste bzw. zweite Tageshälfte in Stunden):

Montag	Dienstag	Mittwoch	Donnerstag	Freitag	Samstag
5	4 5	4 5	4 4,5	5 5	4

Folge: Im Fall der Zusammenrechnung der Abwesenheitszeiten über Nacht kann B eine Verpflegungspauschale für eine eintägige Auswärtstätigkeit für folgende Tage beanspruchen: Montag, Dienstag, Mittwoch und Freitag; insgesamt vier Tage.

Werden stattdessen die an dem jeweiligen Tag geleisteten einzelnen Abwesenheitszeiten zusammengerechnet, dann kann B für Dienstag, Mittwoch, Donnerstag und Freitag eine Verpflegungspauschale i. H. v. jeweils 14 € beanspruchen, insgesamt ebenso vier Tage.

3. Abwandlung:

Die berufliche Fahrtätigkeit des B verteilt sich wie folgt auf die Tage (erste bzw. zweite Tageshälfte in Stunden):

Montag	Dienstag		Mittwoch		Donnerstag		Freitag		Samstag
5	4	5	4	5	4	4,5	4	4	5

Folge: Im Fall der Zusammenrechnung der Abwesenheitszeiten über Nacht kann B eine Verpflegungspauschale für eine eintägige Auswärtstätigkeit für folgende Tage beanspruchen: Montag, Dienstag, Mittwoch, Donnerstag und Samstag, insgesamt also für fünf Tage.

Werden **stattdessen** die an dem jeweiligen Tag geleisteten einzelnen Abwesenheitszeiten zusammengerechnet, dann kann B nur für Dienstag, Mittwoch und Donnerstag eine Verpflegungspauschale i. H. v. jeweils 14 € für insgesamt drei Tage beanspruchen. Diese Einschränkung wird durch die gesetzliche Regelung des § 9 Abs. 4a Satz 3 Nr. 3 2. Halbs. EStG verhindert, die anstelle der auf den Kalendertag bezogenen Betrachtung ausnahmsweise bei auswärtigen beruflichen Tätigkeiten über Nacht ohne Übernachtung die Zusammenrechnung solcher Zeiten ermöglicht.

Die **Abzugsbeschränkung** für Verpflegungsmehraufwendungen auf die ersten drei Monate der Auswärtstätigkeit (→ Rz. 178) gilt für Arbeitnehmer mit einer **Fahrtätigkeit** (z. B. Berufskraftfahrer) **nicht**; d. h., sie können die Pauschbeträge für Verpflegungsmehraufwendungen **zeitlich unbegrenzt** geltend machen.

Beispiel: Fahrtätigkeit

Der Arbeitnehmer B ist als Linienbusfahrer tätig (keine erste Tätigkeitsstätte). Er fährt von Januar bis Juni arbeitstäglich dieselbe Strecke.

Folge: B führt beruflich veranlasste Auswärtstätigkeiten durch. Arbeitstäglich beginnt und endet eine „neue" Auswärtstätigkeit, so dass die Dreimonatsfrist nicht zu beachten ist. Die anzusetzenden Verpflegungspauschalen können während der Tätigkeitsdauer ohne zeitliche Befristung steuerfrei gezahlt werden.

e) Begleitperson auf Auswärtstätigkeit

184 Es gelten grundsätzlich dieselben Regelungen wie für Gewerbetreibende und selbständig Tätige (→ Rz. 62 f.).

185 Maßgebend ist auch hier, dass ein zwingender beruflicher Grund für die Mitnahme der Begleitperson vorliegt und nachgewiesen oder zumindest glaubhaft gemacht werden kann.

f) Mahlzeitengestellung auf Auswärtstätigkeit

186 Als ein wesentliches Merkmal der sog. Reisekostenreform 2014 hat die Finanzverwaltung die vereinfachte steuerliche Erfassung der vom Arbeitgeber während einer Auswärtstätigkeit gestellten Mahlzeiten (→ Rz. 198 ff.) hervorgehoben. Danach sind folgende Grundsätze zu beachten:

- Vom Arbeitgeber gestellte **übliche** Mahlzeiten mit einem Preis von bis zu 60 € werden typisierend mit dem Sachbezugswert (→ Rz. 199) als Arbeitslohn erfasst.

- Die mit dem Sachbezugswert bewerteten üblichen Mahlzeiten sind laut Gesetzesregelung nicht zu besteuern, wenn dem Arbeitnehmer für die auswärtige Tätigkeit dem Grunde nach eine Verpflegungspauschale zustehen würde.

Im Gegenzug zur unterlassenen Besteuerung wird für die gestellte Mahlzeit die maßgebliche Verpflegungspauschale gekürzt. Der Kürzungsbetrag beträgt für ein Frühstück 20 % der Verpflegungspauschale bei 24-stündiger Abwesenheit und für ein Mittag- und Abendessen **je** 40 % der Verpflegungspauschale bei 24-stündiger Abwesenheit. Für das Inland ergeben sich seit dem Kalenderjahr 2020 folgende **Kürzungsbeträge**:

- 5,60 € für ein Frühstück sowie
- je 11,20 € für ein Mittag- und Abendessen.

Näheres unter → Rz. 198 ff.

3. Übernachtungs-/Unterkunftskosten bei Auswärtstätigkeit

Steuerlich ist zunächst zu unterscheiden, ob die Unterkunfts-/Übernachtungskosten i. R. **187**
einer beruflich veranlassten **Auswärtstätigkeit** (→ Rz. 159 ff.) oder i. R. einer **doppelten Haushaltsführung** (→ Rz. 288 ff.) anfallen. Dabei macht es keinen Unterschied, ob beruflich/geschäftlich veranlasste Übernachtungskosten bei einer Auswärtstätigkeit als Arbeitnehmer, Gewerbetreibender oder selbständig Tätiger entstehen. Hinsichtlich der Berücksichtigungsfähigkeit von Übernachtungs-/Unterkunftskosten sind dieselben Regelungen zu beachten (→ Rz. 65 f.).

Der Arbeitgeber kann die beruflich veranlassten Übernachtungskosten seines Arbeitnehmers **steuerfrei** übernehmen, indem er

- unmittelbar mit dem Hotel abrechnet oder
- seinem Arbeitnehmer die von diesem verauslagten Aufwendungen ersetzt.

Ohne Einzelnachweis der Übernachtungskosten darf der Arbeitgeber bei **Auswärtstätigkeiten** für **jede Übernachtung** im Inland **pauschal** bis zu **20** € steuerfrei erstatten (→ Rz. 221).

Übernimmt der Arbeitgeber die Übernachtungskosten nicht oder nur teilweise, sind die verbleibenden Aufwendungen als **Werbungskosten** ansatzfähig. I, R. des Werbungskostenabzugs können jedoch lediglich die **tatsächlich** entstandenen Übernachtungskosten und keine Pauschalen berücksichtigt bzw. abgezogen werden.

Für beide der o. g. Tätigkeitsarten gehören zu den Unterkunfts- bzw. Übernachtungskosten jeweils die **tatsächlichen** Aufwendungen für die persönliche Inanspruchnahme einer Unterkunft zur Übernachtung. Hierzu zählen zum Beispiel Kosten für die Nutzung eines Hotelzimmers, Mietaufwendungen für die Nutzung eines (ggf. möblierten) Zimmers oder einer Wohnung sowie Nebenleistungen (z. B. Kultur- und Tourismusförderabgabe, Kurtaxe/Fremdenverkehrsabgabe, bei Auslandsübernachtungen die besondere Kreditkartengebühr bei Zahlungen in Fremdwährungen).

Zu den steuerlichen Folgen, falls der Arbeitgeber dem Arbeitnehmer während einer beruflich veranlassten Auswärtstätigkeit eine „übliche" Mahlzeit zur Verfügung stellt, → Rz. 186, → Rz. 198 ff.

Beispiele für Auswärtstätigkeit mit Kosten für Übernachtung und Verpflegung

1. Abrechnung nur der Übernachtungskosten

Arbeitnehmer A übernachtet im Kalenderjahr 2026 während einer zweitägigen Auswärtstätigkeit im Hotel. Die Rechnung ist auf den Namen des Arbeitgebers ausgestellt. Das Hotel rechnet eine Übernachtung mit Frühstück wie folgt ab:

– Übernachtung	100 €
– Frühstück	14 €

Folge: Möchte der Arbeitgeber lediglich die ausgewiesenen Übernachtungskosten i. H. v. 100 € übernehmen, ist dies steuerfrei möglich.

Für den An- und Abreisetag stehen dem Arbeitnehmer Verpflegungspauschalen i. H. v. insgesamt 28 € (je 14 € für den An- und Abreisetag) zu. Dieser Betrag ist ebenfalls steuerfrei zahlbar.

2. Abrechnung der Kosten für Übernachtung und Verpflegung

Arbeitnehmer A übernachtet im Kalenderjahr 2026 während einer zweitägigen inländischen Auswärtstätigkeit im Hotel. Die Rechnung des Hotels ist auf den Namen des Arbeitgebers ausgestellt. Das Hotel rechnet eine Übernachtung mit Frühstück wie folgt ab:

– Pauschalarrangement 100 €

Folge: Der Arbeitgeber hat die folgenden beiden Möglichkeiten:

a) Erstattung Übernachtungskosten

Zur Ermittlung der Übernachtungskosten kann der Gesamtpreis um 5,60 € (20 % von 28 € für die auf das Frühstück entfallenden anteiligen Kosten) gekürzt werden. Der verbleibende Betrag von 94,40 € kann vom Arbeitgeber als Übernachtungskosten steuerfrei erstattet werden.

Für den An- und Abreisetag stehen dem Arbeitnehmer Verpflegungspauschalen von insgesamt 28 € (je 14 € für den An- und Abreisetag) zu. Die Verpflegungspauschale für den Abreisetag ist nicht zu kürzen, wenn der Arbeitgeber dem Arbeitnehmer lediglich die 94,40 € als Übernachtungskosten erstattet (also keine Kürzung um 5,60 € für das Frühstück, weil das Pauschalarrangement bereits um den Verpflegungsanteil gekürzt worden ist).

Insgesamt kann der Arbeitgeber somit 122,40 € steuerfrei erstatten (94,40 € Unterkunft plus 28 € Verpflegungspauschalen).

b) Erstattung Gesamtkosten

Erstattet der Arbeitgeber dem Arbeitnehmer hingegen den Gesamtpreis von 100 € (also einschließlich Frühstück) sind die Verpflegungspauschalen auf einen Betrag von 22,40 € zu kürzen (auf Grund der Mahlzeitengestellung 14 € x 2 abzüglich 5,60 €).

Insgesamt darf der Arbeitgeber somit 122,40 € steuerfrei erstatten (100 € Unterkunft und Frühstück plus 22,40 € gekürzte Verpflegungspauschalen).

Fazit:

Beide Berechnungen führen somit stets zum selben Ergebnis, gleichgültig, von welchem Betrag der pauschale Einbehalt bzw. die pauschale Kürzung erfolgt.

Abwandlung:

Die Rechnung des Hotels ist auf den **Namen** des **Arbeitnehmers** ausgestellt.

Folge: Auch bei dieser Fallgestaltung darf der Arbeitgeber insgesamt höchstens 122,40 € steuerfrei erstatten (94,40 € Unterkunft plus 28 € Verpflegungspauschalen).

3. Übernachtung mit Verpflegung (getrennter Ausweis)

Arbeitnehmer A übernachtet im Kalenderjahr 2026 während einer zweitägigen Auswärtstätigkeit im Hotel. Die Rechnung ist auf den Namen des **Arbeitgebers** ausgestellt. Das Hotel rechnet eine Übernachtung mit Frühstück wie folgt ab:

– Übernachtung 90 €
– Frühstück 10 €

Folge: Die ausgewiesenen Übernachtungskosten von 90 € können vom Arbeitgeber steuerfrei erstattet werden. Für den An- und Abreisetag stehen dem Arbeitnehmer Verpflegungspauschalen von 28 € (je 14 € für den An- und Abreisetag) zu. Die Verpflegungspauschale für den Abreisetag ist nicht zu kürzen, wenn der Arbeitgeber dem Arbeitnehmer lediglich die 90 € Übernachtungskosten erstattet. In diesem Fall wird kein Frühstück gestellt.

Abwandlung:

Erstattet der Arbeitgeber hingegen auch den Betrag von 10 € für das Frühstück (insgesamt also 100 €), ist die Verpflegungspauschale für den Abreisetag auf Grund des vom Arbeitgeber zur Verfügung gestellten Frühstücks um 5,60 € zu kürzen. Folglich darf der Arbeitgeber dann zusätzlich einen Betrag von 22,40 € als Verpflegungspauschalen steuerfrei erstatten (14 € × 2 abzgl. 5,60 €).

Zahlt der Arbeitgeber den Betrag von 10 € für das Frühstück und **keine** Verpflegungspauschalen,

– unterbleibt eine steuerliche Erfassung des Frühstücks als Arbeitslohn, weil der Arbeitnehmer für die Auswärtstätigkeit dem Grunde nach eine Verpflegungspauschale als Werbungskosten beanspruchen könnte (→ Rz. 200),
– darf der Arbeitnehmer i. R. seiner Einkommensteuererklärung den Betrag von 22,40 € als Werbungskosten ansetzen (gekürzte Verpflegungspauschalen).

Abwandlung:

Die Rechnung des Hotels ist auf den **Namen** des **Arbeitnehmers** ausgestellt.

Folge: In diesem Fall darf der Arbeitgeber insgesamt höchstens 118 € steuerfrei erstatten (90 € Unterkunft plus 28 € Verpflegungspauschalen).

Zahlt der Arbeitgeber keine steuerfreien Erstattungen, ist der Betrag von 118 € als Werbungskosten berücksichtigungsfähig.

Hinweis zu der für die Anerkennung der Auswärtstätigkeit erforderlichen „anderen Wohnung"

Die Anerkennung bzw. der Ansatz von Unterkunftskosten i. R. einer auswärtigen beruflichen Tätigkeit erfordert, dass noch eine andere **Wohnung** besteht, an welcher der Arbeitnehmer seinen Lebensmittelpunkt hat, ohne dass dort jedoch ein **eigener Hausstand** vorliegen muss.

Für die Berücksichtigung von Unterkunftskosten anlässlich einer Auswärtstätigkeit wird somit – **anders** als bei der doppelten Haushaltsführung – **nicht** vorausgesetzt, dass der Arbeitnehmer eine Wohnung aus eigenem Recht oder als Mieter innehat und eine finanzielle Beteiligung an den Kosten der Lebensführung leistet. Es **genügt**, wenn der Arbeitnehmer z. B. im Haushalt seiner Eltern ein Zimmer bewohnt.

Ist die Unterkunft am auswärtigen Tätigkeitsort die **einzige** Wohnung/Unterkunft des Arbeitnehmers, liegt kein beruflich veranlasster Mehraufwand vor.

Fallen **höhere** Übernachtungskosten an, weil der Arbeitnehmer eine Unterkunft **gemeinsam** mit Personen nutzt, die in keinem Dienstverhältnis zum selben Arbeitgeber stehen, sind nur diejenigen Aufwendungen anzusetzen, die bei alleiniger Nutzung durch den Arbeitnehmer angefallen wären; ggf. ist der beruflich veranlasste Anteil von Übernachtungskosten zu schätzen.[1] **Nicht** abziehbar sind somit Mehrkosten, die auf Grund der Mitnutzung der Übernachtungsmöglichkeit durch eine **Begleitperson** entstehen, insbesondere wenn die Begleitung privat und nicht beruflich veranlasst ist. Bei Mitnutzung eines Mehrbettzimmers (z. B. Doppelzimmer) können die Aufwendungen angesetzt werden, die bei Inanspruchnahme eines Einzelzimmers im selben Haus (Hotel) entstanden wären.

Beispiel: Gemeinsame Nutzung der Unterkunft

Ein Arbeitnehmer wird aus persönlichen Gründen bei seiner Auswärtstätigkeit von der Ehefrau begleitet. Für die Übernachtung im Doppelzimmer entstehen Kosten von 150 €. Ein Einzelzimmer hätte 100 € gekostet.

Folge: Vom Arbeitgeber steuerfrei erstattungsfähig oder als Werbungskosten ansetzbar sind 100 €.

Abwandlung:

Bei einer Auswärtstätigkeit teilt sich der Arbeitnehmer A das Doppelzimmer mit seinem Kollegen B, der ihn aus betrieblichen Gründen begleitet (Übernachtungskosten 150 €).

Folge: Für jeden Arbeitnehmer dürfen (150 € : 2 =) 75 € vom Arbeitgeber steuerfrei erstattet oder als Werbungskosten angesetzt werden.

Zusammenfassend gilt hinsichtlich der steuerfreien Erstattung von **Übernachtungskosten** bei einer Begleitung durch den **Ehegatten** des Arbeitnehmers auf einer Auswärtstätigkeit Folgendes:

- Bei Übernachtung im Doppelzimmer kann der Arbeitgeber die Übernachtungskosten steuerfrei erstatten, die bei Inanspruchnahme eines Einzelzimmers in demselben Haus entstanden wären.
- Wird beim Zimmerpreis nicht zwischen Einzel- und Doppelzimmer unterschieden und ist – unabhängig von der Zahl der in einem Zimmer übernachtenden Personen – ein einheitlicher Zimmerpreis zu entrichten, kann dieser Übernachtungspreis vom Arbeitgeber steuerfrei erstattet werden.

1) BFH v. 3.7.2018, VI R 55/16, HFR 2018, 870.

- Bei Übernachtung im Einzelzimmer entfällt die steuerfreie Erstattung derjenigen Kosten, die zusätzlich durch Einrichtung einer Übernachtungsmöglichkeit für die weitere Person in diesem Zimmer anfallen.

Wird eine **Wohnung** am auswärtigen Tätigkeitsort zur Übernachtung während einer beruflich veranlassten Auswärtstätigkeit **im Inland** genutzt, kann aus Vereinfachungsgründen bei Aufwendungen bis zu einem Betrag von **1 000** € monatlich von einer ausschließlichen beruflichen Veranlassung ausgegangen werden. Dieser Betrag entspricht dem Höchstbetrag für Unterkunftskosten bei einer längerfristigen Auswärtstätigkeit von mehr als 48 Monaten (→ Rz. 188).

Näheres zu **Auslandsreisen** → Rz. 319 ff., → Rz. 339, → Rz. 344 ff.

4. Begrenzte Berücksichtigung von Unterkunftskosten bei Auswärtstätigkeit

188 Bei einer **längerfristigen** beruflichen Auswärtstätigkeit an derselben Tätigkeitsstätte **im Inland**, die nicht erste Tätigkeitsstätte ist, können nach Ablauf von **48 Monaten** die tatsächlich entstehenden Unterkunftskosten nur bis zur Höhe von 1 000 € im Monat vom Arbeitgeber steuerfrei erstattet oder als Werbungskosten angesetzt werden. Das gilt auch für Hotelübernachtungen.

Bei solchen Übernachtungen **im Ausland** sind für die Frage, welche Beträge für die steuerfreie Erstattung und den Werbungskostenansatz in Betracht kommen, die Grundsätze zur beruflichen Veranlassung und Notwendigkeit der entstandenen Aufwendungen zu beachten (→ Rz. 328 f., → Rz. 344 ff.). Die Höchstgrenze von 1 000 € gilt hier nicht.

Von einer **längerfristigen** beruflichen Tätigkeit an derselben Tätigkeitsstätte ist erst dann auszugehen, wenn der Arbeitnehmer an dieser mindestens an drei Tagen in der Woche tätig wird (→ Rz. 178). Die 48-Monatsfrist beginnt daher nicht, solange die auswärtige Tätigkeitsstätte nur an zwei Tagen in der Woche aufgesucht wird.

Vergleichbar mit der Dreimonatsfrist für die Verpflegungspauschalen (→ Rz. 178) führt eine längerfristige Unterbrechung derselben beruflichen Auswärtstätigkeit zu einem Neubeginn des begünstigten Zeitraums (ohne Höchstgrenze). So beginnt der 48-Monatszeitraum erneut, wenn die berufliche Tätigkeit an derselben Tätigkeitsstätte für mindestens **sechs** zusammenhängende **Monate** unterbrochen wird (§ 9 Abs. 1 Satz 3 Nr. 5a Satz 5 EStG). Aus welchem Grund die Tätigkeit unterbrochen wird (z. B. Krankheit, Urlaub, Tätigkeit an einer anderen Tätigkeitsstätte), ist dabei unerheblich.

Eine Unterbrechung von **weniger** als sechs Monaten z. B. wegen Urlaub, Krankheit, beruflicher Tätigkeit an einer anderen Tätigkeitsstätte führt nicht zu einem Neubeginn der 48-Monatsfrist. Die Prüfung des Unterbrechungszeitraums und des Ablaufs der 48-Monatsfrist erfolgt stets im Nachhinein mit Blick auf die zurückliegende Zeit (sog. ex post-Betrachtung).

Beispiel: 48-Monatsfrist

Arbeitnehmer A ist seit dem 1.4.2026 in der an seinem Wohnort in H gelegenen ersten Tätigkeitsstätte an zwei Tagen in der Woche tätig. An den anderen drei Tagen betreut er auf Grund arbeitsrechtlicher Festlegungen eine 200 km entfernte Filiale in B. Dort übernachtet er regelmäßig zweimal wöchentlich.

Folge: Da A längerfristig infolge seiner beruflichen Tätigkeit an drei Tagen in der Woche an derselben Tätigkeitsstätte in B, die nicht erste Tätigkeitsstätte ist, tätig wird und dort übernachtet, können die ihm tatsächlich entstehenden Übernachtungskosten nach Ablauf von 48 Monaten nur noch bis zur Höhe von 1 000 € monatlich steuerfrei erstattet oder als Werbungskosten angesetzt werden.

Abwandlung:

A muss ab dem 15.7.2026 für vier Monate nach M, um dort zu arbeiten. Ab dem 16.11.2026 arbeitet er drei Tage wöchentlich in H und zwei Tage in B.

Folge: Für die längerfristige berufliche Auswärtstätigkeit in B beginnt die 48-Monatsfrist am 1.4.2026 und endet voraussichtlich am 31.3.2030. Eine (zusammenhängende) sechsmonatige Unterbrechung liegt nicht vor (lediglich für vier Monate und dann immer nur dreitägige Unterbrechungen). Folglich führen die Unterbrechungen nicht zu einem Neubeginn der 48-Monatsfrist.

Für die Prüfung der 48-Monatsfrist wird auf den tatsächlich verwirklichten Sachverhalt abgestellt. Erst nach Ablauf von 48 Monaten greift die Begrenzung der Höhe nach auf den Betrag von 1 000 € im Monat. Die unbegrenzte Berücksichtigung der entstandenen Aufwendungen in den ersten 48 Monaten der Auswärtstätigkeit bleibt davon unberührt.

5. Reisenebenkosten bei Auswärtstätigkeit

Zu den Reisenebenkosten gehören sämtliche Aufwendungen, die durch eine beruflich **189** veranlasste Auswärtstätigkeit veranlasst sind und die nicht direkt den Verpflegungsmehraufwendungen, Fahrt- und Übernachtungskosten zugeordnet werden können. Die Nebenkosten können vom Arbeitnehmer i. R. seiner Einkommensteuererklärung als Werbungskosten geltend gemacht oder vom Arbeitgeber steuerfrei erstattet werden. Zu den Nebenkosten gehören, sofern sie nachgewiesen oder zumindest glaubhaft gemacht werden, u. a. die Aufwendungen für:

- Beförderung und Aufbewahrung von **Gepäck** sowie Reisegepäckversicherungen, soweit sich der Versicherungsschutz auf eine beruflich bedingte Abwesenheit von einer ortsgebundenen ersten Tätigkeitsstätte beschränkt. Zur Aufteilung der Aufwendungen für eine gemischte Reisegepäckversicherung vgl. BFH v. 19.2.1993.[1] Danach darf die Gesamtprämie in einen beruflich und einen privat veranlassten Anteil aufgeteilt werden, wenn die Versicherungsgesellschaft entsprechende Angaben macht. Solche Anteile können auch auf den Erfahrungssätzen der Versicherungsgesellschaft aufbauen;
- **Ferngespräche, Telekommunikation und Schriftverkehr** beruflichen Inhalts mit dem Arbeitgeber oder dessen Geschäftspartner,
- **Straßenbenutzung** (z. B. Mautgebühren, Fährkosten) und Parkplatzbenutzung sowie Schadensersatzleistungen bzw. Reparaturkosten infolge von Verkehrsunfällen, wenn die jeweils damit verbundenen Fahrtkosten als Reisekosten anzusetzen sind,
- **Geldwechselgebühren**, wenn z. B. im Hotel ein ungünstiger Wechselkurs angesetzt wird,
- **Unfallversicherungen**, soweit sie Berufsunfälle außerhalb einer ortsgebundenen ersten Tätigkeitsstätte umfassen,
- **privat geführte Telefongespräche**, soweit sie der beruflichen Sphäre zugeordnet werden können.[2]

Hat der Arbeitgeber für seinen Arbeitnehmer eine **Unfallversicherung** abgeschlossen, bei der die Ausübung der Rechte ausschließlich dem Arbeitgeber zusteht, so stellen die Beiträge im Zeitpunkt der Zahlung durch den Arbeitgeber keinen Arbeitslohn dar (→ Rz. 211).[3]

Der **Verlust von Vermögensgegenständen** oder die Folgen von **beschädigten** Gegenständen anlässlich einer Auswärtstätigkeit führt nur dann zu Reisenebenkosten, wenn die Gegenstände für die Reise unbedingt erforderlich waren und der Schaden durch eine reisespezifische Gefährdung eingetreten ist (Diebstahl, Transport- oder Unfallschaden). Der Diebstahl von **Geldbörsen** oder wertvollem **Schmuck** führt jedoch **nicht** zu Reisenebenkosten (→ Rz. 134). Werden notwendige Reisegegenstände gestohlen, sollte zum Nachweis des Diebstahls die polizeiliche **Anzeige** vorliegen.

---

1) Vgl. BFH v. 19.2.1993, VI R 42/92, BStBl II 1993, 519.
2) Vgl. BFH v. 5.7.2012, VI R 50/10, BStBl II 2013, 282.
3) BFH v. 16.4.1999, VI R 60/96, BStBl II 2000, 406; VI R 66/97, BStBl II 2000, 408.

Wird der Verlust von Vermögensgegenständen bei der Auswärtstätigkeit dem Grunde nach steuerlich anerkannt, muss der Verlust der **Höhe** nach bestimmt werden. Der verlorene Gegenstand ist nicht mit seinem Neuwert oder den Anschaffungs- bzw. Wiederbeschaffungskosten anzusetzen. Vielmehr ist nur sein „Restwert" im Zeitpunkt des Verlusts anzusetzen. Dieser ist nach den allgemeinen Vorschriften zu ermitteln (z. B. durch Verteilung der Anschaffungskosten auf die übliche Nutzungsdauer). Dazu sind regelmäßig der Zeitpunkt der Anschaffung und der Anschaffungspreis nachzuweisen.

Die **Reisenebenkosten** sind für eine steuerfreie Erstattung bzw. für den Ansatz als Werbungskosten durch geeignete Unterlagen **nachzuweisen** bzw. glaubhaft zu machen. Regelmäßig **wiederkehrende** Reisenebenkosten können zur Vereinfachung über einen repräsentativen Zeitraum von drei Monaten im Einzelnen nachgewiesen und dann in der Folgezeit mit dem täglichen **Durchschnittsbetrag** angesetzt werden. Zur Berücksichtigung von Reisenebenkosten bei Lkw-Fahrern, die in ihrer Schlafkabine übernachten, → Rz. 221 f.

Nicht zu den Reisenebenkosten gehören z. B.:

- Aufwendungen für die **persönliche Lebensführung** wie Tageszeitungen, private Telefongespräche, Nebenleistungen wie Wellness-Massagen, Minibar oder Pay-TV,
- **Ordnungs-, Verwarnungs- und Bußgelder**, die auf einer Auswärtstätigkeit verhängt werden,
- Anschaffungskosten für **private Bekleidung, Koffer** oder andere **Reiseausrüstungsgegenstände**, weil sie nur mittelbar mit einer Auswärtstätigkeit zusammenhängen, sowie Aufwendungen für die Reinigung von privater/bürgerlicher Kleidung,
- von Dritten **überlassene Essengutscheine**, z. B. in Form von Raststätten- oder Autohof-Wertbons.

190 Steuerfrei ist auch die vom Arbeitgeber übernommene Gebühr für eine **Kreditkarte**, die der Arbeitnehmer ausschließlich für die Abrechnung von Reisekosten und Auslagenersatz einsetzt. Wurde die Karte auch zu privaten Zwecken verwendet, ist nur der Gebührenanteil steuerfrei, der auf die beruflichen Umsätze entfällt. Hat der Arbeitgeber jedoch mit dem Kreditkartenunternehmen ein Rahmenabkommen über die verbilligte Überlassung von Kreditkarten abgeschlossen, entfällt eine Besteuerung des auf den Arbeitnehmer entfallenden Sachbezugs, wenn die Freigrenze von 50 € (seit 2022, zuvor 44 €; § 8 Abs. 2 Satz 11 EStG) einschließlich evtl. weiterer Sachbezüge durch den Arbeitgeber (z. B. kostenloses Belohnungsessen) im Kalendermonat nicht überschritten wird.

6. Barlohnumwandlung als Reisekostenvergütung

191 Der BFH hat mit Urteil v. 27.4.2001[1)] entschieden, dass eine Umwandlung von steuerpflichtigem Arbeitslohn in eine steuerfreie Reisekostenvergütung möglich ist, weil es sich hier um eine Vereinfachungsvorschrift handelt. Diese Möglichkeit ist für Arbeitgeber und Arbeitnehmer in den Fällen von Bedeutung, in denen auf Grund der Höhe des vereinbarten Arbeitslohns die zusätzliche steuerfreie Erstattung von Reisekosten ausgeschlossen ist. Denn nach dem BFH-Urteil ist es nicht erforderlich, dass die Reisekostenvergütungen zusätzlich zum ohnehin geschuldeten Arbeitslohn (→ Rz. 232) gezahlt werden. Voraussetzung für die Steuerfreiheit ist lediglich, dass die Herabsetzung des Lohnanspruchs und die Umwandlung von Arbeitslohn in eine steuerfreie Reisekostenvergütung (nach § 3 Nr. 16 EStG) vor Entstehung des Vergütungsanspruchs zwischen Arbeitnehmer und Arbeitgeber vereinbart worden sind.

Nicht ausreichend ist es, wenn der Arbeitgeber lediglich aus dem steuerpflichtigen Arbeitslohn den Reisekostenanteil herausrechnet und als steuerfrei behandelt. In Zweifelsfällen werden die Finanzbehörden auf Vorlage der entsprechenden Vereinbarungen bestehen.

1) BFH v. 27.4.2001, VI R 2/98, BStBl II 2001, 601.

7. Bewirtung von Geschäftsfreunden/Geschenke

Bei Arbeitnehmern kommen als Werbungskosten nur solche Aufwendungen in Betracht, die ausschließlich durch den Beruf veranlasst sind. Bewirtet ein Arbeitnehmer Geschäftsfreunde des Arbeitgebers, sollte vereinbart werden, dass die Aufwendungen als solche des Arbeitgebers gelten und von diesem dem „bewirtenden" Arbeitnehmer erstattet werden (→ Rz. 129 ff.) **192**

Solche Erstattungen rechnen beim Arbeitnehmer als Auslagenersatz zum steuerfreien Arbeitslohn. Das gilt auch für den Fall, dass der Arbeitnehmer die Bewirtung im eigenen Hause durchführt. Ersetzt der Arbeitgeber die angefallenen Aufwendungen nicht, dann ist das in aller Regel ein Anzeichen dafür, dass er solche Kosten weder als angemessen noch als notwendig ansieht. In diesem Fall besteht aus Sicht der Finanzverwaltung kein Grund für die steuerliche Anerkennung als Werbungskosten.

Trägt der Arbeitnehmer die Kosten für die Bewirtungen und für **Werbegeschenke** an die Kunden seines **Arbeitgebers** selbst, sind die Aufwendungen steuerrechtlich **mit** den von Gewerbetreibenden zu beachtenden **Einschränkungen** ansatzfähig (nach § 4 Abs. 5 Satz 1 Nr. 1 und 2 EStG u. a. 50 €-Grenze[1] (seit dem Kalenderjahr 2024, zuvor 35 €), → Rz. 114 f., → Rz. 129 ff.). **193**

Folglich sind **Bewirtungsaufwendungen** nur zu 70 % als Werbungskosten abziehbar, wenn der Arbeitgeber die Kosten dafür nicht erstattet und soweit sie zu den beruflich veranlassten Werbungskosten i. S. v. § 9 Abs. 1 Satz 1 und Abs. 5 EStG gehören.[2]

Hinweis zum Nachweis der beruflichen Veranlassung

Zum Nachweis der beruflichen Veranlassung empfiehlt es sich, Belege über die Bewirtung sowie für die gekauften Geschenke sich ausstellen zu lassen, diese aufzubewahren und den Empfänger wie auch den konkreten Anlass schriftlich festzuhalten.

Aufwendungen für die Bewirtung von in der Unternehmenshierarchie nachgeordneten Arbeitnehmern und/oder für **Geschenke** an diese können bei beruflicher Veranlassung in voller Höhe als Werbungskosten abgezogen werden. Das kann insbesondere dann der Fall sein, wenn der vorgesetzte Arbeitnehmer variable Bezüge erhält, die der Höhe nach vom Erfolg seiner Mitarbeiter abhängig sind.[3] Geschenke aus gesellschaftlichem Anlass, z. B. zwischen Arbeitnehmern in leitender Funktion, sind nicht als Werbungskosten abziehbar.[4] **194**

VII. Arbeitgeber ersetzt die Reisekosten

1. Allgemeines

In vielen Fällen ersetzt der Arbeitgeber die dem Arbeitnehmer entstandenen Reisekosten. Ein solcher **Ersatz** gehört **nicht** zum steuerpflichtigen Arbeitslohn, wenn und soweit er die Beträge nicht übersteigt, die der Arbeitnehmer ansonsten als Werbungskosten ansetzen könnte. Dieser Grundsatz betrifft nur die Reisekosten im engeren Sinne (→ Rz. 133, bei Zweifelsfragen vgl. ggf. ergänzend R 9.4 LStR sowie H 9.4 [Erstattung durch den Arbeitgeber] LStH). Erhält der Arbeitnehmer darüber hinausgehende Beträge, zählen sie zum steuerpflichtigen Arbeitslohn. **195**

Neben der üblichen Ermittlung der dafür fälligen Lohnsteuer

– im Regelverfahren (nach den persönlichen Lohnsteuerabzugsmerkmalen des Arbeitnehmers)

1) Änderung durch das Wachstumschancengesetz v. 27.3.2024, BGBl. I 2024, Nr. 108, BStBl I 2024, 666.
2) BFH v. 13.1.1984, VI R 194/80, BStBl II 1984, 315; v. 16.3.1984, VI R 174/80, BStBl II 1984, 433.
3) BFH v. 13.1.1984, VI R 194/80, BStBl II 1984, 315; v. 16.3.1984, VI R 174/80, BStBl II 1984, 433; v. 1.2.2007, VI R 25/03, BStBl II 2007, 459.
4) BFH v. 1.7.1994, IV R 67/93, BStBl II 1995, 273.

lässt das EStG für bestimmte Reisekostenarten bzw. Lohnteile

- die Lohnsteuererhebung mit besonderen **Pauschsteuersätzen** zu (z. B. für Verpflegungsmehraufwendungen/-pauschalen → Rz. 217, gestellte Mahlzeiten → Rz. 218, Fahrtkostenersatz → Rz. 233).

Aufwendungen eines Arbeitgebers für die Anreise der Arbeitnehmer einer auswärtigen Niederlassung des Unternehmens zur Teilnahme an einer **Betriebsveranstaltung** gehören zu den steuerfrei ersetzbaren Reisekosten (§ 19 Abs. 1 Satz 1 Nr. 1a EStG). Sie zählen nicht zu den Gemeinkosten, die den an der Veranstaltung teilnehmenden Betriebsangehörigen zuzurechnen sind. Näheres zur steuerlichen Behandlung der Betriebsveranstaltungen erläutert das BMF-Schreiben v. 14.10.2015.[1)]

Erstattet der Arbeitgeber die für die Anreise zur Betriebsveranstaltung entstandenen Fahrt- und Übernachtungskosten (sowie ggf. Verpflegungsmehraufwendungen) nicht oder nicht steuerfrei, können sie nach Auffassung der Finanzverwaltung nicht als Werbungskosten angesetzt werden.

Beispiel: Steuerfreie Reisekostenzahlungen bei Auswärtstätigkeit des Arbeitnehmers (Gesamtdarstellung)

Arbeitnehmer A fliegt im Auftrag seines Arbeitgebers nach München, um Kunden zu besuchen (beruflich veranlasste Auswärtstätigkeit, → Rz. 159).

Reisebeginn ist ab Betrieb am 3.8.2026 um 16 Uhr, Reiseende an der Wohnung am 6.8.2026 um 18 Uhr.

Die Buchhaltung hat im Auftrag des Arbeitgebers das Hotel (einschließlich Frühstück) und den Flug gebucht; die Flugkosten werden unmittelbar vom Arbeitgeber bezahlt.

Der Arbeitnehmer begleicht die auf den Namen des Arbeitgebers lautende Hotelrechnung; diese weist aus: Übernachtung 300 € zzgl. USt, einen „Sammelposten" (u. a. für Frühstück) 60 € zzgl. USt.

Folge: Der Arbeitgeber kann **steuerfrei** zahlen:

1. die Flugkosten (→ Rz. 164)

2. für Verpflegung, Übernachtung

Verpflegungspauschalen (→ Rz. 197, → Rz. 215) in folgender Höhe:

- für den 3.8.: 14 €, da für den Anreisetag eine Abwesenheit von über acht Stunden nicht erforderlich ist,
- für den 4.8. und 5.8.: 2 × 28 € = 56 €, da Abwesenheit jeweils 24 Stunden,
- für den 6.8.: 14 €, unabhängig von der Abwesenheitsdauer (18 Stunden), weil für den Rückreisetag eine Abwesenheit von über acht Stunden nicht erforderlich ist,

insgesamt: 84 €.

Auf Grund der vom Arbeitgeber gestellten üblichen Mahlzeiten sind die steuerfreien Verpflegungspauschalen für das Frühstück zu kürzen (→ Rz. 202) um:

20 % von 28 € = 5,60 € × 3 Tage = 16,80 €.

Steuerfrei zahlbar sind somit 84 € ./. 16,80 € = 67,20 €.

- die in der Rechnung ausgewiesenen **Übernachtungskosten** (einschließlich USt) in voller Höhe (→ Rz. 187 f., → Rz. 224).
- den „**Sammelposten**" (u. a. für gestelltes Frühstück, einschließlich USt):
  - Der Sammelposten für die Nebenleistungen gibt keinen Anlass für die Vermutung, darin seien steuerlich nicht anzuerkennende Leistungen enthalten (→ Rz. 224 ff.).

3. Alternativen:

- **Pauschbeträge für Übernachtung** (→ Rz. 221)
  Anstelle der tatsächlichen Übernachtungskosten darf der Arbeitgeber auch Pauschbeträge steuerfrei zahlen. Steuerfrei sind für jede Übernachtung im Inland bis zu 20 € (→ Rz. 187, → Rz. 221). Steuerfrei zahlbar wären: 3 × 20 € = 60 €.
- **Pauschalbesteuerter Verpflegungsmehraufwand** (→ Rz. 217)
  Der Arbeitgeber kann über die steuerfreie Verpflegungspauschale hinaus zusätzlich pauschalbesteuerten Verpflegungsmehraufwand an den Arbeitnehmer auszahlen; bis zur Höhe

1) BMF v. 14.10.2015, IV C 5 – S 2332/15/10001, BStBl I 2015, 832.

der jeweils zulässigen steuerfreien Verpflegungspauschale; hier: insgesamt 84 € (Höchstbetrag).

- Die pauschale Lohnsteuer beträgt 25 % von 84 € (= 28 € × 3 Tage) = 21,00 €; kommen hinzu der Solidaritätszuschlag i. H. v. 5,5 % von 21,00 € = 1,15 € und ggf. noch Kirchensteuer.

4. Kein amtlicher Sachbezugswert für Frühstück (→ Rz. 199 f.)
Weil der Arbeitgeber das Hotel einschließlich Frühstück gebucht hat und die Rechnung auf den Namen des Arbeitgebers lautet, liegt eine durch den Arbeitgeber veranlasste Mahlzeit (= Arbeitgeberbewirtung) vor. Die steuerliche Erfassung des Frühstücks als Arbeitslohn unterbleibt, weil der Arbeitnehmer für die Auswärtstätigkeit dem Grunde nach eine Verpflegungspauschale als Werbungskosten geltend machen könnte.

Wichtig: Diese Hotelbuchung durch den Arbeitgeber muss i. R. einer Lohnsteuer-Außenprüfung nachgewiesen werden können.
Folge: Der Arbeitgeber darf sowohl die Übernachtungskosten als auch den Sammelposten einschließlich Frühstück (inklusive USt) steuerfrei zahlen.
Für das Frühstück ist kein steuerpflichtiger geldwerter Vorteil anzusetzen (s. o.) (Näheres unter → Rz. 180, → Rz. 198 ff.).

Welche dieser Fallgestaltungen zu wählen ist, schreibt regelmäßig die **betriebliche Reisekostenordnung** vor.

Der Arbeitnehmer hat dem Arbeitgeber **Unterlagen** über seine Auswärtstätigkeiten **vorzulegen**, aus denen die **Dauer der Reise**, der **Reiseweg** und, soweit die **Reisekosten** nicht zulässigerweise pauschal ersetzt werden, auch die entstandenen Reisekosten ersichtlich sein müssen. Der Arbeitgeber hat diese Unterlagen als **Beleg zum Lohnkonto** aufzubewahren. **196**

Die dem Arbeitnehmer erstatteten Fahrtkosten sind (grundsätzlich) **nur** dann steuerfrei, wenn der Arbeitgeber (zeitnah) Unterlagen erstellt und aufbewahrt hat, anhand derer die Steuerfreiheit des ausgezahlten Fahrtkostenersatzes nachgeprüft werden kann. Dies gilt auch dann, wenn Arbeitnehmer und Arbeitgeber übereinstimmend bestätigen, dass Fahrtkosten im Wege der Einzelabrechnung und unterhalb der gesetzlich zulässigen Pauschbeträge erstattet worden sind.

Auch wenn es § 4 Abs. 2 Nr. 4 LStDV gestattet, steuerfrei ausgezahlte Beträge im Lohnkonto in einer Summe auszuweisen, muss sich aus den neben dem Lohnkonto geführten Unterlagen zweifelsfrei ergeben, für welche konkrete Dienstreise und in welcher Höhe der Arbeitnehmer jeweils Aufwendungen für Fahrt- und Übernachtungskosten, Verpflegungsmehraufwendungen oder sonstige Nebenkosten steuerfrei erhalten hat.[1] Diese Lohnteile werden auch für die Angabe in der elektronischen Lohnsteuerbescheinigung benötigt; z. B. für den Großbuchstaben „M" (→ Rz. 204), die auf die Entfernungspauschale anzurechnenden steuerfreien Arbeitgeberleistungen sowie für die steuerfreien Verpflegungszuschüsse bei Auswärtstätigkeiten und bei doppelter Haushaltsführung.

2. Ersatz von Verpflegungskosten

Eine steuerfreie Erstattung der Verpflegungsmehraufwendungen für beruflich veranlasste Auswärtstätigkeiten über die steuerlichen Pauschalen hinaus ist auch bei Vorlage von **Einzelnachweisen** nicht zulässig. Zahlt der Arbeitgeber einen höheren Betrag als die gesetzliche Verpflegungspauschale, so ist der übersteigende Betrag als Arbeitslohn zu versteuern (→ Rz. 217). Zum steuerfreien Arbeitgeberersatz der Verpflegungsmehraufwendungen (Verpflegungspauschalen) → Rz. 175 ff., → Rz. 215. **197**

3. Mahlzeitengestellung des Arbeitgebers

Erhält der Arbeitnehmer anlässlich einer beruflich veranlassten Auswärtstätigkeit vom Arbeitgeber oder auf dessen Veranlassung von einem Dritten eine übliche Mahlzeit gestellt, ist der geldwerte Vorteil zwingend mit dem maßgebenden amtlichen Sachbe- **198**

1) FG Saarland v. 7.12.2016, 2 K 1072/14, EFG 2017, 974.

zugswert anzusetzen (§ 8 Abs. 2 Satz 8 EStG). Auf die Besteuerung wird jedoch **verzichtet**, wenn der Arbeitnehmer für die betreffende Auswärtstätigkeit dem Grunde nach eine Verpflegungspauschale beanspruchen kann (→ Rz. 200). Näheres zur Versteuerung → Rz. 201.

Neben den üblichen umfangreichen Mahlzeiten **kann** auch ein vom Arbeitgeber zur Verfügung gestellter **Snack** oder **Imbiss** (z. B. belegte Brötchen, Kuchen, Obst), der während einer **auswärtigen** Tätigkeit oder **im Betrieb** (aus betrieblichem Anlass) gereicht wird, eine Mahlzeit sein. Eine feste zeitliche Grenze oder gar Regelung zu der Frage, ob ein zu berücksichtigendes Frühstück, Mittag- oder Abendessen vom Arbeitgeber zur Verfügung gestellt wird, gibt es aus steuerrechtlicher Sicht nicht. Gleiches gilt für die Frage nach dem möglichen Umfang und den Komponenten einer Mahlzeit.[1]

Hinweis: Unbelegte Backwaren mit Heißgetränk kein Frühstück

Der BFH hat mit Urteil v. 3.7.2019 entschieden, dass unbelegte Backwaren mit einem Heißgetränk kein Frühstück (und somit keine Mahlzeit) im lohnsteuerrechtlichen Sinne sind.[2] Er ordnet sie den nicht steuerbaren Aufmerksamkeiten nach R 19.6 Abs. 2 Satz 1 LStR zu. Damit hat er einer zu kleinlichen Sichtweise der Finanzverwaltung einen Riegel vorgeschoben. Die Finanzverwaltung hat sich dieser Rechtsprechung angeschlossen (s.a. H 19.6 [Bewirtung von Arbeitnehmern] LStH).

Maßstab für die **Einordnung** als **Mahlzeit** ist die Entscheidung des Stpfl., ob die zur Verfügung gestellte Verpflegung **an die Stelle** einer der Mahlzeiten tritt, welche üblicherweise zu der entsprechenden Tageszeit eingenommen wird, z. B. wenn der Arbeitgeber oder ein Seminarveranstalter in der **Mittagspause** belegte Brötchen und/oder eine Suppe als Mittagessen anbietet. Dies gilt insbesondere dann, wenn der Arbeitnehmer (dadurch) nicht die Möglichkeit hat, eine andere Mahlzeit als Mittagessen einzunehmen. Bietet ein Seminarveranstalter hingegen am **Nachmittag** Kaffee und Kuchen an, soll dadurch regelmäßig keine Mahlzeit ersetzt werden.

Zu beachten ist, dass nach Auffassung der Finanzverwaltung eine steuerpflichtige **Mahlzeitengestellung** auch dann vorliegt, wenn sie in einer vom Arbeitgeber bezahlten **Beförderung unentgeltlich** angebotenen wird. Voraussetzung ist, dass die Rechnung für das Beförderungsticket auf den Arbeitgeber ausgestellt ist und von diesem dienst- oder arbeitsrechtlich erstattet wird.

Damit sind z. B. **Mahlzeiten** gemeint, die im Flugzeug, im Zug, auf einem Schiff oder in einem anderen Transportmittel kostenlos ausgegeben werden, weil sie zum üblichen Service des Reiseunternehmens gehören. Die Verpflegung muss dabei **nicht** offen auf der Rechnung ausgewiesen werden. Lediglich dann, wenn z. B. anhand des gewählten Beförderungstarifs feststeht, dass es sich um eine **reine** Beförderungsleistung handelt, bei der **keine** Mahlzeiten unentgeltlich angeboten werden, liegt keine Mahlzeitengestellung vor.

Allerdings erfüllen die auf innerdeutschen **Flügen** oder Kurzstreckenflügen gereichten kleinen Tüten mit Chips, Salzgebäck, Schokowaffeln/-riegel, Müsliriegel oder die bei anderen **Anlässen** zur Verfügung gestellten vergleichbaren Knabbereien sowie **unbelegte** Backwaren nicht die Kriterien für eine Mahlzeit. Sie führen zu **keiner** Kürzung der Verpflegungspauschalen.[1]

Übt der Arbeitnehmer eine **Auswärtstätigkeit** aus und kann er dem Grunde nach eine Verpflegungspauschale beanspruchen, führt die Mahlzeitengestellung zu **einer** Kürzung der Verpflegungspauschale (→ Rz. 200).

Die **Gestellung** einer Mahlzeit ist vom Arbeitgeber **veranlasst**, wenn er Tag und Ort der Mahlzeitengestellung bestimmt. Es ist nicht erforderlich, dass der Arbeitgeber bzw. die

---

1) BMF v. 25.11.2020, IV C 5 – S 2353/19/10011 :006, BStBl I 2020, 1228, Rz. 74.
2) BFH v. 3.7.2019, VI R 36/17, HFR 2019, 949.

zuständige Stelle im Betrieb vor Reisebeginn im Hotel die Übernachtung mit Frühstück bucht.

Eine **Arbeitgeberveranlassung** liegt insbesondere dann vor, wenn

- er die Verpflegungskosten im Hinblick auf die beruflich veranlasste Auswärtstätigkeit des Arbeitnehmers dienst- oder arbeitsrechtlich erstattet und
- die Rechnung auf den Arbeitgeber ausgestellt ist oder es sich um eine Kleinbetragsrechnung i. S. v. § 14 UStG i. V. m. § 33 UStDV handelt (Höchstbetrag seit 2017: 250 €), die im Original beim Arbeitgeber vorliegt oder vorgelegen hat und zu Zwecken der elektronischen Archivierung erfasst bzw. eingescannt wurde.

Ergänzend wird hier auf die allgemeinen lohnsteuerlichen Regelungen hingewiesen. So muss es sich bei einer Verpflegung nicht stets um steuerpflichtigen Sachbezug des Arbeitnehmers handeln. Zum Beispiel wird die unentgeltliche Verpflegung von **Offshore-Windpark-Mitarbeitern** nicht als Arbeitslohn eingestuft, da die besonderen Arbeitsumstände auf Windpark-Plattformen eine besondere Betrachtungsweise erfordern.[1)]

a) Ansatz Sachbezugswert bei Mahlzeitengestellung

Gestellt der Arbeitgeber seinem Arbeitnehmer **übliche** Mahlzeiten (→ Rz. 198 f.), ist der geldwerte Vorteil grundsätzlich mit dem Sachbezugswert anzusetzen (s. ggf. ergänzend § 8 Abs. 2 Satz 8 und 9 EStG sowie das BMF-Schreiben „Steuerliche Behandlung der Reisekosten von Arbeitnehmern" v. 25.11.2020,[2)] → Rz. 201, Ausnahme: → Rz. 200). **199**

Für 2026 betragen die Sachbezugswerte[3)]

– für das **Frühstück**	**2,37 €**
– für das **Mittag-/Abendessen** jeweils	**4,57 €**

(Verpflegung pro Tag gesamt: 11,51 €). Diese Sachbezugswerte gelten auch für die i. R. einer beruflich veranlassten **doppelten Haushaltsführung** vom Arbeitgeber zur Verfügung gestellten üblichen Mahlzeiten.

Ob eine Mahlzeit als **üblich** einzustufen ist, entscheidet der zu zahlende Preis. Seit 2014 beträgt der Höchstbetrag für den Preis einer gestellten Mahlzeit zur Einordnung als übliche Mahlzeit **60** €. Dieser Höchstbetrag von 60 € ist sowohl bei Mahlzeitengestellungen im Inland als auch im Ausland zu beachten. Eine Abstufung entsprechend der Kaufkraftzuschläge oder der Verpflegungspauschalen für das Ausland auf Grund unterschiedlicher Preisverhältnisse ist nicht zulässig.

Für die **Prüfung** der **60 €-Grenze** (bzw. der Üblichkeit) kommt es auf den Preis der Mahlzeit einschließlich Umsatzsteuer an, den der Dritte dem Arbeitgeber in Rechnung stellt. Dieser Höchstbetrag umfasst auch die zur Mahlzeit eingenommenen Getränke. Wird jedoch vom Arbeitgeber oder auf dessen Veranlassung von einem Dritten nur ein Essen, aber kein Getränk gestellt, ist das Entgelt, das der Arbeitnehmer selbst für ein **Getränk** bei der Mahlzeit zahlt und trägt, nicht auf den tatsächlichen Preis der Mahlzeit anzurechnen. **Zuzahlungen** des Arbeitnehmers sind bei der Prüfung der 60 €-Grenze nicht zu berücksichtigen.

Ist der **Preis** der Mahlzeit in der Rechnung eines Dritten **nicht** angegeben, weil die Mahlzeit i. R. eines Gesamtpreises z. B. mit einer Fortbildungsveranstaltung berechnet wird, ist nach dem Gesamtbild der Verhältnisse im Einzelfall zu beurteilen, ob es sich

1) FG Hamburg v. 17.9.2015, 2 K 54/15, EFG 2016, 36.
2) BMF v. 25.11.2020, IV C 5 – S 2353/19/10011 :006, BStBl I 2020, 1228, Rz. 61 ff.
3) Sechzehnte Verordnung zur Änderung der Sozialversicherungsentgeltverordnung v. 19.12.2025, BGBl. I 2025, Nr. 377, BMF v. 29.12.2025, IV C 5 – S 2334/00088/007/013.

um eine „übliche" Beköstigung gehandelt hat oder ob ein höherer Wert der Mahlzeit als 60 € anzunehmen ist. Im Zweifel ist der Wert der Mahlzeit zu schätzen.

Mahlzeiten mit einem Preis von **über 60 €** dürfen **nicht** mit dem amtlichen Sachbezugswert bewertet werden. Bei einer solchen Mahlzeit unterstellt die Finanzverwaltung, dass es sich um ein „Belohnungsessen" und **nicht** um eine „übliche" Beköstigung handelt.

Belohnungsessen bzw. unübliche Beköstigungen sind mit dem **tatsächlichen** Preis als Arbeitslohn anzusetzen. Sie sind **stets** als Arbeitslohn zu erfassen, unabhängig davon, ob der Arbeitnehmer für die betreffende Auswärtstätigkeit eine Verpflegungspauschale als Werbungskosten geltend machen kann oder nicht.

Zahlt der Arbeitnehmer in den o. g. Fällen an den Arbeitgeber oder an den Dritten ein Entgelt, ist dieses auf den anzusetzenden bzw. steuerpflichtigen Betrag (Preis) anzurechnen.

Beispiele zur Abgrenzung von „üblicher Mahlzeit" und „Belohnungsessen"

1. Gestellung einer üblichen Mahlzeit

Der Arbeitnehmer A besucht im Auftrag seines Arbeitgebers einen Kunden im Nachbarort zur Erstellung eines Angebots für eine Baumaßnahme. Nach Abschluss der zweistündigen Verhandlung nimmt A vor der Rückfahrt ein Mittagessen ein (Preis einschließlich Getränke 50 €). Der Arbeitgeber erstattet A den Rechnungsbetrag von 50 €.

Folge: Weil der Preis für die Mahlzeit 60 € nicht übersteigt, handelt es sich um eine übliche Mahlzeit. Da A für die betreffende Auswärtstätigkeit keine Verpflegungspauschale als Werbungskosten ansetzen darf (→ Rz. 200), hat er die Mahlzeitengestellung mit dem Sachbezugswert i. H. v. 4,57 € (in 2026) zu versteuern.

2. Gestellung einer unüblichen Beköstigung/eines Belohnungsessens

Arbeitnehmer A nimmt im Auftrag seines Arbeitgebers im Kalenderjahr 2026 an einer eintägigen Messe mit Firmenpräsentation und anschließender Abendveranstaltung teil. Die auf den Arbeitgeber ausgestellte Rechnung des Veranstalters hat der Arbeitgeber unmittelbar bezahlt. Darin enthalten sind die Kosten für ein Abenddinner, das mit 100 € separat ausgewiesen ist. Der Arbeitnehmer ist mehr als acht Stunden von seiner Wohnung und seiner ersten Tätigkeitsstätte abwesend.

Folge: A erhält das Galadinner vom Messeveranstalter auf Veranlassung seines Arbeitgebers. Angesichts der Kosten von mehr als 60 € ist von einem Belohnungsessen auszugehen (unübliche Beköstigung), so dass die berechneten 100 € als Arbeitslohn anzusetzen sind. Der Arbeitnehmer kann als Werbungskosten eine ungekürzte Verpflegungspauschale i. H. v. 14 € geltend machen, soweit sie der Arbeitgeber nicht steuerfrei zahlt.

b) Keine Versteuerung des Sachbezugswerts bei Auswärtstätigkeit

200 Gestellt der Arbeitgeber seinem Arbeitnehmer anlässlich einer **Auswärtstätigkeit** eine übliche Mahlzeit, unterbleibt der Ansatz als Arbeitslohn (Sachbezugswert), wenn dem Arbeitnehmer für die betreffende Auswärtstätigkeit dem Grunde nach eine Verpflegungspauschale als Werbungskosten zustehen würde. Ob und in welcher Höhe tatsächlich eine Verpflegungspauschale als Werbungskosten angesetzt werden kann, ist unbeachtlich. So ist z. B. eine vorzunehmende Kürzung des Werbungskostenabzugs auf Grund einer gestellten Mahlzeit unbeachtlich.

Somit **unterbleibt** die steuerliche Erfassung der mit dem Sachbezugswert bewerteten Mahlzeit immer dann, wenn der Arbeitnehmer anlässlich einer beruflich veranlassten **Auswärtstätigkeit** eine Verpflegungspauschale beanspruchen kann, weil er

- bei einer **eintägigen** Auswärtstätigkeit mehr als acht Stunden von seiner Wohnung und der ersten Tätigkeitsstätte abwesend ist,
- eine **mehrtägige** Auswärtstätigkeit mit Übernachtung unternimmt oder
- bei einer **längerfristigen** Auswärtstätigkeit innerhalb der Dreimonatsfrist (→ Rz. 178) nachweislich mehr als acht Stunden von seiner Wohnung und der ersten Tätigkeitsstätte abwesend ist.

Nach **Ablauf** der Dreimonatsfrist ist die Gestellung einer Mahlzeit grundsätzlich als Arbeitslohn zu erfassen.

Diese Grundsätze sind auch dann anzuwenden, wenn der Arbeitgeber dem Arbeitnehmer keine (steuerfreie) Verpflegungspauschale zahlt, z. B. weil er die angefallenen Verpflegungskosten übernommen hat.

Für den Verzicht auf den Ansatz des Sachbezugswerts bei üblichen Mahlzeiten möchte das Steuerrecht dem Arbeitgeber kein Wahlrecht einräumen; eine Versteuerung soll unterbleiben (erfolgte insbesondere vor der Reisekostenreform 2014). Versteuert er den Sachbezugswert dennoch, sind gleichwohl die steuerfreien Verpflegungspauschalen anzusetzen und die gesetzliche prozentuale Kürzung vorzunehmen. Der versteuerte Betrag darf nicht wie eine **Zuzahlung** des Arbeitnehmers behandelt werden, denn nur ein für die Gestellung der Mahlzeit vereinbartes und vom Arbeitnehmer tatsächlich gezahltes Entgelt mindert den Kürzungsbetrag (→ Rz. 203). Ob der versteuerte Betrag steuermindernd ansatzfähig ist, lässt das BMF-Schreiben zu den Reisekostenregelungen v. 25.11.2020[1] offen. Unseres Erachtens ist die Versteuerung i. R einer Veranlagung zur Einkommensteuer zu korrigieren.

Beispiel: Übliche Mahlzeitengestellung bei zweitägiger Fortbildung

Arbeitnehmer A nimmt im Kalenderjahr 2026 auf Veranlassung seines Arbeitgebers an einer zweitägigen Fortbildungsveranstaltung mit Übernachtung teil. Die Hotelrechnung ist auf den Arbeitgeber ausgestellt. Der Arbeitgeber erstattet die vom Arbeitnehmer verauslagten Übernachtungskosten von 120 € inkl. 20 € für ein Frühstück mit der Reisekostenabrechnung. Die auf den Arbeitgeber ausgestellte Rechnung des Veranstalters hat der Arbeitgeber unmittelbar bezahlt. Darin enthalten ist für beide Fortbildungstage jeweils ein für derartige Veranstaltungen typisches Mittagessen, dessen Preis in der Rechnung nicht gesondert ausgewiesen ist.

Folge: A erhält sowohl das Frühstück als auch die beiden Mittagessen auf Veranlassung seines Arbeitgebers. Für den An- und den Abreisetag steht ihm grundsätzlich jeweils eine Verpflegungspauschale i. H. v. 14 € zu.

Obgleich der Preis der Mittagsessen in der Rechnung des Seminarveranstalters nicht beziffert ist, kann auf Grund der Art und Durchführung der Seminarveranstaltung von einer üblichen Beköstigung ausgegangen werden, deren Preis 60 € nicht übersteigt. Die Mahlzeiten sind daher nicht als Arbeitslohn zu erfassen. Im Gegenzug sind die Verpflegungspauschalen des Arbeitnehmers für den

- ersten Tag um 11,20 € und für den
- zweiten Tag um 5,60 € + 11,20 € = 16,80 €

zu kürzen (§ 9 Abs. 4a Satz 8 EStG, → Rz. 202).

Somit kann für den ersten Reisetag ein Betrag von 14 € ./. 11,20 € = 2,80 € steuerfrei gezahlt werden. Für den zweiten Reisetag verbleibt keine steuerfrei zahlbare Verpflegungspauschale (14 € ./. 16,80 €).

Diese Kürzungsregelung gilt sowohl für die Ermittlung der steuerfrei zahlbaren Arbeitgebererstattung als auch für den Werbungskostenansatz. Eine **Kürzung** der Verpflegungspauschale ist auch dann vorzunehmen, wenn der Arbeitgeber den amtlichen Sachbezugswert der Mahlzeit pauschal besteuert hat (s. zuvor).

c) Versteuerung des Sachbezugswerts bei Mahlzeitengestellung

Im Umkehrschluss zu → Rz. 200 ist die Gestellung einer **üblichen** Mahlzeit als **Arbeitslohn** zu erfassen, wenn der Arbeitnehmer für beruflich veranlasste **Auswärtstätigkeiten keine** Verpflegungspauschale beanspruchen kann. Dies gilt insbesondere 201

- bei eintägigen Auswärtstätigkeiten von bis zu acht Stunden oder

1) BMF v. 25.11.2020, IV C 5 – S 2353/19/10011 :006, BStBl I 2020, 1228.

- wenn der Arbeitnehmer oder der Arbeitgeber keine Aufzeichnungen über die Abwesenheit des Arbeitnehmers führen oder
- nach Ablauf der Dreimonatsfrist (→ Rz. 178) bei einer längerfristigen auswärtigen Tätigkeit oder einer doppelten Haushaltsführung.

Solche als Arbeitslohn zu erfassenden üblichen Mahlzeiten sind mit dem amtlichen Sachbezugswert zu versteuern.

Beispiel: Dreimonatige Auswärtstätigkeit

Arbeitnehmer A ist im Kalenderjahr 2026 seit mehr als drei Monaten im Auftrag seines Arbeitgebers vorübergehend bei einem Kunden auswärts tätig. Der Arbeitgeber erstattet A den vom Hotel in Rechnung gestellten Übernachtungspreis sowie die Kosten des Frühstücks. Weil es sich um eine übliche Mahlzeit handelt und A für die beruflich veranlasste Auswärtstätigkeiten keine Verpflegungspauschalen mehr (als Werbungskosten) beanspruchen kann, muss er für die Gestellung des Frühstücks den Sachbezugswert i. H. v. 2,37 € versteuern.

d) Kürzung der Verpflegungspauschalen bei Mahlzeitengestellung

202 Erhält der Arbeitnehmer auf beruflich veranlassten Auswärtstätigkeiten von seinem Arbeitgeber oder auf dessen Veranlassung von einem **Dritten** eine übliche Mahlzeit kostenlos oder verbilligt, führt dies zu einer Kürzung der Verpflegungspauschalen. Zu beachten ist, dass in diesen Fällen nicht die Hotelrechnung, sondern die in Betracht kommende **Verpflegungspauschale** zu kürzen ist um

- 20 % für ein Frühstück und
- jeweils 40 % für ein Mittag- und Abendessen

der für die 24-stündige Abwesenheit geltenden **höchsten Verpflegungspauschale** (§ 9 Abs. 4a Satz 8 bis 10 EStG).

Somit ergeben sich bei einer Auswärtstätigkeit im **Inland** seit dem Kalenderjahr 2020 Kürzungsbeträge i. H. v.

- 5,60 € für ein Frühstück und
- jeweils 11,20 € für ein Mittag- und Abendessen.

Zu kürzen ist die jeweils für den Reisetag zustehende steuerfreie Verpflegungspauschale. Ein sich dabei ergebender Minusbetrag ist nicht anzusetzen (kein Vor- oder Rücktrag). Gestellt der Arbeitgeber sämtliche Mahlzeiten, können daneben keine steuerfreien Verpflegungspauschalen gezahlt werden.

Für die gesetzlich vorgeschriebene pauschale Kürzung der Verpflegungspauschalen ist es **unbeachtlich**, ob der Arbeitnehmer die vom Arbeitgeber zur Verfügung gestellte Mahlzeit tatsächlich eingenommen hat oder nicht. Auch ist nicht entscheidend, ob die Aufwendungen für die vom Arbeitgeber gestellte Mahlzeit niedriger oder höher sind als der jeweilige pauschale Kürzungsbetrag.

Hinweis zum Hintergrund der Kürzungsregelung

Nach der gesetzlichen Regelung darf eine Verpflegungspauschale nur dann steuerfrei gezahlt oder als Werbungskosten angesetzt werden, wenn der Arbeitnehmer die Aufwendungen für seine Mahlzeit bzw. Verpflegung selbst trägt und ihm somit tatsächlich Aufwendungen entstanden sind. Erhält der Arbeitnehmer von seinem Arbeitgeber oder auf dessen Veranlassung von einem Dritten bei einer Auswärtstätigkeit eine oder mehrere Mahlzeiten unentgeltlich zur Verfügung gestellt, können die (steuerfreien) Verpflegungspauschalen nur gekürzt beansprucht werden.

Anderenfalls würde der Arbeitnehmer doppelt begünstigt, nämlich durch eine kostenlose Verpflegung und zusätzlich durch steuerfreie Zahlungen des Arbeitgebers bzw. den Werbungskostenabzug. Dies wäre jedoch nach dem im Steuerrecht maßgebenden Nettoprinzip nicht gerechtfertigt.

Eine Kürzung der Verpflegungspauschale kann nur dann **unterbleiben**, wenn der Arbeitgeber keine Mahlzeit zur Verfügung **stellt**, z. B. weil er die entsprechende Mahlzeit abbestellt oder der Arbeitnehmer die Mahlzeit selbst veranlasst und bezahlt.

Beispiele zur Kürzung der Verpflegungspauschale bei Mahlzeitengestellung

1. Kürzung der Verpflegungspauschale bei zweitägiger Auswärtstätigkeit

Arbeitnehmer A ist im Kalenderjahr 2026 auf einer zweitägigen Auswärtstätigkeit. Der Arbeitgeber hat für den Arbeitnehmer in einem Hotel zwei Übernachtungen mit Abendessen am Anreisetag sowie Frühstück und Mittagessen am zweiten Tag (Rückreisetag) gebucht und bezahlt.

Folge: Der Arbeitgeber kann folgende Verpflegungspauschalen steuerfrei zahlen:

Anreisetag	14,00 €
abzgl. Abendessen	./. 11,20 €
verbleiben	= 2,80 €
Rückreisetag	14,00 €
abzgl. Frühstück	./. 5,60 €
abzgl. Mittagessen	./. 11,20 €
verbleiben	= 0,00 €

Ein negativer Betrag wird nicht angesetzt.

Folglich darf der Arbeitgeber einen Betrag i. H. v. 2,80 € steuerfrei zahlen; alternativ kann A diesen Betrag als Werbungskosten geltend machen.

2. Kürzung der Verpflegungspauschale bei eintägiger Auswärtstätigkeit

Arbeitnehmer A ist im Kalenderjahr 2026 während einer eintägigen Auswärtstätigkeit von 5.00 bis 22.00 Uhr abwesend. Der Arbeitgeber stellt am Reisetag zwei übliche Mahlzeiten (Mittag- und Abendessen) zur Verfügung. Zudem erhält A für die eintägige Auswärtstätigkeit einen Verpflegungsmehraufwand von 30,00 €.

Folge: Auf Grund der Kürzung der Verpflegungspauschale verbleibt kein steuerfreier Betrag für die gezahlten Verpflegungsmehraufwendungen.

Steuerfreie Verpflegungspauschale:		14,00 €
Kürzungen:	für Mittagessen	./. 11,20 €
	für Abendessen	./. 11,20 €
verbleibt steuerfreie Verpflegungspauschale:		= 0,00 €

Die Erstattung des Verpflegungsmehraufwands durch den Arbeitgeber ist i. H. v. 30,00 € steuerpflichtiger Arbeitslohn.

Nach § 40 Abs. 2 Satz 1 Nr. 4 EStG kann der Arbeitgeber einen Betrag i. H. v. 14,00 € (100 % der steuerfrei ansetzbaren Verpflegungspauschale) pauschal mit 25 % besteuern (→ Rz. 218). Die verbleibenden 16,00 € (30,00 € abzüglich 14,00 €) sind nach den persönlichen Besteuerungsmerkmalen des Arbeitnehmers individuell zu versteuern.

3. Arbeitnehmer zahlt Mahlzeit

Arbeitnehmer A ist im Kalenderjahr 2026 von 9.00 Uhr bis 18.00 Uhr auswärts bei verschiedenen Kunden beruflich tätig. In der Mittagspause kauft er sich eine kleine Mahlzeit und ein Getränk für 9,00 €.

Folge: Weil A anlässlich seiner eintägigen beruflichen Auswärtstätigkeit mehr als acht Stunden von seiner Wohnung (und dem Betrieb) abwesend ist, könnte er eine steuerfreie Verpflegungspauschale von 14,00 € beanspruchen. Weil der Arbeitgeber die Mahlzeit des Arbeitnehmers nicht bezahlt hat, steht A die ungekürzte Pauschale zu.

Abwandlung:

Der Arbeitgeber erstattet das Mittagessen i. H. v. 9,00 €.

Folge: Legt A die Rechnung für die mittags verzehrte Mahlzeit sowie das Getränk seinem Arbeitgeber vor und erstattet dieser den Betrag, kann A neben den 9,00 € (Erstattungsbetrag) nur noch eine gekürzte Verpflegungspauschale von 2,80 € (14,00 € ./. 11,20 € [= Kürzungsbetrag, s. o.]) beanspruchen (als Werbungskosten oder ggf. weiterer steuerfreier Betrag).

Bei dieser Fallgestaltung erhält A einen steuerfreien bzw. begünstigten Gesamtbetrag i. H. v. 11,80 € (Erstattungsbetrag Mahlzeit 9,00 € zzgl. 2,80 €). Der insgesamt geringere Betrag ergibt sich, weil der Kürzungsbetrag (11,20 €) höher ist, als der Preis für die Mahlzeit (9,00 €).

Die vorgenannte **Kürzung** der Verpflegungspauschalen ist **immer dann** vorzunehmen, wenn

- dem **Arbeitnehmer** eine Mahlzeit von seinem Arbeitgeber oder auf dessen Veranlassung von einem Dritten zur Verfügung **gestellt** wird (§ 9 Abs. 4a Satz 8 EStG),
- der **Arbeitnehmer** an einer **geschäftlich veranlassten Bewirtung** → Rz. 112 teilnimmt oder
- dem **Arbeitnehmer** außerhalb der ersten Tätigkeitsstätte vom **Arbeitgeber** oder auf dessen Veranlassung ein **Arbeitsessen** gewährt wird.

Ob der Arbeitnehmer die vom Arbeitgeber zur Verfügung gestellte Mahlzeit tatsächlich eingenommen hat, ist für die Kürzung der Verpflegungspauschalen unbeachtlich. Denn das Zurverfügungstellen einer Mahlzeit durch den Arbeitgeber oder auf dessen Veranlassung durch einen Dritten erfordert nicht, dass der Arbeitnehmer die Mahlzeit auch tatsächlich einnimmt (§ 9 Abs. 4a Satz 8 EStG). Aus welchen Gründen der Arbeitnehmer eine ihm von seinem Arbeitgeber gestellte Mahlzeit nicht einnimmt, ist insoweit ebenfalls unerheblich.[1)]

Die Verpflegungspauschalen sind auch dann zu kürzen (nach § 9 Abs. 4a Satz 8 EStG), wenn der Arbeitgeber dem Arbeitnehmer Mahlzeiten zur Verfügung stellt, der Arbeitnehmer aber nicht über eine erste Tätigkeitsstätte verfügt und folglich **Auswärtstätigkeiten** vorliegen.[2)] Im Urteilsfall war der Arbeitnehmer als nautischer Offizier auf einem Schiff tätig. An sog. Hafentagen nahm der Offizier die zur Verfügung gestellte Bordverpflegung teilweise nicht in Anspruch. Gleichwohl führte dies zur Kürzung der Verpflegungspauschalen. Anders verhält es sich, wenn der Arbeitnehmer sich an einzelnen Tagen in Häfen selbst versorgen muss (s. nachfolgend).

Die gesetzlich vorgeschriebene pauschale Kürzung **unterbleibt** nur, wenn der Arbeitgeber **keine** Mahlzeit zur Verfügung stellt, z. B. auch, wenn er die entsprechende Mahlzeit abbestellt oder der Arbeitnehmer die Mahlzeit selbst veranlasst und bezahlt. Für die pauschale Kürzung ist nicht auf die tatsächlichen Aufwendungen des Arbeitgebers für die gestellte Mahlzeit abzustellen; sie sind unbeachtlich. Sie dürfen auch niedriger sein als der jeweilige pauschale Kürzungsbetrag.

Gestellt der Arbeitgeber Mahlzeiten, deren Preis **60 €** übersteigen, ist eine Kürzung der Verpflegungspauschalen nicht zulässig. Der dafür anzusetzende geldwerte Vorteil/Betrag ist individuell zu versteuern. Wird eine herkömmliche **Betriebsveranstaltung** i. R. einer **beruflichen Auswärtstätigkeit** besucht, sind die dort abgegebenen Mahlzeiten in aller Regel durch den Arbeitgeber veranlasst.

Nimmt der Arbeitnehmer hingegen an der geschäftlich veranlassten Bewirtung durch einen **Dritten** oder an einem Arbeitsessen eines Dritten teil, **fehlt** es regelmäßig an einer durch den Arbeitgeber zur Verfügung gestellten Mahlzeit. In diesem Fall sind weder die Verpflegungspauschalen zu kürzen noch ist ein geldwerter steuerlicher Vorteil anzusetzen.

e) Zuzahlungen des Arbeitnehmers bei Mahlzeitengestellung

203 Zahlt der **Arbeitnehmer** für die gestellte Mahlzeit ein Entgelt, hat dies die folgenden steuerlichen Konsequenzen:

- Ist die gestellte übliche Mahlzeit mit dem **Sachbezugswert** zu **versteuern**, mindert das Entgelt den zu versteuernden Sachbezugswert.

---

1) BFH v. 7.7.2020, VI R 16/18, DStR 2020, 2532.
2) BFH v. 12.7.2021, VI R 27/19, BStBl II 2021, 642.

- **Entspricht** oder **übersteigt** das vom Arbeitnehmer für die Mahlzeit gezahlte Entgelt den maßgebenden **Sachbezugswert**, verbleibt kein steuerpflichtiger geldwerter Vorteil.
- Ist hingegen die steuerfreie **Verpflegungspauschale** zu kürzen (→ Rz. 202), mindert das Entgelt den Kürzungsbetrag.

Die **Kürzung** der (steuerfreien) Verpflegungspauschalen (und damit andernfalls auch des Werbungskostenabzugs) ist **auch dann** vorzunehmen, wenn der Arbeitgeber die dem Arbeitnehmer zustehende Reisekostenvergütung lediglich **gekürzt** ausbezahlt.[1)] Hierbei ist jedoch zu beachten, dass **nur** ein für die Gestellung der Mahlzeit **vereinbartes** und vom **Arbeitnehmer** tatsächlich **gezahltes** Entgelt den Kürzungsbetrag **mindert**.

Die Finanzverwaltung beanstandet es allerdings nicht, wenn der Arbeitgeber das für die Mahlzeit vereinbarte Entgelt i. R. eines **abgekürzten** Zahlungsweges unmittelbar aus dem Nettolohn des Arbeitnehmers entnimmt (und folglich den Nettolohn kürzt). Gleiches gilt, wenn der Arbeitgeber das Entgelt im Wege der **Verrechnung** aus der dem Arbeitnehmer dienst- oder arbeitsrechtlich zustehenden Reisekostenerstattung entnimmt.

Zuzahlungen des Arbeitnehmers sind jeweils vom **Kürzungsbetrag** derjenigen Mahlzeit abzuziehen, für die der Arbeitnehmer das Entgelt zahlt.

Übersteigt das vom Arbeitnehmer für die Mahlzeit gezahlte Entgelt den Kürzungsbetrag, entfällt für diese Mahlzeit die Kürzung der Verpflegungspauschale. Eine Verrechnungetwaiger Überzahlungen des Arbeitnehmers mit Kürzungsbeträgen für andere Mahlzeiten ist nicht zulässig. Gleiches gilt, wenn der Arbeitnehmer bei der Gestellung einer Mahlzeit auf Veranlassung des Arbeitgebers ein zuvor vereinbartes Entgelt unmittelbar an den **Dritten** entrichtet. Es muss sich hierbei aber um ein Entgelt des Arbeitnehmers handeln. Wird das vom Dritten in Rechnung gestellte Entgelt zunächst vom Arbeitnehmer verauslagt und diesem anschließend vom Arbeitgeber erstattet, handelt es sich **nicht** um ein Entgelt des Arbeitnehmers. Das gilt insbesondere für den auf den Arbeitgeber ausgestellten Rechnungsbetrag.

Eine **Kürzung** der Verpflegungspauschale ist auch dann vorzunehmen, wenn der Arbeitgeber den amtlichen Sachbezugswert der Mahlzeit **pauschal** besteuert hat (→ Rz. 218).[2)]

Beispiele zur Kürzung der Verpflegungspauschale (vgl. → Rz. 1)

1. Einbehalt des Sachbezugswerts

Arbeitnehmer A ist im Kalenderjahr 2026 auf einer dreitägigen Auswärtstätigkeit. Der Arbeitgeber hat für A in einem Hotel zwei Übernachtungen jeweils mit Frühstück sowie am Zwischentag ein Mittag- und ein Abendessen gebucht und bezahlt. Zusätzlich zu diesen Leistungen möchte der Arbeitgeber noch steuerfreie Reisekosten bzw. Verpflegungspauschalen zahlen. Der Arbeitgeber behält für die veranlassten und bezahlten Mahlzeiten einen Betrag in Höhe des Sachbezugswerts (2026: 2 x Frühstück 2,37 €, Mittag-/Abendessen je 4,57 €, Summe 13,88 €) ein.

Folge: Der Einbehalt allein hat keine Folgen für die Kürzung der Verpflegungspauschalen. Denn es handelt sich hier nicht um ein vereinbartes und vom Arbeitnehmer tatsächlich gezahltes Entgelt i. R. eines abgekürzten Zahlungswegs. Weil die Verpflegungspauschalen zu kürzen sind, hat A den für die Mahlzeiten anzusetzenden steuerlichen geldwerten Vorteil nicht zu versteuern.

Der Arbeitgeber kann A für die Auswärtstätigkeit folgende Höchstbeträge als Verpflegungspauschalen steuerfrei auszahlen:

Anreisetag:			14,00 €
Zwischentag:		28,00 €	
Kürzung:	Frühstück	./. 5,60 €	
	Mittagessen	./. 11,20 €	
	Abendessen	./. 11,20 €	
verbleiben für den Zwischentag			= 0,00 €

1) BMF v. 25.11.2020, IV C 5 – S 2353/19/10011 :006, BStBl I 2020, 1228, Rz. 77.
2) BMF v. 25.11.2020, IV C 5 – S 2353/19/10011 :006, BStBl I 2020, 1228, Rz. 79.

Abreisetag:		14,00 €	
Kürzung:	Frühstück	./. 5,60 €	
verbleiben für den Abreisetag			8,40 €
Insgesamt steuerfrei auszahlbar			22,40 €

2. Zuzahlungen des Arbeitnehmers

Wie im Beispiel 1, jedoch leistet der Arbeitnehmer A folgende Zuzahlungen: für das Frühstück je 5,40 € und für das Mittag- und das Abendessen je 7,80 €.

Folge: Der Arbeitgeber darf A für die Auswärtstätigkeit folgende Höchstbeträge als Verpflegungspauschalen steuerfrei auszahlen:

Anreisetag:			14,00 €
Zwischentag:			28,00 €
Kürzung:	Frühstück	./. 0,20 € (5,60 € ./. 5,40 €)	
	Mittagessen	./. 3,40 € (11,20 € ./. 7,80 €)	
	Abendessen	./. 3,40 € (11,20 € ./. 7,80 €)	
	Summe		./. 7,00 €
verbleiben für den Zwischentag			21,00 €
Abreisetag:			14,00 €
Kürzung:	Frühstück	./. 0,20 € (5,60 € ./. 5,40 €)	
Summe			./. 0,20 €
			13,80 €
Insgesamt steuerfrei auszahlbar (14,00 € + 21,00 € + 13,80 €)			48,80 €

3. Übersteigende Zuzahlungen des Arbeitnehmers

Zahlt Arbeitnehmer A in Beispiel 2 für das Frühstück 7,00 € sowie für die Mittag- und Abendessen je 13 € zu, führt dies zu folgenden Ergebnissen:

Für den Anreisetag ist (weiterhin) keine Kürzung vorzunehmen. Folglich sind steuerfrei zahlbar: 14,00 €.

Am Zwischentag entfallen für das gestellte Frühstück sowie für die gestellten Mittag- und Abendessen jeweils die Kürzungsbeträge (5,60 € ./. 7,00 € sowie jeweils 11,20 € ./. 13,00 €). Folglich sind steuerfrei zahlbar: 28,00 €.

Am Abreisetag entfällt für das Frühstück der Kürzungsbetrag (5,60 € ./. 7,00 €). Folglich sind steuerfrei zahlbar: 14,00 €.

Vertiefende Beispielsfälle – insbesondere für Sonderfälle – enthält das BMF-Schreiben „Steuerliche Behandlung der Reisekosten von Arbeitnehmern" v. 25.11.2020[1].

Neben dem vorgenannten Grundfall zur Kürzung der Verpflegungspauschalen bei Mahlzeitengestellung ist nach den steuerlichen Folgen zu fragen, wenn der Arbeitnehmer aus den verschiedensten Gründen die gestellte Mahlzeit **nicht einnimmt** und er sich stattdessen für ein **zusätzliches,** aber gleichwertiges Essen bzw. solch eine Mahlzeit auf eigene Rechnung entscheidet.

In solch einem Fall darf der Arbeitgeber seinem Arbeitnehmer anstelle der nicht eingenommenen zur Verfügung gestellten Mahlzeit eine weitere gleichartige Mahlzeit i. R. der 60 €-Grenze **zur Verfügung stellen** bzw. die Kosten dafür erstatten (Erstattung nach Belegvorlage beim Arbeitgeber). Nach den allgemeinen Grundsätzen darf hier der Preis **beider** Mahlzeiten den Grenzbetrag von 60 € nicht übersteigen (→ Rz. 199). Ergänzende Grundsätze für solche Sonderfälle enthält das BMF-Schreiben „Steuerliche Behandlung der Reisekosten von Arbeitnehmern" v. 25.11.2020 sowie das nachfolgende Beispiel.[2]

Hat der Arbeitnehmer für eine solch weitere vom Arbeitgeber gestellte Mahlzeit eine **Zuzahlung** zu leisten, kommt eine Kürzung des Kürzungsbetrags für die Verpflegungspauschale nach den Grundsätzen des BMF-Schreibens „Steuerliche Behandlung der

1) BMF v. 25.11.2020, IV C 5 – S 2353/19/10011 :006, BStBl I 2020, 1228, Rz. 77 f.
2) BMF v. 25.11.2020, IV C 5 – S 2353/19/10011 :006, BStBl I 2020, 1228, Rz. 88 f.

Reisekosten von Arbeitnehmern" v. 25.11.2020[1] in Betracht, höchstens bis zur Höhe des Kürzungsbetrags (sog. Kürzung der Kürzung). Jedoch ist für die auf eigene Veranlassung eingenommene Verpflegung ein Werbungskostenabzug des Arbeitnehmers bei seiner Einkommensteuerveranlagung ausgeschlossen.

Beispiele zur Kürzung der Verpflegungspauschale, wenn für eine Mahlzeit zwei Essen gestellt werden

1. Grundfall: Mahlzeitengestellung ohne Zuzahlung

Der Arbeitnehmer A nimmt im Kalenderjahr 2026 an einer von seinem Arbeitgeber gebuchten eintägigen Fortbildungsveranstaltung von mehr als acht Stunden Dauer teil. In der Tagungsgebühr ist ein Mittagessen zum Preis von 30 € enthalten. A verzichtet auf die Einnahme dieses Essens und nimmt stattdessen in der Mittagspause in einem Restaurant eine Mahlzeit zum Preis von 25 € ein. Der Arbeitgeber erstattet den Preis gegen Einreichung der Rechnung. Der Preis beider Mahlzeiten beträgt insgesamt 55 €.

Folge: Der Arbeitgeber darf zusätzlich zu den beiden Mahlzeiten folgende Verpflegungspauschale steuerfrei zahlen:

Verpflegungspauschale für Fortbildungsveranstaltung	14,00 €
abzgl. Kürzung für die beiden Mahlzeiten als **ein gestelltes** Mittagessen (zum Preis von insgesamt 55 €) i.H.v. 11,20 €	./. 11,20 €
verbleibende steuerfreie Verpflegungspauschale	= 2,80 €

Abwandlung:

Der Preis der im Restaurant eingenommenen Mahlzeit beträgt 35 €, den der Arbeitgeber in voller Höhe gegen Einreichung der Rechnung übernimmt.

Folge: Der Arbeitgeber darf den Höchstbetrag der maßgeblichen Verpflegungspauschale steuerfrei zahlen. Die Kürzung der Verpflegungspauschale unterbleibt, weil der Preis für die beiden Mahlzeiten des gestellten Mittagessens (30 € + 35 €) insgesamt die 60 €-Grenze übersteigt. Eine steuerfreie Erstattung (i. H. v. 65 €) ist insoweit unzulässig.

Anzusetzende steuerfreie Verpflegungspauschale: 14 €

Die vom Arbeitgeber getragenen Aufwendungen für die beiden Mittagessen sind i. H. v. 65 € lohnsteuerpflichtiger Arbeitslohn; von diesem darf ein Teilbetrag i. H. v. 14 € nach § 40 Abs. 2 Satz 1 Nr. 4 EStG **pauschal** mit 25 % Lohnsteuer besteuert werden (→ Rz. 218).

2. Mahlzeitengestellung mit Zuzahlung

Arbeitnehmer A verschläft auf dem vom Arbeitgeber gebuchten (Inlands-)Flug zu einer Auswärtstätigkeit die Ausgabe des Frühstücks. Nach der Landung des Flugzeugs nimmt er ein Frühstück zum Preis von 17 € im Flughafenrestaurant ein und reicht die Frühstücksrechnung an den Arbeitgeber weiter, der für das zweite Frühstück von A eine Eigenbeteiligung (ein Entgelt) i. H. v. 7 € fordert. Der Arbeitgeber verrechnet die Kostenerstattung für das zweite Frühstück mit dem geforderten Entgelt und erstattet den übersteigenden Betrag von 10 €. Es kann unterstellt werden, dass die 60 €-Grenze nicht überschritten ist.

Folge: Die steuerfreie Verpflegungspauschale ist wie folgt zu berechnen:

Steuerfreie Verpflegungspauschale für den Anreisetag:	14,00 €
Kürzung für das gestellte Frühstück (5,60 € ./. 7,00 €)	./. 0,00 €
verbleibende steuerfreie Verpflegungspauschale:	= 14,00 €

(neben der steuerfreien Kostenerstattung für das zweite Frühstück i. H. v. 10 € [nach Kürzung um die Eigenbeteiligung])

Abwandlung:

A reicht die Frühstücksrechnung beim Arbeitgeber zur Erstattung ein, der für das zweite Frühstück von A nun ein Entgelt i. H. v. 17 € (und nicht von 7 €) fordert. Der Arbeitgeber verrechnet die mögliche Kostenerstattung für das zweite Frühstück mit dem geforderten Entgelt in gleicher Höhe.

Steuerfreie Verpflegungspauschale für den Anreisetag:	14,00 €
Kürzung für das gestellte Frühstück (5,60 € ./. 17,00 €)	./. 0,00 €
verbleibende steuerfreie Verpflegungspauschale:	= 14,00 €

---

1) BMF v. 25.11.2020, IV C 5 – S 2353/19/10011 :006, BStBl I 2020, 1228, Rz. 89.

f) Bescheinigungspflicht Großbuchstabe „M"

204 Erhält der Arbeitnehmer anlässlich oder während einer beruflichen Auswärtstätigkeit vom Arbeitgeber oder auf dessen Veranlassung von einem Dritten kostenlos oder verbilligt Mahlzeiten, ist der Großbuchstabe „M" in der (elektronischen) Lohnsteuerbescheinigung anzugeben (§ 41b Abs. 1 Satz 2 Nr. 8 EStG). Voraussetzung hierfür ist, dass die Mahlzeit mit dem amtlichen Sachbezugswert zu bewerten ist oder war.

Die Angabe des „M" ist unabhängig von der Anzahl der Mahlzeitengestellungen im Kalenderjahr. Grundlage für die Bescheinigung einer arbeitgeberveranlassten Mahlzeit wird regelmäßig die Reisekostenabrechnung des Arbeitnehmers sein. Es kommt nicht darauf an, ob eine Besteuerung der Mahlzeiten (Speisen) ausgeschlossen ist, die Mahlzeit pauschal oder individuell besteuert wurde.

Keine Bescheinigungspflicht besteht, wenn der Preis der Mahlzeit 60 € übersteigt oder die Mahlzeit (Speise) nicht zum Arbeitslohn rechnet (z. B. Mahlzeiten bei Betriebsveranstaltungen oder Speisen im eigenbetrieblichen Interesse).

Durch die Bescheinigung des „M" möchte die Finanzverwaltung wohl eine Prüfungsmöglichkeit erhalten, damit nicht neben einer begünstigten Mahlzeitengestellung i. R. einer Veranlagung zur Einkommensteuer zusätzlich Verpflegungspauschalen als Werbungskosten angesetzt werden.

4. Kfz-Kosten als Reisekosten

a) Grundsätze

205 Nutzt der Arbeitnehmer für berufliche Auswärtstätigkeiten sein **privates** (eigenes) **Kfz**, darf der Arbeitgeber die nachgewiesenen **tatsächlichen** Aufwendungen des Arbeitnehmers **steuerfrei** ersetzen (→ Rz. 166). Alternativ ist die Abrechnung mit **pauschalen** Kilometersätzen (→ Rz. 206) möglich. Dazu ist kein Nachweis der tatsächlichen Aufwendungen erforderlich.

Erhält der Arbeitnehmer **niedrigere** Kilometersätze erstattet, kann er den Differenzbetrag zu den tatsächlichen Aufwendungen oder zum pauschalen Kilometersatz als Werbungskosten geltend machen. Zahlt der Arbeitgeber **höhere** Kilometersätze als steuerlich ansetzbar sind, ist der übersteigende Betrag **steuerpflichtiger** Arbeitslohn.

Zu den Besonderheiten beim Bezug von steuerfreiem Ladestrom für Elektrofahrzeuge und Hybridelektrofahrzeuge → Rz. 241.

b) Pauschale Zahlungen/Kilometersätze

206 Die pauschalen Kilometersätze richten sich nach den Regelungen im BRKG. Danach kann für den steuerfreien Arbeitgeberersatz je **gefahrenem Kilometer** als Höchstbetrag angesetzt werden:

Bei Benutzung

- eines **Kraftwagens** (z. B. Pkw): **0,30 €**
- eines **anderen motorbetriebenen Fahrzeugs** (z. B. Motorrad und Motorroller): **0,20 €**

Mit diesen pauschalen Beträgen/Sätzen sind grundsätzlich sämtliche mit dem Betrieb des Fahrzeuges verbundenen Aufwendungen einschließlich der fixen Kosten, der Absetzung für Abnutzung und einer kombinierten Rechtsschutzversicherung mit Verkehrsrechtsschutz (mit Ausnahme der Parkplatzgebühren) abgegolten. Daher zählt die zusätzliche Erstattung der Prämie für die **private** Fahrzeug-Vollkaskoversicherung zum Arbeitslohn.[1] Die Erstattung der Beiträge stellt auch insoweit steuerpflichtigen Arbeitslohn dar,

1) BFH v. 21.6.1991, VI R 178/88, BStBl II 1991, 814; BMF v. 9.9.2015, IV C 5 – S 2353/11/10003, BStBl I 2015, 734.

als die Versicherungsprämien auf Privatfahrten und auf Fahrten **zwischen** Wohnung und erster Tätigkeitsstätte entfallen.[1)]

Hat ein Arbeitgeber eine **Kaskoversicherung** für die Absicherung der seinen Arbeitnehmern gehörenden Kfz auf Auswärtstätigkeiten abgeschlossen, kann er neben der Kaskoversicherung für die Auswärtstätigkeiten den Kilometersatz von 0,30 € steuerfrei erstatten.[2)] **207**

Schließt ein Arbeitgeber für seine Arbeitnehmer eine **Reisegepäckversicherung** ab, aus der den Arbeitnehmern ein eigener Anspruch gegenüber dem Versicherer zusteht, so führt die Zahlung der Prämien durch den Arbeitgeber zu Arbeitslohn. Dieser ist i. d. R. dann gem. § 3 Nr. 16 EStG (Zahlungen außerhalb des öffentlichen Dienstes) steuerfrei, wenn sich der Versicherungsschutz auf Auswärtstätigkeiten beschränkt. Bezieht sich der Versicherungsschutz auf sämtliche Reisen des Arbeitnehmers, so ist eine Aufteilung der gesamten Prämie in einen beruflichen und einen privaten Anteil dann zulässig, wenn der Versicherer eine Auskunft über die Kalkulation seiner Prämien erteilt, die eine Aufteilung ohne Weiteres ermöglicht.[3)]

Pauschvergütungen, die der Arbeitgeber dem Arbeitnehmer für die berufliche Benutzung des eigenen Kfz ohne Rücksicht auf die tatsächliche Nutzung für berufliche Auswärtstätigkeiten zahlt, sind keine Reisekosten. Sie zählen zum steuerpflichtigen **Arbeitslohn**, wobei das Finanzamt die Aufwendungen des Arbeitnehmers für dienstliche Fahrten in nachgewiesener Höhe oder mit dem pauschalen Kilometersatz (0,30 €) als Werbungskosten anerkennt. **208**

Aufwendungen für die Schadensbeseitigung infolge von **Verkehrsunfällen** sind Reisenebenkosten, welche in die Gesamtkosten des Kfz eingehen bzw. neben dem pauschalen Kilometersatz angesetzt werden dürfen (H 9.5 [Einzelnachweis] sowie [Pauschale Kilometersätze]) LStH). **209**

Die vorgenannten pauschalen Kilometersätze sollen die Aufwendungen des Arbeitnehmers für die berufliche Nutzung seines (eigenen) Kraftwagens oder eines anderen motorbetriebenen Fahrzeugs abgelten. Benutzt der Arbeitnehmer für Fahrten zu Auswärtstätigkeiten ein sog. **Leasingfahrzeug**, sind diese Aufwendungen steuerlich ebenso zu behandeln wie Aufwendungen für das eigene Fahrzeug. **210**

5. Unfallversicherung

Hat der Arbeitgeber für seine Arbeitnehmer Unfallversicherungen abgeschlossen und steht die Ausübung der Rechte aus dem Versicherungsvertrag ausschließlich dem Arbeitgeber zu, stellen die Beiträge im Zeitpunkt der Zahlung durch den Arbeitgeber **keinen** Arbeitslohn dar. Im Schadensfall führen Leistungen aus einem solchen Vertrag an den Arbeitnehmer in Höhe der bis dahin entrichteten und auf den jeweiligen Versicherungsschutz des Arbeitnehmers entfallenden Beiträge zu Arbeitslohn. Die Versteuerung ist im Zeitpunkt der Auszahlung oder Weiterleitung der Leistung an den Arbeitnehmer vorzunehmen. Der steuerpflichtige Betrag ist begrenzt auf die dem Arbeitnehmer ausgezahlte Versicherungsleistung. Dabei spielt es keine Rolle, ob der Unfall im beruflichen oder außerberuflichen Bereich eingetreten ist, und ob es sich um eine Einzelunfallversicherung oder eine Gruppenunfallversicherung handelt. Bei einer Gruppenunfallversicherung ist der auf den einzelnen Arbeitnehmer entfallende Teil der Beiträge ggf. zu schätzen. **211**

Steuerlich begünstigt ist auch, wenn der Arbeitnehmer eine Unfallversicherung abgeschlossen hat, die das Unfallrisiko im beruflichen und außerberuflichen Bereich umfasst, also auch das Unfallrisiko für Auswärtstätigkeiten. In diesem Fall darf der Arbeitgeber

1) BFH v. 8.11.1991, VI R 191/87, BStBl II 1992, 204.
2) BMF v. 9.9.2015, IV C 5 – S 2353/11/10003, BStBl I 2015, 734.
3) BFH v. 19.2.1993, VI R 42/92, BStBl II 1993, 519.

den auf das Unfallrisiko für Auswärtstätigkeiten entfallenden Beitragsanteil als Reisenebenkosten steuerfrei erstatten. Aus Vereinfachungsgründen lässt es die Finanzverwaltung zu, dass der Arbeitgeber den steuerfrei erstattungsfähigen Betrag mit 20 % der Gesamtprämie des Arbeitnehmers für die Unfallversicherung schätzt (→ Rz. 189). Wegen weiterer Einzelheiten vgl. BMF-Schreiben v. 28.10.2009.[1)]

6. Miles and More

212 Insbesondere von Fluggesellschaften werden sog. Vielflieger- und Prämienprogramme (z. B. Miles and More) angeboten, um die Fluggäste bzw. Kunden an eine bestimmte Fluglinie und Prämienprogrammpartner zu binden. Dazu wird dem Fluggast für jeden Flug eine bestimmte Anzahl von Meilen gutgeschrieben. Ferner werden Meilen für die Buchung in festgelegten Hotels, Mietwagen oder für bestimmte Einkäufe usw. gewährt. Die Gutschriften erfolgen personenbezogen und es wird nicht unterschieden, ob der Anlass für die Meilengutschrift **dienstlich** oder **privat** war. Darf der Arbeitnehmer über die dienstlich erworbenen Meilengutschriften frei verfügen, handelt es sich insoweit um einen geldwerten **steuerpflichtigen** Vorteil (Arbeitslohn durch Dritte).

Vereinbaren Arbeitgeber und Arbeitnehmer jedoch, dass dienstlich erworbene Meilengutschriften bei entsprechender Höhe auch für dienstliche Zwecke eingesetzt werden, fließen dem Arbeitnehmer keine steuerpflichtigen Vorteile zu.

Reichen **dienstlich erworbene** Meilen für sich allein zur Ausschüttung einer Sachprämie aus, sind die folgenden steuerlichen Möglichkeiten zu beachten:

1. Das die Sachprämie ausschüttende Unternehmen versteuert die Prämie pauschal mit 2,25 % (nach § 37a Abs. 1 EStG) und unterrichtet den Prämienempfänger von der Steuerübernahme (§ 37a Abs. 2 EStG). Weil das Unternehmen die Pauschalsteuer übernommen hat, ergeben sich für den Arbeitnehmer keine steuerlichen Konsequenzen.
2. Entrichtet das ausschüttende Unternehmen die Pauschalsteuer nicht, ist der Wert der ausgeschütteten Prämie nach § 3 Nr. 38 EStG steuerfrei, soweit dieser 1 080 € nicht übersteigt. Der Arbeitnehmer hat den Wert der Prämie selbst zu ermitteln und einen 1 080 € übersteigenden Teilbetrag in seiner Einkommensteuererklärung als Einnahme anzugeben. Teilt er stattdessen diesen Teilbetrag dem Arbeitgeber mit, hat dieser den steuerpflichtigen Teil als sonstigen Bezug dem üblichen Lohnsteuerabzug zu unterwerfen (nach § 38 Abs. 1 Satz 3 EStG).

VIII. Arbeitgeber zahlt feste Sätze als Auslöse

1. Pauschalabgeltung steuerpflichtig

213 Arbeitgeber erstatten bzw. zahlen die **Reisekosten** für berufliche Auswärtstätigkeiten ihrer Arbeitnehmer oft nach einheitlichen Richtlinien und festen Beträgen bzw. Sätzen. Hierbei ist zu beachten, dass eine Abgeltung von Reisekosten ohne Einzelnachweis durch eine **pauschale** Aufteilung des Gehalts in einen Teil, der als Gehalt/Arbeitslohn, und in einen anderen Teil, der als Dienstaufwandsentschädigung (Vertrauensspesen, Spesenersatz usw.) bezeichnet wird, nicht zu dem gewünschten Resultat (Steuerfreiheit) führt.

Hinweis: Monats- und Jahrespauschalen

Solche Monats- oder Jahrespauschalen zur Abgeltung von Reisekosten sind ohne Einzelabrechnung steuerpflichtiger Arbeitslohn.

1) BMF v. 28.10.2009, IV C 5 – S 2332/09/10004, BStBl I 2009, 1275.

2. Pauschalierte Verpflegungskosten

a) Verpflegungspauschalen bei Auswärtstätigkeiten

Vom Arbeitgeber als Reisekosten gezahlte Verpflegungsmehraufwendungen für Auswärtstätigkeiten sind steuerfrei, soweit sie die steuerlichen Pauschalen nicht übersteigen. Ein darüberhinausgehender Betrag gehört zum steuerpflichtigen Arbeitslohn. Die Versteuerung kann pauschal (→ Rz. 195, → Rz. 217) oder nach den (elektronischen) Lohnsteuerabzugsmerkmalen des Arbeitnehmers vorgenommen werden. **214**

Zur Frage, wie sich eine unentgeltlich gestellte Verpflegung (geldwerter Vorteil i. H. des Sachbezugswerts) auf die steuerfrei zahlbaren oder als Werbungskosten ansetzbaren Verpflegungspauschalen auswirkt, → Rz. 198 ff.

Für jeden Tag der Auswärtstätigkeit (Reisetag) darf der Arbeitgeber seit dem Kalenderjahr 2020 Verpflegungspauschalen bis zu den folgenden gesetzlich festgelegten Höchstbeträgen (§ 9 Abs. 4a Satz 3 EStG) steuerfrei zahlen (→ Rz. 1): **215**

Bei einer Abwesenheit von

- **24 Stunden** **28 €,**
- **weniger als 24 Stunden,** aber mehr als acht Stunden **14 €,**
- **beliebiger Dauer am ersten Reisetag bzw. Anreisetag** vor einem Tag mit einer auswärtigen Übernachtung sowie für den Reisetag nach einer auswärtigen Übernachtung (**Rück-/Abreisetag**). **14 €.**

Als Reisetag gilt jeweils der einzelne Kalendertag. Führt der Arbeitnehmer an **einem** Kalendertag **mehrere** Auswärtstätigkeiten durch, sind die Abwesenheitszeiten an diesem Kalendertag zusammenzurechnen (→ Rz. 183). Soweit für denselben Kalendertag Verpflegungsmehraufwendungen **216**

- wegen einer üblichen Auswärtstätigkeit, Fahrtätigkeit oder Einsatzwechseltätigkeit oder
- wegen einer doppelten Haushaltsführung

anzuerkennen sind, ist jeweils nur der **höchste** maßgebende Pauschbetrag anzusetzen.

Beispiel: Doppelte Haushaltsführung und Auswärtstätigkeit

Ein Arbeitnehmer führt im Kalenderjahr 2026 seit zwei Monaten einen doppelten Haushalt. Vom Ort der auswärtigen Beschäftigung unternimmt er eine zehnstündige Auswärtstätigkeit.

Folge: Einzeln betrachtet stünden dem Arbeitnehmer Mehraufwendungen für Verpflegung für die doppelte Haushaltsführung für den Tag der Auswärtstätigkeit i. H. v. 28 € und für die Auswärtstätigkeit als solches i. H. v. 14 € zu, zusammen also 42 €.

Der Arbeitgeber darf jedoch nur den höchsten in Betracht kommenden Einzelbetrag von 28 € steuerfrei zahlen.

Wird die Auswärtstätigkeit nach Ablauf der Dreimonatsfrist durchgeführt (→ Rz. 178), ist die Abwesenheit vom Ort des doppelten Haushalts entscheidend. Folglich darf der Arbeitgeber dann höchstens den für die Auswärtstätigkeit in Betracht kommenden Einzelbetrag i. H. v. 14 € steuerfrei zahlen.

b) Lohnsteuer-Pauschalierung von Verpflegungsmehraufwendungen bei Auswärtstätigkeiten

Zahlt der Arbeitgeber anlässlich einer **Auswärtstätigkeit** (Tätigkeit i. S. d. § 9 Abs. 4a Satz 2 oder Satz 4 EStG) einschließlich einer Fahr- und Einsatzwechseltätigkeit Verpflegungspauschalen, die über die steuerfreien Pauschbeträge hinausgehen, darf er diesen Betrag bis zur Höhe des (ungekürzten) steuerfreien Pauschbetrags mit **25 % pauschaler** Lohnsteuer **versteuern** (§ 40 Abs. 2 Satz 1 Nr. 4 EStG); zzgl. Solidaritätszuschlag i. H. v. 5,5 % und ggf. Kirchensteuer. Ein Einzelnachweis der Verpflegungsmehraufwen- **217** dungen durch den Arbeitnehmer ist nicht erforderlich. Diese Pauschalversteuerung ist **nicht** möglich, wenn Verpflegungspauschalen auf Grund einer **doppelten Haushaltsführung** gezahlt werden (R 40.2 Abs. 1 Nr. 4, 2. Halbs.).[1]

Hierdurch können dem Arbeitnehmer

- bei einer Abwesenheit je Kalendertag von über acht Stunden 28 € gezahlt werden, wovon *je* 14 € steuerfrei sind und pauschal versteuert werden dürfen,
- für den ersten Reisetag bzw. Anreisetag mit einer auswärtigen Übernachtung sowie den Reisetag nach einer solchen Übernachtung (Rück-/Abreisetag) 28 € gezahlt werden, wovon *je* 14 € steuerfrei sind und pauschal versteuert werden dürfen,
- bei einer Abwesenheit je Kalendertag von 24 Stunden 56 € gezahlt werden, wovon *je* 28 € steuerfrei sind und pauschal versteuert werden dürfen.

Diese Lohnsteuerpauschalierung ist **nur** für Zahlungen des **Arbeitgebers** an Arbeitnehmer zulässig, Selbständige und Gewerbetreibende dürfen diese Vorschrift nicht zum eigenen Vorteil anwenden.

Arbeitgebererstattungen, die **über** den o. g. Erhöhungsbeträgen liegen, sind vom Arbeitnehmer individuell zu versteuern (nach den Lohnsteuerabzugsmerkmalen) und unterliegen – im Gegensatz zu den pauschal zu versteuernden Beträgen – der Sozialversicherungspflicht.

Die vorgenannte Pauschalierungsmöglichkeit gilt auch bei **Auslandsreisen** (→ Rz. 342). Hier können die über die steuerfreien Pauschbeträge hinausgehenden Arbeitgeberzahlungen bis zur Höhe der maßgebenden ausländischen Pauschbeträge (→ Rz. 4) pauschal versteuert werden.

Die Lohnsteuer-Pauschalierung setzt zwingend einen Ansatz von steuerfreien Verpflegungspauschalen voraus. Folglich ist die Pauschalbesteuerung **nicht** zulässig,

- wenn keine Auswärtstätigkeit vorliegt,
- bei Auswärtstätigkeiten ohne Übernachtung mit einer Abwesenheitsdauer von bis zu acht Stunden pro Tag,
- nach Ablauf der Dreimonatsfrist (→ Rz. 178).

Hierbei ist zu beachten, dass Arbeitnehmer mit einer **Einsatzwechseltätigkeit** bei einer Übernachtung an der Tätigkeitsstätte keinen doppelten Haushalt führen. Folglich ist die Pauschalbesteuerung hier zeitlich uneingeschränkt zulässig.

Beispiel: Ablauf der Dreimonatsfrist bei Auswärtstätigkeit

Arbeitnehmer A erhält während einer ununterbrochenen viermonatigen Auswärtstätigkeit von seinem Arbeitgeber Vergütungen für Verpflegungsmehraufwendungen i. H. v. 56 € für jeden vollen Kalendertag. Für An- und Abreisetage reduziert sich diese Vergütung auf 28 € pro Tag. Während seiner Auswärtstätigkeit wird dem Arbeitnehmer kostenlos eine Unterkunft vom Arbeitgeber zur Verfügung gestellt.

> **Folge**: In den ersten drei Monaten ist die Verpflegungspauschale für die vollen Kalendertage i. H. v. 28 € und für die An- und Abreisetage jeweils i. H. v. 14 € steuerfrei. Vom Mehrbetrag i. H. v. 28 € bzw. 14 € darf der Arbeitgeber die Lohnsteuer mit 25 % pauschal erheben.
>
> Ab dem vierten Monat sind die vom Arbeitgeber gezahlten Verpflegungsvergütungen von täglich 56 € bzw. 28 € auf Grund des Ablaufs der Dreimonatsfrist in voller Höhe als Arbeitslohn nach den Lohnsteuerabzugsmerkmalen des Arbeitnehmers individuell zu versteuern.

Die **Möglichkeit** der Lohnsteuer-Pauschalierung durch den Arbeitgeber führt nicht dazu, dass der Arbeitnehmer Werbungskosten in Höhe des pauschalierungsfähigen Betrags ansetzen darf, z. B. wenn der Arbeitgeber im vorangegangenen Beispiel lediglich die

1) BMF v. 25.11.2020, IV C 5 – S 2353/19/10011 :006, BStBl I 2020, 1228, Rz. 60.

steuerfreien Pauschalen zahlt. Für den Werbungskostenabzug bleibt es beim Ansatz der zuvor genannten gesetzlichen Verpflegungspauschalen, soweit sie der Arbeitgeber nicht steuerfrei gezahlt hat.

c) Lohnsteuer-Pauschalierung für gestellte Mahlzeiten

Um die Besteuerung zu vereinfachen, hat der Arbeitgeber die Möglichkeit, den Vorteil **218**
(= Sachbezugswert, → Rz. 199) für die dem Arbeitnehmer steuerpflichtig gestellten **Mahlzeiten** mit **25 % pauschal** zu versteuern (§ 40 Abs. 2 Satz 1 Nr. 1a EStG). Diese Pauschalbesteuerungsmöglichkeit ist **zulässig**, wenn

- die Mahlzeiten dem Arbeitnehmer von seinem Arbeitgeber oder auf dessen auf Veranlassung von einem Dritten während einer **auswärtigen Tätigkeit** unentgeltlich oder verbilligt zur Verfügung gestellt werden **und**
- der so entstandene Vorteil zu besteuern ist, weil **keine** als Werbungskosten anzusetzende Verpflegungspauschale (§ 8 Abs. 2 Satz 9 EStG) in Betracht kommt.

Folglich kann der Arbeitgeber diese **Pauschalbesteuerung wählen**, wenn

- der Arbeitnehmer **ohne** Übernachtung nicht mehr als acht Stunden beruflich auswärts tätig ist,
- der Arbeitgeber die berufliche **Abwesenheitszeit** nicht überwacht, nicht kennt oder
- die **Dreimonatsfrist** (→ Rz. 178, § 9 Abs. 4a Satz 6 EStG) abgelaufen ist.

Beispiel: Lohnsteuer-Pauschalierung bei Mahlzeitengestellung

Arbeitnehmer A nimmt im Kalenderjahr 2026 an einer halbtägigen auswärtigen Seminarveranstaltung teil. Der Arbeitgeber hat für A neben dem Seminar auch ein übliches Mittagessen gebucht und dafür 30 € bezahlt. Der Arbeitgeber führt keine Aufzeichnungen über die Abwesenheitszeiten von A.

Folge: Weil der Arbeitgeber keine Aufzeichnungen über die Abwesenheitszeiten von A führt, kann er nicht entscheiden, ob die Voraussetzungen für eine steuerfreie Verpflegungspauschale vorliegen. Um den Arbeitnehmer nicht zu belasten, versteuert der Arbeitgeber das gestellte Mittagessen nach § 40 Abs. 2 Satz 1 Nr. 1a EStG pauschal mit 25 %.

Als Arbeitslohn ist der Sachbezugswert Mittagessen i. H. v. 4,57 € anzusetzen. Folgende Steuerbeträge fallen an:

4,57 € × 25 % = 1,14 € Lohnsteuer zzgl. Solidaritätszuschlag (5,5 % v. 1,14 € = 0,06 €) und ggf. Kirchensteuer.

Weitere **Voraussetzung** für die Lohnsteuer-Pauschalierung ist, dass es sich um **übliche** Mahlzeiten (→ Rz. 199) handelt, die mit dem **Sachbezugswert** anzusetzen sind. Die Vorteile sog. Belohnungsessen mit einem Preis von mehr als 60 € sind somit nicht pauschal besteuerbar. Ebenso besteht diese Pauschalierungsmöglichkeit **nicht** für die Gestellung von **arbeitstäglichen** Mahlzeiten

- im Betrieb und
- am Ort der ersten Tätigkeitsstätte während einer doppelten Haushaltsführung.

In diesen Fällen kommt ggf. eine Pauschalierung der Lohnsteuer nach § 40 Abs. 2 Satz 1 Nr. 1 EStG mit 25 % in Betracht (zzgl. Solidaritätszuschlag i. H. v. 5,5 % und ggf. Kirchensteuer).

Gestellt der Arbeitgeber Mahlzeiten im überwiegend **eigenbetrieblichen** Interesse (z. B. sog. Arbeitsessen oder bei Teilnahme von Arbeitnehmern an einer geschäftlich veranlassten Bewirtung), liegt **kein** steuerpflichtiger Arbeitslohn vor. Deshalb ist eine Lohnsteuer-Pauschalierung für solche Mahlzeiten nicht erforderlich.

d) Zusammenrechnung der Aufwendungsarten

219 Bei der **Ermittlung** der **steuerfreien Reisekosten** dürfen zu Gunsten des Arbeitnehmers die einzelnen gezahlten Vergütungsarten (Fahrt-, Verpflegungs- und Übernachtungskosten) **zusammengerechnet** werden und dem insgesamt steuerfrei zahlbarem Volumen gegenübergestellt werden (R 3.16 LStR). Hierdurch können z. B. über den steuerfreien Höchstbetrag hinaus gezahlte Verpflegungskosten mit einem für Fahrkosten nicht ausgeschöpften Volumen **verrechnet** werden. Dazu ist ein Abgleich der steuerfreien Höchstbeträge bzw. des ermittelten steuerfreien Volumens mit dem tatsächlichen Zahlbetrag erforderlich.

Die so zusammen abgerechneten bzw. zusammengefassten Reisekosten können steuerfrei gezahlt werden, soweit sie die Summe der zulässigen steuerfreien Leistungen bzw. des steuerfreien Volumens nicht übersteigen. Hierbei können auch **mehrere** Reisen zusammengefasst abgerechnet werden. Diese Möglichkeit gilt sinngemäß für **Umzugskosten** und für Mehraufwendungen bei einer **doppelten Haushaltsführung**.

Beispiel: Verrechnung unterschiedlicher Vergütungsarten

A ist als Monteur i. R. einer längerfristigen beruflichen Auswärtstätigkeit für die Dauer von sechs Monaten (110 Arbeitstage) an derselben Tätigkeitsstätte tätig. Die arbeitstägliche Abwesenheit von seiner Wohnung und der ersten Tätigkeitsstätte beträgt jeweils mehr als acht Stunden. Während der sechs Monate seiner Tätigkeit steht A nach der Reisekostenrichtlinie des Arbeitgebers ein Anspruch auf ein Tagegeld i. H. v. 7 €/Arbeitstag zu, insgesamt also 770 € (110 Arbeitstage × 7 €).

Folge: Monatliche Reisekostenabrechnung

Rechnet A die Reisekosten **monatlich** ab, können die Tagegelder der ersten drei Monate (55 Arbeitstage) steuerfrei geleistet werden:

Volumen durch steuerfreie Verpflegungspauschalen insgesamt:	55 Arbeitstage × 14 € =	770 €
gezahlte Tagegelder:	55 Arbeitstage × 7 € =	385 €

Weil die Zahlungen unter dem steuerfrei zahlbaren Volumen liegen, kann A zusätzlich für die ersten drei Monate noch 385 € (770 € ./. 385 €) als Werbungskosten geltend machen.

Die Tagegelder der folgenden drei Monate sind steuerpflichtig und der Arbeitnehmer darf insoweit keine Werbungskosten mehr ansetzen.

steuerfreie Verpflegungspauschalen:		0 €
gezahlte Tagegelder:	55 Arbeitstage × 7 € =	385 €

Zusammengefasste Reisekostenabrechnung

Rechnet A die auswärtige berufliche Tätigkeit für deren Gesamtdauer zusammengefasst ab, können die Tagegelder der gesamten sechs Monate steuerfrei gezahlt werden. Dann verbleibt allerdings kein Werbungskostenabzug mehr.

Volumen durch steuerfreie Verpflegungspauschalen:	55 Arbeitstage × 14 €/Arbeitstag =	770 €
gezahlte Tagegelder:	110 Arbeitstage × 7 €/Arbeitstag =	770 €
verbleibender Werbungskostenabzug =		0 €

Diese Verrechnungsmöglichkeit besteht auch bei pauschal zu versteuernden Vergütungen für Verpflegungsmehraufwendungen.

Beispiel: Verrechnungsmöglichkeit mit Verpflegungspauschale

Ein Arbeitnehmer erhält von seinem Arbeitgeber für eine neunstündige Auswärtstätigkeit in einer 50 km entfernt gelegenen Stadt einen Erstattungsbetrag von 65 €. Der Arbeitnehmer hat diese Fahrt mit seinem privaten Pkw durchgeführt.

Folge:

Steuerfreies Volumen

Fahrtkosten 100 km × 0,30 € (pauschaler Kilometersatz)	30 €

Verpflegungspauschale	14 €
Gesamtbetrag	44 €

Der verbleibende Mehrbetrag von 21 € (65 € ./. 44 €) kann mit einem Teilbetrag von 14 € (Verpflegungspauschale) mit 25 % pauschal versteuert werden (zzgl. Solidaritätszuschlag i. H. v. 5,5 % und ggf. Kirchensteuer), so dass der Arbeitnehmer lediglich 7 € individuell versteuern muss.

Darf **keine** steuerfreie Verpflegungspauschale gezahlt werden, beanstandet es die Finanzverwaltung nicht, wenn der Arbeitgeber bei einer von ihm zur Verfügung gestellten Mahlzeit eine Verrechnung des als **Arbeitslohn** anzusetzenden Sachbezugswerts mit dem steuerfreien Volumen der zu erstattenden Fahrt-, Unterkunfts- oder Reisenebenkosten vornimmt.

Beispiel: Verrechnungsmöglichkeit ohne Verpflegungspauschale

Der Arbeitnehmer A nimmt an einem halbtägigen auswärtigen Seminar mit Mittagessen teil und ist sechs Stunden von seiner Wohnung und der ersten Tätigkeitsstätte abwesend. Für die Fahrt zum Seminar und zurück nutzt A seinen privaten Pkw. Für die so entstandenen Fahrtkosten steht A ein steuerfreies Volumen i. H. v. 30 € (100 km Fahrtstrecke × 0,30 €) zu.

Folge: Der Arbeitgeber kann die von ihm i. R. des Seminars gestellte Mahlzeit mit dem Sachbezugswert individuell oder pauschal mit 25 % versteuern oder mit dem steuerfreien Volumen i. H. v. 30 € verrechnen.

e) Abwälzung/Übernahme der pauschalen Lohnsteuer

Erhebt der Arbeitgeber für die steuerpflichtig gezahlten Verpflegungsmehraufwendungen die **pauschale Lohnsteuer** i. H. v. 25 % (→ Rz. 217, → Rz. 225) sowie den anfallenden Solidaritätszuschlag, können diese Beträge arbeitsrechtlich auf den Arbeitnehmer **abgewälzt** werden. Weil aber die abgewälzte pauschale Lohnsteuer als zugeflossener Arbeitslohn behandelt wird (§ 40 Abs. 3 Satz 2 EStG), mindert sich der steuerpflichtige Barlohn nicht. 220

Soll gleichwohl wirtschaftlich eine **Barlohnminderung** erreicht werden, sind die pauschal zu versteuernden Vergütungen für Verpflegungsmehraufwendungen nicht mit 100 % der maßgebenden Pauschbeträge, sondern entsprechend geringer anzusetzen. Dazu sind die Bruttobeträge der Verpflegungspauschalen mit 126,375 % anzusetzen (100 % zzgl. 25 % Pauschsteuer zzgl. Solidaritätszuschlag i. H. v. 5,5 % von 25 %).

Beispiel: Lohnsteuerpauschalierung

Der Arbeitgeber vereinbart mit dem Arbeitnehmer, neben der möglichen steuerfreien Verpflegungspauschale (Höchstbetrag) in gleicher Höhe eine steuerpflichtige Verpflegungspauschale zu zahlen. Für sie soll die Lohnsteuer-Pauschalierung (§ 40 Abs. 2 Satz 1 Nr. 4 EStG) gewählt werden; der Arbeitnehmer übernimmt die pauschalen Steuerbeträge (Abwälzung). Kirchensteuer ist nicht zu erheben.

Folge: Bei einer steuerfreien Verpflegungspauschale i. H. v. 28 € bedeutet dies

Steuerpflichtige Verpflegungspauschale brutto	28,00 €
Verpflegungspauschale netto	
28 € x 100 : 126,375 (gerundet)	22,16 €
ausgezahlter Betrag	22,16 €
übernommene Pauschsteuer 22,16 € × 25 %	5,54 €
übernommener Solidaritätszuschlag 5,5 % von 5,54 €	0,30 €
Arbeitgeberaufwand	28,00 €

3. Pauschalierte Übernachtungskosten bei Auswärtstätigkeit/doppeltem Haushalt

a) Übernachtungskosten

221 Der Arbeitgeber darf die Kosten für die Übernachtung des Arbeitnehmers anlässlich einer **Auswärtstätigkeit** im Inland i. d. R. ohne Einzelnachweis und unbefristet bis zu **20 €** pro **tatsächlicher** Übernachtung **steuerfrei** ersetzen, sofern die Übernachtung **nicht** in einer vom Arbeitgeber gestellten Unterkunft erfolgt. Hat der Arbeitnehmer z. B. in einem Hotel übernachtet und zahlt der Arbeitgeber wegen des fehlenden Belegs nur den Übernachtungspauschbetrag von 20 € steuerfrei, ist hier **keine** Kürzung für die Kosten des Frühstücks vorzunehmen.

Für die Übernachtungen in einem **Schlafwagen** oder einer **Schiffskabine** darf der Übernachtungspauschbetrag nur dann **steuerfrei** gezahlt werden, wenn die Übernachtung in einer anderen Unterkunft begonnen oder beendet worden ist. Für die Dauer der Benutzung von Beförderungsmitteln (bzw. eines Fahrzeugs) darf ein Übernachtungsgeld bzw. der Übernachtungs-Pauschbetrag **nicht** angesetzt oder steuerfrei gezahlt werden.

Jedoch ist eine steuerfreie Zahlung durch den Arbeitgeber zulässig, wenn die Übernachtung in einem Wohnmobil oder Campingbus erfolgte.

Führt der Arbeitnehmer einen **doppelten Haushalt**, darf der Arbeitgeber die notwendigen Aufwendungen für die Zweitwohnung im Inland ohne Einzelnachweis

- für einen Zeitraum von längstens drei Monaten pauschal mit **20 €**
- und für die Folgezeit zeitlich unbegrenzt pauschal mit **5 €**

je tatsächlich durchgeführter **Übernachtung** steuerfrei zahlen.

Eine steuerfreie Zahlung der vorgenannten Pauschbeträge **ohne** Nachweis der Übernachtung bzw. ohne entsprechende Erklärung/Abrechnung des Arbeitnehmers ist nicht zulässig. Für Tage, an denen der Arbeitnehmer **nicht** in der Wohnung übernachtet, diese aber vorhält bzw. beibehält, z. B. an Tagen der Familienheimfahrten, ist eine steuerfreie Zahlung von Pauschbeträgen **nicht** möglich (lediglich die nachgewiesenen Übernachtungskosten → Rz. 224). Ebenso ist die steuerfreie Zahlung pauschaler Übernachtungskosten ausgeschlossen, wenn der Arbeitgeber dem Arbeitnehmer die Zweitwohnung **unentgeltlich** oder teilentgeltlich zur Verfügung gestellt hat.

Gleiches gilt bei einer **Übernachtung im Fahrzeug** (z. B. bei Übernachtung eines Kraftfahrers in der Schlafkabine seines Lkw). Allerdings kann ein Kraftfahrer die typischerweise **bei einer** Übernachtung anfallenden Kosten belegen und ansetzen oder alternativ den Pauschbetrag von 8 € bzw. 9 €/Kalendertag ansetzen (→ Rz. 222).

b) Pauschbetrag für Berufskraftfahrer

222 Übernachtet ein **Kraftfahrer** anlässlich seiner auswärtigen beruflichen Tätigkeit (Fahrtätigkeit) im In- und Ausland in der Schlafkabine (s)eines Lkw, entstehen Aufwendungen, die bei anderen Arbeitnehmern mit Übernachtung anlässlich einer beruflichen Auswärtstätigkeit typischerweise in den Übernachtungskosten enthalten sind. Derartige Aufwendungen können als **Reisenebenkosten** in vereinfachter Weise ermittelt und glaubhaft gemacht werden. Als Reisenebenkosten in diesem Sinne kommen z. B. in Betracht:

- Gebühren für die Benutzung der sanitären Einrichtungen (Toiletten sowie Dusch- oder Waschgelegenheiten) auf Raststätten und Autohöfen,
- Park- oder Abstellgebühren auf Raststätten und Autohöfen,
- Aufwendungen für die Reinigung der (eigenen) Schlafkabine im Lkw.

Hat der Arbeitnehmer diesen Nachweis erbracht, darf der tägliche Durchschnittsbetrag, der sich aus den Rechnungsbeträgen für den repräsentativen Zeitraum ergibt,

- für den Ansatz von **Werbungskosten** oder auch
- für die **steuerfreie** Erstattung durch den Arbeitgeber

so lange zu Grunde gelegt werden, bis sich die Verhältnisse wesentlich ändern.

Beispiel: Zugrundelegung des täglichen Durchschnittsbetrags

Lkw-Fahrer A weist dem Arbeitgeber für einen repräsentativen Zeitraum die o. g. Reisenebenkosten durch Belege nach

- für Monat Oktober 2024: Aufwendungen gesamt 200 € (20 Tage Auswärtstätigkeit),
- für Monat November 2024: Aufwendungen gesamt 260 € (25 Tage Auswärtstätigkeit),
- für Monat Dezember 2024: Aufwendungen gesamt 140 € (15 Tage Auswärtstätigkeit).

Die Summe der Aufwendungen von 600 € : 60 Tage Auswärtstätigkeit ergibt 10 € als täglicher Durchschnittswert. Die Verhältnisse des repräsentativen Zeitraums im Kalenderjahr 2024 haben sich auch im Kalenderjahr 2026 nicht geändert.

Folge: Der von A im Jahr 2024 ermittelte Betrag darf auch im Kalenderjahr 2026 für jeden Tag der Auswärtstätigkeit durch den Arbeitgeber steuerfrei gezahlt werden. Alternativ kann A sie als Werbungskosten geltend machen.

Auf diese Möglichkeit verweist explizit das Schreiben des BMF v. 4.12.2012 zu den Übernachtungspauschalen bei Lkw-Fahrern.[1)]

Als Alternative wurde für Berufskraftfahrer ab dem Kalenderjahr 2020 ein **steuerfreier** gesetzlicher **Pauschbetrag** eingeführt, welcher die (o. g.) Aufwendungen, die typischerweise im Zusammenhang mit einer Übernachtung im Kfz des Arbeitgebers entstehen, abgelten soll. Dieser Pauschbetrag ist seit dem Kalenderjahr 2024 erhöht worden; von 8 € auf **9** € für jeden **Kalendertag**, an dem der Arbeitnehmer eine Verpflegungspauschale **beanspruchen** kann (§ 9 Abs. 1 Satz 3 Nr. 5b EStG). Insoweit darf für den steuerfreien Arbeitgeberersatz oder den alternativen Werbungskostenabzug auf eine Einzelberechnung verzichtet werden. Daneben darf er bzw. der Arbeitgeber noch die steuerfreien **Verpflegungspauschalen** ansetzen.

Diesen Pauschbetrag kann auch ein **mitfahrender** Arbeitnehmer beanspruchen, wenn er ebenfalls im Fahrzeug übernachtet. Folglich ist hier ebenso eine steuerfreie Zahlung oder ein Werbungskostenabzug möglich, wenn der Arbeitgeber keine Übernachtungskosten erstattet hat.

Weil dieser Pauschbetrag für die Reisenebenkosten von Berufskraftfahrern anstelle der tatsächlich entstehenden Aufwendungen angesetzt wird, können alternativ nach wie vor die entstandenen (und seit dem Kalenderjahr 2024 über dem Pauschbetrag von 9 € pro Tag liegenden) Aufwendungen ermittelt bzw. nachgewiesen und steuerlich angesetzt werden.

Hinweis: Aktuelle Rechtsprechung zum Ansatz des Pauschbetrags für Berufskraftfahrer

Die Frage, ob der steuerfreie gesetzliche Pauschbetrag (bzw. diese Übernachtungspauschale)

- nur für die Reisetage angesetzt werden darf, an denen tatsächlich Übernachtungen im Kfz erfolgten

  oder

- auch für (Ab- und An-)Reisetage, an denen keine Übernachtung im Kfz erfolgte,

ist derzeit umstritten. Das FG Thüringen hat – abweichend von der Auffassung der Finanzverwaltung – entschieden, dass der Pauschbetrag **nicht** für solche Tage steuerfrei gewährt werden darf, für die der Arbeitnehmer zwar einen Anspruch auf eine Verpflegungspauschale hat, an denen er aber **nicht** im Kfz übernachtet hat (gem. § 9 Abs. 1 Satz 3 Nr. 5b Satz 1 EStG).[2)] Diese Rechtsfrage ist inzwischen beim BFH zur Klärung anhängig.[3)]

---

1) BMF v. 4.12.2012, IV C 5 – S 2353/12/10009, BStBl I 2012, 1249.
2) FG Thüringen v. 18.6.2024, 2 K 534/22, EFG 2025, 849.
3) Anhängiges Verfahren beim BFH mit Az. VI R 6/25, zuvor o.g. FG Thüringen v. 18.6.2024, 2 K 534/22, EFG 2025, 849.

Bis zu einer Entscheidung des BFH zählt die Auffassung der Finanzverwaltung, wonach (weiterhin) der Pauschbetrag i. H v. 9 € pro Reisetag mit Übernachtung im Fahrzeug für die Tage angesetzt werden darf, für die der Arbeitnehmer eine Verpflegungspauschale beanspruchen kann.[1)]

223 Um ein möglichst hohes steuerfreies Volumen zu erhalten, ist bei einer mehrtägigen Reise bzw. Auswärtstätigkeit **ein Wechsel** zwischen dem Übernachtungspauschbetrag und den tatsächlich nachgewiesenen Übernachtungskosten **zulässig**. Hierdurch können Arbeitgeber und Arbeitnehmer für eine **mehrtägige** Auswärtstätigkeit tageweise wählen, ob die im Einzelnen **nachgewiesenen Übernachtungskosten** oder der **Pauschbetrag für Übernachtung** steuerfrei ersetzt werden soll.

4. Ausweis Übernachtung in Hotelrechnung

224 Zahlt der Arbeitgeber die Übernachtungsaufwendungen bei Auswärtstätigkeiten oder einer doppelten Haushaltsführung nicht pauschal, muss sie der Arbeitnehmer nachweisen. Zum Umfang der Steuerfreiheit → Rz. 187 f. Weil seit 2010 für das Hotelwesen und Übernachtungsgewerbe ein auf 7 % abgesenkter Umsatzsteuersatz gilt, ist bei Übernachtungen im **Inland** ein getrennter Ausweis der Übernachtungsleistungen mit 7 % USt und für die eingenommenen Mahlzeiten mit 19 % USt erforderlich (→ Rz. 352 ff.).

Will der Arbeitgeber die Übernachtungskosten und die gestellten Mahlzeiten (steuerfrei) erstatten, sind zwei Fallgestaltungen zu unterscheiden.

a) Fallgestaltung 1: Gesondert ausgewiesenes Frühstück

225 Weist das Hotel den Frühstückspreis in der Rechnung gesondert neben dem Übernachtungspreis aus, ist eine Lohnsteuerpauschalierung der steuerpflichtigen Verpflegungspauschale(n) mit 25 % möglich (→ Rz. 217; Einzelheiten zur lohnsteuerlichen Behandlung → Rz. 66).

Beispiel: Lohnsteuerpauschalierung mit 25 %

Das Hotel rechnet die Übernachtung sowie das Frühstück des Arbeitnehmers anlässlich einer beruflichen Auswärtstätigkeit am 1.9.2026 wie folgt ab:

Übernachtung	100,00 €
zzgl. Frühstück	15,00 €
Summe	**115,00 €**
7 % USt für den Übernachtungspreis	7,00 €
19 % USt für das Frühstück (getrennt ausgewiesen)	2,85 €

Folge: Der Arbeitgeber darf dem Arbeitnehmer die Übernachtungskosten i. H. v. 100 € (zzgl. USt) steuerfrei erstatten. Bei Erstattung der Frühstückskosten i. H. v. 15 € (zzgl. USt) ist die zustehende steuerfreie Verpflegungspauschale zu kürzen (→ Rz. 202).

Liegt die Zahlung des Arbeitgebers über der steuerfreien Verpflegungspauschale, ist eine Lohnsteuerpauschalierung mit 25 % möglich. Pauschalierungsfähig ist höchstens der Betrag, der ohne Anwendung der Kürzungsregelung als Verpflegungspauschale steuerfrei gezahlt bzw. als Werbungskosten angesetzt werden könnte (14 € oder 28 €).

b) Fallgestaltung 2: Gesonderter Sammelposten mit „Business Package/Service-Pauschale"

Beispiel:

226 Das Hotel weist in der Rechnung neben dem Übernachtungspreis einen „Sammelposten" als „Business Package/Service-Pauschale" einschließlich Frühstück aus. Die Umsatzsteuer wird gesondert ausgewiesen.

1) BMF v. 25.11.2020, IV C 5 – S 2353/19/10011 :006, BStBl I 2020, 1228, Rz. 131.

Bei dieser Rechnungsgestellung darf der Arbeitgeber den Gesamtpreis brutto steuerfrei erstatten (→ Rz. 195).

Möchte er nur die **Übernachtungskosten** sowie den **Sammelposten** (steuerfrei) erstatten, sind als zu mindernde Frühstückskosten 20 % des maßgebenden Pauschbetrags für Verpflegungsmehraufwendungen bei 24-stündiger Abwesenheit anzusetzen, im Inland also 20 % von 28 € = 5,60 € (→ Rz. 202).

Der vom Hotel ausgewiesene Sammelposten ist um den pauschalen Kürzungsbetrag für das Frühstück (5,60 €) zu mindern. Den Restbetrag darf der Arbeitgeber als **Reisenebenkosten** (→ Rz. 189) steuerfrei erstatten, wenn die Bezeichnung des Sammelpostens für die Nebenleistungen keinen Anlass für die Vermutung gibt, darin seien steuerlich nicht anzuerkennende Nebenleistungen enthalten.

Keine Reisenebenkosten in diesem Sinne sind die Aufwendungen für private Ferngespräche, Massagen, Minibar oder Pay-TV. Unschädlich ist es, wenn dieser „Sammelposten" mit Internetzugang oder Zugang zu Kommunikationsnetzen näher bezeichnet wird. Der hierzu ausgewiesene Betrag darf jedoch nicht so hoch sein, dass er offenbar den Betrag für das Frühstück und die steuerlich anzuerkennenden Reisenebenkosten übersteigt. Anderenfalls ist dieser Sammelposten steuerlich in **voller** Höhe als **privat** veranlasst zu behandeln (Folge: eine Erstattung ist steuerpflichtig).

Beispiel: Übernachtung und „sonstige Leistungen"

Das Hotel rechnet die Übernachtung am 3.9.2026 mit Frühstück wie folgt ab:

Übernachtung	100,00 €
sonstige Leistungen (Sammelposten inkl. Frühstück)	15,00 €
Summe	**115,00 €**
7 % USt für die Übernachtung	7,00 €
19 % USt für die sonstigen Leistungen (getrennt ausgewiesen)	2,85 €

Folge: Der Arbeitgeber kann dem Arbeitnehmer die Übernachtungskosten i. H. v. 100 € (zzgl. USt) steuerfrei erstatten.

Weil der Arbeitgeber die Frühstückskosten nicht erstatten möchte, müssen sie pauschal aus dem Preis für die sonstigen Leistungen herausgerechnet werden (= 5,60 €, entspricht 20 % von 28 €). Den Brutto-Restbetrag von 12,25 € (15 € zzgl. 2,85 € abzüglich 5,60 €) darf der Arbeitgeber als Reisenebenkosten steuerfrei erstatten.

5. Pauschalierte Gesamt-Reisekosten

Werden Pauschsätze für **Verpflegung** und **Unterbringung** gezahlt, können für die steuerfreie Arbeitgebererstattung insgesamt angesetzt werden: 227

Pauschbetrag

für Verpflegungskosten (seit 2020)	für Übernachtung	insgesamt
14 € oder 28 €	20 €	34 € oder 48 €

6. Nachweis

Der Nachweis, dass eine Auswärtstätigkeit und eine Übernachtung stattgefunden haben, muss dem Finanzamt gegenüber sichergestellt sein. Der Nachweis kann grundsätzlich durch Vorlage einer Rechnung über die Unterbringungskosten (Hotelrechnung u. Ä.) erbracht werden. Hierdurch wird auch belegt, dass eine Auswärtstätigkeit an dem betreffenden Tag tatsächlich stattgefunden hat. 228

Daher hat der Arbeitnehmer seinem Arbeitgeber Unterlagen über die Auswärtstätigkeit vorzulegen, aus denen die Dauer der Reise, der Reiseweg und auch die entstandenen Reisekosten ersichtlich sein müssen. Diese Unterlagen sind vom Arbeitgeber als Beleg zum Lohnkonto zu nehmen und aufzubewahren.

229 Ein Nachweis kann auch anhand von Arbeitsnachweisen (Wochenarbeitsnachweisen) geführt werden. Die Arbeitsnachweise müssen die erforderlichen Angaben über Einsatzort, Dauer der Abwesenheit usw. enthalten und vom Arbeitnehmer und seinem Vorgesetzten bestätigt werden. Eine Vorlage von Übernachtungsbelegen (Hotelrechnungen usw.) wird für pauschal gezahlte Übernachtungskosten im Regelfall nicht verlangt. Im Regelfall reicht eine Erklärung in bzw. zusammen mit der Abrechnung des Arbeitnehmers aus.

Das Finanzamt darf einen beruflichen Anlass für eine Übernachtung nicht deshalb verneinen, weil die Auswärtstätigkeit in Nähe der ersten Tätigkeitsstätte bzw. der Wohnung ausgeübt wird. In diesem Fall müssen jedoch der berufliche Anlass begründet und die Übernachtungskosten ggf. nachgewiesen werden können.

IX. Arbeitgeber zahlt einzeln abgerechnete Auslösungen

230 Als Auslösungen werden regelmäßig Zahlungen des Arbeitgebers an Arbeitnehmer zur Abgeltung ihrer Mehraufwendungen für beruflich veranlasste Auswärtstätigkeiten bezeichnet. Solche Zahlungen sind steuerlich als Reisekosten zu behandeln.

Arbeitgeber dürfen ihren Arbeitnehmern die Auslösungen/Reisekosten steuerfrei erstatten, soweit der Arbeitnehmer sie als **Werbungskosten** abziehen könnte (§ 3 Nr. 16 EStG). Nutzt der Arbeitnehmer für eine beruflich veranlasste Auswärtstätigkeit ein vom Arbeitgeber zur Verfügung gestelltes Kfz (Pkw/Motorrad), ergibt sich kein geldwerter Vorteil; insoweit scheidet für den Arbeitnehmer ein Werbungskostenansatz aus. Zu den Besonderheiten beim Bezug von steuerfreiem Ladestrom für Elektrofahrzeuge und Hybridelektrofahrzeuge → Rz. 241.

Zu den Auslösungen/Reisekosten gehören die Aufwendungen anlässlich einer beruflich veranlassten:

- Auswärtstätigkeit (→ Rz. 159),
- Fahrtätigkeit (→ Rz. 162),
- Einsatzwechseltätigkeit (→ Rz. 163),
- doppelten Haushaltsführung (→ Rz. 288 ff.).

Daneben dürfen auch die **beruflich bedingten Umzugskosten** (→ Rz. 312 ff.) steuerfrei erstattet werden.

Für Wege zwischen **Wohnung** und erster Tätigkeitsstätte kann der Arbeitgeber den Arbeitnehmern lohnsteuerfreie Zuwendungen lediglich durch **Sammelbeförderungen** zukommen lassen. Zuschüsse für die Fahrten/Wege zwischen Wohnung und erster Tätigkeitsstätte mit dem eigenen Kfz bzw. die Pkw-Gestellung gehören generell zum steuerpflichtigen Arbeitslohn.

231 Für die Frage, ob der Arbeitgeber seine Auslösungen **steuerfrei** oder steuerpflichtig zahlen darf, sind die zuvor genannten Regelungen und Erläuterungen zur Steuerfreiheit der jeweiligen Kostenarten maßgebend. Zu der Steuerfreiheit für die dem Arbeitnehmer kostenlos oder verbilligt zur Verfügung gestellten Fahrkarten für den Personenfern- und Personennahverkehr sowie für Job-Tickets nach § 3 Nr. 15 EStG s. BMF v. 15.8.2019.[1)]

---

1) BMF v. 15.8.2019, IV C 5 – S 2342/19/10007 :001, BStBl I 2019, 875; v. 7.11.2023, IV C 5 – S 2342/19/10007 :009, BStBl I 2023, 1969.

X. Fahrtkostenersatz, Nutzung Firmenfahrzeug

1. Fahrtkostenersatz für Wege zwischen Wohnung und erster Tätigkeitsstätte

a) Fahrtkostenersatz, Pauschallohnversteuerung, Zusätzlichkeitsvoraussetzung

Abgesehen von den steuerfreien Reisekosten (→ Rz. 133) gehören andere Zahlungen und Vorteile des Arbeitgebers an den Arbeitnehmer grundsätzlich zum steuerpflichtigen Arbeitslohn. Hierzu rechnen insbesondere **232**

- der **Fahrtkostenersatz** (Zuschüsse zu den Aufwendungen des Arbeitnehmers) für Wege zwischen **Wohnung** und erster **Tätigkeitsstätte** mit dem eigenen Kfz sowie
- die Vorteile aus einer **Kfz-Gestellung** (Dienst- bzw. Firmenwagen).

Allerdings hat der Gesetzgeber zu Gunsten der Arbeitgeber und der Arbeitnehmer die steuerlichen und sozialversicherungsrechtlichen Folgen der Steuerpflicht abgemildert. So kann der Arbeitgeber seine

- **Zuschüsse** zu den Aufwendungen des Arbeitnehmers für **Fahrten zwischen** Wohnung und erster Tätigkeitsstätte mit seinem **Kfz** (z. B. Pkw) und
- Sachbezüge in Form der **unentgeltlichen** oder verbilligten **Beförderung** eines Arbeitnehmers **zwischen** Wohnung und erster Tätigkeitsstätte (dies sind insbesondere die Vorteile aus einer Kfz- bzw. Pkw-Gestellung [Dienst- oder Firmenwagen]), soweit es sich nicht um eine steuerfreie Sammelbeförderung handelt,

mit einem **Pauschsteuersatz** von **15 %** der Lohnsteuer unterwerfen (§ 40 Abs. 2 Satz 2 Nr. 1 Buchst. a und b EStG). Hinzukommen der Solidaritätszuschlag mit 5,5 % der pauschalen Lohnsteuer und evtl. noch Kirchensteuer.

Voraussetzung hierfür ist, dass

- dem Arbeitnehmer die den Zuschüssen zu Grunde liegenden Aufwendungen tatsächlich entstehen bzw. entstanden sind (z. B. durch Nutzung des eigenen Pkw),
- diese Zuschüsse oder Sachbezüge den Betrag nicht übersteigen, den der Arbeitnehmer als **Werbungskosten** geltend machen könnte, wenn die Bezüge nicht pauschal besteuert würden, und
- die Zuschüsse (nicht die Sachbezüge wie z. B. Vorteile aus einer Pkw-Gestellung) **zusätzlich** zum ohnehin geschuldeten Arbeitslohn gezahlt werden.

Solch ein Zuschuss des Arbeitgebers darf getrennt vom übrigen Lohn pauschal versteuert werden. Die Pauschalierungsmöglichkeit des **Fahrtkostenersatzes** stellt der Höhe nach auf die Aufwendungen des Arbeitnehmers für die Wege von der Wohnung zur ersten Tätigkeitsstätte mit dem Pkw oder mit anderen Verkehrsmitteln ab.

Der Begriff „**Zuschüsse**" umfasst hier alle Fahrtkostenersatzleistungen (z. B. pauschale Abgeltung, Abgeltung nach gefahrenen Kilometern, Ersatz der Benzinkosten, Überlassung von Treibstoff usw.), die zusätzlich zu dem ohnehin geschuldeten Lohn erbracht werden. Dabei ist zu beachten, dass die Höhe der Zuschüsse bei Benutzung eines Pkw sowie für andere Fahrzeuge auf die Höhe der Entfernungspauschale (→ Rz. 273 f.) **begrenzt** ist. Zudem **mindern** die pauschal besteuerten Zuschüsse/Sachbezüge die als **Werbungskosten** abziehbare **Entfernungspauschale** des Arbeitnehmers.

Beispiel: Pauschalbesteuerung Nutzungswert für Wege zwischen Wohnung und erster Tätigkeitsstätte

Fortsetzung des Beispiels in → Rz. 246.

Der Listenpreis eines dem Arbeitnehmer überlassenen betrieblichen Kfz beträgt 30 000 €. Neben den Privatfahrten wird das Kfz im Kalenderjahr 2026 an 220 Arbeitstagen für Wege zwischen Wohnung und erster Tätigkeitsstätte genutzt. Die Entfernung beträgt 15 km.

Folge: Als Nutzungswert für die Wege zwischen Wohnung und erster Tätigkeitsstätte ist ein Betrag von monatlich 0,03 % von 30 000 € × 15 km = 135 €; dies ergibt einen Jahresbetrag von 135 € × 12 = 1 620 €.

Soll eine Besteuerung im Regelverfahren vermieden werden, darf der Nutzungswert mit 15 % pauschal versteuert werden (zuzüglich Solidaritätszuschlag i. H. v. 5,5 % der pauschalen Lohnsteuer sowie ggf. Kirchensteuer); begrenzt auf den Betrag der maßgebenden Entfernungspauschale. Für diese Pauschalbesteuerung darf der Arbeitgeber monatlich pauschal 15 Arbeitstage mit Fahrten zwischen Wohnung und erster Tätigkeitsstätte ansetzen (→ Rz. 235):[1]

Berechnung des pauschalierungsfähigen Betrags: monatlich 15 Tage x 15 km x 0,38 € = 85,50 €; dies ergibt einen Jahresbetrag von 85,50 € x 12 = 1 026 €.

Der Restbetrag i. H. v. von monatlich 49,50 € (135 € - 85,50 €) bzw. jährlich 594 € (1 620 € - 1 026 €) sowie der geldwerte Vorteil aus der Privatnutzung des Kfz (1 %) i. H. v. monatlich 300 € bzw. jährlich 3 600 € müssen nach den individuellen Lohnsteuerabzugsmerkmalen des Arbeitnehmers versteuert werden.

Der vom Arbeitgeber pauschal besteuerte Arbeitslohn i. H. v. 1 026 € ist in Zeile 18 der Lohnsteuerbescheinigung des Arbeitnehmers anzugeben und wird bei seiner Einkommensteuerveranlagung von der Entfernungspauschale (Berücksichtigung der tatsächlichen Tage) abgezogen.

Bei **Teilzeitbeschäftigten** (einschließlich Mini-Jobs) wird der Fahrtkostenersatz nicht auf die Pauschalierungsgrenzen des § 40a EStG angerechnet. Deshalb können die Fahrtkostenzuschüsse getrennt vom üblichen Arbeitslohn bzw. Arbeitsentgelt der Lohnsteuer-Pauschalierung unterworfen werden.

Für die zutreffende Anwendung der **Zusätzlichkeitsvoraussetzung** sind seit dem Kalenderjahr 2020 nach der gesetzlichen Regelung des § 8 Abs. 4 EStG folgende Grundsätze zu beachten:

- Die Zusätzlichkeitsvoraussetzung erfordert, dass die zweckbestimmte Leistung zu dem Arbeitslohn hinzukommt, den der Arbeitgeber arbeitsrechtlich schuldet. Wird eine zweckbestimmte Leistung unter Anrechnung auf den arbeitsrechtlich geschuldeten Arbeitslohn oder durch dessen Umwandlung gewährt (Gehaltsumwandlung), liegt keine zusätzliche Leistung vor (§ 8 Abs. 4 Satz 1 EStG).[2] Gleiches gilt für eine mittels Gehaltsverzicht erbrachte Arbeitgeberleistung; sei es durch eine Herabsetzung des gegenwärtigen Arbeitslohnanspruchs oder durch Anrechnung auf eine bereits vereinbarte künftige Erhöhung des Arbeitslohns.
- Kommt die zweckbestimmte Leistung zu dem Arbeitslohn hinzu, den der Arbeitgeber schuldet, ist das Tatbestandsmerkmal „zusätzlich zum ohnehin geschuldeten Arbeitslohn" auch dann erfüllt, wenn der Arbeitnehmer arbeitsvertraglich oder auf Grund einer anderen arbeits- oder dienstrechtlichen Rechtsgrundlage einen Anspruch auf die zweckbestimmte Leistung hat (§ 8 Abs. 4 Satz 2 EStG).
- Als zusätzlich gilt eine Leistung des Arbeitgebers auch dann, wenn der Arbeitnehmer aus einem vom Arbeitgeber zusätzlich zum ohnehin geschuldeten Arbeitslohn zur Verfügung gestellten Leistungskatalog wählen kann, z. B. als Mobilitätsalternativen einen Dienstwagen, ein E-Bike oder eine Fahrkarte zur Nutzung der öffentlichen Verkehrsmittel.
- Weil bei Wegfall der (zusätzlichen) Leistung der Arbeitslohn nicht erhöht werden darf, sind im gesamten Lohn- und Einkommensteuerrecht nur „echte" Zusatzleistungen des Arbeitgebers steuerbegünstigt (steuerfrei oder pauschalierungsfähig). Sie müssen als eine „echte" zusätzliche Leistung zu dem Arbeitslohn hinzukommen, den der Arbeitgeber arbeitsrechtlich schuldet (§ 8 Abs. 4 EStG und o.a. BMF-Schreiben v. 5.2.2020).

Letztlich wird dadurch die arbeitnehmerfreundliche Rechtsprechung des BFH in seinen beiden Urteilen v. 19.9.2012[3] nicht angewandt.

Hinsichtlich der **Pauschallohnversteuerung** sind die allgemeinen steuerlichen Regelungen zu beachten, z. B.:

- der Arbeitgeber hat die pauschale Lohnsteuer zu übernehmen. Gegenüber der Finanzverwaltung ist er Schuldner der pauschalen Lohnsteuer,

1) BMF v. 18.11.2021, IV C 5 – S 2351/20/10001 :002, BStBl I 2021, 2315 Rz. 36.
2) BMF v. 5.2.2020, IV C 5 – S 2334/19/10017 :002, BStBl I 2020, 222.
3) BFH v. 19.9.2012, VI R 55/11, BStBl II 2013, 398; v. 19.9.2012, VI R 54/11, BStBl II 2013, 395.

- auf den Arbeitnehmer abgewälzte pauschale Lohnsteuer gilt als zugeflossener Arbeitslohn und mindert nicht die Bemessungsgrundlage,
- der pauschal besteuerte Arbeitslohn und die pauschale Lohnsteuer bleiben bei einer Veranlagung zur Einkommensteuer und beim Lohnsteuer-Jahresausgleich außer Ansatz; die pauschale Lohnsteuer ist weder auf die vom Finanzamt festgesetzte Einkommensteuer noch auf die Jahreslohnsteuer anzurechnen (§ 40 Abs. 3 EStG),
- pauschal besteuerte Fahrtkostenzuschüsse sind im Lohnkonto gesondert aufzuzeichnen und in der Lohnsteuerbescheinigung gesondert auszuweisen (§§ 41, 41b EStG, § 4 LStDV),
- Das **Wahlrecht** des Arbeitgebers, die Lohnsteuer für geldwerte Vorteile für Fahrten zwischen Wohnung und Arbeitsstätte nach § 40 Abs. 2 Satz 2 Nr. 1 Buchst. a EStG zu pauschalieren oder sich für eine Pauschalierung nach anderen Gesetzesregelungen zu entscheiden, wird **nicht** durch einen Antrag beim Finanzamt, **sondern** durch **Anmeldung** der mit einem Pauschsteuersatz erhobenen Lohnsteuer in der maßgebenden **Lohnsteuer-Anmeldung** ausgeübt.[1] Folglich geht ein im Gerichtsverfahren (z. B. vor dem Finanzgericht) erstmals gestellter Antrag auf Lohnsteuerpauschalierung ins Leere, da ein solcher Antrag für die Pauschalierung nach § 40 EStG gesetzlich **nicht** vorgesehen ist. Solch eine bloße **Absichtserklärung** vermag insbesondere die nach § 40 Abs. 2 EStG und (nun) nach § 40 Abs. 4 Satz 1 EStG erforderliche Erhebung der pauschalen Lohnsteuer in der Lohnsteuer-Anmeldung weder zu ersetzen noch das Pauschalierungsverfahren nach § 40 Abs. 2 EStG in Gang zu setzen.[2]

Neben dem Solidaritätszuschlag i. H. v. 5,5 % auf die pauschale Lohnsteuer hat der Arbeitgeber ggf. zusätzlich **Kirchensteuer** zu erheben.

Für die drei häufigsten **Fallgruppen** des Fahrtkostenersatzes an die Arbeitnehmer bei Nutzung des eigenen Pkw oder eines anderen Fahrzeugs gilt Folgendes: 233

Fahrtkostenersatz seit dem Kalenderjahr 2026: Die drei häufigsten Fallgruppen	
1. Fallgruppe Der Arbeitgeber zahlt einen Fahrtkostenzuschuss für den Pkw oder ein anderes Fahrzeug **bis zur Höhe** des Betrags, den der Arbeitnehmer als **Werbungskosten** geltend machen könnte (= Entfernungspauschale von je 0,38 € je Entfernungskilometer ab 2026, zuvor 0,30 € und 0,38 € ab dem 21. Entfernungskilometer)[3].	Diese Zahlungen kann der Arbeitgeber **pauschal** mit **15 %** lohnversteuern. Beim Arbeitnehmer mindern sich insoweit die als Entfernungspauschale abziehbaren Werbungskosten.
2. Fallgruppe Der Arbeitgeber zahlt einen **geringeren** Fahrtkostenzuschuss, als der Arbeitnehmer als Werbungskosten ansetzen könnte.	Dieser Fahrtkostenersatz kann mit **15 %** lohnversteuert werden; der Arbeitnehmer kann den **Differenzbetrag** bis zur Höhe der Entfernungspauschale als **Werbungskosten** (Fahrtkosten) geltend machen.
3. Fallgruppe Der Arbeitgeber zahlt einen **höheren** Fahrtkostenzuschuss, als der Arbeitnehmer als Werbungskosten geltend machen könnte.	In diesem Fall ist der den nach Nr. 1 pauschal versteuerungsfähigen Betrag übersteigende Betrag dem üblichen **Arbeitslohn hinzuzurechnen** und dem Lohnsteuerabzug nach den individuellen Lohnsteuerabzugsmerkmalen des Arbeitnehmers zu unterwerfen.

1) § 40 Abs. 4 Satz 1 EStG i. d. F. des JStG 2024 v. 2.12.2024, BGBl. I 2024 Nr. 387, BStBl I 2024, 1484.
2) BFH v. 24.9.2015, VI R 69/14, BStBl II 2016, 176.
3) Änderung durch das Steueränderungsgesetz 2025 v. 22.12.2025, BGBl. I 2025, Nr. 363.

b) Höhe des pauschalierungsfähigen Betrags

234 Zur Höhe der ab 2026 anzusetzenden Entfernungspauschale (0,38 € je Entfernungskilometer, zuvor 0,30 € und 0,38 € ab dem 21. Entfernungskilometer) für den Hin- und Rückweg zwischen Wohnung und erster Tätigkeitsstätte pro Arbeitstag s. a. → Rz. 273 ff.

Legt der Arbeitnehmer arbeitstäglich nur einen Weg zwischen Wohnung und erster Tätigkeitsstätte zurück, darf für die Höhe der pauschalierungsfähigen Zuschüsse (nach § 40 Abs. 2 Satz 2 Nr. 1 Buchst. b EStG) nur die Hälfte der Entfernungspauschale (0,19 €) je Entfernungskilometer und Arbeitstag berücksichtigt werden.[1)]

c) Anzahl der Arbeitstage

235 Bei einer Vollzeitbeschäftigung des Arbeitnehmers (Fünftagewoche) darf der Arbeitgeber für die **Lohnsteuer-Pauschalierung** aus Vereinfachungsgründen unterstellen, dass der Arbeitnehmer das überlassene betriebliche oder sein privates Kfz stets an **15 Arbeitstagen** im Monat für die Wege zwischen Wohnung und erster Tätigkeitsstätte nutzt bzw. genutzt hat; s. → Rz. 232 (Beispiel).[2)] Alternativ darf er zur Ermittlung des Sachbezugs die tatsächliche Anzahl der Fahrten des Arbeitnehmers zwischen Wohnung und erster Tätigkeitsstätte zu Grunde legen, was jedoch einen hohen Ermittlungs- bzw. Verwaltungsaufwand erfordert. Hat der Arbeitgeber die Pauschalbesteuerung für Fahrten zwischen Wohnung und erster Tätigkeitsstätte unter Beachtung der o. g. Vereinfachungsregelung vorgenommen, so entfaltet dies für das Finanzamt keine verfahrensrechtliche Bindungswirkung im Veranlagungsverfahren zur Einkommensteuer, soweit die pauschalierten Beträge den Betrag übersteigen, den der Arbeitnehmer nach § 9 Abs. 1 Satz 3 Nr. 4 EStG als Werbungskosten geltend machen kann (s. u.). Aber: Von Amts wegen soll im Veranlagungsverfahren keine Änderung der Lohnsteuerpauschalierung vorgenommen werden. Denn für eine abschließende Pauschalierung spricht der Vereinfachungsgedanke des o. g. BMF-Schreibens. Ein – teilweises – Aufrollen in der Veranlagung würde m. E. diesen Gedanken konterkarieren.

Diese 15-Tage-Vereinfachungsregelung musste angesichts des insbesondere durch die Corona-Krise verstärkten mobilen Arbeitens im **Homeoffice** und der immer häufiger ausgeübten Teilzeitbeschäftigungen von Arbeitnehmern modifiziert werden. In dem BMF-Schreiben zur Entfernungspauschale v. 18.11.2021 ist folglich geregelt, dass sich die 15 Tage bzw. Anzahl der Fahrten verhältnismäßig mindern, wenn der Arbeitnehmer bei einer in die Zukunft gerichteten Prognose des Arbeitgebers an der ersten Tätigkeitsstätte typischerweise an weniger als fünf Arbeitstagen in der Kalenderwoche beruflich tätig werden soll (z. B. bei Teilzeit, Homeoffice, Telearbeit, mobilem Arbeiten).[3)] Maßgebend hierfür sind die arbeitsrechtlichen Festlegungen.

So darf der Arbeitgeber bei einer Dreitagewoche des Arbeitnehmers aus Vereinfachungsgründen davon ausgehen, dass monatlich an neun Arbeitstagen (3/5 von 15 Tagen) Fahrten zwischen Wohnung und erster Tätigkeitsstätte durchgeführt werden.

Hingegen hat der Arbeitnehmer in der Einkommensteuererklärung für den **Werbungskostenabzug** die tatsächlichen Arbeitstage pro Monat anzusetzen. Wird die so ermittelte Entfernungspauschale um den vom Arbeitgeber pauschal versteuerten Betrag gemindert, ergibt sich ggf. noch ein als Entfernungspauschale berücksichtigungsfähiger Betrag.

Beispiel: Monatlicher Fahrtkostenzuschuss Pkw

Der Arbeitgeber zahlt seinem Arbeitnehmer A im Kalenderjahr 2026 einen monatlichen Fahrtkostenzuschuss für Fahrten zwischen Wohnung und erster Tätigkeitsstätte mit dem eigenen Pkw

1) BFH v. 12.2.2020, VI R 42/17, BStBl II 2020, 473.
2) BMF v. 18.11.2021, IV C 5 – S 2351/20/10001 :002, BStBl I 2021, 2315, Rz. 41.
3) BMF v. 18.11.2021, IV C 5 – S 2351/20/10001 :002, BStBl I 2021, 2315, Rz. 41.

i. H. v. 0,30 € je Entfernungskilometer. Die Entfernung zwischen Wohnung und erster Tätigkeitsstätte beträgt 30 km.

Anstatt der tatsächlichen Arbeitstage (z. B. im Monat März 22 Arbeitstage) setzt der Arbeitgeber stets 15 Tage/Monat an. Dies ergibt einen monatlichen Arbeitgeberzuschuss von 135,00 € ([30 km × 0,30 €] × 15 Arbeitstage).

> **Folge:** Der Arbeitgeber darf den Fahrtkostenzuschuss bis zu dem Betrag mit 15 % pauschal versteuern, den der Arbeitnehmer ohne Arbeitgeberersatz als Werbungskosten in seiner Steuererklärung ansetzen dürfte (0,38 € pro Entfernungskilometer zwischen Wohnung und erster Tätigkeitsstätte). Folglich beträgt der pauschalierungsfähige (Höchst-)Betrag im März 2026: 250,80 € ([30 km × 0,38 €] × 22 Arbeitstage).
>
> Für 22 Arbeitstage ergibt sich hier ein pauschalierungsfähiger Fahrtkostenzuschuss von 250,80 € (s. o.). Weil der Arbeitgeber die Vereinfachungsregelung gewählt hat, dürfen die tatsächlichen Arbeitstage (22) nicht angesetzt werden. Da der Höchstbetrag (250,80 €) nicht überschritten ist, darf vom Arbeitgeberzuschuss i. H. v. 135,00 € die pauschale Lohnsteuer erhoben werden.

Setzt der Arbeitgeber über das Kalenderjahr gesehen zu wenig Arbeitstage an und zahlt er pro Entfernungskilometer einen geringeren Betrag als die Entfernungspauschale (0,38 € pro km), kann A in seiner Einkommensteuererklärung für die verbleibenden Tage und den nicht ausgeschöpften Betrag Werbungskosten i. H. d. Entfernungspauschale geltend machen.

d) Nutzung eines anderen Fahrzeugs

Bei ausschließlicher Benutzung eines Motorrads, Motorrollers, Mopeds oder Mofas sind **236** die pauschalierbaren Zuschüsse des Arbeitgebers auf die Höhe der als Werbungskosten abziehbaren Entfernungspauschale begrenzt (→ Rz. 273). Folglich ist der Höchstbetrag von 4 500 € zu beachten (→ Rz. 273). Aus Vereinfachungsgründen darf der Arbeitgeber hier ebenfalls davon ausgehen, dass monatlich an 15 Arbeitstagen Fahrten zwischen Wohnung und erster Tätigkeitsstätte oder zum Beginn des großräumigen Arbeitsgebiets durchgeführt werden.

2. Pkw-Überlassung durch den Arbeitgeber

a) Gestellung eines betrieblichen Kfz, Leasingfälle

Überlässt der Arbeitgeber seinem Arbeitnehmer ein betriebliches Kfz (Dienst- oder Fir- **237** menwagen) für

- Privatfahrten,
- Fahrten zwischen Wohnung und erster Tätigkeitsstätte einschließlich der Fahrten von der Wohnung zu einem Sammelpunkt bzw. zu einem weiträumigen Tätigkeitsgebiet,
- Heimfahrten i. R. einer doppelten Haushaltsführung, soweit das Kfz zu mehr als einer Familienheimfahrt wöchentlich genutzt wird,

unentgeltlich oder **verbilligt**, so liegt hierin ein **geldwerter Vorteil** (Sachbezug), der steuerlich als Arbeitslohn zu erfassen ist (s. a. → Rz. 244, → Rz. 253).

Die steuerliche Erfassung der Privatnutzung führt grundsätzlich zu Arbeitslohn (Anscheinsbeweis).[1] Dieser Grundsatz gilt unabhängig davon, ob und in welchem Umfang der Arbeitnehmer das Fahrzeug tatsächlich privat nutzt. Trotz dieser durch die Rechtsprechung abgesicherten starken Position der Finanzverwaltung, muss sie in streitigen Fällen beachten, dass es keinen allgemeinen Erfahrungssatz gibt, wonach ein Privatnutzungsverbot des Arbeitgebers nur zum Schein ausgesprochen worden ist oder ein Privatnutzungsverbot generell missachtet wird. Das gilt selbst dann, wenn der Arbeitgeber ein arbeitsvertraglich vereinbartes Nutzungsverbot nicht überwacht.[2]

1) BFH v. 21.3.2013, VI R 31/10, BStBl II 2013, 700.
2) BFH v. 21.3.2013, VI R 42/12, BStBl II 2013, 918; v. 21.3.2013, VI R 46/11, BStBl II 2013, 1044; v. 18.4.2013, VI R 23/12, BStBl II 2013, 920.

Ist die private Nutzung eines betrieblichen Kfz durch den **Gesellschafter-Geschäftsführer** im Anstellungsvertrag mit der GmbH ausdrücklich gestattet, liegt stets **Arbeitslohn** und keine verdeckte Gewinnausschüttung vor. Dagegen ist eine **vertragswidrige** private Nutzung eines betrieblichen Fahrzeugs durch einen Gesellschafter-Geschäftsführer regelmäßig **nicht** als Arbeitslohn zu qualifizieren, grundsätzlich liegt eine verdeckte **Gewinnausschüttung** vor.[1)] Allgemein gilt der Grundsatz, dass die unbefugte Privatnutzung eines betrieblichen Kfz keinen Lohncharakter hat.[2)]

Als ein zur Nutzung überlassenes betriebliches Kfz gilt auch ein Fahrzeug, das der Arbeitnehmer auf Veranlassung des Arbeitgebers least und für das der Arbeitgeber sämtliche Kosten trägt. Handelt es sich bei diesem Kfz um ein Campingfahrzeug, ist auch hierfür der private Nutzungswert nach der 1 %-Methode zu ermitteln.[3)] Zur privaten Nutzung rechnen auch die **Fahrten (Wege) zwischen Wohnung und Arbeitsstätte/erster Tätigkeitsstätte**, soweit sie nicht als Reisekosten anlässlich einer beruflich veranlassten Auswärtstätigkeit (z. B. Einsatzwechseltätigkeit → Rz. 265) zu berücksichtigen sind.

Dass nicht jede „Fahrzeuggestellung" an den Arbeitnehmer steuerlich anzuerkennen ist, zeigt das BFH-Urteil v. 18.12.2014.[4)] Dort war, wie das FG München im zweiten Rechtsgang festgestellt hat, das geleaste Fahrzeug nicht dem Arbeitgeber, sondern dem Arbeitnehmer zuzurechnen, dem es i. R. des **Behördenleasings** auf Grundlage eines Unterleasingvertrags überlassen worden ist.[5)] Danach liegt **keine** Fahrzeuggestellung vor, wenn das vom Arbeitgeber geleaste Kfz dem Arbeitnehmer auf Grund einer Sonderrechtsbeziehung (hier dem Gemeinderatsbeschluss) im Innenverhältnis zuzurechnen ist, weil er gegenüber dem Arbeitgeber die wesentlichen Rechte und Pflichten des Leasingnehmers hat. Gibt der Arbeitgeber in diesem Fall vergünstigte Leasingkonditionen an den Arbeitnehmer weiter, liegt hierin ein geldwerter Vorteil, für dessen Ermittlung die Leasingkonditionen zu vergleichen sind (nach § 8 Abs. 2 Satz 1 EStG).

Außerhalb des Behördenleasings gelten für die Frage, ob eine **Fahrzeuggestellung** vorliegt, jedoch die folgenden **Grundsätze**:[6)]

Least der Arbeitgeber ein Kfz von der Leasinggesellschaft und überlässt er es dem Arbeitnehmer auch zur privaten Nutzung, liegt jedenfalls dann keine vom Arbeitsvertrag unabhängige Sonderrechtsbeziehung i. S. d. BFH-Urteils v. 18.12.2014[7)] vor, und die Nutzungsüberlassung ist nach der 1 %-Methode oder der Fahrtenbuchmethode zu bewerten, **wenn**:

- Der **Anspruch** auf die Kraftfahrzeugüberlassung aus dem Arbeitsvertrag resultiert oder aus einer anderen arbeitsrechtlichen Rechtsgrundlage, weil
  - er i. R. einer steuerlich anzuerkennenden Gehaltsumwandlung mit Wirkung für die Zukunft vereinbart ist. Voraussetzung ist hierfür, dass der Arbeitnehmer unter Änderung des Arbeitsvertrags auf einen Teil seines Barlohns verzichtet und ihm der Arbeitgeber stattdessen Sachlohn in Form eines Nutzungsrechts an einem betrieblichen Kfz des Arbeitgebers gewährt[8)] oder

1) BFH v. 23.4.2009, VI R 81/06, BStBl II 2012, 262.
2) BFH v. 21.3.2013, VI R 42/12, BStBl II 2013, 918; v. 21.3.2013, VI R 46/11, BStBl II 2013, 1044; v. 18.4.2013, VI R 23/12, BStBl II 2013, 920; BMF v. 3.3.2022, IV C 5 – S 2334/21/10004 :001, BStBl I 2022, 232, Rz. 21.
3) BFH v. 6.11.2001, VI R 62/96, BStBl II 2002, 370.
4) BFH v. 18.12.2014, VI R 75/13, BStBl II 2015, 670.
5) FG München v. 26.10.2015, 7 K 1152/15, n. v.
6) BMF v. 15.12.2016, IV C 5 – S 2334/16/10003, BStBl I 2016, 1449; ab 2018: BMF v. 4.4.2018, IV C 5 – S 2334/18/10001, BStBl I 2018, 592, Rz. 46 ff.; abgelöst durch BMF v. 3.3.2022, IV C 5 – S 2334/21/10004 :001, BStBl I 2022, 232, Rz. 49.
7) BFH v. 18.12.2014, VI R 75/13, BStBl II 2015, 670.
8) BFH v. 6.3.2008, VI R 6/05, BStBl II 2008, 530.

- er arbeitsvertraglicher Vergütungsbestandteil ist. Davon ist insbesondere auszugehen, wenn von vornherein bei Abschluss eines Arbeitsvertrags eine solche Vereinbarung getroffen wird, oder wenn die Beförderung in eine höhere Gehaltsklasse mit der Überlassung eines betrieblichen Kfz des Arbeitgebers verbunden ist.
- In Leasingfällen der **Arbeitgeber** und nicht der Arbeitnehmer gegenüber der Leasinggesellschaft zivilrechtlich **Leasingnehmer** ist (= Voraussetzung für ein betriebliches Kfz des Arbeitgebers).

Liegt nach diesen Grundsätzen eine nach der 1 %-Methode oder der Fahrtenbuchmethode zu bewertende Nutzungsüberlassung vor, darf der Arbeitgeber die pauschalen Kilometersätze i. R. einer Auswärtstätigkeit mit diesem Kfz nicht – auch nicht teilweise – steuerfrei erstatten (R 9.5 Abs. 2 Satz 3 LStR).

Gestellt der Arbeitgeber dem Arbeitnehmer ein Dienstfahrzeug für die Fahrten zwischen der Wohnung und erster Tätigkeitsstätte, führt dies auch dann zu einer als Arbeitslohn zu bewertenden geldwerten Zuwendung, wenn das Dienstfahrzeug dem Arbeitnehmer für Sondereinsätze außerhalb der Dienstzeit ständig zur Verfügung stehen muss.[1] **Anders** verhält es sich bei einer anlassbezogenen Überlassung eines betrieblichen Kfz, wie z. B. im Anschluss an die üblichen Arbeitszeiten zu Bereitschaftsdiensten, für eine **Rufbereitschaft** und bei einem Werkstattwagen (→ Rz. 257).

Zahlt der Arbeitgeber hingegen dem Arbeitnehmer für den Einsatz des **privateigenen** Pkw sämtliche Pkw-Kosten, so ist der **Erstattungsbetrag** als Arbeitslohn zu erfassen und **nicht** als ein geldwerter Vorteil i. H. v. 1 % (entsprechend dem privaten Nutzungswert i. S. v. § 8 Abs. 2 Satz 2 EStG).[2] Denn steuerfrei können nur die als Reisekosten angefallenen/anzusetzenden Fahrtkosten (→ Rz. 164 ff.) gezahlt werden.

Für die Ermittlung des geldwerten Vorteils aus einer kostenlosen oder verbilligten Zurverfügungstellung eines Kfz zur privaten Nutzung (privater Nutzungswert) stehen dem Arbeitgeber und dem Arbeitnehmer zwei Bewertungsmethoden zu Verfügung (→ Rz. 74):

1) BFH v. 20.12.1991, VI R 116/89, BStBl II 1992, 308.
2) BFH v. 6.11.2001, VI R 54/00, BStBl II 2002, 164.

Methoden
zur Ermittlung des geldwerten Vorteils
für die private Nutzung eines vom Arbeitgeber überlassenen betrieblichen Kfz

Ansatz des pauschalen Nutzungswerts

- **monatlich** 1 % des Brutto-Listenpreises (→ Rz. 93, 244 f.) für **private Fahrten**
- **monatlich** 0,03 % des Brutto-Listenpreises pro km der Entfernung zwischen **Wohnung und erster Tätigkeitsstätte**, ggf. 0,002 %-Methode (→ Rz. 246 f.)
- ab zweiter **wöchentlicher** Fahrt jeweils 0,002 % des Brutto-Listenpreises pro km der Entfernung zwischen Familienwohnung und **doppeltem Haushalt** (→ Rz. 253).

Nach der Fahrtenbuchmethode

Privater Nutzungswert

= Gesamtkosten Kfz

×

privater Nutzungsanteil [in % der tatsächlichen Fahrten in km, = Verhältnis der Privatfahrten zur Gesamtfahrtstrecke] (→ Rz. 94, 101, 238 ff., 251).

Vertiefte Einzelfragen zur Ermittlung solch geldwerter Vorteile erläutert das aktuelle BMF-Schreiben zur lohnsteuerlichen Behandlung der Überlassung eines betrieblichen Kfz an Arbeitnehmer.[1)]

Ein unterjähriger **Wechsel** zwischen den beiden Methoden (1 %-Regelung und Fahrtenbuchmethode) ist für dasselbe Fahrzeug **nicht** zulässig.[2)] Das gewählte Verfahren der Nutzungswertermittlung ist pro Fahrzeug **einheitlich** sowohl für Privatfahrten als auch für Fahrten zwischen Wohnung und erster Tätigkeitsstätte anzuwenden.

Soweit die genaue Erfassung des privaten Nutzungswerts monatlich nicht möglich ist, darf für die Erhebung der Lohnsteuer monatlich ein Zwölftel des Vorjahresbetrags zu Grunde gelegt werden. Nach Ablauf des Kalenderjahres oder nach Beendigung des Dienstverhältnisses ist der tatsächlich zu versteuernde Nutzungswert zu ermitteln und eine etwaige Lohnsteuerdifferenz auszugleichen.[3)]

b) Einzelnachweis der Kfz-Aufwendungen/Fahrtenbuch

238 Wird für ein betriebliches Kfz die individuelle Nutzungswertmethode (Fahrtenbuchmethode) gewählt, sind als **private Nutzung** bzw. **private Fahrten** zu erfassen:

- **privat veranlasste** Fahrten,
- Fahrten zwischen **Wohnung und (erster) Tätigkeitsstätte** sowie
- Heimfahrten i. R. einer **doppelten Haushaltsführung**, soweit das Kfz zu mehr als einer Familienheimfahrt wöchentlich genutzt wird.

1) BMF v. 3.3.2022, IV C 5 – S 2334/21/10004 :001, BStBl I 2022, 232.
2) BFH v. 20.3.2014, VI R 35/12, BStBl II 2014, 643; BMF v. 3.3.2022, IV C 5 – S 2334/21/10004 :001, BStBl I 2022, 232, Rz. 41.
3) BMF v. 3.3.2022, IV C 5 – S 2334/21/10004 :001, BStBl I 2022, 232, Rz. 31.

Der steuerpflichtige Vorteil für diese Fahrten kann durch die Erfassung sämtlicher für das Kfz getätigten **Aufwendungen** (einschließlich der Absetzung für Abnutzung) ermittelt und nachgewiesen werden. Diese Aufwendungen ergeben sich in aller Regel aus der Buchführung des Arbeitgebers. Es ist nicht zulässig, den Einzelnachweis nur auf Fahrten zwischen Wohnung und erster Tätigkeitsstätte zu beschränken, wenn das Fahrzeug auch zu Privatfahrten genutzt wird.[1]

Privat veranlasst sind sämtliche Fahrten, die einem privaten Zweck dienen (z. B. Fahrten zur Erholung, Fahrten zu Verwandten, Freunden, kulturellen oder sportlichen Veranstaltungen, Einkaufsfahrten, Fahrten zu Gaststättenbesuchen und Mittagsheimfahrten). **Nicht** zu diesen privaten Fahrten gehören Fahrten zwischen Wohnung und erster Tätigkeitsstätte, Familienheimfahrten i. R. einer doppelten Haushaltsführung und Fahrten, die der Arbeitnehmer aus **beruflichen** Gründen mehrmals am Tag durchführen muss.

Neben der **Belegsammlung** über die Aufwendungen für das Kfz ist ein **Fahrtenbuch** zu führen, aus dem sich das Verhältnis der privaten zu den übrigen (beruflichen) Fahrten ergibt. Die beruflich und privat zurückgelegten **Fahrtstrecken** sind **gesondert und laufend** im **Fahrtenbuch** nachzuweisen.

Für berufliche bzw. dienstliche **Fahrten** sind mindestens folgende **Angaben** erforderlich[2] (R 8.1 Abs. 9 Nr. 2 LStR):

- Datum und Kilometerstand zu Beginn und am Ende jeder **einzelnen** Auswärtstätigkeit (einschließlich Einsatzwechseltätigkeit, Fahrtätigkeit),
- Reiseziel und Reiseroute (bei Umwegen),
- Reisezweck und aufgesuchte Geschäftspartner.

Für Privatfahrten genügen jeweils Kilometerangaben, ggf. mit dem Vermerk „P". **Für Wege zwischen Wohnung und erster Tätigkeitsstätte** genügt jeweils ebenfalls ein kurzer Vermerk im Fahrtenbuch, z. B. durch das Symbol „W/T" (→ Rz. 94 ff.).

Das Fahrtenbuch ist ständig und lückenlos in geschlossener Form zu führen (§ 8 Abs. 2 Satz 4 EStG i. V. m. § 6 Abs. 1 Nr. 4 Satz 3 EStG); die Führung des Fahrtenbuchs darf **nicht** auf einen **repräsentativen Zeitraum beschränkt** werden, auch dann nicht, wenn die Nutzungsverhältnisse keinen größeren Schwankungen unterliegen (→ Rz. 94). So wird z. B. bei einem Arbeitnehmer das Fahrtenbuch als nicht ordnungsgemäß abgelehnt, wenn nur die Privatfahrten und nicht die beruflichen Fahrten aufgezeichnet werden.

Anstelle des Fahrtenbuchs kann auch ein **Fahrtenschreiber** (elektronisches Fahrtenbuch) eingesetzt werden, wenn sich daraus dieselben Erkenntnisse gewinnen lassen. Beim Ausdruck der elektronischen Aufzeichnungen müssen nachträgliche Veränderungen ausgeschlossen sein, zumindest aber dokumentiert werden (→ Rz. 95).

Zum **elektronischen Fahrtenbuch** – es ging um das Tabellenkalkulationsprogramm MS Excel – hat der BFH mit Urteil v. 16.11.2005[3] entschieden, dass eine mit Hilfe eines Computerprogramms erzeugte Datei nur dann den Anforderungen an ein ordnungsgemäßes Fahrtenbuch genügt, wenn nachträgliche Änderungen an den zu einem früheren Zeitpunkt eingegebenen Daten

- nach der Funktionsweise des verwendeten Programms technisch ausgeschlossen sind oder
- wenn solche Änderungen mit ihrer Reichweite in der Datei selbst dokumentiert und offengelegt werden.

Diese Grundsätze hat der BFH in seinem Urteil v.12.1.2024 (Beschluss, NV) bestätigt.[4]

---

1) BMF v. 3.3.2022, IV C 5 – S 2334/21/10004 :001, BStBl I 2022, 232, Rz. 27.
2) BMF v. 18.11.2009, IV C 6 – S 2177/07/10004, BStBl I 2009, 1326.
3) BFH v. 16.11.2005, VI R 64/04, BStBl II 2006, 410.
4) BFH v. 12.1.2024, VI B 37/23 (NV), https://juris.de/jportal/nav/index.jsp.

Nunmehr erfüllen wohl auch einige der auf Smartphones einsetzbaren Apps bei ordnungsgemäßem Nachtrag der erforderlichen Angaben die Voraussetzungen für ein ordnungsgemäß geführtes elektronisches Fahrtenbuch (→ Rz. 95). Zur möglichen Nutzung eines Internet-Portals → Rz. 96.

Kein ordnungsgemäßes Fahrtenbuch liegt vor, wenn es in Form eines **Diktiergeräts** geführt wird und die auf Kassettenbänder gesprochenen Texte in Excel-Tabellen übertragen werden, welche dann als gedruckte Blätter in loser Blattsammlung aufbewahrt und erst am **Jahresende** gebunden werden.[1] Dies gilt selbst dann, wenn ergänzend die Kassettenbänder aufbewahrt und nicht überspielt werden. Diese Excel-Tabellen erfüllen die Anforderungen an ein Fahrtenbuch bereits deshalb nicht, weil sie das ganze Jahr über als lose Blätter gesammelt und erst am Jahresende gebunden werden. Sie waren und sind jederzeit änderbar. Auch besprochene Kassettenbänder stellen kein ordnungsgemäßes Fahrtenbuch dar, da sie jederzeit änderbar sind und jedes einzelne Band komplett neu besprochen werden kann. Darüber hinaus waren im Urteilsfall die Kassettenbänder nicht gegen Verlust gesichert und es war nicht mit vertretbarem Aufwand überprüfbar, ob die Bänder „eins zu eins" in die Excel-Tabellen übertragen worden sind.

c) Aufzeichnungserleichterungen im Fahrtenbuch

239 Ein Fahrtenbuch soll die **Zuordnung** von Fahrten zum beruflichen sowie privaten Bereich darstellen und ermöglichen. Es muss laufend geführt werden. Bei einer üblichen Auswärtstätigkeit, Einsatzwechseltätigkeit und Fahrtätigkeit müssen die über die Fahrtstrecken hinausgehenden Angaben hinsichtlich Reiseziels, Reiseroute, Reisezweck und aufgesuchtem Geschäftspartner die berufliche Veranlassung plausibel erscheinen lassen und ggf. eine stichprobenartige Nachprüfung ermöglichen.

Auf einzelne dieser zusätzlichen Angaben kann verzichtet werden, soweit wegen der besonderen Umstände im Einzelfall die erforderliche Aussagekraft und Überprüfungsmöglichkeit nicht beeinträchtigt wird. Es reicht jedoch nicht aus, wenn als Fahrtziele jeweils nur Straßennamen angegeben sind und diese Angaben erst mit nachträglich erstellten Auflistungen präzisiert werden.[2]

Bei **Kundendienstmonteuren**, Automatenlieferanten, Kurierdienstfahrern, Pflegedienstmitarbeitern und Handelsvertretern mit täglich wechselnden Auswärtstätigkeiten reicht es z. B. aus, wenn sie angeben, welche Kunden sie an welchem Ort aufsuchen. Angaben über die Reiseroute und zu den Entfernungen zwischen den Stationen einer Auswärtstätigkeit sind in diesen Fällen nur bei größerer Differenz zwischen direkter Entfernung und tatsächlicher Fahrtstrecke erforderlich.

Diese **Aufzeichnungserleichterungen** gelten auch für Taxifahrer sowie für Mietwagenunternehmen, wenn sie die Auftragsstruktur eines Taxiunternehmens haben und für Fahrlehrer. Hier reicht es aus, wenn der Kilometerstand zu Beginn und Ende der Gesamtheit der Fahrten aufgezeichnet wird und die Fahrten mit der Angabe „Taxifahrten im Pflichtfahrgebiet" oder „Lehrfahrten/Fahrschulfahrten" o. Ä. angegeben werden.[3] Bei Fahrten, die über dieses Gebiet hinausgehen, ist die genaue Angabe des Reiseziels erforderlich. Die Finanzverwaltung möchte darauf nicht verzichten.

Rechnet der Arbeitnehmer zu den **sicherheitsgefährdeten Personen**, deren Fahrtroute häufig von sicherheitsmäßigen Gesichtspunkten bestimmt wird, darf auf die Angabe der Reiseroute auch bei größeren Differenzen zwischen der direkten Entfernung und der tatsächlichen Fahrtstrecke verzichtet werden.

---

1) FG Köln v. 18.6.2015, 10 K 33/15, EFG 2015, 1598.
2) BFH v. 1.3.2012, VI R 33/10, BStBl II 2012, 505.
3) BMF v. 18.11.2009, IV C 6 – S 2177/07/10004, BStBl I 2009, 1326; v. 3.3.2022, IV C 5 – S 2334/21/10004 :001, BStBl I 2022, 232, Rz. 30.

Berufsgeheimnisträger, die sich auf das BFH-Urteil v. 14.5.2002[1] berufen und in das Fahrtenbuch als Reisezweck z. B. lediglich „Mandanten- oder Patientenbesuch" eintragen, riskieren, dass das Fahrtenbuch nicht als ordnungsgemäß anerkannt wird. Inzwischen ist der BFH mit dieser Frage befasst. Er soll entscheiden, ob ein Berufsgeheimnisträger (hier ein Rechtsanwalt) zum Nachweis der privaten und beruflichen Fahrten nach der Fahrtenbuchmethode ein teilweise geschwärztes Fahrtenbuch vorlegen darf.[2] Das FG Hamburg ist der Auffassung, Berufsgeheimnisträger können bei der Vorlage eines Fahrtenbuchs (nach § 6 Abs. 1 Nr. 4 Satz 3 EStG) Schwärzungen vornehmen, soweit diese Schwärzungen erforderlich sind, um die Identitäten von Mandanten zu schützen.[3] Es stellte jedoch klar, dass eine Berechtigung, einzelne Eintragungen im Fahrtenbuch zu schwärzen, nichts an der grundsätzlichen Beweislast des Stpfl. ändere. Gegebenenfalls müsse der Berufsträger substantiiert und nachvollziehbar darlegen, weshalb Schwärzungen in dem erfolgten Umfang erforderlich waren, und die berufliche Veranlassung der Fahrten durch ergänzende Angaben darlegen.

Im Ergebnis hat das FG Hamburg das an sehr vielen Stellen geschwärzte Fahrtenbuch des Stpfl. nicht akzeptiert. Denn dass ein Rechtsanwalt bei nahezu jeder geschäftlichen Fahrt geheimhaltungsbedürftige Daten in sein Fahrtenbuch einträgt bzw. eintragen müsste, erschien äußerst ungewöhnlich. Gelingt der Nachweis von Privatfahrten und beruflichen Fahrten nicht, findet die 1 %-Methode Anwendung. Dies gelte im Grundsatz auch für die Fahrtenbücher von Berufsgeheimnisträgern.

Folglich dürfte eine Schwärzung einzelner Stellen im Fahrtenbuch den Aufwand zur Führung des Fahrtenbuchs erhöhen. Denn der Nachweis einer betrieblichen bzw. beruflichen Veranlassung dieser Fahrten müsste durch Nebenaufzeichnungen vorgehalten werden, um die jeweilige Veranlassung bei Bedarf belegen zu können.

d) Ermittlung des privaten Nutzungswerts nach der Fahrtenbuchmethode

aa) Allgemeines

Der **private Nutzungswert** ergibt sich aus dem **Anteil** an den **Gesamtkosten** des betrieblichen Kraftwagens (→ Rz. 166), die dem **Verhältnis** der **Privatfahrten** (→ Rz. 238) **zur Gesamtfahrtstrecke** entsprechen. **240**

Schema zur Berechnung des Kilometersatzes sowie der geldwerten Vorteile für die Privatnutzung

Der **Kilometersatz** ist wie folgt **zu berechnen**:

Gesamtbetrag der Kfz-Kosten im Kalenderjahr : Jahres-Gesamtfahrstrecke = Kilometersatz

Ermittlung Vorteil für die privat veranlassten Fahrten:

	Kilometersatz …
×	privat gefahrene km …
=	geldwerter Vorteil für die privat veranlassten Fahrten …

Ermittlung Vorteil für die Fahrten zwischen Wohnung und erster Tätigkeitsstätte:

	Kilometersatz …
×	gefahrene km der Strecke Wohnung – erste Tätigkeitsstätte …
×	Anzahl der Fahrten …
=	geldwerter Vorteil für die Fahrten Wohnung – erste Tätigkeitsstätte …

1) BFH v. 14.5.2002, IX R 31/00, BStBl II 2002, 712.

2) Anhängiges Verfahren beim BFH mit Az. VIII R 35/24, Vorinstanz FG Hamburg v. 13.11.2024, 3 K 111/21, https://juris.de/jportal/nav/index.jsp.

3) FG Hamburg v. 13.11.2024, 3 K 111/21, https://juris.de/jportal/nav/index.jsp.

Ermittlung Gesamtsumme geldwerter Vorteil für Privatnutzung:

	geldwerter Vorteil für privat veranlasste Fahrten …
+	geldwerter Vorteil für die Fahrten Wohnung – erste Tätigkeitsstätte …
=	Summe steuerpflichtiger geldwerter Vorteil für die Privatnutzung (Jahresbetrag) …

Hat der Arbeitnehmer i. R. einer doppelten Haushaltsführung mehr als eine **Familienheimfahrt** wöchentlich durchgeführt, rechnen diese Strecken zur Privatnutzung. Der anteilige geldwerte Vorteil ist entsprechend der Fahrten Wohnung – erste Tätigkeitsstätte zu ermitteln (s. o.).

Die **Gesamtkosten** ergeben sich aus der Summe der Nettoaufwendungen für den Betrieb sowie die Nutzung des Fahrzeugs **zuzüglich** der darauf entfallenden (entrichteten) **Umsatzsteuer** sowie der Absetzungen für Abnutzung für das Kfz. Bei der Ermittlung der Gesamtkosten für ein betriebliches Kfz (Pkw) ist von einer Absetzung für Abnutzung i. H. v. 12,5 % der Anschaffungskosten auszugehen (→ Rz. 54).[1] Einzelheiten zur Frage, welche Aufwendungen zu den Gesamtkosten gehören → Rz. 166.

Beispiel: Ermittlung des steuerpflichtigen geldwerten Vorteils/Nutzungswerts für die private Kfz-Nutzung nach Fahrtenbuchmethode

Arbeitnehmer und Arbeitgeber haben sich für die individuelle Bewertung des geldwerten Vorteils für das von der Firma für Privatfahrten und Fahrten zwischen Wohnung und erster Tätigkeitsstätte überlassene Kfz im Wert von 30 000 € entschieden. Die gesamten Aufwendungen für das Kfz einschließlich Absetzung für Abnutzung betragen im Kalenderjahr 10 000 €.

Die Entfernung zwischen Wohnung und erster Tätigkeitsstätte beträgt 8 km. Aus dem Fahrtenbuch ergibt sich, dass der Arbeitnehmer 2 200 km zwischen Wohnung und Tätigkeitsstätte sowie 9 600 km privat und 13 200 km für die Firma gefahren ist (anzusetzende Fahrten i. R. einer doppelten Haushaltsführung wurden nicht durchgeführt.)

Folge: Als Kilometersatz ergibt sich 10 000 € : 25 000 km = 0,40 € je km. Der geldwerte Vorteil für das Kalenderjahr errechnet sich folgendermaßen:

für Privatnutzung (9 600 km × 0,40 € =)	3 840 €
zzgl. für Fahrten zwischen Wohnung und erster Tätigkeitsstätte (2 200 km × 0,40 € =)	880 €
steuerpflichtiger Jahresbetrag	4 720 €

bb) Besonderheiten bei Elektrofahrzeugen und Hybridelektrofahrzeugen

241 Einzelheiten zur Bemessungsgrundlage für die Ermittlung eines geldwerten Vorteils → Rz. 79 f.

Vom Arbeitgeber gewährte **Vorteile** für das elektrische **Aufladen** eines Elektrofahrzeugs oder Hybridelektrofahrzeugs im Betrieb des Arbeitgebers oder eines verbundenen Unternehmens und für die zeitweise zur privaten Nutzung überlassene betriebliche **Ladevorrichtung** sind von der Lohn- und Einkommensteuer **befreit** (§ 3 Nr. 46 EStG). Voraussetzung ist, dass die geldwerten Vorteile und Leistungen zusätzlich zum ohnehin geschuldeten Arbeitslohn (→ Rz. 232) erbracht werden. Die Steuerbefreiung ist weder auf einen Höchstbetrag, noch nach der Anzahl der begünstigten Kfz begrenzt. Diese Regelungen gelten ab dem 1.1.2017 bis zum 31.12.2030.

Begünstigt ist das Aufladen sowohl **privater** Elektrofahrzeuge oder Hybridelektrofahrzeuge des Arbeitnehmers als auch **betrieblicher** Elektrofahrzeuge oder Hybridelektrofahrzeuge des Arbeitgebers, die dem Arbeitnehmer auch zur privaten Nutzung überlassen werden (sog. Dienstwagen).

---

1) BFH v. 29.3.2005, IX B 174/03, BStBl II 2006, 368; BMF v. 3.3.2022, IV C 5 – S 2334/21/10004 :001, BStBl I 2022, 232, Rz. 34.

Folglich bleibt bei der **Ermittlung** der tatsächlichen **Gesamtkosten** des Kraftwagens (Fahrtenbuchmethode) der nach § 3 Nr. 46 EStG steuerfreie Ladestrom **außer** Ansatz. Bei Anwendung der 1 %-Regelung ist der geldwerte Vorteil für den vom Arbeitgeber verbilligt oder unentgeltlich gestellten Ladestrom bereits abgegolten. Die Steuerbefreiung wirkt sich hier nicht aus.

Entsprechendes gilt für die Ermittlung bzw. die steuerfreie Erstattung von **Reisekosten** durch den Arbeitgeber.

Nutzt der Arbeitnehmer sein **privates** Elektrofahrzeug oder Hybridelektrofahrzeug für Dienstfahrten, kann er anstelle der tatsächlichen Kosten die gesetzlich festgelegten **pauschalen** Kilometersätze (→ Rz. 206) aus Vereinfachungsgründen auch dann ansetzen, wenn der Arbeitnehmer für dieses Fahrzeug nach § 3 Nr. 46 EStG steuerfreie Vorteile vom Arbeitgeber erhält, z. B. kostenlosen Ladestrom. Beim Ansatz der **tatsächlichen** Fahrtkosten sind diese steuerfreien Vorteile nicht in die Gesamtaufwendungen des Arbeitnehmers einzubeziehen.

Weitere Einzelheiten hierzu enthält das aktuelle BMF-Schreiben v. 11.11.2025 zur Erläuterung der steuerlichen Förderung von Elektromobilität.[1)]

cc) Sonderregelungen für Elektro- und Hybridelektrofahrzeuge in den Jahren 2019 bis 2030

Seit 2019 wird der geldwerte Vorteil aus der privaten Nutzung von Elektro- und extern aufladbaren Hybridelektrofahrzeugen nur noch **zur Hälfte** besteuert. Um dies zu erreichen, wird lediglich der **halbe Listenpreis** des Kfz als Bemessungsgrundlage angesetzt. Grundvoraussetzung hierfür ist, dass die begünstigten Kfz im Zeitraum vom 1.1.2019 bis zum 31.12.2030 angeschafft oder geleast werden. Hinzu kommt eine **weitere** Sonderregelung für Elektrofahrzeuge ohne CO_2-Emission („reine" Elektrofahrzeuge). Für solche Kfz werden der als Bemessungsgrundlage maßgebende Listenpreis bzw. die Anschaffungskosten zu einem **Viertel** angesetzt. 242

Weitere Einzelheiten zu dieser Förderung → Rz. 81 ff.

Diereduzierte Besteuerung gilt sowohl für die Privatnutzung (1 %-Regelung) als auch für die Nutzungsvorteile für die Fahrten zwischen Wohnung und erster Tätigkeitsstätte bzw. zu einem (betrieblichen) Sammelpunkt oder zu einem weiträumigen Tätigkeitsgebiet (0,03 %-Regelung) sowie für steuerpflichtige Familienheimfahrten i. R. einer doppelten Haushaltsführung (0,002 % je Entfernungskilometer).

Unter diese Regelung fallen auch **Elektro-Fahrräder**, die verkehrsrechtlich als Kfz zu beurteilen sind (u. a. Kennzeichen- und Versicherungspflicht).

dd) Zuzahlungen des Arbeitnehmers

Mit seinen beiden Urteilen v. 30.11.2016 hat der BFH seine frühere Rechtsprechung geändert.[2)] Er vertritt nunmehr die Auffassung, dass ein vom Arbeitnehmer an den Arbeitgeber gezahltes **Nutzungsentgelt** (→ Rz. 252) den vom Arbeitnehmer zu versteuernden Nutzungswert (→ Rz. 237) auf der Einnahmenseite **mindert** (R 8.1 Abs. 9 Nr. 4 Satz 1 LStR). Hierfür spielt es keine Rolle (mehr), ob der Arbeitnehmer **pauschale** Zuzahlungen leistet (z. B. kilometerbezogene Beträge) oder ob er einzelne oder insgesamt die **laufenden** Kfz-Kosten selbst trägt (z. B. die Treibstoffkosten). Eine Minderung kommt auch dann in Betracht, wenn der Arbeitnehmer einen Teil der Kfz-Anschaffungskosten übernimmt. 243

Leistet der Arbeitnehmer als Nutzungsentgelt eine einmalige Zuzahlung, darf ein im Kalenderjahr den Nutzungswert übersteigendes Nutzungsentgelt weder zu negativem

1) BMF v. 11.11.2025, IV C 5 – S 2334/00087/014/013, BStBl I 2025, 1929, welches das BMF-Schreiben v. 29.9.2020, IV C 5 – S 2334/19/10009 :004, BStBl I 2020, 972, ersetzt.

2) BFH v. 30.11.2016, VI R 49/14, BStBl II 2017, 1011; v. 30.11.2016, VI R 2/15, BStBl II 2017, 1014.

Arbeitslohn noch zu Werbungskosten (des Arbeitnehmers) führen. Diese Ansicht der Finanzverwaltung hat der BFH bestätigt.[1)]

Grundsatz:

Bei der **Fahrtenbuchmethode** wirkt sich diese Rechtsprechung nur bedingt aus, weil vom Arbeitnehmer selbst getragene individuelle Kfz-Kosten regelmäßig **nicht** in die Gesamtkosten einfließen. Folglich erhöhen sie nicht den individuellen Nutzungswert (R 8.1 Abs. 9 Nr. 2 Satz 17 1. Halbs. LStR).

Alternative:

Die Finanzverwaltung beanstandet es nicht, wenn bei der Fahrtenbuchmethode vom Arbeitnehmer selbst getragene Kosten (abweichend von o.g. Grundsatz) in die Gesamtkosten einbezogen und wie bei der pauschalen Nutzungswertmethode (1 %) als Nutzungsentgelt behandelt werden (sog. Meistbegünstigungsregelung). Somit dürfen die vom Arbeitnehmer getragenen Kosten als Nutzungsentgelt (→ Rz. 252) behandelt werden und mindern so den nach der Fahrtenbuchmethode ermittelten geldwerten Vorteil (R 8.1 Abs. 9 Nr. 2 Satz 17 LStR).[2)] Solch eine Einbeziehung kann sich für den Arbeitnehmer steuerlich vorteilhaft auswirken (s. nachfolgendes Beispiel). Auf diese Verfahrensweise weist auch das BMF-Schreiben v. 3.3.2022 hin, wobei der dortige Verweis auf R 8.1 Abs. 9 Nr. 2 Satz 8 Halbs. 2 LStR auf Grund der (neuen) LStR (2023) inzwischen überholt ist.[3)] Zur steuerlichen Behandlung von **Zuzahlungen** des Arbeitnehmers zu den **Anschaffungskosten** eines **betrieblichen** Kfz auf Grund der aktuellen BFH-Rechtsprechung → Rz. 252, → Rz. 269.

Beispiel: Ermittlung des privaten Nutzungswerts nach der Fahrtenbuchmethode

Der Arbeitgeber hat seinem Arbeitnehmer ein betriebliches Kfz auch zur Privatnutzung überlassen und den geldwerten Vorteil aus der Kfz-Gestellung nach der Fahrtenbuchmethode ermittelt.

1. Pauschales Nutzungsentgelt

In der Nutzungsüberlassungsvereinbarung ist geregelt, dass der Arbeitnehmer ein pauschales Nutzungsentgelt i. H. v. 0,20 € je privat gefahrenem Kilometer zu zahlen hat.

Folge: Das an den Arbeitgeber gezahlte Nutzungsentgelt ist auf den für die Privatnutzung ermittelten Nutzungswert anzurechnen. Es darf den geldwerten Vorteil bis auf 0 € mindern.

2. Individuelle Kfz-Kosten

Laut Nutzungsüberlassungsvereinbarung hat der Arbeitnehmer die gesamten Treibstoffkosten zu zahlen. Diese betragen 3 000 €. Die übrigen vom Arbeitgeber getragenen Kfz-Kosten liegen bei 7 000 €. Auf die Privatnutzung entfällt ein Anteil von 10 %.

Folge: Der sich für die Privatnutzung ergebende individuelle Nutzungswert darf nach den folgenden beiden Methoden ermittelt werden:

a) Keine Einbeziehung in Gesamtkosten

- Die vom Arbeitnehmer selbst getragenen Treibstoffkosten fließen nicht in die Gesamtkosten des Kfz ein. Folglich sind sie nicht als Nutzungsentgelt zu behandeln.
- Anhand der (niedrigeren) Gesamtkosten ist der individuelle Nutzungswert zu ermitteln: 10 % von 7 000 € = 700 €.
- Für die verbleibenden Treibstoffkosten i. H. v. 2 700 € (90 % von 3 000 €) ist ein Werbungskostenabzug nicht zulässig.

1) BMF v. 21.9.2017, IV C 5 – S 2334/11/10004-02, BStBl I 2017, 1336, Rz. 21; ab 2018: BMF v. 4.4.2018, IV C 5 – S 2334/18/10001, BStBl I 2018, 592, Rz. 61.

2) BMF v. 21.9.2017, IV C 5 – S 2334/11/10004-02, BStBl I 2017, 1336, Rz. 13; BMF v 3.3.2022, IV C 5 – S 2334/21/10004 :001, BStBl I 2022, 232, Rz. 36, 65 ff.

3) BMF v. 3.3.2022, IV C 5 – S 2334/21/10004 :001, BStBl I 2022, 232, Rz. 59.

b) Einbeziehung in Gesamtkosten

- Bei Anwendung der o. g. Nichtbeanstandungsregelung fließen die vom Arbeitnehmer selbst getragenen Treibstoffkosten i. H. v. 3 000 € in die Gesamtkosten des Kfz ein. Es handelt sich hierbei um ein vom Arbeitnehmer gezahltes Nutzungsentgelt.
- Anhand der Gesamtkosten (7 000 € + 3 000 € = 10 000 €) ist der individuelle Nutzungswert zu ermitteln 10 % von 10 000 € = 1 000 €. Dieser Nutzungswert ist um das gezahlte Nutzungsentgelt (3 000 €) bis auf 0 € zu mindern.
- Die weiteren vom Arbeitnehmer getragenen (Treibstoff-)Kosten i. H. v. 2 000 € übersteigen den Nutzungswert. Weil sie weder zu negativem Arbeitslohn noch zu Werbungskosten führen dürfen, bleiben sie unberücksichtigt.

Zur Behandlung der Zuzahlungen bei Ansatz des pauschalen Nutzungswerts → Rz. 252, → Rz. 269.

e) Pauschale Nutzungswerte für private Kfz-Nutzung

Der geldwerte Vorteil für die dem Arbeitnehmer unentgeltlich gewährte private Nutzung 244
eines überlassenen Kfz ist **anstelle** des Einzelnachweises durch ein Fahrtenbuch mit **pauschalen Nutzungswerten** (sog. **1 %-Regelung**) zu ermitteln. Dazu gibt das EStG feste Prozentsätze pro Monat vor; Bemessungsgrundlage ist stets der inländische (Brutto-) **Listenpreis** des Fahrzeugs (→ Rz. 254). Die 1 %-Regelung ist verfassungsrechtlich nicht zu beanstanden.[1)]

Pauschale Nutzungswerte sind auch anzusetzen für Fahrten zwischen Wohnung und erster Tätigkeitsstätte (→ Rz. 246) sowie ggf. für Familienheimfahrten i. R. einer doppelten Haushaltsführung (→ Rz. 253).

Grundsätzlich ist es für die Besteuerung unerheblich, ob der Arbeitnehmer das überlassene Fahrzeug tatsächlich privat nutzt, entscheidend ist allein die **Nutzungsmöglichkeit.**[2)] Deshalb sind die pauschalen Monatswerte **auch für die Monate** in voller Höhe **anzusetzen**, in denen das Kfz dem Arbeitnehmer zwar zur Verfügung steht, es aber **nur zeitweise** genutzt werden kann, z. B. wegen Urlaubs oder Erkrankung.

Diese Auffassung der Finanzverwaltung (R 8.1 Abs. 9 Nr. 1 Satz 4 LStR) ist nach der BFH-Rechtsprechung nicht verfassungswidrig, sondern hält sich im Gestaltungsspielraum des Steuergesetzgebers bei Typisierungen von steuerlichen Regelungen.[3)] Auch das FG Baden-Württemberg hatte u.a. mit Urteil v. 24.2.2015 diese Auffassung vertreten.[4)] Nach der Begründung der Gerichte ist dieses Ergebnis auf Grund der starken Typisierung der 1 %-Regelung hinzunehmen. Denn es bleibe dem Arbeitnehmer unbenommen, ein Fahrtenbuch zu führen und den geldwerten Vorteil mit dem individuellen Nutzungswert zu bewerten.

Hingegen brauchen die Monatswerte (bzw. -beträge) **nicht** angesetzt zu werden

- für volle Kalendermonate, in denen dem Arbeitnehmer kein betriebliches Kfz zur Verfügung steht oder
- wenn dem Arbeitnehmer das Kfz aus besonderem Anlass oder zu einem besonderen Zweck nur gelegentlich (**von Fall zu Fall**) für **nicht** mehr als **fünf** Kalendertage im Kalendermonat überlassen wird.
- In diesem Fall ist die Nutzung zu Privatfahrten und für Wege zwischen Wohnung und erster Tätigkeitsstätte je Fahrtkilometer mit 0,001 % des inländischen Listenpreises des Kfz zu bewerten (Einzelbewertung). Zum Nachweis der Fahrtstrecke müssen die Kilometerstände aufgezeichnet werden.

1) BFH v. 13.12.2012, VI R 51/11, BStBl II 2013, 385.
2) BFH v. 21.3.2013, VI R 31/10, BStBl II 2013, 700.
3) BFH v. 24.2.2000, III R 59/98, BStBl II 2000, 273.
4) FG Baden-Württemberg v. 24.2.2015, 6 K 2540/14, EFG 2015, 896.

Wechselt der Arbeitnehmer sein (privat mitgenutztes) Firmenfahrzeug im Laufe eines Monats, ist der 1 %-Betrag für diesen Monat (Fahrzeugwechsel) von dem Listenpreis desjenigen Fahrzeugs zu ermitteln, das ihm nach der Anzahl der Tage überwiegend zur Verfügung gestellt worden ist.

aa) Privatfahrten

245 Der Wert für die **private Nutzung** eines betrieblichen Kfz ist für **jeden Monat mit 1 % des inländischen Listenpreises** des Kfz anzusetzen. Bei der sog. 1 %-Regelung handelt es sich um eine zwingende Bewertungsmethode, die nicht durch die Zahlung eines Nutzungsentgelts **vermieden** werden kann, selbst wenn dieses als angemessen anzusehen ist; entgegen BFH-Urteil v. 18.10.2007.[1] Eventuelle **Zuzahlungen** des Arbeitnehmers (z. B. Nutzungsvergütungen) können nur von den pauschal ermittelten Beträgen **abgezogen** werden.[2]

Stellt der Arbeitgeber dem Arbeitnehmer gleichzeitig **mehrere Fahrzeuge** mit unterschiedlichen Werten aus seinem Wagenpark zur Verfügung, so ist grundsätzlich für jedes Kfz der pauschale Nutzungswert für Privatfahrten mit monatlich 1 % des Listenpreises anzusetzen. Dies gilt auch, wenn für diese Fahrzeuge ein Wechselkennzeichen eingesetzt wird (→ Rz. 271).Trägt der **Arbeitgeber** neben den laufenden Kosten (z. B. Versicherung, Reparaturen, Benzin usw.) **auch** die Aufwendungen für einen ADAC-Schutzbrief, Mautgebühren, Autobahnvignetten, Anwohnerparkberechtigung sowie Kosten der Garage, sind diese Aufwendungen nicht durch die 1 %-Methode abgegolten. Diese vom Arbeitgeber getragenen Aufwendungen sind zusätzlich als Arbeitslohn zu erfassen.[3]

bb) Nutzung für Wege zwischen Wohnung und erster Tätigkeitsstätte

246 Kann der Arbeitnehmer das Kfz auch **für Wege zwischen Wohnung und erster Tätigkeitsstätte** benutzen, erhöht dies den Nutzungswert monatlich für jeden vollen Kilometer der Entfernung zwischen Wohnung und Tätigkeitsstätte um 0,03 % des inländischen Listenpreises. Diese **0,03 %-Regelung** ist unabhängig von der 1 %-Regelung selbständig anzuwenden, wenn das Kfz ausschließlich für Fahrten zwischen Wohnung und erster Tätigkeitsstätte überlassen wird.[4] Ein durch Urlaub oder Krankheit bedingter Nutzungsausfall ist im Nutzungswert pauschal berücksichtigt. Zur Besonderheit bei der Benutzung nur auf **Teilstrecken** s. Park and Ride → Rz. 260.

Hat der Arbeitnehmer das Kfz für Wege zwischen Wohnung und erster Tätigkeitsstätte genutzt, so kann er in seiner Einkommensteuererklärung die tatsächlich durchgeführten Fahrten als Werbungskosten (Entfernungspauschale → Rz. 273) geltend machen; ab dem Kalenderjahr 2026 jeweils 0,38 € pro Entfernungskilometer.

Beispiel: Privatnutzung Firmenwagen

Der Listenpreis eines dem Arbeitnehmer im Kalenderjahr 2026 überlassenen betrieblichen Kfz beträgt 30 000 €. Neben den Privatfahrten wird das Kfz an 220 Arbeitstagen für Wege zwischen Wohnung und erster Tätigkeitsstätte genutzt. Die Entfernung beträgt 15 km.

Folge: Der Nutzungswert für die **Privatfahrten** beträgt monatlich 1 % des Listenpreises von 30 000 € = 300 €; dies ergibt einen Jahresbetrag von 300 € × 12 = 3 600 €.

Für die Wege zwischen Wohnung und **erster Tätigkeitsstätte** ist **zusätzlich** ein Betrag von monatlich 0,03 % von 30 000 € × 15 km = 135 € anzusetzen; dies ergibt einen Jahresbetrag von 135 € × 12 = 1 620 €.

---

1) BFH v. 18.10.2007, VI R 59/06, BStBl II 2009, 200.
2) BFH v. 7.11.2006, VI R 95/04, BStBl II 2007, 269; v. 30.11.2016, VI R 2/15, BStBl II 2017, 1014.
3) BFH v. 14.9.2005, VI R 37/03, BStBl II 2006, 72; v. 7.6.2002, VI R 145/99, BStBl II 2002, 829.
4) BFH v. 22.9.2010, VI R 54/09, BStBl II 2011, 354.

Monatlich sind dem Arbeitslohn insgesamt 435 € (300 € + 135 €) zuzurechnen; dies ergibt einen Jahresbetrag von 435 € × 12 = 5 220 €.

Als **Entfernungspauschale** darf der Arbeitnehmer in der Einkommensteuerveranlagung 1 254 € als Werbungskosten geltend machen (220 Arbeitstage × 15 km × 0,38 € = 1 254 €).

Die **Anzahl der** Tage bzw. **tatsächlichen Fahrten** zwischen Wohnung und erster Tätigkeitsstätte ist bei dieser Berechnungsmethode (0,03 %) **unbeachtlich**. Der pauschale Nutzungswert ist nicht zu erhöhen, wenn der Arbeitnehmer das betriebliche Kfz an einem Arbeitstag mehrmals für Fahrten zwischen Wohnung und erster Tätigkeitsstätte benutzt.

Für die Anwendung der 0,03 %-Regelung ist allein die **Nutzungsmöglichkeit** entscheidend. Dieser Grundsatz gilt auch, wenn der Arbeitnehmer im **Homeoffice** gearbeitet hat oder wenn er nur geringe bzw. keine Fahrten zwischen Wohnung und erster Tätigkeitsstätte in einem Kalendermonat durchgeführt hat. Hier kann auf eine Versteuerung des geldwerten Vorteils für die Fahrten zwischen Wohnung und erster Tätigkeitsstätte **nicht** verzichtet werden. Lediglich für die Ermittlung der abzugsfähigen Werbungskosten i. R. seiner Einkommensteuererklärung hat der Arbeitnehmer die Anzahl der Tage mit den tatsächlich durchgeführten Fahrten anzusetzen.

Allerdings berücksichtigt die Finanzverwaltung bei der 0,03 %-Methode – im Gegensatz zur 1 %-Regelung – die Krankheits- und Urlaubstage, wenn sie einen **vollen** Kalendermonat umfassen. Für solche Monate **entfällt** der Zuschlag von 0,03 % für die Fahrten zur ersten Tätigkeitsstätte. Dieser Grundsatz muss m. E. auch für das Kurzarbeitergeld „0" gelten. Vorsorglich sollte der Arbeitgeber in solchen Fällen die Nutzung des Firmenwagens (insoweit) untersagen.

Hinsichtlich der **Entfernungsbestimmung** für die Fahrten zwischen Wohnung und erster Tätigkeitsstätte ist im neueren BMF-Schreiben v. 3.3.2022 geregelt, dass bei der Ermittlung des pauschalen Nutzungswerts die kürzeste benutzbare Straßenverbindung maßgebend ist.[1] Dies gilt auch dann, wenn der Arbeitnehmer eine längere verkehrsgünstigere Strecke fährt. Bei der Ermittlung des geldwerten Vorteils ist auch in diesem Fall die kürzeste benutzbare Straßenverbindung zu Grunde zu legen.[2] Gleiches gilt für den Ansatz der Entfernungspauschale als **Werbungskosten**.[3]

Fährt der Arbeitnehmer abwechselnd zu **unterschiedlichen Wohnungen**, ist ein pauschaler Monatswert unter Zugrundelegung der Entfernung zur näher gelegenen Wohnung anzusetzen. Für jede Fahrt von und zu der weiter entfernt liegenden Wohnung ist zusätzlich ein pauschaler Nutzungswert von 0,002 % des inländischen Listenpreises des Kfz für jeden Kilometer der Entfernung zwischen Wohnung und erster Tätigkeitsstätte dem Arbeitslohn zuzurechnen, soweit sie die Entfernung zur näher gelegenen Wohnung übersteigt. Für Fahrten zu einem betrieblichen Sammelpunkt oder einem weiträumigen Tätigkeitsgebiet → Rz. 171 f.

Beispiel: Geldwerter Vorteil bei zwei Wohnungen

Ein Arbeitnehmer hat in den Städten A und B jeweils eine Wohnung. Die Entfernung zur ersten Tätigkeitsstätte in C beträgt von der Wohnung in A 20 km und von der Wohnung in B, die er am Wochenende nutzt und von der er jeweils am Montag zur Tätigkeitsstätte in C fährt, 100 km. Der Listenpreis des Kfz beträgt 25 000 €.

Folge: Der monatliche geldwerte Vorteil für die Wege zwischen Wohnung und erster Tätigkeitsstätte ist wie folgt anzusetzen:

1. Für die Fahrten von A nach C (Dienstag bis Freitag)
   20 km × 0,03 % × 25 000 € = 150 €

1) BMF v. 3.3.2022, IV C 5 – S 2334/21/10004 :001, BStBl I 2022, 232, Rz. 9.
2) So auch FG Köln v. 22.5.2003, 10 K 7604/98, EFG 2003, 1229.
3) BFH v. 24.9.2013, VI R 20/13, BStBl II 2014, 259.

2. Für die Fahrten von B nach C (Montag) (es werden vier Montage im Monat unterstellt) 100 km ./. 20 km = 80 km × 0,002 % × 25 000 € × 4 =	60 €
monatlicher geldwerter Vorteil	= 210 €

cc) Wahlrecht zwischen 0,03 %-Regelung und Ansatz der Einzelfahrten

247 Wie für den betrieblichen Bereich (→ Rz. 93) erwähnt, ist alternativ zur 0,03 %-Regelung eine Bewertung der tatsächlichen (Einzel-)Fahrten zwischen Wohnung und erster Tätigkeitsstätte mit **0,002 %** des Listenpreises **je Entfernungskilometer** möglich. Die Grundlage hierfür legte der BFH mit mehreren Urteilen, so dass sie von der Finanzverwaltung nicht ignoriert werden konnte.[1)]

Als Reaktion folgte ein BMF-Schreiben zur Anwendung der aktuellen BFH-Rechtsprechung ausschließlich für den Arbeitnehmerbereich (inzwischen zweimal aktualisiert).[2)] Danach kann der Arbeitnehmer für die Ermittlung des Nutzungswerts für Fahrten zwischen Wohnung und erster Tätigkeitsstätte zwischen der festen Monatspauschale mit der 0,03 %-Methode oder einer Einzelbewertung der tatsächlichen Fahrten mit 0,002 % des Listenpreises je Entfernungskilometer wählen.

Folglich ist eine Bewertung der tatsächlichen Einzelfahrten mit 0,002 % des Listenpreises je Entfernungskilometer möglich. Dies kann zu einem geringeren geldwerten Vorteil führen. Hierbei ist zu berücksichtigen, dass es **unbeachtlich** ist, ob der Arbeitnehmer an einem Tag **nur eine** Fahrt oder **mehrere** Fahrten zwischen Wohnung und erster Tätigkeitsstätte durchführt. Auch diese Tage sind für die Einzelbewertung nur einmal zu erfassen bzw. anzusetzen.

Beispiel: Vergleich zwischen Monatspauschale und Bewertung der Einzelfahrten

Arbeitnehmer A nutzt einen Firmenwagen im Monat Juli an zehn Tagen für zehn Fahrten zwischen Wohnung und erster Tätigkeitsstätte (Anzahl der täglichen Fahrten ist unbeachtlich). Die Entfernung zwischen Wohnung und erster Tätigkeitsstätte beträgt 40 km. Als Pkw-Bruttolistenpreis bei der Erstzulassung sind 25 000 € anzusetzen.

Folge: Nach der Einzelbewertung ist der geldwerte Vorteil für die Fahrten zwischen Wohnung und erster Tätigkeitsstätte mit dem Firmenwagen wie folgt zu ermitteln

0,002 % × 25 000 € × 40 km × 10 Fahrten =	200 €
Zum Vergleich:	
Ein Ansatz der Monatspauschale von 0,03 % ergibt folgenden Betrag	
0,03 % × 25 000 € × 40 km =	300 €

Dieser Betrag liegt um 100 € höher als die Berechnungsmethode mit der Einzelbewertung.

Soll die **Einzelbewertung** durchgeführt werden, sind für die Wahl der Bewertungsmethode sowie für die Wertermittlung nach der 0,002 %-Regelung die folgenden **Grundsätze** zu **beachten:**

dd) Wahl der Bewertungsmethode

248 – Grundsätzlich ist der Zuschlag für die Nutzung eines betrieblichen Kfz für Fahrten zwischen Wohnung und erster Tätigkeitsstätte kalendermonatlich mit 0,03 % des Lis-

1) BFH v. 4.4.2008, VI R 85/04, BStBl II 2008, 887; v. 4.4.2008, VI R 68/05, BStBl II 2008, 890; v. 28.8.2008, VI R 52/07, BStBl II 2009, 280; v. 22.9.2010, VI R 57/09, BStBl II 2011, 359.

2) BMF v. 1.4.2011, IV C 5 – S 2334/08/10010, BStBl I 2011, 301; ab 2018 BMF v. 4.4.2018, IV C 5 – S 2334/18/10001, BStBl I 2018, 592, abgelöst durch BMF v. 3.3.2022, IV C 5 – S 2334/21/10004 :001, BStBl I 2022, 232.

tenpreises/Entfernungskilometer zwischen Wohnung und erster Tätigkeitsstätte zu ermitteln (0,03 %-Regelung).

- Im Lohnsteuerabzugsverfahren ist der Arbeitgeber grundsätzlich nicht zur Einzelbewertung der tatsächlichen Fahrten zwischen Wohnung und erster Tätigkeitsstätte verpflichtet. Er kann z. B. als Voraussetzung für die Gestellung eines betrieblichen Kfz die Anwendung der 0,03 %-Regelung verlangen.
- Eindeutige Vertragsgestaltungen zu dieser Frage sind seit dem Kalenderjahr 2020 wichtiger denn je. Denn die Finanzverwaltung hat auch im aktuellen BMF-Schreiben v. 3.3.2022 für das Lohnsteuerabzugsverfahren geregelt, dass der Arbeitgeber auf Verlangen des Arbeitnehmers zur Einzelbewertung der tatsächlichen Fahrten zwischen Wohnung und erster Tätigkeitsstätte verpflichtet ist, wenn sich aus der arbeitsvertraglichen oder einer anderen arbeits- oder dienstrechtlichen Rechtsgrundlage nichts anderes ergibt.[1)]
- Der Arbeitgeber ist verpflichtet, in **Abstimmung** mit dem Arbeitnehmer die Anwendung der 0,03 %- oder 0,002 %-Regelung für jedes Kalenderjahr einheitlich festzulegen; und zwar einheitlich für **sämtliche** der ihm überlassenen betrieblichen Kfz. Die Methode darf für dasselbe Fahrzeug während des Kalenderjahres nicht gewechselt werden.
- Eine Wahl der Einzelbewertung (auch durch einzelne Arbeitnehmer) ist auch dann möglich, wenn Fahrzeuge aus einem Fahrzeugpool genutzt werden.
- Der **Arbeitnehmer** darf im **Veranlagungsverfahren** zur Einkommensteuer die Einzelbewertung wählen. Hierfür hat er die tatsächlichen Fahrten zwischen Wohnung und erster Tätigkeitsstätte fahrzeugbezogen nachzuweisen bzw. zu benennen, an welchen Tagen (mit Datumsangabe) er das betriebliche Kfz tatsächlich genutzt hat.

  Zudem hat er durch geeignete Belege glaubhaft zu machen, dass und in welcher Höhe der Arbeitgeber den Zuschlag mit 0,03 % des Listenpreises für jeden Kilometer der Entfernung zwischen Wohnung und erster Tätigkeitsstätte ermittelt und versteuert hat (z. B. Gehaltsabrechnung, welche die Besteuerung des Zuschlags erkennen lässt oder eine Bescheinigung des Arbeitgebers).

ee) Ermittlung des Nutzungswerts nach der 0,002 %-Regelung für Einzelfahrten

- Eine Anwendung der 0,002 %-Regelung ist auf maximal 180 Fahrten (und letztlich **249** auch auf 180 Tage) im Kalenderjahr begrenzt. Tatsächlich kann das Kfz für die Fahrten zwischen Wohnung und erster Tätigkeitsstätte an einem Tag mehrfach und insgesamt an mehr als 180 Tagen im Kalenderjahr genutzt werden (s. u.). Gleichwohl macht diese Begrenzung Sinn; sie soll eine **Überbesteuerung vermeiden**. Denn 180 Fahrten/Tage × 0,002 % ergeben 0,36 %. Dies ist jener Prozentsatz, der sich nach der 0,03 %-Regelung als Jahresbetrag ergibt (0,03 % × 12 Monate).[2)]
- Arbeitstage, an denen der Arbeitnehmer das betriebliche Kfz für Fahrten zwischen Wohnung und erster Tätigkeitsstätte **mehrmals** benutzt, sind für Zwecke der Einzelbewertung nur **einmal** zu erfassen (s. o.). Ein pauschaler Ansatz von 15 Fahrten im einzelnen Monat ist nicht zulässig.
- Der Arbeitnehmer hat dem Arbeitgeber kalendermonatlich fahrzeugbezogen schriftlich zu erklären, an welchen Tagen (mit Datumsangabe) er das betriebliche Kfz tatsächlich für Fahrten zwischen Wohnung und erster Tätigkeitsstätte genutzt hat. Eine bloße Angabe der Anzahl der Tage reicht nicht aus. Hingegen sind keine Angaben erforderlich, wie der Arbeitnehmer an den anderen Arbeitstagen zur Tätigkeitsstätte gelangt ist.
- Diese Erklärungen des Arbeitnehmers sind für den Lohnsteuerabzug maßgebend, sofern der Arbeitnehmer nicht erkennbar unrichtige Angaben macht; Ermittlungs-

---

1) BMF v. 3.3.2022, IV C 5 – S 2334/21/10004 :001, BStBl I 2022, 232, Rz. 13 Buchst. e.
2) BMF v. 3.3.2022, IV C 5 – S 2334/21/10004 :001, BStBl I 2022, 232, Rz. 13 Buchst. c.

pflichten obliegen dem Arbeitgeber nicht. Ferner ist die Erklärung des Arbeitnehmers als Beleg zum **Lohnkonto** zu nehmen und aufzubewahren. Aus Vereinfachungsgründen ist es zulässig, wenn für den Lohnsteuerabzug jeweils die Erklärung (Fahrten) des Vormonats zu Grunde gelegt wird.

- Stehen dem Arbeitnehmer gleichzeitig **mehrere** betriebliche Kfz zur privaten Nutzung zur Verfügung, ist der Vorteil für die Fahrten zwischen Wohnung und erster Tätigkeitsstätte stets fahrzeugbezogen zu ermitteln (nach den Angaben des Arbeitnehmers) und nicht vom überwiegend für diese Fahrten benutzten Kfz. Wird das Kfz im Kalenderjahr gewechselt, ist dessen Listenpreis anzusetzen; es bleibt bei der Höchstgrenze von 180 Tagen im Kalenderjahr.

Beispiel: Begrenzung der Einzelbewertung auf 180 Tage

Arbeitnehmer A kann ein vom Arbeitgeber überlassenes betriebliches Kfz auch für Fahrten zwischen Wohnung und erster Tätigkeitsstätte nutzen. A legt datumsgenaue Erklärungen vor über seine Fahrten zwischen Wohnung und erster Tätigkeitsstätte für die Monate Januar bis Juni an jeweils 14 Tagen, für Juli bis November an jeweils 19 Tagen und für Dezember an vier Tagen.

Folge: Der Arbeitgeber hat in den Monaten Januar bis Juni für die Einzelbewertung jeweils 14 Tage anzusetzen, in den Monaten Juli bis November jeweils 19 Tage.

Auf Grund der jahresbezogenen Begrenzung auf 180 Tage (Fahrten) ist im Dezember nur ein Tag anzusetzen (Anzahl der Tage von Januar bis November = 179). Damit ergeben sich für die Einzelbewertung der tatsächlichen Fahrten des A zwischen Wohnung und erster Tätigkeitsstätte je Kalendermonat folgende Prozentsätze:

- Januar bis Juni:
  jeweils 14 Tage × 0,002 % × Listenpreis Kfz × Entfernungs-km;
  angesetzt werden somit jeweils 0,028 % (für 6 Monate 0,168 %)
- Juli bis November:
  jeweils 19 Tage × 0,002 % × Listenpreis Kfz × Entfernungs-km;
  angesetzt werden somit jeweils 0,038 % (für 5 Monate 0,19 %)
- Dezember:
  1 Tag × 0,002 % × Listenpreis Kfz × Entfernungs-km;
  angesetzt werden somit 0,002 %;

Die Summe ergibt den Jahresbetrag von (0,3 % × 12 =) 0,36 % × Listenpreis × Entfernungs-km.

Wechselt der Arbeitnehmer während eines laufenden Kalenderjahres das betriebliche Kfz, ist ab diesem Zeitpunkt der Listenpreis des anderen Kfz anzusetzen. Würde dem Arbeitnehmer im obigen Beispiel ab Dezember ein anderes betriebliches Kfz zur Nutzung zur Verfügung stehen, wären lediglich 0,002 % vom Listenpreis dieses Kfz zu berechnen.

ff) Park and Ride/unterschiedliche Verkehrsmittel

250 Setzt der Arbeitnehmer ein ihm überlassenes betriebliches Kfz bei den Fahrten zwischen Wohnung und erster Tätigkeitsstätte oder bei Familienheimfahrten nur für eine Teilstrecke ein, so ist der Ermittlung des Zuschlags **grundsätzlich** die gesamte Entfernung zu Grunde zu legen. Es ist **jedoch zulässig**, den Zuschlag auf der Grundlage der **Teilstrecke** zu ermitteln, die mit dem betrieblichen Kfz tatsächlich zurückgelegt wurde, wenn

- das Kfz vom Arbeitgeber nur für diese Teilstrecke zur Verfügung gestellt worden ist und der Arbeitgeber die Einhaltung seines Nutzungsverbots überwacht oder
- für die restliche Teilstrecke ein Nachweis über die Benutzung eines anderen Verkehrsmittels erbracht wird, z. B. wenn der Arbeitnehmer eine auf ihn ausgestellte Jahres-Bahnfahrkarte vorlegt.[1]

---

1) S. hierzu auch BMF v. 1.4.2011, IV C 5 – S 2334/08/10010, BStBl I 2011, 301; v. 3.3.2022, IV C 5 – S 2334/21/10004 :001, BStBl I 2022, 232, Rz. 22 f.

gg) Korrektur durch Veranlagung zur Einkommensteuer

Im Lohnsteuerabzugsverfahren muss der Arbeitgeber in Abstimmung mit dem Arbeitnehmer bindend festlegen, nach welchem der beiden **Verfahren** (pauschale Nutzungswertmethode oder sog. Fahrtenbuchmethode) der geldwerte Vorteil für die Privatnutzung des betrieblichen Kfz ermittelt werden soll. Das Verfahren darf pro Kfz im laufenden Kalenderjahr nicht gewechselt werden. **251**

Jedoch ist der Arbeitnehmer i. R. seiner Veranlagung zur Einkommensteuer nicht an das im Lohnsteuerabzugsverfahren gewählte Verfahren gebunden. Er darf bei seiner Veranlagung den geldwerten Vorteil nach der Methode ermitteln, die für ihn am günstigsten ist; z. B. Übergang von der Fahrtenbuchmethode auf die Pauschalwertmethode (1 % und 0,03 % oder 0,002 %).

Möchte der Arbeitnehmer von der Pauschalmethode zur Fahrtenbuchmethode wechseln, ist zu beachten, dass neben einem ordnungsgemäß geführten Fahrtenbuch der Arbeitgeber sämtliche für den Dienstwagen angefallenen Gesamtkosten (ggf. nachträglich) ermitteln und dem Arbeitnehmer zur Verfügung stellen muss. Auch i. R. der Veranlagung zur Einkommensteuer darf das Verfahren bei demselben Dienst-/Firmenwagen im Kalenderjahr **nicht** gewechselt werden.

Im Rahmen seiner Einkommensteuererklärung kann der Arbeitnehmer einen Wechsel der Ermittlungsmethoden sowie den Ansatz seiner (vom Arbeitgeber nicht berücksichtigten) Zuzahlungen oder von selbst getragenen Kfz-Kosten beantragen, mit dem Ziel, den im Lohnsteuer-Abzugsverfahren angesetzten Nutzungswert zu mindern. Dann hat das Finanzamt den im Ausdruck der elektronischen Lohnsteuerbescheinigung enthaltenen Bruttoarbeitslohn zu kürzen. Zur Berücksichtigung von Zuzahlungen und einem Nutzungsentgelt des Arbeitnehmers → Rz. 252.

Grundlage für die Berücksichtigung solch individueller Kfz-Kosten sind folgende (belastbare) Nachweise des Arbeitnehmers:

- Vereinbarung mit dem Arbeitgeber über die Überlassung und Nutzung des Firmenwagens,
- Nachweis, wie der Arbeitgeber den Nutzungswert ermittelt und in welcher Höhe er diesen versteuert hat,
- die Höhe der von ihm selbst getragenen individuellen Kfz-Kosten bzw. der Zuzahlungen (an den Arbeitgeber oder an die Leasingfirma) sowie
- die Gesamtfahrleistung des Kfz im Kalenderjahr.

Wie der Arbeitgeber den Nutzungswert ermittelt und versteuert hat, ergibt sich sehr oft aus der Gehaltsabrechnung. Lassen sich daraus die Ermittlung des Nutzungswerts und die Besteuerung nicht erkennen, ist eine gesonderte formlose Bescheinigung des Arbeitgebers mit den zuvor genannten Angaben bzw. Beträgen erforderlich.

Beispiel: Minderung des Nutzungswerts/Arbeitslohns durch selbst getragene Aufwendungen

Der Bruttolohn des Jahres 2025 beträgt laut Ausdruck der elektronischen Lohnsteuerbescheinigung	74 000 €
Der darin enthaltene Nutzungswert für die Dienstwagengestellung zu Privatfahrten sowie für Fahrten zwischen Wohnung und erster Tätigkeitsstätte beträgt	5 200 €
Der Arbeitnehmer belegt dem Finanzamt i. R. seiner Einkommensteuererklärung für das Kalenderjahr 2025 die selbst getragenen Kfz-Aufwendungen für die Privatfahrten einschließlich der Fahrten zwischen Wohnung und erster Tätigkeitsstätte i. H. v.	3 200 €

Er beantragt insoweit die Minderung des Nutzungswerts bzw. des steuerpflichtigen Arbeitslohns.

Das Finanzamt hat den in der Einkommensteuerveranlagung für das Jahr 2025 anzusetzenden Bruttolohn um 3 200 € zu mindern (ergibt 70 800 €).

Seine Rechtsauffassung, wonach ein den Nutzungswert übersteigendes (und somit hohes) Nutzungsentgelt weder zu negativem Arbeitslohn noch zu Werbungskosten führen darf, hat der BFH in einem neueren Urteil noch einmal ausdrücklich bestätigt.[1] Weil diese Rechtslage bereits hinreichend geklärt sowie inzwischen unstrittig ist, ist dieses Urteil nicht amtlich veröffentlicht worden.

hh) Minderung des pauschalen Nutzungswerts

252 Mit dem Ansatz des pauschalen Nutzungswerts nach der 1 %-Methode sind sämtliche Privatfahrten des Arbeitnehmers mit dem Firmen-Kfz abgegolten. Kürzungen dieses Werts wegen **Beschriftungen** des Firmenwagens (z. B. mit dem Firmenlogo) sowie der Nutzung eines privaten Zweitwagens sind nicht zulässig.

Zahlt der Arbeitnehmer jedoch für die außerdienstliche bzw. private Nutzung eines betrieblichen Kfz an seinen Arbeitgeber ein **Nutzungsentgelt**, mindert dies den Nutzungswert für die Privatnutzung. Gleiches gilt für Zahlungen, die der Arbeitnehmer auf Weisung des Arbeitgebers an einen Dritten zur Erfüllung einer Verpflichtung des Arbeitgebers leistet (abgekürzter Zahlungsweg). In Betracht kommt insbesondere ein Nutzungsentgelt für

- private Fahrten,
- Fahrten zwischen Wohnung und erster Tätigkeitsstätte und
- Heimfahrten i. R. einer doppelten Haushaltsführung.

Diese Regelung gilt grundsätzlich für beide Nutzungswertmethoden (1 %-Methode oder Fahrtenbuchmethode → Rz. 243).

Solch ein Nutzungsentgelt muss aber zweifelsfrei **vereinbart** worden sein (arbeitsvertraglich oder auf Grund einer anderen arbeits- oder dienstrechtlichen Rechtsgrundlage). **Kein** Nutzungsentgelt ist insbesondere der Barlohnverzicht des Arbeitnehmers i. R. einer Gehaltsumwandlung.

Als **Nutzungsentgelt** kommen regelmäßig in Betracht:

- Ein nutzungsunabhängiger pauschaler Betrag (z. B. Monatspauschale),
- ein an den gefahrenen Kilometern ausgerichteter Betrag (z. B. Kilometerpauschale),
- die übernommenen Leasingraten,

und bei der pauschalen Nutzungswertmethode sowie der sog. Nichtbeanstandungsregelung der Fahrtenbuchmethode (→ Rz. 243) zusätzlich

- eine vollständige oder teilweise Übernahme einzelner Kfz-Kosten durch den Arbeitnehmer. Hierzu gehören z. B. Treibstoffkosten, Wartungs- und Reparaturkosten, Kfz-Steuer, Beiträge für Halterhaftpflicht- und Fahrzeugversicherungen, Garagen-/Stellplatzmiete, Aufwendungen für Anwohnerparkberechtigungen, Aufwendungen für die Wagenpflege/-wäsche und Ladestrom.[2]

Dies gilt auch für einzelne Kfz-Kosten, die zunächst vom Arbeitgeber verauslagt und anschließend dem Arbeitnehmer weiterbelastet werden oder, wenn der Arbeitnehmer zunächst pauschale Abschlagszahlungen leistet, die zu einem späteren Zeitpunkt nach den tatsächlich entstandenen Kfz-Kosten abgerechnet werden.

Unberücksichtigt bleiben Kosten, die nicht zu den Gesamtkosten des Kfz gehören, z. B. Fährkosten, Straßen- oder Tunnelbenutzungsgebühren (Vignetten, Mautgebühren), Parkgebühren, Aufwendungen für Insassen- und Unfallversicherungen, Verwarnungs-, Ordnungs- und Bußgelder.[3]

1) BFH v. 15.1.2018, VI B 77/17, BHF/NV 2018, 521.
2) BMF v. 3.3.2022, IV C 5 – S 2334/21/10004 :001, BStBl I 2022, 232, Rz. 54 f.
3) BFH v. 18.6.2024, VIII R 32/20.

Strittig ist derzeit, ob auch nicht zu den originären Kfz-Kosten gehörende (Zu-)Zahlungen des Arbeitnehmers an den Arbeitgeber ansetzbar sind. Der BFH soll darüber entscheiden, ob die von Arbeitnehmern gezahlten **Entgelte** für einen vom Arbeitgeber an der ersten Tätigkeitsstätte **angemieteten Parkplatz** den (nach der 1 %-Methode ermittelten) geldwerten Vorteil aus der Nutzungsüberlassung eines betrieblichen Kfz für private Fahrten mindern.[1)]

Beispiel: Minderung Nutzungswert bei pauschaler Nutzungswertmethode

Der Arbeitgeber hat seinem Arbeitnehmer ein betriebliches Kfz auch zur Privatnutzung überlassen und den geldwerten Vorteil aus der Kfz-Gestellung nach der 1 %-Regelung bewertet. In der Nutzungsüberlassungsvereinbarung ist geregelt, dass der Arbeitnehmer die gesamten Treibstoffkosten zu tragen hat.

Die Übernahme der Treibstoffkosten durch den Arbeitnehmer ist ein Nutzungsentgelt. Es ist auf den steuerpflichtigen Nutzungswert für die Privatnutzung des betrieblichen Kfz anzurechnen.

Übersteigt das Nutzungsentgelt den Nutzungswert, führt der übersteigende Betrag weder zu negativem Arbeitslohn noch zu Werbungskosten.

Auch ein **Zuschuss** des Arbeitnehmers zu den **Anschaffungskosten** des Kfz **mindert** den privaten Nutzungswert.[2)] Eine nach Anrechnung auf den Nutzungswert verbleibende **Zuzahlung** des Arbeitnehmers darf **nicht nur** im Zahlungsjahr, sondern auch in den darauffolgenden **Kalenderjahren** auf den privaten Nutzungswert des jeweiligen Kfz angerechnet werden (R 8.1 Abs. 9 Nr. 4a Satz 1 und 2 LStR). Sie dürfen allerdings jeweils nur bis zur Höhe des steuerlich anzusetzenden Nutzungswerts berücksichtigt werden (ggf. bis zu 0 €, kein Minusbetrag).[3)] Damit können die Zuzahlungen des Arbeitnehmers so lange den geldwerten Vorteil mindern, wie ihm dieses Kfz zur privaten Nutzung überlassenen wird.

Zu beachten ist jedoch, dass die Zuzahlungen des Arbeitnehmers nur dann den Nutzungswert mindern dürfen, wenn sie nicht bereits beim Ansatz der **Anschaffungskosten** berücksichtigt worden sind. Haben sie die Anschaffungskosten des Fahrzeugs gemindert, ergibt dies einen geringeren Ausgangsbetrag für die Abschreibung (AfA).

Beispiel: Zuzahlung zu Pkw-Anschaffungskosten

Arbeitgeber A überlässt Arbeitnehmer B ab dem Jahr 2025 einen neuen Dienstwagen zur privaten Nutzung (Listenpreis: 30 000 €). B kann das Kfz auch für Fahrten zwischen Wohnung und erster Tätigkeitsstätte nutzen. B leistet im Jahr 2025 zu den Anschaffungskosten des Dienstwagens eine Zuzahlung (bzw. einen Zuschuss) von 10 000 €. Einzelheiten zur Verteilung des einmaligen Zuzahlungsbetrags auf die Abschreibungsdauer bzw. die Nutzungsdauer des Dienstwagens wurden **nicht vereinbart**.

Folge Für 2025 ist der geldwerte Vorteil aus der Überlassung des Kfz zu Privatfahrten und Fahrten zwischen Wohnung und erster Tätigkeitsstätte wie folgt zu ermitteln[4)]

Für die Privatnutzung:	
1 % von 30 000 € = 300 € monatlich, Jahresbetrag	3 600 €
Für die Fahrten zwischen Wohnung und erster Tätigkeitsstätte bei 20 km einfacher Entfernung:	
0,03 % von 30 000 € × 20 km × 12 Monate =	2 160 €
Summe:	**5 760 €**

1) Anhängiges Verfahren beim BFH mit Az. VI R 7/23, zuvor FG Köln v. 20.4.2023, 1 K 1234/22, StEd 2023, 713.

2) BFH v. 18.10.2007, VI R 59/06, BStBl II 2009, 200.

3) BFH v. 30.11.2016, VI R 49/14, BStBl II 2017, 1011; v. 30.11.2016, VI R 2/15, BStBl II 2017, 1014, BMF v. 3.3.2022, IV C 5 – S 2334/21/10004 :001, BStBl I 2022, 232, Rz. 65 f.

4) R 8.1 Abs. 9 Nr. 4a Satz 1 und 2 LStR; BMF v. 3.3.2022, IV C 5 – S 2334/21/10004 :001, BStBl I 2022, 232, Rz. 65 ff.

Weil die Zuzahlung von 10 000 € auf den geldwerten Vorteil angerechnet wird, hat der Arbeitnehmer im Jahr 2025 keinen geldwerten Vorteil zu versteuern. Es verbleibt ein nicht aufgebrauchter Zuschuss von 10 000 € abzüglich 5 160 € = 4 840 €.

Dieser verbleibende Zuzahlungsbetrag darf im Jahr 2026 auf den geldwerten Vorteil aus der Überlassung des Dienstwagens angerechnet werden.

Eine Übertragung des nicht aufgebrauchten Zuzahlungsbetrags ist bei dieser Fallgestaltung hingegen nicht zulässig, wenn der Arbeitnehmer ab 2026 den Dienstwagen wechselt und ein anderes Kfz nutzt (Fahrzeugwechsel); s. hierzu → Rz. 269.

Zur Behandlung der Zuzahlungen bei Ansatz des **pauschalen Nutzungswerts** → Rz. 252, → Rz. 269.

Zahlt der Arbeitgeber dem Arbeitnehmer zu hoch geleistete Zuzahlungen zurück, sind diese als Arbeitslohn lohnsteuerpflichtig, soweit sie den Arbeitslohn (regelmäßig den geldwerten Vorteil) gemindert haben.

Ein sich ergebender bzw. verbleibender Nutzungswert für die Wege zwischen Wohnung und erster Tätigkeitsstätte darf der Arbeitgeber bis zur Höhe der maßgebenden Entfernungspauschale mit **15 % pauschal versteuern** (→ Rz. 232). Hat der Arbeitnehmer eine Körperbehinderung (→ Rz. 266), darf der Nutzungswert in vollem Umfang pauschal versteuert werden.[1]

ii) Doppelte Haushaltsführung

253 Für **Familienheimfahrten** anlässlich einer **doppelten Haushaltsführung** wird gem. § 8 Abs. 2 Satz 5 EStG **grundsätzlich kein geldwerter Vorteil** angesetzt, wenn der Arbeitnehmer vom Arbeitgeber einen Pkw zur Durchführung der Heimfahrten **unentgeltlich** überlassen bekommen hat. Dies gilt, soweit für diese Familienheimfahrt **dem Grunde nach** ein Werbungskostenabzug in Betracht käme. Insoweit ist ein Werbungskostenabzug bzw. eine steuerfreie Erstattung von Fahrtkosten durch den Arbeitgeber ausgeschlossen.

Ist für die Familienheimfahrt ein Werbungskostenabzug i. R. der doppelten Haushaltsführung ausgeschlossen, z. B. weil es sich um eine steuerlich nicht zu berücksichtigende **Zwischenheimfahrt** handelt (ab zweiter Familienheimfahrt wöchentlich), ist für die nichtabziehbare Zwischenheimfahrt ein Nutzungswert von **0,002 %** des inländischen Listenpreises für jeden **Entfernungskilometer** zwischen dem Beschäftigungsort und dem Ort des eigenen Hausstands zu ermitteln. Dieser Betrag **erhöht** als Arbeitslohn die steuerpflichtigen Nutzungswerte für die Privatfahrten und die Wege zwischen Wohnung und erster Tätigkeitsstätte.

f) Ermittlung Listenpreis Kfz, Pkw bei pauschalem Nutzungswert

254 Wird der Vorteil für die unentgeltliche private Nutzung eines betrieblichen Kfz mit pauschalen Nutzungswerten (sog. 1 %-Regelung) ermittelt, ist der Bruttolistenpreis des Fahrzeugs die **Bemessungsgrundlage** der festen Prozentsätze.

Als **Listenpreis** ist **auch bei gebraucht erworbenen oder geleasten Fahrzeugen** die auf volle 100 € abgerundete inländische unverbindliche Preisempfehlung des Herstellers für das Fahrzeug im Zeitpunkt seiner Erstzulassung einschließlich USt anzusetzen. **Hinzu** kommen die Kosten für **werkseitig** im Zeitpunkt der Erstzulassung eingebaute **Sonderausstattungen** (z. B. Navigationsgeräte, Diebstahlsicherungssysteme).[2]

Nachträglich eingebaute unselbständige Ausstattungsmerkmale sind durch den pauschalen Nutzungswert **abgegolten** und können nicht zusätzlich getrennt bewertet werden (→ Rz. 79 ff.).[3] Zu den Besonderheiten beim Bezug von steuerfreiem Ladestrom für Elektrofahrzeuge und Hybridelektrofahrzeuge → Rz. 241.

1) BMF v. 18.11.2021, IV C 5 – S 2351/20/10001 :002, BStBl I 2021, 2315.
2) BFH v. 16.2.2005, VI R 37/04, BStBl II 2005, 563.
3) BFH v. 13.10.2010, VI R 12/09, BStBl II 2011, 361.

Der Ansatz des **Bruttolistenneupreises** begegnet insbesondere im Hinblick auf die dem Stpfl. zur Wahl gestellte Möglichkeit, den Nutzungsvorteil auch nach der sog. Fahrtenbuchmethode zu ermitteln und zu bewerten, **keinen** verfassungsrechtlichen Bedenken.[1]

Bei Kfz, die vor dem 1.1.2002 angeschafft worden sind, ist zunächst der DM-Listenpreis in einen Euro-Listenpreis (1 € = 1,95583 DM) umzurechnen und dann auf volle 100 € abzurunden.

Bei einer Überlassung von Kfz durch **Automobilhersteller** an deren Arbeitnehmer sind die Herstellungskosten Bemessungsgrundlage für die Absetzung für Abnutzung und nicht der Listenpreis.

Im Übrigen ist zu beachten:

- Die Förderungsregelungen zur Nutzung von **Elektro**- und **Hybridelektrofahrzeugen** sind auch im Arbeitnehmerbereich anzuwenden. Zu den Besonderheiten und steuerlichen Abschlägen bei Elektrofahrzeugen oder extern aufladbaren Hybridelektrofahrzeugen → Rz. 77.
- Bei der Ermittlung des Listenpreises bleiben der Wert eines **Autotelefons** einschließlich einer Freisprecheinrichtung sowie ein Satz Winterreifen mit Felgen **außer Betracht**. Hierbei ist es gleichgültig, ob der Kauf zusammen mit dem Kauf des Pkw oder später erfolgte (R 8.1 Abs. 9 Nr. 1 Satz 6 LStR).
- Der **inländische** Listenpreis ist auch bei einem **reimportierten Fahrzeug** maßgebend. Enthält das Fahrzeug eine Sonderausstattung, die sich im inländischen Listenpreis nicht niedergeschlagen hat, ist der Wert der Sonderausstattung mit den inländischen Sonderausstattungspreisen zusätzlich zu berücksichtigen. Ist das reimportierte Fahrzeug dagegen geringwertiger ausgestattet, ist der Wert der Minderausstattung durch einen Vergleich mit einem entsprechenden inländischen Fahrzeug zu berücksichtigen (→ Rz. 77 f.).
- Bei einem aus Sicherheitsgründen **gepanzerten Pkw** kann der Listenpreis des leistungsschwächeren Fahrzeugs zu Grunde gelegt werden, und zwar des Fahrzeugs, das dem Arbeitnehmer zur Verfügung gestellt werden würde, wenn seine Sicherheit nicht gefährdet wäre (R 8.1 Abs. 9 Nr. 1 Satz 7 LStR). Werden hier die Kosten durch Einzelnachweis ermittelt, bestehen im Hinblick auf die durch die Panzerung verursachten höheren laufenden Betriebskosten keine Bedenken, wenn der **Nutzungswertermittlung** 70 % der tatsächlich festgestellten laufenden Kosten – allerdings ohne die Abschreibung – zu Grunde gelegt werden.

Zur Frage, wie zu verfahren ist, wenn dem Arbeitnehmer Lastkraftwagen (z. B. ein Möbelwagen für den privaten Umzug), Zugmaschinen oder andere Fahrzeuge zur privaten Nutzung überlassen werden, hat der BFH mit Urteil v. 13.2.2003[2] entschieden, dass die 1 %-Regelung des § 6 Abs. 1 Nr. 4 Satz 2 EStG nach dem Wortlaut der Norm jedes zum Betriebsvermögen gehörende „Kfz" erfasst. Nach dem Sinn und Zweck der Vorschrift erscheint es jedoch geboten, bestimmte Arten von Kfz, namentlich insbesondere Lkw und Zugmaschinen, von der Anwendung der 1 %-Regelung auszunehmen. Dies hat er mit den Urteilen v. 18.12.2008[3] sowie v. 17.2.2016[4] bestätigt; Tenor: Die 1 %-Regelung gilt nicht für Fahrzeuge, die nach ihrer objektiven Beschaffung und Einrichtung typischerweise so gut wie ausschließlich nur zur Beförderung von Gütern bestimmt sind. Zur steuerlichen Behandlung einer Überlassung von Lkw und Zugmaschinen sowie von Sonderfahrzeugen nach dem Kraftfahrzeugsteuergesetz s. Erlass des FinMin Saarland v. 29.1.2003 sowie der OFD Berlin v. 5.3.2004.[5]

---

1) BFH v. 13.12.2012, VI R 51/11, BStBl II 2013, 385.
2) BFH v. 13.2.2003, X R 23/01, BStBl II 2003, 472.
3) BFH v. 18.12.2008, VI R 34/07, BStBl II 2009, 381.
4) BFH v. 17.2.2016, X R 32/11, BStBl II 2016, 708.
5) FinMin Saarland v. 29.1.2003, B/2-4 – 11/03 – S 2334, DStR 2003, 422, OFD Berlin v. 5.3.2004, St 176 – S 2334 – 7/98, EStG-Kartei BE § 8 EStG Fach 1 Nr. 1007 III.

g) Abstimmung Ermittlungsmethode

255 Der Arbeitgeber muss sich für die Berechnung der auf die Privatfahrten entfallenden Nutzungswerte jedes **Kalenderjahr** mit dem Arbeitnehmer auf eine der beiden vorgenannten Methoden **abstimmen**. Dieses Berechnungsverfahren darf bei demselben Kfz während des Kalenderjahres **nicht** gewechselt werden. Nutzt der oder nutzen die Arbeitnehmer nebeneinander mehrere betriebliche Fahrzeuge privat, ist insoweit ein Nebeneinander der beiden Methoden zulässig.

Ist eine genauere Berechnung des privaten Nutzungswerts bei Führung eines Fahrtenbuchs monatlich (noch) nicht möglich, kann der Lohnabrechnung **aus Vereinfachungsgründen** monatlich **1/12 des Vorjahresbetrags** zu Grunde gelegt werden. Liegt ein derartiger Wert nicht vor, weil z. B. das Kfz neu angeschafft wurde, kann der Nutzungswert auch vorläufig für jeden Fahrtkilometer mit 0,001 % des inländischen Listenpreises angesetzt werden. Spätestens **nach Ablauf des Kalenderjahres** oder nach Beendigung des Dienstverhältnisses ist der **tatsächlich** zu versteuernde Nutzungswert zu ermitteln. Eine sich daraus ergebende Lohnsteuerdifferenz ist auszugleichen. Für die **Einkommensteuer-Veranlagung** ist der Arbeitnehmer allerdings nicht an das im Lohnsteuer-Abzugsverfahren gewählte Verfahren **gebunden** (→ Rz. 251).

256 Nutzt der Arbeitnehmer das vom Arbeitgeber zur Verfügung gestellte Kfz für Wege zwischen Wohnung und erster Tätigkeitsstätte, darf die **Entfernungspauschale** für die tatsächlich durchgeführten Fahrten als **Werbungskosten** angesetzt werden (→ Rz. 273, → Rz. 275). **Arbeitnehmer** mit einer Körperbehinderung können hierfür ihre tatsächlichen Aufwendungen einschließlich des Nutzungswerts für diese Fahrten ansetzen (→ Rz. 285). Der Werbungskostenabzug entfällt, soweit der Arbeitgeber die geldwerten Vorteile oder evtl. Zuschüsse mit 15 % **pauschal** versteuert hat (→ Rz. 232).

h) Sonderregelungen bei der Pkw-Gestellung

aa) Anlassbezogene Überlassung eines betrieblichen Kfz

257 Ein geldwerter Vorteil für die Nutzung eines betrieblichen Fahrzeugs für Fahrten zwischen Wohnung und erster Tätigkeitsstätte ist **nicht** zu erfassen, wenn ein Arbeitnehmer das betriebliche Kfz (Firmenfahrzeug) ausschließlich an den Tagen für die Wege zwischen Wohnung und Tätigkeitsstätte erhält, an denen es erforderlich werden kann, dass er dienstliche/berufliche Fahrten von der Wohnung aus antritt, z. B. im **Bereitschaftsdienst** in Versorgungsunternehmen.[1] Gleiches gilt, wenn ein Fahrzeug, das auf Grund seiner objektiven Beschaffenheit und Einrichtung typischerweise so gut wie ausschließlich für die Beförderung von Gütern bestimmt ist, z. B. ein Werkstattwagen im Heizungsbau und Sanitärbedarf. Denn solch ein Fahrzeug ist typischerweise nicht zum privaten Gebrauch geeignet.[2]

Unterstützt wird diese Auffassung durch ein neueres BFH-Urteil zur Überlassung eines Einsatzfahrzeugs an den Leiter der Freiwilligen Feuerwehr (Arbeitnehmer X) während seiner „ständigen" Bereitschaftszeiten.[3] Im Urteilsfall ist das Fahrzeug nicht nur für Einsatzfahrten und andere Aufgaben als Leiter der Feuerwehr, sondern auch für Fahrten zwischen Wohnung und erster Tätigkeitsstätte, für Mittagsheimfahrten, Zwischenheimfahrten sowie andere Privatfahrten genutzt worden. Nach Auffassung des BFH stellt dies keine private Verwendung dar. Vielmehr handele es sich um eine auf der ständigen Einsatzbereitschaft gründende, (feuerwehr-)funktionale Verwendung des Fahrzeugs. Das Einsatzfahrzeug stand nicht personen-, sondern funktionsbezogen und nur während der (wenn auch ständigen) Bereitschaftszeiten zur Verfügung, um den jederzeitigen Einsatz des X in einem Notfall sicherzustellen. Somit handele es sich um keine Gegenleistung für die Arbeitskraft.

---

1) BFH v. 25.5.2000, VI R 195/98, BStBl II 2000, 690.
2) BFH v. 18.12.2008, VI R 34/07, BStBl II 2009, 381; Niedersächsisches FG v. 13.3.2013, 4 K 302/11, https://juris.de/jportal/nav/index.jsp.
3) BFH v. 19.4.2021, VI R 43/18, BStBl II 2021, 605.

Strittig war mitunter die Folgerung, wenn die dienstliche Fahrt an der Wohnung beendet wird (z. B. Fahrt mit einem betrieblichen Kfz zur Wohnung nach einem Einsatz oder nach einer innerbetrieblichen Fortbildungsveranstaltung innerhalb der Woche, um am nächsten Arbeitstag damit in den Betrieb zu fahren). Nun hat die Finanzverwaltung solche Fahrten in die Begünstigung einbezogen. Folglich hat der Arbeitgeber auch dann keinen geldwerten Vorteil zu erfassen, wenn er dem Arbeitnehmer ein betriebliches Kfz ausschließlich an den Tagen für seine Fahrten zwischen Wohnung und erster Tätigkeitsstätte überlässt, an denen er dienstliche bzw. berufliche Fahrten an der Wohnung beendet.[1)]

bb) Nutzungsverbot

Erhält der Arbeitnehmer vom Arbeitgeber ein Kfz zur Verfügung gestellt, kann der Arbeitgeber ein Verbot für bestimmte, zum Privatbereich gehörende Nutzungen aussprechen (z. B. Auflage, das Kfz nicht für Privatfahrten, Fahrten zwischen Wohnung und erster Tätigkeitsstätte oder nicht für mehr als eine Familienheimfahrt wöchentlich zu nutzen). Als Folge unterbleibt der Ansatz eines entsprechenden steuerpflichtigen Nutzungswerts. **258**

Hinweis:

Forderte die Finanzverwaltung früher, dass der Arbeitgeber das **Nutzungsverbot** auch **überwacht**, wird daran auf Grund der neueren BFH-Rechtsprechung nicht mehr festgehalten. Nunmehr ist Voraussetzung für ein wirksames Verbot, dass es der Finanzverwaltung durch entsprechende Unterlagen (z. B. eine arbeitsvertragliche oder eine andere arbeits- oder dienstrechtliche Rechtsgrundlage) nachgewiesen wird.[2)]

In Fällen, in denen entsprechende Nachweise zum vereinbarten Nutzungsumfang fehlen, hat sich das Finanzamt an der zuvor genannten BFH-Rechtsprechung zu orientieren. Danach gilt:

- Über die Frage, ob und welches betriebliche Fahrzeug dem Arbeitnehmer auch zur privaten Nutzung überlassen worden ist, muss bei fehlendem Nachweis ggf. unter Berücksichtigung sämtlicher Umstände des Einzelfalls entschieden werden.
- Steht nicht fest, dass der Arbeitgeber dem Arbeitnehmer einen Dienstwagen zur privaten Nutzung überlassen hat, kann auch der Beweis des ersten Anscheins diese fehlende Feststellung nicht ersetzen.

Diese Grundsätze gelten auch für einen angestellten Geschäftsführer einer GmbH sowie eines Familienunternehmens. Auch in einem solchen Fall lässt sich *kein* allgemeiner Erfahrungssatz des Inhalts feststellen, dass ein Privatnutzungsverbot nur zum Schein ausgesprochen ist oder der (Allein-)Geschäftsführer ein Privatnutzungsverbot generell missachtet.

Nach dem BMF-Schreiben v. 3.3.2022[3)] ist anstelle eines Nutzungsverbots des Arbeitgebers auch ein ausdrücklich mit Wirkung für die Zukunft erklärter schriftlicher **Verzicht des Arbeitnehmers** auf die Nutzung

- für Privatfahrten,
- für Fahrten zwischen Wohnung und erster Tätigkeitsstätte oder
- für mehr als eine Familienheimfahrt wöchentlich

1) BMF v. 3.3.2022, IV C 5 – S 2334/21/10004 :001, BStBl I 2022, 232, Rz. 6.
2) BFH v. 21.3.2013, VI R 42/12, BStBl II 2013, 918; v. 21.3.2013, VI R 46/11, BStBl II 2013, 1044; v. 18.4.2013, VI R 23/12, BStBl II 2013, 920.
3) BMF v. 3.3.2022, IV C 5 – S 2334/21/10004 :001, BStBl I 2022, 232.

möglich, um eine Versteuerung zu vermeiden.[1] Solch ein Verzicht kann in Betracht kommen, wenn aus außersteuerlichen Gründen ein Nutzungsverbot des Arbeitgebers nicht möglich ist (z. B. bei Organen von Kapitalgesellschaften). Hierbei ist zu beachten, dass diese „außersteuerlichen Gründe" nicht im Ermessen des Arbeitgebers stehen dürfen und sich z. B. aus einer Betriebsvereinbarung oder sonstigen Vereinbarung ergeben müssen.

Hinweis:

Ein Nutzungsverzicht des Arbeitnehmers muss vom Arbeitgeber ebenso wie ein Nutzungsverbot dokumentiert werden. Folglich sollte der Arbeitgeber die Nutzungsverzichtserklärung des Arbeitnehmers als **Beleg** zum Lohnkonto aufbewahren.

cc) Unbefugte Privatnutzung

259 Nutzt der Arbeitnehmer das betriebliche Kfz unbefugterweise privat, hat dies zunächst noch keinen Lohncharakter. Ein Zufluss von Arbeitslohn liegt in diesen Fällen erst in dem Zeitpunkt vor, in dem der Arbeitgeber zu erkennen gibt, dass er die ihm zustehende **Schadenersatzforderung** gegenüber dem Arbeitnehmer nicht geltend machen wird.[2]

Hinweis: Verdeckte Gewinnausschüttung

Abgrenzungsmerkmale für die Zuordnung zum Arbeitslohn und einer verdeckten Gewinnausschüttung bei einer unbefugten Kfz-Nutzung durch den **Gesellschafter-Geschäftsführer** einer Kapitalgesellschaft enthält das BMF-Schreiben v. 3.4.2012.[3]

Im Gegensatz zur unbefugten Privatnutzung ist in Fällen, in denen ein betriebliches Kfz trotz **Nutzungsverzichtserklärung** des Arbeitnehmers privat genutzt wird, der geldwerte Vorteil nach der pauschalen Nutzungswertmethode zu ermitteln. Denn in diesem Fall liegt ja keine „unbefugte" Privatnutzung vor, die zu einer Schadenersatzforderung des Arbeitgebers führen könnte.

dd) Park and Ride

260 Der Arbeitnehmer kann ein ihm überlassenes betriebliches Kfz auch nur für eine Teilstrecke zwischen Wohnung und erster Tätigkeitsstätte oder bei Familienheimfahrten einsetzen. Dies ist regelmäßig der Fall, wenn die andere Teilstrecke mit öffentlichen Verkehrsmitteln zurückgelegt wird. Bei diesem Nutzungsumfang ist für die Ermittlung des pauschalen Nutzungswerts (0,03 %) dennoch die gesamte Entfernung zwischen Wohnung und erster Tätigkeitsstätte zu Grunde zu legen und zu versteuern.

Die Finanzverwaltung akzeptiert es jedoch, den jeweils in Betracht kommenden pauschalen Nutzungswert auf der Grundlage der jeweiligen Teilstrecke zu ermitteln, die mit dem betrieblichen Kfz tatsächlich zurückgelegt wird, wenn

- der Arbeitgeber das Kfz nur für diese Teilstrecke zur Verfügung stellt („Teilnutzungsverbot") oder
- der Arbeitnehmer „freiwillig" nur eine Teilstrecke fährt und er für die restliche Teilstrecke einen Nachweis über die Benutzung eines anderen Verkehrsmittels erbringt, z. B. eine auf ihn ausgestellte Jahres-Bahnfahrkarte vorlegt.[4]

1) BMF v. 3.3.2022, IV C 5 – S 2334/21/10004 :001, BStBl I 2022, 232, Rz. 20.
2) BMF v. 3.3.2022, IV C 5 – S 2334/21/10004 :001, BStBl I 2022, 232, Rz. 21.
3) BMF v. 3.4.2012, IV C 2 – S 2742/08/10001, BStBl I 2012, 478.
4) BFH v. 4.4.2008, VI R 68/05, BStBl II 2008, 890; BMF v. 3.3.2022, IV C 5 – S 2334/21/10004 :001, BStBl I 2022, 232, Rz. 23.

Dies ergibt einen niedrigeren steuerpflichtigen Nutzungswert und folglich eine geringere Steuerbelastung.

Hinweis: Überwachung des Teilnutzungsverbots

Im BMF-Schreiben v. 3.3.2022 ist eindeutig geregelt, dass der Arbeitgeber bezüglich des Teilnutzungsverbots keine besonderen Überwachungspflichten hat. Es gelten die Regelungen für das vom Arbeitgeber ausgesprochene Nutzungsverbot für Privatfahrten entsprechend[1] (→ Rz. 258).

ee) Begrenzung des pauschalen Nutzungswerts (sog. Kostendeckelung)

Der anzusetzende pauschale Nutzungswert übersteigt mitunter die dem Arbeitgeber für **261**
das Fahrzeug insgesamt entstandenen Kosten. Wird dies im Einzelfall nachgewiesen, so ist der zu versteuernde Nutzungswert höchstens mit dem Betrag der **Gesamtkosten** des Kfz anzusetzen (→ Rz. 101, sog. Kostendeckelung), wenn nicht auf Grund des Nachweises der Fahrten durch ein Fahrtenbuch ein geringerer Wertansatz in Betracht kommt.

Wird das **Kfz mit Fahrer** zur Verfügung gestellt, ist auch bei Anwendung der Kostendeckelung der zusätzliche geldwerte Vorteil mit 50 % der Gesamtkosten zu erhöhen (→ Rz. 270).

i) Pkw-Gestellung für mehrere Arbeitnehmer

aa) Sammelbeförderung

Stellt der Arbeitgeber mehreren Arbeitnehmern einen Pkw für gemeinsame Fahrten zwi- **262**
schen Wohnung und erster Tätigkeitsstätte unentgeltlich zur Verfügung, so ist von der Hinzurechnung eines geldwerten Vorteils zum Arbeitslohn abzusehen, soweit die **Sammelbeförderung** für den betrieblichen Einsatz notwendig ist.

Dies ist dann gegeben, wenn

- die Beförderung mit öffentlichen Verkehrsmitteln nicht oder nur mit unverhältnismäßig hohem Zeitaufwand durchgeführt werden kann,
- die Arbeitnehmer an ständig wechselnden Tätigkeitsstätten oder verschiedenen Stellen eines weiträumigen Arbeitsgebiets eingesetzt werden oder
- der Arbeitsablauf eine gleichzeitige Arbeitsaufnahme der beförderten Arbeitnehmer erfordert.

Als **Sammelbeförderung** wird die durch den Arbeitgeber organisierte oder zumindest veranlasste Beförderung mehrerer Arbeitnehmer bezeichnet; sie darf nicht auf dem Entschluss eines Arbeitnehmers beruhen. Aus steuerlicher Sicht verlangt eine Sammelbeförderung grundsätzlich eine besondere Rechtsgrundlage. Dies kann ein Tarifvertrag oder eine Betriebsvereinbarung sein.[2]

Für die Strecken mit steuerfreier oder verbilligter Sammelbeförderung ist ein Ansatz der Entfernungspauschale als **Werbungskosten** nicht möglich. Befördert ein Arbeitnehmer auf seinen Wegen zwischen Wohnung und erster Tätigkeitsstätte auch Kollegen dorthin, liegt keine (steuerfreie) Sammelbeförderung vor, wenn darüber nicht eine gesonderte Vereinbarung getroffen wurde.[2]

Hat der Arbeitnehmer für die Sammelbeförderung an den Arbeitgeber einen Betrag zu entrichten, kann er diesen als **allgemeine Werbungskosten** nach § 9 Abs. 1 EStG geltend machen; dabei ist die Höhe des tatsächlich entrichteten Betrags maßgeblich.

---

1) BMF v. 3.3.2022, IV C 5 – S 2334/21/10004 :001, BStBl I 2022, 232, Rz. 20 f.
2) BFH v. 29.1.2009, VI R 56/07, BStBl II 2010, 1067.

Eine Geh- und Stehbehinderung der beförderten Arbeitnehmer rechtfertigt für sich allein noch **keine** steuerfreie Sammelbeförderung. Die vorgenannten Gründe müssen hinzukommen. Entsprechendes gilt für die Sammelbeförderung von blinden Arbeitnehmern.

bb) Fahrzeugpool

263 Stellt der Arbeitgeber **mehreren** Arbeitnehmern **ein** Kfz zu Privatfahrten zur Verfügung, ist der nach der 1 %-Methode ermittelte geldwerte Vorteil entsprechend der Zahl der Nutzungsberechtigten **aufzuteilen**.[1]

Stehen **mehreren** nutzungsberechtigten Arbeitnehmern in einem Fahrzeugpool **verschiedene** Kfz für die private Nutzung zur Verfügung, so hat der Arbeitgeber den pauschalen Nutzungswert für die Privatfahrten mit 1 % der Listenpreise aller Kfz zu ermitteln und die Summe entsprechend der Zahl der Nutzungsberechtigten aufzuteilen. Der pauschale Nutzungswert für Fahrten zwischen Wohnung und erster Tätigkeitsstätte ist bei jedem Arbeitnehmer mit 0,03 % des Listenpreises je Entfernungskilometer zu ermitteln und durch die Zahl der Nutzungsberechtigten zu teilen.[1]

Sind in einem Fahrzeugpool **mehr** Fahrzeuge vorhanden als nutzungsberechtigte Arbeitnehmer, ist jedem Arbeitnehmer der Nutzungswert für das von ihm **überwiegend** genutzte Fahrzeug zuzurechnen. Alternativ darf nach dem vorgenannten Grundsatz zur Ermittlung und Aufteilung der Nutzungswerte verfahren werden (s. das zweite nachfolgende Beispiel).

Beispiel: Ermittlung der Privatnutzung bei Fahrzeugpool

Sechs Arbeitnehmern stehen in einem Fahrzeugpool insgesamt sechs Fahrzeuge zur Verfügung, die auch privat genutzt werden dürfen. Diese sechs Fahrzeuge haben einen Listenpreis von 22 000 €, 23 000 €, 25 000 €, 30 000 €, 35 000 € und 39 000 €. Die Summe der Listenpreise beträgt somit 174 000 €, so dass auf jeden der Arbeitnehmer als anteiliger Listenpreis ein Betrag von 29 000 € (174 000 € : 6) entfällt.

> **Folge:** Bei jedem der sechs Arbeitnehmer ist für die Privatnutzung ein geldwerter Vorteil von 29 000 € × 1 % = 290 € pro Monat als Arbeitslohn zu erfassen. Als Vorteil für die Fahrten zwischen Wohnung und erster Tätigkeitsstätte sind pro Monat je Entfernungskilometer 8,70 € (0,03 % von 29 000 €) anzusetzen.
>
> Somit ergibt sich pro Arbeitnehmer für die Fahrten zwischen Wohnung und erster Tätigkeitsstätte monatlich ein steuerpflichtiger geldwerter Vorteil i. H. v. 8,70 € je Entfernungskilometer. Anzusetzen sind die jeweiligen Entfernungskilometer, z. B. für Arbeitnehmer A: 25 km Wegstrecke × 8,70 € = 217,50 €.
>
> Der einzelne Nutzungsberechtigte hat jedoch die Möglichkeit, i. R. seiner Einkommensteuerveranlagung zur (günstigeren) Einzelbewertung seiner tatsächlichen Fahrten zwischen Wohnung und erster Tätigkeitsstätte überzugehen (→ Rz. 251, → Rz. 255).

Übersteigt die Zahl der Nutzungsberechtigten die in einem Fahrzeugpool zur Verfügung stehenden Kfz, so ist bei **pauschaler** Nutzungswertermittlung wie folgt zu verfahren:

- Für Privatfahrten ist der geldwerte Vorteil mit 1 % der Listenpreise aller Kfz zu ermitteln und die Summe entsprechend der Zahl der Nutzungsberechtigten aufzuteilen.
- Für Fahrten zwischen Wohnung und erster Tätigkeitsstätte ist der geldwerte Vorteil grundsätzlich mit 0,03 % der Listenpreise aller Kfz zu ermitteln und die Summe durch die Zahl der Nutzungsberechtigten zu teilen. Dieser Wert ist beim einzelnen Arbeitnehmer mit der Zahl seiner Entfernungskilometer zu multiplizieren.[1]

Die pauschale Nutzungswertmethode ist meist nur dann steuerlich vorteilhaft, wenn Arbeitnehmer den Firmenwagen in großem Umfang privat nutzen. Bei einem Poolfahrzeug ist dies oft nicht der Fall. Spricht der Arbeitgeber kein privates Nutzungsverbot aus, kann es sich rechnen, ein Fahrtenbuch zu führen. Das gilt insbesondere, wenn das betreffende Kfz als Gebrauchtwagen angeschafft oder bereits abgeschrieben worden ist.

---

1) BFH v. 15.5.2002, VI R 132/00, BStBl II 2003, 311.

Beispiel: Ermittlung der Privatnutzung bei Fahrzeugpool

Sachverhalt wie im vorherigen Beispiel, nur stehen die sechs Fahrzeuge fünf Arbeitnehmern zur Verfügung.

Folge: Bei jedem der fünf Arbeitnehmer ist für die Privatnutzung der sechs Fahrzeuge ein geldwerter Vorteil von 34 800 € × 1 % = 348 € pro Monat als Arbeitslohn zu erfassen (Summe der Listenpreise 174 000 € : 5 = anteiliger Listenpreis 34 800 €).

Als monatlicher Zuschlag für die Fahrten zwischen Wohnung und erster Tätigkeitsstätte ergeben sich 10,44 € pro km (0,03 % von 34 800 €); für Arbeitnehmer A mit einer Wegstrecke von 25 km × 10,44 € = 261,00 €. Dieser Betrag ist als geldwerter Vorteil für die Fahrten zum Betrieb hin und zurück zu erfassen.

Dem einzelnen Nutzungsberechtigten bleibt es unbenommen, zur Einzelbewertung seiner **tatsächlichen** Fahrten zwischen Wohnung und erster Tätigkeitsstätte überzugehen (→ Rz. 247).[1]

Steht dem Arbeitnehmer für die **dienstliche** Nutzung **kein** bestimmtes Fahrzeug, sondern ein Fahrzeugpool zur Verfügung, genügt ein schriftliches Verbot der Nutzung für private Zwecke, um den ersten Anschein der Privatnutzung zu entkräften.[2]

j) Gestellung von Omnibussen und Flugzeugen

Stellt der Arbeitgeber einen Omnibus, Kleinbus usw. oder gar ein Flugzeug zu Sammelfahrten/-flügen zur Verfügung, so ist von der Hinzurechnung eines geldwerten Vorteils zum Arbeitslohn abzusehen, soweit die **Sammelbeförderung** für den betrieblichen Einsatz notwendig ist. Zur steuerlichen Behandlung einer Zahlung des Arbeitnehmers an den Arbeitgeber für die Sammelbeförderung → Rz. 262. **264**

k) Pkw-Gestellung bei Einsatzwechseltätigkeit

Arbeitnehmer mit Einsatzwechseltätigkeit haben für die Fahrten zu den Einsatzstellen mit dem zur Verfügung gestellten Kfz – unabhängig von der Entfernung – keinen Nutzungswert zu versteuern. Ebenso ist für Fahrten mit einem Firmenwagen anlässlich von Auswärtstätigkeiten kein geldwerter Vorteil anzusetzen. **265**

l) Pkw-Gestellung bei Arbeitnehmern mit einer Behinderung

Wird körperbehinderten Arbeitnehmern, deren Grad der Behinderung **266**

- mindestens 70 % beträgt oder
- unter 70 %, aber bei mindestens 50 % liegt und deren Bewegungsfähigkeit im Straßenverkehr erheblich beeinträchtigt ist,

ein betriebliches Kfz für Wege zwischen Wohnung und erster Tätigkeitsstätte zur Verfügung gestellt, ist ebenso der geldwerte Vorteil zu versteuern. Andererseits kann dieser Personenkreis die tatsächlichen Kosten bzw. den pauschalen Kilometersatz von 0,30 € je gefahrenen Kilometer als Werbungskosten geltend machen (§ 9 Abs. 2 EStG).

Beispiel: Pkw-Gestellung an körperbehinderte Arbeitnehmer (Sonderregelung)

Ein körperbehinderter Arbeitnehmer nutzt einen zur Verfügung gestellten Pkw für Fahrten zur 30 km entfernten ersten Tätigkeitsstätte. Der Listenpreis des Pkw soll 25 000 € und die Zahl der Arbeitstage 225 betragen.

1) BMF v. 3.3.2022, IV C 5 – S 2334/21/10004 :001, BStBl I 2022, 232, Rz. 14.
2) BFH v. 21.4.2010, VI R 46/08, BStBl II 2010, 848.

Nutzungswert	
– monatlicher Nutzungswert für Fahrten zur ersten Tätigkeitsstätte: 30 km × 0,03 % × 25 000 € =	225 €
– jährlicher Nutzungswert für die Privatnutzung (1 % von 25 000 €): 250 € × 12 Monate =	3 000 €
Werbungskostenabzug (als Entfernungspauschale)	
225 Tage × 30 km × 2 × 0,30 € =	4 050 €

Führt der körperbehinderte Arbeitnehmer ein Fahrtenbuch, kann er die tatsächlich ermittelten Aufwendungen als Werbungskosten geltend machen (§ 9 Abs. 2 EStG, → Rz. 238).

m) Pkw-Gestellung und Aufwendungen für eine Garage

267 Ist der Arbeitnehmer verpflichtet, das ihm vom Arbeitgeber überlassene Kfz in einer Garage unterzustellen, und mietet der Arbeitgeber in der Nähe der Wohnung des Arbeitnehmers eine Garage an, sind die Aufwendungen für die Garage durch die pauschalen Nutzungswerte mit abgegolten. Dies gilt auch, wenn der Arbeitnehmer die Garage anmietet und der Arbeitgeber ihm die Aufwendungen erstattet. In diesem Fall liegt steuerfreier Auslagenersatz nach § 3 Nr. 50 EStG selbst dann vor, wenn dem Arbeitnehmer der an den Dritten entrichtete Mietzins nicht vollständig erstattet wird.[1)]

Gleiches gilt, wenn der Arbeitnehmer die eigene Garage zur Verfügung stellt und der Arbeitgeber dem Arbeitnehmer hierfür einen Betrag zahlt. Dieses Nutzungsentgelt rechnet beim Arbeitnehmer zu den Einkünften aus Vermietung und Verpachtung i. S. v. § 21 Abs. 1 EStG.[2)]

n) Pkw-Gestellung und Unfallkosten

268 Verursacht der Arbeitnehmer mit dem ihm überlassenen Kfz auf einer Privatfahrt einen Unfall, muss festgestellt werden, ob er gegenüber dem Arbeitgeber schadensersatzpflichtig ist oder nicht.

Liegt **keine Schadensersatzpflicht** des Arbeitnehmers vor (z. B. Fälle höherer Gewalt, Verursachung des Unfalls durch einen Dritten) **oder** ereignet sich der **Unfall auf einer beruflich veranlassten Fahrt** (Auswärtstätigkeit oder einer Fahrt zwischen Wohnung und erster Tätigkeitsstätte oder auf der wöchentlichen Familienheimfahrt bei einer beruflich veranlassten doppelten Haushaltsführung), kann sich kein geldwerter Vorteil ergeben (R 8.1 Abs. 9 Nr. 2 Satz 16 LStR).

Ist der Arbeitnehmer gegenüber dem Arbeitgeber jedoch nach den zivilrechtlichen Regelungen **schadensersatzpflichtig** und **verzichtet** der Arbeitgeber auf den Ersatz des Schadens, liegt im Zeitpunkt des Verzichts beim Arbeitnehmer ein geldwerter Vorteil vor, der grundsätzlich als **Arbeitslohn** zu versteuern ist. Grundlage für diese steuerlichen Folgerungen sind die Ausführungen des BFH im Urteil v. 24.5.2007 (zu Trunkenheitsfahrten),[3)] wonach **Unfallkosten nicht** zu den **Gesamtkosten** des Kfz zählen.

Als **Vereinfachungsregelung** können jedoch Unfallkosten, die – bezogen auf den einzelnen Schadensfall und nach Erstattungen von dritter Seite (z. B. Versicherungen) – den Betrag von 1 000 € zzgl. USt nicht übersteigen, als Reparaturkosten behandelt und in die **Gesamtkosten** einbezogen werden (Wahlrecht, R 8.1 Abs. 9 Nr. 2 Satz 12 LStR). Dies gilt auch, wenn die nach dem Kfz-Versicherungsvertrag zu tragende Selbstbeteiligung am Schaden nicht mehr als 1 000 € beträgt.

Hat der Arbeitgeber auf den Abschluss einer Vollkaskoversicherung **verzichtet**, ist aus Vereinfachungsgründen grundsätzlich so zu verfahren, als bestünde eine Versicherung

1) BFH v. 7.6.2002, VI R 1/00, DStRE 2003, 1.
2) BFH v. 7.6.2002, VI R 145/99, BStBl II 2002, 829.
3) BFH v. 24.5.2007, VI R 73/05, BStBl II 2007, 766.

mit einer Selbstbeteiligung i. H. v. 1 000 € (R 8.1 Abs. 9 Nr. 2 Satz 15 LStR). Folglich ist die o. g. Vereinfachungsregelung auch in solch einem Fall anwendbar. Sie ist grundsätzlich sowohl bei der Ermittlung des geldwerten Vorteils nach der 1 %-Methode als auch bei Anwendung der Fahrtenbuchmethode anzuwenden.

Ebenfalls aus Vereinfachungsgründen vertritt die Finanzverwaltung die Auffassung, dass für Schäden bei einem kaskoversicherten Kfz mit einem höheren Selbstbehalt als 1 000 € (z. B. 5 000 €) so zu verfahren ist, als bestünde eine Versicherung mit einem **Selbstbehalt** i. H. v. 1 000 €. Folglich ist der geldwerte Vorteil bei sinngemäßer Anwendung der Vereinfachungsregelung stets auf 1 000 € begrenzt (R 8.1 Abs. 9 Nr. 2 Satz 15 LStR).

Sind die Unfallkosten nach der Vereinfachungsregelung als Reparaturkosten in die Gesamtkosten des Kfz einbezogen worden, werden sie bei Anwendung der **1 %-Methode** nicht weiter berücksichtigt. Denn die Gesamtkosten sind nur bei Anwendung der Fahrtenbuchmethode heranzuziehen. Folglich ist i. R. der 1 %-Methode für die Unfallkosten **kein** geldwerter Vorteil anzusetzen. Werden die Kosten des Fahrzeugs nach der **Fahrtenbuchmethode** ermittelt, erhöht die insgesamt auf 1 000 € begrenzte Hinzurechnung der Unfallkosten den zu versteuernden Privatanteil regelmäßig nur geringfügig.

o) Pkw-Gestellung und Zuzahlung des Arbeitnehmers zu den Anschaffungskosten

Beteiligt sich der Arbeitnehmer an den Anschaffungskosten des ihm überlassenen Firmenwagens in Form einer einmaligen Zuzahlung, sind bei der Ermittlung bzw. Minderung des **pauschalen** Nutzungswerts zwei Alternativen zu beachten. **269**

Alternative 1:

Bestehen **keine** arbeitsvertraglichen Vereinbarungen hinsichtlich des Zuzahlungszeitraums **mindert** nach (bereits früherer) Auffassung der Finanzverwaltung eine **einmalige** Zahlung des Arbeitnehmers zu den **Anschaffungskosten** (zunächst) im Zahlungsjahr den Nutzungswert des ihm überlassenen Firmenwagens (R 8.1 Abs. 9 Nr. 4 und 4a LStR). Nur **dann**, wenn nach Anrechnung der Zuzahlung im Zahlungsjahr ein Betrag verbleibt, darf er in dem oder den darauffolgendem Kalenderjahr/-en auf den Nutzungswert für das jeweilige Kfz bis auf 0 € angerechnet werden (R 8.1 Abs. 9 Nr. 4 und 4a LStR, s. a. → Rz. 243, → Rz. 252 sowie nachfolgend Alternative 2).[1] Denn nach dem aktuellen BMF-Schreiben „wird es nicht beanstandet", wenn mit Einmalzahlungen des Arbeitnehmers zu den Anschaffungskosten eines ihm auch zur privaten Nutzung überlassenen betrieblichen Kfz wie zuvor beschrieben verfahren wird.

Bestehen jedoch arbeitsvertraglichen Vereinbarungen hinsichtlich des Zuzahlungszeitraums, folgt die Finanzverwaltung diesen Vereinbarungen (s. Alternative 2).

Alternative 2:

Bestehen hingegen **arbeitsvertragliche** Vereinbarungen zw. Arbeitgeber und Arbeitnehmer hinsichtlich des Zuzahlungszeitraums, ist die zeitraumbezogene Einmalzahlung des Arbeitnehmers zu den Anschaffungskosten des ihm auch zur privaten Nutzung überlassenen betrieblichen Kfz bei der Bemessung des geldwerten Vorteils auf den Zeitraum, für den sie geleistet werden, gleichmäßig zu verteilen und vorteilsmindernd zu berücksichtigen. Maßgeblich ist der **vereinbarte** Zuzahlungszeitraum, nicht dagegen die tatsächliche Nutzungsdauer des überlassenen betrieblichen Kfz (z. B. im Fall einer vorzeitigen Rückgabe, Veräußerung, bei Tausch oder bei Totalschaden). Es liegen dann weder negativer Arbeitslohn noch Werbungskosten vor. Eine **Übertragung** verbleibender Zuzahlungen auf ein anderes überlassenes betriebliches Kfz ist **nicht** zulässig. Damit folgt die Finanzverwaltung den BFH-Grundsätzen im Urteil v. 16.12.2020.[2] Nach Auffassung des BFH ist es zulässig, dass Arbeitgeber und Arbeitnehmer einvernehmlich die Zahlungsweise sowie die (sachlichen) Zuzahlungen für bestimmte Aufwendungen (z. B.

1) BMF v. 3.3.2022, IV C 5 – S 2334/21/10004 :001, BStBl I 2022, 232, Rz. 65 f.
2) BFH v. 16.12.2020, VI R 19/18, HFR 2021, 749, BStBl II 2021, 761.

für Kraftstoff, Versicherung, Wartung) oder die zeitliche Aufteilung der Zuzahlungen festlegen. Voraussetzungen dafür ist (wie stets), dass dies ernsthaft gewollt ist und den wirtschaftlichen Gegebenheiten nicht widerspreche (klargestellt im BMF-Schreiben v. 3.3.2022[1]) sowie in der Neufassung von R 8.1 Abs. 9 Nr. 4 LStR [2023]).

Im Urteilsfall leistete ein Arbeitnehmer für die Anschaffung eines Firmen-Kfz vereinbarungsgemäß eine einmalige Zuzahlung i. H. v. insgesamt 20 000 € an den Arbeitgeber. Die Anrechnung auf den pauschal ermittelten Wert für die Privatnutzung (1 %) war auf einen bestimmten Zeitraum festgelegt. Danach verminderte die verteilte Zuzahlung den anzusetzenden Nutzungswert bzw. den Brutto-Monatsverdienst des Arbeitnehmers mit dem Ergebnis, dass sich trotz des steuerpflichtigen geldwerten Vorteils für die private Kfz-Nutzung ein steuerlich begünstigter Mini-Job nach § 40a Abs. 2 EStG ergab.

Zur Behandlung von **Leasingsonderzahlungen** bei der Ermittlung bzw. Minderung des pauschalen Nutzungswerts → Rz. 166.

Beispiel 1: Vereinbarter Zuzahlungszeitraum mit Rückerstattungsanspruch

Arbeitnehmer A hat im Januar 2024 zu den Anschaffungskosten seines betrieblichen Kfz eine Zuzahlung i. H. v. 10 000 € für eine vereinbarte voraussichtliche Nutzungsdauer von fünf Jahren geleistet. Sollte das Fahrzeug vorzeitig zurückgegeben, veräußert oder getauscht werden, hat er vereinbarungsgemäß einen Anspruch auf zeitanteilige Rückerstattung der Zuzahlung. Der geldwerte Vorteil für die private Nutzung des betrieblichen Kfz beträgt jährlich 4 000 €.

Ab Januar 2026 wird A auf Grund eines Totalschadens ein anderes betriebliches Kfz überlassen. Zu diesem Zeitpunkt erhält er vereinbarungsgemäß eine Rückerstattung der Zuzahlung für die Jahre 2026 bis 2027 i. H. v. 6 000 €.

Folge: Der geldwerte Vorteil i. H. v. 4 000 € ist in den Jahren 2024 und 2025 um jeweils 2 000 € zu mindern; gem. Vereinbarung wird die Zuzahlung auf die vereinbarte Nutzungsdauer von fünf Jahren verteilt. Es liegen weder negativer Arbeitslohn noch Werbungskosten vor. Die Rückerstattung der Zuzahlung ist kein Arbeitslohn, weil sie den privaten Nutzungswert insoweit nicht gemindert hat (R 8.1 Abs. 9 Nr. 4a Satz 5 LStR).

Beispiel 2: Keine Vereinbarung über einen Zuzahlungszeitraum, kein Rückerstattungsanspruch

Arbeitnehmer A hat im Januar 2024 zu den Anschaffungskosten seines betrieblichen Kfz eine Zuzahlung i. H. v. 10 000 € geleistet. Es wurde **keine** Vereinbarung getroffen, für welchen Zeitraum die Zuzahlung geleistet wird. Der geldwerte Vorteil für das betriebliche Kfz beträgt jährlich 4 000 €.

Ab Januar 2026 wird ihm auf Grund eines Totalschadens ein anderes betriebliches Kfz überlassen. Ein Anspruch des Arbeitnehmers auf Rückerstattung der Zuzahlung wurde arbeitsvertraglich ausgeschlossen.

Folge: Der geldwerte Vorteil i. H. v. 4 000 € ist in den Jahren 2024 und 2025 um jeweils 4 000 € (gem. R 8.1 Abs. 9 Nr. 4a Satz 1 und 2 LStR) zu mindern. Der verbleibende Zuzahlungsbetrag von 2 000 € darf auf den geldwerten Vorteil des ab Januar 2026 neu überlassenen betrieblichen Kfz nicht angerechnet werden, weil die Zuzahlung für die Überlassung eines anderen betrieblichen Kfz (Totalschaden) geleistet wurde. Es liegen insoweit weder negativer Arbeitslohn noch Werbungskosten vor.

Wie der Urteilsfall und die Beispiele zeigen, wirkt sich eine gleichmäßige Verteilung der Zuzahlung für den Arbeitnehmer mitunter vorteilhaft aus, weil er dadurch (auch gezielt) steuerliche Vorteile erhalten kann (z. B. durch Mini-Job). Zudem kann eine ggf. verfallende „Überzahlung" (→ Rz. 243) vermieden werden.

p) Gestellung eines Kfz mit Fahrer

270 Erhält der Arbeitnehmer für Privatfahrten ein Kfz mit **Fahrer** zur Verfügung gestellt, liegt darin ein steuerpflichtiger geldwerter **Vorteil**, der zusätzlich zu erfassen ist. Nachdem der BFH entschieden hatte, dass die arbeitgeberseitige Gestellung eines Fahrers (Chauf-

1) BMF v. 3.3.2022, IV C 5 – S 2334/21/10004 :001, BStBl I 2022, 232, Rz. 65 ff.

feurüberlassung) für die Fahrten des Arbeitnehmers zwischen Wohnung und erster Tätigkeitsstätte dem Grunde nach zu einem lohnsteuerrechtlich „erheblichen Vorteil" führt[1], reagierte die Finanzverwaltung mit einem BMF-Schreiben,[2] in dem sie diese Rechtsprechung relativiert und die früheren zum Teil doch recht „moderaten" pauschalen Zuschlagsätze festschreibt.

Als Maßstab zur Bewertung des geldwerten Vorteils ist **grundsätzlich** der Preis für eine von einem fremden Dritten bezogene vergleichbare Dienstleistung anzusetzen (üblicher Endpreis). **Alternativ** darf der Anteil an den tatsächlichen Lohn- und Lohnnebenkosten des Fahrers angesetzt werden, welcher der Einsatzdauer des Fahrers im Verhältnis zu dessen Gesamtarbeitszeit entspricht. Als Lohnkosten kommen in Betracht: Bruttoarbeitslohn, Arbeitgeberbeiträge zur Sozialversicherung, Verpflegungszuschüsse sowie Kosten beruflicher Fort- und Weiterbildung für den Fahrer. Zur Einsatzdauer des Fahrers gehören auch seine Stand- und Wartezeiten, nicht aber die bei der Überlassung eines Kfz mit Fahrer durch die An- und Abfahrten des Fahrers durchgeführten Leerfahrten und die anfallenden Rüstzeiten; diese sind den dienstlichen Fahrten zuzurechnen.

Weil die zuvor beschriebene Ermittlung aufwändig und für den chauffierten (privilegierten) Arbeitnehmer wohl recht „teuer" sein kann, lässt die Finanzverwaltung nach R 8.1 Abs. 10 Satz 3 Nr. 1 und 2 LStR (weiterhin) die folgenden **pauschalen** Zuschlagsätze zu:

- Stellt der Arbeitgeber dem Arbeitnehmer für die **Fahrten zwischen Wohnung und erster Tätigkeitsstätte** oder für die erste bzw. einzige wöchentliche Familienheimfahrt anlässlich einer **doppelten Haushaltsführung** ein Kfz mit Fahrer zur Verfügung, ist der für diese Fahrten (nach der Pauschalmethode oder durch die Fahrtenbuchmethode) ermittelte Nutzungswert des Kfz um 50 % zu erhöhen.
- Für die zweite und jede **weitere Familienheimfahrt** anlässlich einer doppelten Haushaltsführung (Zwischenheimfahrten, → Rz. 253) erhöht sich der auf die einzelne Familienheimfahrt entfallende Nutzungswert um 50 % (wenn für diese Fahrt ein Fahrer in Anspruch genommen worden ist).
- Stellt der Arbeitgeber dem Arbeitnehmer für **andere Privatfahrten** ein Kfz mit Fahrer zur Verfügung, ist der anzusetzende private Nutzungswert des Kfz wie folgt zu erhöhen:
  a) um 50 %, wenn der Fahrer überwiegend in Anspruch genommen wird,
  b) um 40 %, wenn der Arbeitnehmer das Kfz häufig selbst steuert,
  c) um 25 %, wenn der Arbeitnehmer das Kfz weit überwiegend selbst steuert. Dieser Zuschlag ist auch dann anzusetzen, wenn dem Arbeitnehmer ein Fahrer zur Verfügung steht, der Arbeitnehmer jedoch das Kfz tatsächlich ausschließlich selbst gesteuert hat.
- Wird der pauschal anzusetzende Nutzungswert auf die Gesamtkosten des Kfz begrenzt, ist der anzusetzende Nutzungswert um 50 % zu erhöhen, wenn das Kfz mit Fahrer zur Verfügung gestellt worden ist.

Der **Arbeitgeber** kann im Lohnsteuerabzugsverfahren die Methode zur Ermittlung des geldwerten Vorteils wählen. Diese Wahl kann er im Kalenderjahr für sämtliche Fahrten insgesamt nur **einheitlich** ausüben. Wählt der Arbeitgeber den üblichen Endpreis am Abgabeort, hat er die Grundlagen für die Berechnung des geldwerten Vorteils aus der Fahrergestellung zu dokumentieren, als Belege zum Lohnkonto aufzubewahren und dem Arbeitnehmer auf Verlangen formlos mitzuteilen.

Im Rahmen seiner Einkommensteuerveranlagung darf der Arbeitnehmer eine andere Ermittlungsmethode als der Arbeitgeber wählen. Dazu hat er den geldwerten Vorteil aus

---

1) BFH v. 15.5.2013, VI R 44/11, BStBl II 2014, 589.
2) BMF v. 15.7.2014, IV C 5 – S 2334/13/10003, BStBl I 2014, 1109; ab 2018 BMF v. 4.4.2018, IV C 5 – S 2334/18/10001, BStBl I 2018, 592, Rz. 39 ff., abgelöst durch BMF v. 3.3.2022, IV C 5 – S 2334/21/10004 :001, BStBl I 2022, 232, Rz. 42 ff.

der Fahrergestellung nach den vorgenannten Grundsätzen zu bewerten und gegenüber dem Finanzamt nachzuweisen. Eine solche Wahl darf der Arbeitnehmer im Kalenderjahr für sämtliche Fahrten (z. B. Privatfahrten, Fahrten zwischen Wohnung und erster Tätigkeitsstätte, Familienheimfahrten) insgesamt nur einheitlich ausüben. Voraussetzung für eine abweichende Bewertung ist, dass der im Lohnsteuerabzugsverfahren angesetzte Vorteil sowie die Grundlagen für die Berechnung des geldwerten Vorteils nachgewiesen werden (z. B. durch eine formlose Mitteilung des Arbeitgebers).

Erhält der Arbeitnehmer vom Arbeitgeber aus **Sicherheitsgründen** einen **sondergeschützten** (gepanzerten) Kraftwagen, der zum Selbststeuern nicht geeignet ist, **einschließlich** eines **Kraftfahrers** unentgeltlich zur Verfügung gestellt, sieht die Finanzverwaltung von der steuerlichen Erfassung der Fahrergestellung ab. Es ist dabei unerheblich, in welcher sicherheitsrelevanten Gefährdungsstufe der Arbeitnehmer eingeordnet ist.

Wird das betriebseigene Kfz auch für Wege **zwischen Wohnung und erster Tätigkeitsstätte** benutzt, kann der Arbeitgeber den dafür anzusetzenden **geldwerten** Vorteil bis zur Höhe der anzusetzenden Entfernungspauschale von 0,38 €/Entfernungskilometer (ab 2026) mit **15 % pauschal** lohnversteuern (→ Rz. 232 ff., → Rz. 273). Einen die Entfernungspauschale übersteigenden Nutzungswert hat der Arbeitnehmer individuell zu versteuern.

q) Überlassung mehrerer Pkw

271 Stehen dem Arbeitnehmer gleichzeitig mehrere betriebliche Kfz für eine private Nutzung zur Verfügung, ist bei der pauschalen Nutzungswertermittlung der geldwerte Vorteil grundsätzlich für **jedes** Fahrzeug mit 1 % des Listenpreises anzusetzen. Der Nutzungswert darf jedoch mit dem Listenpreis des **überwiegend** privat genutzten Kfz angesetzt werden, wenn die Nutzung der Fahrzeuge durch andere zur Privatsphäre des Arbeitnehmers gehörende Personen so gut wie ausgeschlossen ist.

Abweichend von dem vorgenannten Grundsatz lässt die Finanzverwaltung vereinfachend zu, dass dem pauschalen Nutzungswert für **Privatfahrten** (1 %) der Listenpreis des überwiegend genutzten Kfz zu Grunde gelegt wird, wenn die Nutzung der Kfz durch andere zur Privatsphäre des Arbeitnehmers gehörende Personen so gut wie ausgeschlossen ist. Bei Anwendung der **0,03 %-Regelung** ist dem pauschalen Nutzungswert für Fahrten zwischen Wohnung und erster Tätigkeitsstätte stets der Listenpreis des überwiegend für diese Fahrten genutzten Kfz zu Grunde zu legen.[1] Dabei möchte die Finanzverwaltung wohl bleiben, obwohl der BFH entschieden hat, dass er diese Auffassung nicht mitträgt.[2]

Der Listenpreis des überwiegend genutzten Kfz ist bei der pauschalen Nutzungswertermittlung auch bei einem **Fahrzeugwechsel** im Laufe eines Kalendermonats anzusetzen.

Wird dagegen der Nutzungswert nach der **individuellen** Methode ermittelt, ist für jedes genutzte Kfz ein Fahrtenbuch zu führen. Nutzt der Arbeitnehmer gleichzeitig mehrere Kfz und führt er nur für einzelne Kfz ein Fahrtenbuch, darf für diese Fahrzeuge der private Nutzungswert nach der individuellen Methode angesetzt werden, während für die übrigen Fahrzeuge der monatliche private Nutzungswert mit 1 % des Listenpreises anzusetzen ist.[3]

r) Pkw-Gestellung und weitere Einkünfte

272 Benutzt der **Arbeitnehmer** ein vom Arbeitgeber zur Privatnutzung zur Verfügung gestelltes Kfz für Wege zwischen Wohnung und erster Tätigkeitsstätte in einem zweiten Arbeits-

1) BMF v. 3.3.2022, IV C 5 – S 2334/21/10004 :001, BStBl I 2022, 232, Rz. 25.
2) BFH v. 24.5.2019, VI B 101/18, BFH/NV 2019, 1072.
3) BFH v. 3.8.2000, III R 2/00, BStBl II 2001, 332.

verhältnis mit einem anderen Arbeitgeber oder i. R. einer anderen Einkunftsart, fallen diese Fahrten als Privatfahrten unter die 1 %-Regel (R 8.1 Abs. 9 Nr. 1 Satz 8 LStR). Weil für Selbständige und Gewerbetreibende solch eine Möglichkeit ausgeschlossen ist (dort Versteuerung als Einnahme), führt diese lohnsteuerliche Vereinfachungsregelung letztlich zu einer steuerlichen Ungleichbehandlung gegenüber denjenigen, die ihre Einkünfte durch eine steuerliche Gewinnermittlung berechnen.

Somit entsteht dem Arbeitnehmer für die Wege zwischen Wohnung und erster Tätigkeitsstätte i. R. eines zweiten Dienstverhältnisses lediglich ein Aufwand in Höhe eines **Anteils** des mit 1 % vom inländischen Listenpreis versteuerten geldwerten Vorteils für die Privatfahrten. Gleichwohl darf der Arbeitnehmer für die Fahrten zwischen Wohnung und Tätigkeitsstätte die Entfernungspauschale als Werbungskosten geltend machen.

Erzielt der Arbeitnehmer **andere Einkünfte**, kann er den entsprechenden Anteil u. U. als Betriebsausgaben geltend machen, ohne dass er hierfür zur Führung eines Fahrtenbuchs verpflichtet ist, d. h., dieser Anteil ist ggf. im Schätzwege zu ermitteln, z. B. im Verhältnis der gesamten Privatfahrten zu den Fahrten zur Erzielung der anderen Einkünfte. Der Ansatz des Kilometersatzes von 0,30 € ist nicht zulässig.

Ein Werbungskosten- bzw. Betriebsausgabenabzug ist jedoch gänzlich ausgeschlossen, wenn nicht der Arbeitnehmer selbst, sondern eine andere zu seinem Haushalt gehörende Person (z. B. der Ehegatte) das dem Arbeitnehmer überlassene Kfz zur Erzielung eigener Einkünfte nutzt. Hier handelt es sich um nichtabziehbaren Drittaufwand, weil nicht der Ehegatte, sondern der Arbeitnehmer den geldwerten Vorteil aus der Privatnutzung des Firmenwagens versteuert.

XI. Wege zwischen Wohnung und erster Tätigkeitsstätte, Entfernungspauschale

1. Grundsätzliches

Die Entfernungspauschale ist in erster Linie für den Ansatz von Werbungskosten i. R. 273
der Einkommensteuerveranlagung von Bedeutung. Kenntnisse dazu sind jedoch hilfreich, wenn der Arbeitgeber die **Pauschalbesteuerung**

- von Zuschüssen zu den Aufwendungen des Arbeitnehmers für Fahrten zwischen Wohnung und erster Tätigkeitsstätte mit dessen Kfz oder
- der Vorteile aus einer unentgeltlichen oder verbilligten Pkw-Gestellung (Dienst- oder Firmenwagen)

wählt. Für diese Vorteile beträgt der Pauschsteuersatz 15 %, s. → Rz. 232. Hinzu kommen der Solidaritätszuschlag mit 5,5 % der pauschalen Lohnsteuer und evtl. die Kirchensteuer.

Denn der so besteuerungsfähige Betrag ist begrenzt auf den Betrag, den der Arbeitnehmer als Werbungskosten geltend machen könnte, wenn sie nicht pauschal besteuert würden. Diese Pauschalbesteuerung wird oft im Zusammenhang mit einer Dienstwagen-/Firmenwagengestellung gewählt. Deshalb werden der Vollständigkeit halber nachfolgend die wichtigsten Regelungen zum Ansatz und der Ermittlung der Entfernungspauschale kurz erläutert.

Zur Abgeltung der Aufwendungen des Arbeitnehmers für die Wege zwischen Wohnung und erster Tätigkeitsstätte ist für jeden Arbeitstag, an dem der Arbeitnehmer die erste Tätigkeitsstätte **aufsucht**, eine **Entfernungspauschale** als **Werbungskosten** anzusetzen. Diese Pauschale ist verkehrsmittelunabhängig und beträgt ab dem **Kalenderjahr 2026** jeweils **0,38** € pro voller Entfernungskilometer.[1)]

In den **Kalenderjahren 2021 bis 2025 waren** für jeden Arbeitstag, an dem der Arbeitnehmer seine erste Tätigkeitsstätte aufsuchte, als Entfernungspauschale anzusetzen: Für

1) Änderung durch das Steueränderungsgesetz 2025 v. 22.12.2025, BGBl. I 2025, Nr. 363.

jeden vollen Kilometer der ersten 20 km der Entfernung zwischen Wohnung und erster Tätigkeitsstätte 0,30 € und ab dem 21. vollen km der Entfernung 0,35 € für das Jahr 2021 und 0,38 € für die Jahre 2022 bis 2025. Das FG Berlin-Brandenburg hält diese zweigeteilte Höhe der Entfernungspauschale für die VZ 2022 bis 2025 (nur ab dem 21. Entfernungskilometer Erhöhung auf 0,38 € je Entfernungskilometer) für verfassungsgemäß.[1)]

Hinweis: Arbeit im Homeoffice und Entfernungspauschale

Die Entfernungspauschale darf mit den o. g. Kilometersätzen nur für tatsächlich durchgeführte Fahrten berechnet werden. Tage im Homeoffice dürfen nicht angesetzt werden; unabhängig davon, ob der Weg zur Arbeitsstätte mit einem Kfz oder mit einem anderen Verkehrsmittel zurückgelegt wird. Anders verhält es sich, wenn die über der Entfernungspauschale liegenden **tatsächlichen** Aufwendungen für Fahr-/Zeitkarten zur Benutzung von (z. B. öffentlichen) Verkehrsmitteln angesetzt werden. Solche Aufwendungen sind regelmäßig in voller Höhe als Werbungskosten zu berücksichtigen.

Die Entfernungspauschale ist wie folgt zu berechnen:

	Zahl der Arbeitstage mit Fahrten zur ersten Tätigkeitsstätte, zum „Sammelpunkt" oder zum weiträumigen Tätigkeitsgebiet
×	volle Entfernungskilometer (*kürzeste Straßenverbindung*)
×	0,38 €
=	**Entfernungspauschale**

Beispiel: Berechnung der Entfernungspauschale

Arbeitnehmer A fährt im Kalenderjahr 2026 mit öffentlichen Verkehrsmitteln (Bus, U-Bahn) zur ersten Tätigkeitsstätte. Die zurückgelegte Entfernung (Fußwege, Bus-, U-Bahnfahrt) beträgt 39 km. Die kürzeste Straßenverbindung hat eine Strecke von lediglich 35 km.

Folge: Für die Ermittlung der Entfernungspauschale stellt die Finanzverwaltung auf die kürzeste Straßenverbindung von 35 km ab.

Die Entfernungspauschale wird wie folgt berechnet:

Zahl der Arbeitstage 220 × 35 km × 0,38 € = 2 926 €

Für Flugstrecken sowie Strecken mit einer steuerfreien Sammelbeförderung durch den Arbeitgeber (§ 3 Nr. 32 EStG) darf **keine** Entfernungspauschale angesetzt werden.

Für die Bestimmung der Entfernung ist die **kürzeste Straßenverbindung** zwischen Wohnung und erster Tätigkeitsstätte maßgebend. Eine **andere** als die kürzeste Straßenverbindung kann zu Grunde gelegt werden, wenn diese offensichtlich **verkehrsgünstiger** ist und vom Arbeitnehmer regelmäßig für die Wege zwischen Wohnung und erster Tätigkeitsstätte benutzt wird (→ Rz. 280).

Mit dem Ansatz der Entfernungspauschale sind sämtliche Aufwendungen des Arbeitnehmers **abgegolten**, die durch die Wege zwischen Wohnung und erster Tätigkeitsstätte sowie durch die Familienheimfahrten veranlasst sind.

Benutzt der Arbeitnehmer **öffentliche Verkehrsmittel**, sind die tatsächlichen Aufwendungen ansatzfähig, soweit sie die Entfernungspauschale übersteigen. Folglich sind die Entfernungspauschale sowie der übersteigende Betrag als Werbungskosten anzusetzen.

Für die Prüfung, ob bei Nutzung **öffentlicher Verkehrsmittel** ein Ansatz der Entfernungspauschale oder der tatsächlichen Aufwendungen günstiger ist oder nicht **(Günstigerprüfung)**, ist in § 9 Abs. 2 Satz 2 EStG das **Jahresprinzip** festgeschrieben. Hierdurch können Arbeitnehmer, die abwechselnd mit öffentlichen Verkehrsmitteln oder dem Pkw zur Arbeit fahren, **unterjährig** nicht zwischen den tatsächlichen Kosten für öffentliche Verkehrsmittel und der Entfernungspauschale wechseln. Die Aufwendungen für die

1) FG Berlin-Brandenburg v. 20.3.2024, 16 K 16092/23.

Benutzung öffentlicher Verkehrsmittel dürfen nur angesetzt werden, soweit sie den im Kalenderjahr insgesamt als Entfernungspauschale abziehbaren Betrag übersteigen.

Weil für **Flugstrecken** die Entfernungspauschale nicht angesetzt werden darf, werden dafür die tatsächlichen Aufwendungen berücksichtigt. Die Aufwendungen für eine **Fähre** können **neben** der Entfernungspauschale geltend gemacht werden (→ Rz. 280).[1] Gebühren für die Benutzung eines **Straßentunnels** oder für mautpflichtige Straßen dürfen **nicht** neben der Entfernungspauschale angesetzt werden.

2. Höchstbetrag von 4 500 €

Soweit der Arbeitnehmer **andere Verkehrsmittel** als den eigenen oder ihm zur Nutzung **274** überlassenen Kraftwagen benutzt, ist die Entfernungspauschale auf höchstens **4 500 €** im Kalenderjahr begrenzt (→ Rz. 274). Aufwendungen für die Benutzung **öffentlicher Verkehrsmittel** können jedoch angesetzt werden, soweit sie den als Entfernungspauschale abziehbaren Betrag übersteigen.

Bei dem Höchstbetrag von 4 500 € handelt es sich um einen Jahresbetrag, der unabhängig von der Zahl der Arbeitstage im Kalenderjahr anzusetzen ist. Wie vorstehend ausgeführt, gilt der Höchstbetrag von 4 500 € nicht bei Benutzung eines eigenen oder zur Nutzung überlassenen Kraftwagens zu Fahrten zwischen Wohnung und erster Tätigkeitsstätte.

Folglich ist die vorgenannte **Beschränkung** auf 4 500 € im Kalenderjahr zu beachten,

- wenn der Weg zwischen Wohnung und erster Tätigkeitsstätte mit einem Motorrad, Motorroller, Moped, Fahrrad oder zu Fuß zurückgelegt wird,
- für die Teilnehmer an einer Fahrgemeinschaft, und zwar für die Tage, an denen der Arbeitnehmer sein eigenes oder zur Nutzung überlassenes Kfz nicht einsetzt,
- bei Benutzung öffentlicher Verkehrsmittel, wenn keine höheren Aufwendungen geltend gemacht bzw. nachgewiesen werden.

Wird dieser Höchstbetrag von 4 500 € bei Nutzung eines Kfz überschritten, fordern die Finanzämter mitunter einen Nachweis über die gefahrenen Strecken. Ein solcher „Nachweis" kann m. E. lediglich in der Prüfung bestehen, ob die Angaben des Stpfl. plausibel und glaubhaft sind. Gegebenenfalls können die Finanzämter die Zahl der angegebenen jährlichen Arbeitstage genauer prüfen und sich auch die jährlich zurückgelegten Kilometer, z. B. durch die Vorlage von Inspektionsrechnungen nachweisen lassen (jedoch kein Fahrtenbuch).

3. Eigenes Fahrzeug/Leasing-Fahrzeug

Die Entfernungspauschale für die Benutzung eines Kfz darf grundsätzlich **der Eigentümer des Kfz** geltend machen. Eigentümer ist derjenige, auf dessen Namen das Kfz zugelassen ist. Aber auch der Arbeitnehmer, dem ein Kfz, Motorrad oder Motorroller zur **Nutzung** überlassen wurde (z. B. vom Arbeitgeber, von Angehörigen oder Dritten), kann Fahrtkosten als Werbungskosten geltend machen. Bei Ehegatten kommt es auf die wirtschaftlichen Verhältnisse an. Benutzt ein Ehemann für seine Wege zwischen Wohnung und erster Tätigkeitsstätte das der Ehefrau gehörende Kfz (oder umgekehrt), so ist dies für die Gewährung der Entfernungspauschale unbeachtlich. Auch bei einem gelegentlich gemieteten Kfz, weil z. B. das eigene Kfz sich zur Reparatur in einer Werkstatt befindet, können für die Tage der Nutzung des Mietwagens nur die Entfernungspauschale und nicht die tatsächlichen Aufwendungen für den Mietwagen angesetzt werden. **275**

Wird ein Kfz geleast, hat der **Leasing-Nehmer** regelmäßig sämtliche sich aus der Hal- **276** tung des Pkw ergebenden Verpflichtungen zu übernehmen. So hat er für die Betriebs-

1) BMF v. 18.11.2021, IV C 5 – S 2351/20/10001 :002, BStBl I 2021, 2315.

und Verkehrssicherheit sowie für die Versteuerung des Kfz zu sorgen. Die Versicherung wird vom Leasing-Geber im Namen und für Rechnung des Leasing-Nehmers abgeschlossen. Etwaige Ersatzansprüche gegen Dritte wegen Beschädigung oder Vernichtung des Kfz hat der Leasing-Nehmer ebenso im eigenen Namen und auf eigene Kosten geltend zu machen, wie er auch das Risiko des zufälligen Untergangs, des Verlusts oder der Beschädigung des Kfz zu tragen hat.

Daher sind die Aufwendungen für **Wege zwischen Wohnung und erster Tätigkeitsstätte** sowie für **Familienheimfahrten** mit einem gemieteten Kfz (Leasing) **Werbungskosten** des Arbeitnehmers, und zwar unabhängig davon, ob das wirtschaftliche Eigentum an dem Kfz dem Leasing-Geber oder dem Leasing-Nehmer zuzurechnen ist.[1]

Eine bei Beginn des Leasings zu erbringende **Sonderzahlung** in Höhe der anteiligen beruflichen Nutzung des Pkw kann zu den sofort abzugsfähigen Werbungskosten gehören.[2] Dies gilt jedoch nur für **berufliche** Fahrten auf Grund von beruflichen Auswärtstätigkeiten, die mit **Einzelnachweis** je gefahrenem Kilometer abgerechnet werden (→ Rz. 166) und **nicht** beim Ansatz der Entfernungspauschale. Zur gleichmäßigen **Verteilung** einer zeitraumbezogenen Zu-/Sonderzahlung für das überlassene Kfz und der Minderung des Arbeitslohns s. → Rz. 269.

4. Mehrere Wege an einem Arbeitstag, unterschiedliche Arbeitstage

277 Die Entfernungspauschale wird für jeden Arbeitstag für die zurückgelegten Wege zur selben ersten Tätigkeitsstätte nur einmal berücksichtigt. Dies gilt unabhängig von evtl. Zwischenheimfahrten, z. B. zu einem Mittagessen, weil diese Fahrten in den Bereich der privaten Lebensführung fallen. Wird ein Arbeitnehmer im eigenen Kfz **von einem Dritten** (z. B. Ehegatten) zu seiner ersten Tätigkeitsstätte **gefahren** oder **abgeholt**, so sind die sog. Leerfahrten selbst dann nicht zu berücksichtigen, wenn die Fahrten wegen schlechter öffentlicher Verkehrsverhältnisse erforderlich sind.[3]

278 Legt ein Arbeitnehmer an einem Arbeitstag nur einen Weg zwischen Wohnung und erster Tätigkeitsstätte zurück, ist für den betreffenden Arbeitstag lediglich die Hälfte der Entfernungspauschale als Werbungskosten zu berücksichtigen. Dieser Grundsatz ist insbesondere dann zu beachten, wenn sich an die Hinfahrt zur Tätigkeitsstätte eine Auswärtstätigkeit anschließt, die an der Wohnung des Arbeitnehmers endet.[4]

5. Art des Verkehrsmittels

279 Weil die Entfernungspauschale verkehrsmittelunabhängig angesetzt wird, ist es unerheblich, ob der Stpfl. die Wege zwischen Wohnung und erster Tätigkeitsstätte zu Fuß, mit dem Fahrrad, dem Moped, dem Motorroller, dem Motorrad, dem Pkw oder öffentlichen Verkehrsmitteln – mit Ausnahme von Flügen – zurücklegt.

6. Bestimmung der Entfernung zwischen Wohnung und erster Tätigkeitsstätte

280 Für die Bestimmung der Entfernung zwischen Wohnung und Tätigkeitsstätte ist die kürzeste (benutzbare) Straßenverbindung zwischen Wohnung und erster Tätigkeitsstätte maßgebend. Dabei sind die vollen Kilometer der Entfernung anzusetzen, d. h., es darf nicht auf den nächsten vollen Kilometer aufgerundet werden. Dies gilt unabhängig von der Art, wie der Weg von der Wohnung zur ersten Tätigkeitsstätte zurückgelegt wird (→ Rz. 273).

---

1) BFH v. 11.9.1987, VI R 189/84, BStBl II 1988, 12.
2) BFH v. 5.5.1994, VI R 100/93, BStBl II 1994, 643.
3) BFH v. 7.4.1989, VI R 176/85, BStBl II 1989, 925.
4) BFH v. 12.2.2020, VI R 42/17, BStBl II 2020, 473.

Aus dem Urteil des BFH v. 24.9.2013[1] ergeben sich die folgenden klarstellenden Grundsätze zur Bedeutung des Begriffs „**kürzeste Straßenverbindung**":

- Die Straßenverbindung zwischen Wohnung und Arbeitsstätte (i. S. v. § 9 Abs. 1 Satz 3 Nr. 4 Satz 4 EStG) ist diejenige Verbindung, die von Kfz mit bauartbestimmter Höchstgeschwindigkeit von **mehr als 60 km/h** befahren werden kann. Die „kürzeste Straßenverbindung" ist unabhängig vom tatsächlich benutzten Verkehrsmittel für alle Fahrzeuge einheitlich zu bestimmen;
- eine andere als die kürzeste Straßenverbindung ist nicht allein deshalb „**offensichtlich verkehrsgünstiger**", weil die kürzeste Straßenverbindung nicht mit dem vom Stpfl. gewählten Verkehrsmittel befahren werden darf. Vielmehr müssen die allgemeinen Voraussetzungen erfüllt sein, unter denen eine Straßenverbindung als „offensichtlich verkehrsgünstiger" anzusehen ist;
- für die Entfernungspauschale ist die kürzeste Straßenverbindung auch dann maßgeblich, wenn diese **mautpflichtig** ist oder mit dem vom Arbeitnehmer tatsächlich verwendeten Verkehrsmittel **straßenverkehrsrechtlich** nicht benutzt werden darf, z. B. weil sein Fahrzeug die geforderte Mindestgeschwindigkeit von 60 km/h nicht erreicht. Folglich ist eine ausschließlich für Fußgänger und Fahrradfahrer benutzbare Straßenverbindung, weil z. B. eine Einbahnstraße für Fahrradfahrer freigegeben wurde, nicht die kürzeste benutzbare Straßenverbindung, **weil** diese Strecke nicht mit einem **Pkw** befahren werden darf.

Bei der Benutzung eines Kfz kann eine **andere als die kürzeste Straßenverbindung** nur dann zu Grunde gelegt werden, wenn sie **offensichtlich verkehrsgünstiger** ist und vom Arbeitnehmer regelmäßig befahren wird. Eine Straßenverbindung ist (offensichtlich) verkehrsgünstiger, wenn der Arbeitnehmer die Tätigkeitsstätte – trotz gelegentlicher Verkehrsstörungen – i. d. R. schneller und pünktlicher erreicht. Die verkehrsgünstigere abweichende Strecke darf auch bei Benutzung **öffentlicher Verkehrsmittel** angesetzt werden, wenn das Verkehrsmittel auf dieser Strecke tatsächlich fährt.

Ob eine Straßenverbindung auf Grund einer zu erwartenden Zeitersparnis als „offensichtlich verkehrsgünstiger" anzusehen ist, richtet sich nach den Umständen des Einzelfalls. Hierzu hat der BFH erfreulicherweise klargestellt, dass nicht in jedem Fall eine Zeitersparnis von mindestens 20 Minuten erforderlich ist.[2]

Benutzt der Arbeitnehmer den Pkw in einem Jahr nur zeitweise zur Fahrt über die verkehrsgünstigere abweichende Strecke, während er ansonsten öffentliche Verkehrsmittel gebraucht, die nicht die verkehrsgünstigere abweichende Strecke fahren, ist für diese Fahrten nur die kürzeste Straßenverbindung maßgebend. Teilstrecken mit steuerfreier Sammelbeförderung sind in die Entfernungsermittlung nicht einzubeziehen.

Eine **Fährverbindung** ist mit in die Ermittlung der kürzesten benutzbaren Straßenverbindung einzubeziehen, soweit sie zumutbar erscheint und wirtschaftlich sinnvoll ist. In diesem Fall ist die Fahrtstrecke der Fähre **nicht** in die Entfernungsermittlung **einzubeziehen**. An ihrer Stelle können die **Aufwendungen** für die Fähre **neben der Entfernungspauschale** als **Werbungskosten** angesetzt werden.

Die einmal festgestellte Entfernung ist so lange zu Grunde zu legen, wie keine wesentlichen Änderungen der Verhältnisse eintreten, z. B. durch einen Umzug oder eine Änderung der Verkehrsverhältnisse durch eine andere Streckenführung.[3]

Hinsichtlich vertiefter Einzelheiten zur Streckenberechnung beim Überqueren von Flüssen oder Seen s. BMF-Schreiben v. 18.11.2021.[4]

1) BFH v. 24.9.2013, VI R 20/13, BStBl II 2014, 259.
2) BFH v. 16.11.2011, VI R 19/11, BStBl II 2012, 520.
3) BMF v. 18.11.2021, IV C 5 – S 2351/20/10001 :002, BStBl I 2021, 2315.
4) BMF v. 18.11.2021, IV C 5 – S 2351/20/10001 :002, BStBl I 2021, 2315, Rz. 13 ff.

Nach H 9.10 (Dienstliche Verrichtung auf der Fahrt) LStH liegt auch dann eine Fahrt zwischen Wohnung und erster Tätigkeitsstätte vor, wenn diese gleichzeitig zu **dienstlichen Verrichtungen** für den Arbeitgeber genutzt wird (z. B. Abholen der Geschäftspost), weil sich dabei der Charakter der Fahrt nicht wesentlich ändert und allenfalls ein geringer **Umweg** erforderlich wird. Die erforderliche Umwegstrecke ist als **Auswärtstätigkeit** einzuordnen (Ansatz mit 0,30 €/gefahrenem Kilometer).[1)]

7. Maßgebende Wohnung

281 Als **Ausgangspunkt** für die Wege zwischen Wohnung und erster Tätigkeitsstätte kommt jede Wohnung des Arbeitnehmers in Betracht, die er regelmäßig zur **Übernachtung nutzt** und von der aus er seine Tätigkeitsstätte aufsucht.

Als **Wohnung** ist z. B. auch ein möbliertes Zimmer, eine Schiffskajüte, ein Gartenhaus, ein für eine gewisse Dauer abgestellter Wohnwagen oder ein Schlafplatz in einer Massenunterkunft anzusehen; nicht dagegen ein Hotelzimmer oder eine fremde Wohnung, in welcher der Arbeitnehmer nur kurzfristig aus privaten Gründen übernachtet.[2)]

282 Hat ein Arbeitnehmer **mehrere Wohnungen**, von denen aus er sich abwechselnd zu seiner ersten Tätigkeitsstätte begibt, so kann er die Aufwendungen für die Wege von und zu der weiter vom Beschäftigungsort entfernt liegenden Wohnung dann als Werbungskosten abziehen, wenn diese Wohnung der örtliche Mittelpunkt seiner Lebensinteressen ist[3)] und sie nicht nur gelegentlich aufgesucht wird. Dies wird in R 9.10 Abs. 1 Satz 3 LStR klargestellt. S. a. → Rz. 283.

Der Mittelpunkt der Lebensinteressen befindet sich bei einem **verheirateten Arbeitnehmer** regelmäßig am tatsächlichen **Wohnort seiner Familie**.[4)] Das Finanzamt wird diese Wohnung kann aber nur dann ohne nähere Prüfung berücksichtigen, wenn sie der Arbeitnehmer mindestens sechsmal im Kalenderjahr aufsucht.

Bei **anderen** (unverheirateten oder getrenntlebenden) Arbeitnehmern befindet sich der Mittelpunkt der Lebensinteressen an dem Wohnort, zu dem die engeren persönlichen Beziehungen bestehen. Diese können ihren Ausdruck besonders in Bindungen an Personen, z. B. Eltern, Verlobte, Freundes- und Bekanntenkreis, finden, aber auch in Vereinszugehörigkeiten und anderen Aktivitäten. Sucht der Arbeitnehmer diese Wohnung im Durchschnitt mindestens zweimal monatlich auf, geht die Finanzverwaltung davon auszugehen, dass sich dort der Mittelpunkt seiner Lebensinteressen befindet. Unerheblich ist, wie weit die Wohnung von der ersten Tätigkeitsstätte entfernt ist und ob dem Arbeitnehmer noch hinreichend Zeit zur Erledigung des üblichen täglichen Arbeitspensums verbleibt.[5)]

Diese v. g. Grundsätze gelten unabhängig davon, ob sich der Lebensmittelpunkt des Arbeitnehmers im **Inland** oder im **Ausland** befindet R 9.10 Abs. 1 Satz 9 LStR.

283 Lebt ein Stpfl. für eine bestimmte Zeit (z. B. während der Sommermonate) nicht in seiner Stadtwohnung, sondern in einem massiven, mit dem notwendigen Komfort ausgestatteten Holzhaus auf einem **Laubengrundstück** und fährt er während dieser Zeit von dort aus täglich zu seinem Arbeitsplatz, so kann i. d. R. davon ausgegangen werden, dass das Haus auf dem Laubengrundstück in dieser Zeit den örtlichen Mittelpunkt seiner Lebensinteressen bildet. Die Aufwendungen für die Fahrten zwischen dem weiter als die Stadtwohnung entfernt liegenden Laubengrundstück und der ersten Tätigkeitsstätte sind dann Fahrten zwischen Wohnung und Tätigkeitsstätte.[6)] Diese Ausnahme gilt nicht, wenn die Familie des Arbeitnehmers neben einer Wohnung am Arbeitsort (Erstwohnung)

---

1) BFH v. 12.10.1990, VI R 165/87, BStBl II 1991, 134.
2) BFH v. 25.3.1988, VI R 207/84, BStBl II 1988, 706.
3) BFH v. 20.12.1982, VI R 64/81, BStBl II 1983, 306.
4) BFH v. 10.11.1978, VI R 21/76, BStBl II 1979, 219; v. 3.10.1985, VI R 168/84, BStBl II 1986, 95.
5) BFH v. 3.10.1985, VI R 168/84, BStBl II 1986, 95; v. 13.12.1985, VI R 7/83, BStBl II 1986, 221.
6) BFH v. 10.11.1978, VI R 127/76, BStBl II 1979, 335.

an den Wochenenden und in den Schulferien der Kinder eine weiter entfernt liegende Wohnung (Zweitwohnung) nutzt.[1]

8. Fahrgemeinschaften

Unabhängig von der Art der Fahrgemeinschaft kann jeder Teilnehmer einer Fahrgemeinschaft, also auch bei Ehegattenfahrgemeinschaften, die Entfernungspauschale für sich in Anspruch nehmen. Folglich können bei einer **wechselseitigen** Fahrgemeinschaft die **Umwegstrecken** zum Abholen der Mitfahrer **nicht** in die Entfernungsermittlung einbezogen werden. Bei einer wechselseitigen Fahrgemeinschaft greift zudem für die Mitfahrer für die Tage, an denen sie **nicht** selbst gefahren sind, die Höchstgrenze von 4 500 €/Kalenderjahr (→ Rz. 274). In diesen Fällen ist zuerst die Entfernungspauschale unter Beachtung der Höchstgrenze für die Mitfahrtage und sodann für die Tage des eigenen Kfz-Einsatzes zu ermitteln. **284**

Beispiel: Umwegstrecke bei Fahrgemeinschaft

Bei einer aus drei Teilnehmern bestehenden wechselseitigen Fahrgemeinschaft betragen die Entfernungen zwischen Wohnung und erster Tätigkeitsstätte für Teilnehmer A 20 km, für Teilnehmer B 25 km und für Teilnehmer C 30 km. Die einfache Umwegstrecke für das Abholen der Mitfahrer soll für alle Teilnehmer jeweils 10 km betragen.

Folge: Jeder Teilnehmer der Fahrgemeinschaft kann seine Entfernung zwischen Wohnung und erster Tätigkeitsstätte ansetzen. Die Umwegstrecken sind nicht zu berücksichtigen. Bei der Ermittlung der Entfernungspauschale ist jedoch zu berücksichtigen, dass die für die Tage und Strecken, an denen der Arbeitnehmer Mitfahrer war, die Begrenzung von 4 500 € greift.

9. Körperbehinderte Arbeitnehmer

Die **Sonderregelung** für **körperbehinderte** Menschen/Arbeitnehmer (§ 9 Abs. 2 Satz 3 EStG) sieht vor, dass bei einer Körperbehinderung **285**

- von mindestens 70 % oder
- von mindestens 50 % und erheblicher Beeinträchtigung der Bewegungsfähigkeit im Straßenverkehr

auf Antrag bei Benutzung eines eigenen oder ihm zur Nutzung überlassenen Kfz für Wege zwischen Wohnung und erster Tätigkeitsstätte die **tatsächlichen** Aufwendungen (→ Rz. 164) als Werbungskosten angesetzt werden dürfen.

Die Voraussetzungen für die Körperbehinderung sind durch amtliche Unterlagen nachzuweisen. Auf einen Einzelnachweis der tatsächlichen Kosten kann jedoch verzichtet werden, wenn für jeden **Entfernungskilometer** bei Benutzung eines Kraftwagens nicht mehr als **0,60** €, eines Motorrads oder Motorrollers nicht mehr als **0,40** € geltend gemacht werden (pauschale Kilometersätze, → Rz. 164). Es darf aber auch bei diesen Personen grundsätzlich nur eine **Hin- und Rückfahrt** arbeitstäglich und nur in Sonderfällen eine Rück- und Hinfahrt als Leerfahrt berücksichtigt werden.[2]

10. Teilstrecken

Oftmals legen die Arbeitnehmer den Weg zwischen Wohnung und erster Tätigkeitsstätte unter Benutzung verschiedener Verkehrsmittel zurück, d. h. für eine Teilstrecke wird der Pkw und für eine andere Teilstrecke werden öffentliche Verkehrsmittel benutzt (Park & Ride). In anderen Fällen werden z. B. während eines Jahres der eigene Kraftwagen nur zeitweise und ansonsten öffentliche Verkehrsmittel benutzt („Mischfälle"). Zur Prüfung der 4 500 €-Grenze (→ Rz. 274) müssen die jeweiligen Fahrten gesondert **286**

1) BFH v. 3.10.1985, VI R 168/84, BStBl II 1986, 95.
2) BFH v. 2.4.1976, VI B 85/75, BStBl II 1976, 452.

betrachtet und die Entfernungspauschale regelmäßig in mehreren Schritten zu ermittelt werden.

In derartigen Mischfällen ist – wie bei vergleichbaren Sachverhalten – zunächst die Entfernung für die kürzeste benutzbare Straßenverbindung zwischen Wohnung und erster Tätigkeitsstätte zu ermitteln (→ Rz. 280). Auf dieser Grundlage wird die Entfernungspauschale berechnet.

Übersteigt die auf der Grundlage der kürzesten benutzbaren Straßenverbindung zwischen Wohnung und erster Tätigkeitsstätte ermittelte Entfernungspauschale den Höchstbetrag von 4 500 €, muss bei der Berechnung zwischen der Benutzung des eigenen Pkw und anderen Verkehrsmitteln differenziert werden, weil die Begrenzung nur eingreift, soweit der Arbeitnehmer nicht einen eigenen oder einen ihm zur Nutzung überlassenen Pkw für die Wege zwischen Wohnung und erster Tätigkeitsstätte benutzt.

Vertiefende Beispiele und Sonderfälle, insbesondere wie bei Benutzung mehrerer Verkehrsmittel zu verfahren ist, enthält das vorgenannte BMF-Schreiben v. 18.11.2021.[1]

11. Abgeltungswirkung der Entfernungspauschale, Anrechnung von Arbeitgeberleistungen

287 Durch die Entfernungspauschale sind sämtliche Aufwendungen, die durch die Wege zwischen Wohnung und erster Tätigkeitsstätte entstehen, abgegolten. Dies gilt auch für Parkplatzgebühren, Finanzierungskosten und eine Kaskoversicherung sowie für die Kosten infolge eines Diebstahls, eines Austauschmotors und auf Grund einer Falschbetankung sowie für Leasingsonderzahlungen. Aufwendungen hierfür dürfen i. R. einer Einkommensteuerveranlagung nicht berücksichtigt werden.

Beim steuermindernden Ansatz der Entfernungspauschale (Einkommensteuerveranlagung) werden steuerfreie Leistungen des Arbeitgebers für ein Job-Ticket oder der pauschal mit 15 % versteuerte Arbeitgeberersatz für die Aufwendungen des Arbeitnehmers für die Wege zwischen Wohnung und erster Tätigkeitsstätte (§ 40 Abs. 2 Satz 2 Nr. 1 Buchst. a und b EStG, → Rz. 232 ff.) angerechnet.[1] Die Pauschale wird also entsprechend gemindert.

XII. Mehraufwendungen wegen doppelter Haushaltsführung

1. Allgemeines

288 Eine doppelte Haushaltsführung liegt nur vor, wenn der **Arbeitnehmer** außerhalb des Orts seiner ersten Tätigkeitsstätte einen eigenen Hausstand (→ Rz. 290) unterhält (Hauptwohnung) und zugleich auch am Ort der ersten Tätigkeitsstätte wohnt (Zweitwohnung). Die Anzahl der Übernachtungen ist dabei unerheblich. Solange aber die auswärtige Beschäftigung als beruflich veranlasste **Auswärtstätigkeit** zu behandeln ist (→ Rz. 159), liegt **keine** doppelte Haushaltsführung vor.

Unterkunftskosten einer Wohnung am Beschäftigungsort sind nur dann steuerlich ansatzfähig (steuerfrei ersetzbar/Werbungskosten), wenn der Arbeitnehmer seine bisherige (erste, Haupt-)Wohnung beibehält und die weitere Wohnung (Zweitwohnung) von ihm genutzt wird. Ist die Unterkunft am auswärtigen Tätigkeitsort die einzige Wohnung/Unterkunft des Arbeitnehmers, liegt weder eine doppelte Haushaltsführung noch ein beruflich veranlasster Mehraufwand vor.

Als Zweitwohnung am **Beschäftigungsort** kommt jede dem Arbeitnehmer entgeltlich oder unentgeltlich zur Verfügung stehende Unterkunft in Betracht, z. B. auch eine Eigentumswohnung, ein möbliertes Zimmer, ein Hotelzimmer, eine Gemeinschaftsunterkunft[2] oder bei Soldaten die Unterkunft in der Kaserne.[3]

1) BMF v. 18.11.2021, IV C 5 – S 2351/20/10001 :002, BStBl I 2021, 2315.
2) BFH v. 3.10.1985, VI R 129/82, BStBl II 1986, 369.
3) BFH v. 20.12.1982, VI R 123/81, BStBl II 1983, 269.

Vergütungen, die der (private) Arbeitgeber seinem Arbeitnehmer auf Grund einer **beruflich veranlassten** doppelten Haushaltsführung gewährt, sind steuerfrei (§ 3 Nr. 16 EStG), soweit sie die steuerlich zulässigen Beträge nicht übersteigen. Mehraufwendungen, die dem Arbeitnehmer durch den doppelten Haushalt entstehen, sind Werbungskosten, soweit sie vom Arbeitgeber nicht steuerfrei ersetzt werden. **Ansatzfähig** sind

- Kosten der Unterkunft am Beschäftigungsort (→ Rz. 295 ff.),
- Fahrtkosten anlässlich des Wohnungswechsels zu Beginn und am Ende der doppelten Haushaltsführung (→ Rz. 298),
- arbeitstägliche Fahrten von der Zweitwohnung zur auswärtigen Arbeitsstätte und die wöchentlichen Familienheimfahrten oder stattdessen die Aufwendungen für wöchentliche Familienferngespräche (→ Rz. 299 f.) sowie
- Mehraufwendungen für Verpflegung (→ Rz. 301).

Die **steuerfreie** Erstattung von **Verpflegungsmehraufwendungen** wird der **Höhe** nach durch die Verpflegungspauschalen und der **Dauer** nach durch die Dreimonatsbegrenzung begrenzt. Dabei ist für jeden Kalendertag die Dauer **der Abwesenheit von der Wohnung** maßgebend, in welcher der Arbeitnehmer **einen eigenen Hausstand** unterhält (→ Rz. 291) bzw. den **Mittelpunkt seiner Lebensinteressen** hat (→ Rz. 291).

Für **Unterkünfte** im Inland besteht **keine** Beschränkung auf die „notwendigen" Unterkunftskosten, weshalb die tatsächlichen Aufwendungen für die Nutzung der Unterkunft angesetzt werden können. Jedoch sind die Unterkunftskosten der Höhe nach auf **1 000 € im Monat** begrenzt (→ Rz. 293).

Für die berufliche **Aufteilung** der Haushaltsführung auf **zwei Wohnungen** ist es gleich- **289**
gültig, ob die Zweitwohnung in zeitlichem Zusammenhang mit dem Wechsel des Beschäftigungsorts, nachträglich oder i. R. eines Umzugs aus einer privat begründeten Zweitwohnung bezogen worden ist.

Wurde eine doppelte Haushaltsführung beendet, kann sie am früheren Beschäftigungsort auch in der dazu schon früher genutzten Wohnung erneut begründet werden, denn eine erneute doppelte Haushaltsführung am früheren Beschäftigungsort bedingt keinen Wohnungswechsel.[1]

Eine doppelte Haushaltsführung ist regelmäßig dann **beendet**, wenn der Haushalt in der Wohnung am Beschäftigungsort nicht mehr geführt wird oder wenn der eigene Hausstand außerhalb der ersten Tätigkeitsstätte aufgelöst wird.

2. Eigener Hausstand bei doppelter Haushaltsführung

Ein eigener Hausstand setzt eine **eingerichtete**, den Lebensverhältnissen des Arbeitneh- **290**
mers entsprechende **Wohnung** voraus, die er aus eigenem Recht (z. B. als Eigentümer oder als Mieter) nutzt. Alternativ genügt auch eine Nutzung aus gemeinsamem oder abgeleitetem Recht als Ehegatte, Lebenspartner oder Lebensgefährte sowie Mitbewohner. Ferner wird eine **finanzielle** Beteiligung an den Kosten der Lebensführung (laufende Kosten der Haushaltsführung) vorausgesetzt (§ 9 Abs. 1 Satz 3 Nr. 5 Satz 3 EStG).

Es genügt **nicht**, wenn

- der Arbeitnehmer z. B. im Haushalt der Eltern lediglich ein oder mehrere Zimmer unentgeltlich bewohnt,
- der Arbeitnehmer – wenn auch gegen Kostenbeteiligung – in den Haushalt der Eltern eingegliedert ist,
- dem Arbeitnehmer eine Wohnung im Haus der Eltern unentgeltlich zur Nutzung überlassen wird.

1) BFH v. 8.7.2010, VI R 15/09, BStBl II 2011, 47.

Die **finanzielle Beteiligung** an den Kosten der Haushaltsführung ist dem Finanzamt darzulegen und wird auch bei volljährigen Kindern, die bei ihren Eltern oder einem Elternteil wohnen, nicht allgemein unterstellt. Eine finanzielle Beteiligung mit Bagatellbeträgen reicht nach Auffassung der Finanzverwaltung jedoch nicht aus.

Betragen die Barleistungen des Arbeitnehmers **mehr als 10 %** der monatlich regelmäßig anfallenden laufenden Kosten der Haushaltsführung (z. B. Miete, Mietnebenkosten, Kosten für Lebensmittel und andere Dinge des täglichen Bedarfs), ist von einer finanziellen Beteiligung **oberhalb** der Bagatellgrenze **auszugehen**. Liegen die Barleistungen **darunter**, kann der **Arbeitnehmer** dem Finanzamt eine hinreichende finanzielle Beteiligung auch auf andere Art und Weise darlegen.

Anders sieht es der BFH in einem aktuellen Urteil.[1] Zwar bestätigt er, dass die finanzielle Beteiligung an den Kosten der Lebensführung nicht erkennbar unzureichend sein darf. Ob dies aber der Fall ist, bedarf einer Würdigung der Umstände des Einzelfalls. Klarstellend stellt er fest, dass die **Gesetzesregelung keine betragsmäßige Voraussetzung** enthält und auch **nicht laufende** Zahlungen verlangt (z. B. wie vergleichbare Mietzahlungen). Dies ist insbesondere dann zu beachten, wenn – wie im Urteilsfall – eine Wohnung unentgeltlich überlassen wird. Denn dann entstehen (insoweit) keine Kosten, an denen sich der Stpfl. beteiligen könnte. Folglich kann eine Haushaltsbeteiligung auch bei Einmalzahlungen anerkannt werden, wenn sie erst am Jahresende geleistet werden.[2] Als Vergleichsmaßstab sind die jährlich tatsächlich entstandenen Haushalts- und sonstigen Lebenshaltungskosten heranzuziehen. Sie sind darzulegen und auf Verlangen des Finanzamts nachzuweisen. Eine Haushaltsbeteiligung in **sonstiger Form** (z. B. durch Arbeiten im Haushalt) genügt jedoch nicht.

Wie die Kosten der Lebensführung bei einem **Ein-Personen-Haushalt** zu beurteilen sind, hat der BFH jüngst entschieden. Danach stellt sich in einen Ein-Personen-Haushalt die Frage nach der finanziellen Beteiligung an den Kosten dieses Haushalts (bzw. der Lebensführung) nicht. Denn die Kosten der Lebensführung eines Ein-Personen-Haushalts werden denknotwendig von dieser einen Person getragen. Woher die hierfür erforderlichen Mittel stammen, ob aus eigenen Einkünften, staatlichen Transferleistungen, Darlehen, Unterhaltsleistungen oder familiären Geldgeschenken, ist insoweit unerheblich. An der Finanzierung des eigenen Haushalts/der eigenen Lebensführung ändert die Herkunft der Mittel nichts.[3]

Das Tatbestandsmerkmal „finanzielle Beteiligung an den Lebensführungskosten" ist erst von Bedeutung, wenn der Arbeitnehmer am Lebensmittelpunkt einem Mehrpersonenhaushalt angehört. In dem o. g. Urteil v. 29.4.2025 bewertet der BFH auch, wie im Obergeschoss eines Hauses gelegene Räume einer Wohnung nach ihrer Renovierung sowie dem Auszug eines Familienangehörigen zuzuordnen sind. Bei Ehegatten oder Lebenspartnern mit den **Steuerklassen III, IV** oder **V** dürfen der **Arbeitgeber** und das Finanzamt eine finanzielle Beteiligung an den Kosten der Haushaltsführung **ohne** entsprechenden Nachweis **unterstellen** (→ Rz. 295). Nach dem maßgebenden BMF-Schreiben zur steuerlichen Behandlung der Reisekosten von Arbeitnehmern **soll das Finanzamt** bei Arbeitnehmern, die mit ihrem Ehegatten oder Lebenspartner einen gemeinsamen Haushalt führen, eine finanzielle Beteiligung an den Kosten der Lebensführung ohne entsprechenden Nachweis unterstellen.[4] Weil eine doppelte Haushaltsführung neben der eigenen Wohnung eine finanzielle Beteiligung an den Kosten der Lebensführung verlangt, entfallen grundsätzlich die Prüfung, wo sich der Mittelpunkt der Lebensinteressen des Arbeitnehmers befindet sowie die Prüfung der Anzahl der Übernachtungen am tatsächlichen Wohnort. Es ist nicht erforderlich, dass in der Wohnung am Ort des eigenen Hausstands hauswirtschaftliches Leben herrscht. Deshalb kann eine doppelte Haushaltsfüh-

1) BFH v. 12.1.2023, VI R 39/19, BStBl II 2023, 747.
2) So schon BFH v. 16.12.1983, VI R 3/81, BStBl II 1984, 521.
3) BFH v. 29.4.2025, VI R 12/23, BFH/NV 2025, 1350.
4) BMF v. 25.11.2020, IV C 5 – S 2353/19/10011 :006, BStBl I 2020, 1228, Rz. 114.

rung auch dann berücksichtigt werden, wenn der Ehegatte nicht ständig in der Zweitwohnung wohnt.

3. Berufliche Veranlassung der doppelten Haushaltsführung

Ein Ansatz der Aufwendungen für eine doppelte Haushaltsführung setzt voraus, dass **291**
die Zweitwohnung oder Zweitunterkunft aus beruflichen Gründen **erforderlich** ist. Ihr Bezug bzw. die Anmietung muss also **beruflich** (bzw. geschäftlich) **veranlasst** sein. **Typische Fälle** für einen beruflichen oder geschäftlichen Anlass sind der erstmalige Antritt einer Arbeitsstelle, ein Arbeitgeberwechsel, die Versetzung an einen anderen Arbeitsort, eine Eröffnung oder Verlegung eines Betriebs, einer Praxis u. Ä.

Beruflich veranlasst bzw. erforderlich ist eine Zweitwohnung/-unterkunft insbesondere dann, wenn dadurch die Fahrtstrecke oder Fahrzeit zur ersten Tätigkeitsstätte wesentlich verkürzt wird. Aus Vereinfachungsgründen kann von einer beruflichen Veranlassung des Beziehens der Zweitwohnung ausgegangen werden, wenn

- die kürzeste Straßenverbindung von der Zweitwohnung zur ersten Tätigkeitsstätte weniger als die Hälfte der kürzesten Straßenverbindung zwischen der Hauptwohnung (Mittelpunkt der Lebensinteressen) und der ersten Tätigkeitsstätte beträgt oder
- die Fahrzeit zur ersten Tätigkeitsstätte für eine Wegstrecke halbiert wird.

Sind die Voraussetzungen dieser Vereinfachungsregelung nicht erfüllt, muss der Arbeitnehmer das Vorliegen einer beruflich veranlassten doppelten Haushaltsführung auf andere Weise anhand der konkreten Umstände des Einzelfalles darlegen.

Eine **berufliche Veranlassung** der Aufwendungen für eine doppelte Haushaltsführung ist auch dann gegeben, wenn der Arbeitnehmer neben der Tätigkeit am auswärtigen Beschäftigungsort zugleich am Ort seines Hausstands beschäftigt ist.[1)]

Auf Grund der neueren Rechtsprechung ist die Frage beantwortet, nach welchen Kriterien das **Vorliegen** einer Haupt- und Zweitwohnung zu bestimmen ist. So hat der BFH entschieden, dass eine Zwei-Zimmer-Wohnung mit einer Entfernung von 6 km zur regelmäßigen Arbeitsstätte **keine** steuerliche Zweitwohnung ist und kein ein doppelter Haushalt vorliegt, wenn die Familienwohnung 36 km von der Arbeitsstätte entfernt, aber außerhalb des Orts der Tätigkeitsstätte liegt. Entscheidungsmaßstab sei nicht die Entfernung, sondern die tägliche Wegezeit von „etwa einer Stunde".[2)] Die Finanzverwaltung wendet dieses Urteil an.

Diese zeitliche Betrachtungsweise ist jedoch nur ein Kriterium. Daneben ist eine räumliche Betrachtungsweise heranzuziehen. Nach dem aktuellen BMF-Schreiben zur steuerlichen Behandlung der Reisekosten gelten folgende Grundsätze:

- Eine **Hauptwohnung** ist am Ort der ersten Tätigkeitsstätte belegen, wenn der Stpfl. von dieser Wohnung seine erste Tätigkeitsstätte in zumutbarer Weise täglich erreichen kann. Eine Fahrzeit von bis zu **einer Stunde** je Wegstrecke unter Zugrundelegung individueller Verkehrsverbindungen und Wegezeiten kann i. d. R. als zumutbar angesehen werden.[3)]
- Aus **Vereinfachungsgründen** kann für die Frage, ob die Hauptwohnung am Ort der ersten Tätigkeitsstätte belegen ist oder nicht, die Entfernung der kürzesten Straßenverbindung zwischen der Hauptwohnung und erster Tätigkeitsstätte herangezogen werden. Beträgt die Entfernung zwischen Hauptwohnung und erster Tätigkeitsstätte mehr als **50 km**, ist davon auszugehen, dass sich die Hauptwohnung außerhalb des Ortes der ersten Tätigkeitsstätte befindet.

---

1) BFH v. 15.3.2007, VI R 31/05, BStBl II 2007, 533.
2) BFH v. 16.11.2017, VI R 31/16, BStBl II 2018, 404.
3) BMF v. 25.11.2020, IV C 5 – S 2353/19/10011 :006, BStBl I 2020, 1228, Rz. 102 f.; BFH v. 16.11.2017, VI R 31/16, BStBl II 2018, 404.

Dieses Entfernungs-Kriterium (50 km) gilt insbesondere dann, wenn die Hauptwohnung sowie die Tätigkeitsstätte innerhalb derselben politischen Gemeinde, Stadt oder in deren unmittelbaren Umkreis liegen.

Eine **Zweitwohnung/-unterkunft** muss nicht stets am Ort der ersten Tätigkeitsstätte liegen. Zulässig ist auch die Lage in der Nähe des Beschäftigungsorts; dies steht einer Zweitwohnung am Ort der ersten Tätigkeitsstätte gleich. Ihre Lage muss es aber dem Arbeitnehmer ermöglichen, ungeachtet von Gemeinde- oder Landesgrenzen seine Tätigkeitsstätte täglich aufzusuchen.[1] Aus Vereinfachungsgründen können Arbeitgeber, Arbeitnehmer und das Finanzamt davon ausgehen, dass die Zweitwohnung noch am Ort der ersten Tätigkeitstätte belegen ist, wenn die Entfernung der kürzesten Straßenverbindung zwischen Zweitwohnung und erster Tätigkeitsstätte nicht mehr als 50 km beträgt.

Liegt die Zweitwohnung weiter als 50 km von dem Ort der ersten Tätigkeitsstätte entfernt, muss geprüft werden, ob die erste Tätigkeitsstätte von der Zweitwohnung bzw. Zweitunterkunft noch in akzeptabler Weise täglich erreicht werden kann. Auch in diesem Fall ist eine Fahrzeit von bis zu einer Stunde je Wegstrecke unter Zugrundelegung individueller Verkehrsverbindungen und Wegezeiten als akzeptabel (zumutbar) anzusehen.[2]

Aus **Vereinfachungsgründen** lässt die Finanzverwaltung jedoch (auch) eine andere Betrachtungsweise zu. Danach kann von einer doppelten Haushaltsführung ausgegangen werden,

- wenn die kürzeste **Straßenverbindung** von der Zweitwohnung/-unterkunft zur ersten Tätigkeitsstätte weniger als die **Hälfte** der Entfernung der kürzesten Straßenverbindung zwischen der Hauptwohnung (Mittelpunkt der Lebensinteressen) und der ersten Tätigkeitsstätte beträgt (räumliche Betrachtung);[3] oder
- wenn die Fahrzeit zur ersten Tätigkeitsstätte für eine Wegstrecke halbiert wird.

Liegt keines dieser Kriterien vor, muss der Arbeitnehmer das Vorliegen einer beruflich veranlassten doppelten Haushaltsführung (dem Finanzamt) auf andere Weise anhand der konkreten Umstände des Einzelfalles darlegen.

Beispiel: Zweitwohnung und Nähe des Beschäftigungsorts

1. Kurze Entfernung für Zweitwohnung

Arbeitnehmer A hat seine Hauptwohnung in B und in H seine erste Tätigkeitsstätte. Die Entfernung von B (Hauptwohnung) nach H beträgt 100 km und die Fahrzeit mit dem ICE 50 Minuten. Der Arbeitnehmer nimmt sich in Z eine Zweitwohnung. Die Entfernung zwischen Z und H beträgt 30 km.

Folge: Auf Grund der Entfernung von mehr als 50 km zwischen Hauptwohnung und erster Tätigkeitsstätte liegt die Hauptwohnung nicht am Ort der ersten Tätigkeitsstätte. Folglich ist eine Prüfung der Fahrzeit zwischen Hauptwohnung und erster Tätigkeitsstätte nicht erforderlich.

Die Zweitwohnung in Z liegt 30 km entfernt und damit noch „am Ort der ersten Tätigkeitsstätte". Daher liegt eine doppelte Haushaltsführung vor. Weil die kürzeste Straßenverbindung von Z zur ersten Tätigkeitsstätte (30 km) auch weniger als die Hälfte der Straßenverbindung zwischen Hauptwohnung in B und erster Tätigkeitsstätte beträgt (1/2 von 100 km = 50 km), kann auch von einer beruflichen Veranlassung der doppelten Haushaltsführung ausgegangen werden.

2. Vereinfachungsregelung

Arbeitnehmer A hat seinen eigenen Hausstand in B, seine neue erste Tätigkeitsstätte liegt in C. Die Entfernung von B (Hauptwohnung) nach C beträgt 250 km. Der Arbeitnehmer findet in H eine Zweitwohnung. Die Entfernung von dieser Zweitwohnung in H nach C (erste Tätigkeitsstätte) beträgt 70 km. A legt den Weg mit einer Zugverbindung täglich in jeweils 40 Minuten zurück.

Folge: Die Hauptwohnung liegt mehr als 50 km von der ersten Tätigkeitsstätte entfernt und damit außerhalb des Orts der ersten Tätigkeitsstätte. Die Zweitwohnung dient, auch wenn sie

1) BFH v. 19.4.2012, VI R 59/11, BStBl II 2012, 833.
2) Vgl. BFH v. 19.4.2012, VI R 59/11, BStBl II 2012, 833.
3) BMF v. 25.11.2020, IV C 5 – S 2353/19/10011 :006, BStBl I 2020, 1228, Rz. 104.

mehr als 50 km von der ersten Tätigkeitsstätte entfernt liegt, noch dem Wohnen am Ort der ersten Tätigkeitsstätte (Fahrzeit beträgt weniger als eine Stunde). Es liegt daher eine doppelte Haushaltsführung vor.

Die doppelte Haushaltsführung ist auch beruflich veranlasst, weil die kürzeste Straßenverbindung (70 km) zwischen der Zweitwohnung und der ersten Tätigkeitsstätte weniger als die Hälfte der kürzesten Straßenverbindung zwischen der Hauptwohnung und der ersten Tätigkeitsstätte beträgt liegt (1/2 von 250 km = 125 km).

Abwandlung:

Die Entfernung zwischen der Zweitwohnung in H und der ersten Tätigkeitsstätte in C beträgt 150 km, die Fahrzeit mit öffentlichen Verkehrsmitteln beträgt 90 Minuten.

Folge: In diesem Fall kann nicht mehr ohne Weiteres von einer Zweitwohnung am Ort der ersten Tätigkeitsstätte ausgegangen werden. Die steuerliche Anerkennung richtet sich nun nach den vorgenannten Grundsätzen.[1]

Eine **beruflich veranlasste** doppelte Haushaltsführung liegt auch vor,

- wenn der eigene Hausstand **nach der Eheschließung** am Beschäftigungsort des ebenfalls berufstätigen Ehegatten begründet oder wegen der Aufnahme einer Berufstätigkeit des Ehegatten an dessen Beschäftigungsort verlegt und am Beschäftigungsort eine Zweitwohnung des Arbeitnehmers begründet worden ist;
- wenn beiderseits berufstätige Ehegatten bei Heirat den Familienwohnsitz in die Wohnung des im EU-Ausland arbeitenden Ehegatten verlegen und ein Ehegatte wegen seiner Berufstätigkeit im Inland hier einen doppelten Haushalt begründet. Die im EU-Ausland ausgeübte Berufstätigkeit gilt wie eine Berufstätigkeit im Inland.[2] Zu weiteren Einzelheiten der beruflichen Veranlassung → Rz. 302 ff.;
- wenn ein Arbeitnehmer seinen Haupthaushalt aus privaten Gründen vom Beschäftigungsort **wegverlegt** und er daraufhin in einer Wohnung am Beschäftigungsort einen Zweithaushalt begründet (ggf. auch in bisheriger Wohnung), um von dort seiner Beschäftigung weiter nachgehen zu können.

  Ist aber bereits im Zeitpunkt der Wegverlegung des Lebensmittelpunkts vom Beschäftigungsort ein **Rückumzug** an den Beschäftigungsort **geplant** oder steht er fest (z. B. Ferienwohnung oder ähnliche vorübergehend bezogene Unterkünfte), handelt es sich hingegen *nicht* um eine doppelte Haushaltsführung[3] (R 9.11 Abs. 2 Satz 5 und 6 LStR).

Bei verheirateten Arbeitnehmern kann **für jeden Ehegatten** eine doppelte Haushalts- **292**
führung beruflich veranlasst sein, wenn die Ehegatten außerhalb des Orts ihres gemeinsamen Hausstands an verschiedenen Orten beschäftigt sind und am jeweiligen Beschäftigungsort eine Zweitwohnung beziehen.[4] Entsprechendes gilt, wenn beiderseits berufstätige Ehegatten/Lebenspartner am gemeinsamen Beschäftigungsort eine gemeinsame Zweitwohnung beziehen.

Bezieht ein Arbeitnehmer, der seinen Hausstand vom Beschäftigungsort wegverlegt hat, **nach mehreren Jahren oder aus gesundheitlichen Gründen**, die in der Zwischenzeit eingetreten sind, am Beschäftigungsort eine **Zweitwohnung**, so kann dies durch die berufliche Beschäftigung veranlasst sein. Bei Zuzug aus dem Ausland kann das Beziehen einer Zweitwohnung auch dann beruflich veranlasst sein, wenn der Arbeitnehmer politisches Asyl beantragt oder erhält.

Weitere Einzelheiten zur beruflichen Veranlassung → Rz. 302 ff.

---

1) S. grundlegend BFH v. 19.4.2012, VI R 59/11, BStBl II 2012, 833.
2) FG Köln v. 4.12.2002, 11 K 2966/00, EFG 2003, 685.
3) BFH v. 5.3.2009, VI R 58/06, BStBl II 2009, 1012; VI R 23/07, BStBl II 2009, 1016; BMF v. 10.12.2009, IV C 5 – S 2352/0, BStBl I 2009, 1599.
4) BFH v. 6.10.1994, VI R 136/89, BStBl II 1995, 184.

4. Aufwendungen und Höchstbetrag für Unterkunftskosten bei doppelter Haushaltsführung

293 Als Unterkunftskosten für eine doppelte Haushaltsführung im Inland kann der Arbeitnehmer die ihm tatsächlich entstandenen Aufwendungen für die **Nutzung** der Wohnung oder Unterkunft bis zu einem nachgewiesenen Betrag von höchstens **1 000** € im Monat ansetzen. Dies ist der steuerliche **Höchstbetrag**, den auch der Arbeitgeber für seine steuerfreie Erstattung zu beachten hat.

Nach der Entscheidung des BFH v. 4.4.2019 gehören die anlässlich einer doppelten Haushaltsführung entstandenen Aufwendungen für **Einrichtungsgegenstände** und **Hausrat nicht** zu den Aufwendungen für die Nutzung der Unterkunft, die (nach § 9 Abs. 1 Satz 3 Nr. 5 Satz 4 EStG) mit höchstens 1 000 € im Monat angesetzt werden dürfen.[1] Die Grundsätze dieses Urteils werden im aktuellen BMF-Schreiben zur Behandlung der Reisekosten von Arbeitnehmern erläutert.[2] Darin wird klargestellt, dass der **Höchstbetrag** von 1 000 € im Monat sämtliche entstehenden Aufwendungen für die Immobiliennutzung wie Miete, Betriebskosten, Kosten der laufenden Reinigung und Pflege der Zweitwohnung oder -unterkunft, Zweitwohnungsteuer, Rundfunkbeitrag, Miet- oder Pachtgebühren für Kfz-Stellplätze, Aufwendungen für Sondernutzung (wie Garten), die vom Arbeitnehmer selbst getragen werden, **umfasst**.

Die **Zweitwohnungsteuer** ist originärer Aufwand für die Nutzung der Unterkunft und unterfällt daher bei den Mehraufwendungen für die doppelte Haushaltsführung unter die o. g. Abzugsbeschränkung von 1 000 € pro Monat.[3] Steht die Zweitwohnung oder -unterkunft im **Eigentum** des Arbeitnehmers, sind die tatsächlichen Aufwendungen (z. B. Absetzung für Abnutzung/Abschreibung, Schuldzinsen, Reparaturkosten, Nebenkosten) bis zum Höchstbetrag von 1 000 € monatlich berücksichtigungsfähig; vgl. auch die weiterhin zu berücksichtigenden Grundsätze des BFH-Urteils v. 3.12.1982.[4]

Nicht zum Höchstbetrag von 1 000 € im Monat gehören die Aufwendungen für **Hausrat**, **Einrichtungsgegenstände** oder Arbeitsmittel, mit denen die Zweitwohnung ausgestattet ist. Solche Aufwendungen für die erforderliche Einrichtung und Ausstattung der Zweitwohnung, soweit sie nicht überhöht sind, dürfen als sonstige notwendige Mehraufwendungen der doppelten Haushaltsführung zusätzlich steuerlich **berücksichtigt** werden.[1] Hierfür kommen in Betracht die Aufwendungen für (notwendiges) Mobiliar und Haushaltsgegenstände wie Geschirr, Lampen, Gardinen, Bett und Bettzeug, Tisch und Stühle, Teppiche, Herd, Spüle, Spülmaschine sowie ein Fernsehgerät.

Übersteigen die Anschaffungskosten des Arbeitnehmers für Einrichtung und Ausstattung der Zweitwohnung (ohne Arbeitsmittel) insgesamt nicht den Betrag von **5 000** € einschließlich USt, ist aus Vereinfachungsgründen davon auszugehen, dass es sich um notwendige Mehraufwendungen der doppelten Haushaltsführung handelt.[2]

Mietet der Arbeitnehmer eine **möblierte** Zweitwohnung oder Zweitunterkunft an und überschreitet die Miete den monatlichen Höchstbetrag von 1 000 €, ist die Miete aufzuteilen. Maßgebend hierfür sind die Regelungen des Mietvertrags. Ist darin die Höhe der Kaltmiete sowie der Anteil für die Einrichtungsgegenstände und den Hausrat festgelegt, sind diese Beträge regelmäßig heranzuziehen. Enthält der Mietvertrag keine Aufteilung der Miete, ist sie nach dem Urteil des BFH v. 4.4.2019[1] im Schätzwege aufzuteilen in die Teilbeträge „Überlassung der Wohnung/Kaltmiete" sowie „Einrichtung und Ausstattung".

Hinsichtlich der Einrichtungsgegenstände und dem Hausrat ist zu beachten, dass für den **Werbungskostenabzug** die allgemeinen Regelungen zu beachten sind. Das heißt, die Anschaffungskosten der Einrichtungsgegenstände bzw. des Hausrats sind auf deren

1) BFH v. 4.4.2019, VI R 18/17, BStBl II 2019, 449.
2) BMF v. 25.11.2020, IV C 5 – S 2353/19/10011 :006, BStBl I 2020, 1228, Rz. 108.
3) BFH v. 13.12.2023, VI R 30/21, BStBl II 2024, 404; Vorinstanz: FG München v. 26.11.2021, 8 K 2143/21, EFG 2022, 322.
4) BFH v. 3.12.1982, VI R 228/80, BStBl II 1983, 467.

Nutzungsdauer zu verteilen, soweit sie nicht als geringwertige Wirtschaftsgüter (Anschaffungskosten nicht über 800 €, ohne USt) sofort angesetzt und abgezogen („abgeschrieben") werden.

Für den steuerfreien **Arbeitgeberersatz** ist diese Einschränkung **nicht zu beachten**; in diesen Fällen dürfen die Anschaffungskosten in einem Betrag ersetzt werden.

Aufwendungen für einen separat angemieteten **Garagenstellplatz** sind in den Höchstbetrag einzubeziehen und können nicht als „sonstige" notwendige Mehraufwendungen zusätzlich berücksichtigt werden. Diese Verwaltungsauffassung ist strittig. Denn aktuell soll der BFH entscheiden, ob **Stellplatzkosten** i. R. einer doppelten Haushaltsführung (auch nach der gesetzlichen Neufassung des § 9 Abs. 1 Satz 3 Nr. 5 EStG) zu den **sonstigen Mehraufwendungen** oder zu den auf 1 000 € monatlich begrenzten Unterkunftskosten gehören (§ 9 Abs. 1 Satz 3 Nr. 5 Satz 4 EStG).[1]

Bis zum **Höchstbetrag** von 1 000 € im Monat werden die notwendigen Kosten der **Unterkunft** am Beschäftigungsort **im Inland** nach folgenden Grundsätzen anerkannt:

- Abzugsfähig sind die **Aufwendungen** für die Unterbringung am Beschäftigungsort (z. B. Miete für die Wohnung, das (un-)möblierte Zimmer, Hotelkosten, Mietnebenkosten; s. zuvor) in der **nachgewiesenen Höhe**. Dies gilt jedoch nur unter der Voraussetzung, dass die Übernachtung nicht in einer vom Arbeitgeber gestellten Unterkunft erfolgt. Die Frage der Angemessenheit/Notwendigkeit ist **nicht** zu prüfen.
- Zu berücksichtigen sind ferner der vom Arbeitnehmer selbst getragene Rundfunkbeitrag, Miet- oder Pachtgebühren für Kfz-Stellplätze, Aufwendungen für Sondernutzung (wie Garten) sowie die Zweitwohnungsteuer.

Ein **pauschaler** Ansatz von Kosten der Unterkunft als Werbungskosten ist im Gegensatz zum **Kostenersatz** durch den Arbeitgeber (→ Rz. 221) **nicht** möglich.

Strittig ist derzeit der **Werbungskostenabzug**, wenn der **Ehegatte** die **Mietzahlungen** für die Zweitwohnung leistet. Dem BFH liegt die Frage vor, ob i. R. einer beruflich veranlassten doppelten Haushaltsführung eines Ehegatten Mietzahlungen für die Zweitwohnung, welche durch den **anderen** Ehegatten von dessen Konto geleistet wurden, (auf Grund der ehelichen Wirtschafts- und Lebensgemeinschaft) dem die doppelte Haushaltsführung begründenden Ehegatten als eigene Werbungskosten steuerlich zuzurechnen sind. Um solche Abgrenzungsfragen von vornherein auszuschließen, sollte grundsätzlich jeder Ehegatte seine anfallenden Aufwendungen **selbst** tragen.[2]

Der Höchstbetrag von 1 000 € ist ein **Monatsbetrag**, der nicht auf einen Kalendertag umzurechnen ist und grundsätzlich für jede doppelte Haushaltsführung des Arbeitnehmers gesondert gilt. Beziehen mehrere berufstätige Arbeitnehmer (z. B. beiderseits berufstätige Ehegatten, Lebenspartner, Lebensgefährten, Mitglieder einer Wohngemeinschaft) am gemeinsamen Beschäftigungsort eine gemeinsame Zweitwohnung, handelt es sich jeweils um eine doppelte Haushaltsführung, so dass jeder Arbeitnehmer den Höchstbetrag für die tatsächlich von ihm getragenen Aufwendungen jeweils für sich beanspruchen kann.

Bei der Anwendung des Höchstbetrags ist grundsätzlich das **Abflussprinzip** des § 11 Abs. 2 EStG zu beachten. Dieser Grundsatz gilt insbesondere hinsichtlich der Berücksichtigung von Abschlagszahlungen für Nebenkosten und für die Nebenkostenendabrechnung.

1) Anhängiges Verfahren beim BFH mit Az. VI R 4/23, zuvor Niedersächsisches FG v. 16.3.2023, 10 K 202/22, https://juris.de/jportal/nav/index.jsp.

2) Anhängiges Verfahren beim BFH mit Az. VI R 16/23, zuvor FG Nürnberg v. 21.10.2022, 7 K 150/21.

Hinweis: Besonderheit bei den Monatsbeträgen

Hinsichtlich der Monatsbeträge gilt folgende Besonderheit: Soweit der monatliche **Höchstbetrag** von 1 000 € **nicht** ausgeschöpft wird, ist eine **Übertragung** des nicht ausgeschöpften Volumens in andere Monate des Bestehens der doppelten Haushaltsführung im selben Kalenderjahr möglich.[1)]

Erhält der Arbeitnehmer entrichtete Unterkunftskosten **erstattet** (z. B. Nebenkosten), **mindern** diese Erstattungen im Zeitpunkt des Zuflusses die Unterkunftskosten der doppelten Haushaltsführung.

Beispiele: Unterkunftsaufwendungen bei doppelter Haushaltsführung

1. Aufteilung der Kosten

Die beiderseits berufstätigen Ehegatten bewohnen an ihrem Beschäftigungsort in B (jeweils Ort der ersten Tätigkeitsstätte) gemeinsam eine möblierte Unterkunft. Ihren Hausstand sowie ihren Lebensmittelpunkt haben die Eheleute im eigenen Einfamilienhaus in H. Die Aufwendungen für die Nutzung der Unterkunft am Beschäftigungsort betragen inklusive sämtlicher Nebenkosten und Abschreibungen für notwendige Einrichtungsgegenstände 1 100 € im Monat. Diese werden auf Grund gemeinsamer Verpflichtung von beiden Ehegatten zu gleichen Anteilen gezahlt.

Folge: Die tatsächlichen Aufwendungen für die Nutzung der Unterkunft können bei jedem Ehegatten jeweils i. H. v. 550 € angesetzt werden. Hier stellt sich die im vorgenannten BFH-Urteil v. 4.4.2019 entschiedene Frage (Abziehbarkeit von Aufwendungen für Einrichtungsgegenstände und Hausrat i. R. einer doppelten Haushaltsführung) nicht.[2)]

2. Übertragung nicht ausgeschöpften Volumens

Arbeitnehmer A bewohnt am Ort seiner ersten Tätigkeitsstätte in B eine Zweitwohnung. Die Aufwendungen für die Nutzung dieser Unterkunft (Miete, inklusive sämtlicher berücksichtigungsfähiger Nebenkosten und evtl. Abschreibungen für notwendige Einrichtungsgegenstände) betragen bis zum 30.6. monatlich 990 €. Ab 1.7. wird die Miete um 30 € erhöht, so dass ab diesem Zeitpunkt die monatlichen Aufwendungen für die Nutzung der Unterkunft 1 020 € betragen.

Folge: In den Monaten Januar bis Juni können die Aufwendungen für die Nutzung der Unterkunft in voller Höhe vom Arbeitgeber **steuerfrei** erstattet bzw. vom Arbeitnehmer als Werbungskosten geltend gemacht werden. Bei Anwendung des vorgenannten BFH-Urteils v. 4.4.2019 sind die (anteiligen) Aufwendungen für die Einrichtungsgegenstände in die Prüfung des Höchstbetrags nicht einzubeziehen. Sie sind gesondert in voller (anteiliger) Höhe berücksichtigungsfähig.[2)]

Ab Juli ist grundsätzlich die Beschränkung auf den Höchstbetrag von 1 000 € zu beachten. Die den Höchstbetrag übersteigenden Aufwendungen von monatlich 20 € können allerdings mit dem im Kalenderjahr noch nicht aufgebrauchten Höchstbetragsvolumen der Monate Januar bis Juni (6 × 10 € = 60 €) verrechnet und insoweit vom Arbeitgeber **steuerfrei** gezahlt oder vom Arbeitnehmer als Werbungskosten geltend gemacht werden.

Umfasst die Zweitwohnung am Ort der ersten Tätigkeitsstätte ein häusliches **Arbeitszimmer**, sind die anteiligen Aufwendungen bei der Ermittlung der anzuerkennenden Unterkunftskosten nicht einzubeziehen. Ein Abzug der hierauf entfallenden Aufwendungen richtet sich nach den dafür maßgebenden Regelungen.

Maklerkosten, die für die Anmietung einer Zweitwohnung oder -unterkunft gezahlt werden, rechnen zu den **Umzugskosten** und sind als solche zusätzlich als Werbungskosten abzugsfähig oder vom Arbeitgeber steuerfrei erstattbar. Sie sind **nicht** in die 1 000 €-Grenze einzubeziehen.

Ein **Werbungskostenabzug** der Aufwendungen für die Zweitwohnung am auswärtigen Beschäftigungsort ist **nicht möglich**, wenn dem Arbeitnehmer die Zweitwohnung unentgeltlich zur Verfügung gestellt wird (z. B. von seinem Vater als Mieter und Kostenträger). In diesen Fällen ist das Abzugsverbot von bzw. bei Drittaufwand zu berücksichtigen.[3)]

1) BMF v. 25.11.2020, IV C 5 – S 2353/19/10011 :006, BStBl I 2020, 1228, Rz. 108.
2) BFH v. 4.4.2019, VI R 18/17, BStBl II 2019, 449.
3) BFH v. 13.3.1996, VI R 103/95, BStBl II 1996, 375.

Übernachtet der Arbeitnehmer im **Hotel**, so gehören lediglich die Übernachtungskosten – also nicht das Frühstück – zu den Aufwendungen für die doppelte Haushaltsführung. Sollte der Preis für das Frühstück (noch) im Übernachtungspreis ohne gesonderten Ausweis enthalten sein, sind die Kosten für das Frühstück bei einer Übernachtung mit 20 % von der anzusetzenden Verpflegungspauschale (im Inland 28 €) vom Übernachtungspreis abzuziehen (= 5,60 €, → Rz. 301). **294**

Eine Prüfung der Notwendigkeit und Angemessenheit der Unterkunft ist nicht erforderlich. Auf die Zahl der Wohnungsbenutzer (Angehörige) kommt es nicht an.

Ein **Wohnmobil** (Campingbus) erfüllt grundsätzlich nicht die Voraussetzungen für eine „Unterkunft" bei einer doppelten Haushaltsführung, es sei denn, es ist auf Dauer auf einem Grundstück abgestellt (vergleichbar mit einem Wohnwagen).

5. Steuerfreie Erstattung der Unterkunftskosten, Werbungskostenabzug

Für einen steuerfreien Ersatz von Unterkunftskosten darf der Arbeitgeber bei Arbeitnehmern mit den Steuerklassen III, IV oder V ohne Weiteres **unterstellen**, dass sie einen **eigenen** Hausstand innehaben, an dem sie sich auch finanziell beteiligen (→ Rz. 290). **295**

Bei **Arbeitnehmern** mit anderen Steuerklassen darf der Arbeitgeber für den steuerfreien Arbeitgeberersatz einen eigenen Hausstand sowie die finanzielle Beteiligung an den Kosten der Lebensführung (laufende Kosten der Haushaltsführung) nur dann anerkennen, wenn diese **schriftlich** erklären, dass sie neben einer Zweitwohnung oder Zweitunterkunft am Beschäftigungsort einen eigenen Hausstand außerhalb des Beschäftigungsorts unterhalten, an dem sie sich auch finanziell beteiligen. Die Richtigkeit dieser Erklärung ist durch ihre Unterschrift zu bestätigen; die Erklärung ist als Beleg zum **Lohnkonto** aufzubewahren.

Anstelle der nachgewiesenen Aufwendungen für die Zweitwohnung oder Zweitunterkunft am Ort der ersten Tätigkeitsstätte im Inland (→ Rz. 293 f.) darf der Arbeitgeber die Kosten der Zweitwohnung oder Zweitunterkunft **pro Übernachtung** wie folgt pauschal **steuerfrei** erstatten (R 9.11 Abs. 10 Satz 7 Nr. 3 LStR):

- Ohne Einzelnachweis für einen Zeitraum von **drei** Monaten i. H. v. 20 € und für die **Folgezeit** i. H. v. 5 €.

Voraussetzung hierfür ist, dass dem Arbeitnehmer die Zweitwohnung nicht unentgeltlich oder teilentgeltlich zur Verfügung gestellt worden ist.

Der steuerfreie **Arbeitgeberersatz** mit den **Pauschbeträgen** für Übernachtungskosten ist **nur** für die Tage **zulässig**, an denen der Arbeitnehmer in der auswärtigen Unterkunft **tatsächlich** übernachtet hat. Deshalb wäre ein Arbeitgeberersatz mit den **Pauschbeträgen** für Tage, an denen der Arbeitnehmer nach Hause gefahren ist, die auswärtige Unterkunft aber beibehält, **steuerpflichtig**.

Weniger aufwändig ist die folgende Alternative: Ersetzt der **Arbeitgeber** dem Arbeitnehmer die **tatsächlich** entstandenen Übernachtungskosten (z. B. die monatliche Miete, → Rz. 293 f.), spielt es **keine** Rolle, ob der Arbeitnehmer in der auswärtigen Unterkunft tatsächlich auch stets übernachtet, z. B. sind die auswärtigen Übernachtungen an Wochenenden mit Familienheimfahrten unbeachtlich.

Zahlt der Arbeitgeber bei doppelter Haushaltsführung eines verheirateten Arbeitnehmers Übernachtungsgelder (Auslösungen) an Tagen (z. B. an Wochenenden), an denen der Arbeitnehmer ohne Anspruch auf Fahrtkostenersatz durch den Arbeitgeber eine **Zwischenheimfahrt** unternimmt, gilt Folgendes: **296**

- Soweit dem Arbeitnehmer während der am Familienwohnort verbrachten Zeit durch die Beibehaltung der Zweitunterkunft Kosten entstehen, dürfen die nachgewiesenen Unterkunftskosten steuerfrei gezahlt werden.

– Die übrigen Auslösungen können in Höhe der ansonsten beim Arbeitnehmer berücksichtigungsfähigen Werbungskosten für Familienheimfahrten steuerfrei belassen werden.

Für den **Werbungskostenabzug** i. R. der Einkommensteuerveranlagung hat der Arbeitnehmer das Vorliegen einer doppelten Haushaltsführung und die finanzielle Beteiligung an der Haushaltsführung am Ort des eigenen Hausstands darzulegen. Kosten der Zweitwohnung/-unterkunft sind für die Berücksichtigung als Werbungskosten grundsätzlich im Einzelnen nachzuweisen. Sie können geschätzt werden, wenn sie dem Grunde nach zweifelsfrei entstanden sind.

297 Haben **ledige** bzw. **alleinstehende** Arbeitnehmer einen eigenen Hausstand und liegen die in → Rz. 290 genannten Voraussetzungen vor, führen auch sie einen doppelten Haushalt, wenn sie auch am Ort der ersten Tätigkeitsstätte wohnen.

6. Fahrtkosten bei doppelter Haushaltsführung

298 Wird für Fahrten aus Anlass des Wohnungswechsels zu **Beginn** und am **Ende** der doppelten Haushaltsführung ein eigenes Fahrzeug benutzt, so können ohne Einzelnachweis beim Kfz bis zu 0,30 € und bei anderen Kfz (z. B. Motorrad, Motorroller oder Moped/Mofa) bis zu 0,20 € pro gefahrenen Kilometer **steuerfrei** gezahlt werden (→ Rz. 206); ansonsten ist der Ansatz als Werbungskosten möglich. Zudem können etwaige Reisenebenkosten (→ Rz. 189) berücksichtigt werden.

299 Die Fahrtkosten für jeweils eine **tatsächlich durchgeführte Heimfahrt** wöchentlich

– an den Ort des eigenen Hausstands oder
– an den **bisherigen Wohnort** bzw. zum Ort, an dem sich der Lebensmittelpunkt befindet,

können mit der Entfernungspauschale (→ Rz. 273) angesetzt werden. Schwerbehinderte Arbeitnehmer können höhere Kilometersätze geltend machen (→ Rz. 285).

Im Übrigen gilt das zu Wegen zwischen Wohnung und erster Tätigkeitsstätte Gesagte (→ Rz. 273 ff.). Für Familienheimfahrten ist die bei der Entfernungspauschale anzusetzende Begrenzung auf den Höchstbetrag von 4 500 € **nicht** zu beachten.

Führt der Arbeitnehmer mehr als eine Heimfahrt wöchentlich durch, so muss er bei der **Veranlagung** zur Einkommensteuer wählen, ob er die notwendigen Mehraufwendungen wegen einer doppelten Haushaltsführung – hierunter fallen u. a. Verpflegungsmehraufwendungen und Aufwendungen für die Zweitwohnung – oder aber lediglich die Fahrtkosten nach Maßgabe der Pauschsätze für Wege zwischen Wohnung und erster Tätigkeitsstätte als Werbungskosten geltend macht (Entscheidungskriterium: Welche der beiden Möglichkeiten ergibt einen höheren Werbungskostenbetrag?).

7. Familienferngespräche

300 Tritt an die Stelle einer Familienheimfahrt oder der Besuchsfahrt des Ehegatten (→ Rz. 310) ein **Ferngespräch mit Angehörigen**, so können Gebühren bis zu einer Gesprächsdauer von 15 Minuten mit Angehörigen, die zum Familienhausstand des Arbeitnehmers gehören, als Werbungskosten berücksichtigt werden, **wenn sie nachgewiesen werden**.[1] Dabei ist es auf Grund des vielschichtigen Angebots im Telefonbereich nicht erforderlich, dass das Telefongespräch zum günstigsten Tarif geführt werden muss, weil derartige Tarifermittlungen dem Arbeitnehmer kaum (mehr) zugemutet werden können.

1) BFH v. 18.3.1988, VI R 90/84, BStBl II 1988, 988; v. 8.11.1996, VI R 48/96, HFR 1997, 567.

8. Verpflegungsmehraufwendungen bei doppelter Haushaltsführung

Die notwendigen Mehraufwendungen für Verpflegung für einen **Zeitraum von drei Monaten** nach Aufnahme der Beschäftigung am neuen Beschäftigungsort im Inland können **für jeden Kalendertag**, an dem der Arbeitnehmer von seinem Mittelpunktwohnort (→ Rz. 107, → Rz. 290) abwesend ist, mit dem für berufliche Auswärtstätigkeiten anzusetzenden **Pauschbetrag** von 28 € geltend gemacht werden. Dabei ist allein die Dauer der Abwesenheit von dem Mittelpunktwohnort maßgebend. 301

Für Tage der Familienheimfahrten im Inland kommen für den Tag der Heimfahrt und den Tag der Rückreise zum Beschäftigungsort stets 14 € in Betracht. Die **Lohnsteuer-Pauschalierung** (→ Rz. 217) höherer vom Arbeitgeber gezahlter Verpflegungsaufwendungen ist bei einer doppelten Haushaltsführung **ausgeschlossen**.

Wird der Arbeitnehmer nicht am Tätigkeitsort, sondern auswärts tätig (§ 9 Abs. 1 und 4a Satz 12 EStG), können für denselben Zeitraum mehrere Verpflegungspauschalen anlässlich einer Auswärtstätigkeit, Fahrtätigkeit, Einsatzwechseltätigkeit oder wegen einer doppelten Haushaltsführung in Betracht kommen. In diesem Fall ist **nur der höchste Pauschbetrag** anzusetzen.

Beispiel: Ansatz Verpflegungspauschale

Arbeitnehmer A führt im Kalenderjahr 2026 für vier Monate einen doppelten Haushalt. Vom Ort der auswärtigen Beschäftigung unternimmt er eine zehnstündige Auswärtstätigkeit.

> **Folge:** Einzeln betrachtet stünden dem Arbeitnehmer Mehraufwendungen für Verpflegung für die doppelte Haushaltsführung i. H. v. 28 € pro Arbeitstag und für die Auswärtstätigkeit als solche i. H. v. 14 €, also insgesamt 42 € zu.
>
> Es darf jedoch nur der höchste in Betracht kommende Einzelbetrag von 28 € angesetzt werden. Nach Ablauf der **Dreimonatsfrist** entfällt die Verpflegungspauschale für die doppelte Haushaltsführung; folglich kann für die Auswärtstätigkeit eine Verpflegungspauschale i. H. v. 14 € angesetzt werden.

Im Übrigen gelten für den Ansatz der Verpflegungspauschalen die Regelungen zur **Dreimonatsfrist** sowie die **Unterbrechungsregelung** von mindestens vier Wochen (→ Rz. 178, → Rz. 303) auch für eine doppelte Haushaltsführung. Für die **Prüfung**, ob der Arbeitnehmer seine berufliche Tätigkeit an der ersten Tätigkeitsstätte unterbrochen hat, kommt es **nicht** darauf an, wo der Arbeitnehmer in der Unterbrechungszeit wohnt. Folglich kann er in diesen vier Wochen auch seine Zweitwohnung am Beschäftigungsort nutzen; er muss nicht in der Wohnung seines Hausstands wohnen. Dies ist für einen Neubeginn der Dreimonatsfrist unbeachtlich. **Entscheidend** ist nur die Unterbrechung der beruflichen Tätigkeit an der ersten Tätigkeitsstätte.

Ist der Tätigkeit am Beschäftigungsort eine Auswärtstätigkeit an diesem Beschäftigungsort unmittelbar **vorausgegangen**, so ist deren Dauer auf die **Dreimonatsfrist** anzurechnen. Für den **Beginn** der Dreimonatsfrist gelten dieselben Regelungen wie zur Auswärtstätigkeit (→ Rz. 111, → Rz. 178). Nach **Ablauf** der Dreimonatsfrist können Verpflegungspauschalen auf Grund einer doppelten Haushaltsführung nicht mehr steuerfrei ersetzt oder als Werbungskosten angesetzt werden.

9. Weitere Fälle beruflicher Veranlassung

Begründen Ehegatten ihren **Familienwohnsitz** außerhalb des Arbeitsorts des **allein verdienenden** Ehegattens und behält dieser Ehegatte eine in der Nähe seines Arbeitsplatzes gelegene Wohnung bei, muss nicht stets eine **berufliche** Veranlassung für die Unterhaltung eines doppelten Haushalts vorliegen (aber → Rz. 291).[1] 302

Besteht zwischen Begründung des Familienwohnsitzes und der Errichtung des zweiten Haushalts **kein enger Zusammenhang** (z. B. Errichtung des zweiten Haushalts **fünf**

1) BFH v. 26.11.1976, VI R 153/74, BStBl II 1977, 158; v. 2.12.1981, VI R 167/79, BStBl II 1982, 297.

Jahre nach Begründung des Familienwohnsitzes), kann der doppelte Haushalt dennoch **beruflich veranlasst** sein.[1] Mit letzterem Urteil hat der BFH eine Frist von 1 ½ Jahren genügen lassen unter der Voraussetzung, dass die täglichen Fahrten (z. B. wegen schwerer Erkrankung) nicht mehr zumutbar sind.

303 Eine beruflich veranlasste doppelte Haushaltsführung kann auch in sog. Wegzugsfällen begründet werden (→ Rz. 289, → Rz. 291 f.), wenn ein Arbeitnehmer **zunächst** einen **doppelten Haushalt** führt, danach am **Beschäftigungsort** jahrelang mit der Familie lebt und dann die Familie wieder an ihren früheren Wohnort **zurückkehrt**.[2]

Die Frage, ob für die Berücksichtigung der Verpflegungspauschale die **Dreimonatsfrist** erneut beginnt, wenn die doppelte Haushaltsführung durch Wegverlegung des Haupthausstands vom Beschäftigungsort und Umwidmung der bisherigen Wohnung in einen Zweithaushalt am Beschäftigungsort entsteht (ohne Anrechnung des vorausgegangenen Aufenthalts am Beschäftigungsort) ist vom BFH bejaht worden. Mit dem Zeitpunkt der Umwidmung beginnt in sog. Wegverlegungsfällen die Dreimonatsfrist für den Ansatz von Verpflegungspauschalen (H 9.11 (5-10) [Verpflegungsmehraufwendungen] LStH).[3]

304 Bei **Eheschließung** sind häufig **zwei Wohnungen** vorhanden. Ein beruflicher Anlass für einen doppelten Haushalt kann dann gegeben sein, wenn **beide Ehegatten berufstätig** sind und jeder an seinem Arbeitsort eine Wohnung hat. In einem solchen Fall wird zwangsläufig eine der beiden Wohnungen zur Familienwohnung. Die Wohnung des anderen Ehegatten ist dann die beruflich veranlasste Zweitwohnung.[4]

305 Eine beruflich veranlasste doppelte Haushaltsführung besteht auch, wenn der **Familienwohnsitz verlegt** wird und z. B. die Ehefrau am neuen Wohnsitz ein Beschäftigungsverhältnis eingeht. Wird dann die bisherige Wohnung beibehalten, weil der Ehemann von dieser Wohnung aus seiner Berufstätigkeit nachgeht, wird die bisherige Familienwohnung zur Zweitwohnung und gilt als Begründung eines doppelten Haushalts.[5]

306 Eheleute, die am Beschäftigungsort in einer **familiengerechten Wohnung** einen doppelten Haushalt unterhalten, führen **keinen** doppelten Haushalt, wenn in der beibehaltenen früheren Familienwohnung eine von den Eheleuten unterstützte Angehörige lebt, welche die minderjährige Tochter der Eheleute versorgt und erzieht.[6]

307 Lebt die Familie eines Arbeitnehmers im **Ausland**, so können Werbungskosten wegen doppelter Haushaltsführung unter den allgemeinen Voraussetzungen anerkannt werden (→ Rz. 288 f., → Rz. 290). Ist der Hausstand am Beschäftigungsort der Mittelpunkt der Lebensinteressen geworden, liegt **keine** doppelte Haushaltsführung mehr vor.

308 Führt ein Ehegatte den **doppelten Haushalt**, d. h., sind die Eheleute an verschiedenen Orten beschäftigt, so kann dieser Ehegatte hierfür Werbungskosten geltend machen. Es ist nicht erforderlich, dass es ihm unmöglich ist, eine gleichwertige Arbeit am gemeinsamen Wohnort zu finden.

309 Sind **Ehegatten an verschiedenen Orten berufstätig** und ist die Tätigkeit eines Ehegatten nicht ortsgebunden, so sind die Mehraufwendungen für den doppelten Hausstand Werbungskosten. Auch in diesem Fall ist die Zumutbarkeit des Umzugs bzw. Begründung des gemeinsamen Hausstands nicht erforderlich.

10. Familienheimfahrten, Besuchsfahrten bei doppelter Haushaltsführung

310 Tritt ein **Besuch des Ehegatten** an die Stelle einer Familienheimfahrt des Arbeitnehmers (umgekehrte Familienheimfahrt), so kommen die Reisekosten des Ehegatten als Wer-

1) BFH v. 30.10.1987, VI R 76/84, BStBl II 1988, 358; v. 22.9.1988, VI R 14/86, BStBl II 1989, 94.
2) BFH v. 2.12.1981, VI R 22/80, BStBl II 1982, 323.
3) BFH v. 8.10.2014, VI R 7/13, BStBl II 2015, 336.
4) BFH v. 13.7.1976, VI R 172/74, BStBl II 1976, 654; v. 4.10.1989, VI R 44/88, BStBl II 1990, 321.
5) BFH v. 2.10.1986, VI R 149/84, BStBl II 1987, 852.
6) BFH v. 29.11.1974, VI R 77/73, BStBl II 1975, 459.

bungskosten in Betracht.[1] Dies gilt insbesondere, wenn der Arbeitnehmer **aus beruflichen Gründen an** einer **Familienheimfahrt gehindert** ist (z. B. wegen Bereitschaftsdienst oder der Teilnahme an einer Fortbildungsveranstaltung am Arbeitsort), und ihn deshalb sein Ehegatte am Arbeitsort besucht. Als Werbungskosten sind nur die **Fahrtkosten**, nicht aber der Mehraufwand des besuchenden Ehegatten für Unterkunft und Verpflegung am Arbeitsort, ansatzfähig. Dies ist regelmäßig die Entfernungspauschale (Höhe der Kosten, welche dem Arbeitnehmer für die Familienheimfahrt entstanden wären, R 9.11 Abs. 6 Nr. 2 Satz 3 LStR).[2] Auch diese Kosten können vom Arbeitgeber steuerfrei erstattet werden.

Tritt der den doppelten Haushalt führende Ehegatte die wöchentliche Familienheimfahrt aus **privaten** Gründen nicht an, sind die Aufwendungen für die stattdessen durchgeführte Besuchsfahrt des anderen Ehegatten zum Beschäftigungsort **keine** Werbungskosten.[3] Folglich ist eine steuerfreie Arbeitgebererstattung nicht zulässig.

Aufwendungen für eine Fahrt des Ehegatten zum Arbeitsort des anderen Ehegatten, um 311
eine neue Wohnung **zu suchen oder besichtigen**, sind Werbungskosten bis zu der Höhe, die ein vergleichbarer Bundesbeamter für eine solche Reise als Umzugskostenvergütung erhalten würde.[4]

XIII. Umzugskosten

1. Allgemeines

Umzugskosten eines Arbeitnehmers können steuerlich als **Werbungskosten** abziehbar 312
sein oder vom Arbeitgeber **steuerfrei** ersetzt werden (§ 3 Nr. 16 EStG), wenn und soweit sie durch einen **beruflich veranlassten** Umzug entstehen. In Betracht kommen Kosten der Wohnungssuche, Transportkosten, Reisekosten, Unterricht für Kinder sowie sonstige Umzugsauslagen bzw. die dafür ansetzbar Pauschvergütung → Rz. 315.

Für die Berücksichtigung von Umzugskosten eines **Unternehmers/Freiberuflers** als Betriebsausgaben gelten die für Arbeitnehmer maßgebenden Grundsätze entsprechend. Zur betrieblichen Veranlassung der Kosten des Umzugs eines frei praktizierenden **Arztes** in die Nähe seiner Arztpraxis s. BFH v. 28.4.1988.[5]

2. Umzüge im Inland

Zum beruflichen Anlass für den Umzug rechnen u. a. 313

- die erstmalige **Aufnahme** eines Arbeitsverhältnisses an einem auswärtigen Arbeitsplatz,
- ein **Wechsel** des Arbeitgebers oder eine Versetzung/Abordnung durch den Arbeitgeber an einen (ggf. auch anderen) auswärtigen Tätigkeitsort,
- das Vorliegen eines ganz überwiegenden betrieblichen Interesses des Arbeitgebers. Dies gilt insbesondere beim Beziehen einer **Dienst-/Werkswohnung**, die aus betrieblichen Gründen bestimmten Arbeitnehmern vorbehalten ist, um z. B. deren jederzeitige Einsatzmöglichkeit zu gewährleisten[6],
- der Bezug oder Wechsel einer Zweitwohnung anlässlich einer beruflich veranlassten doppelten Haushaltsführung (R 9.11 Abs. 9 LStR); hierzu rechnet auch die Aufgabe einer Zweitwohnung zur Beendigung einer doppelten Haushaltsführung mit der Verlegung des Hausstandes an den Beschäftigungsort[7],

1) BFH v. 2.7.1971, VI R 35/68, BStBl II 1972, 67.
2) BFH v. 28.1.1983, VI R 136/79, BStBl II 1983, 313.
3) BFH v. 2.2.2011, VI R 15/10, BStBl II 2011, 456.
4) BFH v. 21.8.1974, VI R 201/72, BStBl II 1975, 64.
5) BFH v. 28.4.1988, IV R 42/86, BStBl II 1988, 777.
6) BFH v. 28.4.1988, IV R 42/86, BStBl II 1988, 777.
7) BFH v. 21.07.1989, VI R 129/86, BStBl 1989 II, 917.

- eine erhebliche **Verkürzung** der **Entfernung** zwischen Wohnung und Tätigkeitsstätte, wenn die verbleibende Wegezeit im Berufsverkehr als normal angesehen werden kann.[1] Es ist nicht erforderlich, dass der Wohnungswechsel mit einem Wohnortwechsel oder mit einem Arbeitsplatzwechsel verbunden ist.

Zu Umzügen am (Wohn-)Ort sowie zur Berücksichtigung der erstmaligen Einrichtung bzw. der Umzugsaufwendungen eines häuslichen Arbeitszimmers s. → Rz. 314.

Ein beruflicher Anlass für den Umzug liegt auch dann vor, wenn sich durch den Bezug einer neuen Wohnung die **Zeitspanne** für die täglichen Fahrten zur ersten Tätigkeitsstätte erheblich zu vermindern. Nach der Rechtsprechung des BFH v. 23.3.2001[2] reicht eine wenigstens zeitweise Fahrtzeitverkürzung um mindestens eine Stunde aus, um den Umzug als beruflich veranlasst anzuerkennen (s. a. → Rz. 314).

Private Motive – wie Heirat und erhöhter Wohnbedarf wegen der Geburt eines Kindes – treten bei der Beurteilung in den Hintergrund. Es reicht jedoch **nicht** aus, wenn die geforderte Zeitersparnis von mindestens einer Stunde täglich lediglich an einigen Arbeitstagen erreicht wird.[3] Sind beide **Ehegatten** berufstätig, ist die geforderte Verkürzung der Fahrtzeit um mindestens eine Stunde für jeden Ehegatten allein zu betrachten. Verkürzt sich bei einem Ehegatten die Fahrtzeit um mindestens eine Stunde und tritt bei dem anderen Ehegatten eine Fahrtzeitverlängerung ein, so sind die **Fahrtzeiten nicht zu saldieren**.[4]

Auch wenn berufliche Gründe für den Umzug sprechen, können Aufwendungen für die Anschaffung von Bekleidung, die wegen des mit dem Umzug (im/ins Ausland) verbundenen Klimawechsels erforderlich wird, nicht als Werbungskosten (Umzugskosten) angesetzt werden.[5]

314 Ob **Umzugskosten** Betriebsausgaben, steuerfrei erstattungsfähig oder Werbungskosten sind, hängt **nicht** davon ab, ob der Stpfl. seine berufliche Tätigkeit und seine Lebensstellung **wesentlich** ändert, sondern in erster Linie davon, ob der **Wechsel der Tätigkeit ursächlich für** den **Umzug** war. Bei einem Wechsel der Wohnung innerhalb **desselben** Orts ist das nur unter besonderen Umständen anzunehmen.[6] In diesem Fall kann eine berufliche Veranlassung nur anerkannt werden, wenn der Arbeitgeber den Umzug aus beruflichen Gründen fordert (z. B. weil eine Dienstwohnung bezogen oder geräumt werden muss), oder wenn der Arbeitnehmer innerhalb einer **Großstadt** seinen Arbeitsplatz gewechselt hat und er eine näher am neuen Arbeitsplatz gelegene Wohnung bezieht, um die **Zeitspanne** für die täglichen Fahrten zur ersten Tätigkeitsstätte erheblich zu vermindern.[7] Nach der Rechtsprechung des BFH v. 23.3.2001[8] reicht eine wenigstens zeitweise **Fahrtzeitverkürzung** um mindestens eine Stunde aus, um den Umzug als beruflich veranlasst anzuerkennen.

Die vorgenannten Grundsätze gelten auch, wenn der Umzug in ein zuvor erworbenes Eigenheim erfolgt. Im Urteilsfall verkürzte sich die Entfernung zwischen Wohnung und erster Tätigkeitsstätte durch den Umzug von 10 km auf 1 km.[7] Jedoch ist ein Umzug in eine **größere Wohnung nicht** dadurch beruflich veranlasst, dass die Fahrzeit zur ersten Tätigkeitsstätte um 20 Minuten verkürzt und ein Arbeitszimmer eingerichtet wird.[9]

Die oftmals als restriktiv eingeschätzte Haltung der Finanzverwaltung hat der BFH in einem neuen Urteil bestätigt. Danach sind Aufwendungen des Stpfl. für einen Umzug in eine andere Wohnung, um dort (erstmals) ein **Arbeitszimmer** einzurichten, nicht als

---

1) BFH v. 6.11.1986, VI R 106/85, BStBl II 1987, 81.
2) BFH v. 23.3.2001, VI R 189/97, BStBl II 2002, 56.
3) BFH v. 26.5.2003, VI B 28/03, BFH/NV 2003, 1183.
4) BFH v. 21.2.2006, IX R 79/01, BStBl II 2006, 598.
5) BFH v. 20.3.1992, VI R 55/89, BStBl II 1993, 192.
6) BFH v. 18.10.1974, VI R 72/72, BStBl II 1975, 327.
7) BFH v. 10.9.1982, VI R 95/81, BStBl II 1983, 16; v. 6.11.1986, VI R 106/85, BStBl II 1987, 81.
8) BFH v. 23.3.2001, VI R 189/97, BStBl II 2002, 56.
9) BFH v. 16.10.1992, VI R 132/88, BStBl II 1993, 610.

Werbungskosten abzugsfähig. Folglich darf sie der Arbeitgeber **nicht** steuerfrei erstatten.[1] Im Urteilsfall führte der Umzug zu einer wesentlichen Verbesserung der Arbeitsbedingungen, da beiden Ehegatten dadurch ein eigenes Arbeitszimmer zur Verfügung stand; eine wesentliche Fahrzeitersparnis ergab sich jedoch nicht.

Ist ein Umzug **privat veranlasst**, sind nach Auffassung der Finanzverwaltung auch die anteiligen Umzugskosten für das häusliche **Arbeitszimmer** keine Werbungskosten. Umzugsaufwendungen eines Beamten sollen dann nicht als Werbungskosten abziehbar sein, wenn er auf Grund eines von ihm aus privaten Gründen gestellten Versetzungsantrags in ein anderes Bundesland versetzt wird.[2]

Hat der Umzug des Arbeitnehmers berufliche Gründe, darf der Arbeitgeber die beruflich **315**
veranlassten Umzugskosten grundsätzlich steuerfrei ersetzen. Als Begrenzung ist die Summe der Beträge zu beachten, die ein vergleichbarer Bundesbeamter bei Versetzung aus dienstlichen Gründen als Umzugskostenvergütung erhalten würde (Höchstbetrag). Soweit der Arbeitgeber die angefallenen Umzugskosten nicht steuerfrei ersetzt hat, sind sie als **Werbungskosten** ansatzfähig (R 9.9 Abs. 2 LStR). Für diese Berechnung ist das BUKG maßgebend. Werden umzugsrechtliche Pauschbeträge angesetzt, ist ein Nachweis der Aufwendungen nicht erforderlich.

Praxistipp: Umzugsratgeber des Bundesverwaltungsamts

Umfangreiche Informationen und Hinweise zum Thema Umzug im Inland finden Sie in dem Umzugsratgeber Inland (Stand 1.3.2024) des Bundesverwaltungsamts, in dem die beamtenrechtlichen Regelungen sowie mögliche Erstattungsleistungen näher erläutert werden.[3]

Für Auslandsumzüge stellt das Bundesverwaltungsamt ein Infoblatt „Auslandsumzugskosten" zur Verfügung.[4]

Nach dem BUKG umfasst die steuerlich anzusetzende Umzugskostenvergütung u. a. folgende Aufwendungs- und Kostenarten:

- Die Erstattung der notwendigen Auslagen für das **Befördern** des Umzugsgutes von der bisherigen zur neuen Wohnung,
- eine Erstattung der Reisekosten, die dem Umziehenden und den zu seiner häuslichen Gemeinschaft gehörenden Personen vom bisherigen zum neuen Wohnort entstehen, sowie Reisen zum Suchen oder zur **Besichtigung** einer Wohnung (nach § 7 Abs. 2 BUKG für zwei Reisen mit zwei Reise- und zwei Aufenthaltstagen für eine Person oder eine Reise für zwei Personen),
- eine **Mietentschädigung**, d. h. die wegen eines Umzugs geleisteten doppelten Mietzahlungen können beruflich veranlasst und deshalb in voller Höhe steuerfrei erstattet werden oder als Werbungskosten abziehbar sein. Diese Mietaufwendungen können jedoch nur zeitanteilig, und zwar für die neue Familienwohnung ab dem Kündigungs- bis zum Umzugstag und für die bisherige Wohnung ab dem Umzugstag, längstens bis zum Ablauf der Kündigungsfrist des bisherigen Mietverhältnisses, angesetzt werden;[5] die nach dem BUKG maßgebende Begrenzung auf höchstens sechs Monate ist für steuerliche Zwecke unmaßgeblich,[6] vorausgesetzt, für dieselbe Zeit ist für die neue Wohnung Miete zu zahlen,

1) BFH v. 5.2.2025, VI R 3/23, BStBl II 2025, 650.
2) Niedersächsisches FG v. 25.9.2001, 1 K 271/00, DStRE 2002, 411.
3) Vgl.: https://www.bva.bund.de/SharedDocs/Downloads/DE/Bundesbedienstete/Mobilitaet-Reisen/RV_RK_TG_UK/Informationen_Umzugskosten/Umzugsratgeber_ab_01_03_2024.pdf?__blob=publicationFile&v=2 (zuletzt abgerufen am 6.1.2026).
4) Vgl.: https://www.bva.bund.de/SharedDocs/Downloads/DE/Bundesbedienstete/Mobilitaet-Reisen/RV_RK_TG_UK/Informationen_Umzugskosten/Infoblatt_Auslandsumzug.pdf?__blob=publicationFile&v=2 (zuletzt abgerufen am 6.1.2026).
5) BFH v. 13.7.2011, VI R 2/11, BStBl II 2012, 104.
6) BFH v. 1.12.1993, I R 61/93, BStBl II 1994, 323.

- die Erstattung der ortsüblichen **Maklergebühren**,
- die Erstattung der Auslagen für zusätzlichen **Unterricht** für ein Kind des Berechtigten, sofern der Unterricht durch den Umzug bedingt ist:[1)]
  - seit dem 1.3.2024 bis zum Höchstbetrag von 1 286 € (zuvor: 1 181 €)

  zusätzlich zu den vorgenannten Aufwendungen eine **Pauschvergütung** für sonstige **Umzugsauslagen**

  - für Berechtigte/Umziehende, die am Tage vor dem Einladen des Umzugsguts **eine** Wohnung hatten und nach dem Umzug wieder eine Wohnung eingerichtet haben:
    - ab dem 1.3.2024 bis zum Höchstbetrag von 964 € (zuvor: 886 €)
  - für jede andere Person (Ehegatte, Lebenspartner sowie die ledigen Kinder, Stief- und Pflegekinder), die auch nach dem Umzug mit dem o.g. Berechtigten in häuslicher Gemeinschaft lebt:
    - ab dem 1.3.2024 bis zum Höchstbetrag von 643 € (zuvor: 590 €)
- für Berechtigte/Umziehende, die am Tage vor dem Einladen des Umzugsgutes **keine** Wohnung hatten oder nach dem Umzug keine eigene Wohnung eingerichtet haben, beträgt die Pauschvergütung (§ 10 Abs. 2 BUKG):
  - ab dem 1.3.2024 193 € (zuvor: 177 €).

Für den steuerlichen Werbungskostenabzug ist auch der **Einzelnachweis** zulässig. Werden höhere sonstige Umzugskosten einzeln nachgewiesen, dürfen diese auch über die vorgenannten Pauschalen hinaus **steuerfrei** gezahlt werden. Der Pauschbetrag für sonstige Umzugsauslagen **ist nicht** anzusetzen bei einem Umzug anlässlich **der Begründung und der Beendigung einer doppelten Haushaltsführung**; hier sind die Aufwendungen im Einzelnen nachzuweisen.

316 Falls der Arbeitnehmer **höhere Aufwendungen** als ein vergleichbarer Bundesbeamter nachweist und der Arbeitgeber sie steuerfrei ersetzt, können diese im Einzelfall (je nach den besonderen Gegebenheiten) vom Finanzamt anerkannt werden. In diesem Fall entfällt die Pauschale für sonstige Umzugsauslagen. Das Finanzamt muss, auch wenn ein dienstlich veranlasster Umzug vorliegt, im Einzelnen prüfen, ob und inwieweit es sich bei den geltend gemachten Beträgen um anzuerkennende **Werbungskosten** oder um nicht abziehbare Kosten der Lebensführung (z. B. um die Neuanschaffung von Einrichtungsgegenständen) handelt.

Erwirbt ein Arbeitnehmer anlässlich eines beruflich veranlassten Umzugs ein Einfamilienhaus am neuen Arbeitsort und zahlt sein Arbeitgeber die dabei entstandenen **Maklerkosten**, so ist hierin jedenfalls insoweit kein steuerfreier Umzugskostenersatz nach § 3 Nr. 16 EStG, sondern steuerpflichtiger Arbeitslohn zu erblicken.[2)] Der BFH hat in vier Urteilen v. 24.5.2000 abermals ausgeführt, inwieweit beim berufsbedingten Umzug eines Arbeitnehmers auch Aufwendungen zu berücksichtigen sind, die im Zusammenhang mit dem Eigenheim anfallen. Dabei geht der BFH von dem Grundsatz aus, dass solche Aufwendungen regelmäßig der privaten Vermögenssphäre zuzuordnen sind und damit keine Werbungskosten darstellen.

Dies gilt z. B., wenn ein **Verlust** aus dem Verkauf eines Hauses entsteht. In den entschiedenen Fällen veräußerten die Kläger ihr Haus wegen eines Arbeitsplatzwechsels und machten – vergeblich – die Verluste geltend, die aus dem gegenüber dem Kaufpreis niedrigeren Verkaufspreis sowie aus der vorzeitigen Ablösung einer Hypothek resultierten.[3)]

---

1) BMF v. 28.12.2023, IV C 5 – S 2353/20/10004 :003, BStBl I 2024, 84.
2) BFH v. 24.8.1995, IV R 27/94, BStBl II 1995, 895.
3) BFH v. 24.5.2000, VI R 28/97, BStBl II 2000, 474; v. 24.5.2000, VI R 147/99, BStBl II 2000, 476.

Veräußert der Arbeitnehmer seine Wohnung am Beschäftigungsort anlässlich der Beendigung der aus beruflichem Anlass begründeten doppelten Haushaltsführung, ist eine dabei anfallende **Vorfälligkeitsentschädigung** nicht als Werbungskosten bei den Einkünften aus nichtselbständiger Arbeit zu berücksichtigen.[1]

Entsprechendes gilt zum anderen beim **Erwerb** eines Eigenheims z. B. für Maklerkosten. Diese werden ebenfalls nicht zum Abzug zugelassen, weil es sich dabei um Anschaffungskosten des Hauses handelt.[2]

Ausnahmsweise können versetzungsbedingte Aufwendungen in der privaten Vermögenssphäre aber bei einer **fehlgeschlagenen** Veräußerung zu berücksichtigen sein. Dies hat der BFH für einen Fall entschieden, bei dem der Arbeitgeber eine Versetzung angekündigt, dann aber wieder rückgängig gemacht hatte. Der Arbeitnehmer hatte bereits (zuvor) einen Makler beauftragt, sein Haus zu verkaufen und das Honorar entrichtet, obwohl es nicht mehr zur Veräußerung des Hauses gekommen ist. Hier erkannte der BFH für die vergeblichen Aufwendungen den Werbungskostenabzug an, da die Berührung mit der privaten Vermögenssphäre durch die berufliche Veranlassung überlagert worden sei.[3]

Werden anlässlich eines beruflich veranlassten Umzugs vorhandene Möbel zunächst eingelagert, weil der Stpfl. plant, später in eine größere Wohnung oder ein Haus umzuziehen, sind die **Einlagerungskosten** nicht als Werbungskosten abzugsfähig, weil für die Einlagerung allein private Gründe ausschlaggebend sind.[4] Ebenfalls keine umzugsbedingten Werbungskosten liegen vor, wenn zwar der Umzug beruflich veranlasst ist, die Aufwendungen jedoch für die Ausstattung der neuen Wohnung (z. B. Renovierungsmaterial, Gardinen, andere Einrichtungsgegenstände) anfallen.[5]

Zur **umsatzsteuerlichen Behandlung** → Rz. 368.

3. Auslandsumzüge

Der Grundsatz, dass Umzugskosten i. R. einer Einkommensteuerveranlagung als Werbungskosten abgezogen oder vom Arbeitgeber steuerfrei ersetzt werden können – und zwar in der Höhe, wie sie ein vergleichbarer Bundesbeamter als Umzugskostenvergütung erhalten würde –, gilt auch für Auslandsumzüge der außerhalb des öffentlichen Dienstes beschäftigten Arbeitnehmern (R 9.9 Abs. 2 LStR). Maßgeblich ist danach die Auslandsumzugskostenverordnung (AUV). **317**

Als Auslandsumzüge **gelten** unstrittig Umzüge vom Inland in das Ausland und im Ausland. Bei der Abgrenzung der ansetzbaren **Umzugskosten** ist zu beachten, dass für die Frage „Anwendung der Regelungen für einen Auslandsumzug" ja oder nein die einschränkenden (dienstrechtlichen) Regelungen des Bundesumzugsrechts (in § 13 BUKG) nicht anzuwenden sind; so R 9.9 Abs. 2 Satz 3 bis 5 sowie Abs. 4 Satz 1 LStR.[6]

Dies gilt insbesondere für Umzüge vom Ausland ins Inland, die folglich als Inlandsumzüge mit Ansatz der Auslandsumzugskosten(-Pauschale) behandelt werden. Hierunter fällt der Umzug eines im Ausland lebenden Arbeitnehmers ins Inland (Deutschland), weil er dort ein Dienst- oder Arbeitsverhältnis begründet oder weil er anlässlich seiner Einstellung, Versetzung oder Abordnung nach Deutschland zieht. Diese Annahme gilt sowohl für den Ansatz von Werbungskosten als auch für steuerfreie Arbeitgebererstattungen (§ 3 Nr. 16 EStG).

---

1) BFH v. 3.4.2019, VI R 15/17, BStBl II 2019, 446.
2) BFH v. 24.5.2000, VI R 188/97, BStBl II 2000, 586.
3) BFH v. 24.5.2000, VI R 17/96, BStBl II 2000, 584.
4) FG Schleswig-Holstein v. 28.8.1997, V 348/97, EFG 1998, 358; BFH v. 21.9.2000, IV R 78/99, BStBl II 2001, 70.
5) BFH v. 17.12.2002, VI R 188/98, BStBl II 2003, 314.
6) BFH v. 6.11.1986, VI R 35/85, BStBl II 1987, 188.

Die steuerlich **berücksichtigungsfähigen** Auslandsumzugskosten bemessen sich nach dem Arbeitslohn, Familienstand sowie der Zahl und dem Alter der Kinder, nach der Zahl der Personen und dem Umstand, ob der Hausstand am neuen Arbeitsort innerhalb eines Jahres eingerichtet wird. Im Einzelnen können als **Werbungskosten** geltend gemacht bzw. vom Arbeitgeber **steuerfrei** gezahlt bzw. erstattet werden:

- Notwendige Auslagen für das **Befördern des Umzugsgutes** vom bisherigen Arbeitsort zu einem in seiner Nähe gelegenen Wohnort, soweit der Umfang des Umzugsguts ein angemessenes Maß nicht überschreitet,
- Lagerkosten für das **Lagern des Umzugsgutes** zwischen dem Tag der Räumung der bisherigen Wohnung und dem Tag des Bezugs der neuen Wohnung,
- Auslagen für das **Unterstellen von Umzugsgut** und Entschädigung für ersparte Beförderungsauslagen,
- Auslagen für die **Umzugsreise**, wie sie für die Inlandsreisekostenregelungen gelten,
- Mietentschädigung für die **Miete der bisherigen Wohnung** bis zu dem Zeitpunkt, in dem das Mietverhältnis frühestens gelöst werden kann, längstens jedoch für drei Monate (im Ausnahmefall für sechs Monate), im Ausland für neun Monate, wenn für dieselbe Zeit Miete für die neue Wohnung gezahlt werden muss (§ 8 BUKG, § 15 AUV),
- **Wohnungsvermittlungs- und Vertragsabschlussgebühren** bei Umzügen vom Inland in das Ausland und im Ausland im angemessenen Rahmen,
- einen Beitrag zum **Beschaffen von** technischen Geräten, wie z. B. **Klimageräte**, bis zu 100 % der angemessenen Beschaffungskosten zzgl. der Einbaukosten (§ 17 AUV),
- **Pauschvergütung für sonstige Umzugsauslagen nach der AUV.** Die vorgenannte Pauschvergütung ist auch anzuwenden, *ohne* die beamtenrechtlich vorgeschriebene Kürzung um 20 %, wenn ein Arbeitnehmer aus beruflichen Gründen aus dem Ausland nach Deutschland zieht[1] oder wenn er wieder in das Ausland zurückzieht.[2] Beim Rückumzug ins Ausland ist nach dem vorgenannten BFH-Urteil die Pauschvergütung jedoch um 20 % zu kürzen. Bei Umzügen innerhalb der EU entspricht die Pauschvergütung für sonstige Umzugsauslagen der inländischen Pauschvergütung (§ 18 AUV),
- die Aufwendungen für den Rückumzug ins Ausland sind jedoch dann nicht abzugsfähig, wenn der ausländische Arbeitnehmer unbefristet ins Inland versetzt wurde, seine Familie mit ins Inland umzog und nach vielen Jahren, nach Erreichen der Pensionsgrenze ins Heimatland zurückzieht,[3]
- nachgewiesene sonstige Umzugsauslagen, wie **Mehrauslagen** für Unterkunft und Verpflegung während des Umzugs, Fahrtkosten zum Suchen einer Wohnung in bestimmtem Umfang,
- notwendige Auslagen für umzugsbedingten zusätzlichen **Unterricht der Kinder** (→ Rz. 315),
- die Auslagen für Umzüge aus zwingenden persönlichen Gründen, für Umzüge in eine vorläufige Wohnung und Auslagen bei späterer Eheschließung; Beschränkung der Umzugskostenvergütung bei einem Auslandsaufenthalt von weniger als zwei Jahren.

S. auch → Rz. 315, Fußnote zum Infoblatt „Auslandsumzug" des Bundesverwaltungsamts.

Zur Frage des Vorsteuerabzugs bei der Mehrwertsteuer in den Fällen, in denen der Unternehmer seinem Arbeitnehmer Beträge für dienstlich veranlasste Umzugskosten zahlt → Rz. 368.

---

1) BFH v. 6.11.1986, VI R 135/85, BStBl II 1987, 188.
2) BFH v. 4.12.1992, VI R 11/92, BStBl II 1993, 722.
3) BFH v. 8.11.1996, VI R 65/94, BStBl II 1997, 207.

XIV. Arbeitnehmer trägt die Reisekosten selbst

Ersetzt der Arbeitgeber keine Aufwendungen (Spesen bzw. Auslösungen) anlässlich einer beruflich veranlassten Auswärtstätigkeit (→ Rz. 159 ff.), einer Einsatzwechseltätigkeit (→ Rz. 169) und Fahrtätigkeit (→ Rz. 170), einer doppelten Haushaltsführung (→ Rz. 288 ff.) oder anlässlich eines beruflich veranlassten Umzugs (→ Rz. 312 ff.), kann der Arbeitnehmer die jeweiligen Beträge als Werbungskosten i. R. seiner Einkommensteuererklärung ansetzen. Gleiches gilt, wenn der steuerfreie oder pauschal besteuerte Ersatz unter den steuerlichen Höchstbeträgen liegt. Auf den steuerlich ansetzbaren Umfang wird in den Erläuterungen zur jeweiligen Aufwendungsart hingewiesen. 318

Sofern nicht bereits eine Pflichtveranlagung nach § 46 Abs. 2 Nr. 1 bis 7 EStG durchzuführen ist, kann der unbeschränkt einkommensteuerpflichtige Arbeitnehmer eine Einkommensteuer-Veranlagung beantragen (Antragsveranlagung nach § 46 Abs. 2 Nr. 8 EStG). Mit einer Antragsveranlagung soll insbesondere geprüft werden, ob die einbehaltene Lohnsteuer höher ist als die sich ergebende Einkommensteuerschuld. In diesem Fall wird die zu viel einbehaltene Lohnsteuer erstattet. Dies kann z. B. durch hohe Werbungskosten erreicht werden, wenn der Arbeitnehmer-Pauschbetrag i. H. v. 1 230 € (seit 2023) überschritten wird. Dieser Pauschbetrag für Werbungskosten wird stets bei den Einkünften aus nichtselbständiger Arbeit angesetzt, wenn die tatsächlichen Werbungskosten nicht darüber liegen.

Solch ein Antrag ist mittels der amtlich vorgeschriebenen Einkommensteuererklärung sowie den dazugehörenden Anlagen (in Papierform oder elektronischer Form) beim Finanzamt einzureichen. Für die Durchführung der Einkommensteuer-Veranlagung ist das Finanzamt zuständig, in dessen Bezirk der Stpfl. im Zeitpunkt der Antragstellung seinen Wohnsitz oder in Ermangelung seines Wohnsitzes seinen gewöhnlichen Aufenthalt hat (Wohnsitzfinanzamt).

S. ergänzend → Rz. 333 f.

Vierter Teil: Auslandsreisen

A. Selbständige/Gewerbetreibende

I. Allgemeines zur Abzugsfähigkeit von Auslandsreisekosten

Zu den steuerlich berücksichtigungsfähigen Aufwendungen anlässlich einer betrieblich veranlassten Auslandsreise des selbständig Tätigen, Gewerbetreibenden oder Land- und Forstwirts (Stpfl.) gehören sämtliche Kosten, die unmittelbar durch diese Geschäftsreise (→ Rz. 34) verursacht werden. Insoweit sind die Regelungen zu den Aufwandsarten für Inlandsreisen grundsätzlich **entsprechend** anzuwenden, sofern nachfolgend nicht abweichend erläutert. **319**

Anders als bei Inlandsreisen verlangt das Finanzamt bei Auslandsreisen jedoch allgemein eine erhöhte Mitwirkung des Stpfl. Ohne konkreten Nachweis wird das Finanzamt seine Aufwendungen den Kosten der privaten Lebensführung zuordnen, die steuerlich nicht abziehbar sind. Der Grund für die Geschäftsreise ins Ausland sollte daher stets sorgfältig dokumentiert werden. Besteht ein konkreter Anlass oder Auftrag, wie z. B. der Verkauf, Einkauf oder eine Auslieferung von Waren oder Maschinen, ist der betriebliche Anlass offenkundig. Steht hingegen der Auf- oder Ausbau von Geschäftsbeziehungen im Vordergrund, sollte der Verlauf der einzelnen Reisetage möglichst detailliert beschrieben und dokumentiert werden – z. B. welche geschäftlichen Angelegenheiten (z. B. Veranstaltungen, Besprechungen, Diskussion von Vertragsentwürfen, Produktpräsentationen, Einweisung in die Bedienung bestellter Maschinen usw.) am Vormittag und welche am Nachmittag stattgefunden haben.

Auch bei Auslandsreisen gilt wie bei Reisen im Inland die Verpflichtung, die entstehenden Reisekosten zur steuerlichen Berücksichtigung einzeln aufzuzeichnen und nachzuweisen. Dies ist insbesondere für Fahrt-, Übernachtungs- und Nebenkosten zu beachten.

II. Verpflegungskosten

Bei Auslandsreisen dürfen – ebenso wie im Inland – zur Abgeltung der Mehraufwendungen für Verpflegung nur pauschale Beträge angesetzt werden. Übersteigen die einzeln entstandenen und nachweisbaren Verpflegungsmehraufwendungen diese Pauschbeträge (Verpflegungspauschalen oder auch Auslandstagegelder genannt), können die überschießenden Beträge nicht als Betriebsausgaben angesetzt werden. Für den Ansatz von Verpflegungsmehraufwendungen bei Auswärtstätigkeiten im Ausland gelten nach Staaten unterschiedliche Pauschbeträge (Auslandstagegelder), die vom BMF im Einvernehmen mit den obersten Finanzbehörden der Länder auf der Grundlage der höchsten Auslandstagegelder nach dem BRKG[1)] i. d. R. jährlich bekannt gemacht werden. **320**

An die Stelle der Verpflegungspauschale i. H. v. 28 €, die bei Inlandsreisen bei einer Abwesenheitsdauer von 24 Stunden angesetzt werden darf, treten bei Auslandsreisen länderweise unterschiedliche Verpflegungspauschalen, die mit 120 % der höchsten Auslandstagegelder nach dem BRKG festgesetzt werden. Entsprechend wird für die inländische Pauschale von 14 € verfahren. Dieser Betrag wird durch 80 % des jeweiligen Auslandstagegelds nach dem BRKG ersetzt. Zur Arbeitsvereinfachung sind die so aktuell anzusetzenden **Verpflegungspauschalen** für sämtliche Länder in der alphabetischen **Übersicht** „Reisekostensätze Ausland" (→ Rz. 4) unter der Überschrift „Pauschbeträge für Auslandsreisen 2026" in den beiden Spalten Verpflegungsmehraufwendungen

- „bei einer Abwesenheitsdauer von mind. 24 Std. je Kalendertag" oder
- „für den An- und Abreisetag sowie bei einer Abwesenheitsdauer von mehr als 8 Std. je Kalendertag",

aufgelistet.

1) Bundesreisekostengesetz v. 26.5.2005, BGBl. I 1418, das zuletzt durch Art. 9 des Gesetzes v. 28.6.2021 (BGBl. I 2021, 2250) geändert worden ist.

Für die in der amtlichen Bekanntmachung **nicht** erfassten Staaten ist der für **Luxemburg** geltende Pauschbetrag maßgebend; für die nicht erfassten Übersee- und Außengebiete eines Staates ist der für das **Mutterland** geltende Pauschbetrag zu Grunde zu legen (R 9.6 Abs. 3 Satz 2 LStR).

1. Eintägige Reisen

321 Sucht der Stpfl. während einer eintägigen betrieblich veranlassten Auslandsreise ausschließlich einen ausländischen Staat auf, dürfen die Reisekostensätze des jeweiligen Landes angesetzt werden. Reisen vom Inland in das Ausland und zurück, die keinen vollen Kalendertag beanspruchen, werden in ihrer **Gesamtheit** wie Auslandsreisen behandelt. Bei solch eintägigen Auslandsreisen ist der entsprechende Pauschbetrag des letzten Tätigkeitsorts im Ausland maßgebend.

Für die zutreffende Einordnung sind folgende **Grundsätze** zu beachten:

- Werden während einer **eintägigen** Auslandsreise **mehrere** Tätigkeitsstätten in **verschiedenen** Ländern aufgesucht, ist der für das Land der **letzten** ausländischen Tätigkeitsstätte maßgebende Pauschbetrag anzusetzen.
- Unabhängig davon, ob nur eine oder mehrere Geschäftsreisen an einem Tag durchgeführt werden, sind **mehrere** Abwesenheitszeiten an einem Kalendertag stets zusammenzurechnen.
- Beginnt der Stpfl. seine Reise an einem Kalendertag und beendet er sie am nachfolgenden Kalendertag, ohne dass eine Übernachtung stattfindet, darf die gesamte Abwesenheitsdauer zusammengerechnet und als eintägige Auswärtstätigkeit (Auslandsreise) behandelt werden (→ Rz. 183).

Bei einer **Abwesenheitsdauer** von der inländischen ersten Betriebsstätte bzw. der inländischen Wohnung von **mehr als acht Stunden** beträgt die Verpflegungspauschale 80 % des für das jeweilige Land maßgebenden höchsten Auslandstagegelds nach dem BRKG. Die danach **anzusetzende** Verpflegungspauschale kann aus der in Teil B (→ Rz. 4) abgedruckten Tabelle „Pauschbeträge für Auslandsreisen 2026" in der Spalte Verpflegungsmehraufwendungen „für den An- und Abreisetag sowie bei einer Abwesenheitsdauer von mehr als 8 Std. je Kalendertag" unmittelbar **abgelesen** werden (→ Rz. 320).

2. Mehrtägige Reisen

322 Zur Ermittlung der zutreffenden **Verpflegungspauschale** ist bei mehrtägigen Reisen in das Ausland zu unterscheiden zwischen

- dem Anreisetag sowie dem Rück-/bzw. Abreisetag und
- den dazwischen liegenden Reisetagen (sog. Zwischentage).

Für den **An-** und **Abreisetag** ist bei einer mehrtägigen Auswärtstätigkeit in **verschiedenen** ausländischen Staaten die als Betriebsausgabe maßgebende Verpflegungspauschale nach den folgenden Grundsätzen zu ermitteln:

- **Ohne** Tätigkeit: Bei einer Anreise vom Inland ins Ausland oder vom Ausland ins Inland jeweils **ohne Tätigwerden** ist die Verpflegungspauschale des Orts maßgebend, der vor 24 Uhr erreicht wird.
- **Mit** Tätigkeit: Bei einer Abreise vom Ausland ins Inland oder vom Inland ins Ausland ist die Verpflegungspauschale des letzten **Tätigkeitsortes** maßgebend.
- Für **Zwischentage** ist der Pauschbetrag des Orts maßgebend, den der Arbeitnehmer vor 24 Uhr Ortszeit erreicht.

Schließt sich an den Tag der **Rückreise** von einer mehrtägigen Auswärtstätigkeit zur Wohnung oder ersten Betriebsstätte eine **weitere** ein- oder mehrtägige **Auswärtstätigkeit** an, ist für diesen Tag die Verpflegungspauschale des **letzten** Tätigkeitsorts im Ausland maßgebend. Aber: Kommen für einen Reisetag mehrere Verpflegungspauschalen in Betracht, ist (nur) die **höhere** Verpflegungspauschale anzusetzen. Dieser Grundsatz gilt auch dann,

- wenn die überwiegende Zeit im Inland verbracht wird oder die letzte Tätigkeitsstätte der Auslandsreise im Inland liegt oder
- wenn nach einer Unterbrechung am selben Tag noch eine Inlandsgeschäftsreise begonnen wird.

Als **Betriebsausgaben** dürfen für den **An-** und **Abreisetag** einer **mehrtägigen** auswärtigen Tätigkeit mit Übernachtung außerhalb der Wohnung angesetzt werden:

- Ohne Prüfung einer Mindestabwesenheitszeit eine Verpflegungspauschale i. H. v. 80 % des höchsten Auslandstagegelds nach dem BRKG. Die so anzusetzende **Verpflegungspauschale** kann aus der in Teil B (→ Rz. 4) abgedruckten **Tabelle** „Pauschbeträge für Auslandsreisen 2026" in der Spalte Verpflegungsmehraufwendungen „für den An- und Abreisetag sowie bei einer Abwesenheitsdauer von **mehr als 8 Std.** je Kalendertag" unmittelbar **abgelesen** werden (→ Rz. 320).
- Für die dort **nicht erfassten** Länder ist der für Luxemburg geltende Pauschbetrag maßgebend.

  Sind in dem für das jeweilige Kalenderjahr maßgebenden BMF-Schreiben zu den Reisekosten und Reisekostenvergütungen bei betrieblich und beruflich veranlassten Auslandsreisen[1] (→ Rz. 4) die **Übersee- und Außengebiete** eines Staates nicht genannt, ist der für das Mutterland geltende Pauschbetrag maßgebend.

Für die Ermittlung der **Abwesenheitsdauer** ist es unerheblich, ob der Stpfl. die Reise von der Wohnung oder der ersten Betriebsstätte (ggf. auch von einer weiteren Betriebsstätte) aus antritt. Im Hinblick auf die bei auswärtigen betrieblichen Tätigkeiten im Ausland oftmals über Nacht oder mehrere Tage andauernden An- und Abreisen genügt es für die Qualifizierung als An- und Abreisetag, wenn der Stpfl. unmittelbar nach der Anreise oder vor der Abreise auswärtig übernachtet.

Für die **Tage zwischen** den An- und Abreisetagen einer mehrtägigen auswärtigen Tätigkeit mit einer Übernachtung außerhalb der Wohnung und mit einer **Abwesenheitsdauer von 24 Stunden** (Zwischentage) ergeben sich die anzusetzenden **Betriebsausgaben** (Verpflegungspauschalen) aus der in Teil B (→ Rz. 4) abgedruckten Tabelle „Pauschbeträge für Auslandsreisen 2026" in der Spalte Verpflegungsmehraufwendungen „bei einer Abwesenheitsdauer von mind. 24 Std. je Kalendertag" (→ Rz. 320).

Beispiele:

1. Ansatz Verpflegungspauschalen, Auslandsreise mit Übernachtung auch im Inland 323

Ein Unternehmer unternimmt im Kalenderjahr 2026 eine viertägige Geschäftsreise nach Straßburg (Frankreich), die am ersten Tag um 16.05 Uhr beginnt und am vierten Tag um 16.00 Uhr endet. Er übernachtet am ersten Tag in Kehl (Deutschland), um von dort aus vom zweiten bis zum vierten Tag zu den Geschäftsbesprechungen nach Straßburg zu fahren. Im Anschluss daran reist er zurück nach Deutschland.

Folge: Der Unternehmer kann folgende Verpflegungspauschalen als Betriebsausgaben ansetzen

1. Reisetag (nur Inland): Anreisetag, Abwesenheitsdauer (über acht Stunden) ist unbeachtlich	14 €
2. und 3. Reisetag (Besprechungen in Straßburg, maßgebend ist „Frankreich"):	
2 × volles Tagegeld für Straßburg für Abwesenheitsdauer von 24 Stunden (2 × 53 €)	106 €
4. Reisetag (= Abreisetag): Tagegeld für Straßburg, Abwesenheitsdauer ist unbeachtlich	36 €
Verpflegungspauschalen insgesamt	156 €

1) BMF v. 5.12.2025, IV C 5 – S 2353/00094/007/012, BStBl I 2025, 2078.

2. Mehrtägige Auswärtstätigkeit in verschiedenen Staaten
Der selbständige Ingenieur I kehrt am Dienstag (in 2026) von einer mehrtägigen Auswärtstätigkeit in Straßburg (Frankreich) zu seiner Wohnung zurück. Nachdem er Unterlagen und neue Kleidung eingepackt hat, reist er zu einer weiteren mehrtägigen Auswärtstätigkeit nach Kopenhagen (Dänemark) weiter. I erreicht Kopenhagen um 23 Uhr.
Für Dienstag ist nur die höhere Verpflegungspauschale von 50 € (Rückreisetag von Straßburg 36 €, Anreisetag nach Kopenhagen 50 €) als Betriebsausgabe anzusetzen.

Tritt ein Stpfl. hingegen Auslandsreisen **täglich** hintereinander von der **inländischen Wohnung** bzw. dem Betrieb aus an, handelt es sich nicht um mehrtätige, sondern um jeweils eintägige Auslandsreisen. In diesem Fall ist die erforderliche Abwesenheitsdauer von mehr als acht Stunden zu beachten.

Übernachtet im vorgenannten Beispiel der Stpfl. außerhalb seiner Wohnung aber im **Inland** und fährt er täglich in das **Ausland** und wieder zurück, handelt es sich ebenfalls nur um eintägige Auslandsreisen. Für die **Übernachtungen** im Inland dürfen als Betriebsausgaben nur die tatsächlich nachweisbaren/nachgewiesenen inländischen Übernachtungskosten angesetzt werden. Der inländische Übernachtungs-Pauschbetrag von 20 € ist nur zulässig für steuerfreie **Arbeitgebererstattungen**.

Mitunter kann es vorkommen, dass für eine Auslandsreise mit nur einem ausländischen Tätigkeitsort unterschiedliche Auslandstagegelder in Betracht kommen, z. B. dann, wenn der ausländische Ort, den der Arbeitnehmer vor 24.00 Uhr erreicht, und der ausländische Tätigkeitsort auseinanderfallen.

Beispiel: Ansatz Verpflegungspauschalen (Auslandsreise)

Ein Unternehmer unternimmt im Kalenderjahr 2026 eine viertägige Geschäftsreise nach Japan, um dort in Osaka geschäftliche Verhandlungen zu führen. Die Geschäftsreise beginnt am ersten Tag um 18.00 Uhr in Frankfurt und endet in Frankfurt am vierten Tag um 10.00 Uhr. Am Ankunftstag in Japan (zweiter Tag) übernachtet der Unternehmer in Tokio, um dann am dritten Tag die Verhandlungen in Osaka zu führen. Noch am selben Tag tritt er die Rückreise an.

Folge: Der Unternehmer kann folgende Verpflegungspauschalen als Betriebsausgaben ansetzen

1. Tag: Anreisetag (Verpflegungspauschale für das Inland)	14 €
2. Tag: Ort, den der Unternehmer vor 24.00 Uhr erreicht: Tokio	50 €
3. Tag: ausländischer Tätigkeitsort sowie Abreisetag: Osaka	33 €
4. Tag: Rückreisetag ohne Tätigwerden (Verpflegungspauschale für das Inland)	14 €
Auslandstagegeld insgesamt	111 €

3. Flugreisen

324 Soll für die Dauer einer grenzüberschreitenden **Flugreise** eine Verpflegungspauschale angesetzt werden, ist Folgendes zu beachten:

- Bei einer Anreise vom Inland ins Ausland oder vom Ausland ins Inland jeweils **ohne Tätigwerden** ist die Verpflegungspauschale des Orts maßgebend, der vor 24 Uhr erreicht wird,
- bei Flugreisen gilt ein Staat in dem Zeitpunkt als erreicht, in dem das Flugzeug dort landet. Zwischenlandungen bleiben unberücksichtigt, es sei denn, dass durch sie Übernachtungen notwendig werden,
- erstreckt sich eine Flugreise über mehr als zwei Kalendertage, ist für die Tage, die zwischen dem Tag des Abflugs und dem Tag der Landung liegen, das für **Österreich** geltende Tagegeld maßgebend,
- erfolgt der Abflug am Tag mit einer Geschäftstätigkeit, ist die Verpflegungspauschale des letzten Tätigkeitsorts anzusetzen.

Beispiel: Ansatz Verpflegungspauschalen (mehrtägige grenzüberschreitende Flugreise)

Ein Unternehmer unternimmt im Kalenderjahr 2026 eine Geschäftsreise nach Japan, Flug nach Tokio; Anreise: Abreise von Bonn zum Flughafen Frankfurt am Mittwoch um 12.00 Uhr, Ankunft in Tokio am Freitag um 10.00 Uhr (Beginn der Geschäftstätigkeit in Japan).

Folge: Der Unternehmer kann für die Anreise folgende Verpflegungspauschalen als Betriebsausgaben ansetzen

– für den Anreise von Bonn nach Frankfurt (Tag des Abflugs) die Inlandspauschale (keine Mindestabwesenheitsdauer)	14 €
– für den Zwischentag das für Österreich geltende Auslandstagegeld (Abwesenheit 24 Stunden)	50 €
– für den Ankunftstag in Tokio (Abwesenheit 24 Stunden)	50 €
Insgesamt	114 €

Für die übrigen Reisetage in Japan dürfen – abhängig vom Aufenthaltsort – die für Tokio oder die für Osaka bzw. für das übrige Japan maßgebenden Verpflegungspauschalen angesetzt werden.

Anders verhält es sich, wenn der Stpfl. bei der vorgenannten (mehrtägigen) Flugreise **325**
anlässlich einer **Zwischenlandung** im Ausland am Ort der Zwischenlandung übernachtet. In diesem Fall ist für den Übernachtungstag nicht das für Österreich, sondern das für den ausländischen **Übernachtungsort** geltende Auslandstagegeld maßgebend (R 9.6 Abs. 3 Satz 4 Nr. 1 LStR).

4. Schiffsreisen

Bei Schiffsreisen ist für die Reisetage das für **Luxemburg** geltende Tagegeld anzusetzen. **326**
Für die Tage der **Einschiffung** und **Ausschiffung** gelten die allgemeinen Grundsätze; folglich ist das für den **Hafenort** geltende Tagegeld maßgebend.

Beispiel: Ansatz Verpflegungspauschalen (Schiffsreise)

Ein Unternehmer unternimmt im Kalenderjahr 2026 eine betrieblich veranlasste Schiffsreise nach Brasilien, die Fahrtkosten einschließlich Verpflegung betragen 1 500 €. Antritt der Reise (Einschiffung in Bremen) am Montag um 13.00 Uhr. Ausschiffung in Rio de Janeiro am Donnerstag der folgenden Woche um 13.00 Uhr.

Folge: Der Unternehmer kann folgende Verpflegungspauschalen als Betriebsausgaben ansetzen

– für den Tag der Einschiffung in Bremen (Montag, keine Mindestabwesenheitsdauer)	14 €
– für die Dauer der Schiffsreise je Reisetag 63 € Tagegeld (Luxemburg, für 10 Tage)	630 €
– für den Ausschiffungstag in Brasilien, Rio de Janeiro (Donnerstag, Abwesenheit 24 Stunden)	69 €
Insgesamt	713 €

5. Dreimonatsfrist

Auch bei einer längerfristigen betrieblichen Tätigkeit an derselben Tätigkeitsstätte im **327**
Ausland ist der Abzug von ausländischen Verpflegungspauschalen auf die ersten drei Monate der Tätigkeit beschränkt (→ Rz. 178). Im Übrigen gelten die für das Inland zu beachtenden allgemeinen Regelungen, z. B. zur Unterbrechungsdauer für den Neubeginn der Dreimonatsfrist (→ Rz. 111, → Rz. 178).

Eine Pauschalbesteuerung nach § 40 Abs. 2 Satz 1 Nr. 4 EStG (→ Rz. 218) für die über den steuerfreien Verpflegungspauschalen liegenden Verpflegungskosten ist bei betrieblichen Geschäftsreisen und damit für selbständig Tätige, Gewerbetreibende sowie Land- und Forstwirte, nicht zulässig.

III. Übernachtungskosten

328 Bei der Verbuchung von Betriebsausgaben ist zu beachten, dass ein Ansatz von Pauschbeträgen als Übernachtungskosten nicht zulässig ist. Dies gilt auch für die in der Spalte „Übernachtungskosten" ausgewiesenen Beträge der in Teil B (→ Rz. 4) abgedruckten Tabelle „Pauschbeträge für Auslandsreisen 2026"

Zur steuerlichen Berücksichtigung sind die Übernachtungskosten regelmäßig anhand von Belegen nachzuweisen (→ Rz. 65).

329 Wird in der Rechnung des Beherbergungsbetriebs (z. B. des Hotels) ein **Gesamtpreis** für Unterkunft und Verpflegung (z. B. für ein Frühstück) ausgewiesen **oder** wird neben der Beherbergungsleistung nur ein Sammelposten für Nebenleistungen einschließlich Verpflegung genannt und lässt sich der Preis für die Verpflegung deshalb nicht feststellen (z. B. lediglich Angabe einer Tagungspauschale), so ist dieser Gesamtpreis zur Ermittlung der **Übernachtungs- oder Reisenebenkosten** zu kürzen. Als Kürzungsbeträge sind

- für ein Frühstück 20 %,
- für ein Mittag- und Abendessen jeweils 40 %

der für den **ausländischen** Unterkunftsort maßgebenden ausländischen Verpflegungspauschale bei einer Auswärtstätigkeit mit einer Abwesenheitsdauer von 24 Stunden anzusetzen (entsprechend der Handhabung im Inland → Rz. 66).[1)]

Sind in der Hotelrechnung für die Übernachtung im Ausland **keine** Verpflegungskosten (z. B. für ein Frühstück) enthalten, kann von einer Kürzung um Verpflegungskosten abgesehen werden, wenn der Reisende auf der Hotelrechnung vermerkt, dass in den Übernachtungskosten kein Preis für eine Mahlzeit (z. B. für ein Frühstück) enthalten ist. Zur Anwendung der Regelungen im Reisekostenrecht → Rz. 65 f., → Rz. 224 (s. ggf. auch Tz. 11 des für Gewinneinkünfte bestimmten BMF-Schreibens v. 23.12.2014.[2)]) Für die Anwendung der allgemeinen Regelungen des Reisekostenrechts sind ergänzend zu den Erläuterungen unter → Rz. 187 die folgenden Grundsätze zu beachten:

1. **Unterkunftskosten bei einer längerfristigen Auswärtstätigkeit an derselben Tätigkeitsstätte im Ausland**

   Für eine längerfristige betriebliche **Geschäftsreise** an derselben Tätigkeitsstätte im Ausland, die keine erste Betriebsstätte ist, gelten die für das Inland maßgebenden Regelungen (→ Rz. 65 f.) entsprechend.

   Bei Übernachtungen im Ausland i. R. einer längerfristigen Geschäftsreise sind die üblichen Voraussetzungen für eine geschäftliche Veranlassung und zur Notwendigkeit der entstandenen Aufwendungen (→ Rz. 65 ff., → Rz. 215) zu beachten. Hingegen gelten die für das Inland zu beachtende 48-Monatsfrist sowie die Begrenzung der Unterkunftskosten auf 1 000 €/Monat **nicht**.

2. **Der Stpfl. behält seine bisherige Wohnung bei und bezieht eine weitere Wohnung bzw. Unterkunft am auswärtigen Tätigkeits-/Beschäftigungsort (doppelter Haushalt)**

   Die für den Werbungskostenabzug bei Arbeitnehmern geltenden Regelungen zu den Mehraufwendungen bei **doppelter Haushaltsführung** sind ertragsteuerlich dem Grunde und der Höhe nach entsprechend anzuwenden.[3)] Folglich sind bei einer doppelten Haushaltsführung im Ausland nur die **notwendigen** Aufwendungen in tatsächlicher Höhe als Betriebsausgaben abzugsfähig. Notwendig bedeutet: Nicht überhöht sind die Aufwendungen, welche sich für die ortsübliche Miete für eine nach Lage und Ausstattung durchschnittliche Wohnung am Ort der ersten Tätigkeitsstätte mit einer Wohnfläche von 60 qm ergeben würden (R 9.11 Abs. 8 LStR und Rz. 112

1) BMF v. 23.12.2014, IV C 6 – S 2145/10/10005 :001, BStBl I 2015, 26, Rz. 11.
2) BMF v. 23.12.2014, IV C 6 – S 2145/10/10005 :001, BStBl I 2015, 26.
3) BMF v. 25.11.2020, IV C 5 – S 2353/19/10011 :006, BStBl I 2020, 1228, Rz. 14.

des lohnsteuerlichen BMF-Schreibens „Steuerliche Behandlung der Reisekosten von Arbeitnehmern" v. 25.11.2020);[1] hierbei ist jedoch die ab dem Kalenderjahr 2026 für tatsächliche Unterkunftsaufwendungen eingeführte Begrenzung auf höchstens 2 000 € im Monat zu beachten,[2] s. ergänzend → Rz. 339.

Ansatzfähig sind grundsätzlich die **tatsächlich** entstehenden Aufwendungen für die weitere Wohnung bzw. Unterkunft. Dies können auch Aufwendungen für ein Appartement oder ein Doppelzimmer im Hotel sein. Unschädlich ist es, wenn die Wohnung am auswärtigen Beschäftigungsort kurzfristig auch von Familienmitgliedern des selbständig Tätigen, Gewerbetreibenden oder Land- und Forstwirts genutzt wird (z. B. für Besuchszwecke). Bei längeren Besuchszeiten ist zu prüfen, wo sich der Lebensmittelpunkt der Familie befindet.

Verlagert sich der Lebensmittelpunkt der Familie in die auswärtige Wohnung, können nur noch Aufwendungen für den betrieblich veranlassten Flächenanteil angesetzt werden und nicht für den, den die Familie bewohnt. Im Falle einer solchen Aufteilung kann m. E. die im lohnsteuerlichen Bereich für Tätigkeiten im Ausland geltende 60 qm-Regelung der doppelten Haushaltsführung entsprechend angewandt werden (s. zuvor sowie H 9.11 (5 bis 10) [Unterkunftskosten] LStH). Folglich sind die Aufwendungen auszuschließen, die auf das Wohnen von Personen, die aus privaten Gründen mitreisen wie z. B. Ehepartner und Kinder, entfallen. Dies gilt sowohl für Geschäftsreisen im Inland als auch im Ausland.

Für die Frage, ob der Stpfl. eine oder mehrere Wohnungen bewohnt, sind die Regelungen des lohnsteuerlichen BMF-Schreibens „Steuerliche Behandlung der Reisekosten von Arbeitnehmern" v. 25.11.2020 maßgebend (→ Rz. 65, → Rz. 187 ff.).[3]

3. Der Stpfl. gibt seine bisherige Wohnung auf

Gibt der Stpfl. seine (bisherige) Wohnung im Inland bzw. außerhalb des ausländischen Tätigkeits-/Beschäftigungsortes auf, liegen die Eingangsvoraussetzung von zwei geführten Wohnungen nicht mehr vor. Folglich sind die Aufwendungen für die neue alleinige Wohnung am ausländischen Beschäftigungsort steuerlich nicht (mehr) ansatzfähig. Diese Rechtsfolge tritt auch dann ein, wenn der Stpfl. während der Auswärtstätigkeit/Auslandstätigkeit über seine bisherige Wohnung von Beginn an oder ab einem späteren Zeitpunkt nicht (mehr) verfügen kann, z. B. weil sie vermietet ist.

Bei Übernachtung auf oder in einem Transportfahrzeug dürfen regelmäßig keine Übernachtungskosten angesetzt werden. Dies gilt bei Flug-, Schiffs- und Bahnreisen selbst dann, wenn die Fahrtkosten auch Aufwendungen für **Schlafwagen-** oder **Schiffskabinenbenutzung** enthalten. In diesen Fällen enthält der Fahrpreis bereits die Übernachtungskosten. **330**

Jedoch können außerhalb des Transportmittels entstandene Übernachtungskosten angesetzt werden, wenn die Übernachtung in einer anderen Unterkunft begonnen oder beendet worden ist.

1) BMF v. 25.11.2020, IV C 5 – S 2353/19/10011 :006, BStBl I 2020, 1228.
2) Änderung von § 9 Abs. 1 Satz 3 Nr. 5 Satz 4 EStG durch das Steueränderungsgesetz 2025 v. 22.12.2025, BGBl. I 2025, Nr. 363.
3) BMF v. 25.11.2020, IV C 5 – S 2353/19/10011 :006, BStBl I 2020, 1228, Rz. 100 ff.

IV. Fahrtkosten

331 Zur steuerlichen Behandlung der Fahrtkosten im Ausland → Rz. 50 ff.

V. Reisenebenkosten

332 Zusätzlich zu den typischen Reisenebenkosten (→ Rz. 68 ff., → Rz. 189 f.) können bei Geschäftsreisen in das Ausland die folgenden anlässlich betrieblicher/geschäftlicher Ausgaben angefallenen auslandsspezifischen Nebenkosten steuerlich angesetzt werden:

- Wechselkursdifferenzen (z. B. bei ungünstigerem Wechselkurs im Hotel),
- Gebühr für den Auslandseinsatz der Kreditkarte,
- Umtauschgebühren bei der Beschaffung und Rückgabe von Zahlungsmitteln in ausländischer Währung.

S. auch → Rz. 347.

B. Arbeitnehmer

I. Arbeitnehmer trägt die Reisekosten selbst

1. Allgemeines

Arbeitnehmer können die für Reisen ins Ausland sowie die für Auswärtstätigkeiten im Ausland anfallenden Aufwendungen als Werbungskosten ansetzen, soweit sie **beruflich veranlasst** sind und vom **Arbeitgeber nicht steuerfrei ersetzt** worden sind. Dabei kann es sich um Kosten handeln anlässlich von: **333**

– beruflich veranlassten **Auswärtstätigkeiten** einschließlich der Fahr- bzw. Einsatzwechseltätigkeiten oder
– Beschäftigungen an einer ersten Tätigkeitsstätte oder einer weiteren Tätigkeitsstätte.

Bei Auswärtstätigkeiten im Ausland gelten **besondere** Regelungen, insbesondere für den Ansatz von **Verpflegungs- und Übernachtungskosten** sowie für die umsatzsteuerliche Behandlung.

An die Stelle der Verpflegungspauschale i. H. v. 28 €, die bei Inlandsreisen bei einer Abwesenheitsdauer von 24 Stunden angesetzt werden darf, treten bei **Auslandsreisen** länderweise unterschiedliche Verpflegungspauschalen, die mit 120 % der höchsten Auslandstagegelder nach dem BRKG[1] festgesetzt werden. Entsprechend wird für die inländische Pauschale von 14 € verfahren. Dieser Betrag wird durch 80 % des jeweiligen Auslandstagegelds nach dem BRKG ersetzt (→ Rz. 320). Zur Arbeitsvereinfachung sind die so anzusetzenden aktuellen ausländischen **Verpflegungspauschalen** für sämtliche Länder in der alphabetischen **Übersicht** „Reisekostensätze Ausland" unter der Überschrift „Pauschbeträge für Auslandsreisen 2026" (→ Rz. 4) in den beiden Spalten Verpflegungsmehraufwendungen

– „bei einer Abwesenheitsdauer von mind. 24 Std. je Kalendertag" oder
– „für den An- und Abreisetag sowie bei einer Abwesenheitsdauer von mehr als 8 Std. je Kalendertag"

aufgelistet. In der Übersicht werden ferner die jeweiligen Pauschbeträge für **Übernachtungskosten** ausgewiesen, welche für einen pauschalen steuerfreien Arbeitgeberersatz maßgebend sind (→ Rz. 339).

Für die in der amtlichen Bekanntmachung **nicht** erfassten Staaten ist der für **Luxemburg** geltende Pauschbetrag maßgebend; für die nicht erfassten Übersee- und Außengebiete eines Staates ist der für das **Mutterland** geltende Pauschbetrag zu Grunde zu legen (R 9.6 Abs. 3 Satz 2 LStR).

Soweit die Reisekosten vom Arbeitgeber erstattet werden → Rz. 195 ff., → 232 ff.

Erhält der Arbeitnehmer für seine Auslandstätigkeit Arbeitslohn, der **nicht** der **deutschen Besteuerung** unterliegt und somit steuerfrei ist, kann er insoweit **keine Werbungskosten** ansetzen.[2] Umfasst der Arbeitslohn Reisekostenerstattungen und entfällt der Arbeitslohn insoweit auf die ausländische Beschäftigung, unterliegen diese Reisekostenerstattungen ebenfalls nicht der deutschen Besteuerung, wenn das Besteuerungsrecht dem ausländischen Staat zusteht oder der Arbeitslohn nach dem Auslandstätigkeitserlass für eine begünstigte Auslandstätigkeit gezahlt wird.[3] **334**

2. Gemischt veranlasste Reisen

Bei gemischt veranlassten Auslandsreisen des Arbeitnehmers sind die Kosten in einen beruflich veranlassten und einen den Kosten der Lebensführung zuzurechnenden Anteil **335**

1) Bundesreisekostengesetz v. 26.5.2005, BGBl. I 1418, das zuletzt durch Art. 9 des Gesetzes v. 28.6.2021 (BGBl. I 2021, 2250) geändert worden ist.
2) BFH v. 28.9.1990, VI R 157/89, BStBl II 1991, 86.
3) BMF v. 10.6.2022, IV C 5 – S 2293/19/10012 :001, BStBl I 2022, 997.

aufzuteilen. Dies gilt auch für die Verpflegungsmehraufwendungen. Für Aufwendungen, die sowohl den beruflichen als auch den privaten Reiseteil betreffen (Kosten der Beförderung, die Unterbringung im Hotel, Verpflegung), ist i. d. R. als sachgerechter Aufteilungsmaßstab das Verhältnis der beruflich und privat veranlassten Zeitanteile anzulegen.

Stellt der Arbeitgeber dem Arbeitnehmer i. R. einer gemischt veranlassten Reise Mahlzeiten zur Verfügung, ist die Kürzung der Verpflegungspauschalen nach Ermittlung des beruflich veranlassten Teils der Verpflegungspauschalen vorzunehmen.

S. im Übrigen → Rz. 44, → Rz. 134.

3. Verpflegungspauschalen bei Auswärtstätigkeit

336 Der Arbeitnehmer kann auch im Ausland eine beruflich veranlasste Auswärtstätigkeit ausüben sowie einen doppelten Haushalt begründen. Ein Werbungskostenabzug scheidet nach § 3c EStG jedoch aus, wenn der im Ausland erzielte **Arbeitslohn** im Inland steuerfrei bleibt, z. B. nach einem Doppelbesteuerungsabkommen.

Befindet sich die (erste) Tätigkeitsstätte im Ausland, so dürfen für die ersten drei Monate ab dem Beginn der Tätigkeit am ausländischen Beschäftigungsort die notwendigen Mehraufwendungen für Verpflegung ohne Einzelnachweis mit der für das jeweilige Landmaßgebenden Verpflegungspauschale angesetzt werden (→ Rz. 4, → Rz. 320). Ein **Einzelnachweis** der Verpflegungsmehraufwendungen über die zulässigen Pauschbeträge hinaus ist auch für Auswärtstätigkeiten bzw. Reisen ins Ausland **nicht** zulässig. Erstattet der Arbeitgeber seinem Arbeitnehmer einen höheren Betrag als die steuerlich maßgebende Auslandspauschale, so ist der übersteigende Betrag als Arbeitslohn zu versteuern (vgl. wegen weiterer Einzelheiten → Rz. 217 ff., → Rz. 230).

Erhält der Arbeitnehmer anlässlich beruflicher Auswärtstätigkeiten im Ausland Mahlzeiten unentgeltlich oder verbilligt (Arbeitgebergestellung), so ist wie bei einer Auswärtstätigkeit im Inland zu verfahren. Für die gestellte „übliche" Mahlzeit ist grundsätzlich der amtliche Sachbezugswert anzusetzen (→ Rz. 198 ff.). Jedoch ist die steuerliche Erfassung einer solchen im Ausland gestellten Mahlzeit als Arbeitslohn ausgeschlossen, wenn der Arbeitnehmer für die betreffende Auswärtstätigkeit dem Grunde nach eine **Verpflegungspauschale** als Werbungskosten geltend machen könnte. Im Gegenzug wird die steuerfreie ausländische Verpflegungspauschale bzw. der Werbungskostenabzug mahlzeitbezogen gekürzt

- für ein Frühstück um 20 % der maßgebenden ausländischen Verpflegungspauschale und
- für ein Mittag- und Abendessen um jeweils 40 % der maßgebenden ausländischen Verpflegungspauschale.

Maßgebend ist jeweils die für den im Ausland belegenen Ort für eine **24-stündige** Abwesenheit anzusetzende (höchste) Verpflegungspauschale; und zwar unabhängig davon, in welchem Land die jeweilige Mahlzeit zur Verfügung gestellt wird.

Beispiel: Gestellung von Mahlzeiten im Ausland

Arbeitnehmer A erhält im Kalenderjahr 2026 anlässlich seiner zweitägigen Auswärtstätigkeit in Frankreich (einschließlich Anreise aus dem Inland sowie Rückreise in das Inland) vom Arbeitgeber ein Abendessen und ein Frühstück kostenlos gestellt.

Folge: A darf als Verpflegungsmehraufwendungen folgende Verpflegungspauschalen als Werbungskosten ansetzen bzw. vom Arbeitgeber steuerfrei gezahlt bekommen (jeweils nach Abzug der Kürzungsbeträge):

Anreisetag	36,00 €
Kürzungsbetrag Abendessen: 40 % von 53 € (Verpflegungspauschale für Frankreich, 24-stündige Abwesenheit) =	21,20 €

anzusetzende Verpflegungspauschale	14,80 €
Abreisetag	36,00 €
Kürzungsbetrag Frühstück: 20 % von 53 € (s. o.) =	10,60 €
Anzusetzende Verpflegungspauschale	25,40 €
Gesamtbetrag Verpflegungspauschalen (14,80 € + 25,40 €)	40,20 €

Abwandlung:

A kehrt am Mittwoch von seiner mehrtägigen Auswärtstätigkeit in Straßburg (Frankreich) zu seiner Wohnung im Inland **zurück**. Nachdem er die benötigten Arbeitsunterlagen und frische Kleidung eingepackt hat, **reist** er zu einer weiteren mehrtägigen Auswärtstätigkeit nach Kopenhagen (Dänemark) **weiter**. Er erreicht Kopenhagen am Mittwoch um 23 Uhr. Die Übernachtungen sowie das jeweilige Frühstück wurden vom Arbeitgeber im Voraus gebucht und bezahlt.

Folge: Für Mittwoch ist allein die höhere Verpflegungspauschale von 50 € (für den Anreisetag nach Kopenhagen/Dänemark i. H. v. 50 € und nicht etwa bzw. nicht zusätzlich die Pauschale für den Rückreisetag von Straßburg i. H. v. 36 €) anzusetzen. Auf Grund der Gestellung des Frühstücks i. R. der Übernachtung in Straßburg ist die Verpflegungspauschale um 15 € (20 % der Verpflegungspauschale für Kopenhagen bzw. Dänemark für einen vollen Kalendertag i. H. v. 75 €) auf 35 € zu kürzen.

Im Übrigen gelten die Erläuterungen in → Rz. 198 ff. entsprechend.

Mitunter wird gefragt, welche Verpflegungspauschale für die Kürzung bei einer Mahlzeitengestellung anzusetzen ist, wenn der Arbeitnehmer nicht in dem Land übernachtet, in dem er auswärts tätig ist, sondern im Nachbarland; z. B. mehrtägige Auswärtstätigkeit in Straßburg (Frankreich) und tägliche Übernachtung im Hotel in Kehl (Deutschland), wobei der Arbeitgeber das Hotelfrühstück bezahlt.

In solchen Fällen ist der Grundsatz zu beachten, dass bei der Gestellung von Mahlzeiten durch den Arbeitgeber die Kürzung der Verpflegungspauschale i. S. v. § 9 Abs. 4a Satz 8 ff. EStG tagesbezogen vorzunehmen ist. Folglich ist die für den jeweiligen Reisetag maßgebende Verpflegungspauschale für eine 24-stündige Abwesenheit (§ 9 Abs. 4a Satz 5 EStG) anzusetzen, unabhängig davon, in welchem Land die jeweilige Mahlzeit zur Verfügung gestellt wurde.

Beispiel: Tätigkeitsort und Übernachtungsort in verschiedenen Ländern

Der Arbeitnehmer A ist im Kalenderjahr 2026 für drei Tage in der Schweiz auf einer Auswärtstätigkeit (Tätigkeitsort Schweiz) und übernachtet die beiden Nächte (ersten auf zweiten und zweiten auf dritten Tag) in Deutschland (Grenzgebiet.) Der Arbeitgeber gestellt ihm jeweils ein Frühstück.

Folge: Die Kürzung der Verpflegungspauschale ist tagesbezogen vorzunehmen von der für den jeweiligen Reisetag maßgebenden Verpflegungspauschale (für eine 24-stündige Abwesenheit). Hier also vom Tätigkeitsort Schweiz (70 €).

Es ist nicht zulässig, die Kürzung von der für Deutschland maßgebenden Verpflegungspauschale (28 €) zu berechnen.

a) Eintägige Reisen

Reisen vom Inland in das Ausland und zurück, die keinen vollen Kalendertag beanspruchen, werden wie Auslandsreisen behandelt. Der Pauschbetrag für Verpflegungsmehr- **337**
aufwendungen beträgt bei einer Abwesenheit von

– mehr als acht Stunden 80 %

der höchsten Auslandstagegelder nach BRKG (→ Rz. 333). Zur Arbeitsvereinfachung kann die danach anzusetzende **Verpflegungspauschale** unmittelbar aus der Tabelle „Pauschbeträge für Auslandsreisen 2026" (→ Rz. 4) in der Spalte Verpflegungsmehraufwendungen „für den An- und Abreisetag sowie bei einer Abwesenheitsdauer von mehr als 8 Std. je Kalendertag" abgelesen werden → Rz. 320.

b) Mehrtägige Reisen

338 Bei mehrtägigen Reisen gelten für den An- und Rück-/Abreisetag dieselben Verpflegungspauschalen wie für eintägige Auslandsreisen (→ Rz. 337). Dabei sind die Abwesenheitszeiten von der Wohnung bzw. der ersten Tätigkeitsstätte unbeachtlich (→ Rz. 322). Für die dazwischen liegenden Reisetage mit einer Abwesenheit von 24 Stunden sind die Auslandstagegelder/Verpflegungspauschalen des Tätigkeitsortes anzusetzen. Ihre Höhe bestimmt sich ebenfalls anhand der Auslandstagegelder nach dem BRKG (→ Rz. 333). Die sich danach ergebenden Verpflegungspauschalen können aus der in Teil B (→ Rz. 4) abgedruckten Tabelle „Pauschbeträge für Auslandsreisen 2026" in der Spalte Verpflegungsmehraufwendungen „bei einer Abwesenheitsdauer von mind. 24 Std. je Kalendertag" abgelesen werden.

Wegen weiterer Einzelheiten zur Höhe der Pauschbeträge (→ Rz. 4)

- bei eintägigen Reisen → Rz. 4, → Rz. 321,
- bei mehrtägigen Reisen → Rz. 4, → Rz. 322 f.,
- bei Reisen vom Ausland ins Inland → Rz. 4, → Rz. 321, → Rz. 323,
- bei Flugreisen → Rz. 4, → Rz. 324 f.,
- bei Schiffsreisen → Rz. 4, → Rz. 326,
- zur Dreimonatsfrist → Rz. 327 und
- falls der Arbeitgeber die Reisekosten ersetzt, zur Pauschalbesteuerungsmöglichkeit des Werts für die gestellten üblichen Mahlzeiten mit 25 % Lohnsteuer nach § 40 Abs. 2 Satz 1 Nr. 1a EStG → Rz. 218.

Beispiele: Ansatz von Verpflegungspauschalen (→ Rz. 1)

1. Auswärtstätigkeit in mehreren Ländern (Berlin – Brüssel – Amsterdam)

Der Arbeitnehmer A reist im Kalenderjahr 2026 am Montag um 20.00 Uhr zu einer beruflichen Auswärtstätigkeit von seiner Wohnung in Berlin nach Brüssel (Belgien). Er erreicht Brüssel am Dienstag um 2.00 Uhr. Dienstag ist er den ganzen Tag in Brüssel tätig. Am Mittwoch reist er zu einer weiteren Auswärtstätigkeit nach Amsterdam (Abreise um 8.00 Uhr). Er erreicht Amsterdam (Niederlande) um 14.00 Uhr. Dort ist er bis Donnerstag um 13.00 Uhr tätig und reist anschließend zurück nach Berlin. Er erreicht seine Wohnung am Donnerstag um 22.30 Uhr.

Folge: A kann folgende Werbungskosten ansetzen

- Für Montag ist die inländische Verpflegungspauschale für den Anreisetag maßgebend, da A sich um 24.00 Uhr noch im Inland befindet (14 €).
- Für Dienstag ist die Verpflegungspauschale für Belgien (59 €) anzuwenden.
- Für Mittwoch ist die Verpflegungspauschale der Niederlande (58 €) zu Grunde zulegen, da sich der Ort, den A vor 24 Uhr Ortszeit zuletzt erreicht hat, in den Niederlanden befindet (§ 9 Abs. 4a Satz 5 EStG).
- Für Donnerstag (Abreisetag) ist ebenfalls die Verpflegungspauschale der Niederlande (39 €) maßgeblich, da A noch bis 13.00 Uhr in Amsterdam beruflich tätig war.

2. Auslandsreise über die Mitternachtsgrenze (Paris – Mannheim – Paris)

Der Arbeitnehmer A reist für ein berufliches Projekt am Sonntag um 22.00 Uhr von Paris nach Mannheim. Am Sonntag um 24.00 Uhr befindet sich A noch in Frankreich. A ist in Mannheim von Montag bis Freitag beruflich tätig und verlässt Mannheim am Freitag um 11.00 Uhr. Er erreicht Paris am Freitag um 14.30 Uhr.

Folge: A kann folgende Werbungskosten ansetzen

Für Sonntag (Anreisetag) ist die Verpflegungspauschale für Paris (39 €) maßgebend. Für Montag bis Freitag ist die jeweils maßgebliche inländische Verpflegungspauschale anzuwenden (4 × 28 €, 1 × 14 €).

Eine Einschränkung hat das Personal auf deutschen Staatsschiffen und auf Schiffen der Handelsmarine unter **deutscher** Flagge auf **hoher See** zu beachten: In diesem Gewässer gilt das Inlandstagegeld. Nur für die Tage der Einschiffung und Ausschiffung ist allgemein das für den Hafenort geltende Tagegeld maßgebend.

4. Übernachtungskosten bei Auswärtstätigkeit/doppelter Haushaltsführung

Als **Werbungskosten** dürfen nur die **nachgewiesenen** tatsächlichen Aufwendungen für die Übernachtung bzw. für eine Unterkunft im Ausland angesetzt werden, sofern der Arbeitnehmer nicht in einer vom Arbeitgeber unentgeltlich gestellten Unterkunft übernachtet. Im Einzelfall können Übernachtungskosten geschätzt werden, wenn sie dem Grunde nach zweifelsfrei entstanden sind. Die vom Bundesministerium der Finanzen bekanntgegebenen Pauschbeträge für Übernachtungskosten dürfen nicht als Werbungskosten geltend gemacht werden. Sie gelten allein für den steuerfreien Arbeitgeberersatz (→ Rz. 342) und werden regelmäßig jährlich durch BMF-Schreiben bekannt gemacht (→ Rz. 4). **339**

Wird bei den **nachgewiesenen** Übernachtungskosten nur ein Gesamtpreis für Unterkunft und Verpflegung ausgewiesen und lässt sich der Preis für die vom Arbeitnehmer getragene Verpflegung **nicht** feststellen (z. B. bei einer Tagungspauschale), ist der Gesamtpreis zur Ermittlung der **Übernachtungskosten** zu kürzen. Der Kürzungsbetrag beträgt

- für das Frühstück 20 %,
- für das Mittag- und Abendessen jeweils 40 %

des für den **ausländischen Unterkunftsort** maßgebenden Pauschbetrags für Verpflegungsmehraufwendungen bei einer Abwesenheitsdauer von mindestens 24 Stunden.

Ist in der Hotelrechnung der Preis für das Frühstück oder eine andere Mahlzeit **nicht** enthalten, kann von einer Kürzung für die Mahlzeiten abgesehen werden, wenn der Arbeitnehmer auf der Hotelrechnung vermerkt, dass in den Übernachtungskosten kein Frühstück/keine Mahlzeit enthalten ist. Diese Handhabung wird von der Finanzverwaltung anerkannt.[1)]

Aber: Gestellt der Arbeitgeber oder in seinem Auftrag ein Dritter dem Arbeitnehmer eine oder mehrere Mahlzeiten, führt dies nicht zu einer Kürzung des Gesamtpreises für Unterkunft und Verpflegung (→ Rz. 336). Zu kürzen sind vielmehr die anzusetzenden Verpflegungspauschalen (§ 9 Abs. 4a Satz 8 EStG).

Im Gegensatz zum Inland gilt bei Übernachtungen im Ausland i. R. einer längerfristigen Auswärtstätigkeit oder doppelten Haushaltsführung die Höchstgrenze von 1 000 € nicht. Folglich ist die 48-Monatsgrenze ebenfalls nicht zu beachten. Bei solchen Übernachtungen gelten die Grundsätze zur beruflichen Veranlassung und Notwendigkeit der entstandenen Aufwendungen (unverändert weiter). Folgender Grundsatz ist zu beachten:

Wird im Ausland i. R. einer Auswärtstätigkeit oder eines doppelten Haushalts übernachtet, sind die Aufwendungen in tatsächlicher Höhe als notwendig zu berücksichtigen, soweit sie die durch die beruflich veranlasste und alleinige Nutzung des Arbeitnehmers verursacht werden. Als Vergleichsmaßstab kann nach Auffassung der Finanzverwaltung die ortsübliche Miete für eine nach Lage und Ausstattung durchschnittliche Wohnung am Ort der auswärtigen Tätigkeitsstätte mit einer **Wohnfläche** bis zu **60 qm** herangezogen werden; sie ist jedenfalls nicht überhöht und darf bzw. durfte ggf. auch überschritten werden (R 9.11 Abs. 8 LStR, H 9.11 [5–10] LStH).

Nach einer aktuellen – nun aber nur noch **vor dem Kalenderjahr 2026** zu beachtenden – Entscheidung des BFH ist bei einer doppelten Haushaltsführung im Ausland im Einzelfall zu prüfen, welche Unterkunftskosten notwendig sind. Eine Typisierung dahingehend, dass Unterkunftskosten, die den Durchschnittsmietzins einer 60 qm-Wohnung am Beschäftigungsort nicht überschreiten, notwendig in diesem Sinne sind, kommt für Auslandssachverhalte und (damit im Urteilsfall) nicht in Betracht.[2)] Diese Entscheidung widerspricht der strengen vorgenannten Verwaltungsauffassung (in H 9.11 [5–10] LStH sowie im BMF-Schreiben v. 25.11.2020).[3)]

---

1) OFD Erfurt v. 24.10.2001, S 2353 A-03 St 331.
2) BFH v. 9.8.2023, VI R 20/21, StEd 2023, 697.
3) BMF v. 25.11.2020, IV C 5 – S 2353/19/10011 :006, BStBl I 2020, 1228, Tz. 112.

Im Streitfall waren folglich bei einer beamtenrechtlich zugewiesenen Dienstwohnung die Unterkunftskosten am ausländischen Beschäftigungsort in tatsächlicher Höhe als Werbungskosten i. R. einer doppelten Haushaltsführung abzugsfähig. Die Revision des Finanzamts gegen das vorangegangene Urteil des FG Rheinland-Pfalz v. 22.6.2021[1] wurde als unbegründet zurückgewiesen. Insoweit verbleibt es bei der **gesetzlichen Regelung** des § 9 Abs. 1 Satz 3 Nr. 5 Satz 1 EStG, wonach notwendige Unterkunftskosten, d. h. begrenzt auf das nach objektiven Maßstäben zur Zweckverfolgung Erforderliche, als Werbungskosten abzugsfähig sind.[2]

Auf Grund einer Änderung durch das Steueränderungsgesetz 2025 v. 22.12.2025[3] dürfen ab dem Kalenderjahr 2026 bei einer **doppelten Haushaltsführung** im Ausland die Unterkunftskosten zwar weiterhin mit ihren **tatsächlichen Aufwendungen** angesetzt werden, jedoch begrenzt auf **höchstens 2 000 € im Monat**. Diese Höchstgrenze gilt nur dann nicht, wenn der Arbeitnehmer eine Dienst- oder Werkswohnung verpflichtend und zweckgebunden bewohnen bzw. nutzen muss.[4]

Zur Frage, welche Aufwendungen (z. B. für Einrichtungsgegenstände, Hausrat) **zu bzw. nicht zu den Aufwendungen** für die Nutzung der Unterkunft rechnen, die ab 2026 (nach § 9 Abs. 1 Satz 3 Nr. 5 Satz 4 EStG n. F.) mit höchstens 2 000 € im Monat angesetzt werden dürfen, sind u. E. die Regelungen zur 1 000 €-Grenze für Inlandsunterkünfte entsprechend anzuwenden, s. → Rz. 293. So sollte jedenfalls verfahren werden, bis die Finanzverwaltung zu dieser Neuregelung Stellung genommen bzw. eine entsprechende Verwaltungsanweisung erlassen hat.

Steht die Zweitwohnung im Ausland im **Eigentum** des Arbeitnehmers, sind die Aufwendungen in der Höhe berücksichtigungsfähig, in der sie der Arbeitnehmer als Mieter für eine nach Größe, Ausstattung und Lage angemessene Wohnung tragen müsste.

Für die Ermittlung der steuerlich berücksichtigungsfähigen Übernachtungskosten bzw. beim Arbeitgeberersatz der Übernachtungspauschalen → Rz. 328 ff. und → Rz. 295 ff.

5. Verpflegungspauschalen bei doppelter Haushaltsführung

340 Für den Ansatz von **Verpflegungsmehraufwendungen** anlässlich einer **doppelten Haushaltsführung** im **Ausland** gelten die Regelungen zu Geschäftsreisen (→ Rz. 320 ff.) und zum Inland (→ Rz. 173 ff., → Rz. 214 ff.) entsprechend.

Folglich ist auch die auf drei Monate begrenzte Berücksichtigung zu beachten; d. h., nach Ablauf der **Dreimonatsfrist** können die Verpflegungspauschalen nicht mehr als Werbungskosten oder für den steuerfreien Arbeitgeberersatz angesetzt werden. Maßgebend sind die Pauschbeträge für Verpflegungsmehraufwendungen bei Auslandsreisen (→ Rz. 4).

6. Reisenebenkosten, Fahrtkosten

341 Zu den Reisenebenkosten bei Auslandsreisen → Rz. 347; für die Ermittlung sowie den Ansatz von Fahrtkosten gelten → Rz. 205 f., → Rz. 298 f. entsprechend. Zu den Familienferngesprächen bei einer doppelten Haushaltsführung → Rz. 300.

Zum Ansatz der (ggf. auch pauschalen) Reisenebenkosten für die Übernachtung eines Kraftfahrers anlässlich seiner auswärtigen beruflichen Tätigkeit (Fahrtätigkeit) in der Schlafkabine seines Lkw → Rz. 222.

---

1) FG Rheinland-Pfalz v. 22.6.2021, 3 K 1255/20, EFG 2021, 1708.
2) BFH v. 12.7.2017, VI R 42/15, BFHE 258, 439, BStBl II 2018, 13, Tz. 9.
3) Steueränderungsgesetz 2025 v. 22.12.2025, BGBl. I 2025, Nr. 363.
4) Änderung von § 9 Abs. 1 Satz 3 Nr. 5 Satz 4 EStG durch das Steueränderungsgesetz 2025 v. 22.12.2025, BGBl. I 2025, Nr. 363.

II. Arbeitgeber ersetzt die Reisekosten

1. Allgemeines

Zahlt der Arbeitgeber an den Arbeitnehmer für berufliche Tätigkeiten im Ausland Reisekosten bis zur Höhe der Beträge, die der **Arbeitnehmer** andernfalls als **Werbungskosten** geltend machen könnte, ist dies **kein** steuerpflichtiger **Arbeitslohn** (§ 3 Nr. 16 EStG). Übersteigende Beträge gehören als Reisekostenerstattungen zum steuerpflichtigen Arbeitslohn; für den Lohnsteuereinbehalt ist der Zufluss maßgebend (regelmäßig sonstiger Bezug). **342**

Zum laufenden steuerpflichtigen Arbeitslohn rechnen hingegen Reisekostenvergütungen, die unabhängig von der Anzahl der tatsächlichen Reisen **monatlich** in gleichbleibender Höhe oder regelmäßig wiederkehrend ohne Abrechnung und über die lohnsteuerlich zulässigen Höchstbeträge hinaus gezahlt werden.

2. Fahrtkosten

Die dem Arbeitnehmer erstatteten Kosten für die Benutzung seines privaten **Kraftfahrzeugs** bleiben ohne Einzelnachweis steuerfrei, wenn sie die gesetzlichen Pauschbeträge nicht übersteigen (→ Rz. 205 ff.). **343**

Der steuerfreie Ersatz von höheren Beträgen, etwa in Form von **Kilometergeldern**, ist zulässig, wenn der anzusetzende **Kilometersatz** durch eine Einzelberechnung ermittelt worden ist. Dazu sind die Gesamtkosten des privaten Kraftfahrzeugs für einen Zeitraum von zwölf Monaten zu ermitteln und durch die Anzahl der gefahrenen km zu dividieren. Dies ergibt den durchschnittlichen Kilometersatz (→ Rz. 164, → Rz. 205). Zu beachten ist aber auch hier, dass bei besonders aufwändigen bzw. hochpreisigen Wagentypen der steuerlich anzuerkennende Kilometersatz auf das angemessene Maß gekürzt werden kann. Das angemessene Maß wird in aller Regel mit den gesetzlichen Pauschbeträgen übereinstimmen.

3. Verpflegungs- und Übernachtungskosten

Ist der Arbeitnehmer im Ausland beruflich tätig, darf ihm der Arbeitgeber steuerfreie **Verpflegungspauschalen** zahlen. Diese Steuerfreiheit wird begrenzt durch die für den Auslandsort amtlich festgelegten Höchstbeträge → Rz. 4. **344**

Zur Lohnsteuer-Pauschalierung der über den steuerfreien Höchstbeträgen liegenden Verpflegungspauschalen → Rz. 217; diese Möglichkeit besteht auch bei einer Mahlzeitengestellung durch den Arbeitgeber → Rz. 218.

Hinsichtlich der **Übernachtungskosten** des Arbeitnehmers darf der Arbeitgeber wählen. Er darf entweder die **tatsächlichen** Übernachtungskosten (ohne Verpflegung) oder aber einen Betrag bis zu der landesbezogen amtlich festgelegten **Übernachtungspauschale** (→ Rz. 4) steuerfrei zahlen. Die tatsächlichen Übernachtungskosten hat der Arbeitnehmer durch Rechnungen nachzuweisen. Zur Kürzung der Übernachtungskosten im Hotel um das Frühstück sowie zum Höchstbetrag der genutzten Unterkunft s. die Erläuterungen unter → Rz. 66, → Rz. 339. Für die steuerfreie Zahlung der Übernachtungspauschale(n) sind keine Hotelrechnungen o. Ä. erforderlich.

Zu den **Bewirtungskosten** → Rz. 129.

Ferner sind folgende Grundsätze zu beachten:

a) Berufliche Auswärtstätigkeit

- Zahlungen des Arbeitgebers für die Übernachtungsaufwendungen des Arbeitnehmers bleiben bis zu den Übernachtungspauschalen oder bis zu den nachgewiesenen höheren tatsächlichen Aufwendungen steuerfrei; **345**

- gestellt der Arbeitgeber oder auf Grund des Dienstverhältnisses ein Dritter dem Arbeitnehmer die Unterkunft unentgeltlich oder teilentgeltlich, sind steuerfreie pauschale Zahlungen des Arbeitgebers nicht zulässig;
- übernachtet der Arbeitnehmer in einem Fahrzeug (Transportmittel), wie z. B. in der Schlafkabine eines Lkw, im Schlafwagen oder in einer Schiffskabine, darf der Arbeitgeber keine Übernachtungspauschalen steuerfrei zahlen. Zum Ansatz von Reisenebenkosten für die Übernachtung eines Kraftfahrers in der Schlafkabine seines Lkw → Rz. 222.

b) Doppelte Haushaltsführung

346 Sollen anstelle der für den ausländischen Tätigkeitsort festgelegten amtlichen Übernachtungspauschalen die **tatsächlichen** Aufwendungen des Arbeitnehmers für die steuerfreie Erstattung angesetzt werden, dürfen bei einer doppelten Haushaltsführung im Ausland nur die angemessenen und notwendigen Aufwendungen des Arbeitnehmers berücksichtigt werden; hinsichtlich der Begrenzung der tatsächlichen Aufwendungen ab dem Kalenderjahr 2026 auf 2 000 € im Monat s. → Rz. 339.

Bei längerfristigen Auswärtstätigkeiten kann die Überlassung einer Wohnung aus Kostengründen sinnvoll sein. Auch hier können grundsätzlich nur die notwendigen Übernachtungskosten steuerfrei erstattet werden. Dazu zählen neben der Kaltmiete z. B. auch Betriebskosten, Reinigungskosten, Kosten für Möblierung und Kfz-Stellplätze. Die Begrenzung auf die angemessenen und notwendigen Aufwendungen wurde für die Kalenderjahre vor 2026 regelmäßig erreicht durch einen Vergleich mit der ortsüblichen Miete für eine nach Lage und Ausstattung durchschnittliche Wohnung am Ort der ausländischen Tätigkeitsstätte mit einer Wohnfläche bis zu 60 m^2. Die so ermittelte Vergleichsmiete war jedenfalls nicht überhöht und durfte (grundsätzlich) auch überschritten werden (R 9.11 Abs. 8 LStR, H 9.11 [5–10] LStH), → Rz. 329, → Rz. 339 sowie das ergänzende BFH-Urteil v. 9.8.2023 → Rz. 339. Hierbei ist jedoch ab dem **Kalenderjahr 2026** die o. g. Einschränkung zu beachten, dass die Berücksichtigung der tatsächlichen Aufwendungen auf höchstens **2 000** € im Monat begrenzt ist. Diese Höchstgrenze gilt nur dann nicht, wenn der Arbeitnehmer eine Dienst- oder Werkswohnung verpflichtend und zweckgebunden bewohnen bzw. nutzen muss.[1)]

Steht die Zweitwohnung im Ausland im Eigentum des Arbeitnehmers, sind die Aufwendungen in der Höhe als notwendig anzusehen, in der sie der Arbeitnehmer als Mieter für eine nach Größe, Ausstattung und Lage angemessene Wohnung tragen müsste (R 9.11 Abs. 8 LStR).

Möchte der Arbeitgeber die Übernachtungskosten **pauschal** bis zur Höhe der amtlichen **Übernachtungspauschale** (→ Rz. 4) steuerfrei zahlen, kann er diesen Betrag für die ersten **drei Monate** ab Bezug der Unterkunft am ausländischen Beschäftigungsort ansetzen.

In der **Folgezeit** (nach den ersten drei Monaten des im Ausland belegenen doppelten Haushalts) darf als steuerfreie Übernachtungskosten je Kalendertag ein Pauschbetrag bis zu **40 %** des für das jeweilige Land maßgebenden Auslandsübernachtungsgelds angesetzt werden (R 9.11 Abs. 10 Satz 7 Nr. 3 Satz 2 LStR). Auch für eine doppelte Haushaltsführung im Ausland gilt der Grundsatz, dass die Pauschale nur pro tatsächlicher Übernachtung des Arbeitnehmers steuerfrei gezahlt werden kann.

Maßgebend sind jeweils die unter → Rz. 4 aufgelisteten Übernachtungspauschalen (→ Rz. 328 f.).

1) Änderung von § 9 Abs. 1 Satz 3 Nr. 5 Satz 4 EStG durch das Steueränderungsgesetz 2025 v. 22.12.2025, BGBl. I 2025, Nr. 363.

4. Reisenebenkosten

Zu den steuerfreien zahlbaren Reisenebenkosten gehören z. B.: **347**

- Kosten für ein Visum und sonstige Reisepapiere,
- Kosten für den Kauf von Devisen sowie den Kursverlust und die Gebühren beim Rücktausch,
- Maut und Straßenbenutzungsgebühren, Parkgebühren,
- Verluste auf Grund eines Diebstahls von notwendigem Reisegepäck.

Zum Ansatz der (ggf. auch pauschalen) Reisenebenkosten für die Übernachtung eines Kraftfahrers anlässlich seiner auswärtigen beruflichen Tätigkeit (Fahrtätigkeit) in der Schlafkabine seines Lkw → Rz. 222.

S. auch → Rz. 332 sowie zu typischen Reisenebenkosten → Rz. 68 ff., → Rz. 189 f.

5. Belege, Lohnkonto

Auch bei beruflich veranlassten Auslandsreisen ist Voraussetzung für steuerfreie Zahlun- **348**
gen des Arbeitgebers, dass der Arbeitnehmer Belege und Unterlagen vorlegt, und die Reisedauer, den Reiseweg und ggf. auch die tatsächlichen Reisekosten nachweist. Der Arbeitgeber hat diese Unterlagen zum Lohnkonto zu nehmen.

Fünfter Teil: Umsatzsteuer

A. Vorbemerkung: Umfang der Reisekosten

Der Begriff der Reisekosten ist für die Umsatzsteuer grundsätzlich nach den Merkmalen abzugrenzen, wie sie für die Einkommen- und Lohnsteuer gelten. 349

Der **allgemeine Steuersatz** (§ 12 Abs. 1 UStG) liegt seit dem 1.1.2021 wieder einheitlich bei **19 %** und der **ermäßigte Steuersatz** bei **7 %** (§ 12 Abs. 2 UStG). **Für die Zeit vom 1.7.2020 bis zum 31.12.2023** war wegen der Corona-Pandemie auf erbrachte **Restaurant- und Verpflegungsdienstleistungen** (mit Ausnahme der Abgabe von Getränken) der ermäßigte Steuersatz anzuwenden. Vom 1.1.2024 bis zum 31.12.2025 galt für Restaurant- und Verpflegungsdienstleistungen einschließlich Getränke wieder einheitlich der allgemeine Steuersatz von 19 %. Die Verwaltung hat mit dem BMF-Schreiben v. 21.12.2023 eine Übergangsregelung erlassen. Danach wird zur Vermeidung von Übergangsschwierigkeiten zugelassen, dass auf Restaurant- und Verpflegungsdienstleistungen, mit Ausnahme der Abgabe von Getränken, die in der Nacht vom 31.12.2023 zum 1.1.2024 ausgeführt wurden, der bis zum 31.12.2023 geltende ermäßigte Steuersatz von 7 % angewandt werden kann.[1] Seit dem 1.1.2026 gilt für nach dem 31.12.2025 erbrachte **Restaurant- und Verpflegungsdienstleistungen** (mit Ausnahme der Abgabe von Getränken) der ermäßigte Steuersatz zeitlich unbegrenzt (§ 12 Abs. 2 Nr. 15 UStG in der seit dem 1.1.2026 geltenden Fassung).[2]

Auch hier hat die Verwaltung Vereinfachungen zugelassen: So beanstandet sie es für die Anwendung des ermäßigten Umsatzsteuersatzes für Restaurant- und Verpflegungsdienstleistungen, mit Ausnahme der Abgabe von Getränken, nicht, wenn zur Aufteilung des Gesamtkaufpreises von sog. Kombiangeboten aus Speisen inkl. Getränken (z. B. Buffet, All-Inclusive-Angeboten) der auf die Getränke entfallende Entgeltanteil mit 30 % des Pauschalpreises angesetzt wird. Außerdem hat die Verwaltung eine Übergangsregelung erlassen. Danach wird zur Vermeidung von Übergangsschwierigkeiten zugelassen, dass auf Restaurant- und Verpflegungsdienstleistungen, mit Ausnahme der Abgabe von Getränken, die in der Nacht vom 31.12.2025 zum 1.1.2026 ausgeführt werden, der bis zum 31.12.2025 geltende allgemeine Steuersatz von 19 % angewandt werden kann.[3]

Der Vorsteuerabzug ist in folgenden Fällen zulässig:

Vorsteuerabzug zulässig bei ...		
–	**Übernachtungskosten** des Unternehmers und des Arbeitnehmers	✓
–	**Verpflegungskosten** des Unternehmers und des Arbeitnehmers	✓
–	**Fahrtkosten**, die Arbeitnehmern bei Benutzung des eigenen Kfz entstehen	✓
–	**Fahrten** mit öffentlichen Verkehrsmitteln (hierzu gehört auch das Taxi)	✓
–	**Reisenebenkosten**	✓
–	**Benutzung eines Mietwagens** bei Geschäfts- und Dienstreisen	✓
–	**Geschäftsreisen** des Unternehmers und der Nutzung eines unternehmenseigenen Kfz (→ Rz. 380).	✓

Der Vorsteuerabzug ist nur anhand von Einzelbelegen zulässig.

Auch der Vorsteuerabzug aus Bewirtungskosten ist in vollem Umfang zugelassen (§ 15 Abs. 1a UStG). Zur Erstellung und zum Inhalt von Bewirtungsrechnungen und zum Vorsteuerabzug aus derartigen Rechnungen vgl. im Einzelnen auch BMF-Schreiben v. 19.11.2025.[4]

---

1) BMF v. 21.12.2023, III C 3 – S 7220/22/10001 :009, BStBl I 2024, 90.
2) Art. 4 Nr. 2 des Steueränderungsgesetzes 2025 v. 22.12.2025, BGBl. I 2025, Nr. 363.
3) BMF-Schreiben v. 22.12.2025, III C 2 – S 7220/00023/014/027, BStBl I 2025, 2105.
4) BMF v. 19.11.2025, IV C 6 – S 2145/00026/005/033, BStBl I 2025, 1938.

Eine Begrenzung des Vorsteuerabzugs gilt für **Geschenke** an Geschäftsfreunde. Hier gilt je Empfänger und Wirtschaftsjahr für den Vorsteuerabzug die Grenze von 35 € für das Geschenk (Abschn. 15.6 Abs. 4 UStAE).

Zum Vorsteuerabzug bei der **Privatnutzung von Geschäftswagen** durch den Unternehmer → Rz. 392.

350 Bei der **Berechnung der Vorsteuer** (→ Rz. 366) ist von den Beträgen auszugehen, die nach den einkommen- oder lohnsteuerrechtlichen Vorschriften angesetzt werden könnten, sofern es sich um Inlandsreisen handelt. Bei Geschäfts- oder Dienstreisen in das **Ausland** können Vorsteuern nur auf die auf das Inland entfallenden Aufwendungen berechnet werden.

Hinweis: Bei der Berechnung von Vorsteuern Abrundungsdifferenzen vermeiden

351 Bei der Berechnung der in Bruttobeträgen enthaltenen Vorsteuer (z. B. Kleinbeträge → Rz. 358 ff.) empfiehlt sich zur Vermeidung von Abrundungsdifferenzen: Die Bruttoeingangsrechnungen sind im Voranmeldungszeitraum brutto zu erfassen (bzw. zu sammeln). Die Summe der Bruttobeträge ist zur Ermittlung der darin enthaltenen **Vorsteuer von 7 % durch 15,29** (entspricht 1,07 / 0,07) und **von 19 % durch 6,26** (entspricht 1,19 / 0,19) zu teilen. Zur **Ermittlung des Nettoentgelts** ist die **Summe der Bruttobeträge bei 7 % Vorsteuer durch 1,07** und **bei 19 % durch 1,19** zu teilen.

Die nachfolgenden Ausführungen beschränken sich auf die Ausgaben, die in diesem Ratgeber angesprochen werden.

B. Ausstellung von Rechnungen

Das Umsatzsteuer-System ist auf dem Nettowertprinzip aufgebaut, die Umsatzsteuer ist also getrennt in den Rechnungen auszuweisen. Der richtigen Ausstellung von Rechnungen kommt besondere Bedeutung zu, weil ein Vorsteuerabzug grundsätzlich nur dann möglich ist, wenn eine nach §§ 14, 14a UStG ordnungsgemäße Rechnung vorliegt (§ 15 Abs. 1 Satz 1 Nr. 1 UStG). **352**

I. Rechnungsausstellung mit gesondertem Steuerausweis

Führt der Unternehmer steuerpflichtige Lieferungen oder sonstige Leistungen aus, ist er berechtigt und (soweit er die Umsätze an einen anderen Unternehmer für dessen Unternehmen oder an eine juristische Person ausführt) auf Verlangen des Anderen **verpflichtet, Rechnungen (oder** anstatt der Rechnung eine Gutschrift) **auszustellen, in denen die Umsatzsteuer gesondert ausgewiesen** ist. Die Rechnungen nach § 14 Abs. 4 UStG müssen die folgenden Angaben enthalten: **353**

Checkliste: Rechnungsausstellung (Mindestangaben gem. § 14 Abs. 4 UStG)		
Name und Anschrift	Anzugeben sind der vollständige Name und die vollständige Anschrift des leistenden Unternehmers und des Leistungsempfängers (§ 14 Abs. 4 Nr. 1 UStG). Anstelle des Klarnamens kann auch ein Künstlername oder ein zur Identifizierung geeignetes Pseudonym eine ausreichende Angabe nach § 14 Abs. 4 Satz 1 Nr. 1 UStG sein. Bei der Verwendung des Aliasnamens als Leistungserbringer liegt eine den Anforderungen genügende Angabe jedenfalls dann vor, wenn durch die Angabe der zutreffenden Steuernummer oder Umsatzsteuer-Identifikationsnummer neben dem Aliasnamen eine eindeutige Identifizierung möglich ist. Es reicht jede Art von Anschrift, sofern der leistende Unternehmer bzw. der Leistungsempfänger unter dieser Anschrift erreichbar ist. Unerheblich ist, ob die wirtschaftlichen Tätigkeiten des leistenden Unternehmers unter der Anschrift ausgeübt werden. Es genügt auch die Angabe eines Postfachs, einer Großkundenadresse oder einer c/o-Adresse.[1]	☐
Steuernummer	Anzugeben ist die dem leistenden Unternehmer vom Finanzamt erteilte Steuernummer oder die ihm vom Bundeszentralamt für Steuern (BZSt) erteilte Umsatzsteuer-Identifikationsnummer (§ 14 Abs. 4 Nr. 2 UStG).	☐
Ausstellungsdatum	Anzugeben ist das Datum der Rechnungsausstellung (§ 14 Abs. 4 Nr. 3 UStG).	☐
Fortlaufende Nummer	Anzugeben ist eine fortlaufende Nummer mit einer oder mehreren Zahlenreihen, die zur Identifizierung der Rechnung vom Rechnungsaussteller als Rechnungsnummer einmalig vergeben wird (§ 14 Abs. 4 Nr. 4 UStG).	☐

1) Vgl. BFH v. 13.6.2018, XI R 20/14, BStBl II 2018, 800; v. 21.6.2018, V R 25/15, BStBl II 2018, 809; v. 21.6.2018, V R 28/16, BStBl II 2018, 806.

Checkliste: Rechnungsausstellung (Mindestangaben gem. § 14 Abs. 4 UStG)		
Mengenangabe und Produktbezeichnung	Anzugeben sind genaue Menge und Art (handelsübliche Bezeichnung) der gelieferten Gegenstände oder der genaue Umfang und die genaue Art der sonstigen Leistung (§ 14 Abs. 4 Nr. 5 UStG). Unrichtige oder ungenaue Angaben, die eventuell auch keinen Rückschluss auf den Ort der Leistungserbringung ermöglichen, genügen nicht.	☐
Lieferzeitpunkt	Anzugeben ist der Zeitpunkt der Lieferung oder sonstigen Leistung (§ 14 Abs. 4 Nr. 6 i. V. m. Abs. 5 UStG). Als Leistungszeitpunkt kann auch der Kalendermonat angegeben werden, wenn sich der Leistungszeitpunkt aus dem jeweiligen Ausstellungsdatum der Rechnung ergibt. Auch kann sich der Leistungszeitpunkt im Einzelfall aus dem Rechnungsdatum ergeben, wenn keine Zweifel bestehen, dass die Leistung in dem Monat der Rechnungsstellung ausgeführt wurde. Dies gilt jedoch nicht, wenn nicht feststeht, dass die Daten zusammenfallen. Dies ist v. a. dann der Fall, wenn eine unmittelbar mit der Leistung zusammenfallende Rechnungsstellung nicht branchenüblich ist, vom betroffenen Rechnungsaussteller nicht immer durchgeführt wird oder bei der konkreten Leistung sonstige Zweifel an einem Zusammenfallen der Daten bestehen.[1]	☐
Entgelt	Anzugeben ist das nach Steuersätzen und einzelnen Steuerbefreiungen aufgeschlüsselte Entgelt für die Lieferung oder sonstige Leistung sowie jede im Voraus vereinbarte Minderung des Entgelts, sofern sie nicht bereits im Entgelt berücksichtigt ist (§ 14 Abs. 4 Nr. 7 UStG).	☐
Steuersatz/ -betrag	Anzugeben ist der anzuwendende Steuersatz sowie der auf das Entgelt entfallende Steuerbetrag. Der Steuerbetrag muss vom Unternehmer für die von ihm ausgeführte steuerpflichtige Leistung centgenau berechnet werden. Ergibt sich bei der Steuerberechnung kein voller Centbetrag, ist der Centbetrag **abzurunden**, wenn die nachfolgende Ziffer höchstens 4 ist, bzw. **aufzurunden**, wenn die unmittelbar folgende Ziffer größer als 4 ist. Im Fall einer Steuerbefreiung ist zwingend ein Hinweis darauf anzugeben, dass für die Lieferung oder sonstige Leistung eine Steuerbefreiung gilt (§ 14 Abs. 4 Nr. 8 UStG).	☐

Dabei sind in der Rechnung sowohl das Entgelt (Nettorechnungsbetrag) als auch der auf das Entgelt entfallende Umsatzsteuerbetrag anzugeben.[2]

Ist der Leistungsempfänger Steuerschuldner nach § 13b UStG, ist der leistende Unternehmer zur Ausstellung einer Rechnung verpflichtet, in der die Steuer nicht gesondert ausgewiesen ist (§ 14a Abs. 5 Satz 2 UStG). Neben den übrigen oben dargestellten Angaben nach § 14 Abs. 4 UStG muss die Rechnung zwingend die Angabe „Steuerschuldner-

1) Vgl. BFH v. 1.3.2018, V R 18/17, BStBl II 2021, 644; v. 15.10.2019, V R 29/19, BStBl II 2021, 646.
2) BFH v. 27.7.2000, V R 55/99, BStBl II 2001, 426.

schaft des Leistungsempfängers" in einer der Amtssprachen eines EU-Mitgliedstaats[1] enthalten (§ 14a Abs. 5 Satz 1 UStG). Fehlt diese Angabe in der Rechnung, bleibt der Leistungsempfänger dennoch Steuerschuldner. Der Leistungsempfänger kann die von ihm geschuldete Steuer, die er in seiner Umsatzsteuer-Voranmeldung und/oder einer Umsatzsteuer-Jahreserklärung angemeldet hat, gleichzeitig als Vorsteuer abziehen, soweit er zum Vorsteuerabzug berechtigt ist (§ 15 Abs. 1 Satz 1 Nr. 4 UStG). Das Vorliegen einer – ordnungsgemäßen – Rechnung ist allerdings nicht Voraussetzung für den Vorsteuerabzug (Abschn. 13b.15 Abs. 2 UStAE). Dies gilt in bestimmten Fällen auch dann, wenn der Leistungsempfänger und der leistende Unternehmer übereinstimmend vom Vorliegen der Voraussetzungen der Steuerschuldnerschaft des Leistungsempfängers ausgegangen sind, obwohl dies nach der Art der Umsätze unter Anlegung objektiver Kriterien nicht zutreffend war (§ 13b Abs. 5 Satz 8 UStG). Jedoch dürfen durch diese Behandlung keine Steuerausfälle entstehen.

Die in der Rechnung geforderten Angaben können auch durch Schlüsselzahlen oder Symbole auf den Rechnungen ausgedrückt werden, wenn ihre eindeutige Bestimmung aus der Rechnung oder aus den anderen Unterlagen gewährleistet ist. Es dürfte sich hierbei vielfach um im maschinellen oder elektronischen Verfahren erstellte Rechnungen handeln. Eine Rechnung, die per Telefax übermittelt wird, ist deshalb anzuerkennen. Nicht anzuerkennen sind dagegen Rechnungen, die auf Grund der Übermittlung elektronischer Daten selbst erstellt werden.[2] Seit dem 1.1.2002 gelten auch mit einer digitalen Signatur versehene elektronische Abrechnungen als Rechnung.

Grundsätzlich haben die Rechnungsangaben in deutscher Sprache zu erfolgen. Für bestimmte Rechnungsangaben nach § 14 und § 14a UStG können anstelle der deutschen Begriffe auch Formulierungen verwendet werden, die in anderen Amtssprachen für die Rechnungsangaben nach Art. 226 MwStSystRL der jeweiligen Sprachfassung verwendet werden. S. hierzu im Einzelnen die entsprechende Aufstellung in BMF v. 17.9.2025.[3]

Mit Wirkung vom 1.7.2011[4] wurde umsatzsteuerlich die Papierrechnung weitgehend mit der elektronischen Rechnung gleichgestellt. § 14 Abs. 1 Satz 8 UStG[5] definiert eine elektronische Rechnung als eine Rechnung, die in einem elektronischen Format ausgestellt und empfangen wird. Hierunter fallen Rechnungen, die per E-Mail, im EDI-Verfahren, als PDF- oder Textdatei, per Computer-Telefax oder Fax-Server (nicht aber Standard-Telefax) oder im Wege des Datenträgeraustauschs übermittelt werden. Diese Gleichstellung führt zu keiner Erhöhung der Anforderungen an Papierrechnungen. Bei Papierrechnungen sind bereits nach den bestehenden Grundsätzen der ordnungsmäßigen Buchführung die Echtheit der Herkunft, die Unversehrtheit des Inhalts und die Lesbarkeit zu gewährleisten. Die Regelungen in § 14 Abs. 1 Satz 2 bis 6 UStG[5] haben insoweit lediglich deklaratorischen Charakter.

Das Erfordernis der Echtheit der Herkunft und der Unversehrtheit des Inhalts bleibt als abstrakte Voraussetzung für die umsatzsteuerliche Anerkennung von elektronischen Rechnungen bestehen; jedoch werden die sonstigen Vorgaben für elektronische Rechnungen aufgegeben. Somit sind keine technischen Verfahren mehr vorgegeben, die die Unternehmen verwenden müssen. Die Regelung ist technologieneutral ausgestaltet. Selbst die Übermittlung als schlichte E-Mail ohne Signatur reicht aus.

Jeder Unternehmer legt fest, in welcher Weise die Echtheit der Herkunft, die Unversehrtheit des Inhalts und die Lesbarkeit der Rechnung gewährleistet werden können. Die Echtheit der Herkunft einer Rechnung ist gewährleistet, wenn die Identität des Rechnungsausstellers sichergestellt ist. Die Unversehrtheit des Inhalts einer Rechnung ist gewährleistet, wenn die nach dem UStG erforderlichen Angaben während der Übermitt-

1) Für andere Amtssprachen s. BMF v. 25.10.2013, IV D 2 – S 7280/12/10002, BStBl I 2013, 1305, Punkt II.
2) OFD Koblenz v. 1.4.1999, S 7280 A – St 512, UR 2000, 175.
3) BMF v. 17.9.2025, III C 3 - S 7290/00003/003/013, BStBl I 2025, 1758.
4) Bis zum 31.12.2024.
5) In der bis zum 31.12.2024 geltenden Fassung.

lung der Rechnung nicht geändert worden sind. Eine Rechnung gilt als lesbar, wenn sie für das menschliche Auge lesbar ist; hinzuweisen ist darauf, dass Rechnungsdaten, die per EDI-Nachrichten, XML-Nachrichten oder in anderen strukturierten elektronischen Nachrichtenformen übermittelt werden, in ihrem Originalformat nicht lesbar sind, sondern erst nach einer Konvertierung.

Die Erfüllung dieser Voraussetzungen kann durch jegliches innerbetriebliches Kontrollverfahren erreicht werden, das einen verlässlichen Prüfpfad zwischen einer Rechnung und einer Lieferung oder Dienstleistung schaffen kann.

Unter „innerbetrieblichen Kontrollverfahren" sind Verfahren zu verstehen, die der Unternehmer zum Abgleich der Rechnung mit seinen Zahlungsverpflichtungen einsetzt. Der Unternehmer wird im eigenen Interesse insbesondere überprüfen, ob

- die Rechnung in der Substanz korrekt ist, d. h. ob die in Rechnung gestellte Leistung tatsächlich in dargestellter Qualität und Quantität erbracht wurde,
- der Rechnungsaussteller also tatsächlich den Zahlungsanspruch hat,
- die vom Rechnungssteller angegebene Kontoverbindung korrekt ist und Ähnliches,

um zu gewährleisten, dass das Unternehmen tatsächlich nur die Rechnungen begleicht, zu deren Begleichung es auch verpflichtet ist. Zwar nennt § 14 Abs. 3 Nr. 1 und 2 UStG[1] die qualifizierte elektronische Signatur oder die qualifizierte elektronische Signatur mit Anbieter-Akkreditierung nach dem Signaturgesetz und den elektronischen Datenaustausch (EDI) nach Art. 2 der Empfehlung 94/820/EG der Kommission vom 19.10.1994 über die rechtlichen Aspekte des elektronischen Datenaustauschs[2] noch als Beispiele für Technologien, die die Echtheit der Herkunft und die Unversehrtheit des Inhalts einer elektronischen Rechnung gewährleisten. Der Unternehmer ist aber frei darin, ein für ihn geeignetes Verfahren zu wählen. Dabei werden weder vom Gesetzgeber noch von der Verwaltung technische Verfahren vorgegeben, die der Unternehmer verwenden muss. Die Festlegung des Verfahrens kann also im Rahmen eines entsprechend eingerichteten Rechnungswesens geschehen, aber z. B. auch durch manuellen Abgleich der Rechnung mit vorhandenen geschäftlichen Unterlagen (z. B. Kopie der Bestellung, Auftrag, Kaufvertrag, Lieferschein). Diese Regelung führt für den Unternehmer zu keiner zusätzlichen Verpflichtung zur Dokumentation des Kontrollverfahrens. Eine inhaltlich zutreffende Rechnung – insbesondere Leistung, Entgelt, leistender Unternehmer und Zahlungsempfänger sind zutreffend angegeben – rechtfertigt die Annahme, dass bei der Übermittlung keine die Echtheit der Herkunft oder die Unversehrtheit des Inhalts beeinträchtigenden Fehler vorgekommen sind.

354 Seit dem 1.1. 2025 sind Rechnungen entsprechend § 14 Abs. 1 UStG[3] anzusehen

- entweder als elektronische Rechnung, die in einem strukturierten elektronischen Format ausgestellt, übermittelt und empfangen wird oder
- als sonstige Rechnung, also als Rechnung, die in einem anderen elektronischen Format oder auf Papier übermittelt und empfangen wird.

Das strukturierte elektronische Format einer elektronischen Rechnung muss der europäischen Norm für die elektronische Rechnungsstellung und der Liste der entsprechenden Syntaxen gem. Richtlinie 2014/55/EU vom 16.4.2014[4] entsprechen oder kann zwischen Rechnungsaussteller und Rechnungsempfänger vereinbart werden. Voraussetzung ist dabei, dass das Format die richtige und vollständige Extraktion erforderlicher Angaben aus der elektronischen Rechnung in ein Format ermöglicht, das dem strukturierten elektronischen Format entspricht oder mit diesem interoperabel ist (vgl. § 14 Abs. 1 Sätze 3 bis 6 UStG.[3])

1) In der bis zum 31.12.2024 geltenden Fassung.
2) ABl.EG 1994 Nr. L 338, 98.
3) In der seit dem 1.1.2025 geltenden Fassung.
4) ABl.EU 2014 Nr. L 133, 1.

Nach Auffassung der Finanzverwaltung stellt insbesondere sowohl eine Rechnung nach dem XStandard als auch nach dem ZUGFeRDFormat ab Version 2.0.1 grundsätzlich eine Rechnung in einem strukturierten elektronischen Format dar, die der europäischen Norm für die elektronische Rechnungsstellung und der Liste der entsprechenden Syntaxen gem. Richtlinie v. 16.4.2014[1)] entspricht. Da der Gesetzgeber die im Regierungsentwurf des Wachstumschancengesetzes enthaltene Formulierung insoweit unverändert beschlossen hat, dürften daher auch Rechnungen in diesen beiden Formaten nach dem 31.12. 2024 die neuen umsatzsteuerlichen Anforderungen für eine elektronische Rechnung erfüllen. Der Vollständigkeit halber wird von der Finanzverwaltung darauf hingewiesen, dass daneben auch weitere Rechnungsformate die genannten Anforderungen erfüllen können. Die elektronische Rechnung ist zunächst nur für inländische Umsätze obligatorisch.

Weiterhin ist die Finanzverwaltung zu dem Ergebnis gekommen, dass ab der Einführung der obligatorischen elektronischen Rechnung zum 1.1.2025 bei einem hybriden Format entgegen Abschn. 14.4 Abs. 3 Satz 4 UStAE in der bis zum 31.12.2024 geltenden Fassung der strukturierte Teil der führende sein wird. Im Fall einer Abweichung gehen dann die Daten aus dem strukturierten Teil denen aus der Bilddatei vor. Hintergrund ist, dass nach der derzeitigen Verwaltungsauffassung das Merkmal „Lesbarkeit" (vgl. § 14 Abs. 1 Satz 5 UStG in der bis zum 31. 12. 2024 geltenden Fassung, § 14 Abs. 3 Satz 5 UStG in der seit dem 1.1. 2025 geltenden Fassung) erfordert, dass die Rechnung für das menschliche Auge lesbar ist. Strukturierte elektronische Formate sind daher erst nach einer Konvertierung in diesem Sinne „lesbar". Dies bedeutet auch, dass bei einem hybriden Format (z. B. ZUGFeRD) im Falle einer Abweichung zwischen elektronischer Information und dem für das menschliche Auge lesbaren Bildteil der letztere Teil vorgeht. Dieses Verhältnis ist ab der Einführung der obligatorischen eRechnung umzukehren, sodass dann der strukturierte Teil entscheidend sein wird. An der grundsätzlichen Zulässigkeit eines hybriden Formats ändert dies aber nichts. Hinsichtlich der in den Verbändeanhörungen angesprochenen EDI-Verfahren ist sich das BMF deren Bedeutung für bestimmte Bereiche der Wirtschaft bewusst. Es wird aktuell an einer Lösung gearbeitet, die die Weiternutzung der EDI-Verfahren auch unter dem künftigen Rechtsrahmen so weit wie möglich sicherstellen soll. Dass mit der Einführung des transaktionsbezogenen Meldesystems an bestimmten EDI-Verfahren noch technische Anpassungen vorgenommen werden müssen, kann zum derzeitigen Zeitpunkt nicht gänzlich ausgeschlossen werden. Ziel wird es aber sein, diesen Umstellungsaufwand im Interesse der Wirtschaft auf das Notwendige zu begrenzen. Schließlich wird vom BMF vorsorglich darauf hingewiesen, dass nach dem Regierungsentwurf des Wachstumschancengesetzes seit dem 1.1.2025 die Entgegennahme einer elektronischen Rechnung für alle inländischen Unternehmer verpflichtend sein wird. Die in § 27 Abs. 39 UStG in der seit dem 1.1.2025 geltenden Fassung (jetzt: § 27 Abs. 38 UStG) enthaltene Möglichkeit, in der Einführungsphase auch eine sonstige Rechnung zu verwenden, betrifft nur die Ausstellung einer Rechnung. Wenn der Rechnungsaussteller sich für die Verwendung einer elektronischen Rechnung entscheiden sollte, muss der Rechnungsempfänger diese daher auch entgegennehmen (s. Anlage zur Mitteilung des DStV v. 9.10.2023[2)]).

Eine Datei, die auf Grund von Formatfehlern die Anforderungen an das strukturierte elektronische Format einer E-Rechnung (§ 14 Abs. 1 Satz 6 UStG) nicht erfüllt, stellt unter den Vorgaben des § 14 Abs. 1 Satz 1 UStG eine sonstige Rechnung in einem anderen elektronischen Format dar. Formatfehler liegen vor, wenn die Rechnungsdatei nicht den zulässigen Syntaxen bzw. deren technischen Vorgaben entspricht oder keine richtige und vollständige Extraktion zulässt. Dabei ist es unerheblich, welcher Art die Formatfehler sind, da die Datei dann nicht den Voraussetzungen entspricht. Ob ein Formatfehler vorliegt, kann mit einer geeigneten Validierungsanwendung überprüft werden. Von Formatfehlern ist eine Verletzung der Geschäftsregeln zu unterscheiden (Geschäftsregelfeh-

---

1) ABl.EU 2014 Nr. L 133, 1.
2) S. unter www.dstv.de/bmf-gibt-vorabhinweise-zur-elektronischen-rechnung.

ler). Diese liegen vor, wenn die Rechnungsdatei gegen die für dieses E-Rechnungsformat gültigen Geschäftsregeln verstößt. Geschäftsregeln sind technische Vorschriften zur Überprüfung der logischen Abhängigkeiten der in einer E-Rechnung enthaltenen Informationen. Geschäftsregelfehler können sich dadurch ergeben, dass die in einer Rechnung enthaltenen Informationen unvollständig sind (z. B. keine Angabe im Pflichtfeld „BT-10 Buyer reference" in einer XRechnung) oder zueinander in Widerspruch stehen (z.B. Steuerbetrag stimmt rechnerisch nicht mit dem angegebenen Steuersatz überein) und z.B. als kritischer Fehler – „critical Error" – im Rahmen einer Validierung festgestellt werden.

Auch nach dem 31.12.2024 kann anstatt der Rechnung eine Gutschrift ausgestellt werden. (§ 14 Abs. 2 Satz 5 UStG in der seit dem 1.1.2025 geltenden Fassung). Eine Gutschrift kann vom Abnehmer oder Leistungsempfänger ausgestellt werden für einen Umsatz eines Unternehmers, wenn der Leistungsempfänger

- ein anderer Unternehmer ist, der den Umsatz für sein Unternehmen bezieht. Dabei ist die Gutschrift als elektronische Gutschrift auszustellen, wenn der leistende Unternehmer und der Leistungsempfänger im Inland oder in einem der in § 1 Abs. 3 UStG bezeichneten Gebiete ansässig sind. Ein im Inland oder in einem der in § 1 Abs. 3 UStG bezeichneten Gebiete ansässiger Unternehmer ist ein Unternehmer, der in einem dieser Gebiete seinen Sitz, seine Geschäftsleitung, eine Betriebsstätte, die an dem Umsatz beteiligt ist, oder in Ermangelung eines Sitzes seinen Wohnsitz oder gewöhnlichen Aufenthalt hat.
- eine juristische Person ist, die nicht Unternehmer ist.

Die Regelungen zur Ausstellung, Übermittlung und Empfang einer Rechnung im strukturierten elektronischen Format oder einer sonstigen Rechnung, die in einem anderen elektronischen Format oder auf Papier übermittelt und empfangen wird, gelten für Gutschriften entsprechend. Eine Gutschrift kann im Namen und für Rechnung eines der oben bezeichneten Leistungsempfänger von einem Dritten ausgestellt werden (§ 14 Abs. 2 Satz 7 UStG in der seit dem 1.1.2025 geltenden Fassung).

Die Gutschrift verliert die Wirkung einer Rechnung, sobald der Empfänger der Gutschrift dem ihm übermittelten Dokument widerspricht (§ 14 Abs. 2 Satz 6 UStG in der seit dem 1.1.2025 geltenden Fassung).

§ 14 Abs. 2 UStG in der seit dem 1.1.2025 geltenden Fassung regelt eindeutig, in welchen Fällen eine elektronische Rechnung obligatorisch zu verwenden ist und in welchen Fällen die Verwendung einer sonstigen Rechnung möglich bleibt. Danach muss der Unternehmer in folgenden Fällen innerhalb von sechs Monaten nach Ausführung der Leistung eine Rechnung auszustellen, wenn der Umsatz nicht nach § 4 Nr. 8 bis 29 UStG steuerfrei ist:

- für eine Leistung an einen anderen Unternehmer für dessen Unternehmen. Dabei ist die Rechnung als elektronische Rechnung auszustellen, wenn der leistende Unternehmer und der Leistungsempfänger im Inland oder in einem der in § 1 Abs. 3 UStG bezeichneten Gebiete ansässig sind,
- für eine Leistung an eine juristische Person, die nicht Unternehmer ist;
- für eine an einen Nichtunternehmer erbrachte steuerpflichtige Werklieferung (vgl. § 3 Abs. 4 Satz 1 UStG) oder sonstige Leistung im Zusammenhang mit einem Grundstück.

Die Regelungen zur verpflichtenden Verwendung von E-Rechnungen gelten genauso für Rechnungen

- über Umsätze, für die der Leistungsempfänger die Steuer schuldet (§ 13b UStG), wenn sowohl Leistender als auch Leistungsempfänger im Inland ansässig sind,
- über Umsätze, die der Durchschnittssatzbesteuerung für land- und forstwirtschaftliche Betriebe unterliegen (§ 24 UStG),

- über Reiseleistungen (§ 25 UStG) und
- für Umsätze, für welche die Differenzbesteuerung (§ 25a UStG) angewendet wird.

Sie gelten auch, wenn der Rechnungsempfänger ein Unternehmer ist, der Kleinunternehmer bzw. Land- und Forstwirt ist oder ausschließlich steuerfreie Umsätze (z.B. Vermieter einer Wohnung) ausführt. Ebenso gelten die Regelungen, wenn nur Teile der abgerechneten Leistungen der Pflicht zur Verwendung einer E-Rechnung unterliegen (z.B. bei teilweise steuerpflichtigen, teil weise nach § 4 Nr. 8 bis 29 UStG steuerfreien Umsätzen) sowie in Fällen, in denen die Leistung auf Grund einer Option (§ 9 Abs. 1 UStG) steuerpflichtig ist.

Hinweis: Kleinbetragsrechnungen seit 1.1.2025

Auch Rechnungen von Kleinunternehmern können abweichend von der Verpflichtung in § 14 Abs. 2 Satz 2 Nr. 1 zweiter Halbs. UStG immer als sonstige Rechnung ausgestellt und übermittelt werden, also als Papierrechnung oder als elektronische Rechnung, die nicht der europäischen Norm für die elektronische Rechnungsstellung und der Liste der entsprechenden Syntaxen gem. der Richtlinie 2014/55/EU v. 16.4.2014[1] entspricht (§ 34a Satz 2 UStDV in der seit dem 1.1.2025 geltenden Fassung). Dabei bedarf die Verwendung einer sonstigen Rechnung in einem anderen elektronischen Format der Zustimmung des Empfängers (§ 14 Abs. 1 Satz 5 UStG), die keine besonderen Form voraussetzt und auch konkludent erfolgen kann. Die Zustimmung ist erforderlich, da der Rechnungsempfänger kein ihm gänzlich unbekanntes elektronisches Format akzeptieren muss. Die Ausstellung und Übermittlung einer E-Rechnung ist unter den übrigen Voraussetzungen auch in diesen Fällen immer ohne Zustimmung des Empfängers möglich.

Die Regelungen zur Echtheit der Herkunft, zur Unversehrtheit des Inhalts und der Lesbarkeit einer Rechnung werden inhaltlich unverändert zusammengefasst (§ 14 Abs. 3 UStG in der seit dem 1.1.2025 geltenden Fassung).

Zu den Einzelheiten der Neuregelung für elektronische Rechnungen seit dem 1.1.2025 s. BMF v. 15.10.2024[2] und v. 15.10.2025.[3]

Grundsätzlich sind die neuen Regelungen zur Rechnungserteilung seit dem 1.1.2025 **355**
anzuwenden. Der Gesetzgeber hat aber in § 27 Abs. 38 UStG Übergangsregelungen geschaffen, nach denen – abweichend von § 14 Abs. 1 und 2 UStG in der seit dem 1.1.2025 geltenden Fassung – eine Rechnung

- bis zum 31.12.2026 für einen nach dem 31.12.2024 und vor dem 1.1.2027 ausgeführten Umsatz auf Papier oder vorbehaltlich der Zustimmung des Empfängers in einem elektronischen Format, das nicht dem in § 14 Abs. 1 Satz 6 UStG in der seit dem 1.1.2025 geltenden Fassung genannten Format entspricht, übermittelt werden;
- bis zum 31.12.2027 für einen nach dem 31.12.2026 und vor dem 1.1.2028 ausgeführten Umsatz auf Papier oder vorbehaltlich der Zustimmung des Empfängers in einem elektronischen Format, das nicht dem in § 14 Abs. 1 Satz 6 UStG in der seit dem 1.12025 geltenden Fassung genannten Format entspricht, übermittelt werden, wenn der Gesamtumsatz (§ 19 Abs. 3 UStG in der seit dem 1.1.2025 geltenden Fassung) des die Rechnung ausstellenden Unternehmers im vorangegangenen Kalenderjahr nicht mehr als 800 000 Euro betragen hat;
- bis zum 31.12.2027 für einen nach dem 31.12.2025 und vor dem 1.1.2028 ausgeführten Umsatz vorbehaltlich der Zustimmung des Empfängers in einem elektronischen Format, das nicht dem in § 14 Abs. 1 Satz 6 UStG in der seit dem 1.1.2025 geltenden

---

1) ABl.EU 2014 Nr. L 133, 1.
2) BMF v. 15.10.2024, III C 2 – S 7287-a/23/10001 :007, BStBl I 2024, 1320.
3) BMF v. 15.10.2025, III C 2 – S 7287-a/00019/007/243, BStBl I 2025, 1806.

Fassung genannten Format entspricht, ausgestellt werden, wenn diese mittels elektronischem Datenaustausch (EDI) nach Art. 2 der Empfehlung 94/820/EG der Kommission vom 19.10.1994 über die rechtlichen Aspekte des elektronischen Datenaustausches[1)] übermittelt wird.[2)]

356 In diesem Zusammenhang ist darauf hinzuweisen, dass für die Erfüllung der Anspruchsvoraussetzungen für den Vorsteuerabzug (z. B. ordnungsgemäße Rechnung, Leistungsbezug für sein Unternehmen, Höhe der gesetzlich geschuldeten Steuer) der Unternehmer weiterhin die Feststellungslast trägt.

Werden für ein und dieselbe Leistung mehrere Rechnungen ausgestellt, ohne dass sie als Duplikat oder Kopie gekennzeichnet werden, schuldet der Unternehmer den hierin ausgewiesenen Steuerbetrag nach § 14c Abs. 1 UStG (Abschn. 14c.1 Abs. 4 UStAE). Dies gilt jedoch nicht, wenn inhaltlich identische (§ 14 Abs. 4 UStG) Mehrstücke derselben Rechnung übersandt werden. Besteht eine Rechnung aus mehreren Dokumenten, gilt dies für die Dokumente in ihrer Gesamtheit.

Nach § 14 Abs. 4 Satz 1 Nr. 2 UStG hat der leistende Unternehmer in Rechnungen und Gutschriften die ihm vom Finanzamt erteilte Steuernummer oder die ihm vom Bundeszentralamt für Steuern (BZSt) erteilte Umsatzsteuer-Identifikationsnummer (USt-IdNr.) anzugeben. In Fahrausweisen (§ 34 UStDV) ist die Angabe der Steuernummer oder der USt-IdNr. nicht erforderlich (Abschn. 14.5 Abs. 8 UStAE). Das heißt: Fehlt z. B. auf der Rechnung die dem leistenden Unternehmer vom Finanzamt erteilte Steuernummer bzw. die vom BZSt erteilte USt-IdNr., führt dies bereits zur Versagung des Vorsteuerabzugs; die Rechnung kann aber mit Rückwirkung entsprechend berichtigt werden.[3)] Lediglich bei Fahrausweisen verbleibt es dabei, dass die Angabe der Steuernummer bzw. der USt-IdNr. auf dem Fahrausweis nicht erforderlich ist.

Sind in einer Rechnung Lieferungen oder sonstige Leistungen enthalten, die **verschiedenen Steuersätzen** unterliegen, sind die Entgelte und Steuerbeträge **nach Steuersätzen zu trennen**. Das bedeutet jedoch nicht, dass jeder einzelne Rechnungsposten in Entgelt und Steuer aufzuteilen ist. Es genügt vielmehr, wenn die Steuer jeweils von der Zwischensumme der mit dem normalen Steuersatz und dem ermäßigten Steuersatz zu versteuernden Umsätzen berechnet und gesondert ausgewiesen wird. Es ist auch möglich, die Steuer hinter jedem einzelnen Teilposten in Unterspalten auszuweisen und die dann in den Unterspalten ausgewiesenen Beträge zu addieren.

Die Verpflichtung, Entgelt und Steuerbeträge nach Steuersätzen zu trennen, wenn in der Rechnung unterschiedlich besteuerte Umsätze zusammengefasst sind, entfällt, wenn der Steuerbetrag automatisch (maschinell) ausgewiesen wird. Ist für den einzelnen Rechnungsposten der jeweilige Steuersatz in der Rechnung angegeben, genügt der Ausweis des gesamten Steuerbetrags in einer Summe.

Werden bei kurzfristigen Beherbergungsleistungen neben der reinen, dem ermäßigten Steuersatz nach § 12 Abs. 2 Nr. 11 UStG i. H. v. 7 % unterliegenden kurzfristigen Beherbergungsleistung noch weitere Leistungen erbracht, die dem allgemeinen Steuersatz von 19 % unterliegen und für die kein gesondertes Entgelt berechnet wird, muss der Entgeltanteil für diese Leistungen geschätzt werden und die entsprechend aufgeteilten Entgelte und Steuerbeträge in der Umsatzsteuer-Voranmeldung angemeldet werden. Als angemessenen Schätzungsmaßstab sieht die Verwaltung hierbei beispielsweise den kalkulatorischen Kostenanteil zuzüglich eines angemessenen Gewinnaufschlags an (Abschn. 12.16 Abs. 11 UStAE und Rz. 14 des BMF-Schreibens v. 5.3.2010).[4)]

Jedoch beanstandet es die Verwaltung auch für Zwecke des Vorsteuerabzugs des Leistungsempfängers nicht, wenn in einem Pauschalangebot enthaltene nicht begünstigte

1) ABl.EG 1994 Nr. L 338, 98.
2) Vgl. zu den Übergangsregelungen auch BMF v. 15.10.2024, III C 2 – S 7287-a/23/10001 :007, Abschn. III, BStBl I 2024, 1320.
3) S. EuGH v. 15.9.2016, Senatex, C-518/14, HFR 2016, 1029.
4) BMF v. 5.3.2010, IV D 2 – S 7210/07/10003, BStBl I 2010, 259.

Leistungen in der Rechnung zu einem Sammelposten (z. B. „Business-Package", „Servicepauschale") zusammengefasst werden und der darauf entfallende Entgeltanteil in einem Betrag ausgewiesen wird (Abschn. 12.16 Abs. 12 UStAE und Rz. 15 des BMF-Schreibens v. 5.3.2010).[1] Bei diesen zusammengefassten Leistungen darf es sich aber nur um folgende Leistungen handeln:

- Abgabe eines Frühstücks,
- Nutzung von Kommunikationsnetzen,
- Reinigung und Bügeln von Kleidung, Schuhputzservice,
- Transport zwischen Bahnhof/Flughafen und Unterkunft,
- Transport von Gepäck außerhalb des Beherbergungsbetriebs,
- Nutzung von Saunaeinrichtungen,
- Überlassung von Fitnessgeräten,
- Überlassung von Plätzen zum Abstellen von Fahrzeugen.

Der Entgeltanteil für diese Leistungen kann auch mit 20 % des vereinbarten Gesamtpreises angesetzt werden. Dies gilt entsprechend bei Kleinbetragsrechnungen bis 250 € (§ 33 UStDV) hinsichtlich der in der Rechnung anzugebenden Steuerbeträge.

Hinweis zur abweichenden Verwaltungspraxis bei gesondert vereinbarten Entgelten

Die Verwaltung akzeptiert diese Vereinfachungsregelungen nicht, wenn für die Leistungen jeweils gesonderte Entgelte vereinbart worden sind.

Hinzuweisen ist darauf, dass der BFH entschieden hat, dass bei Beherbergungsleistungen nur die unmittelbar der Vermietung (= Beherbergung) dienenden Leistungen des Unternehmers dem ermäßigten Steuersatz unterliegen. Hierzu gehört nicht die Einräumung von Parkmöglichkeiten. Dies gilt auch dann, wenn hierfür kein gesondertes Entgelt berechnet wird.[2]

Für die Zeit vom **1.7.2020 bis zum 31.12.2023**[3] galt für **Restaurations- und Verpflegungsdienstleistungen** (mit Ausnahme der Abgabe von Getränken) der ermäßigte Steuersatz (§ 12 Abs. 2 Nr. 15 UStG in der bis zum 31.12.2023 geltenden Fassung); er beträgt für Dienstleistungen, die nach dem 31.12.2020 und vor dem 1.1.2024 erbracht werden 7 %. Die Verwaltung beanstandete es nicht, wenn für die befristete Anwendung des ermäßigten Umsatzsteuersatzes zur Aufteilung des Gesamtpreises von sog. Kombiangeboten aus Speisen inklusive Getränken (z. B. Buffet, All-Inclusive-Angebote) der auf die Getränke entfallende Entgeltanteil mit 30 % des Pauschalpreises angesetzt wird (vgl. Abschn. 10.1 Abs. 12 UStAE).[4] Vom 1.1.2024 bis zum 31.12.2025 galt für Restaurant- und Verpflegungsdienstleistungen einschließlich Getränke wieder einheitlich der allgemeine Steuersatz von 19 %. Die Verwaltung hat mit dem BMF-Schreiben v. 21.12.2023 eine Übergangsregelung erlassen. Danach wird zur Vermeidung von Übergangsschwierigkeiten zugelassen, dass auf Restaurant- und Verpflegungsdienstleistungen, mit Ausnahme der Abgabe von Getränken, die in der Nacht vom 31.12.2023 zum 1.1.2024 ausgeführt werden, der bis zum 31.12.2023 geltende ermäßigte Steuersatz von 7 % angewandt werden kann.[5] Inzwischen wurde durch das Steueränderungsgesetz 2025[6] der ermäßigte 357

1) BMF v. 5.3.2010, IV D 2 – S 7210/07/10003, BStBl I 2010, 259, Rz. 15.
2) BFH v. 1.3.2016, XI R 11/14, BStBl II 2016, 753.
3) Durch Art. 12 des Achten Gesetzes zur Änderung von Verbrauchsteuergesetzen v. 24.10.2022 (BGBl. I 2022, 1838) wurde die Anwendung des ermäßigten Steuersatzes für Restaurations- und Verpflegungsdienstleistungen bis zum 31.12.2023 verlängert.
4) Vgl. auch BMF v. 2.7.2020, III C 2 – S 7030/20/10006 :006, BStBl I 2020, 610; Verlängerung zeitlicher Anwendungsbereich durch BMF v. 21.11.2022, III C 2 – S 7030/20/10006 :006.
5) BMF v. 21.12.2023, III C 3 – S 7220/22/10001 :009.
6) Durch Art. 4 Nr. 2 des Steueränderungsgesetzes 2025 v. 22.12.2025 (BGBl. I 2025 Nr. 363) wurde § 12 Abs. 2 Nr. 15 UStG neu gefasst.

Steuersatz für Restaurations- und Verpflegungsdienstleistungen (mit Ausnahme der Abgabe von Getränken) mit Wirkung vom 1.1.2026 wieder eingeführt. Er gilt für nach dem 31.12.2025 ausgeführte Umsätze.

Auch hier hat die Verwaltung Vereinfachungen zugelassen: So beanstandet sie es für die Anwendung des ermäßigten Umsatzsteuersatzes für Restaurant- und Verpflegungsdienstleistungen, mit Ausnahme der Abgabe von Getränken, nicht, wenn zur Aufteilung des Gesamtkaufpreises von sog. Kombiangeboten aus Speisen inkl. Getränken (z. B. Buffet, All-Inclusive-Angeboten) der auf die Getränke entfallende Entgeltanteil mit 30 % des Pauschalpreises angesetzt wird. Außerdem hat die Verwaltung eine Übergangsregelung erlassen. Danach wird zur Vermeidung von Übergangsschwierigkeiten zugelassen, dass auf Restaurant- und Verpflegungsdienstleistungen, mit Ausnahme der Abgabe von Getränken, die in der Nacht vom 31.12.2025 zum 1.1.2026 ausgeführt werden, der bis zum 31.12.2025 geltende allgemeine Steuersatz von 19 % angewandt werden kann.[1)]

II. Kleinbetragsrechnungen

358 Eine für die Praxis wesentliche und bedeutsame Erleichterung bringt folgende Regelung:

Rechnungen, deren Gesamtbetrag 250 € nicht übersteigt, müssen nach § 33 UStDV nur die folgenden Angaben enthalten:

Checkliste: Kleinbetragsrechnungen bis zu 250 € (Mindestangaben gem. § 33 UStDV)		
Name und Anschrift	Anzugeben sind der vollständige Name und die vollständige Anschrift des leistenden Unternehmers.	☐
Ausstellungsdatum	Anzugeben ist das Ausstellungsdatum.	☐
Mengenangabe und Produktbezeichnung	Anzugeben sind die Menge und die Art der gelieferten Gegenstände oder der Umfang und die Art der sonstigen Leistung.	☐
Entgelt	Anzugeben sind das Entgelt und der darauf entfallende Steuerbetrag für die Lieferung oder sonstige Leistung in einer Summe.	☐
Steuersatz/ -betrag	Anzugeben ist der anzuwendende Steuersatz oder im Fall einer Steuerbefreiung ein Hinweis darauf, dass für die Lieferung oder sonstige Leistung Steuerbefreiung gilt.	☐

In diesen sog. Kleinbetragsrechnungen bis zu 250 € kann also auf die Angabe des Namens oder der Anschrift des Abnehmers der Lieferung oder des Empfängers der sonstigen Leistung sowie auf die Angabe des Tags und des steuerlichen Tags der Lieferung oder sonstigen Leistung verzichtet werden. Ebenfalls ist in diesen Fällen die **Steuer nicht** neben dem Netto-Entgelt (Netto-Warenpreis) **gesondert auszuweisen**. Es kann vielmehr der Bruttopreis (Summe von Entgelt und Steuerbetrag) angegeben werden, wenn die Rechnung den auf den Umsatz anzuwendenden Steuersatz enthält. Gerade diese Erleichterungen haben auch auf dem Gebiet der Kostenaufwendungen eine große Bedeutung, wenn man z. B. an die Vielzahl von Belegen und Quittungen für Übernachtungen, Benzin, Bewirtungen usw. denkt.

1) BMF-Schreiben v. 22.12.2025, III C 2 – S 7220/00023/014/027, BStBl I 2025, 2105.

Hinweis: Kleinbetragsrechnungen seit 1.1.2025

Durch den seit dem 1.1.2025 geltenden § 33 Satz 4 UStDV wird klargestellt, dass eine Kleinbetragsrechnung immer als sonstige Rechnung übermittelt werden kann, also als Papierrechnung oder als elektronische Rechnung, die nicht der europäischen Norm für die elektronische Rechnungsstellung und der Liste der entsprechenden Syntaxen entsprechend der Richtlinie 2014/55/EU v. 16.4.2014[1)] entspricht. Dabei bedarf die Verwendung einer sonstigen Rechnung in einem anderen elektronischen Format der Zustimmung des Empfängers (§ 14 Abs. 1 Satz 5 UStG), die keine besondere Form voraussetzt und auch konkludent erfolgen kann. Die Zustimmung ist erforderlich, da der Rechnungsempfänger kein ihm gänzlich unbekanntes elektronisches Format akzeptieren muss. Die Ausstellung und Übermittlung einer E-Rechnung ist unter den übrigen Voraussetzungen auch in diesen Fällen immer ohne Zustimmung des Empfängers möglich.

III. Fahrausweise als Rechnungen

Fahrausweise im Personenbeförderungsverkehr gelten als Rechnungen, wenn sie nach § 34 UStDV zumindest die folgenden Angaben enthalten: **359**

Checkliste: Fahrausweise (Mindestangaben gem. § 34 UStDV)		
Name und Anschrift	Anzugeben sind der vollständige Name und die vollständige Anschrift des Unternehmers, der die Beförderungsleistung ausführt; hier ist es ausreichend, wenn sich auf Grund der Bezeichnungen in den Rechnungen der Name und die Anschrift sowohl des leistenden Unternehmers als auch des Leistungsempfängers eindeutig feststellen lassen (Vereinfachungsregelung des § 31 Abs. 2 UStDV).	☐
Ausstellungsdatum	Anzugeben ist das Ausstellungsdatum.	☐
Entgelt	Anzugeben sind das Entgelt und der darauf entfallende Steuerbetrag in einer Summe.	☐
Steuersatz	Anzugeben ist der anzuwendende Steuersatz, wenn die Beförderungsleistung nicht dem ermäßigten Steuersatz unterliegt.	☐
Vermerk über grenzüberschreitende Personenbeförderung	Im Fall der Anwendung des § 26 Abs. 3 UStG ist ein Hinweis auf die grenzüberschreitende Beförderung von Personen im Luftverkehr erforderlich.	☐

Werden Fahrausweise (z. B. Fahrkarten, Flugscheine usw.) bei **Reisebüros** erworben, sollte für den Vorsteuerabzug, um der Gefahr eines zweifachen Vorsteuerabzugs entgegenzuwirken, das Abrechnungsverfahren so gestaltet werden, dass nur noch ein Beleg (entweder die Fahrkarte, der Flugschein usw. oder die Abrechnung des Reisebüros) zum Vorsteuerabzug berechtigt. Hier bieten sich nach dem BMF-Schreiben v. 28.2.2001[2)] an die betroffenen Verbände folgende zwei Möglichkeiten an:

1. In den Rechnungen der Reisebüros über Fahrausweise wird die Umsatzsteuer nicht gesondert ausgewiesen (Erteilung einer sog. Bruttorechnung). Hier kann dann der Vorsteuerabzug aus dem Fahrausweis, Flugschein usw. vorgenommen werden.
2. Wird in den Rechnungen der Reisebüros über Fahrausweise die Umsatzsteuer ausgewiesen und somit der Vorsteuerabzug ermöglicht, sollten die entsprechenden Fahrausweise so gestaltet werden, dass sie nicht für den Vorsteuerabzug verwendet werden können (z. B. durch einen Hinweis oder Aufdruck auf dem Fahrausweis, dass dieser nicht zum Vorsteuerabzug berechtigt).

1) ABl.EU 2014 Nr. L 133, 1.
2) BMF v. 28.2.2001, IV B 7 – S 7300 – 8/01, UR 2001, 180.

Bei Fahrausweisen ist ein gesonderter Steuerausweis nicht vorgeschrieben.

Hinweis: Fahrausweise seit 1.1.2025

Durch den seit dem 1.1.2025 geltenden § 34 Satz 2 UStDV wird klargestellt, dass ein Fahrausweis immer als sonstige Rechnung übermittelt werden kann, also als Papierrechnung oder als elektronische Rechnung, die nicht der europäischen Norm für die elektronische Rechnungsstellung und der Liste der entsprechenden Syntaxen entsprechend der Richtlinie 2014/55/EU v. 16.4.2014[1] entspricht. Dabei bedarf die Verwendung einer sonstigen Rechnung in einem anderen elektronischen Format der Zustimmung des Empfängers (§ 14 Abs. 1 Satz 5 UStG), die keine besondere Form voraussetzt und auch konkludent erfolgen kann. Die Zustimmung ist erforderlich, da der Rechnungsempfänger kein ihm gänzlich unbekanntes elektronisches Format akzeptieren muss. Die Ausstellung und Übermittlung einer E-Rechnung ist unter den übrigen Voraussetzungen auch in diesen Fällen immer ohne Zustimmung des Empfängers möglich.

360 Diese Vorschrift ist gerade für das Gebiet der Reisekosten von großer Wichtigkeit, da sie die notwendigen Erleichterungen bei Fahrausweisen im öffentlichen Personenbeförderungsverkehr (Schienenbahn-, Omnibus- und Schiffsverkehr) bringt, und zwar ohne Rücksicht auf die Höhe des Fahrpreises.

Auf die Angabe des Namens und der Anschrift des Fahrgastes, der Art des Umfangs der Beförderungsleistung (= Beförderungsstrecke) sowie des Tages der Beförderung kann ganz allgemein verzichtet werden. Lediglich Name und Anschrift des Beförderungsunternehmers sind anzugeben.

Hinsichtlich des auf den Fahrausweisen auszuweisenden Steuersatzes ist festzuhalten:

361 Bei Personenbeförderungen im Schienenbahnverkehr[2] und bei **Beförderungen bis zu 50 km** im Verkehr mit Oberleitungsomnibussen, im genehmigten Linienverkehr mit Kfz, im Verkehr mit Taxen, mit Drahtseilbahnen und sonstigen mechanischen Aufstiegshilfen aller Art und im genehmigten Linienverkehr mit Schiffen sowie bei Beförderungen im Fährverkehr genügt der **Ausweis des Beförderungspreises insgesamt** (Summe von Entgelt und Steuerbetrag). Der **Normalsteuersatz ist** jedoch **anzugeben, sofern** die Beförderungsleistung nicht dem ermäßigten Steuersatz von 7 % unterliegt, d. h. die **Beförderungsstrecke mehr als 50 km** im Verkehr mit Oberleitungsomnibussen, im genehmigten Linienverkehr mit Kraftfahrzeugen, im Verkehr mit Taxen, mit Drahtseilbahnen und sonstigen mechanischen Aufstiegshilfen aller Art und im genehmigten Linienverkehr mit Schiffen sowie die Beförderungen im Fährverkehr) beträgt. Unterliegt die Beförderungsleistung dem ermäßigten Steuersatz, braucht auf den Fahrausweisen weder Steuersatz noch Tarifentfernung angegeben zu werden.

362 Keine **Sonderregelung** gilt seit dem 1.1.2020 für die Fahrkarten der **Deutschen Bahn AG** und der nicht bundeseigenen Eisenbahnen. Auch bei diesen Leistungen ist generell der ermäßigte Steuersatz i. H. v. 7 % anzugeben.

363 Bei Fahrausweisen im **inländischen Luftverkehr** kommt ein Vorsteuerabzug unter Zugrundelegung des ermäßigten Steuersatzes nicht in Betracht. Der Abzug auf der Grundlage des allgemeinen Steuersatzes ist nur dann zulässig, wenn der Steuersatz auf dem Fahrausweis (Flugschein) ausdrücklich angegeben ist.

364 Nur der inländische Teil der **Beförderung** unterliegt der Umsatzsteuer (§ 3b Abs. 1 Satz 1 UStG). Aus den Fahrausweisen ist i. d. R. der Anteil des Beförderungspreises, der auf die inländische Strecke entfällt, nicht zu ersehen. Fahrausweise im grenzüberschreitenden Personenbeförderungsverkehr und im internationalen Eisenbahn-Personenverkehr gelten nur dann als Rechnungen und berechtigen zum Vorsteuerabzug, wenn eine **Bescheinigung des Beförderungsunternehmens** (z. B. Deutsche Bahn AG, Omnibusunterneh-

1) ABl.EU 2014 Nr. L 133, 1.
2) Durch Art. 3 des Gesetzes zur Umsetzung des Klimaschutzprogramms 2030 im Steuerrecht v. 21.12.2019 (BGBl. I 2019, 2886) ist der ermäßigte Steuersatz auf alle Personenbeförderungen im Schienenbahnverkehr mit Wirkung v. 1.1.2020 ausgedehnt werden.

mer, Reisebüro) vorliegt, aus der sich der **auf die inländische Strecke entfallende Beförderungspreis** ergibt. Diese Bescheinigung des Beförderungsunternehmers muss außerdem den für den inländischen Teil der Beförderungsleistung maßgebenden Steuersatz enthalten.

Auch für Belege im **Reisegepäckverkehr** gilt das für die Fahrausweise Gesagte. Belege **365**
im Reisegepäckverkehr sind also als Rechnungen anzusehen, wenn sie die unter → Rz. 360 ff. genannten erforderlichen Angaben enthalten.

Zu Rechnungen, die per Telefax oder E-Mail übermittelt werden, und Online-Fahrausweisen wird auf Abschn. 14.4 Abs. 2 und 11 UStAE hingewiesen.

C. Vorsteuerabzug

I. Allgemeines

366 Durch den Vorsteuerabzug soll erreicht werden, dass eine Kumulation vermieden wird. Alle Waren und Leistungen werden bei gleichem Steuersatz und gleichem Preis, unabhängig von der Häufigkeit ihres Umsatzes, gleich hoch belastet.

Unternehmer, die im Inland Lieferungen oder sonstige Leistungen ausführen oder in diesem Gebiet ihren Sitz oder eine Betriebstätte haben, können die folgenden Vorsteuerbeträge abziehen:

- Die ihnen von anderen Unternehmern gesondert in Rechnung gestellte Steuer für Lieferungen oder sonstige Leistungen, die für ihr Unternehmen ausgeführt worden sind (§ 15 Abs. 1 Satz 1 Nr. 1 UStG),
- die entstandene Einfuhrumsatzsteuer für Gegenstände, die für ihr Unternehmen eingeführt worden sind (§ 15 Abs. 1 Satz 1 Nr. 2 UStG),
- die Steuer für den innergemeinschaftlichen Erwerb von Gegenständen für das Unternehmen (§ 15 Abs. 1 Satz 1 Nr. 3 UStG),
- die Steuer, die der Unternehmer als Leistungsempfänger nach § 13b Abs. 5 UStG schuldet, wenn die Leistungen für sein Unternehmen ausgeführt werden (§ 15 Abs. 1 Satz 1 Nr. 4 UStG).

Der **Vorsteuerabzug** ist bereits dann **zulässig, wenn die Lieferungen** oder sonstigen Leistungen **tatsächlich bewirkt** worden sind; es kommt also auf die Bezahlung nicht an. Leistungen im Ausland sind nicht umsatzsteuerbar. Von **Auslandsreisen** können **nur** die **auf das Inland** entfallenden Reisekostenanteile zu abziehbaren Vorsteuern führen. Soweit der Unternehmer als Leistungsempfänger die Steuer nach § 13b Abs. 5 UStG schuldet, kann er die insoweit angemeldete Steuer auch dann als Vorsteuer abziehen, wenn ihm keine oder noch keine – ordnungsgemäße – Rechnung des leistenden Unternehmers vorliegt (Abschn. 13b.15 Abs. 2 UStAE).

Die für die Kleinbetragsrechnungen und Fahrausweise (→ Rz. 358 f.) gewährten Erleichterungen bei der Rechnungsausstellung gelten auch für den Vorsteuerabzug.

II. Kleinbetragsrechnungen

367 Bei Rechnungen über Kleinbeträge **bis zu 250 €** kann **auch ein Vorsteuerabzug** in Anspruch genommen werden, **wenn kein offener Steuerausweis** vorliegt. In diesem Fall ist der **Rechnungsbetrag in Entgelt und Steuerbetrag** aufzuteilen.

Die **Vorsteuer für Kleinumsätze**, die dem Steuersatz von **19 %** unterliegen, ist durch Anwendung des Bruttosteuersatzes von **15,97 %** zu berechnen. Bei einem Steuersatz von 7 % gilt der Bruttosteuersatz von 6,54 % (→ Rz. 351).

III. Vorsteuerabzug für Umzugskosten

368 Erstattet der Arbeitgeber seinem Arbeitnehmer die Aufwendungen für einen beruflich veranlassten Umzug, ist nach dem BMF-Schreiben v. 18.7.2006[1] nach den allgemeinen Grundsätzen des § 15 UStG der Vorsteuerabzug zulässig. Zum Vorsteuerabzug aus Übernachtungs- und Verpflegungskosten → Rz. 376 ff.

IV. Fahrausweise und Reisegepäck

369 Auch bei Fahrausweisen und Belegen im Reisegepäckverkehr kann der **Vorsteuerabzug** bei Geschäfts- oder Dienstreisen in Anspruch genommen werden; der Vorsteuerabzug

1) BMF v. 18.7.2006, IV A 5 – S 7303a – 7/06, BStBl I 2006, 450.

bei Benutzung öffentlicher Verkehrsmittel (hierzu gehört auch das Taxi) **bleibt erhalten**. Es ist der sich aus dem **Fahrausweis** oder dem Beleg ergebende Beförderungs- oder Leistungspreis **in Entgelt und Vorsteuerbetrag** aufzuteilen. Ist auf dem Fahrausweis der Normalsteuersatz angegeben, ist beim **Normalsteuersatz** der Hundertsatz von **15,97 %** auf den Bruttobetrag zur Errechnung der Vorsteuer anzuwenden.

Fehlt die Angabe des Steuersatzes auf dem Fahrausweis, kann man grundsätzlich davon **370** ausgehen, dass die Beförderungsleistung dem **ermäßigten Steuersatz** unterliegt. Bei fehlender Steuersatzangabe auf Fahrkarten der Deutschen Bahn AG und der nicht bundeseigenen Eisenbahnen sind die Vorsteuerbeträge immer nach dem Hundertsatz von **6,54 %** zu berechnen.

Bei inländischen Beförderungsleistungen im Eisenbahnpersonenverkehr berechtigen **371** nur die Fahrausweise der Deutschen Bahn AG und der nicht bundeseigenen Eisenbahnen zum Vorsteuerabzug; der ermäßigte Steuersatz ist seit 1.1.2020 unabhängig von der Länge der Beförderungsstrecke anzuwenden (§ 12 Abs. 2 Nr. 10 Buchst. a UStG). Für Zuschlagkarten, Zuschlagscheine, Platz-, Liege- und Schlafwagenkarten ist der Steuersatz zu Grunde zu legen, der für den dazugehörigen Fahrausweis gilt. **Keine Fahrausweise** sind Belege über die Benutzung von Mietwagen oder von Kraftomnibussen außerhalb des Linienverkehrs. Der ermäßigte Steuersatz von 7 % gilt allerdings auch bei Beförderung mit Kraftdroschken (Taxi). Erfolgt die Beförderung innerhalb einer Gemeinde, wird ohne Rücksicht auf die Entfernung der ermäßigte Steuersatz unterstellt. Bei einer Beförderung über die Gemeindegrenze hinaus gilt der ermäßigte Steuersatz nur dann, wenn die Beförderungsstrecke nicht mehr als 50 km beträgt. Auf der Rechnung des Taxiunternehmens muss stets der Steuersatz angegeben sein, auch wenn es sich um eine Kleinbetragsrechnung bis 250 € (§ 33 UStDV) handelt (→ Rz. 358, → Rz. 367).

Übersteigt die Taxirechnung den Betrag von 250 €, ist eine allgemeine Rechnung nach § 14 Abs. 1 UStG auszustellen (→ Rz. 353).

Seit dem **1.1.2012** ist der ermäßigte Steuersatz von **7 % bei Personenbeförderungen mit** **372** **Schiffen nur noch im Fährverkehr und im genehmigten Linienverkehr bei Beförderungen innerhalb einer Gemeinde oder bei einer Beförderungsstrecke von nicht mehr als 50 km möglich** (§ 12 Abs. 2 Nr. 10 Buchst. b UStG). Die abziehbare Vorsteuer ist in diesem Fall durch Anwendung des **Faktors 6,54** auf den Bruttobetrag zu ermitteln. Kommt der allgemeine Steuersatz von 19 % zur Anwendung, ist die abziehbare Vorsteuer durch Verwendung des Faktors 15,97 auf den Bruttobetrag zu ermitteln.

Im Luftverkehr mit dem Ausland wird die auf die Streckenanteile im Inland entfallende **373** Umsatzsteuer erlassen, soweit der leistende Unternehmer keine Rechnung mit offenem Steuerausweis erstellt hat (§ 26 Abs. 3 UStG). Hier besteht in diesem Fall keine Vorsteuerabzugsmöglichkeit. Findet in Deutschland eine Zwischenlandung statt, sind die zwischen zwei angeflogenen deutschen Flughäfen liegenden Strecken dagegen steuerpflichtig, wenn nach der Zwischenlandung nicht von der nächsten Möglichkeit des Weiterflugs Gebrauch gemacht wird; bei einem Steuerausweis kann diese Steuer als Vorsteuer abgezogen werden. Fliegt das bisher benutzte Flugzeug den Zielflughafen an und wird mit ihm der Flug fortgesetzt, fällt generell keine Steuer an. Kann mit dem gleichen Flugzeug der Zielflughafen nicht erreicht werden, wird die Steuer erlassen, wenn mit dem nächsten (erreichbaren) Flugzeug weitergeflogen wird. Dann aber ist ein Vorsteuerabzug wiederum nicht möglich.

Im grenzüberschreitenden Beförderungsverkehr (**Fahrten ins Ausland**) kann ein Vor- **374** steuerabzug auf Grund von Fahrausweisen nur in Anspruch genommen werden, wenn eine **Bescheinigung** des Beförderungsunternehmens vorliegt; aus der Bescheinigung müssen sich der auf die inländische Beförderungsstrecke entfallende Teil des Beförderungspreises und der für den inländischen Teil der Beförderungsleistung **maßgebende Steuersatz** ergeben.

V. Vorsteuerabzug bei Übernachtungs- und Verpflegungskosten

1. Vorsteuerabzug aus Übernachtungskosten des Unternehmers

375 Der Unternehmer kann auch aus Übernachtungsrechnungen während einer Geschäftsreise den Vorsteuerabzug in Anspruch nehmen. Voraussetzung ist, dass die Rechnung des Beherbergungsunternehmens mit gesondertem Umsatzsteuerausweis auf seinen Namen ausgestellt wurde oder es sich um eine Kleinbetragsrechnung i. S. v. § 33 UStDV handelt. Enthält die Rechnung auch den Preis für das Frühstück, ist diese für den Vorsteuerabzug nicht um den Frühstücksanteil zu kürzen, weil auch aus Verpflegungsaufwendungen anlässlich einer Geschäftsreise dem Unternehmer der Vorsteuerabzug zusteht, d. h. der Vorsteuerabzug kann aus der Gesamtrechnung vorgenommen werden.

Seit dem 1.1.2010 ist auf die Vermietung von Wohn- und Schlafräumen, die ein Unternehmer zur kurzfristigen Beherbergung von Fremden bereithält, der ermäßigte Steuersatz i. H. v. 7 % anzuwenden. Der ermäßigte Steuersatz gilt aber nur für die Beherbergung, nicht für folgende Leistungen, die nicht unmittelbar der Vermietung dienen, auch wenn es sich um Nebenleistungen zur Beherbergung handelt und diese Leistungen mit dem Entgelt für die Vermietung abgegolten sind (Aufteilungsgebot):

- Verpflegungsleistungen (z. B. Frühstück, Halb- oder Vollpension, „all inclusive"; s. aber zur Umsatzsteuerprivilegierung von Speisen als Ausnahme bis Ende 2022 wegen der Corona-Pandemie → Rz. 349),
- Getränkeversorgung aus der Minibar,
- Nutzung von Kommunikationsnetzen (insbesondere Telefon und Internet),
- Nutzung von Fernsehprogrammen außerhalb des allgemein und ohne gesondertes Entgelt zugänglichen Programms („pay per view"),
- Leistungen, die das körperliche, geistige und seelische Wohlbefinden steigern („Wellnessangebote"). Die Überlassung von Schwimmbädern oder die Verabreichung von Heilbädern im Zusammenhang mit einer begünstigten Beherbergungsleistung kann dagegen nach § 12 Abs. 2 Nr. 9 Satz 1 UStG dem ermäßigten Steuersatz unterliegen,
- Überlassung von Fahrberechtigungen für den Nahverkehr, die jedoch nach § 12 Abs. 2 Nr. 10 UStG dem ermäßigten Steuersatz unterliegen können,
- Überlassung von Eintrittsberechtigungen für Veranstaltungen, die jedoch nach § 4 Nr. 20 UStG steuerfrei sein oder nach § 12 Abs. 2 Nr. 7 Buchst. a oder d UStG dem ermäßigten Steuersatz unterliegen können,
- Transport von Gepäck außerhalb des Beherbergungsbetriebs,
- Überlassung von Sportgeräten und -anlagen,
- Ausflüge,
- Reinigung und Bügeln von Kleidung, Schuhputzservice,
- Transport zwischen Bahnhof/Flughafen und Unterkunft,
- Einräumung von Parkmöglichkeiten, auch wenn diese nicht gesondert vereinbart und vergütet werden.[1)]

Die Rechnung muss das nach Steuersätzen aufgeschlüsselte Entgelt, den anzuwendenden Steuersatz sowie den auf das Entgelt entfallenden Steuerbetrag (§ 14 Abs. 4 Satz 1 Nr. 7 und 8 UStG) enthalten. Wird in einer Rechnung über Leistungen, die verschiedenen Steuersätzen unterliegen, der Steuerbetrag durch Maschinen automatisch ermittelt und durch diese in der Rechnung angegeben, ist der Ausweis des Steuerbetrags in einer Summe zulässig, wenn für die einzelnen Posten der Rechnung der Steuersatz angegeben wird (§ 32 UStDV).

---

1) Vgl. BFH v. 1.3.2016, XI R 11/14, BStBl II 2016, 753.

Wird für Leistungen, die nicht von der Steuerermäßigung nach § 12 Abs. 2 Nr. 11 Satz 1 UStG für Beherbergungsleistungen erfasst werden, kein gesondertes Entgelt berechnet, ist deren Entgeltanteil zu schätzen. Schätzungsmaßstab kann hierbei beispielsweise der kalkulatorische Kostenanteil zzgl. eines angemessenen Gewinnaufschlags sein (Abschn. 12.16 Abs. 11 UStAE).

Jedoch beanstandet es die Verwaltung für Zwecke des Vorsteuerabzugs beim Leistungsempfänger nicht, wenn in einem Pauschalangebot enthaltene nicht begünstigte Leistungen in der Rechnung zu einem Sammelposten (z. B. „Business-Package", „Servicepauschale") zusammengefasst werden und der darauf entfallende Entgeltanteil in einem Betrag ausgewiesen wird (Abschn. 12.16 Abs. 12 UStAE). Bei diesen zusammengefassten Leistungen darf es sich aber nur um folgende Leistungen handeln:

- Abgabe eines Frühstücks,
- Nutzung von Kommunikationsnetzen,
- Reinigung und Bügeln von Kleidung, Schuhputzservice,
- Transport zwischen Bahnhof/Flughafen und Unterkunft,
- Transport von Gepäck außerhalb des Beherbergungsbetriebs,
- Nutzung von Saunaeinrichtungen,
- Überlassung von Fitnessgeräten,
- Überlassung von Plätzen zum Abstellen von Fahrzeugen.

Der Entgeltanteil für diese Leistungen kann auch mit 20 % des vereinbarten Gesamtpreises angesetzt werden. Dies gilt entsprechend bei Kleinbetragsrechnungen bis 250 € (§ 33 UStDV) hinsichtlich der in der Rechnung anzugebenden Steuerbeträge.

Hinweis zur abweichenden Verwaltungspraxis bei gesondert vereinbarten Entgelten

Die Verwaltung akzeptiert diese Vereinfachungsregelungen nicht, wenn für die Leistungen jeweils gesonderte Entgelte vereinbart worden sind.

Hinzuweisen ist außerdem darauf, dass der BFH inzwischen entschieden hat, dass bei Beherbergungsleistungen nur die unmittelbar der Vermietung (= Beherbergung) dienenden Leistungen des Unternehmers dem ermäßigten Steuersatz unterliegen. Hierzu gehört nicht die Einräumung von Parkmöglichkeiten. Dies gilt auch dann, wenn hierfür kein gesondertes Entgelt berechnet wird (Abschn. 12.16 Abs. 8 UStAE).[1]

2. Vorsteuerabzug aus Übernachtungskosten des Arbeitnehmers

Der Vorsteuerabzug ist auch aus den Übernachtungskosten des Arbeitnehmers anlässlich von Auswärtstätigkeiten zulässig. **376** Voraussetzung ist hier, dass die Übernachtungsrechnung auf den Namen des Arbeitgebers ausgestellt ist, denn nur der Leistungsempfänger ist auch zum Vorsteuerabzug berechtigt. Dies wird regelmäßig bei einer Zimmerbuchung durch den Arbeitgeber der Fall sein. Bucht der Arbeitnehmer das Zimmer selbst, reicht es für den Vorsteuerabzug durch den Arbeitgeber aus, wenn der Arbeitnehmer die Rechnung auf den Namen des Arbeitgebers ausstellen lässt. Ein Vorsteuerabzug scheidet deshalb aus, wenn die Übernachtungsrechnung auf den Namen des Arbeitnehmers ausgestellt ist (Abschn. 15.2a Abs. 3 Satz 1 UStAE). In diesem Fall darf die Rechnung auch nicht nachträglich auf den Namen des Arbeitgebers umgeschrieben werden, weil der Leistungsempfänger auf Grund der Bestellmodalitäten der Arbeitnehmer war. Zur Rechnungsausstellung und zum Steuerausweis in der Rechnung bei Anwendung des ermäßigten Steuersatzes auf kurzfristige Beherbergungsleistungen nach § 12 Abs. 2 Nr. 11 UStG im Einzelnen → Rz. 375.

---

1) BFH v. 1.3.2016, XI R 11/14, StEd 2016, 439, BStBl II 2016, 753.

Ein Ausschluss vom Vorsteuerabzug gilt auch für Kleinbetragsrechnungen bis 250 €, wenn die Rechnung auf den Namen des Arbeitnehmers ausgestellt wird. Lediglich aus Kleinbetragsrechnungen bis 250 €, bei denen kein Leistungs- bzw. Rechnungsempfänger angegeben ist, kann der Vorsteuerabzug in Anspruch genommen werden.

Der Arbeitgeber kann die Vorsteuer aus den Übernachtungskosten der Arbeitnehmer bei allen Arten der beruflichen Auswärtstätigkeiten (Dienstreise, Einsatzwechseltätigkeit, Fahrtätigkeit und doppelte Haushaltsführung) abziehen. Für den Vorsteuerabzug ist die Rechnung nicht um den Frühstücksanteil zu kürzen (→ Rz. 375).

3. Vorsteuerabzug aus Verpflegungskosten des Unternehmers

377 Zulässig ist auch der Vorsteuerabzug aus Verpflegungskosten anlässlich von Geschäftsreisen. Danach kann der Unternehmer aus Verpflegungskosten anlässlich einer Geschäftsreise den Vorsteuerabzug unter den weiteren Voraussetzungen des § 15 UStG in Anspruch nehmen, wenn die Aufwendungen durch Rechnungen mit gesondertem Ausweis der Umsatzsteuer auf den Namen des Unternehmers lauten bzw. durch Kleinbetragsrechnungen i. S. v. § 33 UStDV belegt sind. Eine Begrenzung des Vorsteuerabzugs aus den Verpflegungskosten auf die ertragsteuerlich abziehbaren Betriebsausgaben (Pauschbeträge für Verpflegungsmehraufwendungen) enthält die gesetzliche Neuregelung nicht. Der Unternehmer kann deshalb bei Geschäftsreisen den Vorsteuerabzug aus den gesamten Verpflegungskosten (Frühstück, Mittagessen, Abendessen, Getränke) in Anspruch nehmen. Eine Beschränkung greift lediglich dann, wenn die Verpflegungskosten nach allgemeiner Verkehrsauffassung als unangemessen anzusehen sind. Hier greift dann der Vorsteuerausschluss nach § 15 Abs. 1a Satz 1 UStG i. V. m. § 4 Abs. 5 Satz 1 Nr. 7 EStG.

Zur Rechnungsausstellung und zum Steuerausweis in der Rechnung bei Anwendung des ermäßigten Steuersatzes auf kurzfristige Beherbergungsleistungen nach § 12 Abs. 2 Nr. 11 UStG → Rz. 375; zum ermäßigten Steuersatz bei Restaurations- und Verpflegungsdienstleistungen (mit Ausnahme der Abgabe von Getränken sowie zur Aufteilung bei Beherbergungsleistungen und Verpflegungsdienstleistungen) im Einzelnen → Rz. 349, → Rz. 375.

4. Vorsteuerabzug aus Verpflegungskosten des Arbeitnehmers

378 Beim Einzelnachweis der Verpflegungskosten bei Dienstreisen, Einsatzwechseltätigkeit, Fahrtätigkeit und doppelter Haushaltsführung ist der Vorsteuerabzug zulässig, wenn der Arbeitgeber die Verpflegungskosten – unabhängig von der lohnsteuerlichen Erfassung – voll trägt, d. h., die Rechnung mit gesondertem Ausweis der Umsatzsteuer auf ihn ausgestellt ist. Erstattet der Arbeitgeber auch die Verpflegungskosten aus Kleinbetragsrechnungen bis 250 €, ist auch hier der Vorsteuerabzug zulässig. In beiden Fällen ist erforderlich, dass der Arbeitgeber entweder die Mahlzeiten selbst bestellt hat oder er bei einer Bestellung durch den Arbeitnehmer so gestellt wird, als wäre die Bestellung durch ihn erfolgt. Hiervon wird ausgegangen, wenn der Arbeitgeber dem Arbeitnehmer die Aufwendungen **in voller Höhe** – unabhängig von der steuerlichen Behandlung der die Pauschbeträge für Verpflegungsmehraufwendungen übersteigenden Beträge – erstattet. Erstattet der Arbeitgeber dagegen die Verpflegungskosten nur in Höhe der Pauschbeträge, ist der Vorsteuerabzug weiterhin ausgeschlossen, weil offensichtlich davon ausgegangen wird, dass die Speisen und Getränke vom Arbeitnehmer und nicht vom Arbeitgeber empfangen worden sind. Meines Erachtens müsste der Vorsteuerabzug jedoch dann möglich sein, wenn der Arbeitgeber die Verpflegungsmehraufwendungen mit den steuerlichen Pauschbeträgen erstattet und die auf den Arbeitgeber ausgestellte Rechnung oder die Kleinbetragsrechnung unter dem zulässigen Verpflegungspauschbetrag liegt.

Zur Rechnungsausstellung und zum Steuerausweis in der Rechnung bei Anwendung des ermäßigten Steuersatzes auf kurzfristige Beherbergungsleistungen nach § 12 Abs. 2 Nr. 11 UStG → Rz. 375; zum ermäßigten Steuersatz auf Restaurations- und Verpflegungsdienstleistungen mit Ausnahme der Abgabe von Getränken sowie zur Aufteilung bei Beherbergungsleistungen und Verpflegungsdienstleistungen im Einzelnen → Rz. 349, → Rz. 375.

VI. Reisekosten-Pauschbeträge

1. Allgemeines

Der Vorsteuerabzug aus den Pauschbeträgen für Verpflegungs- und Übernachtungskosten, die weder dem Unternehmen zugeordnet noch öffentliche Verkehrsmittel sind, ist ausgeschlossen (→ Rz. 349). **379**

Zulässig ist jedoch der Vorsteuerabzug bei den Reisenebenkosten und der Nutzung eines unternehmenseigenen Kfz durch den Unternehmer zu Geschäftsreisen. Hier ist der Vorsteuerabzug weiterhin in voller Höhe mit 15,97 % des Gesamtrechnungsbetrags bei einem Steuersatz von 19 % zulässig. Bei Dienstreisen des Arbeitnehmers und Benutzung eines arbeitnehmereigenen Kfz ist der Vorsteuerabzug aus den Fahrtkosten zulässig (→ Rz. 382). **380**

Hinweis zur Verbuchung bei Nutzung von Firmen-Kfz für Geschäftsreisen

Werden für Geschäftsreisen unternehmenseigene Kfz benutzt, sollten die dafür anfallenden Aufwendungen vom Unternehmer nicht als Reisekosten, sondern wegen des unterschiedlichen Vorsteuerabzugs unter anderen Kostenarten (z. B. auf dem Konto Treibstoffe) verbucht werden.

Soweit der Vorsteuerabzug zulässig ist, hat der Unternehmer die ihm anlässlich beruflich oder betrieblich bedingter Reisen entstandenen Kosten durch Rechnungen, Belege, Quittungen usw. nachzuweisen. Es gelten, sofern auf ihnen die Umsatzsteuer gesondert ausgewiesen ist, die allgemeinen Bedingungen (→ Rz. 353). Auch bei Rechnungen bis zu 250 € ergeben sich bei der Ermittlung der Vorsteuer angesichts der gewährten Erleichterungen keine besonderen Schwierigkeiten (→ Rz. 358). Die Vorsteuer ist durch Anwendung der entsprechenden Vomhundertsätze 6,54 % (bei einem Umsatzsteuersatz von 7 %) und 15,97 % (bei einem Umsatzsteuersatz von 19 %) aus dem Gesamtrechnungsbetrag zu berechnen oder unter Verwendung von Umsatzsteuer-Tabellen zu ermitteln.

2. Reisekosten-Pauschbeträge des Unternehmers

Bei Geschäftsreisen des Unternehmers ist für Reisetage aus den Verpflegungspauschbeträgen kein Vorsteuerabzug möglich. Auch bei der Verwendung eines nicht zum Unternehmen gehörenden Kfz ist ein pauschaler Vorsteuerabzug aus dem Kilometersatz von 0,30 € nicht zulässig. Zum Vorsteuerabzug aus nachgewiesenen Übernachtungskosten und Verpflegungskosten anlässlich von Geschäftsreisen → Rz. 375, → Rz. 377. **381**

3. Reisekostenersatz an Arbeitnehmer

Der Vorsteuerabzug aus dem Reisekostenersatz des Unternehmers an seine Arbeitnehmer ist unter bestimmten Voraussetzungen möglich. Zum Vorsteuerabzug aus nachgewiesenen Übernachtungskosten → Rz. 376 und aus nachgewiesenen Verpflegungskosten → Rz. 378. **382**

Weiterhin möglich ist der Vorsteuerabzug bei:

- Dienstreisen des Arbeitnehmers für Fahrten mit öffentlichen Verkehrsmitteln und Mietwagen (→ Rz. 369 ff.),
- Fahrtkosten anlässlich von Dienstreisen des Arbeitnehmers und der Nutzung eines arbeitnehmereigenen Kfz. Hier sind die Aufwendungen durch Rechnungen, die auf den Namen des Arbeitgebers lauten, oder Kleinbetragsrechnungen nachzuweisen

(z. B. Tankquittungen). Der Vorsteuerabzug aus dem pauschalen Kilometersatz von 0,30 € ist dagegen nicht zulässig,

- Reisenebenkosten sowie Bewirtungskosten, die anlässlich von Dienstreisen des Arbeitnehmers für den Arbeitgeber anfallen. Benutzt der Arbeitnehmer für die Dienstreise sein eigenes Kfz und fallen z. B. Park-, Garagen- oder Fährkosten an, ist aus diesen Reisenebenkosten der Vorsteuerabzug zulässig.

Soweit der Vorsteuerabzug zulässig ist, verbleibt es dabei, dass beim Reisekostenersatz an Arbeitnehmer die Herausrechnung der Vorsteuer nur insoweit zulässig ist, als die Aufwendungen auf Inlandsreisen entfallen.

4. Sammeltransport

383 Werden Arbeitnehmer von einem durch den Arbeitgeber beauftragten Busunternehmer unentgeltlich von der Wohnung bzw. vom örtlichen Bahnhof zum Betriebsgelände und umgekehrt und/oder zu ständig wechselnden Arbeitsstellen befördert (Sammeltransport), handelt es sich um **umsatzbesteuerte Leistungen** zum allgemeinen Steuersatz (**19 %**). Führt der Arbeitgeber die Sammeltransporte mit firmeneigenen Fahrzeugen durch, können diese Leistungen – ggf. mit 7 % – der Umsatzsteuer unterliegen, wenn der Arbeitgeber einen dem genehmigten Linienverkehr gleichzustellenden Linienverkehr betreibt.[1)]

Der **EuGH** hat mit Urteil v. 16.10.1997[2)] auf Grund des Vorlagebeschlusses des BFH v. 11.5.1995[3)] entschieden, dass die Sammelbeförderung von Arbeitnehmern durch den Arbeitgeber keine steuerbare Leistung i. S. v. § 1 Abs. 1 Nr. 1 Satz 2 Buchst. b UStG a. F. (neu: § 1 Abs. 1 Nr. 1 UStG) ist, wenn die Erfordernisse des Unternehmens im Hinblick auf besondere Umstände, wie die Schwierigkeit, andere geeignete Verkehrsmittel zu benutzen, sowie wechselnde Einsatzstellen, es gebieten, dass die Beförderung der Arbeitnehmer (hier Bauarbeiter mit wechselnden Einsatzstellen) vom Arbeitgeber übernommen wird. Derartige besondere Umstände sind anzunehmen, wenn

- die Arbeitnehmer an ständig wechselnden Tätigkeitsstätten oder an verschiedenen Stellen eines weiträumigen Arbeitsgebiets eingesetzt werden,
- die Beförderung mit öffentlichen Verkehrsmitteln nicht oder nur mit unverhältnismäßig hohem Zeitaufwand durchgeführt werden könnte oder
- im Einzelfall die Beförderungsleistungen wegen eines außerordentlichen Arbeitseinsatzes erforderlich werden oder wenn sie dem Materialtransport an die Arbeitsstelle dienen und der Arbeitgeber dabei einige Arbeitnehmer unentgeltlich mitnimmt.[4)]

VII. Kfz-Gestellung an Arbeitnehmer/Geschäftswagen

1. Umsatzsteuerliche Behandlung der Kfz-Gestellung an Arbeitnehmer

384 Überlässt der Unternehmer (Arbeitgeber) seinem Personal (Arbeitnehmer) ein Kraftfahrzeug auch zu Privatzwecken (Privatfahrten, Fahrten zwischen Wohnung und erster Tätigkeitsstätte sowie Familienheimfahrten aus Anlass einer doppelten Haushaltsführung), ist dies regelmäßig eine **entgeltliche sonstige Leistung** i. S. v. § 1 Abs. 1 Nr. 1 Satz 1 UStG, die der **Umsatzsteuer zu unterwerfen** ist; der Begriff Fahrzeug ist dabei gleichzusetzen mit dem Begriff Kraftfahrzeug und umfasst damit auch Elektrofahrräder, die einer Kennzeichen-, Versicherungs- oder Führerscheinpflicht unterliegen.[5)]

---

1) BFH v. 11.3.1988, V R 30/84, BStBl II 1988, 643, 651.
2) EuGH v. 16.10.1997, Fillibäck, C-258/95, HFR 1998, 61.
3) BFH v. 11.5.1995, V R 105/92, HFR 1995, 659, fortentwickelt durch BFH v. 11.5.2000, V R 73/99, BStBl II 2000, 505.
4) Vgl. BFH v. 9.7.1998, V R 105/92, BStBl II 1998, 635.
5) Vgl. Abschn. 15.23 Abs. 1 Satz 1 UStAE i.d.F. von BMF v. 7.2.2022, III C 2 – S 7300/19/10004 :001, BStBl I 2022, 192, Abschn. III.

Hinweis:

Falls der anzusetzende Wert des Fahrrades weniger als 500 € beträgt, wird es von der Verwaltung nicht beanstandet, wenn von keiner entgeltlichen Überlassung des Fahrrades ausgegangen wird. In diesen Fällen ist keine Umsatzbesteuerung der Leistung an den Arbeitnehmer erforderlich.

Das Fahrzeug wird, wenn es nicht ausnahmsweise zusätzlich vom Unternehmer nichtunternehmerisch verwendet wird, durch die entgeltliche umsatzsteuerpflichtige Überlassung an das Personal ausschließlich unternehmerisch genutzt. Die sowohl aus den Anschaffungskosten als auch aus den Unterhaltskosten der sog. Dienst- oder Firmenwagen anfallenden Vorsteuerbeträge können in voller Höhe abgezogen werden (§ 15 Abs. 1 Satz 1 UStG), sofern kein Ausschlusstatbestand nach § 15 Abs. 1a und 2 i.V.m. Abs. 3 UStG vorliegt. Dies gilt auch für die Überlassung von Fahrzeugen an Gesellschafter-Geschäftsführer von Kapitalgesellschaften, wenn sie umsatzsteuerrechtlich insoweit nicht als Unternehmer anzusehen sind. Die spätere Veräußerung und die Entnahme der Fahrzeuge unterliegen insgesamt der Umsatzsteuer, wenn sie im vollen Umfang dem Unternehmen zugeordnet werden konnten.

Die Gegenleistung des Arbeitnehmers für die Fahrzeugüberlassung besteht regelmäßig in der anteiligen Arbeitsleistung, die er für die Privatnutzung des gestellten Fahrzeugs erbringt. Die Überlassung des Fahrzeugs ist als Vergütung für geleistete Dienste und damit als entgeltlich anzusehen, wenn sie im Arbeitsvertrag geregelt ist oder auf mündlichen Abreden oder sonstigen Umständen des Arbeitsverhältnisses (z. B. der faktisch betrieblichen Übung) beruht. Von Entgeltlichkeit ist stets auszugehen, wenn das Fahrzeug dem Arbeitnehmer für eine gewisse Dauer und nicht nur gelegentlich zur Privatnutzung überlassen wird.

Zur privaten Nutzung zählen die reinen Privatfahrten, die Wege zwischen Wohnung und erster Tätigkeitsstätte bzw. den weiteren Tätigkeitsstätten (und die Heimfahrten bei einer doppelten Haushaltsführung).

Bei der entgeltlichen Fahrzeugüberlassung zu Privatzwecken des Personals liegt ein tauschähnlicher Umsatz (§ 3 Abs. 12 Satz 2 UStG) vor. Die Bemessungsgrundlage ist nach § 10 Abs. 2 Satz 2 i. V. m. Abs. 1 Satz 1 UStG der Wert der nicht durch den Barlohn abgegoltenen Arbeitsleistung. Deren Wert entspricht dem Betrag, den der Arbeitgeber zu diesem Zweck aufzuwenden bereit ist (Abschn. 10.5 Abs. 1 UStAE). Das sind die Gesamtausgaben für die Überlassung des Fahrzeugs. Die Gesamtausgaben für die entgeltliche sonstige Leistung i. S. v. § 1 Abs. 1 Nr. 1 Satz 1 UStG umfassen auch die Ausgaben, bei denen ein Vorsteuerabzug nicht möglich ist. Der so ermittelte Wert ist der Nettowert; die Umsatzsteuer ist mit dem allgemeinen Steuersatz hinzuzurechnen. Treffen die Parteien Aussagen zum Wert der Arbeitsleistungen, ist dieser Wert als Bemessungsgrundlage für die Überlassung des Fahrzeugs zu Grunde zu legen, wenn er die Ausgaben für die Fahrzeugüberlassung übersteigt.

Werden die Privatfahrten und die Fahrten zwischen Wohnung und erster Tätigkeitsstätte aber nach der 1 %-Regelung (→ Rz. 244) ermittelt, kann aus Vereinfachungsgründen für die umsatzsteuerliche Bemessungsgrundlage von dem lohnsteuerlichen Wert ausgegangen werden, wobei jedoch keine Kürzung des inländischen Listenpreises für Elektro- und Hybridelektrofahrzeuge und auch nicht für (Elektro-)Fahrräder vorzunehmen ist; falls der anzusetzende Wert des (Elektro-)Fahrrads weniger als 500 € beträgt, wird es von der Verwaltung nicht beanstandet, wenn von keiner entgeltlichen Überlassung des Fahrrades ausgegangen wird. In diesen Fällen ist keine Umsatzbesteuerung der Leistung an den Arbeitnehmer erforderlich.[1] Hinzu kommt der Wert für die Überlassung des Firmenwagens für Wege zwischen Wohnung und Arbeitsstätte (→ Rz. 244). Der umsatzsteuerliche Wert für Heimfahrten bei einer doppelten Haushaltsführung kann aus Ver-

1) Vgl. Abschn. 15.24 Abs. 3 UStAE i.d.F. von BMF v. 7.2.2022, III C 2 – S 7300/19/10004 :001, BStBl I 2022, 192, Abschn. III.

einfachungsgründen mit 0,002 % des Listenpreises für jeden Kilometer der Entfernung zwischen dem Ort des eigenen Hausstands und dem Beschäftigungsort angesetzt werden, wobei keine Kürzung für Elektro- und Hybridelektrofahrzeuge erfolgt. Der Umsatzsteuer unterliegen die auf die Heimfahrten entfallenden Kosten auch dann, wenn hierfür nach § 8 Abs. 2 Satz 5 EStG ein lohnsteuerlicher Wert nicht anzusetzen ist (→ Rz. 218). Von der ermittelten Bemessungsgrundlage kann für die nicht mit Vorsteuern belasteten Kosten **kein** pauschaler Abschlag von 20 % vorgenommen werden. Aus dem sich so ergebenden Betrag ist die Umsatzsteuer herauszurechnen.

Beispiel: Firmenwagen und doppelte Haushaltsführung

Ein Arbeitnehmer mit einer am 1.1.2025 begründeten doppelten Haushaltsführung nutzt einen sog. Firmenwagen mit einem Listenpreis einschließlich Umsatzsteuer von 30 000 € im gesamten Kalenderjahr 2025 zu Privatfahrten, zu Fahrten zur 10 km entfernten Arbeitsstätte und zu 20 Familienheimfahrten zum 150 km entfernten Wohnsitz der Familie.

Die Umsatzsteuer für die Firmenwagenüberlassung ist wie folgt zu ermitteln:

a)	für die allgemeine Privatnutzung		
	1 % von 30 000 € × 12 Monate =	3 600 €	
b)	für Fahrten zwischen Wohnung und Arbeitsstätte		
	0,03 % von 30 000 € × 10 km × 12 Monate	1 080 €	
	lohnsteuerlicher geldwerter Vorteil =	4 680 €	
c)	für Familienheimfahrten		
	0,002 % von 30 000 € × 150 km × 20 Fahrten =	1 800 €	
Bruttowert der sonstigen Leistung an den Arbeitnehmer =		6 480 €	
Die darin enthaltene USt beträgt 19/119 von 6 480 € =			1 034,62 €

Wie das vorstehende Beispiel zeigt, besteht hinsichtlich der steuerlichen Behandlung der Überlassung von Firmenwagen bei Heimfahrten anlässlich einer doppelten Haushaltsführung zwischen der Lohnsteuer und der Umsatzsteuer ein erheblicher Unterschied. Während bei der Lohnsteuer für die wöchentliche Heimfahrt (zuvor ggf. nur innerhalb der Zweijahresfrist der doppelten Haushaltsführung) kein geldwerter Vorteil anzusetzen ist, sind diese Fahrten immer umsatzsteuerpflichtig.

Wird der private Nutzungswert durch ein ordnungsgemäßes Fahrtenbuch anhand der durch Belege nachgewiesenen Gesamtkosten ermittelt (R 8.1 Abs. 9 Nr. 2 LStR 2015; → Rz. 238), ist von diesem Wert auch für die Umsatzsteuer (für die sonstige Leistung) auszugehen. Aus den Gesamtkosten dürfen keine Kosten ausgeschieden werden, bei denen ein Vorsteuerabzug nicht möglich ist. Wege zwischen Wohnung und Arbeitsstätte sowie die Heimfahrten bei einer doppelten Haushaltsführung gelten auch hier als Privatfahrten. Für umsatzsteuerliche Zwecke erfolgt keine Kürzung der insgesamt entstandenen Aufwendungen um Aufwendungen, die auf das Batteriesystem bei Elektro- und Hybridelektrofahrzeugen entfallen.

Hinweis:

Die Fahrtenbuchmethode ist für ein (Elektro-)Fahrrad nicht geeignet ist, da eine objektive Überprüfung anhand eines Tachometers nicht möglich ist.[1]

Beispiel: Privatfahrten mit Firmenwagen von 3 400 km

Ein sog. Firmenwagen mit einer Jahresfahrleistung von 20 000 km wird von einem Arbeitnehmer laut ordnungsgemäß geführtem Fahrtenbuch im Jahr 2025 an 180 Tagen jährlich für Fahrten zur 10 km entfernten ersten Tätigkeitsstätte benutzt. Die übrigen Privatfahrten des Arbeitnehmers belaufen sich auf insgesamt 3 400 km. Die für Lohnsteuerzwecke nach **R 8.1 Abs. 9 Nr. 2 LStR 2015 ermittelten Gesamtkosten (Nettoaufwendungen zzgl. Umsatzsteuer und AfA) betragen 9 000 €.**

1) Vgl. BMF v. 7.2.2022, III C 2 – S 7300/19/10004 :001, BStBl I 2022, 192, Abschn. II.

Von den Privatfahrten des Arbeitnehmers entfallen 3 600 km auf Wege zwischen Wohnung und erster Tätigkeitsstätte (180 Tage × 20 km) und 3 400 km auf sonstige Fahrten. Dies entspricht einer Privatnutzung von insgesamt 35 % (7 000 km von 20 000 km). Für die umsatzsteuerliche Bemessungsgrundlage ist von einem Betrag von (35 % von 9 000 € =) 3 150 € auszugehen. Die Umsatzsteuer beträgt für das Jahr 2025 (19 % von 3 150 € =) 528,50 €.

Oftmals bestimmt bei Firmenwagen der Arbeitgeber die Obergrenze für die Anschaffungskosten. Will jedoch der Arbeitnehmer ein höherwertiges oder besser ausgestattetes Firmenfahrzeug, hat er dem Arbeitgeber zu den Anschaffungskosten eine Zuzahlung zu leisten. Dem Arbeitgeber bleibt trotz der Zuzahlung der Vorsteuerabzug von den gesamten Anschaffungskosten des Kfz erhalten. Etwas anderes gilt nur dann, wenn der Arbeitnehmer z. B. die Sonderausstattung in eigenem Namen bestellt; hier scheidet der Vorsteuerabzug aus.

Wird die umsatzsteuerliche Bemessungsgrundlage für die Kfz-Gestellung nach den **pauschalen Methoden** ermittelt, ist vom Listenpreis einschließlich der vom Arbeitnehmer gewünschten Sonderausstattung auszugehen. Vom Arbeitnehmer selbst erworbene Sonderausstattungen bleiben dagegen bei der Ermittlung des Listenpreises außer Betracht. Die Zuzahlung des Arbeitnehmers, die zur Minderung des lohnsteuerlich zu erfassenden geldwerten Vorteils führt (→ Rz. 269), **mindert** also die umsatzsteuerliche Bemessungsgrundlage **nicht**; und zwar auch dann nicht, wenn sie lohnsteuerlich nach R 8.1 Abs. 9 Nr. 4 Satz 2 LStR 2015 auf den privaten Nutzungswert angerechnet wird. Die Zuzahlung ist beim Arbeitgeber kein umsatzsteuerliches Entgelt.

Hinweis:

Bei der entgeltlichen Nutzungsüberlassung eines (Elektro-)Fahrrads wird es von der Verwaltung aus Vereinfachungsgründen nicht beanstandet, wenn als Bemessungsgrundlage für die entgeltliche Nutzungsüberlassung monatlich 1 % der auf volle 100 € abgerundeten unverbindlichen Preisempfehlung des Herstellers, Importeurs oder Großhändlers im Zeitpunkt der Inbetriebnahme des Fahrrads berücksichtigt wird. Dieser Wert ist als Bruttowert anzusehen, aus dem die Umsatzsteuer herauszurechnen ist. Beträgt der anzusetzende Wert des (Elektro-)Fahrrads weniger als 500 € beträgt, wird es von der Verwaltung darüber hinaus nicht beanstandet, wenn von keiner entgeltlichen Überlassung des Fahrrades ausgegangen wird; in diesen Fällen ist keine Umsatzbesteuerung der Leistung an den Arbeitnehmer erforderlich.[1)]

Eine andere Regelung gilt jedoch bei der Ermittlung des privaten Nutzungswerts der Kfz-Gestellung nach der **Fahrtenbuchmethode**. Ertragsteuerlich hat der Arbeitgeber ein Wahlrecht, ob er die Zuzahlung des Arbeitnehmers als Betriebseinnahme erfasst oder erfolgsneutral behandelt. Bei der Erfassung als Betriebseinnahme bleiben die Anschaffungskosten des Kfz dadurch unberührt. Wird dagegen der Zuschuss erfolgsneutral behandelt, ergibt sich dadurch eine geringere Bemessungsgrundlage für die Absetzung für Abnutzung (Anschaffungskosten des Kfz abzüglich Zuschuss des Arbeitnehmers). Bei der Ermittlung des privaten Nutzungswerts nach der Fahrtenbuchmethode anhand der nachgewiesenen Gesamtkosten ist für die Zwecke der Umsatzsteuer jedoch von den **ungekürzten Anschaffungskosten** des Kfz auszugehen.

Zahlt der Arbeitnehmer dem Arbeitgeber für die Überlassung eines Firmenwagens eine pauschale oder kilometerbezogene Vergütung, mindert sich hierdurch zwar der lohnsteuerliche geldwerte Vorteil, nicht jedoch die umsatzsteuerliche Bemessungsgrundlage. Andererseits stellt die Zahlung des Arbeitnehmers kein Entgelt für eine zusätzliche Leistung des Arbeitgebers dar.

Muss der Arbeitnehmer für die Privatnutzung des Firmenwagens einen Teil der Kfz-Kosten (z. B. Benzinkosten für Privatfahrten) übernehmen, kann der Arbeitgeber den

1) Vgl. Abschn. 15.24 Abs. 3 UStAE i.d.F. von BMF v. 7.2.2022, III C 2 – S 7300/19/10004 :001, BStBl I 2022, 192, Abschn. III.

Vorsteuerabzug aus den entsprechenden Rechnungen vornehmen. Die umsatzsteuerliche Bemessungsgrundlage wird durch die Kostenbeteiligung des Arbeitnehmers jedoch nicht gemindert.

Von einer unentgeltlichen Kfz-Überlassung kann ausgegangen werden, wenn die private Nutzung durch den Arbeitnehmer dermaßen gering ist, dass sie nicht als Gehaltsbestandteil anzusehen ist. Dies ist dann der Fall, wenn die vereinbarte private Nutzung des Fahrzeugs derart gering ist, dass sie für die Gehaltsbemessung keine wirtschaftliche Rolle spielt, und nach den objektiven Gegebenheiten eine weitergehende private Nutzungsmöglichkeit ausscheidet. Danach kann Unentgeltlichkeit nur angenommen werden, wenn der Arbeitnehmer das Kfz aus besonderem Anlass oder zu einem besonderen Zweck nur gelegentlich – nicht mehr als fünf Tage im Kalendermonat – nutzen darf (z. B. für einen Umzug am Wochenende oder anlässlich einer Fahrt zur Wohnung, um von dort aus am nächsten Tag eine Dienstreise anzutreten). Als Bemessungsgrundlage sind die Kosten der Überlassung anzusetzen, aus der die nicht mit Vorsteuern belasteten Kosten auszuscheiden sind. Auf diesen Wert ist die Umsatzsteuer mit 19 % aufzuschlagen. Aus Vereinfachungsgründen kann hier von den lohnsteuerlichen Werten ausgegangen werden, die als Bruttowerte anzusehen sind, aus denen die Umsatzsteuer herauszurechnen ist. Danach ist der geldwerte Vorteil bei gelegentlichen Überlassungen zu Privatfahrten und für Wege zwischen Wohnung und Arbeitsstätte je Fahrtkilometer mit 0,001 % des inländischen Listenpreises des Kfz anzusetzen. Dabei kann für die nicht mit Vorsteuern belasteten Kosten ein Abschlag von 20 % vorgenommen werden (zu weiteren Einzelheiten Abschn. 15.23 UStAE).

Bei der Überlassung eines Fahrzeugs durch den Unternehmer (Arbeitgeber) an einen Arbeitnehmer ist Folgendes zu beachten:

Bei der langfristigen Vermietung von Beförderungsmitteln an Nichtunternehmer ist zu beachten: Der Leistungsort bei der langfristigen Vermietung von Landfahrzeugen von mehr als 30 Tagen wird grundsätzlich an den Ort verlagert, an dem der Leistungsempfänger seinen Wohnsitz oder Sitz hat (§ 3a Abs. 3 Nr. 2 Satz 2 UStG). Diese Regelung hat auch Auswirkungen auf die Umsatzbesteuerung der Überlassung von Dienstwagen an Arbeitnehmer.

Überlässt der Unternehmer (Arbeitgeber) seinem Personal (Arbeitnehmer) ein erworbenes Fahrzeug langfristig auch zur privaten Nutzung (Privatfahrten, Fahrten zwischen Wohnung und Arbeitsstätte sowie Familienheimfahrten aus Anlass einer doppelten Haushaltsführung) ist dies regelmäßig als entgeltliche Vermietung eines Beförderungsmittels anzusehen.[1)] Der Leistungsort dieser Leistung bestimmt sich nach § 3a Abs. 3 Nr. 2 UStG. Dies bedeutet:

Erfolgt die **Überlassung für einen Zeitraum von bis zu 30 Tagen**, ist Leistungsort der Ort, an dem das Fahrzeug tatsächlich dem Arbeitnehmer zur Verfügung gestellt wird (§ 3a Abs. 3 Nr. 2 Satz 1 UStG). Das wird i. d. R. am Sitz oder an einer Betriebsstätte des Unternehmers (= Arbeitgebers) sein, also an dem Ort, an dem der Arbeitnehmer auch seiner Tätigkeit nachgeht.

Beispiel: Überlassen eines Firmenwagens für 14 Tage

Der in Trier (Deutschland) ansässige Unternehmer (Arbeitgeber) DE überlässt seinem Arbeitnehmer LU, der in Luxemburg seinen Wohnsitz hat, aber während der Arbeitswoche nach Trier mit dem eigenen Pkw fährt, im Juli 2025 für zwei Wochen einen Firmenwagen vor allem zur Fahrt zwischen Wohnung und Arbeitsstätte. Der Firmenwagen wird dem LU auf dem Firmengelände des DE übergeben.

Folge: Es handelt sich bei der Überlassung um eine entgeltliche kurzfristige Vermietung eines Beförderungsmittels, da die Vermietung über einen Zeitraum von bis zu 30 Tagen erfolgt. Der Leistungsort ist an dem Ort, an dem das Fahrzeug dem LU übergeben wurde, also in Deutschland (§ 3a Abs. 3 Nr. 2 Satz 1 UStG).

1) Vgl. BMF v. 27.8.2004, IV B 7 – S 7300 – 70/04, BStBl I 2004, 864, Tz. 4.1.

Erfolgt die **Überlassung für einen Zeitraum von mehr als 30 Tagen**, ist der Leistungsort an dem Ort, an dem der Arbeitnehmer seinen Sitz, Wohnsitz, oder gewöhnlichen Aufenthaltsort hat.

Beispiel: Zeitlich unbegrenzte Überlassung eines Firmenwagens

Der in Trier (Deutschland) ansässige Unternehmer (= Arbeitgeber) DE überlässt seinem Arbeitnehmer LU, der in Luxemburg seinen Wohnsitz hat, aber während der Arbeitswoche in Trier arbeitet und zur Arbeitsstätte täglich mit dem Pkw fährt, seit 1.7.2025 ohne zeitliche Beschränkung einen Firmenwagen auch zur privaten Nutzung. Der Firmenwagen wird dem LU auf dem Firmengelände des DE übergeben.

Folge: Es handelt sich bei der Überlassung um eine entgeltliche langfristige Vermietung eines Beförderungsmittels, da die Vermietung über einen Zeitraum von mehr als 30 Tagen erfolgt. Der Leistungsort ist an dem Ort, an dem LU seinen Wohnsitz hat, also in Luxemburg (§ 3a Abs. 3 Nr. 2 Satz 2 UStG).

Problematisch könnte die Feststellung des Leistungsortes sein, wenn der Arbeitnehmer in Deutschland arbeitet und hier auch eine Wohnung (gewöhnlicher Aufenthaltsort) hat, der **Familienwohnsitz sich aber im Ausland** befindet. Hier ist in unionsrechtlicher Auslegung auf den Ort abzustellen, der am ehesten eine Besteuerung am Ort des tatsächlichen Verbrauchs gewährleistet (Art. 24 Abs. 1 MwStDVO).

Beispiel: Wochenendheimfahrer mit Wohnsitz in Den Haag

Der in Essen (Deutschland) ansässige Unternehmer (= Arbeitgeber) DE überlässt seinem Arbeitnehmer NL, der in Den Haag (Niederlande) seinen Wohnsitz hat, aber während der Arbeitswoche in Essen arbeitet und hier auch eine Wohnung (gewöhnlicher Aufenthaltsort) hat und nur am Wochenende nach Den Haag mit dem eigenen Pkw fährt, seit 1.7.2025 ohne zeitliche Beschränkung einen Firmenwagen auch zur privaten Nutzung. Der Firmenwagen wird dem NL auf dem Firmengelände des DE übergeben. Er wird von NL überwiegend in Deutschland genutzt.

Folge: Es handelt sich bei der Überlassung um eine entgeltliche langfristige Vermietung eines Beförderungsmittels, da die Vermietung über einen Zeitraum von mehr als 30 Tagen erfolgt. Da NL seinen Wohnsitz und seinen gewöhnlichen Aufenthaltsort in verschiedenen Mitgliedstaaten hat, ist der Leistungsort an dem Ort, an dem eine Besteuerung des tatsächlichen Verbrauchs am ehesten gewährleistet wird, das ist in Deutschland, weil das überlassene Fahrzeug hier überwiegend genutzt wird (§ 3a Abs. 3 Nr. 2 Satz 2 UStG und Art. 24 Abs. 1 MwStDVO).

Ist der Arbeitnehmer **ausschließlich im Ausland** tätig und hat er dort auch seinen Wohnsitz, ist der Leistungsort in jedem Fall im Ausland mit der Folge, dass der Umsatz vom Unternehmer (= Arbeitgeber) dort zu versteuern ist.

Beispiel: Italienischer Außendienstmitarbeiter für den italienischen Markt

Der in München (Deutschland) ansässige Unternehmer (= Arbeitgeber) DE überlässt seinem Arbeitnehmer IT, der in Mailand (Italien) seinen Wohnsitz hat und auch dort ausschließlich als unselbständiger Außendienstmitarbeiter tätig ist, seit 1.7.2025 ohne zeitliche Beschränkung einen Firmenwagen auch zur privaten Nutzung. Der Firmenwagen wird dem NL auf dem Firmengelände des DE übergeben. Er wird von IT ausschließlich in Italien genutzt.

Folge: Es handelt sich bei der Überlassung um eine entgeltliche langfristige Vermietung eines Beförderungsmittels, da die Vermietung über einen Zeitraum von mehr als 30 Tagen erfolgt. Da IT seinen Wohnsitz in Italien hat und auch nur dort tätig ist, ist der Leistungsort an dem Ort, an dem IT seinen Wohnsitz hat (§ 3a Abs. 3 Nr. 2 Satz 2 UStG).

Die gesetzlichen Regelungen des § 3a Abs. 3 Nr. 2 UStG beruhen auf Art. 56 MwStSystRL.[1)]

---

1) Richtlinie 2006/112/EG des Rates v. 28.11.2006 über das gemeinsame Mehrwertsteuersystem, ABl.EU 2006 Nr. L 347, 1, zuletzt geändert durch Art. 1 der Richtlinie (EU) 2025/1539 v. 18.7.2025, ABl.EU 2025 Nr. L 2025/1539.

Hinweis:

Das FG Saarland hatte den EuGH in einem Vorabentscheidungsersuchen[1] um eine Stellungnahme gebeten, ob auch die Überlassung eines dem Unternehmen eines Stpfl. zugeordneten Fahrzeugs (Firmenfahrzeug) an sein Personal unter den Begriff der „Vermietung eines Beförderungsmittels an Nichtsteuerpflichtige" in Art. 56 Abs. 2 MwStSystRL zu verstehen ist, wenn dieses dafür kein Entgelt leistet, das nicht in seiner (teilweisen) Arbeitsleistung besteht, also keine Zahlung erbringt, keinen Teil seiner Barvergütung dafür verwendet und auch nicht nach einer Vereinbarung zwischen den Parteien, wonach der Anspruch auf Nutzung des Firmenfahrzeugs mit dem Verzicht auf andere Vorteile verbunden ist, zwischen verschiedenen vom Stpfl. angebotenen Vorteilen wählt. Der EuGH hat entschieden[2], dass auch die Vermietung eines Beförderungsmittels durch den Unternehmer an einen Arbeitnehmer unter die Ortsregelung des Art. 56 MwStSystRL fallen kann. Voraussetzung ist aber, dass der Arbeitnehmer dazu befugt sein muss, das Fahrzeug zu nutzen und andere davon auszuschließen. Dabei muss es dem Unternehmer aber noch möglich sein, die Fahrzeugnutzung zu dienstlichen Zwecken vorzugeben. Jedoch muss das Fahrzeug dem Arbeitnehmer während der Nutzungsdauer auch für seinen privaten Bedarf zur Verfügung stehen. In jedem Fall hat die Vermietung aber entgeltlich zu erfolgen, d.h. die vom Leistenden empfangene Vergütung bildet den tatsächlichen Gegenwert für die dem Leistungsempfänger erbrachte Vermietungsleistung. Dies ist dann der Fall, wenn zwischen der Vermietung des Beförderungsmittels durch den Arbeitgeber an den Arbeitnehmer und dem erhaltenen Gegenwert ein unmittelbarer Zusammenhang besteht. Ein solcher unmittelbarer Zusammenhang kann sich in den Beziehungen zwischen einem Arbeitgeber und seinem Arbeitnehmer durch einen Teil der Barvergütung konkretisieren, auf den Letzterer als Gegenleistung für die Vermietung verzichtet. Dies kann aber auch durch eine Zahlung des Arbeitgebers oder durch eine Vereinbarung zwischen den Parteien, wonach der Anspruch die Dienstleistung (z. B. Fahrzeugüberlassung des Arbeitgebers an den Arbeitnehmer) mit dem Verzicht auf andere Vorteile verbunden wird, konkretisiert werden. Das Fehlen einer solchen Zahlung kann nicht durch den Umstand aufgewogen werden, dass im Rahmen der Einkommensbesteuerung die private Nutzung des dem Unternehmen zugeordneten Gegenstands als ein quantifizierbarer geldwerter Vorteil und somit in gewisser Weise als ein Teil der Vergütung angesehen wird, auf die der Arbeitnehmer als Gegenleistung für die Zurverfügungstellung des fraglichen Gegenstands verzichtet hat. Eine entgeltliche Vermietung ist aber im Fall einer kostenfreien Nutzung eines dem Unternehmen zugeordneten Fahrzeugs ausgeschlossen.

Der BFH hat inzwischen die EuGH-Rechtsprechung übernommen und die Fahrzeugüberlassung des Arbeitgebers an den Arbeitnehmer gegen Arbeitsleistung ggf. mit Barzahlung als der Besteuerung unterliegenden tauschähnlichen Umsatz (§ 3 Abs. 12 Satz 2 UStG) angesehen.[3]

2. Umsatzsteuerliche Behandlung der Privatnutzung von Geschäftswagen durch den Unternehmer

385 Die Frage einer Besteuerung einer privaten Nutzung eines Fahrzeugs stellt sich nur, soweit das Fahrzeug dem Unternehmen zugeordnet worden ist. Bei der Frage der Zuordnung eines Fahrzeugs zum Unternehmen gelten ausschließlich umsatzsteuerliche Grundsätze. Auf die ertragsteuerliche Behandlung als Betriebs- oder Privatvermögen kommt es grundsätzlich nicht an. Der Begriff Fahrzeug ist dabei gleichzusetzen mit dem Begriff Kraftfahrzeug und umfasst auch Elektrofahrräder, die einer Kennzeichen-, Versicherungs- oder Führerscheinpflicht unterliegen.[4]

Besteht die nichtunternehmerische Tätigkeit in einer unternehmensfremden Verwendung (private Zwecke), hat der Unternehmer ein Zuordnungswahlrecht (Sonderfall), und kann das Fahrzeug

- insgesamt seiner unternehmerischen Tätigkeit zuordnen,
- in vollem Umfang in seinem nichtunternehmerischen Bereich belassen oder
- nur im Umfang der tatsächlichen (ggf. zu schätzenden) unternehmerischen Verwendung seiner unternehmerischen Tätigkeit zuordnen, wobei der unternehmensfremd genutzte Fahrzeugteil als separater Gegenstand anzusehen ist (Abschn. 15.2c Abs. 2 Nr. 2 Buchst. b und Abs. 4 UStAE).

---

1) FG des Saarlandes v. 18.3.2019, 1 K 1208/16, EFG 2019, 986.
2) Vgl. EuGH v. 20.1.2021, C-288/19, HFR 2021, 325.
3) Vgl. BFH v. 30.6.2022, V R 25/21, StEd 2022, 627.
4) Vgl. Abschn. 15.23 Abs. 1 Satz 1 UStAE i.d.F. von BMF v. 7.2.2022, III C 2 – S 7300/19/10004 :001, BStBl I 2022, 192, Abschn. III.

Maßgebend für die Zuordnung ist die im Zeitpunkt der Anschaffung des Fahrzeugs beabsichtigte Verwendung für den Besteuerungszeitraum der erstmaligen Verwendung (Abschn. 15.2c Abs. 12 UStAE). Dabei ist auf das voraussichtliche Verhältnis der Jahreskilometer für die unterschiedlichen Nutzungen abzustellen. Im Falle einer Ersatzbeschaffung kann das Aufteilungsverhältnis des Vorjahres herangezogen werden. Seine Verwendungsabsicht muss der Unternehmer objektiv belegen und in gutem Glauben erklären.

Beträgt der Umfang der unternehmerischen Verwendung des Fahrzeugs weniger als 10 % (unternehmerische Mindestnutzung), greift das Zuordnungsverbot nach § 15 Abs. 1 Satz 2 UStG. Die Fahrten des Unternehmers zwischen Wohnung und Betriebsstätte sowie Familienheimfahrten wegen eines aus betrieblichen Anlasses begründeten doppelten Haushaltsführung sind dabei der unternehmerischen Nutzung des Fahrzeugs zuzurechnen und unterliegen keiner Vorsteuerkürzung nach § 15 Abs. 1a UStG. **386**

Maßgebend für die 10 %-Grenze nach § 15 Abs. 1 Satz 2 UStG ist bei einem Fahrzeug das Verhältnis der Kilometer unternehmerischer Fahrten zu den Jahreskilometern des Fahrzeugs. In Zweifelsfällen muss der Unternehmer dem Finanzamt die unternehmerische Mindestnutzung glaubhaft machen. Bei sog. Zweit- oder Drittfahrzeugen von Einzelunternehmern oder sog. Alleinfahrzeugen bei einer nebenberuflichen Unternehmertätigkeit ist regelmäßig davon auszugehen, dass diese Fahrzeuge zu weniger als 10 % unternehmerisch genutzt werden. Das gleiche gilt bei Personengesellschaften, wenn ein Gesellschafter mehr als ein Fahrzeug privat nutzt, für die weiteren privat genutzten Fahrzeuge.

Bei ausschließlich unternehmerischer Verwendung des Fahrzeugs kann der Unternehmer die auf die Anschaffung des Fahrzeugs entfallenden Vorsteuerbeträge abziehen (§ 15 Abs. 1 Satz 1 UStG), sofern kein Ausschlusstatbestand nach § 15 Abs. 1a und 2 i. V. m. Abs. 3 UStG vorliegt. Das Gleiche gilt bei teilunternehmerischer Verwendung des Fahrzeugs für unternehmensfremde (private) Tätigkeiten, wenn der Unternehmer das Fahrzeug vollständig seinem Unternehmen zuordnet. In diesem Fall unterliegt die unternehmensfremde Nutzung unter den Voraussetzungen des § 3 Abs. 9a Nr. 1 UStG als unentgeltliche Wertabgabe der Besteuerung. **387**

Ordnet der Unternehmer nur den unternehmerisch genutzten Fahrzeugteil seinem Unternehmen zu (unter Beachtung der unternehmerischen Mindestnutzung), darf er nur die auf diesen Teil entfallende Vorsteuer aus den Anschaffungskosten nach § 15 Abs. 1 Satz 1 UStG abziehen, wobei die erforderliche Vorsteueraufteilung nach den Grundsätzen des § 15 Abs. 4 UStG zu erfolgen hat. Die auf den anderen Fahrzeugteil entfallende unternehmensfremde Nutzung unterliegt dann nicht der Wertabgabenbesteuerung nach § 3 Abs. 9a Nr. 1 UStG.

Hat der Unternehmer das Fahrzeug insgesamt dem unternehmerischen Bereich zugeordnet, unterliegen die nicht als Betriebsausgaben abziehbaren Teile der Aufwendungen für Fahrten zwischen Wohnung und Betrieb (→ Rz. 74), für Heimfahrten bei einer doppelten Haushaltsführung und Privatfahrten (→ Rz. 110) als unentgeltliche Wertabgabe der Umsatzsteuer. Hier ist der volle Vorsteuerabzug zugelassen, wenn das Fahrzeug nicht weniger als 10 % unternehmerisch genutzt wird.[1] Dies gilt auch für Gesellschafter von Personengesellschaften oder deren Familienangehörigen. Gesellschafter-Geschäftsführer gelten dagegen als Arbeitnehmer und brauchen eine unentgeltliche Wertabgabe (= Eigenverbrauch) nicht zu versteuern. Hier ist die unentgeltliche Fahrzeuggestellung wie bei Arbeitnehmern zu behandeln und zu besteuern (→ Rz. 384). **388**

a) Fahrtenbuchmethode

Wird das Fahrzeug zu mehr als 50 % unternehmerisch genutzt und für ertragsteuerliche Zwecke die private Nutzung mit den auf die Privatfahrten entfallenden Aufwendungen **389**

1) S. hierzu BMF v. 30.3.2004, IV B 7 – S 7300 – 24/04, BStBl I 2004, 451; v. 27.8.2004, IV B 7 – S 7300 – 70/04, BStBl I 2004, 864.

nach der Fahrtenbuchmethode ermittelt, ist von diesem Wert auch für die Besteuerung der unentgeltlichen Wertabgabe auszugehen. Aus den Gesamtkosten für das Fahrzeug können für Umsatzsteuerzwecke die nicht mit Vorsteuern belasteten Kosten (z. B. Kfz-Steuer, Versicherungen, die Absetzung für Abnutzung bei Anschaffung des Fahrzeugs ohne Vorsteuerabzug) ausgeschieden werden.

Beispiel: Berechnung bei ordnungsgemäßem Fahrtenbuch

Bei einem Unternehmer mit ordnungsgemäßem Fahrtenbuch beträgt im Jahr 2025 die private Nutzung 20 % der gesamten Kfz-Nutzung. Die Kfz-Kosten, die mit der Vorsteuer belastet sind, betragen netto 4 000 €. Die Abschreibung für Abnutzung beläuft sich auf 4 000 € (Vorsteuerabzug wurde in Anspruch genommen). Auf die Kfz-Steuer und Kfz-Versicherung entfielen 1 000 €.

Die Bemessungsgrundlage für den Verwendungseigenverbrauch beträgt:

20 % der mit Vorsteuer belasteten Aufwendungen von 8 000 € (= 4 000 € + 4 000 €) =	1 600 €
Umsatzsteuer (19 %) hieraus	304 €

Zur Nichtanwendung der Fahrtenbuchmethode bei (Elektro-)Fahrrädern (→ Rz. 384).

b) 1 %-Methode

390 Verzichtet der Unternehmer auf die Führung eines Fahrtenbuchs und wird der private Nutzungswert nach der ertragsteuerlichen 1 %-Methode ermittelt, ist von diesem Wert bei der Bemessungsgrundlage für den Leistungseigenverbrauch auszugehen. Für umsatzsteuerliche Zwecke erfolgt jedoch keine pauschale Kürzung des inländischen Listenpreises für Fahrzeuge mit Antrieb ausschließlich durch Elektromotoren, die ganz oder überwiegend aus mechanischen oder elektrochemischen Energiespeichern oder aus emissionsfrei betriebenen Energiewandlern gespeist werden (Elektrofahrzeuge), oder für extern aufladbare Hybridelektrofahrzeuge. Für die nicht mit Vorsteuern belasteten Kfz-Kosten (z. B. Kfz-Steuer, Kfz-Versicherung) kann ein pauschaler Abschlag von 20 % vorgenommen werden. Der so ermittelte Betrag ist ein Nettowert, auf den die Umsatzsteuer aufzuschlagen ist.

Beispiel: Berechnung bei 1 %-Methode

Ein Unternehmer nutzt ein betriebliches Kfz (Listenpreis einschließlich Umsatzsteuer: 35 000 €) im Jahr 2025 auch für Privatfahrten. Die Bemessungsgrundlage für den Verwendungseigenverbrauch beträgt:

1 %	von 35 000 € × 12 Monate =	4 200 €
./.	pauschaler Abschlag für nicht mit Vorsteuer belastete Kosten:	
	20 % von 4 200 € =	840 €
Bemessungsgrundlage für den Verwendungseigenverbrauch		3 360 €
Umsatzsteuer gesamt für 2025: 3 360 € × 19 % =		638,40 €

Auch die unternehmensfremde (private) Nutzung eines dem Unternehmen vollständig zugeordneten Fahrrades ist unter den Voraussetzungen des § 3 Abs. 9a Nr. 1 UStG als unentgeltliche Wertabgabe der Besteuerung zu unterwerfen. Der Unternehmer kann die Bemessungsgrundlage für die Umsatzbesteuerung der unternehmensfremden Nutzung aus Vereinfachungsgründen hilfsweise nach der sog. 1 %-Regelung für Kraftfahrzeuge berechnen oder eine andere umsatzsteuerrechtlich zulässige Methode wählen.[1]

c) Privater Nutzungsanteil bei Kfz, die nicht zu mehr als 50 % betrieblich genutzt werden

391 Nutzt der Unternehmer das Kfz nicht zu mehr als 50 % betrieblich, ist die Anwendung der 1 %-Regelung nach § 6 Abs. 1 Nr. 4 Satz 2 EStG ausgeschlossen. Der für ertragsteu-

1) Vgl. BMF v. 7.2.2022, III C 2 – S 7300/19/10004 :001, BStBl I 2022, 192, Abschn. II.

erliche Zwecke nach § 6 Abs. 1 Nr. 4 Satz 1 EStG ermittelte Nutzungsanteil ist grundsätzlich auch der Umsatzbesteuerung zu Grunde zu legen. Für Umsatzsteuerzwecke sind allerdings die Gesamtaufwendungen für Elektro- und Hybridelektrofahrzeugen nicht um solche Aufwendungen zu kürzen, die auf das Batteriesystem entfallen.

d) Schätzung des privaten Nutzungsanteils

Macht ein Unternehmer von der 1 %-Methode keinen Gebrauch und führt er auch kein **392** ordnungsgemäßes Fahrtenbuch, wird ihm gleichwohl die Möglichkeit eingeräumt, den Privatanteil der Kfz-Nutzung für Umsatzsteuerzwecke anhand geeigneter Unterlagen im Wege einer sachgerechten Schätzung zu ermitteln. Der geschätzte Anteil ist nur auf Kfz-Kosten anzuwenden, die mit Vorsteuer belastet sind. Die Schätzungsmethode bietet sich an, wenn die 1 %-Methode zu einem unverhältnismäßig ungünstigen Ergebnis führt, weil z. B. der Zeitraum für die Absetzung für Abnutzung bereits abgelaufen ist und die tatsächlichen Aufwendungen für das Kfz unter dem Betrag nach der 1 %-Methode liegen. Die Kostendeckelung im ertragsteuerlichen Bereich kann aus unionsrechtlicher Sicht nicht für den Bereich der Umsatzsteuer übernommen werden.

Der Unternehmer hat bei der Wahl der Schätzungsmethode geeignete Unterlagen vorzulegen, aus denen sich der Umfang der betrieblichen und der privaten Nutzung ergibt. Entsprechendes gilt auch, wenn die ertragsteuerliche Anwendung der 1 %-Methode nach § 6 Abs. 1 Nr. 4 Satz 2 EStG ausgeschlossen ist, wenn der betriebliche Nutzungsanteil lediglich zwischen 10 % und 50 % beträgt. In diesem Fall ist der private Nutzungsanteil im Wege der Schätzung anhand geeigneter Unterlagen zu ermitteln, wobei der Umsatzbesteuerung grundsätzlich nicht der für ertragsteuerliche Zwecke ermittelte private Nutzungsanteil zu Grunde zu legen ist. Als geeignete Unterlagen kommen insbesondere Aufzeichnungen für einen repräsentativen Zeitraum in Betracht, aus denen sich zumindest die unternehmerischen Fahrten mit Fahrtziel und gefahrenen Kilometern und die Gesamtkilometer ergeben. Liegen keine geeigneten Unterlagen für eine Schätzung vor, ist der private Nutzungsanteil mit mindestens 50 % zu schätzen, soweit sich aus den besonderen Verhältnissen des Einzelfalls nichts Gegenteiliges ergibt. Aus den Gesamtaufwendungen sind die nicht mit Vorsteuern belasteten Aufwendungen in der belegmäßig nachgewiesenen Höhe auszuscheiden (Abschn. 15.23 Abs. 5 Satz 4 Nr. 3 UStAE).

e) Fahrten zwischen Wohnung und Betrieb/doppelte Haushaltsführung

Nutzt ein Unternehmer ein betriebliches Kfz auch für Wege zwischen Wohnung und **393** Betrieb, fällt hier umsatzsteuerlich eine unentgeltliche Wertabgabe an. Bemessungsgrundlage sind hier die Aufwendungen, die ertragsteuerlich nicht als Betriebsausgabe abgezogen werden dürfen. Die auf die Wege zwischen Wohnung und Betriebsstätte entfallenden, nichtabziehbaren Betriebsausgaben können mit 0,03 % vom inländischen Listenpreis je Entfernungskilometer ermittelt werden. Von dem sich ergebenden Betrag ist sodann die als Betriebsausgabe abziehbare Entfernungspauschale von 0,30 € je Entfernungskilometer für die tatsächlich durchgeführten Fahrten abzuziehen. Jedoch wird eine pauschale Kürzung um 20 % für nicht mit Vorsteuern belastete Kosten zugelassen (Abschn. 15.23 Abs. 5 Satz 4 Nr. 1 Buchst. a UStAE). Für umsatzsteuerliche Zwecke erfolgt jedoch keine pauschale Kürzung des inländischen Listenpreises für Fahrzeuge mit Antrieb ausschließlich durch Elektromotoren, die ganz oder überwiegend aus mechanischen oder elektrochemischen Energiespeichern oder aus emissionsfrei betriebenen Energiewandlern gespeist werden (Elektrofahrzeuge), oder für extern aufladbare Hybridelektrofahrzeuge; Gleiches gilt für Elektrofahrräder.[1)]

Auf den verbleibenden Wert ist die Umsatzsteuer mit 19 % zu erheben.

1) Vgl. Abschn. 15.24 Abs. 1 UStAE i.d.F. von BMF v. 7.2.2022, III C 2 – S 7300/19/10004 :001, BStBl I 2022, 192, Abschn. III.

Beispiel: Fahrten zur Betriebsstätte ohne Fahrtenbuch

Ein Unternehmer nutzt den betrieblichen Pkw (Listenpreis einschließlich Umsatzsteuer: 40 000 €) im Jahr 2025 an 200 Tagen zu Fahrten zur 30 km entfernten Betriebstätte. Die Bemessungsgrundlage für den Aufwendungseigenverbrauch beträgt:

0,03 % von 40 000 € × 20 km × 12 Monate =	2 880 €	
davon als Betriebsausgaben abziehbar:		
0,30 € × (30 km ./. 20 km =) 10 km × 200 Tage =	./. 600 €	
nicht abziehbare Betriebsausgaben	2 280 €	
./. Pauschalabschlag für nicht mit Vorsteuern belastete Kosten: 20 % von 2 280 € =	./. 456 €	
	1 824 €	
Umsatzsteuer gesamt für 2025: 1 824 € × 19 % =		346,56 €

Entscheidet sich der Unternehmer dagegen für die **Fahrtenbuchmethode**, ermittelt er die auf die Fahrten zwischen Wohnung und Betrieb entfallenden Aufwendungen mit einem individuellen Kilometersatz. Auch hier ist der die Entfernungspauschale von 0,30 € je Entfernungskilometer übersteigende Betrag nicht als Betriebsausgabe abziehbar. Auf den übersteigenden Betrag ist die Umsatzsteuer mit 19 % zu erheben. Bei den Heimfahrten anlässlich einer betrieblich veranlassten doppelten Haushaltsführung ist entsprechend zu verfahren, wobei jedoch bei der pauschalen Methode die Heimfahrten mit 0,002 % vom inländischen Listenpreis je Entfernungskilometer vom auswärtigen Ort der Betriebstätte zum Heimatort anzusetzen sind.

Wird dagegen die private Nutzung durch ein ordnungsgemäßes Fahrtenbuch nachgewiesen, berechnet sich die Umsatzsteuer für den Aufwendungseigenverbrauch nach den angefallenen vorsteuerbelasteten Kosten. Nicht zum Vorsteuerabzug berechtigende Aufwendungen (z. B. Steuern und Versicherung) sind auszuscheiden.

Zur Nichtanwendung der Fahrtenbuchmethode bei (Elektro-)Fahrrädern (→ Rz. 384).

f) Behandlung außergewöhnlicher Kfz-Kosten

394 Wendet der Unternehmer für die Ermittlung der privaten Kfz-Nutzung die Pauschalierungsmethode (1 %-Regelung) an, sind durch den pauschalen Nutzungswert auch privat verursachte außergewöhnliche Kfz-Kosten (z. B. Unfallkosten im Zusammenhang mit einer Privatfahrt oder einem durch private Gründe verursachten Unfall) abgegolten. Bei der Fahrtenbuchmethode sind die außergewöhnlichen Fahrzeugkosten zu den Gesamtaufwendungen zu rechnen, die anhand der gefahrenen Kilometer auf die jeweilige Nutzungsart zu verteilen sind. Wendet der Unternehmer für Umsatzsteuerzwecke die Methode der sachgerechten Schätzung (→ Rz. 392) an, kann entsprechend verfahren werden.

Abweichend von Abschn. 10.6 Abs. 3 UStAE ist hiernach nicht mehr zwischen unternehmerisch und nicht unternehmerisch veranlassten Unfallkosten zu unterscheiden. Die nicht unternehmerisch veranlassten Unfallkosten sind nicht mehr neben der unentgeltlichen Wertabgabe nach § 3 Abs. 9a UStG zu erfassen. Wird das Kfz völlig zerstört, verbleibt es bei den Grundsätzen des Abschn. 3.3 Abs. 6 UStAE, wonach keine unentgeltliche Wertabgabe vorliegt.

VIII. Unternehmerische Nutzung privater Kfz

395 Bei Geschäftsreisen und Nutzung eines zum Privatvermögen gehörenden Kfz ist es regelmäßig nicht zulässig, die Vorsteuer pauschal aus dem steuerlichen Kilometersatz von 0,30 € herauszurechnen. Gleichwohl können nach Abschn. 15.2c Abs. 3 Satz 2 und 3 UStAE ausnahmsweise weiterhin solche Vorsteuerbeträge abgezogen werden, die unmittelbar durch die unternehmerische Nutzung des Kfz entstanden sind, wie Vorsteuerbeträge für Unfallaufwendungen während einer Geschäftsreise oder aus Benzinkosten

für eine längere und von den übrigen Fahrten abgrenzbare Geschäftsreise. Die auf die Geschäftsfahrten entfallenden Vorsteuerbeträge müssen zwingend anhand von Rechnungen mit gesondertem Vorsteuerausweis oder Kleinbetragsrechnungen (z. B. Benzinquittungen ohne gesonderten Vorsteuerausweis) ermittelt werden. Deshalb ist für diese Fahrten für Zwecke des Vorsteuerabzugs die Anwendung des steuerlichen Kilometersatzes von 0,30 € ausgeschlossen.

D. Verbot des Vorsteuerabzugs

I. Steuerfreie Umsätze

396 Vom **Vorsteuerabzug** sind **ausgeschlossen:**

- Steuern für die Lieferungen, die Einfuhr und den innergemeinschaftlichen Erwerb von Gegenständen, die der Unternehmer zur **Ausführung steuerfreier Umsätze** verwendet,
- Steuern für sonstige Leistungen, die der Unternehmer zur **Ausführung steuerfreier Umsätze** in Anspruch nimmt.

Durch diese Regelung soll vermieden werden, dass Unternehmer, ohne selbst Steuern zu zahlen (weil sie nur steuerfreie Umsätze nach § 4 Nr. 8 bis 29 UStG tätigen), laufend die auf den Vorstufen von anderen Unternehmern gezahlten Steuerbeträge erstattet erhalten.

II. Besteuerung der Kleinunternehmer

397 Ein Kleinunternehmer braucht unter bestimmten Voraussetzungen keine oder nur einen Teil der Umsatzsteuer für seine steuerpflichtigen Umsätze zu zahlen.

Eine Steuerbefreiung war bis zum 31.12.2024 in folgenden Fällen möglich:

- Unternehmer, deren Umsatz im **Vorjahr 22 000 €** nicht überstiegen hat und im **laufenden Kalenderjahr 50 000 €** voraussichtlich nicht übersteigen wird, müssen keine Umsatzsteuer zahlen. Sie sind daher auch nicht berechtigt, die ihnen in Rechnung gestellten Vorsteuer-Beträge – auch für Reisekosten – abzuziehen und in von ihnen ausgestellten Rechnungen die Umsatzsteuer offen auszuweisen. Im **Erstjahr** einer unternehmerischen Betätigung wird die Umsatzsteuer nicht erhoben, wenn der – ggf. hochgerechnete – Gesamtumsatz dieses Jahres voraussichtlich 22 000 € nicht übersteigen wird.[1)]
- **Hatte der Unternehmer im Vorjahr** einen höheren Umsatz als **22 000 €** oder beträgt der Umsatz im **laufenden Kalenderjahr** voraussichtlich **mehr als 50 000 €**, ist die in Rechnung gestellte Umsatzsteuer in vollem Umfang an das Finanzamt zu zahlen. Die Vorsteuer kann unter den weiteren Voraussetzungen des § 15 UStG in voller Höhe von der Umsatzsteuerschuld abgezogen werden.
- Bei der **Ermittlung** der **Umsatzgrenzen** von 22 000 € und 50 000 € ist jeweils von dem **Gesamtumsatz** i. S. v. § 19 Abs. 3 UStG[2)] auszugehen.
- Kleinunternehmer, die von der Befreiung nach § 19 UStG[2)] Gebrauch gemacht haben, können die in den **Reisekosten enthaltenen Vorsteuern nicht** von der zu zahlenden Umsatzsteuer **abziehen.**

Der Unternehmer kann auf die Befreiung von der Umsatzbesteuerung als Kleinunternehmer **verzichten** (§ 19 Abs. 2 UStG).[2)]

Nach einer Verzichtserklärung, die bis zur Rechtskraft der für das betreffende Kalenderjahr möglichen Umsatzsteuerfestsetzung gegenüber dem Finanzamt zu erklären ist, wird die Umsatzsteuer voll erhoben. Verzichtet der Unternehmer auf die Anwendung der Kleinunternehmerregelung, ist er unter den allgemeinen Voraussetzungen des § 15 UStG zum Vorsteuerabzug berechtigt, auch hinsichtlich der für Reisekosten in Rechnung gestellten Steuerbeträge. Ein Verzicht wird deshalb insbesondere dann zu empfehlen sein, wenn trotz geringer Umsätze insgesamt hohe Vorsteuern mit Eingangsrechnungen zu zahlen waren. Hinzuweisen ist darauf, dass der Unternehmer an den Verzicht mindestens fünf Jahre gebunden ist (§ 19 Abs. 2 Satz 2 UStG).[2)]

---

1) BFH v. 22.11.1984, V R 170/83, BStBl II 1985, 142.
2) In der bis zum 31.12.2024 geltenden Fassung.

Ein im Inland ansässiger Kleinunternehmer braucht unter bestimmten Voraussetzungen keine oder nur einen Teil der Umsatzsteuer für seine steuerpflichtigen Umsätze zu zahlen. **398**

Eine Steuerbefreiung ist **seit dem 1.1.2025** in folgenden Fällen möglich:

- Für Unternehmer, deren Umsatz im **Vorjahr 25 000** € nicht überstiegen hat und im **laufenden Kalenderjahr 100 000** € nicht übersteigt, sind ihre Umsätze steuerfrei. Sie sind daher auch nicht berechtigt, die ihnen in Rechnung gestellten Vorsteuer-Beträge – auch für Reisekosten – abzuziehen und in von ihnen ausgestellten Rechnungen die Umsatzsteuer offen auszuweisen. Im **Erstjahr** einer unternehmerischen Betätigung wird die Umsatzsteuer nicht erhoben, soweit der Gesamtumsatz dieses Jahres 25 000 € nicht übersteigt.[1)]
- **Hatte der Unternehmer im Vorjahr** einen höheren Umsatz als **25 000** € oder beträgt der Umsatz im **laufenden Kalenderjahr mehr als 100 000** €, ist die Umsatzsteuer für diese Umsätze in vollem Umfang an das Finanzamt zu zahlen. Die Vorsteuer kann unter den weiteren Voraussetzungen des § 15 UStG in voller Höhe von der Umsatzsteuerschuld abgezogen werden.
- Bei der **Ermittlung** der **Umsatzgrenzen** von 25 000 € und 100 000 € ist jeweils von dem **Gesamtumsatz** i. S. v. § 19 Abs. 2 UStG in der ab dem 1.1.2025 geltenden Fassung auszugehen.
- Kleinunternehmer, die von der Befreiung nach § 19 UStG in der ab dem 1.1.2025 geltenden Fassung Gebrauch gemacht haben, können die in den **Reisekosten enthaltenen Vorsteuern nicht** von der zu zahlenden Umsatzsteuer **abziehen.**

Der Unternehmer kann gegenüber dem Finanzamt auf die Befreiung von der Umsatzbesteuerung als Kleinunternehmer bis zum letzten Tag des Monats Februar des zweiten auf den Besteuerungszeitraum folgenden Kalenderjahres **verzichten** (§ 19 Abs. 3 UStG in der seit dem 1.1.2025 geltenden Fassung).

Nach einer Verzichtserklärung wird die Umsatzsteuer ab dem Besteuerungszeitraum, ab dem die Verzichtserklärung gilt, voll erhoben. Verzichtet der Unternehmer auf die Anwendung der Kleinunternehmerregelung, ist er unter den allgemeinen Voraussetzungen des § 15 UStG zum Vorsteuerabzug berechtigt, auch hinsichtlich der für Reisekosten in Rechnung gestellten Steuerbeträge. Ein Verzicht wird deshalb insbesondere dann zu empfehlen sein, wenn trotz geringer Umsätze insgesamt hohe Vorsteuern mit Eingangsrechnungen zu zahlen waren. Hinzuweisen ist darauf, dass der Unternehmer an den Verzicht mindestens fünf Jahre gebunden ist (§ 19 Abs. 3 Satz 3 UStG in der seit dem 1.1.2025 geltenden Fassung).

Diese Regelungen gelten auch – fakultativ – für im übrigen Gemeinschaftsgebiet ansässige Unternehmer, wenn der Unionsrecht ermittelte Jahresumsatz im Gemeinschaftsgebiet im vorangegangenen Kalenderjahr 100 000 € nicht überschritten hat und im laufenden Kalenderjahr nicht überschreitet, und dem Unternehmer durch den Ansässigkeitsmitgliedstaat eine insoweit gültige Kleinunternehmer-Identifikationsnummer erteilt wurde.

Hinweis: Erteilung der Kleinunternehmer-Identifikationsnummer

Die Kleinunternehmer-Identifikationsnummer wird auf Antrag vom Bundeszentralamt für Steuern erteilt (§ 19a Abs. 1 Satz 2 UStG in der seit dem 1.1.2025 geltenden Fassung).

Hinweis: Kleinunternehmerregelung in anderen EU-Mitgliedstaaten

Ein im Inland ansässiger Unternehmer kann seit dem 1.1.2025 auch die Steuerbefreiung für Kleinunternehmer in einem anderen EU-Mitgliedstaat in Anspruch nehmen, wenn er die dort geltenden

1) Vgl. aber zur Rechtslage bis zum 31.12.2024: BFH v. 22.11.1984, V R 170/83, BStBl II 1985, 142.

Voraussetzungen erfüllt. Hierzu muss er in jedem Fall an dem besonderen Meldeverfahren für Kleinunternehmer teilnehmen (vgl. § 19a UStG in der seit dem 1.1.2025 geltenden Fassung).

Zur Besteuerung von Kleinunternehmern vgl. im Einzelnen BMF v. 18.3.2025.[1)]

1) BMF v. 18.3.2025, III C 2 - S 7360/00027/044/105, BStBl I 2025, 742.

Stichwortverzeichnis